프랑스철학과 정신분석

프랑스철학과 정신분석

초판1쇄 펴냄 2022년 4월 19일

엮은이 신인섭
지은이 신인섭, 홍명희, 조현수, 지영래, 김상록, 이은정, 윤성우, 이철우,
　　　　　성기현, 이상길, 강우성, 차지연, 한석현, 김진식, 홍기숙
펴낸이 유재건
펴낸곳 그린비
주소 서울시 마포구 와우산로 180, 4층
대표전화 02-702-2717 | **팩스** 02-703-0272
홈페이지 www.greenbee.co.kr
원고투고 및 문의 editor@greenbee.co.kr

주간 임유진 | **편집** 홍민기, 신효섭, 구세주, 송예진 | **디자인** 권희원, 이은솔 | **마케팅** 유하나, 육소연
물류유통 유재영, 한동훈 | **경영관리** 유수진

ISBN 978-89-7682-677-0 93160

學問思辨行: 배우고 묻고 생각하고 판단하고 행동하고
독자의 학문사변행을 돕는 든든한 가이드 _그린비 출판그룹

그린비 철학, 예술, 고전, 인문교양 브랜드
엑스북스 책읽기, 글쓰기에 대한 거의 모든 것
곰세마리 책으로 통하는 세대공감, 가족이 함께 읽는 책

프랑스철학과 정신분석

신인섭 엮음

Gaston Bachelard

Henri-Louis Bergson

Jean-Paul Sartre

Maurice Merleau-Ponty

Emmanuel Levinas

Michel Henry

Henri Maldiney

Paul Ricœur

Jean-François Lyotard

Gilles Deleuze, Félix Guattari

Michel Foucault

Jacques Derrida

Georges Bataille

Roland Barthes

René Girard

Alain Badiou

그린비

머리말

현대 프랑스철학에 결정적인 영향을 끼친 '외부자'들로는 19세기에 출발한 소쉬르의 구조언어학, 프로이트의 정신분석학, 마르크스의 정치경제학을 들 수 있겠는데 그중 현상학, 구조주의, 포스트구조주의 그리고 문학·예술 전반에 걸쳐 가장 보편적으로 관련되고 침투되어 온 것은 바로 정신분석학이다. 이러한 중요성을 감안하여 인문학과 예술비평 그리고 사회과학 일반에 도움이 될 표준 콘텐츠를 마련하고자 이번 프로젝트가 시작되었다. 그리고 마침내 21세기 현재 인문·사회·예술 분야의 전문 연구가와 교양 독자층이 반드시 거쳐야 할 프랑스 철학자들의 정신분석 이해를 한 권으로 묶어 출간하게 된 것이다. 여기서 프로이트 이래 정신분석이 부딪혀야만 했던 철학의 수용과 저항 그리고 과학의 장벽이라는 스토리는 다음과 같이 정리될 수 있겠다.

먼저, 정신분석학과 프랑스철학 사이에는 쌍방 간의 특별한 관계, 곧 서로를 당기는 다소 맹목적인 마력이 있었지만, 후일 그것이 확실한 오해에 지나지 않았음이 밝혀지자 결국 시들시들해지고 말게 된다. 철학자 알랭Alain(Émile-Auguste Chartier)에 따르자면, 기실 프랑스철학은 애초에 데카르트적 합리주의의 이름으로 프로이트주의로부터 등을 돌렸었다고 한다. 이러한 고전적 합리주의는, 자신을 표현하기 위해 변장을 강요받는 '성적(性的) 에너지'에 따른 정신현상의 괴팍한 개념들에 도저히 찬동할 수가 없었던 것이다. 말하자면, 그 충동적인 논리가 연상적 작용이나 우연한 만남과 같이 우발성에 지배를 받는 '리비도 주체'의 표현이 문제가 되고 있었던 것이다.

그러나 이처럼 신비하고 환상적인 주체는, 아비투스사회학과 마르크스경제학을 통한 정치경제적인 영향력이 인간과 역사의 열쇠를 제공한다던 19세기 "의심의 시대"와 잘 어울리고 있었다. 더욱이 이러한 의심은 주체보다 구조를 우선시하는, 언어학적 기반의 구조주의로 인해 더욱 공고해진 바였다. 하지만 지난 세기, 거의 방해도 없이 뜨거운 관심의 뉘앙스로 프로이트를 환영한 것은 바로 현상학에 젖어 있던 프랑스철학이었다. 예컨대 사르트르는 무의식을 거부하였지만 모든 결정론에 반대되는 실존적 의미를 무의식에 부여하기 위해 정신분석이라는 용어를 사용한 바 있다. 메를로퐁티 역시 마찬가지기는 하지만 다만 감각성의 진행 방식, 곧 세계와의 지각적인 관계의 방식으로 모종의 '불투명성'을 재해석하기 위해 변질된 정신분석을 활용하고 있었다.

그런데 철학자들이 프로이트의 무작위 언술 치료법cure par la parole을 진지하게 받아들인 것은, 본래적인 반성과 인지적인 노력 그리고 자유로운 획득의 분위기 아래서 이 방법이 연상적 우발성을 넘어 진리에 접근하도록 하며 또 타인들과의 특별한 관계로도 접근하게 해 주기 때문이었다. 철학자들은 아마도 정신분석에서 이러한 실존적 주관성에 대한 모종의 과학적 보증을 기대하는 것 같았다. 실존적 주체, 곧 자신의 존재가 문제가 되는 현존재être là, Dasein는 그때부터 인간 이념의 중심부를 차지하게 된다. 그 일환으로 앙리 말디네는 단적으로 현상학적인 '본원적 정신분석'을 고안하는 것에 성공했는데 이는 스위스의 현상학적 정신의학자 루트비히 빈스방거의 '현존재분석' Daseinsanalyse이 존재론적으로 심화된 프렌치 버전이다. 이렇게 됨으로써 철학과 정신분석의 운명은 더욱 얽히게 된다.

　한편, 20세기 프랑스의 지성적 분위기에 매료된 빈 출신의 입양아 정신분석은 라캉으로 하여금 아리스토텔레스와 칸트, 헤겔 그리고 하이데거와 같은 철학자를 읽게 하면서, 의미의 의도보다 그 구조를 우선시하는 음운론이 주체의 자율성을 해소하는 데 보다 도움을 준 소쉬르의 공헌을 바탕으로 "언어처럼 구조화된" 무의식의 개념까지 모델링한다. 소쉬르는, 랑그에서 의미란 단어들에 직접적으로 연결되지 않는 대신, 단어들이 그 자체에 작용 중인 고유의 리얼리티를 보유한다고 본다. 로만 야콥슨이 말하는 '언어의 시적 기능'에서도 마찬가지의 현상이 발생하는데, 꿈이 그 의미를 가리기 위해 의미들을 끊임없이 옮기는 것처럼 그의 은유와 환유의 언어분석도 꿈의 정신분석과 유사한 궤적을 밟는다. 정신분석은 이처럼 문학적·철학적 차원의 반反실증주의적 보증을 찾고 있었는데, 1960년대의 철학계를 풍미하면서 마르크시즘을 이데올로기가 아닌 학술 이론으로 만들려던 강박적인 '알튀세르 시대'에도 라캉은 "도표"를 잔뜩 사용하면서 무의식을 수학기호로 처리하려 무모하게 노력하기도 했었다.

그런데 이와 같은 정신분석학의 이론적 허세에 대한 준엄한 비판이 부족함을 알아차린 것은 첫째로, 철학 자체가 엄정하지 못하다는 반성의 분위기에서 나왔다. 철학의 이러한 엄정성 부족은, 비엔나 서클에서 출발하여 비교적 현상학에 물들지 않은 앵글로색슨 세계를 정복한 분석철학을 통해 벌써부터 의문에 부쳐졌었는데, 잘 알려져 있다시피 이 학파는 고급 형이상학의 "문제들"이란 문법의 부정확성을 원인으로 하고 있음을 밝힌 논리적인 철학 그룹이다. 둘째로, 정신분석학의 과대 포장 앞에서 철학적 엄격성의 결핍이 밝혀진 것은 칼 포퍼의 인식론 영향 때문이었다. 포퍼의 지론은 요컨대 엄격한 과학 담론이란 "반박될 수 있어야 한다"고 주장할 때 인정되었으며 또 이 과학적 담론과 모순되는 경험적 사실에 기초하여 합당한 의문은 제기된다고 이해되었다.

　　하지만 프로이트주의가 이론화되는 과정에서는 포퍼식으로 의문을 가진다는 것이 불가능했었고 따라서 프로이트가 제시한 해석은 "반박될 수가 없었다". 왜냐하면 검증되지 않은 것으로 보이는 사실 그 자체가 모든 폭로의 위협에 "저항하는" 것처럼 위장된 프로세스의 효과들로 간주되기 때문이었다. "정신분석 이론"의 약점은, 그것이 불확실한 임상들의 기만주의로 가는 길을 열어버린 데다가, 이 같은 협잡극의 관계적 효과가 그 해석적 기반이 의심되면서도 보존되었다는 사실에 있다. 그런 와중에, 황홀한 데이터들로부터 의식의 주관성을 구분하는 것을 중단한 현상학도 어느 시점부터는 경험에 대한 보다 실재론적인 접근으로 방향을 틀고 있었다. 더욱이 뇌의 메커니즘을 밝힌 인지과학의 발전으로 이제 더 이상 우리는 과학적인 객관성과 정신분석의 환원적 실증주의를 혼동하지 않게 되었다. 자폐증이나 동성애의 예를 보게 되면, 뇌과학의 발전이야말로 현시점에서 정신분석학적 가설이 지닌 약점을 보여 주는 데 가장 공헌하고 있음을 알 수 있다.

이처럼 자연과학의 진보는, 몇 가지 범주로 된 메타심리학적 정신현상과 또 자폐증의 맹아인 오이디푸스라는 허망한 스토리들에 가공적으로 연결되고 있던 질환들을 이제 대신 짊어지게 된다. 그래서 2005년 간행된 『정신분석학 흑서』 *Le livre noir de la psychanalyse*는 얼추 예상한 대로, 정작 그들 스스로도 기망되듯 보이는 위선적인 의사들의 분노를 불러일으키긴 했지만 적어도 철학자들이 프로이트주의라는 '심리학 성서'의 심급들(이드, 자아, 초자아 등)에 마냥 굴복하는 것만큼은 막을 수 있었다. 질적인 특수성 속의 주관성, 다시 말해, 소위 '의미와 관계를 맺는' 주체를 구축하는 것으로 여겨진 왜곡된 정신과학으로부터 벗어나 이제 프랑스철학은 인문학과의 모호한 관계를 탈피하면서 모종의 새로운 엄밀함을 추구하는 시대로 접어든 것으로 보인다.

이번 프로젝트는 원고 의뢰와 탈고 완료까지 8년은 족히 걸린 듯하다. 그동안 여러 가지 난관을 만나기도 했지만 그것을 완전히 잊어버릴 정도로 각 영역 절정의 전문가들이 흔쾌히 그리고 성실히 참여해 주신 덕택에 인문학의 '동학 공동체'를 절감했다고 하겠다. 돌이켜 보건대 이번 저술의 주제를 위해 이보다 더 나을 수는 없는 집필진이 구성되었다고 감히 자부하고자 한다. 그리고 이 책에 등장하는 모든 프랑스 철학자는 자신에게 특유하게 장착된 '사유 메스'로써 고전적 정신분석학의 틀을 깨고 인간의 참모습을 이해시킬 고유의 창발적 패러다임들을 제시했는데 저자들은 그 생생한 논의를 소화된 문자들로 적실히 그려 냈다고 판단한다. 비록 위에서 정신분석의 수용에 대해 비판적인 고고학을 기술했지만, 무의식에 관한 프로이트의 통찰을 '수용·진전·극복·탈피'하고자 했던 프랑스 철학자들의 드라마틱한 시도들이 각 전문가들을 통해 파노라마처럼 펼쳐지고 있음을 확인할 수 있으리라 본다.

저서에 등장한 인물들을 보자면, 현대 프랑스 사상의 시조 격인 베르그송과 바슐라르를 필두로 하여, 현상학 파트에서는 기존의 혁혁한 대가들의 논리에다가 미셸 앙리와 앙리 말디네의 이념이 부가되었으며, 다음으로 포스트구조주의 4인방의 첨단성과 더불어 바타유, 바르트, 지라르의 독창성이 이어지면서 21세기 현재 유일하게 살아 있는 바디우가 대미를 장식하였다. 이렇게 연찬된 이 저술이 부디 이 땅의 분별 있는 독자 제현께 도우미 역을 해 주기를 바라마지 않는다. 끝으로, 아마도 다시 나오기 힘들 이 공동 작업을 위해 합력하신 저자 선생님들과 함께 기쁨을 나누기를 원하며, 간행을 허한 그린비의 유재건 사장님과 출판사 관계자들께 행운의 미래가 열리기를 소망한다.

2022년 3월
신인섭

차례

1부

시학과 형이상학의 원초적 정신분석

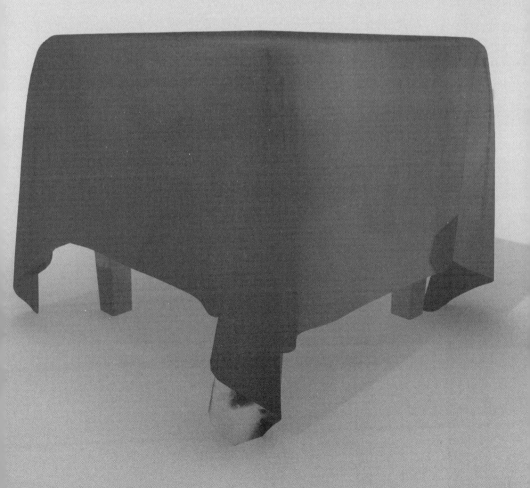

1장. 바슐라르의 정신분석, 상상력과 무의식

홍명희

정신분석과의 만남

가스통 바슐라르는 세상을 바라보는 새로운 시각을 제시한 사람이다. 20세기의 코페르니쿠스라 불리는 바슐라르는 이미지와 상상력을 기반으로 한 주관적 상상력의 세계가 이성을 기반으로 한 객관적 과학의 세계보다 우위에 있음을 주장한 철학자이다. 상상력이야말로 인간이 가지고 있는 가장 원초적 능력이고, 이성의 활동조차도 사실은 상상력의 활동 위에서 이루어지는 것이라는 '상상력의 코페르니쿠스적 혁명'을 이끌어 낸 그의 업적은 20세기 중반 문학비평을 시작으로 해서 거의 모든 인문학 분야로 퍼져 나가고 있다.

서구 사상사에서 이미지와 상상력은 20세기에 이르기까지 '객관적 이성의 활동을 방해하는 인간 정신활동의 오류 내지는 결함' 정도로 취급되었었다. 그러나 바슐라르는 상상력이 스스로 자생적인 생명력을 가지고 있으며, 항상 인간의 내면에서 새로운 에너지로 작용한다는 것을 밝혀 주었다. 바슐라르가 이미지와 상상력의 세계를 연구하면서 우리에게 알려 준 것은 현실의 세계와 꿈의 세계를 연결하는 것은 우리들의 감성이고, 이 감성의 세계가 우리가 막연하게 짐작해 왔던 것보다는 훨씬 구체적으로 인간의 삶에 있어서 결정적인 작용을 한다는 사실이다. 인간은 살아가면서 항상 객관성을 추구하지만 사실은 주관적인 가치들 속에서 살고 있기 때문이다.

바슐라르 사상의 지평에 있어서 정신분석은 언제나 본질적 요소들 중 하나였다. 상상력 연구의 혁명적 기폭제가 된 그의 유명한 저서 『불의 정신분석』을 거론하지 않더라도, 정신분석은 바슐라르의 지적 모험이 끝날 때까지 그의 상상력 연구의 이론적 근거를 제시하는 원천들 중의 하나로 남아 있다. 정신분석의 주요 개념들은 바슐라르의 상상력에 대한 초기 사상에서 중요한 위치를 차지하고 또 빈번하게 등장한다. 이 때문에 한때 문학비평 분야에서 바슐라르는 샤를르 모롱과 함께 정신분석 비평가로 분류되기도 하였다. 그러나 정작 정신분석에 대한 그의 이해는 정통적인 정신분석과 정확히 일치하지 않는다. 오히려 그는 자신이 고전적 정신분석이라 부른 프로이트의 이론에 거의 동의하지 않았으며, 후기의 바슐라르는 정신분석에 오히려 비판적이었다고 말하는 것이 더 정확할 것이다. 이 점은 정신분석과 관련된 바슐라르의 역설적인 면이다. 이러한 바슐라르의 모순된 태도를 이해하려면 정신분석에 대한 그의 수용 과정을 살펴보아야 할 필요가 있다.

19세기 말 자연과학의 발달은 인문학의 얼어붙은 환경에 많은 변화를 가져왔다. 인문학은 더 이상 관념적 학문이 아닌 인간의 현실에 뛰어들어야만 했다. 20세기 초반에 등장한 정신분석은 이러한 인문학의 변화를 주도한 가장 중요한 요인들 중의 하나였다. 당시 혁명적으로 새로운 학문이었던 정신분석은 인문학을 위한 길을 열 수 있는 새로운 방법론으로 여겨졌다. 사실 20세기 초의 정신분석은 아직 치열한 검증을 거치지 못했기에 확고하게 확립된 학문은 아니었지만, 프로이트가 제시한 여러 혁신적 아이디어는 다른 학문들을 자극하기에 충분했다. 초현실주의가 정신분석에서 영감을 받은 첫 번째 운동이었다. 초현실주의자들은 "인간 경험의 수수께끼 같은 영역에서 진실을 해독"[1]하는 데 사용할 수 있는 새로운 방법론을 찾고 있었기 때문에 정신분석이야말로 시적 창조의 과정을 밝힐 수 있는 이상적인 이론이라 생각했다. 그 후로 인문학의 많은 흐름들이 초현실주의의 뒤를 차례로 따랐다. 그 결과, 1930년경에 이르러서 정신분석은 "유럽 문화의 핵심적 위치"[2]를 차지하게 된다.

학문적 환경의 변화에 적극적으로 대처하지 못했던 프랑스는 이 새로운 분야에서 뒤처진 편이었다. 프랑스어로 쓰여진 최초의 정신분석 전문서라고 할 수 있는 샤를르 보두엥의 『예술 정신분석』 *Psychanalyse de l'art*이 파리에서 출판된 것은 1929년이었다. 그 이전까지 프랑스어로 쓰여진 논문으로는 보두엥이 제네바에서 했던 몇몇 연구에 대한 논문들과 정신의학 분야에서 이루어진 몇 편의 논문들뿐이었다. 그러나 이 당시 정신분석에 관한 중요한 업적들이 오스트리아,

---

1) Jean Bellemin-Noël, *Psychanalyse et littérature*, Paris: PUF, 1978, p. 3.
2) Charles Mauron, *Des métaphores obsédantes au mythe personnel*, Paris: José Corti, 1963, p. 16.

독일 및 스위스에서 이미 이루어져 있었고, 인문학의 거의 모든 분야에 침투한 상황이었다. 따라서 프랑스 지식인들은 학문의 현대적 동향을 따르기 위해 "늑대의 입속으로 뛰어들든지, 현실을 외면하든지"[3] 선택을 해야만 했다. 시간이 지남에 따라 선택은 불가피하게 되었고 인문학 연구에 정신분석을 적용하는 것은 갈수록 유행이 되었다. 이러한 지적 맥락에서, 바슐라르도 이 새로운 학문을 접하게 되는 것이 불가피했다. 바슐라르의 제자였던 폴 지네스티에는 이렇게 말한다.

> 1900년, 지그문트 프로이트는 그의 첫 번째 저서인 『꿈의 해석』을 출판했다. 그것은 일반 대중의 마음을 강타한 지적인 주요 혁명을 이끌면서 과학적 알리바이를 음탕한 자들에게 주는 것처럼 보였다. 설명은 정당화되었고, 단순한 사람들은 자신들이 콤플렉스에 가득 차 있다는 것을 알고 놀랐다. […] 1938년, 가스통 바슐라르도 이런 유행에 빠져드는 듯했다. 왜냐하면 '정신분석'이라는 단어가 제목 자체에 등장하는 책 두 권을 출간했기 때문이다.[4]

바슐라르는 실제로 프랑스에 정신분석이 도입된 초창기 1930년대 초부터 정신분석에 관심을 가진 철학자들 중 한 명이었다. 그는 이 새로운 과학에 큰 관심을 가지고 있었고, 모호한 형태이기는 하지만

---

3) *Ibid.*, p. 16.
4) Paul Ginestier, *La pensée de Bachelard*, Paris: Bordas, 1968, p. 138.

신속하게 그의 저서에서 자신의 관심을 표현하기 시작했다. 1932년에 출판된 『순간의 직관』에서 이미 바슐라르는 정신분석에 대한 그의 관심을 보여 주었고, 그 후에도 정신분석의 용어들을 자신의 저서에서 다양하게 사용한 바 있다.

바로 이 점에서 완전히 새로운 양상이 전개된다. 그것은 다양한 의식의 층위들은 가식적이기는 하지만 활동을 하는 무의식을 필요로 한다는 것이다. 수학자가 자신이 무엇에 대해서 말을 하고 있는지를 모른다는 사실을 끝없이 반복하는 것은 너무 단순한 일이다. 사실, 수학자는 자신이 전혀 알지 못하는 것을 아는 체하는 것이다. 그는 본능을 억압하고 경험을 昇華시키는 것이다. 유클리드기하학은 순진한 생각, 언제나 일반화의 기반을 제공해 주는 생각으로 남아 있다.[5]

사람들은 죽음의 그림자가 삶에 흩어져 있는 것처럼 느낀다. 우리 안에 죽고 싶은 모든 것을 나타내는 수많은 어두운 점들처럼 말이다. 우리는 정신분석이 최근 죽음에의 본능, 시체에 매력을 느끼는 현상, 새로운 의미를 부여하는 상실의 필요성, 매우 변증법적으로는 놀이의 필요성 등에 대해 중요한 여지를 만들었음을 이해하고 있다.[6]

---

5) Gaston Bachelard, *Le nouvel esprit scientifique*, p. 36.
6) Bachelard, *La dialectique de la durée*, p. 22.

객관적 인식의 정신분석

바슐라르가 정신분석이라는 용어를 자신만의 의미로 본격적으로 사용하기 시작한 것은 1938년에 출판된 『과학정신의 형성』부터이다. 제목에서부터 이미 '객관적 인식의 정신분석'이라는 부제를 달고 나온 이 책에서 바슐라르는 당시의 과학정신이 교조주의나 실용주의 같이 즉각적인 결과들만을 추구하는 잘못된 가치들에 오염되어 이미 그 순수성을 잃어버렸다고 질타한다. 1930년대 후반기의 유럽의 과학적 분위기는 1927년 솔베이학회 이후로 양자역학이 물리학의 새로운 흐름으로 자리잡은 상태였다. 아인슈타인의 등장으로 정점을 찍은 일반 물리학의 자리를 밀어내면서 하루가 다르게 미시 물리학의 새로운 경향이 쏟아져 나올 때였다. 그러나 19세기까지 물리학, 화학 등 기초과학 분야에서 선도적인 위치를 차지하고 있던 프랑스는 20세기 들어와 이러한 새로운 변화에 뒤처지는 상황이었다. 바슐라르는 당시의 과학적 변화의 본질을 탐구하는 새로운 인식론의 과학철학을 연구하면서, 근본적인 인식의 전환만이 새로운 과학을 수용하고 발전시킬 수 있다고 생각한다. 이때 바슐라르가 관심을 가지고 있던 주제는 인식의 객관성이었다. 물리학의 대상이 이미 측정이 불가능한 단위까지 내려간 상황에서, 그 이전까지 절대적 권위를 가지고 있던 합리주의 기반의 '객관성'이라는 개념은 더 이상 신뢰할 수 없는 것이 되었다. 양자역학은 그동안 절대적 증거라고 생각해 왔던 '물질의 세계' 자체가 절대성이라는 잣대로는 측정이 불가능한 세계이고, 오히려 측정자와 분석가의 주관성에 의해 더 크게 영향을 받는다는 것을 여실히 보여 주었다. 이러한 새로운 상황에서는 새로운 과학정신이 필요했다. 순수한 객관성의 세계를 얻기 위해서는 인간이라는 변수까지 고려해야 하는 상황이 된 것이다. 이때부터 바슐라르는 정신분석이라는 단어를 자신만의 의미로 사용하기 시작한다. 즉 바슐라르는 정신분석을 한다는 것을 '인식활동에 있어서 인간의 정신활동을 낱낱이 분석함으로써 객관적이지 못한 활동을 걸러내는 작업'으로 생각했던 것이다. 그는 정신분석이 순수한 과학정신을 회복하는 유용한 도구가 될 수 있을 것이라고 판단했다. 이때 그가 사용하게 되는 표현이 '객관적 인식의 정신분석'이다. 이 당시 바슐라르는 자연 상태에서의 객관적 인식은 존재하지 않으며, 우리가 사물이나 현상을 받아들이는 최초의 인식은 주관성에 오염될 수밖에 없다고 보았다. 그 최초의 인식을 '정신분석'하여 주관성의 요소들을 제거하여야 오롯이 객관적인 인식을 얻을 수 있는 것이다.

> 즉각적인 객관적 지식은, 심지어 그것이 질과 관련된 경우라 할지라도, 필연적으로 잘못된 것이다. 그것은 교정해야 할 실수를 동반한다. 그것은 치명적으로 주관적 인상의 대상을 담고 있다. 그러므로 그 대상으로부터 객관적 인식을 끄집어내어야 한다. 그러기 위해서는 정신분석을 해야만 할 것이다. 즉각적 인식이라는 것은, 그 원칙 자체로, 주관적이다.[7]

---

7) Bachelard, *La formation de l'esprit scientifique*, p. 211.

인간 정신활동의 오류를 바로잡는다는 의미로서의 정신분석이라는 새로운 의미 부여는 사실 일반적인 정신분석의 정통적인 경로에서 벗어난 것이다. 바슐라르 자신도 이러한 차이를 잘 알고 있었다. 그렇기 때문에 그는 "따라서 우리는 이러한 거짓 가치들로부터 과학정신을 끄집어내기 위해 특별한 정신분석을 제안할 것이다"[8]라고 단서를 붙인다. 객관적 인식의 정신분석은 인식을 방해할 수 있는 무의식에 대항하여 과학정신의 합리성을 방어하는 것을 목표로 한다. 다시 말하자면 과학정신을 순수하게 보존하기 위해서는 과학적 사고에 내재된 무의식을 경계해야 한다는 것이다. 간단히 표현하면, 객관적 인식을 정신분석한다는 것은 지식의 과정에 개입한 무의식을 제거한다는 것을 뜻한다.

> 어떤 문제의 배치가 결정짓는 경험에 대한 합리적 이해 없이는, 또 매우 명석한 합리적 구성에의 항구적인 추구 없이는, 우리는 일종의 과학정신의 무의식이 형성되는 것을 방치할 수도 있다. 그 무의식을 추방하기 위해서는 아주 느릿하고도 고통스러운 정신분석이 요구될 것이다.[9]

이러한 정신분석의 개념은 상상력에 대한 그의 첫 번째 연구서인 『불의 정신분석』까지 계속된다. 이 책의 서두에서 그는 이전 책에

---

8) *Ibid.,* pp. 21~22.
9) *Ibid.,* p. 40.

서 생각한 정신분석의 개념을 연장하려는 의도로 이 책을 쓰기 시작했다고 명백히 밝힌다.[10] 바슐라르 상상력 연구의 출발점으로 평가받는 『불의 정신분석』이 애초에는 객관적 인식이라는 과학철학 연구의 완결을 위해서 쓰여졌다는 사실은 매우 역설적이면서도 시사적이다.

사실 바슐라르는 『불의 정신분석』을 집필하는 과정에서 인식론에서 상상력 연구로 넘어가는 근본적인 전환을 이루게 된다. 이는 그가 가지고 있던 정신분석에 대한 평가에서도 일부 기인한다. 『과학정신의 형성』에서 새로운 방법론으로서 정신분석을 제시하면서도 바슐라르는 이미 정신분석이 자신이 생각하는 이상적 방법론으로는 미흡하다고 느끼고 있었다.[11] 바슐라르가 생각하기에 정신분석은 인간정신의 완벽한 분석을 위해서는 좀 더 심오한 차원으로 들어가야 하는데, 그 당시의 정신분석은 그런 수준까지는 이르지 못하는 것으로 보였던 것이다. 그래서 그는 정신분석이 인간의 지성까지 다룰 수 있는 연구로 확장되어야 한다고 생각한 것이다. 이 점에서 바슐라르는 "정신분석가는 삶의 지적인 측면에 대한 연구로 확장하고자 하는 경우 자신이 생각하는 것보다 더 많은 일을 해야 한다"[12]고 지적하기도 한다. 바슐라르가 염두에 두었던 것은 과학적 지식을 바탕으로 하는

---

10) "그러므로 이 저서는 우리가 모든 객관적 연구의 기초에 유용하다고 믿는 이 특수한 정신분석의 예 같은 것을 제공할 것이다. 이것은 최근의 저서 『과학정신의 형성』에서 입증된 일반적 주제들에 대한 하나의 예시이다"(Bachelard, *Psychanalyse du feu*, pp. 15~16).

11) "종종 지적되었듯이, 정신분석은 정신의 의식적이고 합리적인 삶을 과소평가했다. 그것은 어떤 식으로든 환자에게 욕망과 모호한 본능에 대한 해석을 제공하는 정신의 항구적인 활동을 보지 못했다"(Bachelard, *La dialectique de la durée*, p. 143).

12) Bachelard, *La formation de l'esprit scientifique*, p. 183.

객관적 설명이 가능하도록 하는 정신분석이었다. 즉 그가 생각했던 정신분석은 "과학적 설명, 선사 시대 남성의 발견을 기반으로 주장하는 객관적인 설명의 연구"[13]였다. 자연히 바슐라르는 정신분석의 의미를 재정의할 필요가 있었는데, 그 후로 이어지는 정신분석적 개념들에 대한 그의 정의는 종종 전통적 정신분석과는 대립하는 것이었다. 인간에 대한 절대적 낙관주의, 즉 인간에 대한 믿음에 기초한 그의 새로운 해석과 응용은 정통 정신분석가들을 자극하기에 충분한 것이었다. 정통 정신분석가들과 일부 바슐라르 연구자들은 바슐라르의 정신분석 개념들이 일반적인 정신분석의 개념들과는 거리가 있다고 단언한다.

> 사실, 바슐라르가 정신분석을 원용하는 점에 있어서 프로이트적 주제들의 순수하고 단순한 소환이라는 차분한 형태를 띤 적이 결코 없다는 것은 모두가 알고 있다. 그가 정신분석의 개념들을 극히 자유롭게 다루었다는 것은 앞에서 언급한 두 권의 저서(『불의 정신분석』, 『과학정신의 형성』)만 읽어 봐도 충분히 알 수 있다. […] 그러나 그것이 다가 아니다. 주석가들은 오래전부터 바슐라르가 모든 정신분석파들로부터, 그것이 파생된 것이든 아니든, 무분별하게 이론들을 참조해 왔다고 지적했다. 융과 아들러에 대한 참조는 프로이트의 이론에 대해 이루어진 것보다 훨씬 빈번하다.[14]

---

13) Bachelard, *Psychanalyse du feu*, p. 43.
14) Dominique Lecourt, *Bachelard ou le jour et la nuit*, Paris: B. Grasset, 1974, pp.

'정신분석의 개념들을 무분별하게 극히 자유롭게 다루었다'는 것은 종종 오해를 불러일으킬 수도 있다. 프랑수아 피르는 "어떤 이들에게 바슐라르의 '초보적 정신분석'은 이름만 정신분석일 뿐이었다"[15]라고 증언한다. 어떤 이들은 바슐라르가 정신분석을 오해했다고 말하기도 하고, 더 나아가 그가 독창적인 저서를 쓸 수 있었던 것은 이 오해 덕분이라고 말하기도 한다. 사실, 이런 유의 비판은 바슐라르 스스로가 초래한 결과라고도 볼 수 있다. 왜냐하면, 첫째, 그는 정신분석 용어의 빈번한 사용에도 불구하고 이 용어들의 출처에 대해 거의 아무것도 설명하지 않았기 때문이다. 그는 자신의 저서에서 본능, 리비도, 콤플렉스 등과 같은 정신분석 용어를 많이 사용했지만 그것들을 어디서 참조했는지 아무런 언급을 하지 않았다. 예를 들어, 프로이트와 칼 융의 영향을 강하게 떠올리게 하는 『불의 정신분석』과 『로트레아몽』에서도 정작 그들의 책에서 직접 인용된 인용문을 찾을 수 없다. 둘째, 바슐라르는 다양한 정신분석파들을 구별하지 않았다. 그는 프로이트의 정신분석과 융 또는 아들러의 정신분석 등을 구별하지 않고 단순히 '정신분석' 또는 '고전적 정신분석'이라고 불렀다.[16] 이러한 그의 태도는 바슐라르에게 정신분석에 대한 깊은 이해가 없었다는 오해를 불러일으키기 충분했다. 그 결과, 일부 연구자

121~122.

15) François Pire, "Bachelard et la critique non-freudienne", *Cahiers internationaux de symbolisme*, no. 53~55, 1986, p. 113.

16) 바슐라르가 자신의 저서에서 정신분석에 대해서 언급하고 있을 때 이미 정신분석은 더 이상 최첨단의 학문이 아니라 상당한 수준의 발전이 이루어져 있었고 다양한 학파로 분파되어 있었다. 1920년에 이미 융은 프로이트와 결별하고 자신의 학파를 세우고 있었다.

들은 바슐라르의 정신분석을 '응용 정신분석'으로 정의하기도 하고, 또 다른 연구자들은 '초보적 정신분석' 또는 '범위를 벗어난 정신분석'으로 규정하기도 한다. 사실, 이러한 비판만 듣는다면, 바슐라르가 정말로 정신분석을 오해했거나, 진정한 이해 없이 자신의 개념을 적용했다고 생각할 수도 있다. 적어도 그의 정신분석 개념이 전통적 정신분석과 정확히 일치하지 않는다는 것은 분명하다. 이에 대한 다양한 의견은 기존의 범주에서 바슐라르의 정신분석을 평가하는 데 있어서의 모호성 또는 어려움을 보여 준다. 그러나 바슐라르의 연구가 정신분석과 전혀 연관성이 없다고 결론 내릴 수는 없다. 단지 그는 기존의 정신분석을 뛰어넘을 필요를 느꼈거나 적어도 문자 그대로 따르지는 말아야 할 필요성을 느낀 것이다. 이 점에 있어서, 정신분석에 대한 바슐라르의 관점을 명확히 할 필요가 있다.

바슐라르적 정신분석

바슐라르의 정신분석에 대한 전체적 윤곽을 규정하기 전에, 먼저 두 가지를 주목해야 할 필요가 있다. 첫째, 바슐라르의 정신분석은 자신의 사상 체계에서 자신만의 고유한 의미를 갖는다는 것이다. 그의 정신분석적 개념들은 주로 자신의 논지를 설명하기 위해 사용된 것이지, 환자를 치료하는 치료 목적을 위해 사용된 것이 아니었다. 당연히 전통적 목적의 정신분석에 적용하기에는 무리가 있다는 것이다. 둘째, 바슐라르 사상의 전 시기를 통틀어 볼 때 그가 정신분석에 대해

서로 상반되는 두 가지 태도를 취했다는 점이다.

『불의 정신분석』까지의 정신분석에 대한 긍정적이고 우호적이었던 태도는 프로이트의 정신분석에 대한 것이었다. 그가 1940년까지 연구에 몰두했던 객관적 인식의 정신분석 기간까지는 프로이트의 정신분석에 동조하는 것으로 보인다. 그러나 『물과 꿈』에 이르러서는 프로이트에 대한 언급이 사라지고 융의 심리학 쪽으로 기울게 된다. 오히려 프로이트의 정신분석에 대해서는 '고전적 정신분석'이라는 용어를 사용하면서 비난하는 태도를 취하게 된다. 이전까지 바슐라르는 과학적 합리성에 접근하는 혁명적인 방법으로서 프로이트를 신뢰했다. 그러나 객관적 인식의 정신분석에 대한 이러한 이해는 『물과 꿈』에서부터 사라진다. 그는 이 변화에 대해 아무 말도 하지 않지만, 더 이상 객관적 인식을 정신분석하는 것에 대해 언급하지 않았으며, 융의 정신분석 용어를 주로 차용하게 된다. 이러한 그의 태도의 변화는 상상력에 대한 그의 연구의 진행과 연관성이 있다. 그러나 여기에서 다시 바슐라르는 모순된 태도를 보여 준다. 그는 한편으로는 정신분석을 거부하면서도 다른 한편으로는 여전히 그것을 수용한다. 정확히 표현하자면 그는 제한적으로 정신분석을 수용한 것이다.

정신분석의 이해에 있어 이러한 변화를 보면, 바슐라르가 정신분석을 심층적인 이해 없이 성급하게 자신의 연구에 적용했다고 지적할 수도 있다. 그러나 또 한편으로는 바슐라르가 정신분석을 처음 접했을 때인 1930년대에는 프랑스에서 정신분석에 대한 의미 자체가 명확하지 않았다는 점에 유의해야 한다. 분명한 것은 바슐라르가 처음 정신분석을 접했을 때는 그때까지 알고 있던 것과는 매우 달랐던,

인간의 마음을 탐구하는 이 새로운 분야에 자신을 던질 준비가 되어 있었다는 것이다. 그리고 정신분석이야말로 바슐라르에게 전혀 새로운 세계, 즉 상상력의 세계를 열어 준 계기가 되었다는 것이다. 과학철학에서 절대 객관성을 탐구하던 인식론 연구자로서 훌륭한 경력을 가지고 있던 바슐라르는 당시에 전혀 예상치 못했던 새로운 장애물, 즉 '주관성'의 문제에 직면하고 있었다. 역설적으로, 이 만만치 않은 적수를 제거하기 위해 채택한 무기였던 정신분석이 이 적수의 진정한 가치를 깨닫게 해 주었던 것이다. 정신분석 덕분에 바슐라르는 오랫동안 제거되어야 할 인식론적 장애물로 취급해 온 이 주관성이 실제로는 인간의 진정한 가치를 찾을 수 있는 보물이 될 수 있다는 것을 깨닫기 시작했다.

시기상으로 보면, 객관성의 추구에서 주관성의 추구로 이어지는 바슐라르의 변화는 정신분석과의 만남 직후부터 시작된다. 이 점에 있어서는 정신분석이 그에게 상상력 연구를 위한 새로운 방법론으로서 영감을 주었다고 말할 수 있다. 왜냐하면 그 당시에 바슐라르가 보기에는 정신분석과 상상력은 일반적 인식 뒤에 신비하게 숨겨진 '인간 정신'의 미지의 분야를 공유하고 있었기 때문이다. 그러나 곧 바슐라르는 정신분석이 자신의 의도에 부합하는 것과는 거리가 멀다는 것을 깨닫게 된다. 기본적으로 자신의 목표는 다른 곳에 있었기 때문에 정신분석의 기능적 정의에 동의할 수 없었던 것이다.

정신분석의 목표는 인간의 무의식 속에 감춰져 있는 특성을 찾아내고 자아의 인식을 통해 정신 치료의 방법을 개발하는 것이다. 이 점에 있어서, 정신분석은 정신 치료 분야에서 지대한 성공을 거뒀다.

그러나 그에 대한 대가로 부정적인 영향도 끼치게 되었는데, 그것은 인간의 영혼이 과학적 연구의 대상이 될 수 있음을 보여 줌으로써 인간의 모든 측면을 단순화시키고 편협한 범주로 인간을 분류하는 태도를 합리화시킨 것이다. 정신분석의 이러한 영향은 바슐라르가 추구하고자 하는 목표와는 대척점에 위치하는 것이었다. 그렇기 때문에 바슐라르가 얼마 지나지 않아 정신분석에 대해 비판적인 태도를 취한 것은 당연한 것으로 보인다. 정신분석에 일찍이 관심이 있었고 그것의 장점을 인정하긴 했지만, 인간 마음을 단순화하고 도식화하는 정신분석의 효과를 받아들일 수 없었던 것이다. 그에게는 정신분석으로 인해 지나치게 좁혀진 인간 정신의 영역을 확장하고 활성화시키는 것이 필요했다.

> 정신분석은 종종 지적된 바와 같이, 정신의 의식적이고 합리적인 삶을 과소평가했다. 그것은, 어찌 되었든 항상 형태가 없는 것에 형태를 부여하고, 어두운 욕망과 본능에 해석을 부여하는 정신의 항구적인 활동을 보지 못했다.[17]

결과적으로, 바슐라르의 정신분석적 개념들은 기존의 정신분석이 가지고 있는 환원적 방법론을 바로잡기 위한 노력으로서 마지막까지 전개되어 나갔다고 말할 수 있다. 정신분석은 정신 질환의 치료를 위해 무의식의 부정적인 행동에 초점을 맞추어야 한다. 그러나 이

---

17) Bachelard, *La dialectique de la durée*, p. 143.

치료의 대가로 그것은 인간 정신의 또 다른 측면인 의식의 희생을 강요한다. 바슐라르에게 이러한 불균형한 태도는 인간 정신에 대한 새로운 왜곡에 불과했다. 즉 정신분석은 그에게 인간을 연구하기 위한 새로운 동기를 부여했지만, 진정한 가이드가 될 수 없었던 것이다. 정신분석은 바슐라르가 피하고 싶었던 자연과학의 한계를 뛰어넘을 수 없었고, 그는 이 상황을 받아들일 수 없었다. 이것이 바슐라르가 정신분석을 갱신하는 것이 자신의 임무라고 설정한 이유이다.

바슐라르는 기존의 프로이트식의 정신분석이 아닌 새로운 정신분석이 필요하다고 역설한다. 이 새로운 정신분석을 바슐라르는 '문화 정신분석'이라고 불렀다. 인간 정신의 모든 활동은 문화적 상황과 관련있기 때문에 정신활동은 문화와 떼어 내서는 올바르게 해석될 수 없기 때문이다. 문화의 시선으로 현상을 이해하는 정신분석, 바슐라르는 그것을 문화 정신분석이라고 불렀다.[18] 그러나 문화의 도입만으로는 이상적인 정신분석이 되기에 충분하지 않다. 여기에 미래를 향해 열린 세계의 비전이 추가되어야 한다. 『응용 합리주의』에서, 바슐라르는 과학은 인간 정신에 미래를 제공해야 한다고 주장한다. 인간의 시선이 없다면 과학은 독단에 지나지 않는다. 바슐라르가 프로이트주의에 대해 비판적이었던 것은 바로 이 때문이었다. 그가 보기에는 프로이트주의는 너무 비관적이고 무엇보다 독단론을 기반으로 하고 있었다. 프로이트의 실수 중 하나는 그가 정신분석을 하나의 방

---

18) Bachelard, *Le rationalisme appliqué*, p. 72.

법론으로서뿐만 아니라 하나의 교리로서 주장했다는 것이다.[19] 따라서, 프로이트주의는 환자들의 증상의 원인을 찾아 인간의 내밀한 메커니즘을 이해하는 데는 일정 정도의 성공을 했지만, 그 대가로 다양한 경험의 형태들을 단순히 억압된 심리적 에너지로만 격하시켜 버렸다. 심지어 프로이트주의는 심리적 성장점 내부로 개입하고자 했다. 그러나 신경증을 치료하는 것 이상으로 정신분석은 성장을 위한 어떠한 모티프도 제공하지 않는다. 나쁜 과거에 개입하는 것이 자동으로 좋은 미래를 제공하지는 않는 것이다. 바슐라르가 보기에 정신분석이 진정으로 효과적이기 위해서는 주관적 주체의 미래를 고려해야 했다.

미래가 없는 지식, 바로 이것이 바슐라르가 '고전적 정신분석'이라고 불렀던 것이다. 반면에, 문화 정신분석은 문화에 활력을 불어넣고, 인간 정신에 진보의 힘을 주는 정신분석이다. 이 문화 정신분석은 인간에 대한 단호하고도 낙관적인 견해를 기반으로 한다. 프로이트는 모든 신경증은 우리가 자신의 잘못의 원인을 모른다는 사실의 결과라고 생각했다. 다시 말해, 그는 인간이 자신을 통제할 수 없는 약한 존재라고 믿었던 것이다. 그러나 바슐라르는 그 반대이다. 그는 "인간존재는 자신의 잘못의 비밀을 현명하게 유지할 힘이 있다"[20]고 믿는다. 이러한 긍정적 확신은 프로이트주의의 정신분석 개념을 다르게 해석할 수 있는 바슐라르 사상의 근본적인 힘이다. 예를 들

---

19) Charles Baudouin, *L'œuvre de Jung*, Paris: Payot, 1963, p. 14 참고.
20) Bachelard, *Le rationalisme appliqué*, p. 70.

어, 프로이트주의의 기본 개념 중 하나는 '자아'와 '초자아'의 구별이다. 우리의 삶에서 초자아는 자아의 감시자로서 기능한다. 그러나 프로이트는 초자아의 개념을 만들어 내기 위해 감시의 기능이라는 개념을 지나치게 일반화시켰다. 그 결과 그것이 활발하게 활동을 할 때면, 초자아는 실제로는 우리 자신을 판단하는 힘으로서 발현된다. 초자아가 항상 우리를 감시하고, 방해하고, 처벌하는 것이다. 그러나 바슐라르는 이러한 구도를 반박한다. 그에게 있어서 프로이트의 초자아는 우발적이고 임의적인 형태일 뿐이었다. 프로이트의 초자아 개념은 근본적으로 감시자와 피감시자라는 구도에서 나온 것이기 때문에 궁극적으로 인간의 정신적 삶을 인도할 수 없다. 감시라는 이 요소는 자신도 모르는 사이에 초자아의 정의 속에 침투되어 있는 것이다. 그것은 무소불위의 초자아, 독재자로 개인화된 초자아이다. 그러므로 이 '인간이 배제된 초자아'를 문화의 규칙들에 의해 만들어진 초자아로 대치할 필요가 있다. 그것은 문화와 긴밀히 결합되어 있는 열린 초자아이다. 바슐라르는 프로이트가 절대적 능력을 부여한 초자아의 개념도 결국 인간의 판단에 의해 결정되어야 한다고 말한다. 왜냐하면 그에게 있어 인간이란 존재는 기계적 혹은 수학적 측정에 의해 판단되어지는 존재가 아니라, 그러한 시도 자체를 무력화시키는 훨씬 거대한 우주적 존재이기 때문이다. 이 점에서 바슐라르는 명확하게 정의한다. "우리가 판정자로서 받아들이는 이 초자아는 우리 자신에 의해 판단되어야 한다."[21] 이렇게 바슐라르는 모든 차원의 문화를 포

---

21) *Ibid.*, p. 71.

함하는 정신분석의 새로운 기준을 구축하고 한다.

바슐라르가 독창적이라고 하는 것은 이 정신분석을 하나의 열린 방법론으로 적용하고자 했다는 것이다. 그는 이 정신분석을, 물론 자신의 의미에서, 상상력 연구의 거의 모든 영역에 적용하고자 했다. 그에게 있어 상상력은 인간을 한계 짓는 것이 목적이 아니라 우주적 차원으로 확장하는 것이었기 때문이다. 그렇기 때문에 그는 모든 차원의 가능성을 다 고려해야 하고, 모든 방법론들을 자유롭게 적용해야 한다고 생각했다. 그것이 바로 바슐라르가 그의 철학적 여정의 후기에 이르러서 우주적 정신분석과 물질의 정신분석의 필요성을 언급하는 이유이다.

> 우주적 정신분석, 우주의 모순에 대해 고려해 보기 위해 잠시 인간에 대한 우려를 떠나는 정신분석이 필요할 것이다. 또한 물질의 정신분석, 물질의 상상력에 대한 인간적 동반을 전적으로 받아들이면서 물질적 이미지들의 심오한 작동을 가장 가까이서 뒤따르는 정신분석이 필요할 것이다.[22]

바슐라르는 정신분석이 인간 정신의 활동을 분석하기 위한 도구일 뿐만 아니라 상상력을 분석하기 위한 매우 구체적인 도구로 사용될 수 있다고 생각했다. 이러한 생각은 마지막까지 그를 떠나지 않았다. 그런 면에서 바슐라르의 정신분석은 상상력에 근거를 둔 자유로

---

22) Bachelard, *La poetique de l'espace*, p. 113.

운 정신분석이라 말할 수 있다. 그의 정신분석은 우리가 세상을 사랑하는 데 도움이 되는 정신분석이다. 그것은 대상의 부정적인 면에 초점을 맞추기보다는 긍정적인 면에 더 관심을 갖는다.

우리는 정신분석과 관련하여 바슐라르의 두 얼굴을 볼 수 있다. 한편으로는 항상 정신분석을 비판했고, 다른 한편으로는 마지막까지 그것을 유지했다. 그러나 이 역설은 단지 하나의 피상적인 표현일 뿐이다. 실제로 바슐라르가 했던 정신분석에 대한 비판은 대부분 프로이트주의의 부정적인 측면에 집중되어 있다. 또한 그가 '고전적 정신분석'이라 비난한 프로이트의 이론도 그 전체를 거부한 것은 아니었다. 그는 프로이트주의의 전반적인 의도 자체를 부정하지는 않았다. 그가 지적하고자 했던 것은 교조주의로 흘러 굳어진 정신분석의 자세였다. 실제로 바슐라르는 '상징'이나 '승화' 같은 정신분석의 개념들은 끝까지 가지고 갔다. 정신분석과의 관계를 완전히 단절했다고 알려져 있는 그의 '상상력의 현상학 연구'에서도 우리는 많은 정신분석의 개념들을 찾을 수 있다. '승화' 같은 주제는 『공간의 시학』이나 『몽상의 시학』에서도 중요한 주제로 다루어진다. 바슐라르는 정신분석이 제공한 인간을 새롭게 바라보는 혁명적인 시각을 받아들였다. 다만 정신분석 전체에 대해 다 만족한 것은 아니었을 뿐이다. 그래서 그는 정신분석을 자신의 필요에 맞게 변형시켰고, 자신의 체계에 적용시킨 것이다. 바슐라르의 독창성에 대해서는 정신분석학자인 엘리자베스 루디네스코가 잘 말해 주고 있다.

[…] 가스통 바슐라르의 사상. 그것은 그 자체로 기념비적인 것이다.

그의 사상의 정신분석 관련 부분은 초현실적인 불법 침입이다. 그러나 그것은 정신분석의 진행에 아무것도 빚진 것이 없고 정신분석도 그에게 크게 빚진 것이 없다.[23]

마지막으로, 우리는 한 문장으로 정신분석에 대한 그의 견해를 요약할 수 있다. 그는 정신분석의 이론은 거부했지만, 정신분석이 가지고 있는 원래의 영감은 유지했다.

창조적 무의식

무의식은 정신분석의 가장 근간이 되는 개념이다. 그것은 세기의 전환기에 인문학을 뒤흔들었던 가장 큰 발견이었다. 이 무의식의 개념으로 인하여 프로이트는 그때까지 '신비' 또는 '가려진 영역'으로 취급되고 있었던 인간 정신에 대한 과학적 연구를 위한 새로운 길을 열수 있었다. 19세기 말 당시의 지적 풍토는, 비록 자연과학의 발전에 의해 강하게 영향을 받았다는 사실에도 불구하고, 인간 정신에 대한 연구는 고전 심리학의 영역에 속해 있었다. 이 고전 심리학은 인간의 정신현상을 사회적 기준, 도덕, 통계 등 외적인 요인들, 그리고 무엇보다도 관찰자의 체험에 기초하여 분석하고자 했다. 이러한 상황에

---

23) Elisabeth Roudinesco, *Histoire de la psychanalyse en France 2: 1925 – 1985*, Paris: Fayard, 1994, p. 13.

서 인간의 심리 연구에 대한 새로운 기준이 마련되기까지는 새로운 과학이 혁명적인 아이디어를 가지고 나올 때까지 기다려야만 했다. 이 새로운 과학이 프로이트의 정신분석이었고 그의 혁명적 아이디어의 핵심은 무의식이라는 개념이었다.

다른 사람과 마찬가지로 바슐라르의 경우에도 정신분석과의 만남은 무의식의 발견을 의미했다. 그는 정신분석으로부터 인간의 정신이 이중 구조를 가지고 있으며, 이 정신 구조, 즉 의식과 무의식이 서로 끊임없이 영향을 주고받는다는 것을 배웠다. 달리 말하자면 그는 객관적 인식의 과정 중에 있어서의 무의식의 중요성을 깨달은 것이다. 이 무의식은 그의 상상력 연구에 있어서도 계속 핵심적 위치를 차지하게 된다. 그러나 그가 무의식의 존재를 받아들였다고 해서, 그가 정신분석가들, 특히 프로이트와 심지어 융의 이론에 전적으로 동의했다고 말하기는 어렵다.

프로이트에 따르면, 무의식은 억압된 충동을 포함하는 모호한 힘이다. 초기에 프로이트는 언제든지 의식에 영향을 끼칠 수 있는 다양한 심리적 경향을 '전의식'이라 불렀다. 후에 그는 이러한 심리적 경향들 중 억압된 내용, 즉 특수한 기술의 도움이 없이는 의식의 차원으로 떠오를 수 없는 내용들을 무의식이라 불렀다. 이 무의식은 억압된 내용으로 이루어져 있으며, 이 억압된 내용은 의식의 작용에 의해 의식의 시스템에 접근하는 것이 금지된다. 그러나 의식의 검열이 느슨할 때 이 억압된 내용은 시스템에 간접적으로 침투한다. 비유하자면 무의식은 이 내용들이 억압된 방에서 억압이 없는 방으로 건너가기 위한 대기실의 역할을 한다고 볼 수 있다. 즉 억압된 내용물들은 무의식 속에서 의식과 만날 때를 기다리는 것이다. 본질적으로 무의식의 심리적 사실은 의식의 심리적 사실과 다르지 않다. 이 두 사실의 차이점은 전자가 부재 또는 대기 시간의 성격을 가지고 있다는 것뿐이다. 결국 프로이트의 의식은 가려진 의식이라고 말할 수 있다.

무의식에 대한 융의 정의는 더욱 구체적이다. 융은 개인의 무의식과 집단무의식을 구별한다. 그에 따르면 "개인의 무의식은 개인의 삶에서 기원을 가진 억압되고, 삭제되고, 잊혀진 숭고한 내용으로 만들어진다".[24] 집단무의식은 인류의 기원부터 만들어진 전형적인 반응 방식을 나타내는 내용으로 구성된다. 그것은 집단적 사고를 이끄는 타고난 특성들의 합이며 개인의 생각을 구조화한다. 융은 집단무의식이 개인의 무의식을 포괄하며, 원형은 이 집단무의식의 가장 근본적이고 본능적인 내용이라고 말한다. 무의식에서 융이 관심을 갖는 것은 자발성이다. 그는 개인적 무의식의 내용 중 일부분이 외부 충격에 의해 의식의 차원으로 소환되면, 다른 요소들도 자발적으로 나타난다고 생각했다. 그래서 그는 무의식이 그 자체로 독립성과 자율성을 가지고 있다고 생각했다.

무의식에 대한 바슐라르의 생각은 프로이트보다 융에 더 가깝다고 볼 수 있다. 왜냐하면 무의식에 대한 그의 개념은 부정적인 억압의 흔적이나 어두운 성격이 없기 때문이다. 그러나 바슐라르는 융처럼 무의식의 구별에 큰 의미를 부여하지는 않는다. 바슐라르에게 있어 무의식이 의식적 삶을 이끄는 근원적 힘이라는 것은 프로이트나 융

---

24) Jolande Jacobi, *La psychologie de C. G. Jung*, du Mont-Blanc, 1964, pp. 31~32.

과 동일하다. 즉 우리의 의식적인 삶은 독자적으로만 작동하는 것이 아니라 무의식에 의해 끊임없이 영향을 받는 것이다.[25] 예를 들어, 이 무의식의 힘은 가장 대표적인 의식의 활동이라 생각하는 인간의 사색에까지 영향을 끼친다. 우리는 사색의 대상을 선택하는 것이 우리 자신이라고 믿지만, 사실은 종종 그 사색의 대상은 이미 우리의 무의식에 의해 선택된 것이다. 즉 사색 대상의 선택은 의식적인 판단의 결과가 아니라 무의식에 의해 축적된 가치의 출현에 의해 영향을 받는 것이다. 그래서 바슐라르는 "생각하기 전에 꿈을 꾸는 것이다"[26]라고 말한다.

이처럼 무의식에 대한 바슐라르의 정의는 프로이트와 현저하게 다르지는 않다. 그러나 바슐라르는 무의식의 본질에 대한 해석에 있어서 프로이트와 근본적인 차이를 보여 준다. 프로이트는 무의식을 우리의 의식과는 별개로 작용하는 통제할 수 없는 충동이라고 생각하지만, 바슐라르는 그것이 의식의 근본적인 힘이라고 생각한다. 프로이트에게서 무의식과 의식은 적대적인 관계에 있지만, 바슐라르에게는 상호적이고 평화로운 관계를 유지한다. 우리들의 몽상 속에서 바슐라르의 무의식은 의식을 이끄는 힘으로 작용한다. 예를 들어 우리의 몽상이 깊이 전개될 때면 무의식은 의식과 혼합되어, 더 이상 무의식의 상태와 의식의 상태를 구별할 수 없게 된다. 사실, 몽상은 무

---

25) "그런 다음 우리는 끊임없이 의식적 삶 안으로 흘러 들어가는 몽상의 힘이라는 무의식적인 충동을 잊어버린다"(Bachelard, *La Terre et les rêveries de la volonté*, p. 4).
26) Bachelard, *L'eau et les rêves*, p. 6.

의식이나 의식의 결과가 아니라 이 두 가지 요인의 혼합물이다. 바슐라르는 후기 사상에서 의식에 더 많은 중요성을 부여했지만, 무의식은 여전히 의식의 지침으로서의 가치를 유지한다.

프로이트와 달리 바슐라르는 융의 해석에 더 우호적이다. 주로 그는 긍정적인 무의식의 해석이라는 점에서 융과 일치한다. 융과 바슐라르 둘 다 무의식이 인간을 억압하는 억압된 힘이 아니라, 인간이 보존해야 하는 긍정적인 첫 번째 본성이라고 생각한다. 그러나 바슐라르는 여전히 융과 구별된다. 융은 개인이든 집단이든 무의식은 의식의 근원이라 생각한다. 즉 의식과 무의식의 관계는 종속 관계이고, 그 결과 우리 삶에서 중요한 동기로서 역할을 하는 것은 무의식이다. 그러나 바슐라르의 무의식은 의식을 지배하지 않는다. 그들의 관계는 상호보완적이다. 무의식은 의식에 영향을 미치지만, 멋대로 이끌어 가는 것이 아니고 의식 또한 자신의 힘을 모두 잃지 않는다. 이 요소들은 서로 고유한 가치를 유지하면서 균형 잡힌 상태에 있다.

> 잘못 형성된 의식이나 이미 굳어진 의식 또한 무의식이 비결정 상태로 만들거나 변형하는 꿈꾸는 영혼에 해롭다. 인간 정신은 상상된 것과 인식된 것 사이의 균형을 찾아야 한다. 이 균형은 상상하는 힘을 은근히 자의적인 도식과 연관 짓는 가짜 대체물들에 대해 만족하지 않는다.[27]

---

27) Bachelard, *L'air et les songes*, pp. 203~204.

이것이 바슐라르가 의식에 의해 어느 정도 통제될 수 있는 몽상에 대해 관심을 기울이는 이유이다. 프로이트와 융은 연구의 대상으로서 꿈을 중시하지만, 바슐라르는 "꿈의 연구를 몽상의 연구로 대체"[28]할 것을 제안한다. 실제로, 상상력에 대한 그의 연구의 시작부터, 바슐라르는 명확하게 이 두 가지 정신현상을 구별하고 있다.

이 몽상은 그것이 언제나 대상에 다소간 집중되어 있다는 점에서 꿈과는 전적으로 다르다. 꿈은 진행되면서 길을 잃으며 선형으로 길을 찾아간다. 몽상은 별처럼 작동한다. 몽상은 새로운 빛을 던지기 위해 중심으로 돌아온다.[29]

몽상은 의식에 의해 인도되기 때문에 중심으로 돌아온다. 프로이트나 융에 의하면, 우리가 꿈을 꿀 때 꿈의 주제는 존재하지 않으며, 꿈의 접근 방식은 통제할 수 없다. 왜냐하면 꿈을 이끌어 가는 것은 낮 동안 의식에 의해 억압되는 무의식이기 때문이다. 그러나 바슐라르의 무의식은 통제할 수 없는 에너지가 아니라 상상력의 현상을 만들어 내는 원천이다. 무의식은 상상력의 표면으로 나타나지는 않는다. 그러나 그것은 의식 뒤에 숨어서 의식의 안내자라는 역할을 갖고 있다. 무의식과 의식의 균형 잡힌 협력은 몽상의 첫 번째 조건이다.

무의식은 긍정적으로 활동할 때 독창성의 근원이 된다. 독창성은

---

28) Bachelard, *La poétique de l'espace*, p. 32.
29) *Ibid.*

질서가 아니라 모순에서 나온다. 모순은 정적 상태에 대한 거부현상이자, 새로운 비전의 표시다. 의식은 모순을 거부하고 무질서를 받아들이지 않는다. 왜냐하면 그것은 합리성에 근거하기 때문이다. 따라서 의식의 세계에서는 인간 정신의 모순은 반드시 교정되어야 하는 비정상 상태일 뿐이다. 반면에 무의식에 있어 모순은 자연스러운 상태이자, 원초적인 상태이다. 무의식 자체가 모순이기 때문이다. 이 모순이야말로 무의식의 법칙이다.[30] 독창성은 배우거나 상속할 수 있는 것이 아니다. 독창성은 우리 내부에 보존되어 있다가 기존의 상황을 바꾸고자 하는 무의식에 의해 드러나게 되는 요인이다. 즉 모순이라는 것은 무의식이 발현되는 외적인 모습일 뿐이다. 그 발현은 결코 시도되지 않았던 것을 시도할 수 있는 기회를 우리에게 제공한다.

독창성에 가장 쉽게 도착하는 것은 모순을 통해서이다. 독창성은 무의식의 가장 두드러진 발현들 중 하나이다. 객관적 인식에 적용해 보면, 이 독창성에 대한 필요성은 현상의 세부 사항을 증가시키고, 뉘앙스를 구현시키고, 사건들을 언급하게 만든다. 소설가가 특이한 것들의 인위적인 합으로 주인공을, 일련의 모순된 행동을 하는 제멋대로의 캐릭터를 탄생시키는 것과 정확히 같은 방식으로 말이다.[31]

따라서 인간 정신의 현상을 자세히 파악하기 위해서는 무의식의

---

30) "무의식의 법칙인 모순…"(Bachelard, *Psychology du feu*, p. 131).
31) *Ibid.*, pp. 132~133.

외양에 대한 설명만으로는 충분하지 않다. 바슐라르는 무의식의 원리, 즉 그 독창성을 찾아야 한다고 역설한다. "그래서, 바닥으로 가야 한다. 무의식의 원리를 향해 가야 한다. 무의식에서 인간의 독창성의 기초를 발견해야 한다."[32] 문학적 창조는 무의식이 가지고 있는 이 독창성의 가장 좋은 예이다. 문학 분야에서는 독창성으로서의 무의식이 문학적 창조의 근본적인 힘이다.[33]

바슐라르가 관심을 가진 것은 무의식이 가지고 있는 혁신적인 특성이었다. 무의식에 대한 그의 개념은 새로운 이미지에 대한 그의 개념과 매우 연관이 많다. 그에게 상상력은 이미지를 만드는 힘이며, 무의식은 그 상상력이 가장 선호하는 장소이다. 바슐라르에게 무의식은 무엇보다도 "창조적 무의식"[34]이다. 무의식은 항상 인간 정신의 창조적인 잠재력을 불러일으킨다. 그것이 바로 우리가 가끔 대상과 전혀 무관해 보이는 이미지들을 만들어 내는 이유이다. 무의식이 이미지의 대상으로부터 자신이 필요로 하는 요소들을 이끌어 내고, 그것들로 이미지의 고유한 구조를 만들기 때문이다.[35] 이와 같이 바슐라르에게 있어서 이미지와 무의식의 관계는 매우 긴밀하다. "위대한 이미지들은 자신을 선호하는 무의식을 영구히 써넣는다."[36]

---

32) Bachelard, *Le droit de rêver*, p. 217.
33) "과거에 대한 애착이 없는 문학적 풍경은 없다. 현재는 문학적 풍경을 만들기에 충분하지 않다. 말하자면, 문학적 풍경에는 항상 무의식이 존재한다"(Bachelard, *La Terre et les rêveries de la volonté*, p. 160).
34) Bachelard, *L'eau et les rêves*, p. 19.
35) "무의식도 자신의 선택이라는 건축술을 가지고 있다"(Bachelard, *La Terre et les rêveries du repos*, p. 121).
36) Bachelard, *L'eau et les rêves*, p. 20.

바슐라르의 무의식은 "프로이트가 정의한 것처럼 우리를 부끄럽게 만드는 모든 정신병 증세들, 우리가 고백하기를 거부하는 증세들이 모여서 썩어 가는 검은 우물이나 구덩이가 아니다".[37] 바슐라르의 무의식은 적대적인 에너지가 아니라 환대하는 에너지이다. 그에게 있어서 무의식은 언제나 "조용한 무의식, 악몽이 없는 무의식, 자신의 몽상과 균형 상태에 있는 무의식"[38]이기 때문이다. 그러한 무의식은 우리에게 우주의 이미지를 보여 주고 우리가 세계의 아름다움을 느낄 수 있도록 해 주는 근원적인 힘이다.

---

37) Paul Ginestier, *La pensée de Bachelard*, p. 142.
38) Bachelard, La flamme d'une chandelle, p. 7.

2장. 베르그송, 지속과 무의식

조현수

프로이트 대 베르그송

무의식에 대한 얘기는 무척 많다. 하지만 제법 긴 세월 동안 그토록 많은 얘기들이 쏟아져 나왔음에도 불구하고 무의식과 관련해서는 아직도 가장 원론적인 문제부터가 계속해서 논란거리가 되고 있는 것으로 보인다. 즉 무의식이라는 것이, 다시 말해, 마땅히 이런 이름으로 불러야만 될 어떤 것이, **실제로 존재하느냐**의 문제부터가 말이다. 무의식에 대한 이론들이 말하는 무의식이란, 인간의 마음속에 존재하는 어떤 **심리적 사태**를 가리키는 것이다.[1] 하지만 내 마음이 **의식하지 못하는** 어떤 것이 내 마음속에 **존재한다는 것**이 과연 가능한 일인가? 나는 그러한 것이 내 마음속에 **존재한다는 것**을, 오직 내가 그것을 **의식할**

---

1) 몸에서 일어나는 많은 **생리적** 과정들은 무의식적으로 진행된다. 즉 내가 그것들이 진행된다는 것을 의식하지 않아도 그대로 진행되는 것이다. 하지만 무의식 이론들이 말하는 무의식이란 이러한 생리적 차원의 것이 아니라 **심리적** 차원의 것이다.

수 있는 한에서만 확인할 수 있는 것이 아닐까? 그렇다면, 내가 의식할 수 없는 어떤 것이 내 마음속에 존재한다고 말하는 것은, 그렇게 말 하자마자 그것이 '말이 되지 않는 말'이라는 것을 알 수밖에 없게 되 는 어불성설(모순)이 아닐까? 하느님에 대해서, 혹은 귀신에 대해서, 현자들을 포함한 많은 사람들이 아주 오랫동안 중요한 얘기들을 많 이 해 왔다. 하지만 그들의 논리와 통찰에 아무리 정연하고 심오한 것 이 들어 있다 할지라도, 먼저 하느님이나 귀신이 실제로 존재하는 것 이어야지만 그들의 얘기는 정말로 '하느님(혹은 귀신)에 대한' 얘기가 될 수 있을 것이다(오늘날 우리는 하느님이나 귀신에 대해서 이뤄져 왔 던 많은 얘기들이 실은, 하느님이나 귀신에 대한 것이 아니라 인간 마음의 작용에 대한 얘기일 수 있다는 것을 알고 있다). 그런데 어떤 것이 나의 심리적 표상이 될 수 있기 위해서는, 그것을 그러한 나의 심리적 표상 으로 의식하는 '나는 생각한다'라는 초월적 통각이 반드시 그것에 따 라붙어야 한다는 칸트적 주장이 만약 옳은 것이라면, 무의식이란, 즉 그것에 대해 그것을 의식하는 '나는 (그것을) 생각한다'라는 의식 작용 이 따라붙지 않는 심리적 표상이란, 아예 처음부터 결코 불가능한 것 이 된다.[2] 무의식에 대한 얘기는, 과연 귀신이나 하느님에 대한 얘기 를 들을 때 사람들이 품게 되는 것과 같은 유형의 의문이나 회의를 극 복할 수 있을까? 마음에 관해 제아무리 새롭고 중요한 통찰이 거기에

---

[2] 이것이 바로 칸트주의적 심리학자로 유명한 분트가 무의식이라는 개념에 대해 철저하게 반 대했던 이유이다. 분트와 그의 주장에 동조하는 이들이 무의식 개념을 어떻게 비판하는지 에 대해서는 Christian Kerslake, *Deleuze and the Unconscious*, London and New York: Continuum, 2007, pp. 57~58 참고.

들어 있다 한들, 그것이 정말로 다른 어떤 것이 아닌 (실제로 존재하는) 무의식에 대한 얘기일 수 있을까?

프로이트를 '무의식의 발견자'라고 평가하게 되는 이유, 즉 마치 그가 무의식에 대해 처음으로 말하기 시작한 사람인 양 생각하게 되는 이유는 무엇일까? 잘 알려져 있듯이, 그 이전에 이미 여러 저명한 학자들이 무의식이라는 개념을 사용해 왔으며, 또한 이 개념을 통해 새롭고 중요한 많은 통찰들을 제시해 왔음에도 말이다. 그것은 그가 무의식의 존재성에 대해 쏠리는 저와 같은 의혹의 시선에 맞설 수 있는 매우 강력한 ── 물론 '강력한'과 '정당한'은 아직 동의어가 아니다 ── 논리를 제시한다는 것과 밀접한 관련이 있을 것이다. 실로 사람들은 그의 정신분석학에서, 무의식이 실제로 존재한다는 것을 옹호하는, 다시 말해, 틀림없이 심리적 사태임에도 불구하고 의식과는 뚜렷이 다른 것으로 구분되어야만 하며, 따라서 마땅히 '무의식'이라고 불러야만 될 어떤 것이 존재한다는 것을 옹호하는, 매우 세련되고 체계적인 설명과 마주하게 된다. 무의식의 존재를 옹호하는 프로이트의 논리가 가장 선명하게 드러나는 곳은 그가 무의식이 어떻게 발생하는지를 설명할 때, 혹은 무의식과 의식 사이에 어떠한 역동적인 상호작용이 펼쳐지는지를 설명할 때일 것이다. 프로이트에 따르면, 무의식은 의식이 어떤 심리적 표상을 억압하여 자신의 영역 밖으로 추방되도록 함으로써 발생한다. 이러한 억압에 의해 추방되는 이 표상은 결코 의식의 문턱 이편으로 다시 넘어오지 못한다. 설령 그것이, 충족되지 못한 자신의 욕구의 충동으로 인해, 의식의 문을 다시 두드린다 할지라도, 그것은 오직 자신을 억압하는 이 의식의 검열을 피할 수 있는 위장된 모습으로 자신을 감출 수 있을 때에만 의식의 문턱을 넘어올 수 있을 뿐, 그것의 진짜 본래의 모습은 여전히 의식의 시야가 미치지 못하는 어둠 속에 숨겨져 있다. 그러므로, 의식화될 수 있는 것, 다시 말해 의식의 대상이 될 수 있는 것은, 기껏해야 이러한 위장된 모습일 뿐이며, 억압된 표상의 원래 모습은 영원히 의식의 경계를 넘어오지 못하는 저편에서 **무의식적인 것**으로 남아 있게 되는 것이다. 그러므로 무의식이란, 의식에 의해 억압되는 이러한 표상과 그것의 충동, 그리고 그것이 이러한 자신의 충동을 만족시키기 위해 펼쳐 나가는 비밀스러운 활동에 의해 구성된다. 즉 프로이트에 따르면, 무의식은 의식에 의한 억압으로 인해 발생하며, 이처럼 억압되는 것의 본래 모습은 의식의 영역 이편으로 다시 넘어오지 못하므로, 그것은 의식의 영역 밖에 자신만의 또 다른 세계를 만든 채 마음속에 존재하게 된다는 것이다.

프로이트의 이러한 논리는 결코 의식의 영역 속에 포함될 수 없는 무의식이라는 또 다른 심리적 세계가 어떻게 가능한지에 대해, 또한 이처럼 의식의 사각지대에 놓여 있는 것이 어떻게 그럼에도 불구하고 매우 강력한 존재성을 가지고서 마음을 지배하는 커다란 힘으로 작용할 수 있는지에 대해, 매우 그럴듯하고 체계적인 설명을 제시해 주는 것으로 보인다. 이렇게 무의식의 존재를 확보한 그는, 바로 이를 기반으로 해서, 각종 신경증들과 정신병들 같은 다양한 정신병리적 현상들의 정체성과 발생 원인 등을 밝히는 데까지 나아간다. 무의식의 존재가 어떻게 가능한지를 보여 주는 간명하면서도 힘있는 방법, 자신이 이해하는 대로의 무의식으로부터 어떻게 이제까지 베일에 싸여 있던 기이한 정신병리적 현상들의 정체가 하나씩 풀려나갈 수 있는지를 설명하는 데서 보여 주는 섬세하면서도 체계적인 해석의 능력, 바로 그의 이론이 보여 주는 이와 같은 힘이 그의 이론을 무의식에 대한 정설의 지위를 차지하도록 만드는 커다란 이유로 작용하고 있을 것이다. 물론 자크 라캉이나 멜라니 클라인 같은 새로운 이름들에 의해 프로이트의 이론은 계속해서 새로운 모습으로 발전되어 온 것이 사실이다. 그리고 이 가운데는 그의 이론에 대한 대대적인 수정에 의해 이뤄지는 새로운 발전도 분명히 있을 것이다. 하지만 이 새로운 발전들도 무의식에 대한 프로이트의 저 기본적인 생각을 여전히 그들의 근본적인 원리로 받아들이고 있는 것으로 보인다. 즉 무의식이 발생하고 존재하는 이유가 무엇이며 또한 무엇이 그것의 내용을 이루고 있는지에 대한 프로이트의 생각은 여전히 이 모든 새로운 발전들을 위한 궁극적인 원천으로 작용하고 있는 것으로 보이는 것이다. 그러므로 이들 '프로이트 이후'의 이론들은 '프로이트의 변형'은 될지언정 결코 '프로이트의 부정'에까지 이르지는 않는다.

그런데 우리는 앙리 베르그송에게서 바로 이 '프로이트의 부정'에 해당하는 것과 마주치게 된다. 저 '프로이트 이후'의 이론들이 무의식에 대한 프로이트의 이론으로부터 출발하는 변주나 아류들에 지나지 않는 것과는 달리, 베르그송은 바로 무의식이 무엇이냐는 이 출발점 자체에 대해 프로이트와는 완전히 다른 이해를 제시한다. 첫 번째 단추가 어떻게 꿰어지느냐에 따라 나머지 다른 단추들의 운명이 달라지듯이, 무의식에 대한 베르그송의 새로운 이해는 또한 각종 정신병리적 현상들에 대한 이해에서도 프로이트의 것과는 근본적으로 다른 새로운 이해의 가능성을 잉태한다. 실로 정신병리적 현상들의 참된 정체성이 무엇인가 하는 것은 무의식의 본성이 무엇인가 하는 것에 달려 있는 '논리적 귀결'이기 때문이다. 이 글은 바로 이 두 가지 주제와 관련해 베르그송의 이론이 어떻게 프로이트의 이론과 맞서게 되는지를 살펴보려 하는 것이다. 즉 무의식에 대한 베르그송의 반反프로이트적인 새로운 이해가 무엇이며, 또한 이 새로운 출발점으로부터 어떻게 그 논리적 귀결로서, 정신병리적 현상들에 대한 역시 반프로이트적인 새로운 이해가 가능하게 되는지를 살펴보려 하는 것이다. 첫 번째 주제와 관련해서는 베르그송 한 사람만의 생각을 살펴보는 것만으로 충분할 것이다. 무의식에 대한 그의 논의는 다른 이에 의한 보완의 필요가 없을 정도로 본질적으로 이미 완벽하다. 하지만 두 번째 주제를 위해서는 베르그송 이외에도 융이나 질 들뢰즈의 주장을 함께 살펴보는 것이 필요해 보인다. 왜냐하면 무의식에 대한 베르그송의 이해가 정신병리적 현상들의 새로운 이해를 위해 함축하고 있는 가능성을 활짝 꽃피워 가는 것은 바로 이들로 인해서이기 때문이다. 베르그송 자신은 이 가능성을 명시적이고 구체적인 모습으로 발전시키는 데까지 직접 나아가지는 않은 것으로 보이며, 이러한 과제는 새로운 창조적 정신의 소유자들의 몫으로 맡겨진 것으로 보인다. 하지만 그럼에도 불구하고 정신병리적 현상들에 대한 이들의 새로운 이해는 오로지 무의식에 대한 베르그송의 새로운 이해의 기반 위에서만 가능한 것으로 보이며, 실로 베르그송이라는 이론적 배경에 대한 이해 없이는, 정신병리적 현상들의 의미와 가치에 대한 이들의 혁신적인 주장을 제대로 이해하는 것도 불가능해 보인다.

마음(정신) 속에서 일어나는 일은 어떻게 일어나는가?: 지속과 무의식

베르그송에게 무의식이란 무엇인가? 프로이트에게서도 그랬듯이, 그에게서도 이 문제는 무엇보다도 먼저 정명正名의 문제인 것으로 보인다. 즉 무의식이라는 것이 정말로 존재하는지, 또한 그러한 것을 '무의식'이라는 이름으로 부르는 것이 과연 정당한지가 우선적으로 해결되어야 하는 문제 말이다. 그런데 다른 것도 아닌, 베르그송 철학의 가장 핵심적인 개념인 '지속'이 바로 무의식이라는 개념을 필수불가결한 것으로 만들고 있는 것으로 보인다. 즉 지속이 실재實在하는 것이라면, 무의식이라는 것 또한 도저히 부정할 수 없이 실재해야 하는 것인 것처럼 보이는 것이다.『창조적 진화』1장의 첫머리에는 지속이 무엇인지에 대해 누구나 쉽게 이해할 수 있을 것 같은 평이한 언어의 설명이 제시되고 있다. 그러므로 지속에 대한 바로 이곳의 설명으로부터, 지속의 존재가 어떻게 무의식의 존재를 확실한 것으로 보증해 주는지를 이해시켜 줄 수 있는 가장 평이한 설명 또한 이끌어 낼 수 있을 것이다.[3] 베르그송은 자신의 '지속' 개념을 '우리의 마음속에서 일어나는 모든 일은 항상 **변화하면서 존재한다**'라는 평범한 사실로부터 발견해 낸다. 확실히, 우리의 심리적 삶을 이루는 것으로서 존재

---

3) 실로 베르그송의 철학에서 지속과 무의식 사이의 긴밀한 관계는 너무나 분명하게 드러나기 때문에, 베르그송의 무의식에 대한 연구들은 이에 대해 논의하는 일을 결코 빠뜨리지 않는다 ― 주성호(2007)와 김재희(2010)의 국내의 두 연구도 이 관계에 대해 잘 논의하고 있다. 그러므로 이미 여러 차례 연구된 이 내용을 다시 소상하게 다룰 필요는 없겠지만, 이 글의 앞으로의 전개가 필요로 하는 방식대로 그 핵심적인 대강을 다시 간추리는 일은 불가피해 보인다.

하는 모든 것들에 관한 한, '변화한다'와 '존재한다'는 서로 완전히 동의어인 것으로 보이며, 따라서 변화하지 않으면서 존재하는 심리적 사태란 결코 없는 것으로 보인다. 그런데 그저 평범해 보일 뿐인 이 사실이 대체 무슨 대단한 비밀을 함축할 수 있는 것일까? 베르그송에 따르면, 변화를 불가피한 것으로 만드는 근본적인 이유가 무엇인가에 정말 대단한 비밀이 숨어 있다. 가령, 내 마음이 온통 아무 미동도 없이 가만히 정지해 있는 어떤 외부 대상을 바라보는 일에 빠져 있는 경우를 예로 들어 보자. 베르그송은 이러한 경우에도, "그럼에도 불구하고 내가 지금 그 대상에 대해 갖고 있는 지각은 바로 한순간 전에 내가 그것에 대해 가졌던 지각과 다르게 된다"[4]라고 말한다(그리고 반성의 능력을 가진 사람이라면 그 누구든 이러한 주장이 옳다는 것을 인정하지 않을 수 없을 것이다). 그런데 내가 지각하고 있는 이 대상 자체는 어떤 미동도 없이 완전히 정지해 있는 것이므로, 이 대상에 대한 나의 지각이 변화하게 되는 원인은 이 대상 자신으로부터 오는 것이 아니다. 베르그송은 이 대상에 대한 나의 지각이 한시도 쉬지 않고 계속해서 변화하게 되는 이유가 무엇인지에 대해 다음과 같이 말한다. "내기억이 거기에 있어, 이 기억이 과거의 무엇인가를 현재 속으로 밀어넣고 있다."[5] 실로, 현재의 지각 속에는 언제나, 이미 지나간 과거의 경험들이 밀려들어 오고 있다는 이러한 주장은 옳은 것으로 보인다.

---

4) Henri Bergson, *L'évolution créatrice*, p. 496. 베르그송의 주요 저작들을 하나의 책으로 모아 출간한 100주년 기념판을 참고하였으며, 인용 쪽수도 이 책을 따름.
5) *Ibid.*

가령, 누군가 내게 무슨 말을 할 때, 내가 지금 현재 들리는 그의 마지막 말을 이해할 수 있는 것은, 이 마지막 말보다 선행했던 이전의 모든 말들을(이미 과거가 된 말들을) 기억하고 있기 때문이며, 이 기억의 작용에 의해, 지금 들리는 이 마지막 말 속에 과거에 들었던 모든 말들을 함께 넣어 듣고 있기 때문이다. 만약, 과거를 현재 속에 밀어넣는 이러한 기억의 작용 없이, 내가 지금 현재 듣고 있는 것이 과거로부터 완전히 단절된 지금 현재의 말뿐이라면, 나는 결코 그 어떤 말도 이해할 수 없게 될 것이다. 그러므로 현재란 결코 과거로부터 단절된 것이 아니라, 그 속에 과거가 밀려들어 옴으로써 바로 그러한 현재로 성립하는 것으로 보인다. 과거를 이처럼 현재 속으로 밀려들어 오게 하는 작용, 다시 말해, 과거가 현재에 의해 밀려나 사라지도록 내버려두지 않고 현재 속에 보존되어 들어오도록 하는 이러한 작용, 베르그송은 이를 '기억'이라 부르고 있는 것이다. 그러므로 우리는 왜 베르그송이 이러한 기억에서, 마음속에서 일어나는 모든 일을 **오직 매 순간 끊임없이 변화하는 것**으로서만 존재할 수 있도록 만드는 근본적인 이유를 찾게 되는지를 이해할 수 있게 된다. 완전히 정지해 있는 대상을 지각하는 경우로 돌아가, 이 대상에 대한 어느 한순간의 지각을 A1, 바로 그 다음 순간의 지각을 A2라고 해 보자. A1과 A2가 이처럼 완전히 정지해 있는 동일한 어떤 대상에 대해 극히 찰나적인 간격만을 사이에 두고 서로 바로 이어지는 두 순간이라 할지라도, A2는 결코 A1이 변함없이 그대로 유지되는 상태가 아니라 A1에는 없는 어떤 새로운 요소를 가진 변화된 상태일 수밖에 없게 된다. 왜냐하면, A1에서 A2로 이행해 갈 때, A1에는 아직 없는 'A1에 대한 기억'이라는 새로운 요소가 이 이행의 과정에서 발생하게 되며, A1과 더불어 이 새로운 요소가 A2 안으로 밀려들어 와 A2를 형성하기 때문이다. 기억은 이처럼, 마음속에서 이어지는 매번의 새로운 순간을 언제나 그 이전의 순간보다 더 크고 새로운 것으로 부풀어오르도록 만든다.[6]

그러므로, 변화의 근본적인 이유가 이처럼 기억에 있기에, '마음속에서 일어나는 모든 일이 오직 매 순간 끊임없이 변화하는 것으로서만 존재한다'는 평범한 사실은 실은 다음과 같은 매우 중요한 비밀을 말해 주는 것이 된다. 즉 마음속의 어떤 현재의 상태란, 그것이 어떤 상태이든, 그것은 끊임없이 변화하는 것으로서만 존재하는 것이기에, 그것에 앞서 선행했던 과거의 상태들을 항상 자신 속에 보존하고 있는 것이다. 그런데 우리는, 우리의 마음속에서 일어나는 일들이 이처럼 한순간도 끊어짐 없이 계속해서 변화해 간다는 사실로부터, '시간의 연속적인 흐름'이라는 것을 느끼게 되는 것일 게다. 즉 시간이라는 것이 '한순간도 중간에 끊어짐이 없는 **연속적인 흐름**'으로서 우리에게 나타나는 것은, 바로 이처럼 한시도 중단됨이 없이 계속해서 이어지는 변화의 지속성을 통해서일 것이며, 만약 이러한 변화의 지속성이 어딘가 도중에서 끊어지기라도 한다면, 그것으로써 시간의 흐름 또한 바로 그곳에서 더 이상 그것의 연속성을 이어 가지 못하게 될 것이다.[7] 그러므로 시간의 흐름이란 실은 변화의 지속성 위에서만

---

6) "내 마음의 상태는, 시간의 길을 따라 나아감에 따라, 그것이 계속해서 축적해 가는 지속으로 인해 언제나 더 크게 부풀어오른다. 그것은 마치 앞으로 나아가면서 끊임없이 점점 더 커져가는 눈덩이 같다"(*Ibid.*).
7) "어떤 마음의 상태가 변화하기를 멈춘다면, 그것의 지속 또한 흐르는 것을 멈추게 될 것이

가능하다. 다시 말해, 변화의 지속성을 가능하게 하는 조건이, 즉 변화가 한시도 도중에 끊어짐이 없이 지속적으로 일어나도록 만드는 조건이, 곧 시간의 연속적인 흐름을 가능하게 하는 조건이 되는 것이다. 그런데 우리는 이러한 변화의 지속성을 가능하게 하는 것이 바로 기억이라는 것을 보았다. 그러므로 곧 기억이 의미하는 것인바, 과거가 현재 속으로 보존되어 들어온다는 것이 바로 시간의 연속적인 흐름을 가능하게 하는 조건이 된다. 다시 말해, 우리의 마음속에서 시간이 흐른다는 것은, 우리의 마음속에서 과거에 일어났던 일들이 우리 마음의 현재 상태 속으로 계속해서 보존되어 들어오고 있다는 것을 의미한다. 우리의 마음속에서 시간이 흐르고 있다는 것을 부정할 수 없는 한, 우리 마음의 현재 속에 과거가 보존되어 들어오고 있다는 것 또한 부정될 수 없다. 베르그송의 '지속' 개념은 '시간이 흐른다'라는 누구나 경험하고 있는 평범한 사실을 말하고 있는 것이지만, 또한 이 평범한 사실 속에 실은 '우리의 과거가 이미 지나가 버린 채 사라진 것이 아니라 항상 지금 이 순간의 새로운 현재 속에서 여전히 살아 있다'는 놀라운 비밀이 숨겨져 있다는 것을 말하고 있는 것이기도 하다.

　　베르그송은 시간을 우리의 심리적 삶의 모든 구체적인 모습들이 바로 그것으로부터 만들어지는 가장 근본적인 질료라고 말한다.[8] 우리의 심리적 삶의 모든 것이 시간의 흐름 속에서 이뤄진다는 것은 너

다"(*Ibid.*, p. 495).

8) "Mais quant à la vie psychologique, […] le temps en est l'étoffe même. Il n'y a d'ailleurs pas d'étoffe plus résistante ni plus substantielle"(*Ibid.*, p. 498).

무나 당연한 사실이기에, 이러한 베르그송의 말은 특별한 반대의 대상도, 마찬가지로 특별한 관심의 대상도 되지 않는 것으로 보인다. 하지만 그가 이처럼 말할 때 의미하고 있는 것은, 모든 심리적 현상은 무엇보다도 먼저 '과거가 현재 속으로 보존되어 들어옴'이라는 관점에서부터 파악되어야 한다는 것이다. 즉 마치 공간 속에 존재하는 모든 것들에 대해, 공간 자체가 가진 기하학적 속성들이 이들을 규정하는 가장 근본적인 원리가 되듯이, 시간이 근본적인 질료가 되어 만들어지는 모든 심리적 현상들에는, '과거가 현재 속으로 보존되어 들어옴'이라는 시간의 본질적인 특성이 그들을 규정하는 가장 근본적인 원리가 된다는 것이다. 정신병리적 현상들 역시 심리적 현상들 중의 일부이다. 그러므로, 베르그송에 따르면, 정신병리적 현상들의 정체가 무엇인지 또한 무엇보다도 먼저 '과거가 현재 속으로 보존되어 들어옴'이라는 관점에서부터 파악되어야 한다. 시간의 이러한 본질적인 특성에 대한 고려 없이 이뤄지는 정신병리적 현상들에 대한 이해는, 그러한 현상들이 만들어지는 가장 기본적인 메커니즘을 도외시한 채 이뤄지는 불완전한 이해일 뿐이다. 그런데 프로이트의 정신분석학은 정신병리적 현상들에 대한 이해를 위해 과연 이러한 관점을 고려하고 있는가? 그렇지 않다면, 그것은 최소한 시간에 대해 베르그송의 이해와는 다른 자신의 이해를 제시하거나 혹은 시간의 차원을 이 경우에 굳이 고려하지 않아도 되는 이유를 설명하거나 하고 있는가? 만약 정신분석학이 이러한 작업을 하지 않는다면, 그것은 이 학문이, 베르그송의 이론과 비교해 볼 때, 정신병리적 현상들의 참된 이해를 위해서 마땅히 고려되어야 할 차원에까지 깊이 있게 내려가지 않는 피상적인 이론이라는 것을 말해 주는 것이 아닐까? 정신병리적 현상들에 대한 이해에 있어서, 모든 심리적 현상들의 근본적인 질료가 되는 시간의 본질적 특성으로부터 접근하는 이론과 그렇지 않은 이론, 만약 이 두 이론 사이에 대립이 있다면, 그때 사람들은 어떤 이론을 따라야 할 것인가?

베르그송이 무의식이 무엇이며 어떻게 존재하느냐를 정의하는 것도 바로 이러한 시간의 차원으로부터, 즉 모든 심리적 삶의 이 근본적인 지평으로부터이다. 『물질과 기억』에서 전개된 '자발적 기억' mémoire spontané[9] 이론은 우리의 모든 과거 경험이 하나도 남겨짐 없이 그 전부가 그대로 현재에까지 보존되어 오고 있다는 것을 확립하며, 『창조적 진화』의 '지속' 이론은, 시간의 연속적인 흐름이라는 것이 과거를 현재에까지 보존하는 이러한 기억에 의해서만 가능하다는 것을 밝힘으로써, 『물질과 기억』의 이 자발적 기억을 시간과 서로 완전히 같은 것으로 동일화시킨다. 즉 이 '지속' 이론은 '시간의 흐름'과 '(과거를 현재에까지 보존하는) 기억의 작용'을 동일시함으로써, 매 순간의 새로운 현재 속에는 그것에 앞서 선행했던 과거 전체가 언제나 보존되어 오고 있음을 주장할 수 있게 되는 것이다. 그런데 우리의 심리

---

9) 베르그송이 말하는 '자발적 기억'이란, 굳이 그것들을 일부러 기억하려 하는 의식적(또는 의지적) 노력을 기울이지 않아도 과거에 경험한 모든 사건들이 **항상 저절로**(즉, **자연 발생적으로**) 기억되는 사태를 ─ 혹은 그러한 사태를 가능하게 하는 능력을 ─ 가리키는 말이다. 현재의 한글 번역본에서는 이 mémoire spontané를 '우발적 기억'으로 옮기고 있으나, '우발적'이란 말은 자연 발생적이고 항시적으로 일어나는 일보다는, 말 그대로, 예외적이고 간헐적으로 일어나는 일을 가리키는 데 쓰이는 말로서 mémoire spontané를 옮기는 말로는 적합하지 않다.

적 삶은 이러한 지속 속에서만 살아가는 것이 아니라 또한 우리 밖에 있는 외부 환경에 적응하면서도 살아간다. 외부 환경에 적응하면서 살아간다는 것은, 외부 대상들이 우리에게 보내는 자극들에 적절한 방식으로 대응하면서 산다는 것이고, 실로 이러한 대응에 실패한다면 우리의 기본적인 생존 자체가 불가능할 것이기 때문에 우리의 의식은 이러한 적절한 대응을 준비하는 데 그 대부분의 관심을 쏟게 된다.[10] 그런데 자발적 기억 속에 보존되어 오는 대부분의 과거의 <u>기억들</u>souvenirs[11]은, 극히 소수만을 제외하고는, 외부 환경 속에서의 '나의 생존'을 가능하게 해 주는 이러한 적절한 대응을 취하는 데 도움이 되지 않는다. 그러므로 대부분의 과거의 기억들은 배제된 채 오로지 이러한 적절한 대응에 도움을 줄 수 있는 소수의 **유용한 기억**들만이 이처럼 생존의 문제에 몰두해 있는 의식의 문턱을 넘어올 수 있게 되며, 반대로 나머지 대부분의 **무용한 기억**들은 의식에 의해 적극적으로 배척되어 어두운 저편 속으로 망각된다. 의식에 의해 배척당하는 이러

---

10) 『물질과 기억』에서는 이처럼 외부 대상들의 자극들에 대해 적절한 대응을 하는 데 의식이 집중되는 것을 '삶에의 집중'(attention à la vie)이라는 말로 표현하고 있다. Bergson, *Matière et mémoire*, p. 312 참고.

11) 베르그송은 과거의 경험(사건)들이 현재에까지 보존되는 사태를 'mémoire'라 부르고 ─ 앞에서 설명한 '자발적 기억'은 '습관-기억'과 더불어 이 mémoire가 이루어지는 두 가지 방식이다 ─ 특히 자발적 기억에 의해 현재에까지 모두 남김없이 보존되는 **과거의 경험들 하나하나**를, 다시 말해, 이 자발적 기억의 내용을 채우는 수많은 **과거의 경험들 각각**을 'souvenir'라 부른다. 물론, 이 말들의 일상적인 사용법이 그러하기 때문에, 베르그송은 이 두 말 사이의 이러한 구분법을 엄밀히 지키기보다는 자연스럽게 서로 교환해서 사용하는 경우가 많다(하지만 논의의 맥락만 제대로 이해한다면 결코 심각한 혼란은 발생하지 않는다). 우리말로 mémoire와 souvenir의 이러한 차이를 전할 수 있도록 서로 다른 말을 기계적으로 배정한다는 것은 어려운 일이다(그러므로 이제부터 우리는 mémoire를 위해서는 '기억'을, 그리고 souvenir를 위해서는 같은 단어에 밑줄을 그은 '<u>기억</u>'을 사용하려 한다).

한 망각된 기억들, 베르그송은 이것들을 **무의식**이라 부른다. 즉 지속은 틀림없이 과거의 모든 기억을 하나도 빠짐없이 현재에까지 고스란히 보존해 오고 있지만, 의식의 적극적인 배척 작용에 의해 그 대부분의 것이 무의식적인 것으로, 즉 의식의 상태로 활성화되지 못하는 순수 잠재적인 것으로, 남아 있을 수밖에 없게 되는 것이다. 그러므로 베르그송에게서 무의식이란 지속에 의해 야기되는 필연적 사태이다. 무의식이란, 지속에 의해 보존되어 오는 과거의 모든 기억이, 그들 중에서 오직 유용한 것만을 골라내는 의식의 여과 작용에 부딪혀, 그 대부분의 것이 활성화되지 못하고 억제되기 때문에 발생하는 것이다.

의식과 무의식의 관계에 대한 베르그송의 생각을 설명하기 위해 사용된 '배척', '억제' 같은 말들은 아마도 무의식의 발생 원인을 '의식에 의한 **억압**'에서 찾는 프로이트와의 유사성을 떠올리게 할 것이다. 하지만 이러한 유사성은 곧 그것을 무색케 할 거대한 차이를 지척에 두고 있는 피상적인 인상에 불과하다. 실로 무의식을 가능하게 하는 조건으로서의 지속은, 의식과 무의식의 관계에 대한 프로이트의 이해로서는 상상 불가능한 차원으로 무의식의 범위를 확장시키고 그것의 본성마저 바꿔 놓는다. 먼저 범위의 확장 문제부터 시작해 보자. 시간의 연속적인 흐름을 가능하게 해 주는 조건이 과거를 현재 속으로 보존되어 들어오게 하는 기억이라는 사실은, 현재 속에 들어오는 이 과거의 범위와 관련하여 매우 중대한 의미를 갖는다. 시간의 연속적인 흐름이란 결코 나 개인의 주관적 마음속에서만 일어나는 일일 수 없으며, 내 주관의 밖에서도 이뤄지며 내 주관이 아직 존재하기 이전부터도 이뤄져 온 객관적인 일임이 틀림없다. 그러므로 지속은

나 개인의 차원을 넘어 그보다 훨씬 더 광대한 차원인 객관적인 세계 자체로까지 확대되는 우주적 사태이다. 그러므로, 우주의 탄생이 있다면, 그때부터 시작된 시간의 흐름은 내가 지금 경험하는 현재에 이르기까지 한 번도 도중에 끊어짐이 없이 계속해서 연속적으로 이어져 왔을 것이므로, 따라서 이 사실은 곧, 과거를 현재 속으로 보존하는 기억이, 즉 우주의 탄생 이래로 지금 현재에 이르기까지 시간의 흐름을 한 번도 도중에 끊기는 적 없이 연속적으로 이어져 오도록 만든 이 기억이, 내가 지금 경험하는 현재 속에 실은 그것에 앞서 선행했던 우주의 모든 과거를 다 들어오게 하고 있다는 것을 의미하게 된다. 즉 나의 현재 속에 보존되어 들어오는 과거는 결코 내가 태어나서 실제로 경험했던 과거에 그치지 않고, 내가 존재하기 훨씬 이전부터 줄곧 연속적으로 이어져 왔던 우주의 모든 과거를 포함하게 되는 것이다. 그러므로 『물질과 기억』의 '자발적 기억' 이론이 『창조적 진화』의 '지속' 이론으로 계승될 때, 실은 전자의 단계에서는 아직 예기치 못했던 매우 중대한 도약이 일어나고 있음이 틀림없다. 전자의 단계에서는 '나의 무의식 속에 있는 모든 것들은 먼저 나의 의식 속에 있었던 것들이다'라는 명제가 성립되며, 이 점에서 프로이트의 이론과 아직 다를 바가 없다. 하지만 후자의 단계로 발전하게 되면, 나의 무의식 속에는, 내 의식 속에 먼저 있었던 것들이 아닌 다른 많은 것들도 있게 되며, 그러므로 이제 더 이상, 프로이트에게서처럼, 무의식의 발생 원인을 '의식에 의한 억압'에서 찾을 수 없게 된다. 왜냐하면 나의 무의식 속에는, 나의 의식이 한 번도 만난 적이 없는 내용들도, 즉 나의 의식에 의해 불미스러운 것으로 여겨져 억압되는 것들 이외의 다른 많은 내용들도 들어 있기 때문이며, 무의식 속에 들어 있는 이러한 내용들의 존재를 설명해 주는 것은 '의식에 의한 억압'이 아니라 지속이기 때문이다. 즉 지속이야말로 무의식의 내용들을 만들어 내는 근원적인 사태이게 되며, 의식에 의한 억압은 이러한 지속이 먼저 주는 것들 중의 일부를 걸러내는 이차적인 '여과 작용'의 역할만을 하게 될뿐이다. 하지만 무의식의 범위가 이렇게 확장된다는 것은, 그로 인해 무의식의 본성이 프로이트가 생각하는 것과는 근본적으로 다른 것으로 바뀌지 않는다면 별로 중요한 일이 아닐 수도 있으며, 실로 무의식과 관련된 베르그송의 이론에 있어서『창조적 진화』가『물질과 기억』보다 훨씬 더 중요한 텍스트가 되어야 할 진짜 이유도 바로 여기에 있다. 즉『창조적 진화』는, 무의식의 본성과 관련해,『물질과 기억』이 했던 것과 같은 이야기를 계속 이어 가는 것이 아니라 이전 단계의 사고에서는 도저히 불가능했던 근본적으로 새로운 이야기를 하고 있으며,『물질과 기억』의 본질적인 한계를 깨는『창조적 진화』의 이러한 도약이 없다면 우리가 말하고자 하는 프로이트와의 대립도 결코 성립할 수 없었을 것이다.『물질과 기억』에서의 무의식은, 의식이 그것의 내용들을 불러내기 이전의 **그 자체로 있는** 상태에서는, 아무런 활동성을 지니지 못하는 수동적인 존재로 남아 있다. 그것은 오직 의식의 부름에 힘입어서만 비로소 어떤 활동성을 띠게 될 뿐, 그 자체로 있는 상태에서는 어떠한 내적 활동성도 결여하고 있는 무생동성으로 특징지어진다.[12] 하지만『창조적 진화』는 자발적인 기억과 동일한 것

---

12) "그 자체로서는 무력하기만(impuissant) 한 그것은, 그것을 현실화(물질화)시켜 주는 현재

인 지속을 또한 **생명**과도 서로 완전히 같은 것으로 동일화시킨다(기억=지속=생명). 즉『창조적 진화』에 따르면, 생명은 바로 지속의 특징인 **기억**의 방식으로 작용하며,[13] 그렇기 때문에 생명의 주도하에 이루어지는 생명체의 진화 과정은 바로 지속의 원리에 따라, 즉 매 순간의 새로운 현재 속에 언제나 과거 전체가 들어옴으로써 언제나 새로운 것이 창조되게 하는 기억의 방식에 따라, 이루어진다는 것이다. 그런데『창조적 진화』는 이러한 생명이 본래부터 매우 **능동적인 내적 활동성**을 가지고 있다고 주장한다.[14] 즉 생명에는, 결코 물질로부터 온 것으로 설명될 수 없는, 따라서 그것이 이미 처음부터 자신의 내적 본성으로 가지고 있는, 뚜렷한 자기 성격이 있다는 것이고, 따라서 생명은, 외부로부터 어떤 지속적인 방해가 주어진다 할지라도, 그것에 맞서 이러한 자기 성격을 관철시키기 위해 끈질기게 노력하는 내적 활동성 또한 가지고 있다는 것이다. 이러한 사실을 증명해 주는 것은 바로 생명체의 진화가 물질로부터 온갖 우여곡절을 겪으면서도 그것이 지향하는 **뚜렷한 방향성**이 있다는 것을 보여 준다는 사실이다.『창조적 진화』에 따르면, 생명은 결정론적인 물질세계에 자유로운 행위를 통한 비결정성을 불어넣으려 하는 **자신의 내적 지향성**을 가지고 있으며, 이를 입증해 주는 것이 식물과 동물의 진화가 보여 주는 진화의 방향성이다. 즉 식물의 진화는, 온갖 우여곡절을 도중에 겪으면서도,

---

의 감각에 힘입어서만 생동성과 힘을 가질 수 있게 된다"(*Ibid.*, p. 272).

13) "생명이 여기서 […] 기억의 방식으로 작용한다는 것을 어떻게 보지 못하겠는가?"(Bergson, *L'évolution créatrice*, p. 637).

14) 이것을 말하는 것이 바로 '생명의 약동'(élan vital)이라는 개념이다.

이러한 자유로운 행위를 수행하는 데 필요한 에너지를 더욱 잘 비축할 수 있는 **방향**을 **지향하여** 나아가게 되었고, 동물의 진화는, 역시 온갖 우여곡절을 겪으면서도, 그렇게 비축된 에너지를 더욱더 효과적으로 자유롭게 사용할 수 있는 방향을 지향하여 나아가게 되었다는 것이다. 즉 생명은 비결정성을 불어넣으려 하는 자신의 저 본래적인 내적 지향성을 실현하기 위해, 서로 다른 방향을 지향하는 이 두 진화의 길로 갈라서게 되었고, 결국 이렇게 갈라서게 된 이 두 길 사이의 환상적인 조화(효율적인 업무 분담)에 의해 자신의 저 본래적인 내적 지향성을 실현하게 되었다는 것이다.[15] 그런데 지속의 많은 것이(즉 지속에 의해 현재에까지 보존되어 들어오는 모든 과거의 **기억들**souvenirs 중의 많은 것이) 무의식으로 존재하듯이, 마찬가지로, 생명은 지속과 동일한 것이기 때문에, 생명의 많은 것도 역시 **무의식(무의식적인 것)으로 존재하게 된다.** 실로, 곧 보게 되겠지만, 우리 인간의 의식은 생명이 품고 있는 거대한 가능성 —— 생명의 고유한 자기 성격과 그 내적 활동성이 이러한 가능성을 구성한다 —— 중에서 어느 특정한 일부만을 활성화시키고 있을 뿐 매우 거대한 다른 어떤 가능성은 소외시키고 있

---

15) 진화에 대한 과학의 정설인 신(新)다윈주의, 즉 생명이란 물질로 완전히 환원되는 것이라고 주장하는 이 과학 이론에 따르면, 진화란 결코 생명이라는 (물질과 다른) 독자적인 원리가 자신의 내적 지향성을 실현해 나가는 과정이 아니라 단지 우연적인 변이에 의해 일어나는 사태일 뿐이며, 그러므로 말 그대로 우연적인 변이에 의해 일어나는 이러한 진화가 어떤 방향성을 지향하며 이루어진다는 것은 결코 있을 수 없는 일이다. 그러므로 생명의 진화에서 저와 같은 방향성이 나타난다는 『창조적 진화』의 주장이 옳다면, 이 사실은, 신다윈주의의 생각과는 달리, 생명이 물질과는 다른 자신만의 고유한 성격을 가진 독자적인 원리라는 것을, 따라서 진화란 생명이 자신의 이러한 고유한 성격을 실현하기 위한 내적 활동성을 펼쳐 나가는 과정이라는 것을, 말해 주는 것이 될 것이다.

다. 하지만 **지속**의 원리는 소외되고 있는 이 다른 가능성 또한 틀림없이, 활성화되고 있는 저 가능성과 마찬가지로, 우리 인간의 지금 현재 속에 보존되어 들어오게 하는 것이므로, 소외되고 있는 이 가능성은 우리에게 '**무의식**으로 존재하고 있는 것'이 되는 것이다. 그런데 이렇게 소외되고 있는 이 무의식은 이제 생명이므로, 이 무의식은,『물질과 기억』에서의 무의식과는 달리, 생명이 가진 저러한 능동적인 내적 활동성을 자신 안에 가지고 있다. 즉 이 무의식은 의식의 힘을 빌리지 않더라도 자신의 고유한 성격을 실현하기 위해 <u>스스로 활동</u>하고 있으며, 의식이 그것을 외면하고 부르러 가지 않아도, 의식에 자신의 말을 들어 달라고 먼저 말을 걸고 있는 '**생동하는 무의식**'이다.[16] 또한 어쩌면 이 무의식은 우리 인간의 의식이 소외시키고 있는 생명의 비밀에 대해 무엇인가 중요한 것을 말해 줄 수도 있는 '**지혜로운 무의식**'일지도 모른다.

생동하는 무의식은 우리에게 무엇을 말해 주는가?

『창조적 진화』는, 의식을 나의 심리적 삶(마음) 전체 중에서 외부 환

---

16) 그러므로 들뢰즈가 그의『베르그손주의』에서 베르그송의 존재론적 무의식을 어떤 내적 활동성도 지니지 않고 있는, "잠재적이고 부동(不動)[불감(不感)]적이며 무감동(impassible)이며 비활동적인(inactif) 기억"(Gilles Deleuze, *Bergsonism*, Paris: PUF, 1966, p. 69)이라고 규정할 때, 우리는 그가『창조적 진화』의 무의식이『물질과 기억』의 무의식과 달라지고 있다는 사실을 간과하고 있는 것은 아닌지를 의심하게 된다.

경에 대한 '나의 생존'을 가능하게 해 주는 데 관심을 쏟고 있는 부분으로, 반면 무의식은 이러한 의식으로부터 배제되는 부분으로 정의하는 데 있어서, 또한 의식을 자신의 효율적인 작용을 위해 무의식을 적극적으로 억압하는 것으로 설명하는 데 있어서, 『물질과 기억』의 논리를 그대로 따르고 있다. 하지만 『물질과 기억』에는 없는, 생명 진화의 전체 역사라는 거시적인 차원으로 상승하여 인간의 존재를 조감하는 『창조적 진화』의 시선은, 그것이 새롭게 획득한 이러한 긴 안목으로 인해, 인간의 의식의 특성과 역할에 대해 『물질과 기억』에서는 아직 찾아볼 수 없는 새로운 설명을 제시할 수 있게 되며, 이로 인해 이 의식이 무의식을 억압하는 이유가 무엇인지에 대해서도, 또한 이렇게 억압되는 이 무의식의 진짜 정체가 무엇인지에 대해서도, 『물질과 기억』에서와는 다른 훨씬 더 깊은 새로운 통찰에 도달하게 된다. 더 나아가, 우리의 이 글을 위해 가장 중요하게도, 무의식의 정체에 대한 이러한 새로운 통찰은 각종 정신병리적 현상들에 대해서도, 즉 무의식이 의식의 억압을 뚫고 다시 전면에 나서려고 하는 데서 발생하는 것으로 규정될 수 있을 이들 현상들에 대해서도, 프로이트가 제시하는 것과는 전혀 다른 새로운 이해를 가져올 수 있게 한다. 서로 긴밀히 연관되어 있을 수밖에 없는 이 문제들을 모두 하나로 묶어 함께 살펴보도록 하자.

생명 진화의 역사라는 커다란 맥락 속에 놓여질 때, 다시 말해, 어쩌면 그것으로부터 떼어놓고 생각한다는 것이 오히려 이상한 일이 될 그러한 원래의 맥락 속으로 그것을 다시 복원시켜 놓을 때, 인간의 의식은 어떤 모습으로 나타나는가? 『창조적 진화』에 따르면, 생명은 원래 불가분적인 하나를 이루고 있는 것이지만, 자신의 외부에 있는 물질에 적응하기 위해, 서로 다른 두 갈래의 길로 내적으로 분열되어 전개된다.[17) 즉 이 두 개의 서로 다른 길이란 원래 생명의 단일성 속에서 서로 불가분적인 하나로 섞여 있던 것이 각자 서로 다른 것이 되도록 나누어져서 발전하는 것인데, 이처럼 원래 하나였다가 서로 다른 것으로 나누어지게 된 이 두 개의 것은 각자 자신의 발달을 위해서 나머지 다른 것의 발달을 억압하게 된다. 즉 이 두 개의 길 각자는, 이처럼 원래 하나였다가 서로 다른 두 개의 것으로 나누어진 것 중의 어느 한쪽이 성공적으로 발달해 가고 나머지 다른 한쪽은 그러한 성공을 위해 희생되어 간 과정을 나타내는 것이다. 하지만 서로 다른 길을 따라 발전하게 된 이 각각의 두 개의 것 안에는, 그것이 자신의 발전을 위해 억압한 나머지 다른 것이 이러한 억압에도 불구하고 미발달의 상태로나마 여전히 들어와 있다. 이것이 바로, 자신의 외부 타자인 물질로부터의 제약으로 인해 서로 다른 두 갈래의 길로 내적으로 분열되어 전개되지 않을 수 없었던 생명이, 그럼에도 불구하고 자신의 저 본래적인 단일성을 유지해 나가는 방식이다. 『창조적 진화』는 이 두 갈래의 길을 각각 '본능'과 '지성'으로 규정한다. 그러므로 본능과 지성 사이에는, 각자 자기 자신이 주도적으로 발전해 온 길 위에서 상대방의 발전을 억압하는 '대립의 관계'가 성립한다. 이들 각자의 길 위에서 일어나는 이러한 '어느 일방의 과도한 발달과 다른 일방의 과

---

17) 우리가 여기에서 염두에 두고 있는 '본능의 길'과 '지성의 길' 이외에 '식물적 마비의 길'이라는 제3의 길 또한 있지만, 논의의 편의를 위해 이 세 번째 갈림길은 생략하도록 한다.

도한 쇠퇴'는, 둘이 합쳐져서 생명의 저 본래적인 단일성을 이루는 이 둘 사이에 심각한 불균형을 초래하는 것이다. 이 둘을 본래 불가분적인 하나로 모으고 있던 **생명 전체**의 완전한 발달은 오직 이 둘 모두의 완전하고 고른 발달에 의해서만 가능할 것이기 때문이다. 그런데 각자가 어느 한쪽만을 완전하게 발달시키고 있는 이 두 길은, 둘을 합쳐 놓고 보면, 바로 그와 같은 '생명 전체의 완전한 발달'을 달성해 가고 있는 것이 된다. 그러므로, 이런 점에서 보자면, 본능의 길과 지성의 길은 단지 서로 '대립의 관계'에만 있는 것이 아니라, 그러한 '대립의 관계'에 있는 가운데서도 생명의 전체성을 위해서 서로 협조하는 '보완의 관계'에 있기도 한 것이다.

둘 다 생명이 물질에 작용하는 방식인 본능과 지성은, 그렇지만 서로 다른 방식에 의해 이러한 작용을 수행한다. 이 두 방식 사이의 핵심적인 차이는, 본능은 생명이 **자기 자신 안에 머물러 있는** 방식인 반면, 지성은 생명이 자기 밖의 외부에 있는 물질을 향해 **자기 밖으로 나가는** 방식이라는 데 있다. 이를 다시 말하자면, 본능에서 생명은 그것의 관심 방향이 자기 자신의 내부에로 향하고 있는 반면, 지성에서 생명의 관심 방향은 자기 외부의 물질에로 돌려져 있다고 할 수 있다. 이 두 방식 사이의 차이에 대한 이러한 규정이 무엇을 의미하는지 조금 더 소상히 살펴보자. 우선, 생명체의 구조(혹은 형태)가 만들어지는 과정을, 흔히 그렇게 부르듯이, '유기화'organization라고 부르자.[18] 베

---

18) 생물학에서는 생명체가 처음 배아의 상태에서 출발하여 완전한 구조를 갖춘 성체로 자라나는 과정을 '발생'이라 부르므로, 여기서 '유기화'라고 부르는 것은 이 발생과 같은 것이다.

르그송에 따르면, 이 유기화는 (물질과는 독립적인 원리인) 생명이 물질을 질료로 하여 이루어 내는 것이다. 그런데 『창조적 진화』에 따르면, 본능이란 생명이 자신의 이러한 유기화 작용을 계속해서 그대로 연장延長해 나가는 과정이다. 즉 본능의 작용은 생명의 유기화 작용과 결코 구분되지 않는, 완전히 같은 것이라는 것이다.[19] 벌들은 꿀을 따거나 외부 침략자를 물리치는 등의 행동을 하는데 모두 본능에 따라 그렇게 하는 것일 테다. 그런데 벌들은 해부학적 구조가 서로 다름에 따라, 하는 일(행동)도 서로 다르다. 즉 꿀을 따는 일을 하는 벌과 여왕벌을 지키는 일을 하는 벌, 혹은 알을 돌보는 일을 하는 벌은 그들의 해부학적 구조부터가 서로 다르며, 이러한 구조의 차이에 의해, 각자 그들이 하는 저와 같은 서로 다른 일을 하도록 정해지는 것이다. 그러므로 이 사실은, 그들이 본능에 따라 서로 다른 일을 하는 것(본능의 작용)이, 그들의 서로 다른 해부학적 구조를 만들어 내는 '생명의 유기화 작용'을 그대로 연장하고 있는 것이라는 것을 말해 주는 것이 된다.[20] 더 나아가, 베르그송은 생명체의 구조를 만들어 내는 유기화 작용 자체가, 가령, 애벌레가 성충으로 자라나는 '발생' 과정 자체가, 본능의 적극적인 개입을 필수 조건으로 해서만 이루어질 수 있는 일이라고 주장한다. "애벌레가 우선 번데기가 되었다가 그다음에 성충이 되는 변태의 과정이 진행되기 위해서는, 애벌레 자신이 주도

---

19) "대부분의 본능은 유기화 작용을 연장하는 것이거나 그것을 완성시키는 것이다. 어디서부터 본능이 시작되고 어디에서 유기화 작용이 끝나는가? 누구도 그것을 말할 수 없다" (Bergson, *L'évolution créatrice*, p.613).
20) *Ibid.*, pp.613~614 참고.

적으로 적절한 행동을 통해 이 진행 과정의 주요 국면들에 개입하는 것이 필요하다."[21] 실로, 유기화(발생)의 과정이 이처럼 본능의 개입에 의해서만 이루어질 수 있는 것이라면, 이는 정말로 '본능의 작용'과 '(생명의) 유기화 작용'이 전혀 아무런 차이도 없이 서로 완전히 같은 것이라는 것을 말해 주는 것이 될 것이다. 베르그송에 따르면, 오직 이처럼 본능의 작용과 생명의 작용을, 다시 말해, 본능 자체와 생명 자체를, 서로 같은 하나의 것으로 생각하는 한에서만, 본능이 보여 주는 놀라운 정확성이 어떻게 가능할 수 있는지를 설명할 수 있다. 가령, 어떤 말벌은 먹잇감인 배추벌레를 죽이지는 않고 마비만 시키기 위해 그것의 온몸 중에서 정확히 아홉 군데만을 찌른다. 이 아홉 군데 이외의 다른 곳을 찌르거나, 더 많은 곳을 혹은 더 적은 곳을 찌른다면 원하는 결과를 얻지 못할 것이다.[22] 하지만 어떤 높은 지성이라고는 결코 가지고 있지 않은 듯이 보이는 이 한갓 미미한 곤충이, 마치 인간의 어떤 높은 지성보다도 더 정확하게 자신의 희생물의 복잡한 내부를 빤히 알고 있는 듯이 보이는 이러한 일은 어떻게 가능해지는

---

21) *Ibid.*, p. 613. 발생의 과정이 순전히 물리-화학적인 원리에 의해 이루어지는 것이 아니라 그런 것으로 환원될 수 없는 생명의 작용(본능의 작용)의 개입을 필수적으로 요구한다는 이러한 베르그송의 주장은 실로 큰 논란을 불러일으킬 것이다. 그런데 어쩌면 지금 이 주장이 『창조적 진화』 전체를 통틀어서도 가장 중요한 주장일 수 있다. 발생의 과정이 순전히 물리-화학적으로 완전히 설명될 수 있다고 주장하는 현대 생물학의 관점에 대해서는, Stuart A. Kaufmann, *At Home in the Univers: The Search for the Laws of Self-Organization and Complexity*, New York: Oxford University Press, 1996 참고. 반면, 베르그송의 주장을 편들어 줄 수 있는 현대 생물학의 관점에 대해서는 Evelyn Fox Keller, *Making Sense of Life*, Harvard University Press, 2002 참고.

22) 이 과정의 실제 모습은 지금 여기서 이처럼 간략히 말하는 것보다 훨씬 더 복잡하고 정교하다. Bergson, *L'évolution créatrice*, pp. 641~642 참고.

것일까? 이는 결코 경험적인 학습(시행착오를 통한 학습)을 통해 가능해지는 일이 아니다. 이 종류의 말벌들 모두가 이미 태어나면서부터 선천적으로 이를 알고 있을 뿐만 아니라, 획득형질의 안정적인 유전이라는 것은 생각될 수 없기에 선대의 경험이 후대의 선천적 지식으로 탈바꿈되는 것도 불가능하기 때문이다. 우연적인 유전적 변이의 점차적인 축적에 의해 이 일을 설명하는 것도 불가능하다. 이런 다윈주의적 발상은 기본적으로, 가령 아무데나 네 군데, 다섯 군데를 찌르던 조상으로부터 우연적 변이들의 점차적인 축적에 의해 드디어 딱 필요한 아홉 군데를 정확히 찌르는 후손이 나오게 되었다고 설명하는 것이지만, 아무데나 네 군데, 다섯 군데를 찌르는 경우가 아닌 오직 이 아홉 군데를 정확히 찌르는 경우만이 성공할 수 있는 유일한 경우이기 때문에, 네 군데나 다섯 군데를 찌르던 것은 결코 저 아홉 군데를 정확히 찌르는 것으로 올라가기 위한 사다리의 역할을 해 주지 못하기 때문이다. 그러므로 본능이 무엇인가를 할 줄 아는 것은 우리 인간의 지성이 무엇인가를 할 줄 아는 것과는 전혀 다른 논리를 따르는 것으로 보인다. 베르그송에 따르면, 이러한 말벌이 어떤 지성에 의한 학습에 전혀 의존하지 않았음에도 불구하고 어떤 지성이 할 수 있는 것보다도 더 완벽한 정확성으로 자신의 희생물을 마비시킬 줄 아는 것은, 이러한 본능의 작용이, 말벌과 그의 희생물이라는 두 생명체 **양자 모두**를 자신의 유기화 작용에 의해 만들어 내는 생명 자체와 **같은 하나**를 이루게 하기 때문이다. 즉 이러한 본능의 작용은, 생명이 이 말벌과 그의 희생물을 모두 자신의 유기화 작용을 통해 만들어 내는, 다시 말해, 이 두 개별 생명체 모두를 원래 하나인 자신의 서로 다른 부분적인 표현들로 만들어 내는, '생명의 단일성'에 뿌리를 두고 있다는 것이다.[23] 그러므로 본능이란 '생명의 자기 자신에 대한 내적 인식'이다. 말벌이 그의 희생물을 정확히 마취시킬 줄 알 때, 그것은 **자신과 다른 외부 대상**을 인식하고 있는 것이 아니다. 그것은 '말벌로 나타난 생명'이 '배추벌레로 나타난 생명'을 인식하는 현상, 즉 '어떤 하나의 표현으로 나타난 생명'이 '또 다른 표현으로 나타난 생명 자신'을 인식하는 현상이며, 따라서 생명이 자기 자신을 내적으로 인식하는 현상이다.[24] 바로 이것이 우리가 본능을 '생명이 자기 자신 안에 머물러 있는 방식'이라고 규정할 수 있는 이유이다.

그런데 말벌의 이러한 본능은 자신의 희생물이 될 수 있는 것에 대해서만 이처럼 완벽한 인식을 가지고 있을 뿐, 이것을 제외한 다른 모든 것에 대해서는 전혀 아무것도 알고 있지 못하는 것으로 보인다. '말벌로 나타난 생명'은 마치 말벌의 **생존**과 관련된 한두 가지 점을 제외하고는 그 밖의 다른 모든 자신(생명)의 모습에 대해서는 완전히 망각하고 있는 것처럼 보이는 것이다. 그러므로, 베르그송의 말처럼, 본능에서 생명은 마치 우리의 기억mémoire처럼 작용하고 있다. 즉 "현재의 생존에 도움을 줄 수 있는 유용한 소수의 기억들souvenirs을 제외한 나머지 대부분의 기억들을 무의식으로 망각하고 있는 기억"처럼 말이다.[25] 그러므로 본능이란 생명 자체이기는 하되, 이 생명이 크

---

23) *Ibid.*, p. 637 참고.
24) 그렇기 때문에 말벌의 저러한 본능의 작용이 그토록 정확할 수 있는 것이다.
25) *Ibid*, 기억(mémoire)과 기억(souvenir)의 구분에 대해서는 위의 각주 11 참고.

게 축소되어 나타나는 모습이다. 즉 본능이란, 생명이 자신의 대부분의 가능성을 비활성적인 무의식의 상태로 남겨 둔 채, 오직 (자신의 극히 작은 일부분만을 표현하고 있는) 개별 생명체의 생존에 관련된 것만을 활성화시키고 있는 축소된 모습인 것이다.

물질의 것과는 뚜렷이 다른 자신만의 성격을 가지고 있으며 또한 이 자신만의 성격을 실현하기 위한 내적 활동성도 가지고 있는 생명이, 자신과는 다른 성격의 외부 타자인 물질의 세계에 뛰어들어 자기 자신의 뜻을 펼쳐 나간다는 것은 미묘한 조건을 필요로 하는 일로 보인다. 생명은 자신의 활동 무대가 되는 이 물질세계에 적응하기 위해 그것에 자신을 맞춰 갈 수 있어야 할 테지만, 그렇다고 해서 그로 인해 자기 자신의 성격을 상실해서는 안 될 것이다. 하지만 그렇다면 생명은, 이러한 '자기 상실'의 위험에서 벗어나기 위해서는, 자기 자신으로서 남아 있어야 하겠지만, 그렇다고 해서 자신과 다른 외부 타자인 물질에 맞춰 자신을 변화시키는 일 또한 외면할 수 없는 노릇이다. 즉 물질 속에 뛰어든 생명에는, '자기 자신으로서 남아 있어야 한다'는 것 그리고 '외부 타자인 물질에 맞춰 자신을 변화시킬 수 있어야 한다'는 것이라는 두 가지 서로 상충하는 듯 보이는 조건을 동시에 만족시켜야 하는 과제가 주어지는 것이다. 본능, 즉 축소된 생명은, 생명이 자기 자신 안에 머물러 있는 방식으로서, 따라서 애초에는 자기 상실의 위험으로부터 벗어나 있는 것처럼 보였지만, 하지만 바로 '물질에 맞춰 자신을 변화시키기'라는 두 번째 과제를 소홀히 했기 때문에, 역설적으로 그토록 축소된 모습으로, 즉 자신의 대부분의 가능성을 상실(망각)하고 있는 모습으로 전락하게 된 것이다. 베르그송에 따르면, 생명이 '자기 자신으로서 남아 있는 길'을 택한 본능과는 달리, 생명이 '물질에 맞춰 자신을 변화시키는 길'을 택한 것이 지성이며, 이 두 번째 길이 진화해 온 정점에 있는 것이 우리 인간의 지성이다. 즉 생명의 자기 자신에 대한 내적 인식인 본능과는 달리, 생명이 자신과 다른 외부 타자인 물질에 자신을 맞춰 나간 것이 지성이라는 것이다. 그 자체가 생명의 자기표현의 한 방식인 지성이, 그럼에도 불구하고 생명 자신보다 오히려 외부 타자인 물질에 관심의 방향을 돌리고 있다는 사실을 입증하기 위해, 베르그송은 지성의 최고 진화된 형태인 우리 인간의 지성이, 그것이 사용하는 근본적인 사고 규칙들에 있어서, 물질세계의 가장 근본적인 속성들을 따르고 있다는 것을 보여 준다. 바로 외부 물질세계에 대한 자신의 지성의 이러한 본질적인 일치의 가능성 덕분에 인간은 — 즉 인간으로 나타난 생명은 — 물질세계에 대해 그토록 놀라운 지배력을 획득할 수 있는 것이다. 인간의 지성이 발전시키는 과학 기술과 이런 과학 기술에 의한 물질의 지배, 이는 인간의 지성이라는 자기 진화의 단계에 이른 생명이, 물질세계 속에서 자신의 뜻을 펼쳐 나가는 데 필요한 중요한 과제 중 하나를, 즉 물질에 잘 적응하기 위해 자신을 그것에 맞추어야 한다는 과제를, 성공적으로 해결하는 데 도달했음을 보여 주는 것이다.

『물질과 기억』에서 생명체가 외부 환경 속에서의 자신의 생존을 위해 쏟고 있는 마음의 활동으로 규정되었던 의식은, 이렇게 해서 『창조적 진화』에 이르러 여전히 같은 것이면서도 한층 더 분명해진 새로운 모습으로 다시 규정된다. 왜냐하면 자신의 생존을 위해 **생명 안에 그대로 머무르면서 생명의 운동을 그대로 따르는 방식을 취하는 말벌**

같은 곤충의 의식은 **본능**의 방향으로 발전하게 되겠지만, 우리 인간과 같이, 이러한 본능의 방식에 의존하는 대신에 외부 물질에 관심의 방향을 돌림으로써 자신의 생존의 길을 찾으려 한 생명체의 의식은 **지성**의 방향으로 발전하게 된다는 것을 『창조적 진화』는 가르쳐 주기 때문이다. 즉 『창조적 진화』는 우리 인간의 의식이 왜 그토록 지성과 일치하게 되는지의 이유를 새롭게 해명해 주고 있기 때문이다. 지성의 방향으로 발전해 온 인간의 의식은, 그러므로 그것이 더욱 발전할수록, 원래 그것의 선택 방향이 그러했기에, 생명 자신이 아닌 외부 물질에 대해 더욱더 발전된 인식을 얻을 수 있게 된다. 하지만 그렇다면, 이처럼 지성으로 발전해 온 우리 인간의 의식에 의해 억압되고 있는 무의식의 정체가 무엇인지도, 즉 생명 전체의 한 부분적인 표현인 인간이, 자신 안에 (지속의 원리에 의해서) 모두 보존되어 들어오고 있는 생명의 모든 가능성 중에서, 자신의 생존에 별 도움을 줄 수 없는 무용한 것으로 간주하여 자신의 의식에 의해 억압하고 있는 것의 정체가 무엇인지도, 한결 더 분명해진다. 그것은 바로 이러한 지성과 대립의 관계에 있는 본능, 하지만 지성과 다시 합쳐질 때 생명의 본래적인 전체성을 회복할 수 있는 '보완의 관계'에 있는 본능이다. 인간의 의식은 생명의 타자인 물질을 향하고 있는 자신의 본래적인 관심 방향을 좇기 위해, 자신과 반대되는 관심 방향을 향하고 있는 본능을, 즉 외부의 타자가 아닌 생명 자신에 대한 내적 공감을 지향하는 본능을, 무의식으로 억압하고 있는 것이다.[26]

---

26) 이렇게 해서, 프로이트가 의식에 의해 무의식으로 억압되고 있는 것이라고 주장하는 **충동**

하지만 이처럼 무의식으로 억압되고 있을망정, 앞에서 말한 바와 같이, 본능과 지성의 서로 다른 두 길로 갈라진다 하더라도 그 각 길 위에서 여전히 자신의 전체성을 유지해 가고 있는 '생명의 단일성'의 논리에 의해, 본능은, 미발달의 형태로나마, 지성의 방향으로 발달해 가는 우리 인간의 마음속에 여전히 들어 있다.[27] 예컨대, 우리가 우리의 지성에 의해서는 왜 그런지 그 이유를 알 수 없는 가운데 타인에게 자연스럽게 강한 공감이나 반감을 느낄 때, 혹은 갑작스럽게 어떤 긴급하고 중요한 상황에 처해 우리가 무엇을 해야 할지 지성의 계산이 말해 주지 못하는 것을 불현듯 솟아오르는 직관이 일러줄 때, "이러한 느낌의 현상 속에서, 우리는 우리 자신의 내부에서, 물론 훨씬 더 모호하고 이미 지성에 의해 크게 물들어 있는 형태로이지만, 본능에 의해 활동하는 곤충의 의식 속에서 일어나는 일을 체험하고 있는 것이다".[28] 물론 이러한 본능은, 그것과 관심 방향이 반대인 우리 인간

(Trieb, 영어나 한글로 번역할 때 이를 '본능'으로 옮기고 있다)과 베르그송이 의식에 의해 무의식으로 억압되는 것이라고 주장하는 **본능** 사이의 차이가 무엇인지가 결정적으로 드러난다. 프로이트에게 무의식인 충동은 단지 '어떤 신체적 자극이 마음에 표현되는 것'일 뿐이지만(Freud, *Das unbewußte*, 1915, p. 85 참고), 베르그송에게 무의식인 본능은 중요한 무엇인가를 알고 있는 어떤 인식, 즉 어쩌면 지성이 알고 있는 것보다도 더 중요한 것을 알고 있을 수 있는 어떤 인식이다. 베르그송은 우리의 무의식인 본능을 이처럼 '어떤 인식'으로 보아야 한다는 점을 여러 차례에 걸쳐 강조한다.

27) "그 속에 본능의 흔적이 발견되지 않는 지성은 없으며, 그 가장자리가 지성에 의해 둘러쳐져 있지 않은 본능도 역시 없다"(Bergson, *L'évolution créatrice*, p. 610). "본능이란, 물론 지성의 영역 속에 있는 것은 아니지만, 그렇다고 해서 마음의 영역 밖에 있는 것은 아니다"(*Ibid.*, p. 643).

28) *Ibid.*, p. 644. 레이몽 루이에(Raymond Ruyer)는 본능의 작용은 생명의 유기화 작용을 그대로 연장하는 것이며 따라서 이 둘은 서로 같은 것이라는 베르그송의 주장에 동의하면서, 지성이 가장 발달한, 그러므로 본능은 가장 퇴화되어 있는, 우리 인간에게서 그럼에도 불구하고 본능이 여전히 살아남아 중요한 역할을 하고 있다는 것을 보여 주는 대표적인 예로 '남

의 의식의 발달을 위해, 억압되어야만 하는 것이었으며, 따라서 우리 인간의 의식은 이러한 본능의 존재를 처음부터 잘 믿지 않을 뿐만 아니라, 설령 그것이 자신의 존재를 드러낸다 하더라도, 그것이 생명 자체와 하나로 일치하는 '생명의 자기표현'이라는 것을 믿지 않는다. 인간의 의식의 눈, 즉 지성의 눈에 비친 본능의 모습은 언제나 불투명하고 모호한 비합리적인 것이며, 따라서, 설령 그것이 뭔가 중요한 것을 일깨워 주는 때가 있다 하더라도, 그것은 한갓 우연한 요행일 뿐, 인간의 의식 자신에 익숙한 지성적이고 합리적인 것과는 달리 신뢰할 수 없는 것으로 보이는 것이다. 그러므로 본능이 우리에게 말해 주는 것에 진지하게 귀기울이려 하는 것은 한갓 기만적 환상이나 비합리적 미신을 좇고 있는 것으로 보일 뿐이며, 이제 인간의 의식은 자신의 지성이 외부 물질세계에 대한 지배력을 통해 거둔 물질적 풍요에 취해, 오직 이것만이 삶에서 중요한 모든 것인 양 생각하게 된다. 지성이 얘기하는 세계의 모습은 물질이며, 우리는 오직 지성만을 신뢰하기에, 이처럼 유물론적인 것이 된 세계 속에서, 지성에 의해 거둘 수 있는 물질적 풍요를 누리며 사는 것만을 삶의 최고의 가치(유일한 가치)라고 생각하며 살아가는 것이다. 하지만 본능은 이처럼 의식에 의해 무의식으로 억압되고 있는 것이기는 하지만, 그것은 생명의 내적 활동성을 자신 속에 간직하고 있는 '생동하는 무의식'이기에, 끊임없

녀의 첫날밤'을 든다. 처음 상대방을 맞이하는 두 남녀는, 사전에 그와 관련된 무엇인가를 전혀 배우지 않고서도, 상대방의 어디에 어떻게 무엇을 해야 하는지를 마치 처음부터 다 알고 있는 것처럼 행동한다는 것이다. Ruyer, "Bergson et le Sphex ammopile", *Revue de métaphysique et de morale*, Paris: Hachette Bnf, 1959, p. 166.

이 우리의 의식에 자신의 얘기를 들려주기 위한 말을 걸어오고 있다. 이 생동하는 무의식은 우리가 아무리 지성의 과학 기술을 통해 물질 세계의 이치를 잘 이해하게 되고 또 그것을 통해 우리의 물질적 삶을 풍요롭게 만들어 간다 할지라도, 도저히 그런 것으로써 채워질 수 없는 내적 갈망을 불어넣는 형태로 우리에게 말을 걸어온다. 그것은 우리의 의식에, 우리가 물질적 풍요만을 좇고 사는 것이 우리 자신의 본연의 모습을 잃고 사는 것은 아닌지를, 우리의 삶은 물질에 대한 이해와 지배 이외의 다른 중요한 과제를 안고 있는 것이 아닌지를, 일깨우는 것이다. 왜냐하면 우리 인간이란, 자신의 타자인 물질에 뛰어들어 자신의 뜻을 펼쳐 나가는 생명과 원래 하나를 이루는 것인데, 이러한 인간이 물질에만 매달리며 산다는 것은 바로 생명의 자기 상실이기 때문이다.[29] 이 생동하는 무의식은, 그것을 무의식으로 억압하고 있는 우리의 의식에 이와 같은 자기 상실의 위험을 일깨워 주고 있는 생명으로서, 우리에게 잃어버리고 있는 자신을 찾아 되돌아오는 긴 여정을 시작하도록 우리를 부르고 있는 것이다.

이 생동하는 무의식은, 곧 생명의 자기 인식을 담고 있는 본능이기에, 억압으로 인해 감추어져 있는 그것의 잠재력이 다시 활성화될 때 우리에게 생명의 가장 깊은 비밀을 알려 줄 수 있는 '지혜로운 무의식'이다.[30] 이 지혜로운 무의식은 그러므로, 무의식을 단지 성취되

---

29) "의식은 물질을 주파해 가면서, 그 속에서 자신을 상실한다"(Bergson, *L'évolution créatrice*, p. 647). 여기에서의 이 '의식'은 인간의 의식을 말하는 것이 아니라 생명 자체를 말하는 것이다.
30) "우리가 그것에 물을 수 있고, 그것이 우리에게 대답해 줄 수 있다면, 그것은 우리에게 생명

지 않은 자신들의 요구들로 들끓고 있는 성적 충동들의 장소로만 보는 프로이트의 무의식이 아니라, 그것과 대립하는 융의 무의식이다. 프로이트에 대한 융의 대립의 이유가 무의식에 대한 화해할 수 없는 이해의 차이에 있다는 것은 잘 알려져 있다. 프로이트는 무의식에서 문명화된 인간의 정상적인 삶의 규범을 위해 억압되어야만 했던, 또한, 그렇기 때문에 숨죽인 어두운 이면 속에 숨어서 끊임없이 이 정상적인 삶을 어지럽히고 있는, 성적 충동들의 무분별한 정념만을 보았으나, 융은 이러한 정상적인 삶 속에서 구현되고 있는 인간의 지성적인 자기 이해를 초월하는 훨씬 더 깊고 근원적인 새로운 자기 이해에로 우리를 이끌어 가는 지혜가 무의식에 숨겨져 있음을 발견한다. 하지만 이처럼 지성의 저편에로 우리를 이끌어 가는 이러한 무의식의 지혜는, 바로 그렇기 때문에, 지성의 논리를 초월하는 새로운 언어로, 즉, **상징(원형)**이라는 언어로, 자신을 나타내게 되며, 그렇기 때문에 그것은 지성이 단박에 이해할 수 있는 명료한 **해답**의 형태로서가 아니라 지성이 끊임없이 계속해서 풀어 가야 할 **문제**의 형태로 자신을 나타내는 것이다.[31] 그런데 융은 이 지혜로운 무의식과 그것의 언어인 이러한 원형(상징)에 대한 자신의 이론을 바로 베르그송으로부터 이

의 가장 깊은 비밀을 넘겨줄 것이다"(*Ibid.*, p. 635).

31) 『차이와 반복』에서 들뢰즈는 무의식이란 억압된 충동의 장소이기보다는 '문제와 물음을 제기하는 심급'이라고 주장한다. Deleuze, *Différence et répétition*, Paris: PUF, 1968, p. 141, 143 참고. 무의식에 대한 이와 같은 들뢰즈의 이해는 프로이트와 대립하는 융의 이해를 계승하고 있는 것이며, 따라서 융이 계승하고 있는 베르그송의 이해를 계승하고 있는 것이다.

끌어 오고 있다.[32] 자신의 원형 개념을 처음으로 소개하는 글인 '본능과 무의식'에서, 융은 본능에 대한 베르그송의 이론에 찬성을 표현한 후, 자신이 말하는 원형이란 바로 베르그송이 말하는 본능, 즉 생명의 자기 인식으로서의 본능을, 활성화되도록 하는 것이라고 말하고 있다. 본능은 이러한 원형에 대한 인식을 통해 작용하는 것이며 이 원형이 보여 주는 것을 좇는 것이라고 말하고 있는 것이다. "본능을 활성화시키는 이러한 이미지들은 선험적이며 본래부터 타고난 직관의 형식들a priori, inborn forms of intuition이다. […] 이들 선험적이며 본래부터 타고난 직관의 형식들이 원형들이다. […] 내가 원형, 혹은 원초적 이미지라고 부르는 것은 본능의 자기 인식, 즉 본능 자신이 스스로에 대해 그리는 초상화이다."[33] 융이 자신의 원형을 **선험적인 것**으로 규정하고 있다는 것에 주목하자. 그러므로 이 원형은 어떤 실제의 체험(즉 어떤 경험적인 사건)으로부터 연원하는 것이 아니다. 따라서, 가령 정신병리적 환자들의 환상 속에서 자주 발견되는 '엄마의 원형'은, 융에 따르면, 환자의 유아 시절에 그의 성적 욕망을 실제로 만족시켜 줄 수 있었던, 혹은 과거에 그렇게 자신을 만족시켜 줄 수 있었던 존재로 성년이 된 환자가 지금 돌이켜 상상하고 있는 엄마(즉 환자의 **개인적·경험적 엄마**)를 가리키는 것이 아니며, 따라서 이러한 원형에 의해 활성화되는 환자의 본능이 좇고 있는 것도 '엄마에 대한 근친상간적 욕

---

32) 융의 무의식과 원형 개념에 대한 베르그송의 영향에 대해서는 Kerslake, "Insects and Incest: From Bergson and Jung to Deleuze", *Multitudes*, vol. 25, 2006 참고.
33) Jung, "Instinct and the Unconscious", *British Journal of Psychology*, p. 136.

망'이 아니다. 이러한 원형과 본능의 출현은, 환자의 무의식 속에 억압되어 있는 것이 환자 자신의 개인적·경험적 차원에로 환원되지 않는 더 깊은 차원의 진실이라는 것을 말해 주는 것이며, 따라서 이러한 원형을 통해서 자신을 나타내는 무의식 역시 자신의 개인적·경험적 차원을 넘어서는 초개인적이고 초경험적 차원의 것이라는 것을 말해 주고 있는 것이다. 이로써 우리는, 무의식을 단지 개인적·경험적 차원의 것(즉 엄마에 대한 근친상간적 욕망)으로 환원시키는 프로이트에 맞서는 융의 무의식이 어떻게, 무의식을 지성의 발전을 위해 억압되어야만 했던 우주적 생명 자체에로 확대시켜 나간 베르그송의 무의식을 이어받고 있는 것인지를 분명히 알게 된다.

무의식의 본성이 프로이트의 주장처럼 성적 충동이냐 혹은 그렇지 않느냐에 따라, 이러한 무의식의 작용에 의해 발생하는 것으로 설명되는 정신병리적 현상들의 의미와 가치 또한 필연적으로 달라질 수밖에 없을 것이다. 무의식의 본성에 대한 베르그송과 융의 새로운 이해로부터 나오는 마조히즘masochism에 대한 들뢰즈의 새로운 이해는, 무의식에 대한 이러한 새로운 이해가 어떻게 정신병리적 현상들의 분석에 구체적으로 적용되어 이 현상들의 의미와 가치에 대해 프로이트의 것과는 다른 새로운 설명을 제시해 줄 수 있는지를 보여 준다.[34] 마조히즘은 프로이트에게 매우 특권적인 의미를 가지는 현상일 수 있다. 왜냐하면 마조히즘을 지배하는 핵심적인 환상이 '엄마의 이

---

34) 융 자신이 직접 마조히즘에 대해 다룬 경우는 없다고 한다. Kerslake, "Insects and Incest: From Bergson and Jung to Deleuze", *Multitudes*, vol. 25, 2006 참고.

미지'라는 것은 너무나도 뚜렷이 드러나기 때문에, 즉 마조히스트에게서 나타나는 욕망이 엄마를 향한 욕망이라는 것이 너무도 분명해 보이기 때문에, 이 도착신경증은 무의식에 대한 프로이트의 주장, 즉 무의식 속에 억압되어 있는 것은 성적 충동이며 또한 모든 성적 충동의 근원은 '엄마에 대한 근친상간적 욕망'이라는 주장을, 가장 직접적이고 강렬한 방식으로 뒷받침해 줄 수 있는 경우로 보이기 때문이다. 그런데 들뢰즈는 마조히즘을 지배하는 이 엄마의 이미지는, 프로이트의 주장과는 달리, 유아기의 실제 체험으로도, 또한 성년기의 사후적 상상으로도, 결코 환원되지 않는 것이라고 주장한다. 왜냐하면 그렇게 환원시킬 경우, 이 엄마의 이미지와 연결되어 있는 또 하나의 중요한 마조히즘의 환상인 '재탄생'의 이미지가 결코 설명될 수 없기 때문이다. 그러므로 들뢰즈는 마조히스트의 욕망을 일깨우는 이 엄마의 이미지는 융이 말하는 의미에서의 하나의 상징(원형)이라고 주장한다. "이 상징은 자기 자신 이외의 다른 것에 의해서 설명되지 않는다. (욕망이나 경험적 사건으로부터 상징이 만들어지는 것이 아니라) 반대로 상징이야말로 욕망을 만들어 내고 욕망의 대상 역시 만들어 내는 궁극적인 출발점이다. […] 실로 무의식에 있어서는 모든 것이 상징이다. 성적 욕망도 상징이고, 죽음 역시 상징이다."[35] 그렇다면 결코 억압된 성적 충동으로부터 — 즉 이 성적 충동의 근원인 '엄마에 대한 근친상간적 욕망'으로부터 — 만들어진 것이 아닌 이 상징(엄

---

35) Deleuze and Félix Guattari, *Anti-Œdipus: Capitalism and Schizophrenia*, University of Minnesota Press, 1961, p. 12.

마의 이미지)이 만들어 내는 이 욕망은 대체 무엇을 욕망하는 것일까? 이 상징을 좇는 마조히스트의 욕망이 진실로 원하고 있는 것은 무엇일까? 다시 말해, 이 상징이 '엄마에 대한 근친상간적 욕망'을 나타내고 있는 것이 아니라면, 그것은 무엇을 나타내고 있는 것이며, 마조히스트는 어떤 이유에서, (그에게 '고통당하는 것을 좋아하는 자'라는 잘못된 규정이 주어질 정도로) 자신에게 가해지는 그토록 무서운 고통을 기꺼이 감내하면서 그렇게 열렬하게 이 상징이 보여 주고 있는 것을 좇고 있는 것일까? 들뢰즈의 대답은, 경험적인 것으로 환원될 수 없는 이 상징은, 바로 마조히스트의 경험적 자아(문명화된 정상적인 삶의 규범을 지키며 사는 자아)의 발달을 위해 희생되어야 했던 자아의 소외된 부분을 나타내고 있는 것이며, 이 상징을 좇는 마조히스트의 욕망은 바로 이 소외된 자아의 자기 회복의 욕망을 나타내고 있다는 것이다. "정신병리적 현상의 치료는 상징을 해체시켜 실제의 사건으로 바꿔 놓는 문제가 아니라, 이 상징 속에 내포되어 있는 초현실적인 것(즉 경험적인 것을 넘어서는 것)을 이용하여, 우리의 인간성 중에서 소외되어 있는 부분에 그 부분이 요구하는 온전한 발전을 되돌려 주는 문제이다. 모든 신경증은 두 개의 얼굴의 가지고 있다. 마조히즘은 법(문명화된 정상적인 삶의 규범)에 의해 파괴되는 우리 자신의 또 다른 부분이, 자신을 병들게 하는 이러한 파괴에 대한 자신의 저항을 병적인 방식으로 표현하는 것이며, 또한 이 병든 부분이 그러한 저항에 의해 자기 자신을 회복해 가려는 것이기도 하다."[36] 요컨대, 들뢰즈에

---

36) *Ibid.*

따르면, '엄마의 이미지'를 좇고 있는 마조히스트의 욕망이 진실로 좇고 있는 것은 '자아의 잃어버린 또 다른 부분'이며, 따라서 '엄마에 대한 근친상간적 욕망'이라는 표면적 인상의 이면에 숨겨져 있는 마조히즘의 진실은 '이 잃어버린 자아를 회복하려는 재탄생의 염원'이다. 그러므로 마조히스트가 겪어야 하는 고통은, 잃어버린 자아를 되찾는 길을 떠나기 위해, 여전히 끈질기게 자신을 얽매고 있는 경험적 자아를 죽이기 위해 겪는 고통이며, 또한 성공의 보장이 없는 이 모험적인 길의 깊은 불확실성과 위험이 안겨다 주는 고통이다.[37] 들뢰즈는 프로이트가 그의 주요 개념들과 방법들을 주로 히스테리 신경증에 대한 분석을 통해 얻고 있다는 것에 주목한다. 주로 젊은 청춘들에게서 나타나는 이 신경증에는 실로 프로이트의 이론이 잘 통하는 데가 있다. 실제로 이 신경증을 유발하는 원인은 현실적인 이유로 인해 억압되어야만 하는 성적 충동인 것으로 보이며, 또한 이 신경증을 앓고 있는 환자들이 겪는 문제도 '어떻게 하면 타인으로부터 잘 사랑받을 수 있을까' 같은 문제, 즉 '경험적 현실에 잘 적응하기'의 문제인 것으로 보인다. 하지만 들뢰즈에 따르면, 이러한 히스테리 신경증과는 다른 유형의 정신병리적 현상들, 즉 청춘의 고비를 넘긴 보다 성숙한 사

---

37) 그러므로 모든 **진정한** 사랑에는 자기파괴적인 요소가, 즉 경험적 자아를 파괴하는 요소가 들어 있는 것이 사실일 것이다. 진정한 사랑은 분명히 진정한 자아를 찾아가는 한 방법일 수 있기 때문이다. 마조히즘은 이러한 진정한 사랑의 방식이 극단화된 형태로 보인다. 들뢰즈가 『차이와 반복』에서, 서로 대립되는 것으로 보이는 **에로스**(사랑, 성애)와 **죽음본능** 사이에, 실은 전자 속에 이미 후자에로 넘어갈 수 있는 가능성이 내포되어 있다고 말할 때, 그는 진정한 사랑에 불가피하게 내재하고 있는 이러한 자기파괴적인 요소에 대한 생각을 이론화하고 있는 것일 게다.

람들에게서 주로 나타나는 다른 정신병리적 현상들은 프로이트의 이론이 발견하는 차원보다 더 깊은 차원의 무의식을 드러내고 있는 것이며, 그들이 겪고 있는 문제 또한 '타인에게 잘 보이기'와 같은, 경험적 현실에 잘 적응하기의 문제가 아니라, 이러한 경험적 현실에서 찾을 수 없는 자기 자신의 깊은 정체성을 찾아 헤매는 것 같은 본질적인 문제이다.[38] 그러므로 들뢰즈는 융의 입을 빌려, 프로이트는 정신병리적 현상들 속에 숨어 있는 진짜 위험이 무엇인지도 모르며, 또한 그것들이 품고 있는 진짜 보물이 무엇인지도 모른다고 비판한다. "프로이트는 신경증에 대해서 주로 '그것은 단지 [⋯]일 뿐이야'라는 식으로 경멸 조로 말한다. 하지만 융에 따르면, 신경증 속에는 우리에 대한 가장 집요한 적, 혹은 우리를 위한 최고의 친구가 들어 있다."[39] 무의식 속에 억압되어 있는 것이 단지 성적 충동일 뿐이고, 이 사실을 드러내고 있는 정신병리적 현상들 스스로가 이 사실을 부끄러워하여 왜곡되고 위장된 모습으로 이를 드러내고 있는 것이라면, 프로이트의 경멸 조는 실로 그 대상에 어울리는 것일 게다. 하지만 무의식 속에 억압되어 있으면서 정신병리적 현상들을 통해 자신을 드러내는 것이 우리의 잃어버린 자아라면, 그것은 우리의 경험적·현실적 자아를 끊임없이 위협하는 무서운 적이 될 것이며, 또한 동시에, 우리가 되찾아야 할 최고의 친구이기도 할 것이다. 이 친구, 즉 그것을 되찾

---

38) "성년기 신경증자들의 문제는 자기 자신과 다시 화해하는 것이다. 즉 그들의 인간성 속에서 미발달된 부분을 다시 발달시켜 그들의 인간성 속에 다시 통합시키는 것이다"(*Ibid.*, p. 12).

39) *Ibid.*

게 될 때 우리가 우리 자신의 본연의 모습을 회복할 수 있게 될 이 친구, 그것은 바로 베르그송이 말하는, 우리가 그것과 본래 하나를 이루고 있었던 생명 자체일 것이다. 그런데 잃어버린 자아를 되찾으려는 이러한 노력이 꼭 정신병리적 현상들 같은 병리적 모습으로만 표현되는 것은 아닐 것이다. 융과 들뢰즈는 정신병리적 현상들 같은 수동적인 표현 방식과는 달리 능동적이고 적극적인 표현 방식의 예로, 사랑, 예술, 꿈, 약물중독, 비교秘教적 종교 체험, 정치적 혁명 의식 등을 든다. 그러면 우리는 이러한 능동적인 표현방식들 중에 '불교의 선정禪定' 같은 보다 동양 전통적인 방식도 함께 넣을 수 있지 않을까? 다시 말해, 어쩌면 베르그송의 '우주적 생명' 이론은 불교의 선정 같은 동양 전통적인 개념을 보다 현대적인 학문 언어로 이해하고 표현할 수 있는 길을 제시해 줄 수 있지 않을까?

2부
현상학과 정신분석

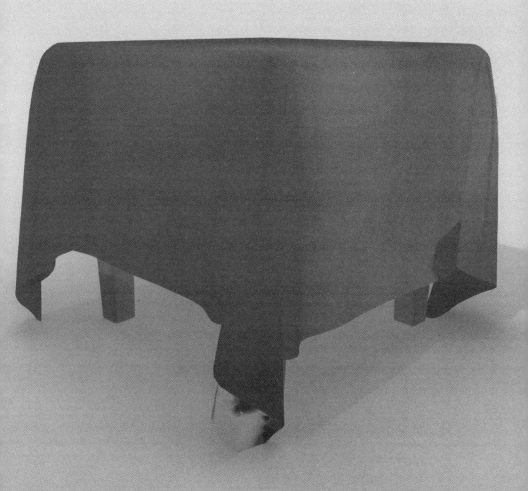

3장. 사르트르와 실존적 정신분석

지영래

들어가며

장 폴 사르트르가 정신분석학과 맺고 있는 관계는 복잡하다. 사르트르의 제자이자 친구인 정신분석학자 장-베르트랑 퐁탈리스가 지적한 대로, 사르트르와 정신분석의 관계는 "30여 년 동안 유지된, 강렬한 끌림과 그만큼 깊은 주저함으로 점철된 애매한 관계"[1]이다. 사르트르에게 인간의 욕망 —— 성적 욕망을 포함하여 —— 이란, 심적 사태이기 이전에 인간이 세상과, 그리고 자기 자신과 맺는 관계에 의미를 부여하는 '기투'企投, le projet이기에, 사르트르의 눈에 비친 프로이트의 정신분석학은 일단 부정적이다. 비록 프로이트적 분석이 인간 실재의 애매성과 그것의 투쟁적 차원을 밝혀 주는 장점은 있을지 모르지만, 여전히 무의식이라는 기계론적 이론과 단순화한 범성욕주의le

---

1) Jean-Bertrand Pontalis, "Réponse à Sartre, par J.-B. Pontalis" in J.-P. Sartre, *Situations IX*, Paris: Gallimard, 1972(1987), p. 360.

pansexualisme에 근거한 '경험주의 심리학'[2]일 뿐이기에 사르트르에게 서는 비난의 대상이었다. 그럼에도 불구하고 사르트르는 프로이트에 게 많은 빚을 지고 있다. 자신의 존재론을 구축하고 그것을 바탕으로 자신만의 철학적·문학적 세계를 구축해 나가는 데 있어서 사르트르 는 명시적으로든 암묵적으로든 정신분석학의 성과를 활용하고 변용 한다.

혹자는 사르트르와 정신분석학의 관계를 그의 초기 사상과 후 기 사상의 변화에 맞추어 프로이트적 시기와 라캉적 시기로 구분[3]하 기도 하지만, 우리는 주로 프로이트 정신분석학과의 관계를 중심으 로, 초기 사르트르 철학 속에서 그의 존재론과 정신분석학이 접목되 는 지점과 후기 사르트르의 인간학적 기획 속에서 마르크스주의와 정신분석학이 만나는 지점을 살펴보도록 하자. 우선 사르트르가 프 로이트의 무의식 개념을 비판하면서 '자기기만'la mauvaise foi의 개념으 로부터 자신의 독자적인 의식철학으로 넘어가는 과정을 따라가 보

---

2) "생식 기관들이 우리 신체의 우연하고 특별한 하나의 정보인 것과 마찬가지로, 거기에 해당 하는 욕망도 우리 정신생활의 한 양상일 것이라서, 그것은 생물학에 기반한 경험주의 심리 학(une psychologie empirique)의 수준에서밖에 기술될 수 없을 것이다"(Sartre, *L'être et le néant*, Paris: Gallimard, coll. "Bibliothèque des idées", 1943[1973], p. 451).

3) 『사르트르 사전』(François Noudelmann and Gilles Philippe, *Dictionnaire Sartre*, Paris: Honoré Champion, 2004)에서 '정신분석'(Psychanalyse) 항목을 기술한 패트릭 보데(Patrick Vauday)는, 사르트르가 정신분석과 맺는 관계의 역사를 '프로이트적 시기'와 '라캉적 시기' 로 나눈다. 프로이트적 시기는 주로 『존재와 무』의 시기와 일치하는데, '자기기만' 이론을 가 다듬어서 『보들레르』와 『성자 주네』의 실존적 정신분석 전기비평에서 적용한 시기이고, 라 캉적 시기는 인간이 자신의 환경과 맺고 있는 실천적 관계에 대한 성찰(『변증법적 이성비판』) 과 구조주의적 정신분석학의 영향으로 언어 체계 속의 무의식적 부분에 관심을 가지는 시기 이다.

고, 이어서 한 인간을 이해하는 방법으로서 제시된 그의 '실존적 정신분석'la psychanalyse existentielle이 프로이트적 정신분석을 어떻게 변용하고 있는지 조명해 본 후, 끝으로 후기의 사르트르가 자신의 실존적 정신분석에 마르크스적 이론을 결합하여 '전진-후진적 방법'la méthode progressive-régressive이라고 이름 붙여 제시한 인간 이해 방법론에 대해 살펴보도록 하겠다.

무의식과 자기기만

언제나 인간에 대한 이해를 최우선 과제로 삼게 될 사르트르는 학창 시절부터 심리학에 대해 특별히 관심이 많았다. 1927년에 제출한 교수자격시험 준비 논문 「심리생활 속에서의 이미지: 역할과 성질」[4]을 쓰기 위하여 사르트르가 읽고 참조한 심리학 관련 서적들의 목록을 보면, 사르트르가 철학을 시작하던 1920년대 그의 주된 관심은 당시 이제 막 실증과학으로 독립하기 시작한 심리학에서 얻은 인간에 대한 경험주의적 지식들을 의식에 대한 철학적인 문제와 결합하는 데 쏠려 있었다. 이미지와 상상력에 관한 이 학위 논문을 준비하기 위해 사르트르는 조르주 뒤마의 『심리학 개설』*Traité de psychologie*을

---

4) 사르트르의 이 D.E.S.(Diplôme d'Études Supérieures) 논문은 최근 일반에 공개되었다. Sartre, "L'image dans la vie psychologique: rôle et nature", *Études sartriennes*, Gautier Dassonneville(dir.), no. 22, Garnier, 2019, pp. 43~246.

자세하게 읽었고, 테오듈-아르망 리보의 『창조적 상상력 시론』*Essai sur l'imagination créatrice*이나 알프레드 비네의 『추론 심리학』*Psychologie du raisonnement* 등의 연구와, 독일 뷔르츠부르크학파의 이론들은 물론 앙리 들라크루아,[5] 알버트 스파이어, 이그나스 마이어슨 등 수많은 당시 심리학 관련 저술들을 오랜 시간을 들여 정독하였다.[6] 그리고 이 학위 논문을 발전시켜 본격적으로 자신의 독창적인 이미지 이론을 전개한 『상상계』*L'Imaginaire*에서 사르트르는 당시 비네나 뷔르츠부르크학파에서 주장했던 엄격한 실험적 내관법內觀法, l'introspection[7]을 직접 채용하여 자신의 주장을 뒷받침하기도 하였고, 비록 출판은 포기하였으나 비슷한 시기에 후설 철학의 영향[8]을 받아 현상학적 관점에서 심리학을 다룬 '프시케'Psyché라는 제목의 방대한 분량의 원고[9]를 집필하기도 했다.

이처럼 당시 프랑스와 독일에서 진행되던 여러 심리학 연구들에

---

5) 들라크루아는 사르트르의 학위 논문을 지도하였고, 그가 심리학에 관한 지식을 쌓는 데 많은 영향을 끼친다.

6) Alain Flajoliet, *La première philosophie de Sartre*, Paris: Honoré Champion, 2008, pp. 317~365.

7) 내성법(內省法)으로 불리기도 하는 이 자기관찰법은 주어진 과제와 관련된 실험에서 잘 훈련된 피험자들(대부분 심리학자들)이 심적으로 경험한 것을 가능한 한 모두 말하도록 하여 경험 진술서로 정리하는 방법이다. '상상력의 현상학적 심리학'이라는 부제가 붙어 있는 『상상계』에서 '아날로공'(analogon)을 구성하는 '정신 이미지'(l'image mentale)를 분석하는 제2부의 내용이 내성법과 관련된다.

8) 사르트르는 1933년(당시 28세) 후설을 연구하기 위하여 베를린으로 유학을 떠난다.

9) 시몬 드 보부아르의 회고록에 의하면, 약 400여 쪽에 달하는 이 원고는 현상학적 심리학 개론서였는데 사르트르는 그 일부만을 발췌하여 『감동 이론 소묘』(*Esquisse d'une théorie des émotions*, 1939)로 출판한다. Simone de Beauvoir, *La force de l'âge*, Paris: Gallimard, coll. "Folio", 1960(1992), p. 363 참고.

대하여 조예가 깊었던 사르트르지만, 프로이트의 정신분석학에 대해서는 처음부터 많은 반감을 지닌 채 접근하였다. 사르트르가 프로이트의 작품을 처음 접한 것은 고등사범학교 시절이었고,[10] 당시 사르트르의 눈에 비친 정신분석학은 범성욕주의와 무의식의 개념, 그에 따른 기계론적 설명 방식의 경직성 때문에 자신이 지향하는 인간의 자유와 정면으로 배치되는 타협 불가능한 이론으로 보였다.[11] 특히 데카르트식 합리주의 전통 속에서 교육받은 당시 프랑스의 젊은 철학도로서의 사르트르에게 프로이트의 무의식 개념은 쉽게 받아들여질 수 없는 것이었다.

> 프로이트로 다시 돌아오자면, 나는 그를 이해할 수가 없었다고 말해야겠군요. 왜냐하면 나는 데카르트적 전통을 먹고 자라 합리주의가 몸에 밴 한 명의 프랑스인이었고, 무의식이라는 개념은 아주 충격적이었으니까요.[12]

프로이트에 대한 이런 거부감에도 불구하고 사르트르는 정신분

---

10) 1975년 미셸 리발카와의 인터뷰에서 사르트르는 자신이 프로이트를 처음 접한 시기를 묻는 질문에 이렇게 회고한다. "저는 고등사범학교 시절 첫해에 『일상생활의 정신병리학』을 읽었고, 그러고는 그 학교를 졸업하기 전에 『꿈의 정신분석』을 마저 읽었던 기억이 있습니다. 하지만 프로이트는 내가 생각하는 방향과 거꾸로 가고 있었는데, 왜냐하면 그가 『일상생활의 정신병리학』에서 보여 준 사례들이 이성적인 데카르트적 사유와는 너무 동떨어져 있었기 때문이죠"(Michel Rybalka, "An interview with Jean-Paul Sartre", ed. Paul Arthur Schilpp, *The Philosophy of Jean-Paul Sartre*, Paris: Open Court, 1981, p. 12).

11) Beauvoir, *La force de l'âge*, p. 29 참고.

12) Sartre, *Situations IX*, p. 105.

석학에 대하여 최초로 진지하게 관심을 보인 프랑스 철학자들 중 한 명이다. 1943년 출간된『존재와 무』에서 '자기기만'이나 '실존적 정신분석' 등의 개념을 피력할 때 사르트르는 프로이트의 정신분석학에 대해 많은 부분을 할애한다. 사르트르가 이렇게 정신분석학에 대해 관심을 가지게 된 것은 아마도 고등사범학교 동기인 레이몽 아롱[13]의 영향이 적지 않은 듯하다. 아롱은 자신의 회고록에서 사르트르가 학창 시절 친구들 중 폴 니장에게서 받은 영향에 대해서는 인정하면서도 자신에게서는 전혀 영향받은 것이 없다고 부정한 것에 대해 서운함을 드러내면서, 사르트르가『존재와 무』에서 개진하는 '자기기만'의 개념이 자신과의 토론을 통해 정신분석학을 나름대로 통합한 결과라고 주장한다.

한 2~3년 동안, 그[사르트르]는 자기 생각들에 대해 내가 어떻게 보는지 듣기를 좋아했어요. 아마도 우리들 대화에서 그가 뭔가를 얻었겠지요, 그게 영향이라고까지 할 수는 없겠지만. 예를 하나 들어 보지요. 정신분석학은 오랫동안 우리의 토론 주제였습니다. 그는 정신분석학을 거부했어요, 단호하게. 왜냐하면 정신분석학은 무의식과 혼동되고 있었고 그 무의식이라는 개념은 사르트르가 보기엔 정사각형 원이나 마찬가지였기 때문이죠, 심적인 것과 의식이 분리되지 않으니깐. 결국

---

13) 사르트르에게 후설의 현상학을 소개한 것도 레이몽 아롱이다. 사르트르는 1933년(28세) 베를린 프랑스문화원 연구원 자격(아롱의 후임)으로 독일 유학길에 오른다. Beauvoir, *La force de l'âge*, p. 157 참고.

나는 개념적인 문제에 대해서는 희망 없는 토론을 포기했어요. 하지만 그에게 정신분석학의 자료들은 고려해 보라고 제안했지요, 무의식은 집어던져 버리더라도. '자기기만'의 개념이 그에게 해결책을 제시해 줬어요. 그걸 발견한 것은 사르트르지만 그래도 어쨌든 정신분석학을 일거에 싸잡아서 내쫓아 버리는 대신에 그 일부분이라도 자신의 세계에 통합해야 할 필요성을 인정한 것이라고 봐야지요.[14]

사르트르가 『존재와 무』에서 '자기기만'이라는 개념을 끌어들이는 것은 이 개념이 '스스로를 부정할 수 있다'는 인간존재의 본질적 구조를 가장 특징적으로 보여 주는 태도[15]라고 보기 때문이다. "인간에게 자기기만 상태가 가능할 수 있어야만 한다면, 그는 과연 어떤 존재이어야만 하는가?"[16]라는 문제의식에서 출발한 사르트르의 자기기만에 대한 논의는 본격적으로 "인간존재의 순간적인 핵"[17]으로서의 '의식', 즉 '대자'對自의 구조에 대한 분석으로 나아가기 위한 출발점이 된다.

사르트르는 '자기기만'을 설명하기 위해 '거짓말'과 비교한다. 거짓말도 부정하는 태도이지만 이때의 부정은 의식 자체로 향한 것이 아니라 의식 바깥의 대상을 향하고 있기 때문에, 거짓말하는 자는 진

---

14) Raymond Aron, *Mémoires*, Paris: Julliard, 1983, p. 35.
15) Sartre, *L'être et le néant*, pp. 85~111 참고.
16) "Que doit être l'homme en son être, s'il doit pouvoir être de mauvaise foi?"(*Ibid.*, p. 94).
17) *Ibid.*, p. 111.

실을 명확히 아는 상태에서 상대를 속이려는 분명한 의도를 가지고, 아는 바와 다르게 행동하는 것이다. 따라서 이 경우엔 의식의 투명성 la translucidité[18]이라는 의식의 근본적인 내적 구조가 문제가 되지 않는다. 그러나 자기기만은 자기 자신에 대한 거짓말이다. 이 경우엔 속는 자와 속이는 자의 구분이 성립되지 않고 단 하나의 의식이라는 단일성이 전제된다. 나는 나 자신에게 진실을 잘 감추기 위해서 그 진실을 정확히 알고 있어야만 한다는 모순된 상황에 처하게 된다. 다시 말해서 의식의 전적인 투명성이라는 차원에서 볼 때, 자기기만을 하려는 나의 의도는 전반성적 의식 단계에서 이미 파악되고 있는 것이다. 이러한 성격의 자기기만이라는 심적 구조는 쉽게 사라져 버리는 준안정적인 상태를 보여 주지만 그럼에도 불구하고 독자적이고 지속적인 하나의 심적 형태인 것은 분명하며 많은 사람들에게서 정상적인 삶의 양상으로 간주되고 있기도 하다.

그럼 사르트르가 말하는, 자기기만이 가능할 수 있는 조건으로서의 의식의 내적 구조, 즉 "의식의 전적인 투명성"[19]이란 무엇인가? 에드문트 후설의 지향성 개념을 받아들이는 사르트르에게, 의식이란 언제나 그 무엇인가에 '대한 의식'이다. 즉 사물 존재와는 달리 의식

---

18) 사르트르가 의식의 속성으로 사용하는 'translucidité'라는 용어를 '반투명성'이라는 번역어 대신 '투명성'으로 옮기고자 한다. 우리말의 '반투명성'이라는 표현이 '투명하지 못하다'는 함의가 강해서, 불투명한 즉자의 속성과 대립되는 대자의 '투명(성)'에 방점이 놓여 있는 사르트르의 의도를 전달하는 데 있어 혼동의 여지가 있다고 보았다. 사르트르는 'translucidité'와 'transparence'를 구분 없이 사용(Sartre, *Les carnets de la drôle de guerre, novembre 1939–mars 1940*, Paris: Gallimard, 1983, p. 253 참고)하기도 한다. '투영성'(透映性)이라는 번역도 생각할 수 있으나 한자 없이 표기될 경우 의미 전달이 어렵다.

19) "La totale translucidité de la conscience"(Sartre, *L'être et le néant*, p.88).

은 그 자체로 독립적인 존재의 지위를 누리지 못하고 항상 어떤 대상을 포착하고 있는 상태로서만 의식으로 존재한다. 그리고 의식이 자기 자신이 아닌 외부에 있는 다른 대상을 지향함으로써 자신의 지향성 구조를 채우려고 할 때, 사르트르는 의식이 이 대상에 대해 '정립적'定立的, positionnel이고 '조정적'措定的, thétique인 태도를 취한다고 표현한다. 다시 말해서 의식이 지향하는 대상을 자기 앞에 정하여 세워 놓은(정립하다poser) 상태, 혹은 같은 말이지만 의식이 그 대상의 존재를 자명한 명제thèse로 긍정하는(조정하다)[20] 상태 속에 있다는 것이다. 이런 의미에서 의식이란 자기 바깥에 있는(초월적인) 어떤 대상에 관한 정립적(혹은 조정적) 의식이다. 그런데 사르트르는 여기서 의식의 구조를 좀 더 복잡하게 만든다. 의식은 자기 바깥에 있는 대상을 지향하고 있을 때라도 '언제나' 자기 자신을 '동시에' 지향하는 이중의 구조를 취한다. 예를 들면 내가 담뱃갑 속에 담배가 몇 개비나 남았는지를 알려고 할 때 나는 남아 있는 담배 개수를 내 의식의 대상으로 삼고서 셈을 한다. 그리고 이때 '세고 있는 나'는 의식의 표면적 대상으로 떠오르지 않는다. 그렇지만 셈을 하는 도중 누군가가 나에게 무엇을 하고 있는지를 묻는다면 나는 담배 개비를 '세고 있던 나'를 떠올리게 될 것이다. 다시 말해서 담배 개비를 '대상으로' 그 개수를 헤아리는 나의 의식은 셈을 하고 있는 '나 자신'에 대한 내적 의식의 바탕 위에서 작동하고 있는 것이다. 이때 '세고 있는 의식' 자신을 지향하

---

20) 『표준국어대사전』에는 '조정(措定)하다'가 "존재를 긍정하거나 내용을 명백히 규정하다"라는 뜻을 가진 동사로 나와 있다.

고 있는 의식의 태도를 사르트르는 '비정립적'non positionnel, 혹은 '비조
정적'non thétique이라고 표현한다. 즉 대상을 지향하고 있는 주된 의식
축의 '옆에서' 자기 자신에 대한 지향도 동시에 이루어지고 있는 것인
데, 사르트르는 여기에서 의식이 외부의 초월적 대상에 대해 정립적
으로(혹은 조정적으로) 지향하는 방식과 구분하기 위해 '…에 대한'이
라는 표현에 괄호를 친 '자기에 (대한) 의식'conscience (de) soi이라는 표
현을 사용한다. 이를 도식화하면 다음과 같다.[21]

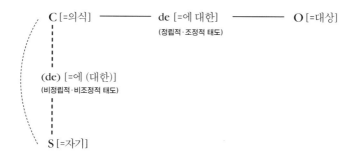

따라서 외적 대상에 대한 모든 정립적(조정적) 의식은 동시에 자
기 자신에 (대한) 비정립적(비조정적) 의식이다. 이처럼 의식의 구조
가 '대상에 대한 의식'과 '의식 자신에 (대한) 의식'의 이중 구조로 되
어 있음을 지적하면서, 이때 의식이 자기 자신을 비정립적(비조정적)
으로 의식하고 있는 바로 이 의식의 구조를 사르트르는 의식 고유의
'투명성'이라고 표현한다.

---

21) 변광배, 『존재와 무, 자유를 향한 실존적 탐색』, 살림, 2005, 139쪽 참고.

하나의 의식이란 자기에 (대한) 의식일 뿐, 그 이상은 아니다. 왜냐하면 비조정적 의식 속에서 의식이란 의식에게 대상이 아니기 때문이다. 여기선 주체-대상이라는 이원성을 상정하는 '인식'의 문제가 아니라, 의식의 존재 조건으로서 의식 고유의 투명성 문제이다.[22]

사르트르는 바로 이 의식의 투명성이라는 구조 속에서만 자기기만이라는 것이 가능하다고 주장한다. 의식의 투명성, 즉 대상을 의식하고 있음을 내적으로 의식하고 있다는 말은, 우리 의식의 존재는 결코 존재에 의해 지탱되는 것이 아니라 그 자체의 존재로 있어야 한다는 것("의식의 존재는 존재의식이다"[23])이고, 바꾸어 말하면 의식에는 존재가 깃들어 있지만 의식이 곧 존재는 아니라는 말이다. 언제나 '있는 그대로의 것으로 있지 않는' 상태로서, 즉 '초월성'la transcendance[24]으로서 존재하는 우리의 의식(= 대자)은 '있는 그대로의 것으로 있는' 사물(= 즉자)의 존재방식과 다른 방식으로 존재하는 것이다. 그런데 자기기만의 애매한 상태는, 내가 나의 '현사실성'la facticité[25]과 '초월성'

---

22) "Qu'une conscience soit conscience (de) soi, rien de mieux car, dans la conscience non-thétique, la conscience n'est pas objet pour la conscience: il ne s'agit pas ici de connaissance, qui suppose dualité objet-sujet mais de la translucidité propre de la conscience comme sa condition existentielle"(Sartre, *Les carnets de la drôle de guerre, novembre 1939-mars 1940*, p. 49).

23) "[…] l'être de la conscience est conscience d'être"(Sartre, *L'être et le néant*, p. 88).

24) '모든 의식은 무엇인가에 대한 의식이다'라는 지향성의 개념은 '의식은 자기 바깥에 있는 대상에 가닿기 위해 단숨에 그 자신으로부터 떠난다'는 초월성의 개념과 상관적이다. 사르트르, 『자아의 초월성』, 현대유럽사상연구회 옮김, 민음사, 2017, 31쪽 참고.

25) 하이데거의 '현사실성'(Faktizität)에서 차용해 온 이 개념은, 사르트르의 존재론에서 대자의 즉자적 속성, 즉 '신체'(corps)로서의 대자가 지닌 '우연성'(contingence)을 지칭한다.

을 조화롭게 종합하지 못하고 양자의 차이를 그대로 보존한 채 그 둘의 동일성을 주장할 때 가능한 것이다. 바꾸어 말하면 "내가 사물의 존재양식 속에서 나의 초월성으로 존재한다"[26]고 주장할 때 생기는 것이다. 그렇다고 해도 인간이 자기 자신을 부정하는 행위인 이러한 자기기만이 가능한 것은 바로 의식의 투명성 속에서이다.

사르트르는 인간에게서 관찰되는 자기기만의 태도를 설명하면서 정신분석학이 끌어들인 무의식 개념을 비판한다. 사람들은 자기기만 개념을 종종 프로이트적 무의식 개념으로 대체하여 이해하려 하지만, 사르트르가 볼 때 프로이트가 말하는 무의식 개념은 의식의 투명성과 배치된다. 정신분석학에서 말하는 검열$_{la\ censure}$이라는 가설은 하나의 의식 속에 공존하는, 속는 자와 속이는 자의 이중성을 '그거'$_{ça}$[27]와 '자아'$_{moi}$의 구분으로 대체하면서, 나를 나의 '그거'에 대해서 타자의 입장에 있는 것으로, 즉 나의 가장 깊은 주관성 속에 공존재$_{共存在,\ mit-sein}$라는 상호주관적 구조를 도입함으로써 해결을 시도하는 것이다. 다시 말하자면 정신분석은 '자기기만'의 개념을 "거짓말하는 사람이 부재하는 거짓말"[28]로 바꾸어 버린 것이다. 그러나 '그

---

26) "L'ambiguïté nécessaire à la mauvaise foi vient de ce qu'on affirme ici que je suis ma transcendance sur le mode d'être de la chose"(Sartre, *L'être et le néant*, p. 90).

27) 장 라플랑슈·장-베르트랑 퐁탈리스, 『정신분석 사전』, 임진수 옮김, 다니엘 라가슈 감수, 열린책들, 2005, 448~449쪽 참고. 제1지형학은 세 가지 체계, 즉 무의식, 전의식, 의식을 구분하고 있는데, 프로이트는 그 체계들 사이에, 한 체계에서 다른 체계로의 이행을 억제하고 통제하는 '검열'을 배치시키고 있다. 1920년부터 프로이트는 인격에 대한 다른 이론인 제2지형학 이론을 세워, 다시 세 가지 심역, 즉 인격 욕동의 극인 그거, 자아, 초자아를 구분하는데 이드, 자아, 초자아로 쓰이기도 한다.

28) "La psychanalyse substitue à la notion de mauvaise foi l'idée d'un mensonge sans

거'로 대변되는 무의식의 개념은 정신분석학에서 가정한 것처럼 하나의 사물일 수 없으며, '검열'도 선택적인 자신의 활동을 수행하기 위해서는 자신이 억압하는 것을 알고 있어야만 한다면 하나의 자기(에 대한) 의식일 수밖에 없으므로, 논리적으로 볼 때 정신분석은 자기기만을 없애기 위해 무의식과 의식 사이에 자치적이고 자기기만적인 또 하나의 의식을 끼워 넣은 꼴이 된다. 결국 자기기만을 '무의식'에 의해 설명하려는 시도는 그것이 의식의 심적인 단일성을 깨뜨리는 것이기에 받아들일 수 없는 것이다. 자기기만은 인간 의식의 내적 구조인 전적인 투명성 속에서만 나타날 뿐이다.

> 자기기만이 가능한 조건은 바로 인간 현실이, 그 가장 직접적인 존재 속에서, 즉 전반성적 코기토의 내적 구조 속에서, 있지 않은 것으로 있고 있는 것으로 있지 않는 것이다.[29]

인간이 자기기만의 상태에 빠지는 것이 가능하려면 인간이 어떤 존재이어야 하는가라는 문제 제기로부터 자신의 독특한 의식 존재론을 구성한 사르트르는, 『존재와 무』의 마지막 장에서 이러한 존재론이 인간의 행위와 욕구에 대해 말해 줄 수 있는 내용들을 출발점으

---

menteur […]" (Sartre, *L'être et le néant*, p. 90).

29) "La condition de possibilité de la mauvaise foi, c'est que la réalité humaine, dans son être le plus immédiat, dans l'intrastructure du cogito préréflexif, soit ce qu'elle n'est pas et ne soit pas ce qu'elle est" (*Ibid.*, p. 108).

로 삼아[30] 경험 속의 구체적인 인간을 이해하는 새로운 방법론으로서 '실존적 정신분석'을 주장한다.

실존적 정신분석

프로이트의 정신분석학은 19세기 자연과학이 취한 방법론을 인간의 이해에 그대로 적용한 방식으로서, 자연과학에서 사용하는 경험적 관찰을 통해 인간 마음의 기능에 대한 가설을 수집하여 그 속에서 어떤 감춰진 정신생물학적 힘을 발견했다고 생각한다. 그러나 사르트르가 볼 때, 이 방식은 프로이트 자신이 스스로를 관찰 대상으로 삼아 행한 실험이었기에 객관적이라고 볼 수는 있겠지만 여전히 그 명증성이 의심스럽고, 또 마치 당시의 자연과학이 중력의 힘이나 전기의 힘을 발견해 낸 것처럼 정신분석도 자연과학적 신뢰성을 확보하기 위해 정신의 힘으로서의 '리비도'libido[31]와 같은 개념을 만들어 낸 것은 인간을 이해하는 방법론에는 적합하지 않았다. 현상학적 방법론을 계승한 사르트르는, 자연과학이 제시하는 관점에 따라 인간의 행위를 환경적이고 생물적인 결정론으로, 무의식적 욕구와 정신생물학

---

30) "존재론의 최종적 발견들이 (실존적) 정신분석의 최초의 원리들이다"(Ses dernières découvertes sont les premiers principes de la psychanalyse, *Ibid.*, p. 664).

31) 프로이트가 대상과의 관계(투여의 이동)와, 목표와의 관계(예컨대, 승화)와, 성적 흥분의 원천과의 관계(다양한 성감대)에 따라 변하는 성 욕동의 기저에 있다고 가정한 에너지. 융에게서 리비도의 개념은 '무엇에 대한 모든 지향(appetitus)' 속에 있는 일반적인 '심리적 에너지'를 가리키는 데까지 확대된다. 라플랑슈·퐁탈리스, 『정신분석 사전』, 122쪽.

적 힘으로 환원하려는 프로이트적 사고에 반대하면서, 인간을 이해하는 분야에서는 '지향성'이나 '의미'에 방점을 두어야 한다고 주장한다. 베티 캐넌이 적절히 지적한 바와 같이, 사르트르에게서 한 인간의 인격을 지배하는 '힘'은 "의식적으로 체험된 경험의 '배후에서'가 아니라, 바로 그 경험 '안에서' 찾아지는 것"[32]이다.

사르트르는 자신의 정신분석 방법론을 설명하기 위해서 동료들과 함께 산행을 하다가 피로감에 배낭을 벗어 던지고 포기하는 경우를 예로 들고 있는데, 그 논의를 따라가 보면 사르트르가 프로이트 이론의 어떤 부분을 수용하고 어떻게 자기 방식으로 변용하였는지를 짚어 볼 수 있다.[33] 함께 출발한 산행에서 '나와 비슷한 정도로 피로해' 있는 다른 동료들은 아무 문제 없이 오히려 피로를 즐기는 듯한데, 왜 나만 그 상태를 더 이상 견디지 못하고 포기하는 것인가? 내가 과연 어떤 조건에서 나의 피로를 견딜 수 없는 것으로 경험한 것인가? 이것을 설명해 내려면, "하나의 몸짓은 하나의 '세계관' Weltanschauung 을 가리켜 보이는"[34] 것인 이상, 어떤 한 행동의 선택이 여러 가능했던 동일 수준의 선택들 중 하나로서 설명되는 방식이 아니라, 이 선택이 그 구조 내에서 부차적인 것으로 통합되어 있는 훨씬 넓은 관점의 선택으로 설명되어야 한다. 즉 하나의 행위란 그것이 아무리 사소한 것이라 하더라도 그것을 넘어서는 어떤 의미를 드러내

---

32) Betty Canon, *Sartre et la psychanalyse*, trans. Larent Bury from American, Paris: PUF, 1993, p. 26.
33) Sartre, *L'être et le néant*, pp. 530~570 참고.
34) *Ibid.*, p. 535.

는 것이라서, 그 특정한 행위는 나의 모든 행위의 의미들이 통합되어 있는 '나 자신이라는 총체성'이라는 관점에서 이해되어야 한다는 것이다.

인격이 하나의 총체성임을 인정한다면, 그 안에서 경험적으로 발견된 다양한 성향들을 단순히 합치거나 재배열하는 방식으로 그 인격을 재구성할 수는 없다. 오히려 반대로, 각각의 경향과 성향 속에서 그것은, 비록 다른 각도에서이긴 하지만, 그 전체가 표출되는 것이다. 마치 스피노자의 실체가 그 속성들 각각 속에서 조금은 그 전체로 표출되듯이. 만일 그렇다면, 우리는 주체의 각 성향과 매 행위 속에서 그것을 초월하는 하나의 의미를 찾아내야 하는 것이다. 가령 어떤 여인에 대해 느낀 특정한 날의 특별한 질투심은, 그것을 읽을 줄 아는 사람에게는, 그 주체가 세상과 맺고 있는 전체 관계를 의미하는 것이고, 그 관계에 의해 주체는 스스로를 자기 자신으로 구성한다.[35]

따라서 하나의 행위는 그 자체만으로 한정되어 이해될 수 없고 그 즉시 더 깊은 구조들을 가리키고 있어서, 이 구조를 설명하려면 그 행위에 내포되어 있는 의미들을 조직적으로 이끌어 내야 하는데, 사르트르는 이러한 방법을 시도한 유일한 학파가 프로이트학파였음을 지적한다. 프로이트는 하나의 행위를 그에 선행하는 이전 행위에 의해 설명하려는 '수평적'인 심리 결정론을 거부하고, 행위를 상징적인

---

35) *Ibid.*, p. 650.

것으로 파악하면서 그것을 내면 깊숙이 위치한 하나의 욕망으로 해석해 내는 '수직적' 결정론을 지향한다. '콤플렉스'와 같은 것이 그와 같은 수직적 결정론에서 나온 개념인데, 하나의 상징적인 행동은 그 순간의 암묵적인 욕망을 표현하고, 동시에 그 욕망은 더 깊은 하나의 콤플렉스를 드러내며 이 두 가지가 하나의 통일된 심리적 과정으로 이루어진다. 이때 콤플렉스는 언제나 표면에 드러난 상징적 행동에 '앞서' 존재하는 것이고, 이 콤플렉스가 형성되는 것은 주체가 살아온 내력에 의해서, 즉 그의 과거에 의해서이다. 따라서 사르트르가 볼 때 프로이트의 정신분석학은, 오직 현재에서 출발하여 과거로 내려가는 후행적 방식으로만 인간을 이해하려 함으로써 인간존재의 한 축인 미래 차원에 대한 고려가 결핍되어 있다. 사르트르는 이 단점을 보완해야 한다고 보고, 과거로부터 출발해서 하나의 현상을 이해하는 대신에, 그 분석의 방향을 뒤집어서 '이해하는 행위' 자체를 "미래에서 현재로의 귀환"[36]으로 규정한다.

산행을 중도에 포기한 내가 나의 피로감을 겪어 내는 방식은 내가 지금 올라가고 있는 코스의 경사도나 잠을 제대로 이루지 못했던 어젯밤과 같은 우연적인 것들과는 별개의 것으로, 그 우연적인 요인들이 나의 피로감 자체를 구성하는 데 기여하긴 했어도 내가 그 피로감을 겪고 있는 이 방식에는 관여할 수 없다. 아들러[37]학파 같으면 쉽

---

36) *Ibid.*, p. 536.
37) 알프레드 아들러는 오스트리아의 정신의학자이다. 프로이트의 범성욕설을 받아들이기 어려워 프로이트와 멀어진 아들러는 인간의 특성을 갈등의 관계로 보지 않고, 자신만의 독특한 생활양식에 의해 생의 목표를 설정해 전체성과 통일체를 형성하는 존재로 본다.

게 산행을 포기한 나의 행동 속에서 '열등감 콤플렉스' 같은 것을 말할 텐데, 그 명칭 자체에는 동의한다고 하더라도 우리는 프로이트식으로 이 콤플렉스를 설명하는 것은 받아들일 수 없다. 사르트르가 다시 규정하는 '열등감 콤플렉스'란 과거에 이미 형성되어 있어서 지금 나의 행동에 무의식적으로 영향을 끼치는 어떤 것이 아니라, 내가 이미 인지하고 있고 그것에 맞서 내가 투쟁하고 있는 것으로서 "타자가 존재하는 세계 속에서 나의 고유한 대자의 기투$_{un\ projet}$"[38]로 보아야 한다. 그 자체로 그것은 언제나 초월성이고 내가 스스로를 선택하는 방식이다. 열등감은 나의 다양한 실패 행위들로 조직된 총체성이고, 실패한 각 행위는 내가 매번 나의 가능성들을 향해 현실을 넘어선 이상 그 자체로 초월성이 된다. 피로감에 중도에 포기한다는 것은 내가 더 가야 할 길을 '완주하기엔 너무 힘든 길'이라는 의미로 구성하면서 초월하는 것이기에, 열등감이라는 것을 나의 가능성들과 나의 미래로부터 규정하지 않고서는 그것을 진지하게 고려할 수 없는 것이다.

사르트르가 프로이트적 정신분석학에서 동의했던 부분은 모든 인간의 반응은, 기본적으로, '이해 가능한 것'으로 인식한다는 지점이었는데, 정신분석학자들은 애초에 상정했던 이 '이해 가능성'$_{la\ compréhensibilité}$을 등한시하고 인간의 반응을 이전 반응에 의해 설명하려고 함으로써 인과론적 기계론을 다시 끌어들였다고 보았다. 그래서 사르트르는 '이해'라는 말을 그들과 다른 방식으로 규정한다.

---

38) "Mais le complexe d'infériorité lui-même est un projet de mon propre pour-soi dans le monde en présence de l'Autre"(*Ibid.*, pp. 536~537).

모든 행위가 이해될 수 있는 것은 가능_{un possible} [39]을 향한 자기 자신의 기투로서이다. 그 행위는 우선 즉시 파악될 수 있는 합리적인 내용(나는 잠시 쉬기 '위해서' 내 배낭을 땅에 놓는다)을 제공해 주는 한, 다시 말해서 그 행위가 기획한 가능과 그것이 겨냥한 목표를 즉시 파악할 수 있는 한 이해 가능하다. 그리고 나서 그 고려된 가능한 것이 또 다른 가능을 지시하고, 그것이 또 다른 것을, 이런 식으로 바로 나 자신인 궁극적 가능성까지 지시한다는 점에서 이해 가능한 것이다. [40]

사르트르가 말하는 이 '궁극적 가능성'이라는 개념은 여느 가능성들 중 하나가 아니라, 나의 모든 현실적 가능들을 하나로 종합한 것으로서, 나의 각각의 현실적 가능은 이 궁극적 가능성 속에 미분화 상태로 놓여 있다가 어떤 특별한 상황에 의해 부각되는 것이다. 사르트르에게 있어서 '가능'의 개념은 '선택'_{le choix}과 '자유'_{la liberté}의 개념과 연결된다. '자유'는 바로 '선택'으로 정의되는데, 그 선택이란 여러 가능(한 것)들 사이에서의 선택이 아니라, 그 가능(한 것)들을 그런 식으

---

39) '가능(한 것)'(le possible)의 개념은 『존재와 무』에서 중요한 개념으로서, 사르트르는 대자를 가능(한 것)들을 지닌 존재로 규정한다. '무'의 개념과 마찬가지로 '가능'의 개념도 그것을 이해할 수 있는 존재, 즉 대자에 의해 도래하는 것이다. 이 가능을 규정하는 것은 그것의 비결정성이다. 우리는 대자에게 일어날 수 있는 일을 예견할 수 없는데, 자유로서의 대자는 오로지 그 자신의 기투(le projet)로부터만 그의 가능들의 영역을 규정할 수 있는 것이기 때문이다. 그리고 그 기투가 실현되어야만 사후에 그것이 가능으로서 나타나는 것이다. 『변증법적 이성비판』에서 사르트르는 특정한 사회-역사적 조건 속에서 '가능성'(la possibilité)의 실천적 경험은 '필연성'(la nécessité)의 실천-타성태적 경험과 부딪치게 된다는 것을 강조한다. Noudelmann and Philippe, *Dictionnaire Sartre*, 2004 참고.
40) Sartre, *L'être et le néant*, p. 537.

로 도래하게 만드는 선택으로서, 바로 대자의 고유한 속성이다. 대자는 선택을 '하는' 것이 아니고, 자기 자신의 항상적인 선택으로 '존재'한다. 나에게 일어나는 일은 나로 인해 나에게 일어나는 것이다. "각 개인은 인식과 기술의 세계에서 출발한 하나의 절대적인 자기 선택이며, 이 선택이 세계를 떠맡는 동시에 세계를 밝힌다."[41] 나의 모든 경험적인 선택들은 그보다 더 깊은 층위의 선택에 관련되는 데, 그것을 사르트르는 '시원적始原的 선택'le choix originel[42]이라 명명하고, 이것이 '궁극적 가능성'과 연결되는 부분이다.

사르트르는 '나의 존재' 자체와 구분되지 않는, 매 순간 갱신되는 행위로서의 '나의 자유'가 바로 세계 속에서의 '나 자신에 대한 선택'이라고 보고, 이것이 우리를 정신분석학에서 내세우는 "무의식의 암초"[43]를 피해 갈 수 있게 한다고 말한다. 내가 피로감에 굴복하여 산행을 포기했을 때 그 행위는 나의 과거에서 도출해 낸 어떤 무의식적인 콤플렉스로 설명될 수 있는 것이 아니다. 피곤에 지쳐서 '나도 모르게' 배낭을 벗어 던졌다고 하더라도 나는 그 행위로 예상되는 모든 연루 관계를 완전히 의식하고 있다. 나는 의식적인 선택을 한 것이고 그 의식적인 선택은 바로 나의 존재와 구별되지 않는 '시원적 선택'으로부터 해명될 수 있는데, 이 '시원적 선택'은 나의 의식과 동일한 구

---

41) "[…] chaque personne est un choix absolu de soi à partir d'un monde de connaissances et de techniques que ce choix assume et éclaire à la fois"(*Ibid.*, p. 640).

42) 미래의 모든 경험적 선택들의 시발점이 된다는 점을 강조하고자 '원초적 선택'이라는 용어 대신 '시원적 선택'이라고 옮긴다.

43) *Ibid.*, p. 539.

조를 지니고 있어서 무의식과는 다른 것이다. 왜냐하면 나는 언제나 나의 시원적 선택에 (대한) 비정립적인 의식을 지니고 있기 때문이다.

그것[시원적 선택]은 우리가 우리 자신에 대해 지니고 있는 의식과 하나일 뿐이다. 이 의식은 알다시피 비정립적일 수밖에 없다. 그것은 우리의 존재와 구분되지 않는 이상 우리-의식이다. 그리고 우리의 존재가 바로 우리의 시원적 선택이기에, 선택(에 대한) 의식은 우리가 우리 자신(에 대해) 지닌 의식과 동일하다. 선택하기 위해서는 의식적이어야 하고 의식하기 위해서는 선택해야 한다. 선택과 의식은 하나의 같은 것이다.[44]

의식의 투명성과 동일한 구조로서의 이 시원적 선택이 한 인간을 이해하기 위해 우선적으로 찾아내야 하는 의미이다. '내가 피로에 굴복했다'는 행위는 앞선 의식의 한 상태로 파악된 어떤 동기에 의해 설명되는 것이 아니라, 오히려 반대로 그 행위를 통합적인 부분으로 포함하는 하나의 시원적인 기도에서 출발하여 설명되어야 한다. 내가 피로에 지쳐 길바닥에 쓰러져 버리는 이 방식은, 나의 몸과 세계에 대한 일종의 근원적인 반항으로서, 그 전체를 포괄하는 어떤 세계관

---

44) "Il ne fait qu'un avec la conscience que nous avons de nous-même. Cette conscience, on le sait, ne saurait être que non-positionnelle: elle est conscience-nous puisqu'elle ne se distingue pas de notre être. Et comme notre être est précisément notre choix originel, la conscience (de) choix est identique à la conscience que nous avons (de) nous. Il faut être conscient pour choisir et il faut choisir pour être conscient. Choix et conscience sont une seule et même chose"(*Ibid.*).

의 테두리 안에서 그런 종류의 어려움은 '참고 견디는 수고를 할 만한 가치가 없는' 것으로 간주되는 것이기에 그 세계관을 구성하는 나의 시원적 선택을 파악해야 한다. 다른 말로 하자면, "인간존재는 자기가 추구하는 목적들에 의해 스스로를 규정"[45]하는 것이기에, 자유로운 기투로서의 내가 어떠한 목적을 향해 나 자신을 내던지는지 그 궁극적인 목적(시원적 선택)을 밝히는 것이 실존주의적 정신분석의 목표이다.

『존재와 무』의 말미에서 사르트르는 한 인간의 경험적 행위들을 해독해 내기 위한 이러한 이해의 과정이 서로 반대되는 두 방향에서 이루어져야 한다고 주장한다. 한쪽은 문제된 행위에서부터 그 기반이 되는 나의 궁극적 가능성(시원적 선택)까지 심층적으로 거슬러 내려가는 "후진적 심리분석"psychanalyse régressive에 의해, 다른 한쪽은 그 궁극적 가능에서 다시 문제의 행위까지 올라와서 그 행위가 총체적인 형태 속에서 어떻게 통합되는지를 파악하는 "종합적 전진" progression synthétique[46]에 의해 이루어져야 한다. 사르트르는 이러한 방식을 보들레르와 장 주네에게 적용하여 그들의 "시원적 선택"[47]을 드러내 보이고 그것을 통해 그들의 작품과 생애를 함께 이해하고자 시

---

45) *Ibid.*

46) *Ibid.*, p. 537.

47) "Nous touchons ici au choix originel que Baudelaire a fait de lui-même, à cet engagement absolu par quoi chacun de nous décide dans une situation particulière de ce qu'il sera et de ce qu'il est"(밑줄은 인용자의 것, Sartre, *Baudelaire*, Paris: Gallimard, 1947, p. 21); "N'est-ce pas la consequence necessaire de son choix originel de mal faire, c'est-à-dire de vouloir ce qu'il ne veut pas?"(밑줄은 인용자의 것, Sartre, *Saint Genet, comédien et martyr*, Paris: Gallimard, 1952, p. 147).

도한다. 그리고 전쟁을 겪은 후 마르크스주의자들과 가까워지면서 사르트르는 자신의 정신분석법을 더욱 정교하게 다듬을 필요성을 느끼게 된다.

전진-후진적 방법

1960년 사르트르는 『변증법적 이성비판』의 서론부에 해당하는 「방법의 문제」[48]에서 '전진-후진적 방법'la méthode progressive-régressive이라 이름 붙인, 인간을 이해하기 위한 새로운 방법론을 제시한다. 『존재와 무』에서 이 '전진-후진적 방법'의 대략적 형태는 이미 그려져 있었다고 해도 1940년대의 사르트르 철학은 '고립된 개인'이라는 비역사적 존재론의 한계를 벗어나지 못하고 있었기에[49] 사르트르 자신도 그 시기에 구상된 방법론을 충분히 구체적이지 못하다고 보았다. 사르트르의 철학은 전쟁을 겪고 마르크스주의자들과 가까워지면서 새로운 차원의 사고와 접목되는데, 전쟁 전 개체적 인간에 대한 성찰은 역사, 집단, 물질적 조건과 관계 맺고 있는 대타존재로서의 사회 속 인간에 대한 성찰로 방향을 선회하게 된다. 그에 따라 사르트르의 관심

---

48) 폴란드 한 잡지사의 부탁으로 실존주의와 마르크스주의의 관계를 주제로 작성된 「방법의 문제」는 1957년 『현대』에 먼저 실린다.

49) 사르트르는 한 인터뷰에서 자신이 『존재와 무』에서 시도했던 것은 "인간 실존이 언제나 역사적인 맥락에 처해 있고 이 같은 상황으로부터 정의된다는 사실을 고려하지 않은 채, 인간 실존의 일반론"을 다루는 것이었다고 당시 자신의 한계를 지적한다. Sartre, *Sartre: un film réalisé par A. Astruc et M. Contat*, Paris: Gallimard, 1977, p. 97 참고.

은 순수 개인으로부터 사회적인 것으로, 개별 주체의 철학에서 집단 주체에 대한 비판으로, 또 존재론적 문제의식에서 좀 더 인간학적인 문제의식으로 그 주제를 확장하게 되었고, 「방법의 문제」에서는 개인과 사회 사이를 왕복하면서 인간에 대한 통합적 이해를 가능하게 해줄 "구체적인 인간학"une anthropologie concrète [50]을 구축하려고 시도하게 되는 것이다.

「방법의 문제」에서 사르트르는, 『존재와 무』에서 제시된 실존적 정신분석으로 해결되지 못한 문제의 해답을 구하기 위해, "우리 시대의 뛰어넘을 수 없는 철학"[51]으로 간주한 마르크시즘을 자신의 새로운 방법론의 근거로 삼는다. 그러나 이때 사르트르가 말하는 마르크시즘은 동시대의 "닫히고", "굳어 버린"[52] 마르크스주의가 아닌, 인간을 그 총체성 속에서 다루면서 "인간의 역사를 진행되고 있는 총체화로 파악"[53]할 수 있는 '역사적 유물론'le matérialisme historique이다. 사르트르는 동시대의 마르크스주의자들의 방법론을 교조적이라고 비판하면서, 그들이 개인을 전체에 대한 일개 단순 구성 요소로 만들어 버림으로써 역사 속에서의 개인의 역할이나 집단 속에서의 개별적인 독창성을 전혀 고려하지 않는다고 보았다. 사르트르는 귀스타브 플로

---

50) Sartre, *Critique de la raison dialectique(précédé de Questions de méthode) I: Théorie des ensembles pratiques*, Paris: Gallimard, coll. "Bibliothèque des Idées", 1960, p. 59.

51) *Ibid.*, p. 9.

52) *Ibid.*, p. 25, 28.

53) "matérialisme historique […] qui permet de saisir l'histoire humaine comme totalisation en cours"(Roger Garaudy, *Perspectives de l'homme: Existentialisme, pensée catholique, marxisme*, Paris: PUF, 1961, p. 112).

베르의 예를 들며, 그 작가의 '사실주의'가 제2제정기 프티부르주아 사회의 정치·사회적 진화와 상호적 상징화의 관계에 있다는 마르크스주의자들의 논의는 받아들이겠지만, 그들의 해석은 이런 상호성 자체가 생겨나는 과정을 보여 주지는 못한다고 지적한다. 사르트르가 볼 때 그들은 지나치게 빨리 결론을 내린다. 사태가 이러이러하고, 계급투쟁의 양상이 이러저러하니, '부르주아 계급에 속한' 플로베르는 그가 살았던 것처럼 살아야 하고 그가 쓴 것을 써야 한다는 성급한 논리다. 하지만 구체적으로 생생하게 해명되고 밝혀져야 할 부분은 바로 '부르주아 계급에 속하다'라는 이 말 자체의 의미라는 것이다.

그래서 사르트르는 굳을 대로 굳어 버린 당시 마르크스주의식 방법론에 필요한 생기를 불어넣기 위해서, 그 사회 역사적인 분석 방법에 프로이트적 정신분석 방법론을 결합할 것을 제안한다. 우선 사르트르는 한 인간을 그의 총체성 속에서 구체적으로 이해하기 위해서는 한 개인이 '가족'을 매개로 사회 속으로 진입하는 순간인 '유년 시절'에서부터 연구를 시작해야 한다고 보았다. 마치 "우리가 첫 봉급을 받는 나이에 태어난"[54] 듯이 성인으로서의 인간에만 관심을 두고 있던 당시의 마르크시즘 이론은 어린 시절에 진행되는 한 개인의 사회로의 진입을 알아볼 능력이 없었다. 사르트르가 볼 때 "하나의 인생이란 바로 모든 소스가 곁들여진 유년 시절"[55]이다. 모든 것이

---

54) Sartre, *Critique de la raison dialectique*, p. 47.

55) "Une vie, c'est une enfance mise à toutes les sauces, on le sait"(Sartre, *L'idiot de la famille: Gustave Flaubert de 1821 à 1857 I*, Paris: Gallimard, coll. "Bibliothèque de philosophie", 1988, p. 55).

유년 시절에, 성인의 조건과는 근본적으로 다른 조건 속에서 벌어진다. "극복할 수 없는 선입견들을 만드는 것도 유년 시절이고, 길들임의 폭력과 길들여진 동물의 당황스러움 속에서 한 개체적 사건으로서 주변 환경에 소속됨을 느끼게 만드는 것도 유년 시절이다."[56] 그리고 이렇게 한 어린아이가 부모로부터 강요된 역할을 어둠 속에서 더듬으며 수행하려고 노력하는 그 과정을 연구할 수 있는 방법론을 지닌 것은 당시로서는 정신분석학뿐이었다.

그러나 사르트르가 볼 때 정신분석학은 하나의 치료법일 뿐 이론적 원칙이 없어서, 개별적인 세부적 지식들은 많이 확보하고 있지만 이론적 토대가 결여되어 있었다. 반대로 마르크시즘은 모든 인간 활동을 포함하면서 이론적인 기반은 지니고 있지만, 스스로를 미리 절대 지식으로 구성해 버리고 더 이상 구체적인 지식들을 획득하려 하지 않아서 정신분석학이 지니고 있는 해석적 방법론의 장점을 지니고 있지 못했다. 사르트르가 볼 때 이 둘의 약점을 보완하며 연결해 줄 수 있는 것이 바로 실존주의인데, 실존주의는 '한 인간이 자기 계급에 삽입되는 지점'을 정신분석학이 포착할 수 있다고 봄으로써 마르크시즘이 갖고 있지 못한 해석적 방법론을 포함할 수 있다고 생각했다. 그리고 이때 한 인간이 자기 계급에 삽입되는 지점이 바로 유년 시절의 '가족'이다. 그 가족 집단 속에서 우리가 겪는 경험을 통해 우리는 우리의 계급과 사회적 조건을 막연하게 포착하는 것이다. 사르트르가 자신의 플로베르 연구에 '집안(가족)의 천치'L'idiot de la famille라

---

56) Sartre, *Critique de la raison dialectique*, p. 46.

는 제목을 붙인 것이 바로 이 때문이다.[57]

사르트르는 『집안의 천치』에서 구체적으로 선보이게 될 새로운 방법들을 「방법의 문제」에서 소개[58]하면서, 자신의 방법론을 "전진-후진적이고 종합-분석적인 방법"[59]이라고 정의한다. 실존주의적 인간학의 테두리 속에서 정신분석학과 마르크시즘을 통합하고자 시도한 이 '전진-후진적 방법'은, "인간은 스스로 그들의 역사를 만들지만 그것은 그들을 조건 짓는 주어진 환경 속에서이다"라는 프리드리히 엥겔스의 명제[60]를 기본 원칙으로 삼는다. 사르트르는 기존 마르크스주의자들이 이 명제를 너무 손쉽게 해석하면서 인간과 기계 사이에 어떠한 차이도 없게 만들어 버렸다고 비판하며 그들과 차별을 둔 방식으로 접근한다. 즉 인간은 이전의 현실 조건들을 기반으로 그들의 역사를 만들지만, 그 역사를 만드는 것은 바로 그 인간들 자신이다. 다시 말해서 인간이란 자신이 만들어 낸 산물의 산물이지만 그렇다고 해도 인간은 비인간적 힘의 단순한 운반체라거나 혹은 하나의 산물로만 취급될 수는 없는 역사적 행위체un agent historique이다. 물론 이전의 조건들이 존재하고, 그 조건들만이 닥쳐오는 변화에 대해서 물질적인 현실과 방향을 제공해 줄 수 있는 것이라고 해도 인간적 실천

---

57) 지영래, 「『집안의 천치』와 사르트르의 "전진-후진적 방법"」, 『프랑스학연구』 58집, 프랑스학회, 2011, 549~576쪽 참고.

58) "『집안의 천치』는 『방법의 문제』의 속편이다"(Sartre, L'idiot de la famille I, p. 7).

59) "Nous définirons la méthode d'approche existentialiste comme une méthode régressive-progressive et analytico-synthétique"(Sartre, Critique de la raison dialectique, p. 94).

60) Ibid., pp. 60~63 참고.

praxis[61] 운동은 그 조건들을 고스란히 보존하면서도 그것을 초월하고 넘어선다. 사르트르에게 있어서 한 인간이란 무엇보다 하나의 상황에 대한 초극으로서, 자신에게 가해진 것을 가지고서 스스로 이룰 수 있게 된 것에 의해 규정되는 것이다.[62]

이러한 대전제를 기초로 인간 이해의 방법론으로 제시된 사르트르의 전진-후진적 방법의 독창성은 무엇보다 그 진행 과정의 운동양식 속에서 찾을 수 있다. 이 운동은 우선 과거와 현재, 개인과 사회, 인간과 역사 사이의 "지속적인 왕복운동"이면서, 동시에 전체를 총체화해 나가는 "나선형 구조"[63]를 취하면서 진행된다. 사르트르는 이 방법을 마르크스주의 사회학자인 앙리 르페브르에게서 차용한 것이라고 밝히고 있다. 1953년에 발표된 한 논문[64]에서, 르페브르는 역사와 사회학을 유물론적 변증법의 관점에서 통합할 수 있는 방법론을 제시했는데, 사르트르는 이 방법론이 "간결하면서 빈틈이 없다"[65]고 평

---

61) 굳어지고 고정된 실천으로서의 '본질'(exis)과는 반대로, 주어진 조건들의 극복을 내정하고 있는 '실천'(praxis)이라는 개념은 사르트르가 전기 철학에서 '실존'(existence)이라고 불렀던 것에 대한 후기 철학의 유물론적인 해석이라고 볼 수 있다. 실천행위를 통해 인간은 주어진 물질 여건을 유기체적 욕구에 따라 변형시켜 자신의 삶을 재생산하며 주어진 목표에 맞추어 자신의 물질적인 환경을 재조직한다.

62) 그래서 이 시기의 사르트르는 자유의 개념을, "인간이 자신에게 가해진 것을 가지고서 언제든지 무엇인가를 할 수 있는"(Un homme peut toujours faire quelque chose de ce qu'on a fait de lui) 상태로 다시 정의한다. Sartre, "Sartre par Sartre", *Situations IX*, 1972, p. 101 참고.

63) "Une vie se déroule en spirale; elle repasse toujours par les mêmes points, mais à des niveaux différents d'intégration et de complexité"(Sartre, *Critique de la raison dialectique*, p. 71).

64) Henri Lefebvre, "Perspectives de sociologie rurale", *Cahiers internationaux de sociologie*, vol. XIV, 8e Année, Paris: Le Seuil, 1953, pp. 122~140.

65) Sartre, *Critique de la raison dialectique*, p. 41.

가한다. 르페브르는 전 세계의 농민층을 연구하면서 농민의 현실이 평범한 방법론으로 이해될 수 있을 만큼 단순한 것이 아니라 이중으로 복잡한 양상을 띠고 있음을 지적하였다. 그 복잡함의 한 축은 '수평적인 복잡성'으로, 동일한 역사적 날짜의 농업 구조와 그 형성 속에서 본질적인 차이점들이 드러나는 지점이고, 다른 한 축은 '수직적인 복잡성'으로 이 농촌세계에 세대와 날짜를 달리하며 형성된 것들이 한꺼번에 공존하는 문제이다. 이 두 가지 복잡성이 서로 영향을 주고받는데, 이러한 상황을 그 복잡성을 지닌 상태 그대로 유지하면서 연구하기 위해서 르페브르는 세 단계로 구성된 하나의 방법론을 제시한다. 1) 첫째 시기는 '묘사 단계'le moment descriptif로서, 경험 많고 일반이론을 잘 알고 있는 하나의 시각으로 현실을 있는 그대로 관찰하면서 인터뷰, 설문지, 통계 등과 같은 조사 기법들을 신중하게 사용하는 단계이다. 2) 둘째 시기는 '후진-분석 단계'le moment analytico-régressif로, 대상의 역사 속으로 거슬러 올라가면서 첫 번째 시기에서 묘사된 현실을 분석하여 정확하게 날짜를 매기는 작업 단계이다. 3) 셋째 시기는 '발생-역사 단계'le moment historico-génétique로서, 앞서 날짜를 매긴 이러저러한 구조가 이후의 발전과 전체 구조에 종속되어 있음으로 해서 생긴 변형들을 연구하는 것이다.

사르트르는 르페브르의 이 방법론의 원칙을 차용한 후 그 규모와 구조를 훨씬 복잡하고 방대하게 만들어 플로베르의 분석에 적용한다. 사르트르는 자신의 방법론이, 후진적이기만 한 정신분석학 방법과 전진적이기만 한 마르크스주의 방법과는 달리, "후진적인 동시에 전진적이기 때문에"[66] 자체적으로 해답을 찾을 수 있게 해 주고 우리에게 새로운 것을 가르쳐 줄 것이라고 단언한다. 이 방법의 주된 수단은 왕복운동이 될 것이므로, "이 방법은 (예를 들자면) 시대적인 것을 깊이 파고들어 전기적인 것을 결정하고, 전기적인 것을 깊이 파고들어 시대적인 것을 점진적으로 결정해 나갈"[67] 것이다. 그것은 전기적인 사실과 시대적인 사실을 성급하게 통합하려 시도하기보다는, 자연스럽게 서로가 서로를 감싸게 될 때까지 그 둘을 분리하여 유지하려는 방식이다. 이 방법 속에는 왕복운동이 도처에서 발견되는데, 언제나 총체화하려는 정신 속에서, 어떤 경우에는 이러한 왕복운동이 같은 범주나 같은 시간대에 주어진 것들 사이에서 수평적으로 이루어지기도 하고, 또 어떤 경우에는 구체적인 것과 추상적인 것, 혹은 과거와 현재 등과 같이 서열 지워진 것 사이에서 수직적으로 이루어지기도 한다. 「방법의 문제」 속에서 사르트르는 이 과정을 설명하기 위해 문화적 영역에서 여러 가지 예를 들고 있고, 특히 작가 플로베르를 선택하여 자신의 방법 속에 나타난 왕복운동을 보여 주고자 한다.

플로베르의 예를 통해 보여 주는 논증 속에서 우리가 발견하게 되는 두 갈래의 큰 운동은 '분석적이고 후진적'인 하강운동과 '종합하면서 전진'하는 상승운동이다. 이 각각의 운동 속에서 우리는 지속적인 왕복운동과 더불어 항상 앞서 주어진 것들을 감싸 안으며 그것을 극복하며 총체화해 나가는 '나선운동'을 함께 발견한다. 가령 프랑스

---

66) *Ibid.*, p. 86.
67) *Ibid.*, p. 87.

문학사에서 사실주의의 아버지로 제시되는 플로베르를 연구한다고 할 때, 우선 그가 "보바리 부인은 바로 나다"라고 말했다는 사실을 알게 되었다고 해 보자. 있는 그대로의 사실들을 관찰하고 문제를 제기하기 위한 정보들을 모으는, 르페브르식 방법의 '1) 묘사 단계'에 해당하는 이 첫 번째 국면에서는, 『보바리 부인』이라는 작품을 벗어나지 않은 채, 그 작품을 태어나게 한 순수 종합행위로서의 작가를 고려하고, 그 작가가 왜 여성으로 변모할 수 있었는지와 이러한 변신이 그 자체로 어떤 의미를 지니는지를 물어보는 것이 문제가 된다. 플로베르가 동방 여행 중에 신비한 성聖처녀의 이야기를 글로 쓰고자 했던 사실도 알게 되고, 이 '사실주의의 아버지'가 당시에 흔히 '여성적인 것'으로 불리던 모든 성격을 지니고 있었고, 나중에는 의사들이 그를 신경질적인 노처녀로 취급했으며, 작가 자신도 이 점을 은근히 자랑스러워했음도 알게 된다.[68]

이러한 정보들은 작가의 그러한 경험의 여성화가 과연 어떤 조건하에서 가능한지에 관한 질문으로 이어지는데, 이 질문에 답하기 위해서는 역사가들에 의해 확인되고 당시 주변 사람들에 의해 수집된 전기적 사실들에 의지하는 '2) 후진-분석 단계'의 국면으로 넘어가야 한다. 한 인격의 객관화로서의 그의 작품은 작가 자신의 인생보다 훨씬 완전하고 총체적이기에 우리가 그의 작품을 분석하면 작품은 작가 인생의 역사적 사실들을 밝혀 줄 가설인 동시에 탐구의 열쇠로 기능한다. 예를 들어 『보바리 부인』을 읽게 되면 왜 이 노르망디의

---

68) *Ibid.*, p. 89 참고.

거한이 자기 작품 속에서 스스로를 여성으로 투사했는지 의문시하게 되고, 곧이어 플로베르의 여성성을 알아보고, 생전에 고래고래 고함지르던 상남자로서 그의 모습이 한낱 눈속임일 뿐임을 밝혀내면서 그 해답을 찾는다. 그러나 예술 작품을 통한 객관화는 일상행위의 객관화로 환원될 수 없다는 점에서 한계가 있기 때문에 이러한 대답은 만족스러운 것이 못된다. 이 단계에서 작품이 그 작가의 인생에 대해서 많은 질문거리를 던져 주지만, 아직 그 전체적인 의미를 알아채기에는 시기상조다. 이제 그 분석은 작가가 몸담고 성장했던 가족이라는 사회적 구조와 유년 시절 홀로 겪어 냈던 그 자신만의 드라마를 추측할 수 있게 해 줄 세 번째 국면으로 더 내려가야 한다. 이 세 번째 단계는 주어진 자료들을 순수하게 객관적인 영역인 역사적 총체화 속에서 연구하는 르페브르식의 '3) 발생-역사 단계'에 해당한다. 그리고 이제 밝히고자 하는 것은 가족적 자본주의의 도약, 지주들의 귀환, 체제의 모순 등과 같은 '역사'histoire가 된다. 어린 플로베르가 어렴풋이 체험한 유년 시절로부터 프티부르주아 가족들의 진정한 성격들을 재구성하게 되어, 그에 대한 연구는 특수성 속에서 체험된 보편성으로서 1830년대 프티부르주아 계급의 일반 연구를 풍성하게 만든다.

세 층위의 국면으로 이어진 이 '후진적 분석'의 연구 단계에서 우리가 확보한 상이한 의미들은 가장 구체적인 것에서 가장 추상적인 것까지 서열을 차례대로 매길 수 있다. 예를 들자면, 소설 『보바리 부인』, 플로베르의 '여성성', 병원 건물 속에서의 유년 시절, 당시 프티부르주아 계급의 모순, 가족과 재산의 진화 등의 순서일 것이다. 그러나 처음에 출발한 가장 구체적인 의미들은 마지막에 다다른 가장 추상적인 의미들로의 환원이 근본적으로 불가능하다. 각 의미 층위 사이의 격차는 그 상위 층위와의 의미 차이를 반영하고 있고, 각 층위는 이전 층위를 의미적으로 포섭하며 풍부해지고 있기 때문이다. 이 지점에서 사르트르는 **'전진적 종합'**의 단계로 넘어가는데, 이 작업은 앞에서 있었던 후진적 분석운동 끝에 얻어진 모든 요소들을 제자리에 위치시키기 위해 앞의 절차를 되짚어 올라가는 변증법적 운동이다.

> 이제 그리고 바로 이 단계에서만 전진적인 방법을 사용해야만 한다. 그것은 이전의 순간으로부터 매 순간을 낳게 하는 풍요로운 총체화운동과, 체험된 혼동으로부터 출발하여 최종적인 객관화에 이르는 약동, 한마디로 '기투'를 찾아내는 것이다. 이 기투를 통해서 플로베르는 프티부르주아 계급을 벗어나기 위해 다양한 가능성의 장을 거쳐서 스스로로부터 소외된 객관화 쪽으로 투신하게 될 것이고, 어쩔 수 없이 필연적으로 스스로를 『보바리 부인』의 작가로, 또 그가 되기를 거부했던 프티부르주아로 만들어 가게 될 것이다.[69]

이 '기투'에 의해 주체는 세계 속에서 하나의 객관적 총체로서 스스로를 만들어 간다. 우리가 '후진-분석적' 방법을 통해서 물질적·사회적 조건에서부터 작품에 이르기까지 플로베르가 거친 모든 의미 층위들을 발견하고 나면, 우리는 이제 '전진-종합적' 방법을 통해서 각각의 객관화 사이의 긴장을 드러내면서 이전 층위를 극복해 나가

69) *Ibid.*, p. 93.

는 발전적 법칙을 발견해야만 한다. 이 작업은 다소간의 상상력이 필요한 창조 작업이 될 것이다. 왜냐하면 사실상 플로베르의 시원적 기획에 대한 가설이 유효하기 위해서는 창조적 운동 속에서 모든 이질적 구조를 가로지르는 통일성을 구현해야만 하기 때문이다. 게다가 이 기획은 도구적 가능성의 영역을 거치면서 탈선할 수도 있고, 그래서 최종적 객관화가 그 시원적 선택에 정확히 부합하지 않을 수도 있다. 이 경우엔 다시 더욱 밀착된 후진적 분석을 행하여 도구적 장을 다시 검토하고 그로부터 가능한 일탈들을 재규정해야 할 것이다.

한마디로 전진-후진적 방법은 한 시대 전체를 계층화된 의미들로서 품고 있는 '대상'과 그 총체화 속에 대상을 품고 있는 '시대' 사이를 유기적으로 연결시키며 서로를 풍요롭게 해 주는 상호운동이다. 하나는 과거 쪽을 향해 있는 '후진적 운동'으로서 개인을 그의 환경 속에, 그리고 그가 살던 사회 전체와 역사적 시기 전체 속에 재위치시키고, 다른 하나는 과거에서 미래로 향하는 '전진적 운동'으로서 주어진 조건들의 총체를 극복해 나가는 그 개인의 기획을 포착해 내는 이중의 운동으로 구성된다. 그리하여 대상으로서의 '인간'과 그가 몸담았던 '시대'의 단순한 병치 관계는 살아 있는 생생한 투쟁 관계로 전환된다. 시대 속 인간에 대한 총체적인 이해를 도모하는 이 '전진-후진적 방법'은 「방법의 문제」에서 이론적으로 소개된 후,『집안의 천치』에서 본격적으로 플로베르라는 한 작가에 대해 구체적으로 적용된다.『집안의 천치』에서 사르트르는, "한 인간에 대해서 오늘날 무엇을 알 수 있는가?"[70]라는 야심 찬 질문 속에서, 플로베르의 젊은 시절 글들에서부터 『보바리 부인』에 이르는 작품들을 분석하면서 플로베르라는 한 인간을 그 가장 깊은 의중까지 파고들어 파헤치게 될 것이다. 플로베르라는 한 개인의 특이성(그의 성적 기질, 수동성, 유년 시절, 가족, 그의 시원적 선택 등)의 형성 과정뿐만 아니라 이 같은 개인적 기질 형성에 영향을 끼친 역사의 역할(1830년대의 객관 정신, 제2제정기의 부르주아 계급의 환경, 작가와 그 시대 대중과의 관계, 그들의 오해와 플로베르의 소외 등)에 대해 함께 말하게 될 것이다. 그 모든 것이 전진-후진적 방법에 의해, 전체 세 권으로 구성된 총 3,000여 쪽에 이르는 언어의 홍수 속에서 거침없이 전개될 것이다.

나가며

이제까지 우리는 사르트르가 정신분석학과 맺고 있는 관계의 변화 과정을 그의 전기 사상과 후기 사상으로 나누어 살펴보았다. 캐넌의 표현대로, "사르트르의 초기 철학 작업들이 프로이트의 영향 아래에서 프로이트에 반대하며 쓴 글이라면, 그의 후기 저작들은 마르크스의 영향을 인정하면서 그에 반대한 글"[71]이라고 평가할 수 있다. 2차

---

70) Sartre, *L'idiot de la famille I*, p. 7.

71) "On pourrait même dire que les premiers travaux philosophiques de Sartre sont écrits à la fois pour et contre Freud, de même que ses derniers ouvrages sont autant pour que contre Marx"(Canon, *Sartre et la psychanalyse*, p. 25).

세계대전 이전의 사르트르가 자신의 존재론 속에서 프로이트적 정신 분석학을 비판하며 '실존적 정신분석'을 제안했다면, 전쟁 후의 사르 트르는 프로이트의 정신분석과 마르크스주의를 자신의 실존적 정신 분석의 틀 속에서 융합하고자 시도하였다. 이처럼 사르트르가 프로 이트와 마르크스 사이를 오가며 자신의 정신분석 이론을 전개한 것 은 결국 그의 인간 이해에 대한 열정의 소산으로 이해되어야 할 것이 다. "나는 사람들을 이해하고자 하는 열정이 있다"[72]고 사르트르는 말한다. 그러고는 동시대에 끌어모을 수 있는 거의 모든 방법론을 동 원하여 인류학적인 야심 속에서 "인간의 하나의 진리"[73]에 도달하려 고 시도한다.

사르트르의 정신분석은 병자에 대한 치료를 목적으로 한 것이 아니라, 철학자로서 정상인의 의식 구조를 규명하기 위한 것이다. 프 로이트의 '무의식'이나 '콤플렉스'를 대체할 개념으로서 '자기기만' 이나 '시원적 선택'을 제시하는 사르트르의 실존적 정신분석은 환자 의 치유가 아닌 보편적 인간의 이해를 위한 수단이며, 이는 타인에 대 한 이해뿐만 아니라 자기 자신의 모습을 온전히 이해하고자 하는 열 정으로 연결된다. '나는 왜 글을 쓰는 사람이 되었는가?'라는 자기 자 신에 대한 성찰을 제대로 수행하기 위해 사르트르는 자신과 같이 글 쓰기를 업으로 했던 작가들을 분석했고, "타자로부터 자기 자신을 생

---

72) "J'ai la passion de comprendre les hommes"(Sartre, *Saint Genet, comédien et martyr*, p. 158).

73) Sartre, *Critique de la raison dialectique*, p. 10.

각"[74]하기 위해 자신이 고안한 인간 이해 방법론을 차례로 보들레르, 주네, 플로베르 등에게 적용[75]해 나갔다. 타자를 이해하기 위해 대상이 된 인물들 속에 사르트르 본인의 감정을 투사하기를 주저하지 않았고, 그들을 최대한 객관적으로 이해하려고 노력한 만큼 그들을 통해서 자기 자신의 모습이 더 뚜렷이 부각되기도 하였다. 비록 그의 방법론이 성공적이었다고 보장할 수는 없겠지만, 적어도 오랜 시간에 걸쳐 구상하고 다듬은 사르트르의 '실존적 정신분석'과 '전진–후진적 방법'은, 분석하고자 한 대상 인물을 그가 체험한 구체적인 현실 속에 살아 있는 주체로 다루고, 그의 시대와 그의 공간 속에서, 그러나 사르트르 자신의 프리즘을 통해 이해함으로써, 타자와 동시에 자기 자신을 이해하고자 했던 한 정신적 거장의 최선의 노력을 보여 준 성과라고 평가할 수 있을 것이다.

---

74) "[…] on pense le Soi-même à partir de l'Autre"(Sartre, *Cahiers pour une morale*, Paris: Gallimard, coll. "Bibliothèque de philosophie", 1983, p. 485).

75) 특히 플로베르에 대한 전기비평 작업은 1964년에 먼저 발간되는 사르트르의 자서전 『말』(*Les mots*)의 집필 계획과 밀접하게 연관되어 있다.

4장. 메를로퐁티와 살의 정신분석

신인섭

무의식적 충동의 애매성을 통한 현상학과 정신분석의 지평융합

주지하다시피 현상학이 의식 일반의 본질과 그 실질적 작동 구조를 드러내는 것을 목표로 하고 있는 반면, 정신분석학은 의식의 근저에서 이 의식을 주도하는 불투명한 실체, 곧 무의식을 주제로 하고 있다. 그런데 프로이트의 심층심리학이 설치한, 실존이 지닌 수동성의 어떤 양태인 이드를 좀 더 적극적으로 이해하여 의식과 무의식의 벽을 허물며 이윽고 저 실존의 구조결정 능력으로 간주함이 메를로퐁티 현상학의 근간이 된다고 하겠다. 이러한 여정 속에서 우리는 정신분석의 두 극을 만나게 되는데 바로 프로이트와 루드비히 빈스방거이다. 실존의 정신성을 회복시키는 심리 치료를 위해 비록 자신은 긍정적 차원으로 개진했지만 모리스 메를로퐁티에 의해 와해될 수밖에 없는 빈스방거의 초월론적인 것, 곧 무의식의 수동성 속에서조차 발견되는 세계기획projet de monde의 자유로운 전개가 첫째 딜레마이고, 지각-의식 기관을 본능적 충동인 이드로부터 분리할 때 그 자신이 지각으로 될 수 있기 위해 본래는 '잠재적' 미소지각微少知覺이었던 의식에 내재한 '불투명성의 원리'를 너무도 단조롭게 표현하고 만 프로이트의 실증주의적 실체론이 둘째 딜레마가 된다.

일반적으로 프로이트[1]는, 자신에게 투명한 표상인 데카르트적 의식의 포로가 된 채, 무의식을 정태적 사물로 고정시켜 의식의 한가운데가 아닌 그 뒤쪽에 위치시킬 수밖에 없었던 것이다. 이렇게 정신분석학의 창시자는 지각적 의식의 성격을 규정하는 '동일성 속 차이'를 '실체적 이원성'으로 드러내고 만 것이다.

한편, 프로이트의 실체주의를 극복하기 위한 빈스방거의 수동성이란 과도히 수축되어 거의 실존의 자유에만 자리를 내주고 말았다. 빈스방거는 프로이트의 기계적 환원주의를 지나치리만큼 이원론적으로 부정하면서, 무의식적 충동pulsion을 '기계적 수동성'이냐, 이 수동성이 부재한 '실존적 능동성'이냐 중, 어느 하나로만 동일시해야 하는 배타적 양자택일에 그치고 만다.

이제 우리는 수동성 없는 세계기획의 실존적 전개와 '세계를 향

---

1) 프로이트와 프로이트주의는 구별되어야 할 필요가 있다. 오늘날 자크 라캉 등이 구축하고 있는 프로이트주의는 더 이상 프로이트를 단순히 기계적 결정론자로 여기거나 생물학적 발달단계론에 종속된 과학자로 분류하지 않는다. 말하자면 그들은 프로이트의 메커니즘에서 상징성(le symbolique)을 보려고 하는 것이다. 이것은 구조주의의 영향이다. 정신분석에서 언어의 중요성이 라캉주의와 더불어 부각되기 시작한 것이다. 하지만 프로이트는 어쨌든 당대의 신경과 의사요, 생물학자이다. 라캉에게 사회성(le social)이 주요 관심사라면 프로이트에게는 의료성(le médical)이 필요했던 것이다. 프로이트의 노선과 그 전통에 충실하고자 한 라캉은 프로이트를 재해석하면서 후자의 본래 의중을 드러내려 한 것이 사실이지만, 무의식의 장소(lieu)를 통한 실체주의적 국면이 후자에게 읽히면서 여전히 생물학주의의 의심을 사고 있는 것도 부정할 수 없는 현실이다.

한 초월'을 집요히 추구하는 빈스방거와 '충동의 순수 수동성', 곧 생물-역사성le bio-historique [2]을 통한 프로이트주의의 환원주의적 설명, 이두 가지 일방통행을 극복할 수 있는 제3의 길을 메를로퐁티의 후기 사유인 살의 이념을 통한 '실존적 정신분석'에서 타진해 볼 수 있을 것이다. 그가 보여 준 제3의 존재 장르인 살chair의 현상학[3]을 통해 우리는 무의식의 근본적 의미를 우리 자신에 대한 존재 고고학의 확립 또는 의식 그 이전의 '시원적 의식'으로의 회귀로 파악할 수 있는 동시에 주체와 세계에 공통되는 선험 원질로서 살의 불투명성과 심층 차원으로도 이해하는 것이다. 이처럼 정신분석학이 종래의 나이브한 인간학이 되지 않기 위한 필요충분조건은 프로이트 무의식의 중핵이라 할 충동과 표상 사이의 연결을 이해시킬 메를로퐁티의 살의 현상

---

2) 프로이트의 "생물-역사성"(le bio-historique)이란 인간에게 형성되는 리비도와 같은 욕동의 '생물학적' 사태 및 유아기와 그 가족 관계와 같은 '역사적' 사태를 통칭하고 있다.

3) 프랑스어 chair를 불한사전에 수록된 살로 번역해 온 것이 우리 학계의 관행이다. 그러나 육(肉)을 지시하는 우리말 '살'이나 영어의 'flesh'로 이 chair를 번역할 경우, 영혼-육신 또는 의식-신체라는 실체적 이원론을 철저히 거부하고 지성주의와 경험론을 지양하기 위해 제3의 존재 장르를 찾았던 메를로퐁티의 의도를 심각하게 훼손하는 결과를 낳는다. 우리말은 기운, 기상, 온기, 한기 등 이름씨만이 아니라 기차다, 기막히다, 기죽다 등 움직씨에도, 생명력(vitalité)을 띠면서 실존적 구조를 발현시키는 제3 존재 장르로 가득 차 있다. 일언지하, 기(氣)는 우리의 생활세계와 언어세계를 지배하고 있다는 것인데, 살이 존재의 재질이자 그 차원성인 만큼 향후 이/기(理/氣) 현상학이란 표현이 통용되기를 조심스레 제안하는 바이다. 왜냐하면, 메를로퐁티의 전기 사유에서는 단지 이중-부정(ni-ni)으로 소극적으로만 표현되었던 제3의 존재차원, 즉 중간계(intermonde)를 지시하는 후기 사유의 적극적 표현인 chair(理/氣)란 바로 우리의 삶의 토대이자 그 표현이기 때문이다. 서양철학적 사고와 언어로 존재할 수 없었던 이러한 유형의 언어 프레임이 동북아시아인의 생활세계에 뿌리내린 지는 이미 오래이다. 언젠가 메를로퐁티의 살, 동북아시아의 기, 프로이트의 id는 융합된 지평 속 테마가 될 것으로 보인다. 이 글에서도 살은 이드와의 대화로써 그 본상을 드러내고 있는데 프로이트의 사유 도구란 메를로퐁티의 이 같은 선험 질료(chair, 理氣)의 현상학을 만남으로 제대로 개화하게 되었다 하겠다.

학 한가운데 숨겨져 있다. 후자에 이르러서야 비로소 현상학과 정신분석학은 그들의 경계를 허물면서 존재 고고학의 진정한 지평융합을 이루게 된다. 요컨대, 의식과 무의식 사이에 가로놓인 심연을 부정하는 상호귀속존재Ineinandersein의 철학자 메를로퐁티에게 와서야 현상학은 자신의 은폐 지층을 발굴하게 되었으며, 정신분석은 자기 해방의 실존적 토대를 마련했다고 하겠다.

메를로퐁티에 따른 실존적 무의식: 유동적 정서(sentiments faux)의 사례

자신의 고유한 현상학적 입장을 통해 메를로퐁티는 무의식적 정신현상에 대해 지나치게 실증주의적인 프로이트의 개념을 거부하게 되는데 전자에 따르자면, 무의식이란 차라리 체현되어 공간적으로 설정되고 스스로를 시간화하는 모든 '세계 관계로서의 의식'의 필연적인 애매성을 가리킨다고 볼 수 있겠다. 의식은 하나의 현실태$_{acte}$이며, 무의식은 이 현실태의 한 양상, 곧 그 시간화 양상이다. 그래서 진정한 감정과 허위적 감정[4] 사이의 구분이란 콤플렉스와 같이 어떤 객관적인 과거에서 형성되어 갈등을 유발하는 정신적 표상의 소관이 아니라, 두 감정들에 점착되어 그것들만의 독특한 색조와 진정성 및 초라

---

4) 변화한다는(évolutif) 뜻에서 허위적(faux)이라고도 할 수 있는 유동적 정서(sentiments faux)는 그것이 보이는 그대로의 계기에서 경험되는 것이 아니라 당연히 무의식적으로 허위인 것이다.

함을 그 자신들에게 부여하는 '세계로 열린 존재'être-au-monde의 양태에 대한 '현실적인' 조율에 달린 것이다.

이러한 점을 이해시키기 위하여 메를로퐁티는 육화incarnation된 의식의 '세계로 열린 관계'인 지각 개념에 맞대어 해명하게 되는데 지각적 실수란, 확고한 관념론자 알랭이 말했듯, 관념들의 정화로 해결되는 것이 아니라 신체가 처한 포지션의 조정을 요구하면서 그 실마리를 찾게 된다. 말하자면 사랑情과 의지意 그리고 사고知란 마르틴 하이데거의 현존재적 의미의 세계-내-존재In-der-Welt-sein에 일종의 판돈을 걸고 있는 셈이다. 즉 감정의식에서 촉발된 세계 참여의 유형에 따라 적응 및 그 조정 그리고 착각 정도와 질적 차이를 필연적으로 받아들이는 관계, 곧 세계로의 초월적 지향이 바로 "세계-내-존재"의 운신이다. 이렇듯 현존재Dasein, être-là는 스스로를 위해 존재로의 참여와 자기 진정성에 대한 질문을 계속하는 것이다.

그런데 하나의 동일한 세계-내-존재가 지각, 감정, 사고 속에서 작동하면서 이 후자들은 착각의 위험에 노출되고 있다. 이제 의식의 운신인 자유의 작업이 사고뿐만 아니라 감정에서도 이루어진다고 하겠다. 물론 의식은 투명성의 어떤 형태를 띠면서 객관적 무의식이라는 이념은 프로이트의 실수가 된다. 하지만 의식이 끊임없이 연극을 한다는 사르트르의 관념 역시 오류가 된다. 왜냐하면 의식은 세계 안으로의 심층적 앙가주망인 신체성corporéité 및 감지력sensorialité으로 인해 실질적으로 불투명하기 때문이다. 따라서 사랑의 감수성과 의지의 활동성도 언제나 세계와 시간으로의 앙가주망이 된다. 이는 무의식이 숨겨진 객관성이 아니라 항구적 불투명성인 데다, 사르트르의 의식처럼 순전히 연극이 아니게 되면서 참과 거짓, 본래적인 것과 의도된 것(또는 조작된 것)을 '그 당장에는' 식별이 곤란함을 가리킨다. 그런고로 사르트르는, 내적인 삶의 소소한 수렁들에 대해서는 자문하지 않는 소설, 즉 현실에 따라 살도록 내버려두다가 자신들을 소외시키고 자신들로 하여금 자유로운 행동과 반항적 사고를 할 수밖에 없도록 만드는 사회적 구속에 이어 강렬한 충동을 통해 다시 그 사회로 참여케 하는 미국 소설의 등장인물들[5]에게만 모종의 진정성을 보고 있는 것이다.

반면, 메를로퐁티에게 의식이란 사르트르식의 연출을 언제나 도맡기에는 충분히 순수하지 못할뿐더러 심지어 진정한 감정의 체험들과 비본래적$_{inauthentique}$이거나 유동적인$_{faux}$ 감정의 체험 사이에는 상당한 차이까지 발생하게 되는데 그는 이런 현상을 신부나 목사가 되려는 청년들의 맹목적 경험인 '비의적 위기'$_{crise\ mystique}$라는 예로 분석하고 있다. 그들의 위기는, 종교적 귀의를 논리적으로 유도하기에는 그것이 충분히 신중하거나 심층적이지 않았다는 것을 알아차릴 즈음, 마침내 허위의식으로 판명되고 마는 것이다. 따라서 우리는 저 위기가 실제로 미래 인격에 대해 생소했으며 당사자의 운명 속에 등록되지 않았을 뿐만 아니라 그 자신의 자유의 역사에 아무런 흔적도 남기지 않았다고 진단하는 바이다. 반대로, 만일 저 위기의식이 어떤 이의 심층적 소명에 해당할 경우 그것은 그의 삶의 모든 여정과 주체로서 그의 주변 및 '세계로 열린' 자신의 모든 '존재'를 수정하게 될

---

5) 존 스타인벡과 존 도스 파소스의 소설 속 등장인물들을 참고.

것이다. 어떤 감정이 참 또는 거짓이라는 것과 어떤 무의식이 표면화되는 것이란 오직 '실존적 관계'를 통해서만 가능하다. 그렇다고 하면 참된 사랑과 거짓 사랑을 즉각적으로 구별하기란 불가능할 수도 있다. 왜냐하면 모든 것은 이 사랑이 시간 속에서 일구어 가는 '세계와의 관계'에 달려 있기 때문이다. 결국 만사는 주체가 이 관계에 지속적으로 부여하거나 그러하지 못할 의미들에 따라 결정되는 것이다.

> 우리 자신 안에서 우리를 통해 느껴진 모든 것이란 […] 단 하나의 실존 차원에만 자리하고 있지 않거나 또 바로 그러한 이유에서 참된 것일 수 없는 것이다. […] 우리들 외부에 '음영'과 '유령' 그리고 '사태'들이 (차례로) 존재하듯이 우리 안에도 실재성réalité의 '단계'들이 존재하고 있다. 그런고로 참된 사랑의 곁에는 비본래적이거나 가공의 사랑도 존재하는 것이다.[6]

메를로퐁티에 따르면, 참된 사랑과 거짓 사랑 사이의 "차이는 내재적이고"[7] 또 이런 차이는 "세계로 온전히 열린 나의 존재 속에 있는 감정(변화)의 자리와 관련이 있다". 따라서 "참된 사랑이란 내가 변할 때나 사랑받는 사람이 변했을 때 종료되고, 거짓 사랑은 내가 나에게로 돌아오는 순간 거짓으로 드러난다".[8] 참된 사랑은 "주체의 모

---

6) Maurice Merleau-Ponty, *Phénoménologie de la perception*, Paris: Gallimard, 1945, p. 433(작은따옴표는 인용자의 것).
7) *Ibid.*, p. 434.
8) *Ibid.*

든 원천들을 소환하며 그의 관심을 전적으로 끄는 반면, 거짓 사랑은 주체의 역할 중의 하나와만 관련되고 있으며"[9] 주체 인격의 양상 중 어느 하나와만 관계한다는 것이다. 요컨대 감정이 유동적이란 것은 나의 존재와 그 내면 깊숙한 곳으로부터의 변화에 낯설게 되는 것이며, 그것도 아니라면 어쨌든 내 속에 계시되는 가장 항구적이고 또 결정적인 것과는 관련이 없는 것이 됨이다.

따라서 우리는 체험되고 의식되는 대로의 감정에 어떤 본질적인 애매성이 존재하고 있음을 알 수 있다. 즉 만약 내가 비본래적이고 유동적인 성격의 감정이 무의식적으로 내게 남아 있음을 말할 수 있다면, 그것은 이 같은 감정이, 나 자신에 대한 내 고유의 탐색 및 내 자아에 대한 나의 이미지 그리고 타자와 세계에 대한 나의 모든 관계와 같이 아직도 생성 중인 내 인격의 변화에 근거하기 때문이다. 이처럼 도처에 현재하는 다양한 지표와 이상에 따라 내 인격을 구성하는 방식, 곧 나를 시간화하고 나 자신을 시간 속으로 기투하는 이러한 방식은 오래전에 겪은 감정이 오류이거나 비본래적이라는 것을 판단할 수 있게 해 준다.

> 모든 현실 속에서 우리는 매 순간 우리 스스로를 소유할 수 없는데 우리 각자는 찰나마다 우리의 생명과 우리의 존재에 대한 인식에서 다소 중대한 결과를 초래하게 될, 우리와 우리 자신 사이의 분석기analyseur, 곧 내적 지각perception intérieure이나 내적 감각sens intime에 대하여 언급할

---

9) *Ibid*.

권리가 있는 것이다.[10)]

우리의 체험은 우리에게 분명한 것이 아니라, 단지 우리가 항상 우리 자신에 대하여 배울 수 있으며 또 언제나 배워야만 함을 깨닫게 해 주고 있다. 따라서 "무의식"이라는 용어는 "내적 지각 이전에 남아 있는 바"를 가리키기엔 전혀 어울리지 않는 용어이며 게다가 "의식을 자극하지도 않는다. […] 일반적으로 보아, 나 자신에 대해 내가 배울 것이 많다는 것을 부인하기란 불가능하다".[11)]

그런고로 무의식의 특징은 '그 자체로서는' 감정을 수반하지 않는 그래서 어떤 감정에 '부수적인' 하나의 성질이 결코 아니라 오히려 이 '감정에 고유한' 애매성이라 하겠다. 여기서의 '애매성'이란 생성 중인 실존, 곧 다른 모든 것에 대한 의식의 개방인 '주체의 시간화' 속에 이 주체의 준-의식準-意識으로서 무의식이 둥지를 트는 '이원적이고도 동일한' 양의적兩儀的 양태이다. 이는 한마디로 긍정적 차원에서의 '주체의 미완성'이라 하겠다. 우리는 "나의 실존이 (정녕) 자기 자신과 진정으로 일치한다"고 할 수도 없으나, 내 실존이란 "행위 또는 사건이기에 스스로에게 낯설다"고는 더더욱 말할 수 없는 것이다. 여기서의 행위란 "내가 가진 바로부터 내가 되려고 지향하는 바로, 현재의 나로부터 장차 되려는 나까지의 추이 과정"[12)]에 다름 아니다.

---

10) *Ibid.*, pp. 435~436.
11) *Ibid.*, p. 436.
12) *Ibid.*, p. 438.

내 애정, 내 증오, 내 의지는 사랑과 미움과 소망에 '관한' 단순사고와 같이 확고하거나 확정된 것이 아니다. 오히려 이 사고들의 모든 확실성은 내가 그것들을 수행하기에 확신하고 있는 사랑, 미움, 의지의 '행위'에 대한 확실성으로부터 온다. 나는 사람들이 지각할 수 있는 하나의 대상이 아니기 때문에 또 내가 나의 현실을 만들고 행위를 통해서만 나에게로 복귀하기 때문에 모든 내적 지각이란 불충분한(충전적이지 않은) 것이 된다.[13]

말하자면 나는 사물들과의 관계 속에서 나 자신을 알아 가며 그래서 "내적 지각이란 나중에 오게 되는데" 외부지각처럼 이 내적 지각도 "결코 완성되지 않는 종합"[14]이 된다. 그러나 이러한 종합은 처음에는 비록 미완성일지라도 점차 명확해진다. 즉 나로 하여금 '착각'할 수 있게 만드는 이유가 나 자신에 대한 '진리' 역시 가능하도록 한다. 결국 "나 스스로를 초월하기 위해 나를 도사리게 하는 이 행위들이 존재한다"[15]고 볼 수 있겠다. 그래서 이제 의식은 실존으로 회복되어야만 하는데 말하자면 이것은 '존재'Je suis의 초월운동 속에 스며든 '사유'Je pense의 위상으로 거듭남에 다름 아니리라.

---

13) *Ibid*.
14) *Ibid*., p. 439.
15) *Ibid*.

빈스방거의 실존 현상학과 사랑의 공동체

메를로퐁티가 만약 후설과 하이데거의 독자이자 프로이트의 제자 및 친구로서, 현존재분석Daseinanalyse[16]의 패러다임으로 현상학과 정신분석학을 종합하려 했던, 스위스 정신의학자 빈스방거[17]의 무의식 이론에 특별한 관심을 기울였다면 당연히 그것은 우연이라 할 수 없는 일이 된다. 그 이유를 여기서 밝혀 봄이 마땅한 순서가 되겠는데 무엇보다 먼저, 빈스방거는 프로이트의 실체론을 규탄하고 있다. 그 내용은 다름 아닌 '신체적 유형성'corporalité에 대한 자연주의적 굴복이다. 전자에 따르자면 이러한 현상은 실존을 생물체로, 인간을 "모든 과정이 펼쳐지는 세계를 상실한 단순 고깃덩어리-주체"[18]로 환원시키고 마는 "심리학 전체의 악성종양"이 되어 버린다는 것이다. 하이데거뿐만 아니라 『현상학적 심리학』Phenomenological Psychology(1966)의 저자인 에르빈 슈트라우스와 같은 사상가를 정신분석학으로부터 멀어지게 만든 것도 바로 이 실체주의다. 슈트라우스처럼 빈스방거도 인간의 행동을 '세계 속에 실존함'의 총체로 이해하고 있는데 그것은 사고하는 인간, 다시 말해 뇌 하나만이 아니라 사고와 신체로서의 온전한 인간

---

16) Ludwig Binswanger, *Analyse existentielle et psychanalyse freudienne: Discours, parcours et Freud*, Paris: Gallimard, coll. "Tel", 1970; *Mélancolie et manie: Études phénoménologiques*, Paris: PUF, 1987 참고.

17) 루드비히 빈스방거는 스위스 크로이츨링겐 출신의 정신의학자인데 『인간 현존재의 근본 형태와 인식』(*Grundformen und Erkenntnis menschlichen Daseins*, 1942) 등을 저술하면서 20세기의 중요한 철학자 반열에 서게 된다. 으젠 민코프스키, 에르빈 슈트라우스, 메다르 보스가 실존적 정신의학 그룹의 동료이자 후진이다..

18) Binswanger, *Analyse existentielle et psychanalyse freudienne*, p. 55.

*tout l'homme*을 가리키고 있다. 요컨대 빈스방거에게 현존재란 "세계 내에 존재하면서도 세계를 향해 자기를 초월하는 존재"[19]이다.

하이데거의 실존론적 분석에서 빈스방거는 더 이상 신화적인 '가공의' 무의식이 아니라 인간과 인간이 아닌 것 사이의 존재론적 분리에 중심을 둔 실존적 인간학을 통해 자연주의적 심리학을 극복하는 방법을 모색하고 있다. 그런데 프로이트주의 심리학의 취약성이란 표상적 사유 모델을 따라 의식을 고찰하는 것이다. 즉 체험된 현전présence은 표상représentation으로 둔갑하고, 내면성은 스스로를 가두어버리고 말며, 필경 더 이상 세계로 자신을 열 수가 없게 된다. 빈스방거의 공적을 분석하면서 르노 바르바라스는 다음과 같이 적고 있다.

> 무의식적 '표상' 개념은 […] 의식하고만 어울릴 수 있는 관념성 속에서도 의식적 존재를 넘어서는 어떤 존재양식을 표현해 내고 있다.[20]

의식 저변의 무의식 이념은 표상에 대한 의미의 범람이라는 발견에 어떤 명목을 주기는 하지만, 이 의미는 자기soi에 고정되고 오직 쾌락원리에만 접합되어 있는 "성적性的 향유를 통해 외곬로 결정된" 것이다. 바로 여기가 위상학topologie, 곧 정신현상의 공간적 관점을 통해 무의식에 대한 실체주의적 사물화의 해석이 허용되고 있는 지점

---

19) Binswanger, *Grundformen und Erkenntnis menschlichen Daseins*, Heidelberg: Roland Asanger Verlag, 1993, S. 6.
20) Renaud Barbaras, "Le conscient et l'inconscient", *Notions de philosophie I*, D. Kambouchner(dir.), Paris: Gallimard, 1995, p. 520.

으로서 문제 해결의 관건도 의식 또는 의식적 존재와는 다른 것이 되고 만다. 요컨대, 프로이트의 모든 근본적 문제의식은 충동 지지étayage des pulsions 이론을 통해 표상에 고착된 것으로, 이제 이것은 성적 향유에 대한 위와 같은 해석으로 말미암아 마비되고 있는 실정이다.

여기서 빈스방거는 이와 같은 실체주의적 신화를 와해시키려 하고 있으며 동시에 이러한 작업은 오직 실존의 철학만이 수행할 수 있음을 함의하고 있는데 말하자면 그것은 의미가 발생하는 이른바 '실존' 차원을 드러냄으로써 가능한 것이다. 정신 질환이 관건이 된 이상, 이 질환을 이해하고 여기에 영향을 미치기 위해서라면 반드시 저 실존 차원의 해명에 의거해야 한다. 빈스방거는 의식에 대한 프로이트적 정립의 거부와 심리학적 자연주의에 대한 반정립으로부터 자신의 고유한 실존 인간학을 구성한다. 프로이트의 테제는 마치 그 이유를 알 수 없으나 은폐되어 있다가 연극의 마지막을 장식하기 위해 돌연히 '기계장치에서 출현하는 신'deus ex machina과 같은 소위 '무의식적 충동'에 대한 신화적 호소의 대가로 고안된 것이다. 충동이란 인간이 이미 자연에 뿌리내리고 있다는 것을 설명해 주고 있으며, "인간존재의 다양한 본질을 균등화하고 획일화하는 필수적 보편상태로서의 욕구"[21]가 되고 있다. 빈스방거에 따르자면, 프로이트는

기계론의 절대적 지배력이 외관상 인간 정신의 가장 자유로운 영역까지 확장되고 있음을 증명하는 데 성공했다. […] 거기서는 자유의 자리

21) *Ibid.*, pp. 516~517.

대신 도처에 필연성이 나타나고 있는데 말하자면 반성과 결단 대신에 기계주의가 들어선 것이다.[22]

즉 프로이트는 체험을 위한 하나의 신체형태학somatomorphologie을 우리에게 던져준 것이다. 보부아르 및 사르트르와 더불어 메를로퐁티도 자주 제기한 문제, 곧 항문기 행동과 구강기 행동에 관해 언급함으로써 프로이트가 던져준 숙제란 "우리가 신체를 통한 행동 규정을 분명히 하거나 자신의 신체적 국면이 타인들 사이에서 그 어떤 표현이 될 실존의 보편 성향이나 의미 지향을 식별하는 것"[23]이다. 왜냐하면 하나의 행동이란 세계에 현전하는 어떤 양식이요, 거기 살면서 관계를 통해 다시 거기로 열리는 방식이 되기 때문이다. 건강하든 아프든 우리는 동일한 세계를 살고 있다. 하지만 세계에 현전하는 방식과 이 세계와 소통하는 양식에 있어 우리는 서로 다른 입장이다. 프로이트는 차라리 세계 계시의 양식들과 의미 창출의 지침들로서 기술해야만 할 여러 본질들을 본능, 원리, 리비도, 초자아, 자아 안에서 실체화하고 만 것이다.

한편, 빈스방거는 현존재분석의 방법 덕택으로 당시까지 불가능해 보이던 것이 가능해졌다는 언표를 하고 있는데 그것은 바로 "환자들과 […] 교제하는 것이고, 환자들의 생활 속으로 침투하는 것이며

---

22) Binswanger, *Analyse existentielle et psychanalyse freudienne*, pp. 218~219.
23) Barbaras, *Notions de philosophie I*, p. 517.

결국 그들의 세계기획을 이해하여 기술하는 것이다".[24] 그러기 위해 각각의 정신 질환은 "세계-내-존재의 방식과 양태에 따른 매 경우마다"[25] 다르게 기술된다. 그래서 빈스방거에 따른 정신분석이란 인간 행위들의 지향적 성격을 무시하지 않는 것이다. 그것은

> 절대적으로 인격에서 출발하고, 이 인격의 모든 것을 결코 잊을 수 없으며, 정신 질환을 생소하고 낯선 침입자가 아니라 살아 있는 인격 자체의 일부로 간주하고 있다. 곧 정신 질환이란 지속되는 흐름 속에서 취해진 파편인 것이다.[26]

메를로퐁티 역시 특별히 그의 『지각의 일차성과 그 철학적 결과들』[27]을 통해, 인격을 감각들의 집성으로 만들어 버리는 경험론적 개념에 반대하는 동시에, 이 인격을 감각적 소여들에 외재적으로 적용되는 정신활동으로 과대평가하고 마는 주지주의적 개념에도 저항하면서 인격의 실존적·지향적 통일성을 강조하고 있다.

이런 맥락에서 현상학적 정신의학자 빈스방거는 임상 진단의 근거로, 사랑과 시간이 내포된 모종의 통일성을 확보하면서 총체적으로 파악된 인간존재의 공동체적 구조[28]라는 개념을 채택하게 된다.

---

24) Binswanger, *Analyse existentielle et psychanalyse freudienne*, p. 84.
25) *Ibid.*, p. 188.
26) *Ibid.*, p. 134.
27) Merleau-Ponty, *Le primat de la perception et ses conséquences philosophiques*, Lagrasse: Verdier, 1996.
28) 빈스방거는 후설의 지향성 이념과 하이데거의 세계-내-존재 개념을 통해 실존 심리학

그런데 사랑[29]이란 여기서 치료에 결정적인 실존적 합목적성이 되고 있는데 왜냐하면 이것이 첫째, 1인칭 나와 2인칭 너 사이에서 '부합되는' 존재관계이자 둘째, 이러한 이원성을 넘어 서로가 하나로 구조화되는 1인칭 복수로서 '조율되는' 우리 공동체$_{nostrité}$[30]라는 존재관계로 공동현전$_{co-présence}$을 설명하기 때문이다. 이럴 경우, 조광증 환자나 우울증 환자는 서로 친화적이어야 할 이 상호현전을 벗어나고 있으며, 타인을 이질존재$_{étranger}$로만 보고 있는 것이다. 아울러 빈스방거

을 구축했다. 하지만 그는 하이데거의 공동존재(Mitsein)가 상호동반존재의 양태로 언급되기도 했으나 현존재 공동체의 역동성을 충분히 구현하지 못했다고 판단하고, 마르틴 부버를 통해 실존의 뿌리가 '만남'에 있음을 깨달으면서 독일어 Verfallen(쇠퇴하다)을 실존 그 자신(sich)에게 적용하게 된다. 이제 '스스로 허물어져' 초췌한 실존은 이윽고 전혀 '새로운' 공동체, 우리(Wirheit)를 통해 거듭나게 된다. Binswanger, *Grundformen und Erkenntnis menschlichen Daseins*, S. 38 참고.

29) 1942년에 나온 자신의 대표 저서 『인간 현존재의 근본 형태와 인식』(*Grundformen und Erkenntnis menschlichen Daseins*) 제4판(1962)의 머리말에서 빈스방거는 자신의 철학이 '사랑의 현상학'임을 천명하고 있다. 메를로퐁티의 살의 현상학과 대조되는 사랑의 현상학은 능동적이요, 적극적이요, 구성적이요, 의미론적이요, 영성적인 일방적 성향을 띤 반면, 살의 현상학은 무의식이라는 역설이 낳은, 실존의 애매성의 한 양상인 수동성을 근간으로 역사의 변증법적 양면성을 부단히 생성하고 있다. 즉 역사란 사랑만이 아니라 증오와도 뒤섞임으로 공동체를 발생시키는 것이다. 따라서 타자는 부정만도 긍정만도 아닌 역사 그 자체가 된다. 정신 치료도 이러한 양의성 속에서 효율적일 수 있다는 것이다. 메를로퐁티에게 심리 치료나 역사철학은 헤겔의 지양(Aufheben)을 필요로 하지 않으면서 내재적 초월을 발현시키는, 사랑(긍정)과 증오(부정)라는 양 계기 병존의 이 하이퍼-변증법(hyper-dialectique)을 통해서만 이해될 수 있는 것이다. 덧붙여 1993년 나온 그의 선집 2권에 첨부된 편집인 막스 헤르초크(Max Herzog)와 한스 위르 브라운(Hans-Jürg Braun)의 서문 중, *Phänomenologie der Liebe* 섹션, S. XX~XXIV 참고.

30) 『인간 현존재의 근본 형태와 인식』, 1부 1장의 제목이 '나와 너의 상호동반존재'(Das 'Miteinandersein' von Mir und Dir)이며, 그 부제는 '사랑 속 우리'(Die Wirheit im Lieben)로 되어 있을 정도로 사랑은 실존의 온전한 구조를 회복하기 위한 빈스방거의 치료-전략적 도구가 된다. 자유의 도식으로 존재하는 사랑이라는 이 능동성이 오히려 메를로퐁티의 비판의 대상이 되는 반면, 프로이트가 보유한 자연주의적 생기현상으로서의 이드 및 충동은 수동성의 차원에서 메를로퐁티의 시선을 앗아 가고 있는 것이다.

에게 인간의 온전한 존재구조의 다른 축인 시간성[31]과 역사성의 차원도 저 조울증 환자들에게는 결핍되어 있다고 볼 수 있다. 따라서 이러한 정신증은 규범의 위반처럼 단지 부정적인 방식으로 자아에 충격을 주는 것보다는 더 복잡한 현상이 된다고 하겠다. 빈스방거는 오만 présomption, 왜곡distorsion, 가식manièrisme이라는 세 가지 병리학적 기초 증후군을 "인간 현전의 결여된 세 형태"[32]로 분석하였다. 이 세 가지 실존 상황들 각각의 경우에 인간은 자기 자신과 타인 그리고 세계에 대한 스스로의 현전에 실패하는 것이다. 바르바라스는 어떤 임상 사례에 대한 빈스방거의 진단을 통해 엄밀히 실존적인 해석과 프로이트적 해석 사이에서 대립적 뉘앙스가 잘 드러나게 하고 있다. 그것은 깔창을 떼려다가 구두 뒤축을 망가뜨린 다섯 살 난 여자 아이에 관한 이야기인데 그 후 이 여아는 불안증을 겪게 되었으며, 구두굽의 사태나 분리 및 단절의 위험이 생기면 실신하곤 했다. 여기서 빈스방거는 "생물-역사적인"bio-historique 프로이트의 설명을 거부하는데 왜냐하면 후자의 해석은 어떤 주체의 리비도 역사에서 부당하게도 이러저러한 단계의 "고착"fixations이라고 일컬어지는 데까지 거슬러 올라가기 때문이다. 프로이트는 불가피하게도 오이디푸스 콤플렉스 이전의 '어머니에 대한 애착'을 가정하는데 이는 유아에게 발생하는 심각한

---

31) Binswanger, *Grundformen und Erkenntnis menschlichen Daseins*, 1부 1장 A 참고. 빈스방거는 사랑 속의 상호동반적 존재들, 그들 서로가 더불어 사랑하는 공간성(Räumlichkeit des liebenden Miteinanderseins)을 S. 15~26까지 다루고 이들의 시간성(Zeitlichkeit)을 S. 27~50에서 해명하고 있다.

32) Binswanger, *Trois formes manquées de la présence humaines*, Paris: Cercle Hérméneutique, 2002, pp. 19~22 etc.

불안현상을 이해시키기 위하여 끌어들인 일종의 과도한 집착이다. 모든 "유리"détachement, 모든 '분리'의 위험성은 범람하는 모성 이미지에 대한 지나친 함의로 연계되어 필경 섣부른 상실감을 부채질한 것이다.

오히려 빈스방거는 환자의 '세계기획'의 구조를 조회하는데 실존의 이러한 설계는 다양한 카테고리를 포함하고 있다. 당연히 시간적 범주도 허용하고 있는데, 이것은 불확실한 체험에서 나온 유아의 '모성 관계'보다 더 보편적 범주인 '연속성' 개념에 관련된다. 그런고로 어머니로부터 유리됨의 심각성을 깨닫게 하는 것은 세계 일반[33]에 대한 실존적 관계로서의 "세계 이미지"요, 모성 애착이 아닌 것이다. 결국 프로이트는 본말전도를 시킨 셈이다. 바르바라스가 정확히 보여 주었듯이, 빈스방거는 전적으로 인격적인 방식으로 프로이트를 통합하고 있다. 말하자면 빈스방거는

구두 뒤축 사건과 오이디푸스 콤플렉스 형성 이전 환상 사이의 상징화 관계를 인정하고 있는데 […] 우연적 사건들 뒤의 이 같은 본원적 환상fantasme originaire[34]을 드러내면서 정신분석은 환상 그 자체에 잠재된 '세계로 열린 존재'의 구조에 다가서고 있다. 그러나 프로이트주의에서 우리는 '수평적 인과율'의 차원을 떠나지 않는데, 이 경험론적 인과율

---

33) 빈스방거의 실존적 세계는 환경세계(Umwelt), 공동세계(Mitwelt), 자기세계(Eigenwelt)로 동시에 구조화되는데 특히 환자 자신의 고유한 세계인 Eigenwelt에 대한 해명은 Binswanger, *Grundformen und Erkenntnis menschlichen Daseins*, pp. 404~405 참고.
34) 개체의 기원과 관계되는 보편적 환상을 지칭한다.

을 통해 무의식적 표상들은 행동이나 체험에 대해 영향력을 행사하는 것이다. [⋯] 사물화는 분리의 환상 가운데서 정신분석에게는 [⋯] 결정적인 '세계기획'의 통각을 방해하고 있다.[35]

프로이트가 정신 질환의 "궁극적 원인으로 드러나고 있는 생물-역사적 연관의 차원에 그치고 말 때", 빈스방거는 소위 무의식적 표상 속에서도 본질적으로 실존적인 구조를 보고 있으며, 심리현상 psychisme을 실존으로 "초월시킨다". 리비도와 충동 같은 '생물학적' 사태 그리고 유아기와 그 가족 관계 같은 '역사적' 사태로 형성되는 "생물-역사성"이란 빈스방거에게는 결국 단순히 연구 재료에 불과한 것이 되고 만다. 그리고 이 재료들 속에서 오히려 "세계기투가 폭로될 수 있는" 고로 '생물-역사성'이란 행동들의 해명을 위한 열쇠 요소라 할 수가 없는 것이다. 정신병리학적 행동들로부터 그러한 열쇠를 만들기 위해 프로이트는 강박신경증 같은 비정상적인 행동 상태를 설명하는 것으로 여겨진 여러 단계의 고착 개념을 고안해 냈었다. 반면, 정신분석과 관련하여 하이데거는 '독특한 세계현전' 또는 "존재양식의 각별한 구조"[36]로서의 인간존재가 과학적 분석에 제공되도록 했다. 인간존재의 현실을 '현전-존재'être-présent로 이해하면서 하이데거는 빈스방거로 하여금 정신 질환이 "내부나 외부로부터 오는 어떤 장애"가 아니라 "자신의 죽음을 향한 도상에 있는 생명의 '정상적인'

35) Barbaras, *Notions de philosophie I*, pp. 525~526.
36) Binswanger, *Analyse existentielle et psychanalyse freudienne*, p. 92.

추이에 대한 어떤 동요의 표현"이며, 그래서 이제 "인간존재란 생명 […] 그것도 이리저리 요동치는 생명에 의해 창조된 피조물만을 의미하는 것이 아니라 […] 오히려 인류의 미래와 자신의 운명에 대한 통찰로써 '관조하는' […] 항구적이고 […] 자율적인 어떤 존재가 됨을 뜻하는 것"[37]으로 여기게 했던 것이다.

살의 공동체로써 프로이트의 자연주의를 정당화하는 메를로퐁티

한편, 메를로퐁티는 빈스방거의 무의식 이론이 프로이트주의로부터 지나치게 자연주의 부분을 제거하는 경향이 있다고 본다. 말하자면 체험들의 해석에서 가치가 큰, 충동의 생물-역사적 측면을 빈스방거가 삭제하려 한다는 것인데 왜냐하면 그는 충동의 외부가 아니라 충동 자체에서 의미를 찾으려 하기 때문이다. 빈스방거의 철학적 인간학의 토양이 되는 하이데거의 철학을 프로이트의 정신분석과 비교해 보았을 때, 후자가 다분히 과학주의적으로 보이는 것은 사실이다. 그래서 빈스방거의 현존재 인간학은 인간과 그 자신이 아닌 것 사이의 간극에서 출발하고 있으며, 바로 여기에 인간학을 생물성이나 자연성으로 환원시키는 자연주의에 대한 수용 불가능성이 놓여 있는 것이다. 하이데거 입장에서 보자면, '물화된 주체'sujet réifié[38]로서의 인간

---

37) *Ibid.*, p. 200.
38) 라틴어 res와 같은 뿌리의 동사 réifier의 과거분사에서 연원하는 물화된(réifié) 주체

을 생각한다는 것은 존재Être와 존재자étant 사이의 존재론적 차이를 은폐하는 것이자 사물의 고착된 본질과는 정반대인 인간 실존 속 현존재의 본질을 결여하는 것이 된다.[39] 개별 과학은 존재자들을 탐구하지만 존재의 의미를 묻진 않는다. 만약 현존재가 세계 지향적인 자기초월의 존재양식으로 실존한다면, 우리는 '나중에 가서야' 세계와 관계 맺을 어떤 주체를 상정할 수는 없으며, 마치 두 가지 실체들이 관건이라는 듯 주체와 세계 '사이'의 관계를 믿을 수는 없는 노릇이다.

차라리 세계로-열린-존재는 사이entre라는 영역 바로 거기에 자리해야만 하는데 이 '사이'란 그들(세계와 주체) 관계가 '지탱'됨을 의미하면서 일언지하 그 '관계 자체'가 된다. […] 이제 '세계로-열린-존재'는 다원적 세계기투의 양상으로 완성되며 […] 실존함의 구조들과 세계를 기획하는 양식들을 따라 성취되는 것이다. 또 사태들도 이러한 세계를 통해 현상할 것이다. 그래서 실존자의 초월함이 휜 단호한 굴절이자 세계로-열린-존재의 독특한 우성 구조로서 정신병psychose은 세

란 사물화(chosifié) 주체를 말하는 것이며, 빈스방거 입장에서 보자면 실체적 주체(sujet substantiel)라고도 할 수 있겠다.

39) 그럼에도 불구하고 빈스방거는 하이데거의 입장이 현존재의 공동체적 성격을 제대로 드러내지 못한다고 우려하면서 공동존재(Mitsein)라는 용어 대신 상호동반존재(Miteinandersein)를 주저 *Grundformen und Erkenntnis menschlichen Daseins*의 1부 1장(S. 15~238)을 통해 지배적으로 사용하고 있다. 하지만 메를로퐁티는 빈스방거의 저러한 상호동반존재보다 존재론적으로 더 실질적인 차원으로 나간 상호귀속존재(Ineinandersein)를 표방하게 되는데 결국 우리 연구의 핵심도 빈스방거의 상호동반존재를 통한 '사랑의 공동체'냐, 메를로퐁티의 상호귀속존재로 인한 '살의 공동체'냐 사이의 선택으로 수렴된다고 볼 수 있다. 물론 여기서 우리는 양자 사이의 존재론적 상호침투성(interpénétration)이 역력한 후자의 손을 들어 주고자 한다.

계-내-존재를 통해 접근되어야만 하는 것이다. [⋯] 구두 뒤축이 자신의 어머니와의 단절의 두려움을 환기시키는 여아의 경우에, 탄생과 분리의 경험은 여기서, 그 실마리가 연속성인 세계기획 덕분에, 외상 후 스트레스 장애의traumatique 차원을 보유하게 된다. 이런 범주는 〈여아〉를 위해 세계를 의미 있게 만드는 것이며, 세계로-열린-존재의 제 구조는 실체적 프시케에 대한 모든 지시 관계로부터 해방된 무의식의 유일한 '의미 가능성'을 구성하게 될 것이다.[40]

세계기획이란 정신분석의 객관적이고 전형적인 의미에서 보면 결코 무의식적이지 않다. 그것은 현존재의 의미에서 정녕 실존적이며 또 실존의 본질로서 다음과 같은 면소non-lieu에 상응하는 것이다.

명확히 기투인 한, 이 세계기획이란 그 자체 휴지休止 상태인 물질적 실재réalité matérielle에 준거할 수밖에 없는 심리적 '장소', 곧 (프로이트의) 심급instance [41]의 틀을 표출시키게 된다. 그래서 설령 무의식이 의식에 조회되는 바에 지나지 않는다 할지라도 우리는 이 무의식이라는 용어를 포기해야만 할 것이다.[42]

빈스방거는 따라서 무의식을 의식 내의 한 표상, 즉 장소론으로

---

40) Barbaras, *Notions de philosophie I*, pp. 523~526 etc.
41) 프로이트가 세분화한 심리기제의 세 축, 곧 자아, 초자아, 이드를 통칭하는 정신분석학의 전문용어.
42) *Ibid.*, p. 527.

환원 불가능한 의미로 해석할 것을 제안한다. 흔들리는 구두 뒤축으로 문제가 생긴 여아의 것과 같은 세계 이해는

> 의식적이 될 필요는 없지만 그렇다고 우리가 이것을 정신분석학적 어휘의 의미에서 무의식적이라고 부를 수도 없는 것이다. 왜냐하면 '세계 이해'란 이러한 무의식이나 의식의 대립을 넘어서 있기 때문이다. 또 그것은 실제로 심리학적인 어떤 것에도 관련되지 않는 대신, 오직 그 자신을 통해서 심리학적 사태가 가능해지는 '무언가'와 연계되는 것이다.[43]

빈스방거가 모든 자연주의와 함께 프로이트적 자연주의까지 거부하는 반면, 메를로퐁티는 프로이트의 세계에서 오히려 의식을 기술하는 현상학을 견고하게 만드는 육화의 영역을 보고 있다. 당연히 의식에 대한 이러한 기술은 표상이나 인식이 아니라 대상에 대한 집중이나 자기 자신 외부로의 의식의 앙가주망engagement 그리고 세계-내재적 초월운동이 된다. 여기에 프로이트적 자연주의와 그 생물-역사적 설명의 실존적 중요성이 대두되고 있는데 메를로퐁티가 양식화한 비판유형 속에는 프로이트주의를 극복하고 통합하려는 그 자신의 고유한 방식이 읽힌다. 프로이트의 가장 소중한 공헌이란 바로 우리 자신의 '존재 고고학'에 대한 직관이라는 것인데 이는 곧 "그 현전성이 의식 한가운데서 느껴지는 '원초적인 것', 말하자면 '결코 의식되

---

43) Binswanger, *Analyse existentielle et psychanalyse freudienne*, p. 70.

지 않은 바'에 도달함"[44]의 문제가 되고 있다. 프로이트에게 가장 환원적이라고 우리가 판단하는 장소론적topique이고 역동적인énergétique 차원, 곧 본질적으로 '신체적인' 차원이란 현상학이 인정한 존재-고고학적이고 발생론적인 차원과 더 이상 대립각을 세우지 않는다. 오히려 그 반대로 "의미생성적인 실존 차원은 신체와 욕망의 요청들로부터만 진정으로 생각될 수 있는 바이다".[45]

더 나아가 메를로퐁티는 빈스방거에 의해 수립된 현존재의 실존적 존재양식과 사물들의 존재양식 사이의 분열조차 거부한다. 즉 세계로-열린-존재의 '자유'와 프로이트적 충동에 내속한 '수동성'이라는 이원론에 대한 빈스방거의 주장을 받아들이지 않는다는 것이다. 오히려 우리가 자연주의에서 찾을 수 있는 야생적 존재로서 살chair의 어떤 수동성이란 어쩌면 행동의 의미에 있어 매력적인 부분이 되지 않겠는가?

수동성에 대한 거부와 함께 빈스방거는 하이데거의 현존재 공동체인 공동존재Mitsein의 정태적 구조에도 만족할 수 없게 된다. 그래서 후자의 이 공동존재의 구체적 양상인 상호동반존재Miteinandersein[46]에 사랑이라는 실존적 역동성을 주입하여 자신의 고유한 현상학 이념으로 승격시킨다. 이제 상호동반존재는 하이데거가 아니라 빈스방거의 이름을 표방하게 되었으며 후자의 '사랑의 현상학'의 주축으로 부상

---

44) Barbaras, *Notions de philosophie I*, p. 534.

45) *Ibid.*, p. 532.

46) Martin Heidegger, *Sein und Zeit*, Tübingen: Max Niemeyer, 1984, pp. 121~122, 124~126, p. 161 참고.

하게 되었음을 우리는 빈스방거의 주저 『인간 현존재의 근본 형태와 인식』 1부 1장을 통해 확인할 수 있다.[47] 이에 반해 메를로퐁티는 자유에 근거한 채 의미-지향적인 이 실존 차원이 생성한 상호동반존재보다 더 실질적인 공동체를 모색하게 되는데 그것은 다름 아니라 존재론적 차원에서 그 실증성을 발휘한 상호귀속존재이다. 이 논리에 따를 경우, 만약 저 자연주의라는 존재론적 수준에서의 수동성이 보장되지 않는다면 실존의 상호귀속은 불가능하게 된다. 우리의 논증의 향방도 결국 자유의 결단을 통한 빈스방거식 〈사랑의 공동체〉와 무의식으로 말미암아 능동과 수동으로 드러나는 실존의 애매성에 의한 메를로퐁티의 〈살의 공동체〉 사이의 대결로 압축된다.

그런데 사랑을 위해 실존의 능동적 의지가 절대적으로 요긴한 상호동반존재의 공동체에는 존재론적 상호침투성interpénétration이 결여되어 있는데 이는 공동체의 존재론적 바탕인 살의 부재가 그 원인이다. 반면, 그 구성 자체가 빈틈없이 동질적인 근본 원질인 살에서 기인하는 공동체, 곧 자아와 타아 그리고 세계 사이에서 감각의 교호적 연루enchevêtrement와 서로 얽힘entrelacement이 전제된 공동체에는 실존의 능동성과 더불어 수동성이 반드시 구비된다. 바로 저 실증적인 농밀성으로서 살의 공동체를 통해 나는 사랑과 미움, 이해와 오해, 상처와 치료를 횡단하게 되는 것이다. 반면, 빈스방거의 사랑의 공동체에는 '근원'으로부터 사귀고交 섞일錯 존재론적 교착intrication ontologique이 부재하다. 우리가 치료의 목표나 그 도구로서의 사랑을 부정할 수

---

47) Binswanger, *Grundformen und Erkenntnis menschlichen Daseins*, pp. 15~238 참고.

는 없으나 실제 역사, 곧 현실이 이 의지 발현(사랑)의 순탄함을 허락하지 않을 경우 필경 이 사랑은 강박관념으로 전락할 가능성도 배제할 수 없게 된다. 마치 빈스방거의 희망의 한계를 예견이라도 하듯, 메를로퐁티는 앙주 에스나르 박사의 저서 『프로이트의 저작과 현대 세계를 위한 그 중요성』의 서문에서 이러한 문제를 제기하고 있다. 결국 무의식이라는 가장 불투명한 '바탕' 속에서조차 지향적이고 의미생성적인 빈스방거의 심리현상 이념과 갈등을 일으키지 않을 '프로이트적' 자연주의가 우리에게 의미 있게 남아 있다는 말이 된다.

> 현상학과 정신분석의 합의란 마치 후자가 혼란스럽게 말한 것을 '현상'이 암호를 해독하듯 분명하게 말하는 것처럼 이해되어서는 아니 된다. 오히려 현상학이 정신분석과 협화음을 내는 것은 이와는 정반대로 그 스스로가 함축하고 있다가 자신의 극단에 이르자 이윽고 그 베일이 벗겨지는 현상학의 잠재적 내용물, 곧 현상학의 자체 무의식에 의해 가능하다 하겠다.[48]

충동과 초월 사이, 제3의 차원: 육체의 입적과 의미생성의 길

메를로퐁티가 생물학적 충동성과 실존적 의미생성 사이에서 탐구한

---

48) 정신과 의사 에스나르의 책에 쓴 메를로퐁티의 서문 참조. Angelo Hesnard, *L'oeuvre de Freud et son importance pour le monde moderne*, Paris: Payot, 1960, p.9.

제3의 길은 세계와 인간에게 공통된 원질로서 살의 애매성, 곧 살의 불투명성 자체로서의 무의식 개념 속에 들어 있다고 하겠다. 전기 사유의 육화 개념에서 후기 살의 존재론에 이르기까지 그의 사유 진화는 첫째, 정신분석학적 무의식 개념과 둘째, 실존현상학적 지향성 사이의 구별을 재고하는 방향으로 진행되고 있다. 바르바라스가 언급한 바와 같이 메를로퐁티는,

> 빈스방거의 눈에 양립 불가능으로 드러날 수 있었던 것 뒤에서 어떤 정합성을 찾으려 애쓰는데, 이는 실존의 의미생성적 방향의 전개와 이 실존의 충동적인 살의 입적 사이의 논리적 일관성을 일컫는 것이다.[49]

메를로퐁티에 따르자면, 세계기획의 다원성을 전개시킬 수 있게 하는 자유, 바로 이 자유에 대한 되풀이되는 빈스방거의 집착은 세계로-열린-존재가 의미하는 비非객관적 세계귀속을 제대로 사고하지 못하게 만들어 버린다. 마치 사르트르가 정신이상alienation의 핵심에서까지 자유를 보고 있는 것과도 얼추 비슷하게, 빈스방거를 통해서는 충동의 수동성조차 '스스로 결심'하는 방식으로 제시되고 만다. 그렇다면 이러한 수동성은 상당히 제한된다고 하겠다. 이처럼 빈스방거는 프로이트의 실체주의를 너무 직접적이고 이원론적으로 부정하고 있을 뿐만 아니라, 충동을 '기계적 수동성'과 동일시할지 아니면 모든 수동성의 부재로 제시된 '실존 차원'과 동일시할지를 결정해야

---

49) Barbaras, *Notions de philosophie I*, p. 532.

되는 지나치게 단순한 양자택일에 그치고 만다. 요컨대 빈스방거는 존재 가능성에 대한 자유의 확신과 객관적 세계귀속에 대한 단정이라는 배타적 선택 사이에 있는 것이다.

그런데 수동성 없는 기투의 자유로운 전개나 세계를 향한 지향을 외곬로 과대평가하는 것은 이러한 초월을 자기 쪽으로만 휘게 만들어 결국 주체로부터 벗어나지 못하게 하는 위험을 무릅쓰게 된다. 즉 개방이란,

> 그 무엇도 이 개방으로부터 개방 자신을 앗아가지 못하기 때문에 자기 스스로에게만 열리는 것이다. 따라서 초월의 운동은 역설적으로 자신의 자유 및 그 수동성 부재로 말미암아 방해받게 된다. 말하자면 이 운동이 자유를 통해 주도권을 취하기 때문에 현존재는 결코 어긋나는 차이일 수 없으며 자신의 기투로 말미암아 박탈될 수 없는 바이다. 현존재란 결국 이 초월의 한가운데서도 항상 그 자신으로 남는다.[50]

바르바라스를 통해 우리가 확인할 수 있는 이러한 현존재의 현실이야말로 빈스방거에 대한 메를로퐁티의 비판을 대변하는 것이며, 왜 후자가 프로이트의 생물학적 자연주의를 '새로운' 의미에서 복권시키고 있는가를 설명하는 이유가 되리라 본다.

이른바 제3의 길은 메를로퐁티의 다른 연구 영역에서와 마찬가

---

50) *Ibid.*, p. 530.

지로 이윽고 여기 정신분석에 대한 비평에서도 양의성兩儀性[51]의 사유가인 이 철학자가 선호하는 방향이 된다. 그럴 경우, 색다른 형식의 프로이트적 실체주의, 곧 실존적 외장 아래 은폐된 모종의 자연주의를 여기서 따로 고려할 필요도 없이, 실존 속 수동성의 어떤 양태를 이 실존의 구조결정 작용으로 간주해 버리는 것이다. 그래서 첫째 딜레마, 초월적인 것, 곧 실존의 정신성을 형성하는 세계기획의 자유로운 전개와 둘째 딜레마, 충동의 순수 수동성, 곧 생물학적 사태와 역사적 사태에 조회되는 생물-역사성을 통한 프로이트의 환원주의적 설명, 이 두 가지 막다른 골목을 극복할 수 있는 제3의 길이 요청되는 실정이다.

메를로퐁티의 살의 존재론을 통해 우리는 무의식의 본래적 의미를 "우리 자신의 (존재) 고고학에 대한 직관"[52] 또는 의식 이전의 하부 구조인 '원초적'primordiale이고 '시원적'archaïque인 의식으로의 복귀로 파악할 수 있는 동시에 주체와 세계에 공통되는 살의 불투명성과 심층성의 차원으로도 이해하는 것이다. 비록 빈스방거는 정신분석학을 현상학적 프레임으로 재편하기 위하여 정신현상에 대한 프로이

---

51) 통상, 메를로퐁티의 전문 개념 ambiguïté는 애매성(曖昧性)으로 번역되어 왔다. 경계가 가리고(曖) 어두워(昧) 불확실하다는 의미의 애매성도 전혀 무관하지는 않지만 후기 사유의 야생적 존재(être sauvage) 차원을 예비한다는 의미에서 양자 사이(l'entre-deux), 곧 제3의 존재 장르로서 양의성(兩儀性)이 더 설득력이 있는데 차제에 우리는 『역경』(易經)의 "역유태극 시생양의"(易有太極 是生兩儀)라는 수준에서 '하나이자 둘'이라는 음양의 원리로 '원초적 존재'에 보다 심층적으로 연결하고자 한다. 필자의 이 같은 시도는 결국 메를로퐁티의 부정존재론이 신유학의 이기론(理氣論)과 무관하지 않기 때문이다.
52) 에스나르의 책에 쓴 메를로퐁티의 서문 참조, Hesnard, *L'oeuvre de Freud et son importance pour le monde moderne*, p.9.

트적 접근에서 그 자연주의적 국면을 불식해 버리는 것이 문제 해결의 열쇠라 믿었건만, 이제 더 이상 그것은 프로이트 시스템의 참된 이해를 위한 관건이 될 수가 없는 것이다. 정신분석학이 이처럼 단순한 인간학이 되지 않기 위한 필수 조건은 "프로이트 무의식의 핵이라 할 충동과 표상 사이의 연결을 이해시킬"[53] 메를로퐁티의 "살의 철학"[54] 한가운데 놓여 있는 것이다.

그런고로 정신분석에 대한 실존적 해석과 이 정신분석의 자연주의로의 환원이 상호배타적이라고 간주한 두 용어, 곧 실존의 자유와 이 실존의 성性적 정박에게는 이제 화해의 길이 열리게 된다. 이를테면 실존이 섹슈얼리티로 규정된다 함은 그것이 육화되었음을 인정하는 것에 다름 아니라 하겠다.[55]

이렇듯 메를로퐁티에게 프로이트의 무의식의 의미란 세계로-열린-존재의 살의 기층substrat charnel이 되는 불투명한 "존재[56]로의 점착"[57]을 발견하는 데 있다고 하겠다. 그리고 바로 이 연합 속에 의식의 맹점punctum caecum[58]이 발생하는데, 의식의 이러한 존재론적 실명

---

53) Barbaras, *Notions de philosophie I*, p.544.
54) Merleau-Ponty, *Le visible et l'invisible*, Paris: Gallimard, 1964, p.321.
55) Barbaras, *Notions de philosophie I*, pp.544~545.
56) 불투명한 존재(être opaque)는 Merleau-Ponty, *Le visible et l'invisible*, p.104에 나타난 것처럼 존재의 생성을 맡은 야생적 존재(l'être brut)에 다름 아니다.
57) *Ibid.*, p.301, 308. 여기서 존재로의 점착(attache à l'Être)은 존재와의 연결(articulation avec l'Être) 및 존재로부터 탄생(naissance de l'Être)하는 세계로-열린-존재의 운명이다.
58) *Ibid.*

이야말로 무의식의 활동을 촉진시키는 것이다.

물론 살의 현상학을 통해 메를로퐁티 그 자신도, 하이데거적 패러다임을 사용하는 빈스방거와 매한가지로, 우리들의 행동과 지향 뒤에 숨겨진 실체적인 '무의식'에 대해서보다는 '실존성'에 대해 말하기를 선호한다. 실존적인 것은 "우리의 모든 의지적 및 비의지적인 경험들로부터 침전된 의미이다". 모든 구조들처럼 이 실존성은 결코 은폐되어 있지 않은데 말하자면 "실존적인 것들은 우리의 행동과 지향 뒤편이 아니라 이것들 '사이에' 존재하는 것이다".[59] 의식 또는 시각이 보지 못하는 것,

> 그것을 볼 수 없음은 그 자신이 의식이기 때문이다. […] 의식이 보지 못하는 것이란 세계를 가시적으로 만드는 실존적인 것이요, 존재로 향한 의식의 점착이며, 의식 그 자신의 신체성이고 마침내 의식 전방의 대상들이 탄생하는 살이 된다. […] 의식이 기만되고 전도되며 그래서 직접적일 수 없는 것은 불가피하다. 원리적으로 의식은 다른 관점에서 사물들을 바라보고 있으며, 자신을 위해 정해진 원칙으로 말미암아 이 의식은 존재être를 제대로 파악하지 못하는 것이다.[60]

의식이 보는 바를 가능케 하는 것은 의식 그 자신이 존재에 점착되어 있기 때문이다. 따라서 무의식은 우리들의 밑바닥, 곧 의식의 뒤

---

59) *Ibid.,* p. 285.
60) *Ibid.,* pp. 301~302.

편에서 찾아야 할 것이 아니라 의식의 전방, 곧 우리들 '존재의 터'의 유기적 연관 그 자체에서 발견해야 할 것이다.

정신분석이 자신의 방법적 기초로 삼는 프로이트의 유명한 '자유연상'associations libres이란 실제로는 지각적 차원들이요, 세계 내부적 영역들이다. 이를테면 세계와 시간으로 균형이 잡힌 방사상[61] 및 지각함과 지각됨이 소통되는 "등가축"axes d'équivalences이 바로 자유연상의 프레임이다. 프로이트의 『늑대 인간』에서 보자면, 은폐기억souvenir-écran[62]에 속하는 노란 줄무늬 나비와 노란 줄무늬 배poires 그리고 이 두 가지에 메아리치는 젊은 하녀의 독일 이름인 그루샤의 회상 사이에 연상현상이 발생한다. 하지만

나비-배-하녀(배와 같은 명칭) 사이에 연상이 생기므로 세 가지의 기억이란 없다. 그 대신, 생기 넘치는 들녘에서 나비의 어떤 유희가 존재하고 있으며, 언어의 육화 능력 덕택에 '그루샤'라는 언어적 본질Wesen langagier과 소통하는 '배'와 '나비' 사이에 모종의 표현적 본질Wesen verbal이 있을 뿐[63]이다. 요컨대 동일한 존재의 바큇살에 속하는 그들의 중

---

61) 이는 세계의 중심으로부터 뻗어 나가는 방사상의 살로 형성되는 시간과 공간의 범위를 일컫는 것으로 우주(宇宙), 곧 인간과 지극히 상관적인 宇(공간)와 宙(시간)의 차원을 지칭한다고 볼 수 있겠다.

62) 나비는 '노란 줄무늬 배'라는 뜻의 하녀 이름 '그루샤'를 연상시킨다. 거세위협을 한 그루샤는 자위행위에 대한 억압의 상징이다. 그래서 나비를 잡는 '은폐기억' 뒤에는 실상 여자에 대한 기억이 숨어 있었다. 배라는 과일을 뜻하는 Grouscha가 본래 러시아어 Груша(그루샤)에서 온 것으로 미루어, 결국 나비와 그루샤 그리고 이 그루샤의 언어적 내포인 노란 줄무늬 과일로서 배가 연상된다고 하겠다.

63) 하녀 이름인 그루샤와 과일 배 사이에는 그루샤라는 동일 시니피앙이 존재하며, 배(poire)

심부를 통해 연결된 세 가지 관계적 본질Wesen lié이 존재하게 된다.[64]

연상이 가능하기 위해 필수적인 다원 결정이란 나의 현실적 신체 가능성je peux 속에 함축된 다중의 지각들과 존재론적 경험들을 동시에 내포하고 있다. 이러한 "무의식"은 존재의 역동적 리듬인 살로서의 현상에 내재한 '물러서 있음'과 동일시된 '감각함'sentir이다. 그런데 이 살의 현상은 의식 배후가 아니라 그 전방에서, 즉 우리의 실질적 존재영역의 유기적 연관으로서 발생하는 것이다. 살의 운동은 대상들이 가능하도록 만들고, 보이지 않는 것을 보이도록 한다. 만약 메를로퐁티에게 "무의식이 감각함 그 자체"라면, 이는 감각함이 감각된 바를 소유할 것이기 때문이 아니라 그 반대로 이 감각함이 물러섬retrait이요, 빼앗김dépossession이기 때문이다. 이는 곧 "감각함을 위한 우리 자신의 박탈, (그것을) 확인하기 위하여 우리가 따로 생각할 필요가 없는 바로의 개방"[65]이라는 뜻이다. 메를로퐁티에 따르자면, 배경fond에서 뚜렷이 부각되는 전경figure을 우리가 전자로부터 베어 내듯이 프로이트가 지각-의식 기관을 충동인 이드로부터 분리할 때, 이 후자는 지각으로 될 수 있기 위해 본래는 잠재적 미소지각imperception이었던 의식에 내재한 실수 또는 불투명의 원리를 너무도 어설프게 설명하고 만 것이다. 결국 프로이트는 자신에게 투명한 표상인 데카

와 나비(papillon) 사이에는 노란 줄무늬라는 동일 이미지(image)가 연상된다.

64) Merleau-Ponty, *Le visible et l'invisible*, p. 294.
65) Merleau-Ponty, *La prose du monde*, Paris: Gallimard, 1969, p. 179.

르트적 의식 개념에 갇혀 있었다고 볼 수 있다. 그래서 그는 무의식을 정태적인 사물로 고정시킨 채 의식의 한가운데가 아닌 그 뒤쪽에 위치시킬 수밖에 없었던 것이다. 요컨대 프로이트는 "지각적 의식의 성격을 규정하는 '동일성 속의 차이'를 '실체적 이원성'으로 드러내고 만 것이다".[66]

따라서 빈스방거가 "선험적 조직"texture transcendantale이라 칭한 것은 메를로퐁티에게는 "세계의 소리 없는 현전"[67]이자 세계의 심층 profondeur이 되는데 이는 감각적인 것 속의 생략된 차원이요, 가시적인 것 속의 숨겨진 영역이라 하겠다. 무의식이란 하나의 "거리"를 의미하는 동시에 그 거리 속의 '인접'을 뜻하기도 한다. 그래서 감각성, 이것은 함축된 존재 가능성이요, 침묵의 명증성이 되고 있다. 이제 무의식은 "우리 존재의 저 후미진 곳, 즉 의식의 등뒤에서" 찾아야 할 것이 아니라 "우리 자신의 존재의 터전 자체에서의 유기적 결합, 곧 우리의 전방에서"[68] 추구해야 한다. 아마도 우리는 메를로퐁티의 행간에서 『안티-오이디푸스』(1972)에 나타난 살부혼모殺父婚母 유형의 트라이앵글에 대한 과타리와 들뢰즈의 비판을 미리 읽어 낼 수 있는데 말하자면 신체들의 거대한 역동적 기계성machinerie을, 식상하리만치 반복되고 빈약한 '가족 트리오'의 역사로 축소시킬 수 없을뿐더러, 사회적 초자아의 표적이 되는 개인적 충동들의 모험으로 환원할 수도

---

66) Barbaras, *Notions de philosophie I*, p. 541(작은따옴표는 인용자의 것).
67) *Ibid.*, p. 542.
68) Merleau-Ponty, *Le visible et l'invisible*, p. 234.

없는 것이다. 오히려 뜻밖의 사태인 충동은 "우리를 형성하고 있는 공통의 존재조직tissu으로서의 야생적 존재être sauvage에 귀속하는 것이며 [⋯] 이러한 선先정신적 환경이 없이는 그 어떤 것도 사유될 수 없으며 필경 정신조차 고려되지 못하는 바이다".[69]

___

69) *Ibid.*, p. 257.

5장. 레비나스의 자아론과 정신분석

김상록

들어가며

에마뉘엘 레비나스의 자아론과 라캉의 자아론을 대조하는 일은 기대와 무망無望이 교차하는 역설의 지점에 있는 것처럼 보인다. 우선 그 것은 현대 유럽철학의 최전선으로 곧장 인도할 접근로를 열어 주리라는 기대를 자아낸다. 라캉의 자아론에 해당하는 거울단계론은 "코기토에서 직접적으로 유래한 모든 철학과 대립하는 경험"[1]에 입각해 있다는 선언으로 시작된다. 코기토 전통을 전복하겠다는 철학사적 포부는 레비나스의 자아론을 대변하는 이포스타즈hypostase[2]론에서도 발견된다. 이포스타즈론은 "코기토의 배후에서 […] 식별되는 상

---

1) Jacques Lacan, *Écrits*, Paris: Seuil, 1966, p. 93.
2) 'hypostase'라는 용어는 국내 학계에서 그동안 '홀로서기'(『시간과 타자』), '자기 정립'(『존재에서 존재자로』) 등으로 번역되어 왔다. 여기서는 일단 원어를 발음대로 차용해 쓰고 적절한 시점이 오면 새 번역을 시도하려 한다.

황"[3]에서 출발하여, "관념론적 자아의 추상적 정립과 같은 것도 아니고, 하이데거적 현존재의 세계 내 개입과 […] 같은 것도 아닌"[4] 모종의 사건에 의해 자아 발생을 해명한다. 자아론을 매개로 레비나스와 라캉은 데카르트 이래의 철학 전통에 대립하는 공동전선을 형성하고 있는 것이다.

이와 같은 철학사적 전복의 파급력을 예감하고 부푼 기대감은 그러나 곧 물거품처럼 느껴지기 십상이다. 두 자아론 사이에 바로 눈에 띄는 소통 창구가 없기 때문이다. 심지어는 거울단계론과 이포스타즈론이 도대체 동일한 문제와 사태를 탐구하고 있는 것인지조차 불분명해 보인다. 라캉의 경우, 거울단계에 대한 그의 논문 제목이 적시하듯(「정신분석의 경험에서 드러난 대로의 나I_{he}의 기능 형성자로서 거울단계」[5]), 문제가 되는 사태가 자아임은 분명하다. 다만 문제의 '나'는 정신분석 전통에서 다루어지는 자아, 심리장치를 세 가지 심급으로 나누어 보는 프로이트의 두 번째 지형론$_{Topik}$에서 등장하는 심리적 심급 중 하나이다. 라캉이 무의식의 주체라고 부르는 것(이드에 해당하는 것)이 아니라, 자아가 주체이다. 그렇다면 레비나스의 이포스타즈론에서, 특히 『존재에서 존재자로』 및 『시간과 타자』에서 집중적으로 전개되는 이 이론에서 문제되는 것은 무엇인가? "주체의 도

---

3) Emmanuel Levinas, *De l'existence à l'existant*, Paris: Vrin, 1947(레비나스, 『존재에서 존재자로』, 서동욱 옮김, 민음사, 2003, 169쪽).

4) *Ibid.*, p. 171(국역본, 168쪽, 국역본의 유무와 상관없이 모든 외국 문헌의 인용문은 인용자가 번역했으며 인용문 속의 강조 및 괄호 역시 인용자의 것이다).

5) Lacan, *Écrits*, p. 93.

래"[6] 또는 그저 "한 존재자의 출현"[7]이 아닌가? 그러나 이를 보다 정확히 규정하려 들자마자 분명해지는 대로, 그것은 "〈나$_{je}$〉라는 현상을 […] 기술하는 변증법적 상황"[8]에 대한 분석이자, "동일화 과정"으로서 "자아"의 생성에 대한 분석이다.[9] 이포스타즈론은 거울단계론과 마찬가지로 자아 생성을 다루고 있으며, 더구나 (나중에 가령 『존재와 달리 또는 존재성을 넘어』에서 집중분석되는 것과 같은) 무의식적 주체의 형성과 구별된다는 점에서 정신분석의 지형론과도 통하는 데가 있다.

두 이론이 공히 파악하려 하는 사태는 자아의 발생 과정이다. 이는 양자 모두 자아를 하나의 이미 주어진 어떤 것으로 취급하는 것이 아니라, 하나의 사건에 의해 촉발되어 구성되는 것으로 보면서 그 사건에 주목한다는 것을 뜻한다. 이 글에서 우리는 무엇보다 두 자아론의 생산적 소통을 낳을 근본 맥락을 발굴해 보고자 한다. 이 발굴 작업은 현상학과 정신분석 사이에 튼튼한 가교를 놓는 데 기초가 될 것이다. 우리 작업의 성패는, 두 자아론이 철학과 정신분석이라는 서로 다른 담론의 생산물인 만큼, 일차원적인 단순 비교를 금하는 양자의 차이를 어떤 생산적인 시차視差로 전환시킬 수 있느냐에 달려 있다.

---

6) Levinas, *De l'existence à l'existant*, p. 113(국역본, 112쪽).

7) Levinas, *Le temps et l'autre*, Paris: PUF, coll. "Quadrige", 1948, p. 31(레비나스, 『시간과 타자』, 강영안 옮김, 문예출판사, 1996, 46쪽).

8) *Ibid.*, p. 33(국역본, 48쪽).

9) Levinas, *De l'existence à l'existant*, p. 148(국역본, 146쪽) 이하.

il y a[10]와 그 극복

우선 두 자아론을 각각 통상적으로 제시되는 방식에 따라 잇달아 개괄해 보자. 자아의 기원 및 본성, 그리고 기능을 해명하기 위해서 라캉의 거울단계론은 당시 심리학계에 이미 알려져 있던 거울단계 관찰을 원용한다. 거울단계는 생후 6개월에서 18개월 사이의 유아가 거울 앞에서 보이는 일련의 반응에 대한 심리학자들의 관찰에서 유래된 말이다. 그런 연령의 유아가 거울에 비친 자신의 영상을 보게 되면, 이 영상에 매료되어 지속적으로 큰 관심을 보인다. 이는 신체가 하나의 통일체로서 반영된 이미지를 유아가 자기 자신으로 알아차리고 자기 자신과 동일시하는 과정으로 밝혀졌다. 라캉에 따르면 이런 동일시 과정에 의하여 자아의 원형이 탄생한다.

레비나스의 자아론의 경우, 그가 il y a라고 부르는, 모든 존재자가 사라진 존재 —— 그런 의미에서 익명적 또는 몰인격적인 존재 —— 의 상태에서 출발한다. '나'라고 말할 수 있는 존재자의 도래는 그런 존재와 단절을 이루는 데서 성립한다. 레비나스에게서는 익명적 또는 몰인격적 존재와의 단절이 자아의 탄생 사건이다. 『존재에서

---

10) 프랑스어 'il y a'는 '(무엇이) 존재한다'를 뜻하는 어구다. 레비나스는 이를 자기만의 철학적 용어로 만들어 존재 일반에 대한 인간의 근원적 체험을 가리키는 것으로 사용한다. 이 용어는 우리말로 번역하기가 까다롭다. '있다', '존재한다'는 뜻 외에도, 주어('il')가 비인칭으로 사용되고 있다는 점까지 살려 내야 하기 때문이다. 이를 고려하면, 뒤에서 설명될 것처럼 '익명적 존재'라는 번역어가 가장 타당해 보인다. 하지만 이런 산문적인 번역에는 원어의 뉘앙스가 상실된다는 문제가 있다. 그래서 이 글에서는 원어를 그대로 사용하여 원래의 뉘앙스를 환기시키는 방식을 택했다.

존재자로』및『시간과 타자』에서, 그런 존재가 드러나는 대표적 상황으로 제시되는 것은 불면의 밤이다. 자아 생성 사건은 이 불면을 중단시키는 행위, 즉 땅바닥에 몸을 눕히고 잠드는 행위에 의하여 발생한다. 그런 자아 사건을 레비나스는 이포스타즈라 부른다.

이렇게 놓고 보면, 자아론과 관련해서 라캉과 레비나스를 소통시킨다는 것은 거의 무망한 일이다. 대강을 추려 대조해 볼 때에는 접속 지점이 잘 보이지 않기 때문이다. 라캉에게서 자아 형성의 범례적 상황이 거울 경험이라면, 레비나스에게서는 불면의 경험이다. 라캉에게서 자아 형성의 핵심 메커니즘이 자기 신체의 시각적 게슈탈트와의 동일시라면, 레비나스에게서는 자기 몸을 바닥에 기대고 빠져드는 잠(에 의한 동일화)이다. 라캉의 자아상이 직립한 신체의 위용을 과시한다면, 레비나스의 자아상은 누워 자는 신체의 평온함 속으로 잦아든다. 라캉은 신생아의 경험에 의거하는 반면, 레비나스는 오히려 성인에게 더 친숙해 보이는 경험(불면증)에 호소한다. 이처럼 각각의 개요를 더 따지고 들어가면 갈수록, 이포스타즈론과 거울단계론을 소통시키기는 더욱더 어려워만 보인다. 그나마 양자의 공통점으로 보이는 것이 있다면, 전통 철학과 달리 두 이론 모두 주체가 자신의 신체와 맺는 모종의 관계에서 자아의 기원을 찾는다는 정도거나, 그렇게 이루어지는 자아 사건을 동일시/동일화identification 과정으로 이해한다는 정도일 것이다.

그러나 흔히 통용되는 개략적 이해의 수준을 떠나 두 이론 각각의 함의에 천착하다 보면, 양자가 소통하는 맥락이 드러나기 시작한다. 이 맥락을 발굴하기 위한 작업의 실마리를 찾으려면, 두 사상가에게서 자아 발생이 일어나는 배경 —— 또는 무대 또는 장소 —— 에 주목할 필요가 있다. 라캉의 거울단계론에서 그것은 유아의 곤궁 상태다. 스스로는 자기 몸도 제대로 가눌 수 없고 타인의 보살핌 없이는 양분 섭취도 할 수 없는 상태, 즉 "운동의 무능력과 양육의 의존 속에 여전히 빠져 있는"[11] 상태다. 레비나스의 이포스타즈론에서 그것은 존재자 없는 존재, 익명적인 존재다. 레비나스는 이 점을 다음과 같이 적시하고 있다

> "내가 il y a라고 부르는 것, 즉 존재자 없는 존재는 이포스타즈가 일어날 장소다."[12]
> "il y a의 바탕 위에서 하나의 존재자가 등장한다."[13]

(신생아가 겪는) 곤궁과 (불면증에서 겪는) 존재자 없는 존재, 이 두 가지 배경을 연관 짓는 일이 어떻게 가능할까? 그런 작업이 일견 가망 없어 보인다면, 무엇보다도 양자가 가리키는 경험적 정황들이 너무 동떨어져 보이기 때문일 것이다. 그런데 애당초 우리가 염두에 두어야 할 것은, 인용되는 경험적 특수 정황이 하나의 탁월한 사례 역할을 하는 것이지, 문제가 되는 정황성 자체와 동일한 것은 아니라는 점이다. 특히 라캉은 (거울)〈단계〉라는 명칭을 쓰고 있어서 오해

---

11) Lacan, *Écrits*, p. 94.
12) Levinas, *Le temps et l'autre*, p. 28(국역본, 43쪽).
13) Levinas, *De l'existence à l'existant*, p. 141(국역본, 139쪽).

의 소지가 있고, 실제로도 오해를 낳고 있다.[14] 단계는 심리학적으로는 적합한 명칭일 수 있다. 왜냐하면 심리학자들에게 거울 경험은 신생아의 인지 기능 발달사에서 하나의 단계를 보여 주는 징표로 간주될 뿐이기 때문이다. 반면 라캉에게 거울 경험은 "발전의 한 계기일 뿐만 아니라, 범례적 기능 또한 가진다"[15]는 점에서 "하나의 범례적 상황"[16]일 뿐이다. 그것은 한 개인이 평생 동안 계속해서 겪을 다수의 동일시 사건들의 패러다임 노릇을 하는 것이다. 그렇다면 거울단계는 거기서 묘사되고 있는 특수한 경험 —— 가령, 거울의 존재 —— 과 불가분한 관계에 있는 것으로 이해되어서는 안 된다. 따라서 우리가 주목해야 할 것은 정황들의 경험적 특수성이라기보다는, 그런 특수 경험들을 가로질러 언급되는 정황성 자체.

이는 레비나스에게서도 마찬가지다. 레비나스에서 il y a는 존재 일반을, 일반성에 있어서의 존재를 가리키는 명칭이다. 그런데 존재의 일반성은 유(類)의 일반성이 아니다. 따라서 유와 종 같은 전통 철학적 범주들로는 파악될 수 없다. 레비나스가 존재 일반을 드러내기 위해 다양한 경험들에 호소하는 것은 그 때문이다. 모든 것이 소멸되는 상황에 대한 상상, 밤의 어둠에 대한 경험, 비극성에 대한 체험, 그리

---

14) 베르트랑 오길비와 라플랑슈는 각기 나름의 방식으로 이 점을 적시한다. Bertrand Ogilvie, *Lacan. Le sujet: La formation du concept de sujet, 1932–1949*, Paris: PUF, 1987, pp. 112~113; Jean Laplanche, *Problématiques VII: Le fourvoiement biologisant de la sexualité chez Freud, suivi de Biologisme et biologie*, Paris: PUF, 2006, p. 98; *Vie et mort en psychanalyse*, Paris: PUF, 1989, p. 125 참고.

15) Lacan, *Le séminaire I: Les écrits techniques de Freud*, Paris: Seuil, coll. "Points Essais", 1998, p. 121.

16) Lacan, *Écrits*, p. 94.

고 불면 등이 그런 경험들로 열거된다. 사실 il y a 개념은 매우 다층적인 차원들과 접속 가능한 의미를 지니고 있어서, 그것들을 망라하는 일은 이 글의 범위를 넘어선다.[17] 여기서는 다만 그런 추후 과제의 토대가 될 만한 근본 의미에 천착하려 한다. 그러려면 il y a라는 정황성이 구체적으로 연출되는 다양한 변주 장면들 모두 ── 상상된 무無, 어두움, 비극적 운명, 불면 등등 ── 에 공통되는 어떤 최소한의 의미소意味素를 포착할 필요가 있다.

이 모든 경험들이 드러내는 바 il y a는 일단 모든 존재자가 사라진 상태를 가리킨다. 모든 사물들과 사람들이 소멸된 상태, 무화된 상태다. 이 무의 상태에서 남는 것은, 그러나, "순수한 무"[18]가 아니라, 존재 일반이라는 사실이다. 이를 일컬어 레비나스는 il y a라 부른다. 존재하는 것(모든 존재자들)을 모조리 부정한다 할지라도 결코 부정되지 않고 남는 이것은, "존재의 사실 또는 존재의 행위 자체, 존재의 순수 사건 자체, 즉 존재 업력業力, œuvre d'être[19]"[20]이다. 다음 구절은 무의 상상에 대한 레비나스의 묘사로서 il y a의 가능한 여러 연출 장면

---

17) 그것을 다루고 있는 레비나스의 다양한 저작들에서 확인할 수 있듯이, il y a 개념은 실존적 의미를 근간으로 하되, 철학사적·종교적·사회적·정치적·경제적·예술적 차원 등으로 매우 다양하게 펼쳐질 수 있는 다층적 개념이다. 이 글에서는 정신분석과 연관되는 한에서 그것이 갖는 실존적 의미에 주목하는 데 그칠 것이다.

18) Levinas, *De l'existence à l'existant*, p. 94(국역본, 94쪽).

19) 프랑스어 "œuvre d'être"는 국역본에서는 "존재의 작업"으로 옮겨져 있으나, 우리는 "존재 업력"이라는 번역어를 택했다. 이것은 레비나스의 자아론이 불교의 그것과도 상통함을 아울러 암시하려는 뜻이 담긴 번역어다. 여기서는 상세히 다룰 수 없으나, 레비나스의 존재 업력은 정신분석의 리비도보다도 불교가 말하는 맹목적 충동력인 업業 개념과 더 크게 공명한다.

20) *Ibid.*, pp. 15~16(국역본, 20쪽).

들 중 하나이지만, 그 특수성만 에누리한다면 il y a에 대한 일반적 규정으로 읽어도 무방할 것이다.

> 모든 사물들, 존재들 그리고 사람들이 무로 돌아간다고 상상해 보자. 그러면 우리는 순수한 무를 만나는가? 상상 속에서 모든 사물들이 파괴된 이후에 남는 것은 어떤 사물이 아니라, il y a라는 사실이다. […] 모든 사물들과 존재들이 그렇게 파괴된 이후에는 몰인격적인, 존재의 〈힘들의 장場〉이 있다.[21]

il y a가 어떤 힘이 펼쳐지는 장이라 함은, 그것이 존재 업력의 발현임을 뜻한다. 존재 업력이 무엇인지 보다 뚜렷하게 규정하는 일은, 정신분석과의 시차가 필요한 일인 만큼, 본 작업의 후반부로 미루어 두자. 여기서는 다만 그것이 맹목적인 생명력 —— 레비나스가 "충동력force qui va"이라고 부르는 것 —— 을 뜻한다는 점에 착안하기로 하자. 존재 업력은 생명체를 관류하여 자연적으로 분출되는 충동력 또는 생명력이 존재론적 차원에서 발휘되는 것을 지칭하기 위해 레비나스가 사용하는 명칭이다.

이 점에 착목할 때 드러나는바, il y a는 존재 업력에 대하여 **주主가 되는 존재자가 해체된 상황**, 존재 업력(존재의 흐름)에 대한 존재자의 통제력과 지배력maîtrise이 부재하는 상황을 가리킨다. 왜냐하면 이와 같은 상황은, 존재자 쪽에서는, 존재 업력을 통제할 능력이 더 이

---

21) Levinas, *Le temps et l'autre*, pp. 25~26(국역본, 40쪽).

상 말을 듣지 않는 정황으로 체험되기 때문이다. 이때 존재자는 존재
업력을 자기 것으로 소화하거나 배출할 수 있는 동화(또는 동일화) 능
력이 결여되었거나 마비된 정황에 처해 있다. 그런 무능력 상태에 빠
진다면, 존재자는 사방팔방으로 존재 업력의 압력에 포화되고 범람
당하는 처지에 놓이게 될 것이다. 레비나스가 침투와 함몰 또는 침몰
의 이미지를 빈번히 사용하면서, 가령 "존재의 익명적 흐름은 사람이
든 사물이든 모든 주체를 침략하고 침몰시킨다"[22]고 말할 때 뜻하는
바가 바로 그것이다. 이는 주-객, 안-밖의 경계가 무너진 상황이다.
말하자면 존재자는 존재 업력에 삼켜지고, 존재자가 하나의 통일체
로서 갖는 내면성 또는 자기성은 붕괴된다. 이것이 레비나스가 il y a
를 "자기 없음"[23]으로 규정할 때 의미하는 바다. 요컨대 il y a는, 자기
를 관류하는 존재 업력을 처리하고 통제할 동화(소화) 기능의 마비로
인해 존재자가 **완전한 자기 상실이라는 궁지에 몰린 정황성**情況性 **또는 심
정성**心情性 [24]을 뜻한다.

　　레비나스가 il y a에 귀속시키는 가장 두드러진 특성인 익명성
anonymat 또는 몰인격성impersonnalité도 궁극적으로 존재 지배력 부재
로 귀착된다. 그가 말하는 익명성은 존재 업력이라는 "행위의 작자
作者가 잘 알려져 있지 않음을 가리키는 것이 아니라, 작자 자체를 갖

---

22) Levinas, *De l'existence à l'existant*, p. 94(국역본, 93쪽).

23) Levinas, *Le temps et l'autre*, p. 27(국역본, 42쪽).

24) 우리가 여기서 정황성 또는 심정성이라는 단어를 사용한 것은, 이러한 레비나스의 분석이
　하이데거의 정황성(Befindlichkeit) 분석을 보다 깊은 차원에서 대체하려는 의도를 가지고
　있다는 점을 시사하기 위해서다.

지 않는 이 행위 자체의 성격을 가리킨다".[25] 존재자가 자기를 충동질하는 존재 업력을 통제할 수 없다면, 존재 업력은 주인 없이 활동하는 셈이 된다. 이런 의미에서 그것은 익명적이다. "몰인격성은 지배자/주인_maître_의 부재에서, 즉 그 어느 인격의 존재도 아닌 존재에서 기인한다."[26]

레비나스가 il y a를 "카오스"[27]로, "익명적 존재의 카오스적 웅성임"[28]으로 규정하는 이유도, 주체의 존재 장악력 부재를 배경으로 할 때에만 제대로 이해될 수 있다. 존재 업력이라는 충동의 소용돌이에 존재자가 이리저리 휩쓸리는 혼돈, 맹목적 충동력의 난리亂離가 문제되고 있기 때문이다.

이상에 의거한다면, il y a에 대하여 지금껏 원어를 그대로 차용한 궁여지책에서 벗어날 수 있을지도 모른다. il y a는 〈몰인격적 유有〉로 번역해 봄 직하다. 그것은 존재 업력이라는 존재자에게 충동력을 통제할 (자아라는) 주主의 심급이 파괴되었다는 의미에서 몰인격적인 — 몰아沒我적인 — 존재이다. 다른 한편, 그처럼 자기파괴적이기 때문에 그로부터 벗어나길 원하지만 그러나 결코 그럴 수 없는 존재라는 의미에서, 그것은 유有이다. 왜냐하면 문제의 존재(업력)는, 한 존재자가 존재하고 있는 이상(즉, 한 생명체가 생명을 유지하고 있는 이

---

25) Levinas, *De l'existence à l'existant*, p. 93(국역본, 93쪽).

26) *Ibid.*, p. 112(국역본, 112쪽).

27) *Ibid.*, p. 121(국역본, 118쪽).

28) Levinas, *Difficile liberté*, Paris: Le livre de poche, 1997a, p. 407.

상), 결코 "양도 불가한 최후의 소유물"[29])과 같은 존재이기 때문이다.[30])
레비나스가 il y a에 대하여, "출구 없는"[31]) 존재의 상황 ── 자기 뜻대
로 제어할 수도 없고, 그렇다고 벗어날 수도 없는 존재 그리하여 존재
자가 빼도 박도 못하게 존재에 휘둘리는 상황 ── 이라고 묘사할 때,
우리가 염두에 두어야 할 정황이 그런 것이다.

　이상으로 레비나스의 자아론에서 il y a가 자아 발생의 배경으
로서 가지는 의미의 대강이 밝혀졌다. 자아의 발생(존재자의 도래)은
이 배경과 상관적으로 이해되어야 함은 물론이다. 과연 레비나스는
존재자의 도래를 "익명적 존재il y a의 중지"[32])로 규정하고 있으며, 이
포스타즈를 "존재의 몰인격적 유il y a에 대한 자아의 지배maîtrise"[33])로
정의한다. "한 존재자의 출현은, 그 자체로는 근본적으로 익명적 상
태로 남아 있을 존재 속에서 일어나는 […] 주권maîtrise의 구성 자체이
다."[34]) 자아의 형성은 존재(업력)에 무기력하게 내던져진 정황에서 이
존재(업력)를 장악할 수 있는 '나'라는 지배 심급이 구성되는 사건이
다. 레비나스는 이것을 "존재의 **기원적**originelle 소유"[35])와 등치시킨다.

29) Levinas, *De l'existence à l'existant*, p. 38(국역본, 41쪽).

30) 여기서 시도한 번역은 'il y a'의 문법적 측면도 아울러 고려하고 있다. (존재 업력은 몰인격
　　적이기에) 'il y a'의 주어 'il'은 비인칭(impersonnel) 주어이며, 동사 'a'의 원형은 '소유하다'
　　의 뜻을 가진 'avoir'이다(소유라는 의미의 존재, 즉 유[有]). 레비나스 저작의 기존 국역본들
　　(『시간과 타자』,『존재에서 존재자로』)에서 'il y a'는 '있음'으로 번역되어 있다.

31) *Ibid.*, p. 100(국역본, 100쪽).

32) *Ibid.*, p. 141(국역본, 139쪽).

33) Levinas, *Le temps et l'autre*, p. 13(국역본, 22쪽).

34) *Ibid.*, p. 31(국역본, 46~47쪽).

35) Levinas, *De l'existence à l'existant*, p. 136(국역본, 134쪽).

존재자가 존재를 장악함으로써 자기를 존재의 기원이자 지배자로서 — 즉 아르케로서 — 정립할 때, 그렇게 구축된 아르케의 심급이 자아인 것이다.

거울단계와 그 전환점

바로 이 점에서 레비나스의 자아론은 라캉의 그것과 공명한다. 왜냐하면 거울단계에서도 자아 형성의 결정적 전환점은 주체의 **자기 지배**(에 대한 예기豫期)에 있기 때문이다. 『세미나 1』에서 라캉이 간명하게 적시하고 있듯이, 거울단계의 결정적 계기는 "아직 지배력을 획득하지 못하고 있는 아이가, 타자의 의미지의 매개를 통해, 그런 **지배력**maîtrise[이 가능함]을 환희에 벅차올라 상정하는 일이 벌어지는 순간이다".[36] 요컨대, 거울단계는 유아가 외부 환경 및 유기체 내부에 대하여 통제력을 결여하고 있는 상태에서 그에 대한 지배를 예상하고 기대하는 상태로의 이행이다. 즉 곤궁한 처지에서 주권적 위치로의 이행이다. 이 점을 보다 상세히 살펴보자.

자아 형성의 배경인 유아의 궁지는, il y a와 꼭 마찬가지로, 주체적 지배력이 부재하는 정황성을 가리킨다. 이 정황성이 가장 비근하

---

36) Lacan, *Le séminaire I*, p. 265. 여기서 "타자의 이미지"는 유아와 비슷한 또래의 동류의 모습을 가리키지만, 결국 유아 자신의 신체 이미지와 같은 것이다. 유아에게 그의 또래는 거울 역할을 할 수 있기 때문이다.

게 드러나는 현상은 "아직 걸음은 물론, 직립조차 **숙달**maîtrise하지 못한 젖먹이"37)의 모습이다. 사실 이러한 신생아의 상태는 이미 프로이트에게 주목되어 무의탁(또는 곤궁)Hilflosigkeit이라는 개념으로 파악된 바 있다. 프로이트는 타인에게 의탁하지 않고서는 자신의 생존을 도모할 수 없는 유아의 처지를 트라우마의 원형으로 파악했다. 라캉은 이런 프로이트 개념을 계승하는 한편, 당대 생물학을 원용하여 ── 특히 발생학자 루이스 볼크의 태아화foetalization 이론을 인용하여 ── 이런 현상들을 낳는 배후의 궁극 원인을 규명하고자 한다. 그것은 "인간에게 특유한 어떤 진정한 미성숙 출생"38)에 있다. 인간의 출생에 특유한 이 미성숙이란 무엇인가?

동물에서 내적 충동과 외부 환경 사이의 신진대사는 선천적인 상호접합coaptation의 방식으로 이루어진다. 동물은 주위 환경과 이격 없이 맞물려 돌아가는 유기체와 같아서 환경과의 불화를 모른다. 반면, 인간은 "모든 종류의 극히 이질적인 성향들을 가지고 태어났다".39) 그리하여 인간은 근원적으로 "그의 기본 충동들의 아나키" 상태에 내던져져 있을 뿐만 아니라, 인간에게서는 이 충동들 사이의 "종합이 실패한다".40) 라캉이 말하는 미성숙 출생은 바로 그런 사태를 가리킨다. 즉 그것은 인간 유기체의 기능들이 일반적으로 미발달

---

37) Lacan, *Écrits*, pp. 93~94.
38) *Ibid.*, p. 96.
39) Lacan, *Le séminaire II: Le moi dans la théorie de Freud et dans la technique de la psychanalyse*, Paris: Seuil, coll. "Points Essais", 2001b, p. 446.
40) Lacan, *Le séminaire I*, p. 262.

해 있다기보다는, 이 기능들 사이에 어떤 조정력이 결핍되어 있다는 것을 뜻한다.[41] 이 결핍은 "생후 수개월 동안의 불편의 징후들과 운동성 부조화가 노정하는바, 유기체 한복판에 어떤 열개裂開, déhiscence, 어떤 근원적 불화discorde"[42]를 상정하도록 만든다. 라캉이 "균열"fêlure, "근원적 파열déchirement",[43] "어떤 생물학적 틈새béance"[44] 등의 표현들로 가리키기도 하는 문제의 불화는, 인간이 외부 환경 및 신체 내부에 대해 처해 있는 존재론적 곤궁과 무의탁이라는 정황성을 가리킨다.

인간존재의 곤궁과 관련된 충동들 중에서도 특히 성적 충동인 리비도에 주목하는 정신분석에 있어, 인간의 근원적 정황성이란 유기체를 범람하는 리비도의 혼돈에 인간 개체가 피투되어 있다는 사실이다. 이 존재론적 원原사태를 구체적으로 전달하기 위해, 라캉은 "파편화된 신체"corps morcelé[45]라는 이미지를 활용한다. 이것은 정신분석 내담자 아동들의 그림이나 성인 환자들의 꿈과 환상 등을 통해 정신분석계에는 잘 알려져 있는 이미지다. 라캉은 이 "파편화된 신체라는 표현의 참의미"를 "욕망들의 정합성 없는 집합"[46]으로 규정한다.

41) 이 점을 라캉은 다음과 같이 명시하고 있다. "유아기 행동에 대한 연구가 확인시켜 준 대로, 외부지각, 자기지각 그리고 내부지각과 관련된 감각들은 생후 12개월 후에도 여전히 충분하게 상호조정되지 못하고 있어서, 자기 신체에 대한 인식이든, 이와 상관적인, 자기 신체 외부에 있는 것에 대한 개념이든, 모두 미완성 상태에 있다"(Lacan, *Autres écrits*, Paris: Seuil, 2001a, p. 32).

42) Lacan, *Écrits*, p. 96.

43) Lacan, *Le mythe individuel du névrosé*, Paris: Seuil, 2007, p. 46.

44) Lacan, *Le séminaire II*, p. 443.

45) Lacan, *Écrits*, p. 97.

46) Lacan, *Le séminaire III: Les psychoses*, Paris: Seuil, 1981, p. 50.

즉 통일되지 않고 잡다하게 분출되는 충동력의 혼돈이 문제되고 있는 것이다.

그런 인간존재의 근원적 정황이 완전히 극복된 것으로 상정된 이상理想과의 동일시에 의해 일어나는 사건이 바로 자아의 발생이다. 거울단계의 전환점이 되는 사건은 그런 동일시를 통해 일어난다. 혼자서는 걷기는커녕 설 수조차 없는 유아가 (가령 보행기에 의지한 채) 자기의 직립한 전신全身이 거울에 비친 모습을 마주하여, 거기서 완전한 자기통제를 달성한 주인主人이라는 이상理想에 매혹되어 자기를 이 이상적 이미지와 동일시하는 것이다. 이 동일시에 의하여, "신체의 파편화된 이미지에서, 일명 정형整形, orthopédique 수술이라 할 만한 것을 통해 완전한 신체의 형태로"[47] 어떤 이행이 이루어진다. 달리 말하면, "이때 수의근隨意筋 운동의 차원에서 아직 미완성 상태에 있는 아이가 […] 정신적 차원에서 자기 신체의 기능적 **통일성**unité의 **정복**conquête을 예기"[48]하게 되는 것이다.

라캉은 그러한 예기가 거울 앞 유아의 환호작약 반응과 밀접한 관련이 있음을 강조한다. 유아가 "자신의 거울 이미지를 인수할 때 환희에 벅차오르는"[49] 까닭은, 그런 인수가 곤궁한 현실과 완전한 지배력의 이상 사이의 극명한 대조를 배경으로 이루어지기 때문이다. 공격성에 관한 논문에서 라캉은 이 점을 다음과 같이 상술하고 있다.

---

47) Lacan, *Écrits*, p. 97.
48) *Ibid.*, p. 112.
49) *Ibid.*, p. 94.

내가 '거울단계'라 불렀던 것이 흥미로운 까닭은, 주체가 자기 신체의 시각적 게슈탈트와 자기를 근원적으로 동일시할 때 거치는 **정념**情念의 **역동성**을 드러내 주기 때문이다. 즉 주체 자신의 운동성이 여전히 매우 심한 부조화 상태에 처해 있음에 비할 때, 그 시각적 게슈탈트는 **이상적인 통일성**을, 구원의 이미지를 나타낸다. 유아가 출생의 생리학적 미성숙에 대한 징후들을 신경학상 그리고 체액상으로 지니고 있는 생후 6개월 동안, 유아의 유기체 내적 부조화 및 관계적 부조화와 연관된 근원적 곤경 전체에 의하여 저 시각적 게슈탈트는 그 가치가 **고조된다**.[50]

이처럼 현실과 이상 사이의 간극 속에서 자아 생성의 기폭제가 되는 정념이 분출된다는 사실은 레비나스에게서도 확인된다. 레비나스는 우선 il y a라는 현실적 정황이 존재자의 통일성을 해체하여 **"존재의 공포"**[51] 속에 빠뜨리는 궁지라는 점을 강조한다. 그것은 "모든 존재자의 형태forme인, 통일체의 고정성 자체la fixité même de l'unité가 구성될 수 없는"[52] 정황이다. 이 정황은 존재자를 공포 —— 존재 업력에 의해 자기가 갈가리 해체될 듯한 공포, 말하자면 디오니소스적인 공포 —— 의 심정에 빠뜨린다. 그리고 이 공포의 극복이 이포스타즈이기에, 이것은 정념적으로 그만큼 더 강한 궁지를, 그만큼 더 당당한 심정을 산출할 것이다. 레비나스가 자아의 발생에 수반되는 정념을 영

---

50) *Ibid.*, p. 113.

51) Levinas, *De l'existence à l'existant*, p. 98(국역본, 97쪽).

52) Levinas, *Le temps et l'autre*, p. 28(국역본, 43쪽).

웅英雄적 자긍심으로 파악하는 것은 바로 그런 정념의 역동이라는 맥락에서 이해되어야 한다. 자아라는 통일체unité의 형성은 존재의 일원성unité을 매개로 고독이라는 실존적 주제로 이어지기에, 레비나스는 다음과 같이 말할 수 있다.

> 고독은 존재자의 통일성 자체이다. […] 따라서 고독은 단지 절망이나 버림받음이 아니다. 그것은 또한 영웅다움virilité이고 자긍심이며 주권자다움이다. [반면] 이런 특성들을 지우는 데 성공한 실존주의의 고독 분석은 전적으로 절망의 관점에서 수행되었다.[53]

레비나스는 그런 실존주의에 하이데거뿐만 아니라 파스칼, 키르케고르, 니체 등을 포함시킨다.[54] 이 철학자들 모두가 자아 사건의 발생 층위까지는 내려가지 못했음을 암시하는 셈이다.

리비도의 상변화와 자아

거울단계론과 이포스타즈론의 소통은 더 진전될 수 있을까? 우리가 위에서 파악한 공통점은 다소간 피상성을 벗어나지 못하고 있다. 인간의 근원적인 존재론적 궁지(충동 에너지의 혼돈에 내버려져 있음)를

---

53) *Ibid.*, p. 35.
54) *Ibid.*, p. 41(국역본, 59쪽).

배경으로 해서 이 궁지의 극복을 기대케 하는 지배의 이상형理想型이 자아로서 형성된다는 점이 라캉과 레비나스에서 공히 찾아낼 수 있는 최대치의 공통분모로 보이기 때문이다. 여기서 우리는 우리 작업이 시작될 때부터 마주쳤을 만큼 두드러지게 눈에 띄었던 난관에 다시 봉착한다. 그 대표적인 것이, 자아 형성의 핵심기제가 라캉에게서는 몸의 거울상像이라는 게슈탈트와의 시각적 동일화인 데 반하여, 레비나스에게서는 땅바닥에 몸을 의탁하여 잠드는 행위 —— 즉 감각이라는 동일한 준거를 유지한다면, 촉각에 의한 동일화 —— 라는 차이점이었다. 이 차이 하나만으로도 우리의 분석은 더 이상 진척될 수 없는 것처럼 보인다.

하지만 그런 유의 차이는 제거해야 할 장애물이 아니다. 그것은 오히려 우리에게 보다 풍부한 분석 조망을 선사할 시차가 될 수 있다. 이 생산적 시차의 관점에서 보게 되면, 양자에게서 동일화의 감각 준거 차이는 부수적인 사항에 속한다. 우리가 아래에서 입증하고자 시도할 것처럼, 본질적인 사태는 다른 곳에 있다. 양자에게서 자아 형성(동일화)의 핵심기제는 어떤 힘의 유동적 흐름이 하나의 실체적이고 지속적인 것으로서 응고되는 결정화結晶化 사건에 놓여 있다. 이것이 레비나스에게서는 존재라는 순수 동사적 사태il y a로부터 하나의 존재자라는 명사가 등장하는 사건으로 제시된다면, 라캉에게서는 리비도의 카오스적 흐름이 자아라는 조직으로 묶여 응어리지는 사건으로 제시된다. 이 두 자아론 사이의 이런 뜻밖의 교신은 도대체 어디서 오고 어디로 가는가?

먼저 라캉으로 가서 그의 거울단계론에서 문제의 사건이 가장 압축적으로 기술되고 있는 구절을 읽어 보자.

아직 운동의 무능함과 양육의 의존 속에 빠져 있는 존재인 이 유아 단
계의 어린이가 자신의 거울 이미지를 환호하며 인수하는 것은, 우리가
보기에는 하나의 범례적인 상황 속에서 […] '자아'je가 하나의 근원적
인 형태로 **침전**沈澱되는se précipite 상징적 모태를 나타낸다."[55]

오길비가 잘 지적하듯이, 여기서 "핵심적인 낱말은 동사 'se
précipite'이다. 이 동사는 화학적 의미로 이해해야 한다. 어떤 액체
liquide 상태에서 불용성 고체의 한 물체corps가 생길 때, 이 물체는 침전
précipitation에 의하여 가라앉는다. 주체란 그전에는 존재하지 않던 그
런 침전물un tel précipité이다".[56] 자아의 발생을 기술하는 데 라캉은 왜
침전이라는 화학적 용어를 사용하는 것일까? 오길비는 더 이상 분석
을 진척시키지 않고 있다. 해답의 실마리는 라캉 자신에게서 찾을 수
있다. 그것은 『에크리』의 위 인용문에 이어지는 두 번째 문단에서 주
어진다.

주체가 하나의 신기루 속에서[즉 거울 속 이미지 속에서] 그의 힘의 성

---

55) Lacan, *Écrits*, p. 94.
56) Ogilvie, *Lacan. Le sujet: La formation du concept de sujet, 1932–1949*, p. 108. 이
점에 대한 유사한 지적은 라플랑슈에게서도 발견된다. 그에 따르면, 나르시시즘에 의한 자
아의 발생이라는 문제에 라캉이 기여한 바는, 그의 거울단계가 "침전, 응어리짐(prise en
masse) 또는 결정화(cristallisation)라는 핵심적 계기들의 원형"을 보여 준다는 점에 있다.
Laplanche, *Nouveaux fondements pour la psychanalyse*, Paris: PUF, 2008, p. 74.

숙을 앞당기는 것은 신체의 완전한 형태를 통해서다. 그런데 이 형태는 주체에게 오직 게슈탈트로서만 주어진다. [⋯] 무엇보다 이 형태가 주체에게 나타날 때, 이는 그 **형태를 엉기게 하는**fige 두드러진 위엄 속에서, 그리고 그 형태를 [좌우로] 전도시키는 대칭 아래 이루어진다. 그리하여 이 형태는 주체가 자신을 살아 움직이게 한다고 느끼는 **소용돌이치는 운동들과 대조를 이룬다.**[57]

문제의 대조는 유아의 유기체를 관류하며 소용돌이치는 리비도의 혼돈(액상)과, 거울에 비친 신체 이미지의 확고히 경계 지어진 통일적 형태(게슈탈트라는 고체) 사이의 대조다.[58] 신체 이미지는 신생아의 유기체 내부 충동들의 흐름 속에 일종의 고정점을 도입한다. 이 고정점에 안착함으로써 생겨나는 자아는 이제 내부 충동들을 안-밖 경계에 따라 구획하여 통제할 수 있게 된다. "이상적인 통일체"[59]로 기능하는 고정된 이미지와 자기를 동일시함으로써, 신생아는 자기 안팎을 통제할 수 있는 안정적 발판을 마련하는 것이다.

우리는 위에서 신체의 완전한 형태가 유아의 환호를 야기하는 "구원의 이미지"[60]로 작용하게 되는 까닭을 언급한 바 있다. 그것은 무력한 상황에서 주권적 위치로의 이행이라는 다소 형식적인 이유에

---

57) Lacan, *Écrits*, pp. 94~95.
58) 이 대조를 정신분석에 고유한 에너지론의 관점에서 명료하게 부각시킨 공적은 부스비의 것이다. Richard Boothby, *Death and Desire: Psychoanalytic Theory in Lacan's Return to Freud*, London and New York: Routledge, 1991, p. 24 이하 참고.
59) Lacan, *Écrits*, p. 113.
60) *Ibid.*, 113.

서였다. 이제는 그 이유를 보다 구체적으로 파악할 수 있다. 유동하는 충동의 카오스 상태로부터 고정된 통일체의 안정적 질서로의 이행을 예기할 수 있기 때문이다. 이 이행은 사방팔방으로 흩어져 분출되던 리비도가 (내면화된) 통일적 이미지(즉 자아)로 내향內向하여 투여되는 과정이다. 자아는 그렇게 투여된 에너지로 결집된 상상적 이미지인 것이다. 자아 발생은 리비도가 분산적 유동성의 상태에서 (신체 이미지에) 애착하여 응결됨으로써 침전 또는 침체 또는 정체停滯하는 과정인 것이다.[61]

이처럼 라캉이 자아 생성을 리비도의 침전 과정으로 파악하는 것은 그러나 라캉의 독자적인 생각에서 비롯된 것이라고 보기 어렵다. 사실 그것은 이미 프로이트에 의해 예비된 생각이다. 이와 관련한 리처드 부스비의 작업이 명쾌하게 보여 주듯이,[62] 그런 자아론의 원천으로서 우리가 무엇보다 주목해야 할 것은 프로이트의 에너지론énergétique이다. 심리장치를 일종의 수력 모델에 따라 파악한 「과학적 심리학을 위한 초고」 이래 줄곧 유지되어 온 그의 에너지론은, 자

---

61) 라캉은 공격성에 관한 논문에서도 자아의 형성과 관련해서 에너지의 상변화를 시사하는 표현들을 사용한다. "형태적 정체"(cette stagnation formelle), "형태에의 고착"(cette fixation formelle, Lacan, *Écrits*, p. 111) 등이 그런 용례들이다.

62) 무의식의 언어적 측면을 강조하면서 시작되었던 라캉의 프로이트 전유 작업에 대해 프로이트의 심리 에너지론에 대한 고려가 미흡하다는 비판이 가해져 왔다. 이를 대표하는 비판가는 폴 리쾨르다. 『해석에 관하여』(*De l'interprétation*)에서 리쾨르가 펼친 주장은, 라캉의 언어학적 해석이 에너지론이자 해석학이라는 프로이트 이론의 이원성을 포괄하는 데 실패했다는 것이었다. 부스비는 이런 유의 비판을 교정하면서, 라캉에게 에너지론이 부재하는 것이 아니라, 의미심장한 방식으로 재개념화되어 있음을 명료하게 보여 주고 있다. 라캉의 후기 작업에서도 에너지가 실재계 개념 아래 계속 사유되고 있다는 것을 부스비는 설득력 있는 논변을 통해 입증한다. Boothby, *Death and Desire* 참고.

아와 세계 사이의 관계를 에너지(리비도) 투여에 따른 에너지의 유동流動과 정체라는 측면에서 파악함으로써, 자아 생성이라는 미세 사건에 이르는 접근로를 열어 주었다. 프로이트의 에너지론과의 연관성을 놓칠 경우, 라캉의 거울단계론은 물론, 이와 연동되어 전개되는 상상계론도 제대로 이해되기 어렵다.

에너지론의 관점에서 프로이트의 자아론이 겪은 변천을 고려할 때 간과할 수 없는 핵심적 전기는 1914년의 논문 「나르시시즘의 도입」에서 마련된다. 여기서 프로이트는 에너지론의 문제 ── 자아와 대상에 대한 리비도 투여 또는 투여 회수의 문제 ── 를 통하여 자아의 나르시시즘적 기원과 본성을 탐구하기에 이른다. 거울단계론의 라캉에게 아마도 가장 큰 영감을 주었을 프로이트의 언급도 이 논문에서 발견된다. 이 언급에서 프로이트는 수수께끼 같은 말을 툭 던지고 지나간다. 자아는 처음부터 존재했던 것이 아니며, 리비도가 자가성애Autoerotismus라는 초기 상태에서 나르시시즘의 상태로 변하는 과정에 의하여 비로소 발생한다는 것이다.

> 개인에게는 자아와 비견될 만한 어떤 통일성Einheit이 **처음부터** 존재할 수는 없다. 따라서 자아는 계속 발달해 나가야 하는 것이다. 그러나 자가성애 충동은 처음부터 존재하고 있었으며, 따라서 나르시시즘을 형성하기 위해서는 자가성애에 무언가 **새로운 정신작용**이 부가되어야 했다.[63]

---

63) Sigmund Freud, "Zur Einführung des Narzißmus", *Gesammelte Werke X*, Frankfurt

자아 발생 및 그와 동시적인 나르시시즘 형성을 야기하는 이 "새로운 정신작용"이 구체적으로 무엇인지에 대해 프로이트는 더 이상의 해명을 내놓지 않는다. 프로이트의 자아론이 남긴 이 공백을 메우기 위한 가장 정교한 시도가 라캉의 거울단계론이다.[64] 나르시시즘적 자아를 형성하는 문제의 "새로운 정신작용"의 정체에 대해, 라캉은 (유아가 거울에 비친 자기 신체의 통일적 형태를 자기 자신으로 상정/인수하는) 상상적 동일시라고 해명한 것이다. 그렇다면 프로이트 자신이 염두에 두었던 작용은 무엇이었을까?

비록 명료한 정식定式으로 표현하지 못했을망정, 프로이트 역시 라캉과 동일한 사태를 염두에 두었다고 보아야 할 것이다. 왜냐하면 프로이트의 저작 곳곳에서 **리비도의 위상변환**이 암암리에 시사되고 있기 때문이다. 그가 말하는 자가성애는 유아 성욕의 다형적 도착성이 탁월하게 예시하는 대로의 성욕을 가리킨다. 그것은 곳곳의 성감대들에 투여된 부분 충동들로 흩어진 채 통일되어 있지 않은(프로이트의 용어로는, 묶이지 않은) 성욕, 아나키적이고 파편화된 방식으로(달리 말하면, 1차 과정에 따라) 기능하는 성욕이다. 이는 라캉에게서 유아를 파편화시키는 충동들(파편화된 신체)의 카오스적 유동성에 해당한다. 이런 자가 성애에서 나르시시즘으로의 이행은, 리비도의 파

---

am Mein: Fischer, 1914, p. 142(프로이트, 「나르시시즘에 관한 서론」, 『무의식에 관하여』, 윤희기 옮김, 열린책들, 1997, 51쪽).

64) 이 점을 분명하게 밝혀 준 이는 라플랑슈다. 특히 Laplanche, *Vie et mort en psychanalyse*, pp. 125~126 및 *Problématiques VII*, pp. 98~99 참고. 디디에 앙지외의 피부 자아론(Didier Anzieu, *Le moi-peau*, Paris: Dunod, 1995)은 같은 계보를 잇는, 라캉 이후의 또 다른 시도다.

편화된 흐름들이 하나로 통합되어 조직화되는 과정이다. 왜냐하면 나르시시즘으로의 이행작용은 리비도에게 〈처음에는 존재하지 않았던〉 단일하고 통일적인 대상을 — 즉 자아를 — 사랑 대상으로 제공함으로써, 초기 리비도의 파편화된 흐름들이 하나로 통합되는 과정이기 때문이다. 라캉에게서 이 과정은, 우리가 위에서 보여주고자 했던 것처럼, 액체상에서 고체상으로 이행하는 리비도의 상변화相變化다. 반면 프로이트의 경우에는 응고나 응결, 또는 침전과 같은 용어들을 사용한 적이 없다. 하지만 우리가 충동 에너지의 위상변환을 염두에 둘 때 자아와 관련된 프로이트의 많은 언급들이 보다 명료하게 이해된다는 사실은, 이미 프로이트가 에너지의 위상변환이라는 사태를 염두에 두었음을 방증한다.

우선 프로이트가 자아를 "리비도의 커다란 저장소"[65]라고 규정할 때가 그렇다. 경계 지어진 하나의 단일체로서 자아라는 저장소에 담겨 있는 "리비도는 대상들로 보내지고, [자아는] 이 대상들로부터 역류하는 리비도를 언제나 흡수할 준비가 되어 있다"고 프로이트는 말한다. 따라서 자아는 "단지 투여되는 [리비도] 에너지의 통과 장소가 아니라, 항구적인 **정체** 장소[또는 **체류**滯留 장소]lieu de stase"[66]라고 말할 수 있다. 또한 프로이트가 자아를 "이드의 분화"라고 규정할 때 뜻

65) Freud, "〈Psychoanalyse〉 und 〈Libidotheorie〉", *Gesammelte Werke XIII*, Frankfurt am Mein: Fischer, 1923, p. 231 (프로이트, 「정신분석학과 리비도 이론」, 『과학과 정신분석학』, 박성수·한승완 옮김, 열린책들, 2020, 164쪽).

66) Laplanche and Pontalis, *Vocabulaire de la psychanalyse*, 2nd edition, Paris: PUF, 1998, p. 248 (라플랑슈·퐁탈리스 『정신분석 사전』, 임진수 옮김, 열린책들, 2005, 358쪽).

하는 바도 더욱 또렷해진다. 이드가 언제나 존재해 왔던 근원적 리비도의 카오스라면, 자아는 이드로부터 흘러나온 에너지가 응결된 결정체이기 때문이다. 그리고 그가 『새로운 정신분석 강의』에서 자아의 확장을 이드라는 바다의 간척사업에 비유한 것도 단순한 문학적 수사 이상임을 알게 된다. 프로이트가 아메바처럼 위족僞足을 내뻗었다 움츠리기를 반복하는 원형동물의 몸통에 자아를 비유하는 것도 같은 맥락에 속한다. 리비도의 응결이 벌레가 잠들기 위해 몸을 웅크리는 것과 같은 일종의 칩거로 이해되고 있는 것이다.

존재 업력의 상변화와 자아

이처럼 자아는 인간 심리에 애초부터 주어져 있는 무슨 실체가 아니라, 추후에 충동 에너지 흐름의 나르시시즘적 정체에 의해 하나의 통일체가 형성되는 사건으로서 파악되어야 한다. 정신분석에서 이 자아 사건의 포착을 가능하게 해 준 것은, 우리가 위에서 확인한 것처럼, 에너지론적 관점이었다. 그렇다면 레비나스에서 그에 상응하는 에너지론은 무엇인가?

레비나스의 자아론에서 문제되는 에너지는 다름 아닌 존재다. 레비나스가 "접근하려는 존재는 명사로 표현될 수 없는, 그 자체 동사인 존재 업력 자체œuvre même d'être이다".[67] 이 구절은 레비나스가 존재

---

67) Levinas, *Le temps et l'autre*, p. 26(국역본, 41쪽).

를 순수 유동적 에너지로 파악하는 에너지론의 관점을 취하고 있음을 시사한다.[68]

우리가 레비나스의 에너지론을 간파하게 되면, 왜 그가 자아의 발생을 동사와 명사라는 문법적 범주에 따라 파악하는지가 보다 명쾌히 해명된다. 레비나스에게 존재가 순수 동사적 사태라면, 그를 바탕으로 해서 등장하는 존재자는 하나의 명사의 출현이다. 이것은 "존재의 일반 경제"[69]에서 존재 업력의 유동과 정체 및 양兩 위상의 상호변환을 추적하는 에너지론적 관점에 따른 접근법이다. 존재자의 도래란, 명사(실체)적인 모든 것을 파괴하고 해체하는 ── 이런 의미에서 몰인격적인 ── 동사로서의 존재인 il y a를 배경으로, 한 존재자가 자기를 존재의 주어(주체)로 내세움으로써, 그리고 이로써 자신의 속사屬司가 된 존재에 대하여 지배력을 행사함으로써, 하나의 명사로 탄생하는 과정이다. 존재 업력이 동사적(유동적) 상태에서 명사적(고정적) 상태로 이행하는 과정인 것이다. 그러므로 자아는 **존재 업력의 상변화**相變化가 일어나는 사건이다. 레비나스가 자아의 발생을 지칭하기 위해 이 포스타즈라는 뜻밖의 용어 ── 무엇보다 삼위일체설에서 신의 세 위격 변환에 따른 존재양식을 가리키는 데 사용된 용어[70] ── 를 선택한

---

68) 레비나스의 초기 저작인 『탈출에 관하여』(De l'évasion)에서부터 후기의 대작인 『존재와 달리 또는 존재성을 넘어』에 이르기까지, 레비나스는 줄곧 존재를 일종의 에너지로 파악해 왔다. 이를 입증하는 일은 별도의 작업을 요한다. 그에 대한 아주 간략한 개요로 현재 가용한 자료는, 자크 롤랑이 『탈출에 관하여』에 붙인 서문을 들 수 있다. 거기서 롤랑은 레비나스 사상의 전개에서 "존재의 에너지"(Levinas, *De l'évasion*, Paris: Le livre de poche, 1998, p. 41)가 어떤 식으로 파악되고 있는지 소묘하고 있다.

69) Levinas, *De l'existence à l'existant*, p. 141(국역본, 139쪽).

70) André Lalande, *Vocabulaire technique et critique de la philosophie*, 3rd edition,

이유가 바로 거기에 있다.

> 이 [명사적인 것의] 출현을 가리키기 위해 우리는 이포스타즈라는 용
> 어를 빌렸다. 철학사에서 이 용어는 동사$_{un\ verbe}$에 의해 표현된 행위가
> 명사$_{un\ substantif}$에 의해 지칭되는 하나의 존재$_{un\ être}$가 되는 사건을 지칭
> 했었다. [⋯] 이포스타즈는 익명적 il y a의 중단, 사적인 영역의 출현,
> **명**$_{名,\ nom}$의 출현을 의미한다.[71]

이 점에서 레비나스의 존재론은 정신분석의 에너지론과 상통한
다. 다만 문제의 에너지가 정신분석에서는 성적인 것(리비도)이라면,
레비나스에서는 존재론적인 것 또는 실존적인 것(존재 업력)이라는
차이가 있을 뿐이다.

그런데 이처럼 레비나스가 말하자면 존재-에너지론적 관점을
갖게 된 것은, 하이데거의 존재론적 차이로부터 받은 영감에서 연원
한다. 레비나스는 '존재하는 것'과 '존재하는 것의 존재'를 구별한 존
재론적 차이를 하이데거의 가장 큰 철학사적 공적으로 평가한다. 그
에 따르면, 존재를 하나의 존재자(하이데거가 존재자성$_{Seiendheit}$이라 부
르는 것)로 환원하는 오류를 범하는 전통 철학과는 달리, "하이데거
덕분에 우리의 귀는 존재를 **그 동사적인 울림** 속에서, 전대미문의 그리

Paris: PUF, 2010, p. 427 참고.

71) Levinas, *De l'existence à l'existant*, pp. 140~141(국역본, 139쪽).

고 잊지 못할 **공명** 속에서 듣게끔 교육되었다".[72] 레비나스가 동사와 명사의 범주를 가지고 존재와의 관계라는 미세 차원을 파악하게 된 것은 하이데거에게서 배운 한 수다. 그러나 레비나스가 보기에 하이데거는 존재 에너지 운동의 초미세 층위까지는 파고들지 못했다. 동사적으로 전개되는 존재 업력으로부터 하나의 명사로서 존재자가 탄생하는 사건(자아 사건)을 감지하지 못했던 것이다.

이제 이 사건에 대한 레비나스의 분석이 어떻게 존재 업력론의 관점에서 진행되는지 보다 구체적으로 살펴볼 차례다. 레비나스는 자아 사건이 연출되는 현장을, 불면에서 벗어나기 위해 바닥에 몸을 눕히고 잠을 청하는 장면에서 찾는다. 우리가 레비나스의 존재론과 정신분석의 에너지론 사이의 시차를 잘 활용한다면, 레비나스의 분석을 보다 선명하게 이해하는 데 도움이 될 조명을 얻을 수 있다.

우선 자아 사건의 배경인 불면을 살펴보자. 깨어 살펴볼 것도 없고 깨어 있을 아무런 이유가 없음에도 불구하고, 깨어 있지 않을 수 없어서 존재에 얽매여 있는 상황, 그런 것이 불면이다. 레비나스의 존재-에너지론적 분석에 따르면, 그러한 불면의 각성 상태는

부재에 의해 남겨진 공허vide 속에 있음présence의 회귀 그 자체다. 어떤 것의 회귀가 아니라, 현존의 회귀다. 그것은 부정의 한복판에서 il y a 의 깨어남이다. 그것은 존재의 필지성必至性, infaillibilité으로서, 거기서 **존**

---

72) Levinas, *Noms propres*, Montpellier: Fata Morgana, 1976, p. 9.

재 업력은 결코 느슨해지지 않는다. 그것은 존재의 불면 자체다.[73]

레비나스 사유에서 존재 업력은 정신분석 이론에서 리비도가 갖는 것과 동일한 가치를 지니는 개념이다. 즉 존재 업력은 본질적으로 성적인 충동은 아니되, 가장 직접적으로 존재자를 추동하는 맹목적 충동력, 생명체의 자연적 생명력("맹목적 힘의 생명력vitalité de force qui va"[74])이다. 그렇다고 생물학적 차원의 본능을 가리키는 것은 아니다. 그것은 존재론적 범주로 이해되어야 한다. "맹목적 충동력처럼 발휘되는 존재"[75]가 문제되는 것이기 때문이다. 그것은 개별 존재자들을 관류하여 발현되는 힘이되, 영고성쇠를 겪는 개별자들과는 달리 결코 쇠락하지 않는 힘, 불퇴不退의 힘이다. 이런 존재 업력은, 불면에서 여실히 드러나듯이, 이완을 모르는 항상적 충동력임을 레비나스는 강조한다.

> il y a의 사건 자체는 […] 잠의 불가능성, 이완弛緩의 불가능성, 졸음의 불가능성, 부재의 불가능성에서 성립한다. 부재 속의 이러한 현존의 회귀는 밀물과 썰물처럼 구별되는 순간들에서 이루어지는 것이 아니다. il y a에는 리듬이 없다.[76]

---

73) Levinas, *De l'existence à l'existant*, p. 110(국역본, 109쪽).
74) Levinas, *Dieu, la mort et le temps*, Paris: Le livre de poche, 1997, p. 200. 이 용어는 빅토르 위고의 것이다.
75) Levinas, *Totalité et infini: Essai sur l'extériorité*, Paris: Le livre de poche, 2000, p. 186(레비나스 『전체성과 무한』, 김도형·문성원·손영창 옮김, 그린비, 2018, 254쪽).
76) Levinas, *De l'existence à l'existant*, pp. 110~111(국역본, 110쪽).

여기서 존재 업력과 리비도 사이의 공명은 한층 더 깊어진다. 왜냐하면 그처럼 리듬 없이 지속적이고 항구적인 힘으로서 작용하는 것이야말로, 정신분석에 따르면, 리비도의 근본 특징이기 때문이다.[77] il y a는 부증불감不增不減하는 존재 업력이 존재자를 압박하고 범람하여 무한정 만들어 내는 소용돌이다. 그것은 존재자의 입장에서 겪는 존재 업력이기에, 맹목적 충동력의 들끓는 난리로 경험된다. 존재자를 쉼 없이 충동질하는 존재 업력의 압박은 존재자의 개별성과 인격성이 해체될 지경에까지 밀어붙인다. 불면에 시달리는 주체는 그리하여 이 각성 상태를 더 이상 자신의 것으로 느끼지 못하는 "이인증離人症, dépersonnalisation"[78] 상태에 빠진다. 이로써 주-객 경계는 물론,[79] 아예 안-밖 경계 자체가 붕괴된다.[80] 하나의 명사적 실체인 존재자를 성립시키는 경계 자체가 존재 업력이라는 동사적 힘에 의하여 무너진다는 것은, 존재자가 존재 업력을 장악하기는커녕, 외려 존재 업력에 장악됨을 뜻한다. 이때 존재자에게 존재 업력은 자기를 관류하되

---

77) 프로이트는 그의 충동(리비도) 이론에서 "충동은 결코 순간적인 추동력으로 작용하는 것이 아니라, 언제나 지속적인 힘(eine konstante Kraft)으로 작용한다"(*Gesammelte werke X*, p. 212[국역본, 104쪽])는 점을 강조한다. 라캉은 가령 세미나 11권에서 이 점에 다시 주목하도록 환기하면서 이렇게 덧붙인다. "추동력이 항구적이라면, 충동은 결코 어떤 생물학적 기능으로 환원할 수 없다. 생물학적 기능은 언제나 어떤 리듬을 가진다. 충동에 대한 프로이트의 첫마디는 […] 그것이 부증불감이라는 것이다"(Lacan, *Le séminaire XI: Les quatre concepts fondamentaux de la psychanalyse*, Paris: Seuil, coll. "Points Essais", 1990, p. 185). 라캉은 리비도를 생물학적 사태가 아니라 존재론적 사태로 본다. 레비나스의 존재 업력과의 소통이 깊어지는 또 하나의 대목이다.

78) Levinas, *De l'existence à l'existant*, p. 112(국역본, 111쪽).

79) *Ibid.*, p. 113(국역본, 112쪽).

80) *Ibid.*, p. 110(국역본, 109쪽).

자신의 인격에는 낯설기만 한 힘으로, 그런 의미에서 몰인격적이고 익명적인 힘으로, 말하자면 그거$_{\text{ça}}$라고 할 수밖에 없는 것으로 드러난다.

> 깨어 있음은 익명적이다. 불면에서 밤에 대해 내가 깨어 있는 것이 아니다. 깨어 있는 것은 밤 자체다. 그게 깨어 있다$_{\text{Ça veille}}$. […] 나는 어떤 익명적 사유의 주체라기보다는 대상인 셈이다.[81]

프로이트가 리비도의 원천인 이드를 중성대명사 Es가 뜻하는바 그거라고 표현했던 것은, 리비도의 충동질이 인격(자아)에 이질적인 것임을 가리키기 위해서였다. 레비나스도 다르지 않다. 그는 (프로이트의 이드에 대한 번역어로 쓰이는) 지시대명사 ça를 사용하여 존재 업력의 몰인격성을 표현하고자 한다. 이는 레비나스 존재론에서 존재자 내부의 존재 업력이 정신분석에서 이드와 같은 심급을 갖는 것임을 보여 준다. 정신분석이 말하는 곤궁 상태에서 유아가 리비도의 카오스에 내버려진 채 자신의 통일성이 해체당할 불안에 빠지듯이, 레비나스의 불면에서 존재자는 존재 업력의 난리에 압도당하여 자신의 내면성과 개별성이 위협받는 공포에 사로잡힌다. 불면증 분석에서 명백해지는바, il y a란 **존재자가 자신을 관류하는 존재 업력의 범람에 무방비로 노출되어 해체될 지경으로 압박당하는 정황**을 가리킨다.

이런 정황성 또는 심정성을 배경으로 하여 발생하는 자아는, 그

---

81) *Ibid.*, p. 111 (국역본, 111쪽).

런 존재 업력의 난리로부터 피신하는 데서 성립한다. 그러한 피난이 바로 잠이다. 잠에서 일어나는 자아 생성 사건을 레비나스는 다음과 같이 분석한다.

> 잠을 청하는 것은 자기 몸을 눕히는 행위에서 이루어진다. 자기 몸을 눕히는 것은 바로 존재를 장소에, 정립position에 국한하는 것이다. […] 잠은 기지基地, base로서의 장소와의 관계를 복원한다. 잠에 들기 위해 몸을 눕힘으로써, 한구석에 몸을 웅크림으로써, 우리는 한 장소에 우리를 의탁한다. 이때 장소는 근거지로서 우리의 **피난처**refuge가 된다. 그럴 때 우리의 **존재 업력은 모조리 휴지**休止**하는 데로 경주**된다. 잔다는 것은 장소의 보호 효능과의 접촉에 들어가는 것이다. […] 깨어나는 이는 껍데기 속 알처럼 자신이 **부동**不動 **상태 속에 폐쇄**되어 있음을 발견한다. 이 근거지에의 의탁은 동시에 피난처를 제공하여, 잠이 이루어지도록 한다. 이런 잠을 통하여 존재는 파괴되지는 않되 중단된 채로 머문다.[82]

사방팔방으로 요동치는 존재 업력의 **유동적 카오스**로부터 자기를 **빼내어** 잠자리라는 **부동**의 근거지에 자기를 의탁하는 행위, 그것이 잠이다. 여기서 "존재 업력이 모조리 휴지하는 데 경주된다"는 것은, 존재 업력의 활동이 활동하지 않는 데 경주된다는 것, 즉 "비활동

---

82) *Ibid.*, pp. 119~120(국역본, 116~117쪽).

의 활동성"[83])이라는 방식으로 존재 업력의 작동 양상이 변환되는 것이다. 이 변환의 요체는 존재 업력이 동성動性에서 부동성不動性으로, 유동적인 양상에서 정체된 양상으로 전환되는 데 있다. 우리는 여기서 정신분석에서와 동일한 **충동력의 상변화** 또는 위상변환을 목격한다.

그리고 정신분석에서 자아가 이드의 분화로 간주되는 것과 마찬가지로, 레비나스에서도 자아 발생을 낳는 문제의 변환은 **동일한 존재 업력이 분화된** 결과로 볼 수 있다. 레비나스가 잠을 "하나의 존재 양상"으로 보면서 "존재가 자기 자신으로부터 빠져나와 자신의 자기 장악 emprise에서 해방되는 것"[84])이라고 기술할 때 뜻하는 바가 바로 그것이다. 따라서 존재자의 해체를 가져오는 존재 업력과 동일한 것이 존재자를 자아로서 정립하는 것이자 자아의 힘의 원천으로 쓰이는 것이다. 자아는 **동일한 존재 업력**이 나르시시즘에 의해 겪는 위상변환에 다름 아니기 때문이다. 레비나스가 존재 업력을 가리켜 "내가 생명체로서 뽐내는 자발성"ma glorieuse spontanéité de vivant,[85]) "자아의 행복한 자발성이라는 즐거운 맹목적 충동력"heureuse spontanéité du moi, cette joyeuse force qui va[86]) 등의 표현을 사용할 때, 그런 나르시시즘적 위상변환이 문제되고 있는 것이다.

레비나스는 자아 사건으로서 잠들기를 통해 존재와의 관계에서

---

83) *Ibid.*, p. 51(국역본, 55쪽).

84) *Ibid.*, p. 142(국역본, 140쪽).

85) Levinas, *En découvrant l'existence avec Husserl et Heidegger*, Paris: Vrin, 2001, p. 244.

86) Levinas, *Difficile liberté*, p. 409.

어떤 미세한 "반전",inversion[87]이 일어난다고 말한다. 그에게 "〈존재하는 어떤 것〉의 출현[즉 자아의 생성]은 익명적 존재의 한복판에서 하나의 진정한 반전을 이룩한다".[88] 이 반전이 존재와 존재자 사이의 지배 관계가 역전되는 사건을 뜻하는 것임을 파악하기는 그다지 어렵지 않다. 하지만 그 반전이 뜻하는 바를 보다 구체적으로 이해할 수 있는 길은, 존재 업력론이라는 에너지론의 관점에 의해서 열린다. 문제의 반전은 존재 업력의 위상변환과 연동되어 있는 지배/피지배 관계의 역전 —— 존재가 존재자를 옭죄고 휘두르는 상태에서 존재자가 존재를 제어하고 통제하는 상태로의 이행 —— 이다. 이 반전을 통해 일어나는 자아 생성이란 **존재 업력의 통제와 지배를 목표로 기능하는 하나의 심리적 심급이 설립되는 사건**인 것이다.

이제 우리는 레비나스가 이포스타즈라 부르는 자아 발생 과정의 의미를 보다 분명히 규정할 수 있는 위치에 와 있다. 이포스타즈는 우선 hypo-stase다. 자아라는 것(보다 정확히 말하면, 자아로 존재한다는 것)은, 맹목적 존재 업력의 소용돌이에서 피난하여 **흔들리지 않는 대지에 기대어 자기를 오그리고 추스르는 사건, 부동의 근거지로 가라앉아 자기를 내맡기는 의탁의 사건**이기 때문이다. 다음으로 그것은 hypo-stase다. 존재 업력의 맹목적 흐름이 하나의 고정점에 의거하여 엉겨 붙으면서 —— 즉 터에 깃들어 서리면서 —— **정체되는 것, 정류停留하는 것**이기 때문이다. 다음의 구절에서는 이포스타즈의 그런 두 측면이

---

87) Levinas, *De l'existence à l'existant*, p. 18(국역본, 23쪽).
88) Levinas, *Le temps et l'autre*, p. 31(국역본, 46쪽).

아울러 제시되고 있다.

> 하나의 근거지에 자기를 정립함으로써, 존재가 [짐처럼] 거북살스러웠
> 던 주체는 자기를 거둬들이고_se ramasse_, 자기를 우뚝 세운다_se dresse_. 그
> 리하여 그를 거북하게 옭죄는 모든 것의 주인이 된다. 그의 여기_ici_는
> 그에게 하나의 출발점을 제공한다. 그는 여기를 장악한다. 의식의 내
> 용들은 이제 상태들_états_로 존재한다. 주체라는 그의 부동성, 그의 고정
> 성은 […] 그의 체류_stance_ [89)]에서 기인한다. 오직 자기 자신에게만 준거
> 하는 그의 자리잡기 사건에서 기인하는 것이다. 이 사건이 고정성 일
> 반의 기원이다." [90)]

존재 업력의 상변화라는 근본 의미에 착안하면, 이포스타즈는 터
에-머묾, 터에-깃듦, 터에-서려 듦, 기-류寄-留 등으로 번역할 수 있
겠다. 그러나 원어의 의미에 충실할 뿐만 아니라, [91)] 가장 적확하고도
효율적인 번역어는 아마도 침-전沈-澱일 것이다. 이포스타즈란 맹목
적 생명력인 존재 업력의 용액이 밑바닥으로 가라앉아沈 엉겨붙은 앙금澱에
다름 아니기 때문이다. [92)] 더구나 이 번역어는 자아를 리비도의 침전

---

89) 이 단어의 어원인 라틴어 stare는 멈춤, 정지, 부동, 정체, 체류 등을 뜻한다. 그러므로 어떤
   운동성 또는 유동성을 이전의 상태로 전제하는 말이다.
90) Levinas, _De l'existence à l'existant_, p. 122(국역본, 118~119쪽).
91) 그리스어에서 유래한 이포스타즈가 철학적 용어로 채택되기 전, 일상에서 가졌던 원래 의
   미는 침전물(sédiment, dépôt)이다. 이에 대해서는 Lalande, _Vocabulaire technique et
   critique de la philosophie_, p. 427 참고.
92) 레비나스가 말하는 이포스타즈가 유식(唯識) 불교에서 말하는 알라야(alaya)식(識)과 같은
   종류의 무의식의 심층활동을 뜻한다는 점에 착안하면, 이포스타즈의 번역어 후보로서 알

물로 본 라캉의 거울단계론을 매개로 해서 정신분석과의 소통로를 마련하는 효과도 있다. 레비나스의 자아론은 침전$_{\text{hypostase}}$론이다. 이에 따르면 자아란 **존재 업력의 침전물**에 다름 아니다. 레비나스가 잠을 "충만한 가운데 웅크리기[침잠/칩거]"$_{\text{repli dans le plein}}$[93]로 표현하는 것도, 그런 에너지론의 관점에 따를 때 보다 구체적으로 이해될 수 있다. 자아를 아메바에 비유한 프로이트의 이미지도 동일한 관점에서 나온 것이었다.

나가며

지금까지 우리는 레비나스의 자아론과 프로이트·라캉의 자아론을 상호대조시키고, 거기서 발생하는 시차를 어느 정도 활용하여 양자에 대한 보다 명료한 이해를 얻고자 주력했다. 이를 통해 얻은 성과는 크게 두 단계로 요약될 수 있다.

우선, 일견 여러 점에서 서로 동떨어진 것으로 보였던 두 자아론에 대한 천착은 양자가 실질적으로 동일한 사태에 주목하고 있음을 밝혀 주었다. 동일한 사태란, 존재자 또는 유기체가 충동 에너지의 혼

라야식을 일컫는 다른 용어들 ── 본식(本識), 택식(宅識), 가식(家識) 등 ── 보다 더 적격은 아마 없을 것이다. 이에 비추어 보면, 이포스타즈는 마음이 세계와 교류하기 위해 필요한 자신의 본거지(本據地) 또는 자택(自宅)이 마련되는 사건을 가리킨다. 그런 의미에서 이포스타즈는 본식 또는 택식으로 번역될 수 있다.

93) Levinas, *De l'existence à l'existant*, p. 115, 118, 124 등.

돈에 자기를 완전히 상실한 상태로부터, 자기를 정립하여 충동 에너지의 흐름을 통제하는 주권적 위치로 이행하는 전도의 과정이었다. 두 자아론이 자아 발생의 무대로 삼는 범례적 상황은 서로 다른 특수성을 지니지만, 실질적으로 양자는 **완전한 자기 상실로 인한 무의탁 상태라는 공통된 정황성**(레비나스의 il y a, 라캉의 유아 곤경)을 배경으로 출발한다. 그리고 양자에서 자아 발생의 핵심기제인 동일화 과정은 상이한 감각에 준거하지만, 무력한 정황을 극복하는 이상理想적 주권성의 예기에 의해 자아라는 심리적 심급이 발생하는 과정이라는 점에서 양자는 통한다.

그런데, 심화분석을 통해 드러난 대로, 두 자아론의 소통은 이상과 같은 피상적 공통점 배후의 더 깊은 데서 이루어진다. 양자에서 자아 발생의 핵심기제인 동일화 과정은 단지 무력함에서 지배력으로의 이행이라는 형식적 의미에서만 같은 사태를 가리키는 것이 아니다. 이 이행 과정은, 양자에서 공히 동일한 충동 에너지의 위상변환으로 이해되고 있다는 점에서, 보다 구체적이고 실질적인 소통을 보여준다. 이는 양자 모두 **신체를 관류하는 충동 에너지의 유동과 정체 및 양兩 위상의 상호변환에 주목하는 에너지론의 관점**을 채택함으로써, 자아라는 초미세 사건을 발굴할 수 있는 접근로를 열었다는 데서 기인한다. 에너지론의 관점은 라캉의 경우 프로이트의 리비도 이론을, 레비나스의 경우 하이데거의 존재론적 차이를 비판적으로 계승하여 얻은 성과다. 그에 따르면, 자아는 혼돈스럽게 유동하는 에너지(라캉에서는 리비도의 흐름, 레비나스에서는 존재 업력의 흐름)가 **신체를 매개로 하나의 고정점에 안착함으로써 엉겨붙어 응고된 결정체 또는 침전물에 다름**

아니다.

　이상의 결과를 얻은 우리의 작업은 지면 관계상 적지 않은 관련 문제들을 남겨 둘 수밖에 없었다. 세계-내-사건의 차원에 속하지 않는 자아라는 초미세 사건의 위상과 그에 따른 접근 방법의 문제를 하이데거-정신분석-레비나스라는 삼각구도에서 해명하는 문제, 라캉의 시각적 동일시와 레비나스의 촉각적 동일화가 상호배타적인 것이 아니라 상호보완적인 것임을 앙지외의 피부 자아론 등을 원용하여 밝히는 문제, 저 두 동일화 과정이 공히 모성母性의 심급을 전제하고 있음을 보이는 문제 등이 여전히 해명을 기다리고 있다. 더 나아가서, 자아의 심급이 두 사상가의 사유 내에서 차지하는 위치와 가지는 의미가 무엇인지에 대해서도 분석이 이루어져야 한다. 이는 앞으로 보다 포괄적인 작업을 요하는 과제다.

6장. 미셸 앙리, 코기토와 무의식

이은정

들어가며

후설과 하이데거에게서 시작한 독일의 '현상학운동'이 사르트르, 메를로퐁티, 레비나스 같은 독창적 사상가를 만나면서 프랑스에서 창조적이면서도 비약적인 발전을 겪은 것은 널리 알려진 사실이다. 그러나 이들과 거의 동시대인인 미셸 앙리가 이들과 아주 다른 궤도에서 현상학을 쇄신하고자 한 것은 특히 국내에는 상대적으로 덜 알려진 사실이다. 그렇지만 그의 중요한 현상학적 업적에 비춰 봤을 때 오늘날 현상학에 대한 논의에서 그가 우회할 수 없는 '현상학의 거장'이라는 사실에 감히 이의를 제기할 사람은 없을 것이다. 현상학의 쇄신이라는 일관된 요구 속에서 그가 제안하는 것은 새로운 현상학이라기보다는 "현상학에 대한 새로운 이해"이다. 이 같은 이해의 출발점에는 뒤에서 보겠지만 데카르트가 있다. 앙리는 자신이 "현상학에 대한 새로운 이해를 제안하는 한 현상학과 정신분석의 관계에 대한 새로운 해석을 기술하는 것이 어떤 의미에서는 자신에게 부과되었다"[1] 라고 밝히고 있다. 앙리가 제안하는 "현상학에 대한 새로운 이해"로 부터 "정신분석에 대한 새로운 독해"가 가능해지는데, 앙리는 나아가 그 같은 독해가 "요구된다"라고 말하고 있다.[2] 이를 통해 새롭게 드러 나는 것은 데카르트와 프로이트, 의식과 무의식의 관계이다. 통상적 으로 알려진 바로는 이 둘의 관계는 대립의 관계였다. 이 같은 이해에 서 라캉은 정신분석이 "코기토cogito에서 직접 유래하는 모든 철학에 우리를 맞서게 한다"[3]라고 선언한 바 있다. 반데카르트주의 선언과 도 같은 이러한 선언과 함께 정신분석은 데카르트적 사유의 근간을 뒤흔들고 그 사유의 전통을 뒤엎은 기념비적 사건으로 기억되고, 프 로이트는 인간존재 이해의 새로운 지평을 연 혁명적 사상가로 그 명 성을 떨치는 것 같았다. 앙리는 이 같은 믿음을 깨고 그것을 "착각"으 로 규정한다. 그에게 프로이트는 "철학적 고아"(정복자 오이디푸스)[4] 이기는커녕 계승자, 그것도 데카르트의 계승자이다.

앙리의 여러 주저[5] 가운데 아직 국내에 소개되지 않은 『정신분 석의 계보, 잃어버린 기원』의 프롤로그에서 앙리는 대뜸 프로이트를 "계승자"로, 그것도 "뒤늦게 온 계승자"héritier tardif로 규정한다. 우리는

1) Michel Henry, "Phénoménologie et psychanalyse", eds. P. Fédida and J. Schotte, *Psychiatrie et existence*, Grenoble: Jérôme Million, coll. "Krissi", 2007(1991), p. 95.

2) *Ibid.*, p. 102.

3) Lacan, *Écrits*, Paris: Seuil, 1966, p. 93.

4) Borch-Jacobsen, "L'inconscient malgré tout", *Les études philosophiques*, no. 1, 1988, p. 2.

5) 이 가운데 두 권의 책이 국내에 번역됐다. 『물질 현상학』(박영옥 옮김, 자음과모음, 2012)과 『육화, 살의 철학』(박영옥 옮김, 자음과모음, 2012)이 그것이다. 주저라고 볼 수는 없지만, 중요 성이 떨어지지 않을 그의 『야만』(이은정 옮김, 자음과모음, 2013) 또한 우리는 만날 수 있다.

흔히 프로이트를 '개척자'에 비유하곤 했다. 정신이 곧 의식이라고 믿었던 전통적 사유에 반기를 들고 정신의 아주 작은 일부만이 의식이고 대부분은 무의식이라고 주창함으로써 정신분석적 사유는 '코페르니쿠스적 전환'에 버금가는 혁명적 사유로 수용됐으며, 프로이트는 단연 이 같은 사유의 선구자로 인식돼 왔다. 의식은 이제 정신의 중심부에서 밀려나 무의식에 그 자리를 내주는 것 같았다. 그런데 어떻게 프로이트가 데카르트의 계승자일 수 있을까? 프로이트가 데카르트에게서 계승한 것은 그가 알든 모르든 의식 개념이며, 이 의식이 프로이트가 발견했다고 믿는 무의식과 같은 것이라는 이 궤변에 가까운 주장을 어떻게 이해해야 할까?[6] 이를 이해하기 위해서 우리는 데카르트 코기토로 다시 돌아가야 한다. 거기서 데카르트가 발견한 최초의 의식이 무엇인지, 이 의식이 어떻게 "철학 무대에 등장하자마자 불가사의하게도 둘로 쪼개져 보이는 것과 보이지 않는 것을 동시에 가리키게"[7] 되었으며, 그 결과 쇼펜하우어, 니체, 프로이트에 이르러 마침내 그것을 되찾기까지 어떻게 그것을 잃어버리게 되었는지, 우리는 앙리의 놀라운 진술과 마주해야 한다.

이어지는 글에서 나는 먼저 코기토에 이르게 해 주는 유일한 방법으로서 근본적 환원의 의미와 중요성을 되새기고, 어떻게 반대로

---

6) 의식과 무의식이 같은 것인 한에서 현상학과 정신분석의 '관계 맺음'은 가능해진다. 진정한 의미에서 관계 맺음은 '같은 것'을 통해 이뤄지기 때문이다. 다른 것으로부터는 어떤 관계도 존재할 수 없다. 이런 관점은 앙리가 자아와 타자의 상호관계성을 규명할 때에도 일관되게 유지된다.

7) Henry, *Généalogie de la psychanalyse: Le commencement perdu*, Paris: PUF, 1985, p.7.

후설이 근본적 환원을 수행하는 데 이르지 못함으로써 코기토를 오해하게 되었는지를 볼 것이다. 이어서 하이데거식 해석에 맞서 의식 개념을 명확히 한 뒤 앙리 독해에 따른 무의식 개념을 밝힐 것이다.

근본적 환원과 코기토

앙리는 정신분석이 "시작이 아니라 끝, 긴 역사의 끝"이라고 말한다. 그 역사란 바로 "서구 사유의 역사"인데, "오로지 중요한 것을 붙잡지 못하는 그 무능력의 역사"이며 "따라서 그 불가피한 분할의 역사"라고 그는 덧붙인다.[8] 여기서 세 가지 질문이 제기된다. 첫째는 오로지 중요한 것, 그것이 무엇인가 하는 것이고, 둘째는 그것을 붙잡지 못하는 무능력의 이유가 무엇인가 하는 것이며, 셋째는 이 무능력 때문에 사유가 어떻게 분할되었는가 하는 것이다. 프로이트는 이 분할의 역사 끝에 오는 것으로 이해된다. 이 역사의 시작점에는 인식의 확고한 토대를 발견하고자 한 데카르트가 있다.

데카르트는 방법론적 회의를 통해 이 절대적으로 확실한 토대에 이른다. 그는 모든 것을 의심했으나 의심한다는 사실 자체만은 의심할 수 없었다. 모든 사유작용에서, 지각하든, 표상하든, 판단하든, 추론하든, 내가 그렇게 한다는 사실 자체, 요컨대 내가 사유한다는 사실 자체만은 의심할 수 없고 절대적으로 확실하다. 그렇다면 무엇이 코

---

8) *Ibid.*, p. 5.

기타치오_{cogitatio}(사유작용)의 확실성을 보장해 주는가? 후설을 따르면 바로 명석 판명한 봄, 곧 명증이다. 명증é-vidence[9]은 말 그대로 '떨어져서 봄'이다. "데카르트는 코기타치오의 명증을 […] 규명한 후에 무엇이 이 근본적 소여를 내게 보증해 주는지를 물었다. 그것은 명석 판명한 지각clara et distincta perceptio이었다."[10] 내가 사유할 때 무엇을 사유하든 이 사유하는 행위를 명석 판명하게 봄으로써 나는 그것을 의심의 여지 없는 확실한 것으로 붙잡는다. 이 순수 봄 속에서 코기타치오는 '그 자체로 주어짐', '절대적 소여(주어짐)'임이 밝혀진다. 명석 판명한 이 순수 봄이야말로 데카르트가 그토록 찾던, 모든 확실성의 토대임이 드러난다. 후설은 그렇게 명증을 보편타당한 인식의 절대적 기준으로 내세운다. "개별적 코기타치오처럼 명석 판명한 지각으로 주어진 모든 것을 우리는 똑같이 사용할 수 있게 된다." 코기토, '나는 생각한다'의 의미는 명확해진다. "진정한 봄, 진정한 그-자체로-있음이 문제이지 주어지지 않은 무언가를 겨누는 다른 있음이나 주어짐이 문제가 아닌 한에서 그-자체로-주어진 것의 파악, 봄, 바로 그곳에 궁극적인 것이 있다. 바로 절대적 명증이다."[11] 바로 이러한 것이 코기토이다. 후설에게 그것은 절대적 명증 이외의 다른 아무것도 아니다.

---

9) '분리'의 뜻을 갖는 'é'와 '보다'의 뜻의 지닌 'vidence'를 합친 말로, '자기에게서 떨어져서 봄'을 뜻한다.

10) Edmund Husserl, *L'idée de la phénoménologie*, Paris: PUF, 2000, p. 73(후설, 『현상학의 이념』, 박지영 옮김, 필로소픽, 2020, 92쪽).

11) *Ibid.*, pp. 74~75(국역본, 92~93쪽).

하지만 정말 그럴까? 내가 나무를 볼 때 나는 내가 보고 있는 나무뿐만이 아니라 언제나 주관적 봄인 이 봄 자체를 의식한다. 봄 그 자체가 주어지는 것은 봄이 그 자체를 명석 판명하게 봄으로써 그러한 것일까? 그 자체를 보는 이 봄의 확실성은 그렇지만 또 어떻게 획득될까? 그 자체를 보는 그 자체를 봄으로써, 또 그 자체를 보는 그 자체를 보는 그 자체를 봄으로써, 또 그 자체를 보는 그 자체를 보는 그 자체를 보는 그 자체를 봄으로써… 여기 무한 소급의 공포가 펼쳐진다. 이 무한 소급의 현기증 나는 행보 속에서 어느 봄도 자기 자신을 완전히 확신하기에 이를 수 없을 것이다. 그러나 더 근본적인 문제는 또 있다. 모든 봄이 대상화하는 봄이라면, 그 본질이 표상에 있다면, 어떤 봄도 그것이 대상화하는 것 '그 자체'를 주지 못한다는 것이다. 표상에 해당하는 독일어 '포스텔룽'Vorstellung이 말해 주듯 표상은 '앞에vor 놓음stellung'이다. 표상은 그것이 표상하는 것을 그 자체에서, 그 실재성에서 분리해서 앞에 놓음으로써 그것을 인식한다. 결국, 인식된 것과 그것 자체, 그 자체로 있는 것으로서의 그것은 같을 수 없다. 표상된 것은 이미지, 복제물에 지나지 않으며, 그러한 것으로서 실재하지 않는 것이다. 앙리는 "표상이 비실재성의 존재론적 차원을 구성하고 규정한다"[12]라고 말한다. 봄이 지향적 대상으로서 주어질 때 그것은 더는 그 자체로서 있는 봄이 아니다. 자신의 실재성 밖으로 던져진 봄, 자기 밖表에서 자기를 나타내는 비실재적 이미지象에 지나지

---

12) Henry, *Généalogie de la psychanalyse*, p.67.

않는다.[13] 따라서 후설이 직관적 봄을 통해 봄이 '그 자체로서' 주어진다고 이해한 것에는 문제가 있다.

데카르트의 회의로 되돌아와 그것이 미치는 힘이 어디까지인지를 다시 확인해 보자. 데카르트는 의심스러운 모든 것을 판단중지(에포케épochè)하고 그것을 괄호 속에 넣었다. 그런 다음 의심할 수 없는 무언가가 그래도 남아 있다면 그것을 확실한 토대로 인정하고자 하였다. 에포케는 의심스러운 모든 것을 작용 밖에 놓고, 무효화하는 근본적 방법이다. 이를 후설은 현상학적 환원réduction phénoménologique이라 하였다. 이 환원의 의미를 후설은 다음과 같이 기술한다. 환원이란 "어떤 유형의 인식이든 […] 그곳에서 작용에 들어오는 모든 초월이 작용 밖에 놓이고 관심을 받지 못하며 인식론적으로 무효하다는 표식을 새기는 것이다. 이 표식은 이 모든 초월의 존재가 내가 그것을 믿든 안 믿든 나와 아무 상관이 없고, 내가 그것을 판단할 필요가 없으며, 그것이 전적으로 작용 밖에 머문다는 것을 의미한다".[14] 모든 인식이 무언가를 겨누고 그것을 인식하는 것이라고 할 때, 인식의 대상이 되는 이 무언가는 인식에 실질적으로 주어지는 것이 아니다. 이런 의미에서 인식의 대상은 인식에 내재적이지 않은 것으로 초월적인 어떤 것이다. 그러나 이 무언가를 인식하는 인식 그 자체, 곧 "초월적-대상과-관계-맺음"으로 얘기되는 그것 자체는 실질적으로 주

---

13) 이런 의미에서 표상(表象)은 '자기 밖(表)의 상(象)', '밖에 나타난 상'이다. 그처럼 우리는 우리말 표상의 의미를 되새겨 볼 수 있지 않을까?

14) Husserl, *L'idée de la phénoménologie*, p. 65(국역본, 18~19쪽).

어진 것이 아니더라도, 순수 봄을 통해 인식에 그 자체로 주어진 것으로 내재적이다. 후설은 전자의 의미를 띤 내재를 '내실적 내재'reelle Immanenz[15]라 하고 후자의 의미를 띤 내재를 '지향적 내재'intentionale Immanenz라 하여 구분하는 동시에, 내재의 개념을 내실적 내재의 개념에서 지향적 내재를 포함하는 내재의 개념으로 확장한다.[16] 이 확장된 내재의 개념에, 처음의 내실적 내재의 개념에서 배제되었던 지향적 대상이 포함되고, 후설은 이로써 인식의 문제를 해결하게 된다. "어떻게 인식은 그 자체를 넘어 밖으로 나갈 수 있는가, 어떻게 그것은 의식의 테두리 내에 있지 않은 존재에 이를 수 있는가?"[17] 이 존재에 이르기 위해 이제 인식은 자기 밖으로 나갈 필요가 없다. 내재적으로 주어진 그것을 어떻게 구성할 것인가의 문제가 남을 뿐이다. 다시 환원의 개념으로 돌아와, 환원이 '초월적인 모든 것의 배제'로 이해된다면, 이때의 배제는 "내실적 초월의 배제가 아니라 […] 초월적인 것

---

15) 후설에서는 '레엘'(reell)과 '레알'(real)을 구분해서 사용한다. '레엘'은 "프랑스어의 réel에서 취한" 형용사로 "우리의 지향적 체험 내에 〈실제로 발견되는〉 구성 요소, 요컨대 그 체험의 내재적(immanent)인 구성 요소"를 말한다. 반대로 '레알'(real)은 "실재적 사물을 형용하는 것으로서 '사물'을 나타내는 라틴어 res로부터 차용된 형용사"이며 "실재적 사물 내지는 그것에 관계하는 영역에 한정"해 사용한다. 기다 겐 외 엮음, 「내실적/이념적」, 『현상학 사전』, 이신철 옮김, 도서출판b, 2011, 60쪽.

16) "초보자는 내재적이란 내 안에 있는 것이고, 초월적이란 내 밖에 있는 것이라고 말할 것이다. 그러나 좀 더 주의 깊은 검토를 통해 우리는 내실적 내재와 명증 속에서 구성되는 자체-주어짐이라는 의미에서의 내재(Immanenze im Sinne der in der Evidenz sich konstituierenden Selbstgegebenheit)를 구분하기에 이른다"(Husserl, L'idée de la phénoménologie, p. 106, 국역본, 19쪽). 후자에서 내재는 '내실적으로는 초월'이지만 '지향적으로는 내재'라는 의미에서 '지향적 내재'이자 '내실적 초월'이다. 이 같은 개념은 안에 있지만, 안에 있지 않다는 의미에서 매우 역설적인 개념이기도 하다. 이를 또 다른 표현으로 '내재 속의 초월'(Transzendenz in der Immanenz)이라고 부를 수 있을 것이다.

17) Ibid., p. 105(국역본, 78쪽).

일반의 배제, 다시 말해 진정한 의미에서 명증적 소여, 순수 봄의 절대적 소여가 아닌 모든 것의 배제"[18]를 뜻한다. 이런 의미에서 후설의 환원은 지향적 의식에 명증적으로 주어지지 않는 모든 것을 배제한, 지향적 의식 그 자체로의 순수 환원이다. 이 같은 환원을 통해 후설이 명증을 절대적으로 확실한 토대로 제시한 것과 달리 데카르트의 회의는 훨씬 더 멀리 나아가 명증 그 자체에까지 이른다는 것이 앙리의 주장이다. 그를 따르면, 데카르트의 회의는 더욱 극단적이다. 그것은 지향적 봄 그 자체를 괄호 속에 넣고 그 작용을 무효화하는 데까지 이른다.

내가 아무리 명석 판명하게 본다고 할지라도 어떤 사악한 정령이 있어 단지 그렇게 믿게 하는 것이라면, 아무것도 없는데 무언가가 있다고 또는 '2 더하기 3은 5'라고 매번 나를 속이는 교활한 정령이 있다면, 나는 내 봄을 신뢰할 수 있을까? 제2의 성찰에서 데카르트가 제기하는 '악령의 가설'은 '봄'에 치명적 손상을 입힌다. 그 중요한 의미를 앙리는 다음과 같이 드러낸다. "악령의 가설이 그 기이한 성격에도 불구하고 또 그 때문에 내포하는 중요한 점은 봄, 결국에는 모든 봄이자 봄 그 자체인 그것이 기만적이라는 가능성, 이 가능성의 생각을 우리에게 불러일으킨다는 데 있다. 그러한 가능성이 일단 제기된 뒤에는 어떤 봄도 그것에서 벗어날 수 없다."[19] 기만적 봄의 가능

---

18) *Ibid.*, p. 110(국역본, 27쪽).
19) Henry, *Incarnation: Une philosophie de la chair*, Paris: Seuil, 2000, p. 99(국역본, 135쪽).

성이 제기됨으로써, 봄에 내재적인 이 가능성 때문에 이제 어떤 봄도 진리의 토대로서 그 권리를 요구할 수 없게 된다. 데카르트의 회의가 근본적 성격을 띠는 것은 그 파급력이 '나타나는 것'을 넘어 '나타난 다는 사실 자체', 곧 나타나는 것을 나타나게 하는 '현상성' 그 자체에 까지 미치기 때문이다. 지향적 봄 그 자체가 에포케 아래 떨어진 뒤에 그런데도 아직 남아 있는 무언가가 있을까? 봄이 그 작용을 멈춘 뒤에도 아직 나타나는 무언가가 있을까? 밝은 빛이 내 방을 강렬히 비추고, 그 빛으로 내가 내 방의 사물을 뚜렷이 보고, 창밖으로 사람들의 웅성거림을 내가 듣고, 내 방에 퍼지는 온기를 내가 느낀다 할지라도, 이 모든 것은 거짓일 수 있고, 나는 꿈꾸는 것일 수 있다. 사악한 정령이 나를 사로잡아 그 영향력 아래 아직 그리고 계속 내가 있는지도 모르고, 이 가능성을 나는 절대 부인할 수 없기 때문이다. "그렇게 하라지." 데카르트는 말한다. "그렇지만 적어도 내가 보는 것 같고, 내가 듣는 것 같고, 내가 따뜻해지는 것 같은 것은 매우 확실하다."[20] '내가 보는 것 같다', 즉 'videre videor'라는 데카르트 코기토에 대한 앙리의 독창적이면서도 놀라운 해석은, 데카르트 주해가들이 거의 주목하지 못한 이 진술을 둘러싸고 펼쳐진다.

이 진술에서 확실성의 토대는 '보다'videre에 있지 않고, '그런 것 같다'videor에 있다. 이 모호하지만 부정할 수 없는 인상, 직접적인 느낌에서 데카르트 코기토는 그 궁극적 진술을 찾는다. 이것을 우리는

20) René Descartes, *Méditations métaphysiques*, trans. Florence Khodoss, Paris: PUF, 1968, p. 44(데카르트, 『성찰』, 이현복 옮김, 문예출판사, 1997, 49쪽).

바로 이어지는 문장에서 확인할 수 있는데, 데카르트는 "그것이 바로 내 안에서 느낀다고 하는 것이다. 그리고 바로 그렇게 이해했을 때 그것은 생각한다는 것 이외에 다른 아무것도 아니다"라고 말하고 있기 때문이다. 이 내적 느낌, 봄에 내재적인 이 느낌, 요컨대 봄의 이 자기 느낌이야말로 아무리 기만적인 봄일지라도 이 봄을 절대 의심할 수 없게 하는 것이다. "우리가 본다고 우리는 느낀다"sentimus nos videre,[21] "봄에 내재적이면서 봄을 실질적 봄이게 하는, 보는 자기를 느끼는 봄이게 하는 이 느낌"[22]은 봄 그 자체를 가능하게 하는 것이자 봄의 구체적 실재를 이루는 것이다. 봄이기 전에 먼저 봄은 자기 안에서 자기를 느끼고 이 느낌 속에서 자기를 붙잡음으로써 자기를 펼칠 수 있다. 이는 모든 코기타치오에서도 마찬가지다. 나는 듣는 나를 내 안에서 바로 느끼고, 뜨거워지는 나를 내 안에서 바로 느낀다. 모든 코기타치오에 내재적인 이 느낌, 쉴 새 없이 자기에게 오고, 그 속에서 끊임없이 자기를 느끼고 자기를 겪는 이것을 앙리는 '삶'vie이라 하였다. 의식체험의 의미는 이로써 이중적이다. 그것은 무엇보다도 먼저 자기 안에서 자기 자신을 겪는 것이다. 자기와 다른 것을 겪는 것은 이 같은 근원적 체험을 토대로 해서만 가능하다. 자기 안에서만 자기와 다른 것을 겪을 수 있는 것이다.

　　데카르트의 회의는 악령의 가설에서 그 절정에 이른다. 악령의

---

21) 앙리는 데카르트의 이 명제를 'videre videor'와 동등한 명제로 내세운다. "Le cogito et l'idée de phénoménologie", *De la subjectivité II*, Paris: PUF, 2003, p. 61.

22) Henry, *Généalogie de la psychanalyse*, p. 29.

가설은 현상성을 중지(에포케)함으로써 현상성의 현상성을 드러낸다. 이런 의미에서 그것은 "현상학적"이며, "환원 그 자체"[23]이다. 후설의 환원이 나타나는 것, 곧 초월적 대상을 그보다 더 근본적인 나타남, 곧 지향적 봄으로 환원한 '순수 환원'이라면, 이 "순수 환원의 작업을 연장하고 그것을 끝낸다"[24]라는 의미에서 앙리가 '근본적 환원' réduction radicale이라 부르는 것은 나타남 그 자체, 곧 지향적 봄을 환원한다. 그 같은 근본적 환원 속에서만 발견되는 "최초의 줌"donation이 그 같은 환원을 통해 비로소 모습을 드러낸다. 최초로 자기에 자기를 주고, 또 그렇게 주기를 멈추지 않는, 자기촉발auto-affection과 자기성 ipséité을 본질로 하는 순수 내재적, 파토스적 삶, 데카르트는 이것을 코기토라 하였다. "데카르트에게 '나는 생각한다'는 '사유를 제외한 모든 것', '삶'을 의미한다."[25] 그런데 후설은 한편으로 이를 모르지 않았다. 여기 '후설의 역설'이라 부를 만한 것이 있다. 앙리는 그의 책『육화』11절에서 이를 다음과 같이 진술한다.

삶을 인식할 수 없는 사유의 무능력, 그 아포리아에도 불구하고 후설 현상학에서 작용 중인 그 힘을 보면서 우리는 역설적으로 먼저 그 힘을 인정해야 할 것이다. 왜냐하면, 후설은 삶을 절대 모르지 않았기 때

23) Henry, "Le cogito de Descartes et l'idée d'une phénoménologie idéale", *De la subjectivité II*, p. 100.

24) Henry, "Quatre principes de la phénoménologie", *Phénoménologie de la vie I: De la phénoménologie*, Paris: PUF, 2003, p. 90.

25) Henry, *Généalogie de la psychanalyse*, p. 7.

문이다. 데카르트가 모든 실재의 확고한 토대를 두었던 바로 그곳에서 그는 삶을 명명하지 않았던가? 바로 코기토에서? 이는 『이념들 I』 46절에서 그가 코기토에 대해 제안하는 다음 진술에서 분명해진다. "나는 있다, 이 삶은 있다, 나는 산다: 코기토."[26]

이 구절에서 확인할 수 있는 후설의 역설은 코기토의 진정한 의미를 파악하자마자 그것을 놓칠 수밖에 없는 '사유의 역설'이기도 하다. 다른 말로 하면 사유는 그 안에서 그것을 살아 있게 하는 것, 살아 있는 무엇으로 만드는 것, "오로지 중요한 것", 사유 자신의 삶을 모르지 않으면서 그 본질을 붙잡는 데 실패한다. 앞서도 언급한 바 있는, 서양 사유의 역사와 함께해 온 것으로 얘기되는 이 '무능력'은 왜일까? 이 무능력은 사실 사유 자체에 고유한 것이다. 객체화하는 힘, 자기 '앞'에 또는 자기 '밖'에 놓음으로써 거리 속에서 존재를 드러내는 힘, 가시성의 탈자적extatique 영역에 던져지는 이 힘에 비가시적 파토스적 삶은 감춰진다. 어떤 사유도 자신의 삶을 볼 수 없다. 오로지 자기 안에서 그것을 껴안고 느낄 수 있을 뿐이다. 누가 자기 안에서 끊임없이 생성되고 변화하는 삶을, 삶의 다양한 양태를, 사랑을, 괴로움을, 욕망을 보았는가? 자기 안에서 바로 느껴, 바로 겪어 알 뿐이다. 사유와 하나를 이룰뿐더러, 그것을 가능하게 하는 이 근원적 체험, 파토스적 삶에 이를 수 있는 길, 방법은 삶 그 자신밖에는 없다. 이 삶이 우리에게 그 자신을 드러내도록 하는 유일한 방법이 환원이었다. 데

---

26) Henry, *Incarnation*, p. 94(국역본, 127쪽).

카르트는 'videre'와 'videor'의 대립 속에서 'videre'를 환원하고 더 근원적 줌으로서 'videor'를 발견할 수 있었다. 반면에, 후설의 환원은 끝까지 수행되지 못했고 극단적이지 못했기에 이 삶을 드러내기는커녕, 지향적 봄에 내재적인 이 근원적 힘을 밝혀내기는커녕 오히려 그것을 "은폐"하기에 이를 뿐이었다. 이런 이유에서 앙리는 후설의 환원에 대해 "반-환원"contre-réduction[27]을 말하기도 한다. 초월적 대상을 지향적 봄으로, 현상을 그 현상성으로 환원하는 것이 아니라 지향적 봄을 삶으로, 현상성을 그 현상성으로 환원해야 하는 것이다. 그 랬을 때 장-뤽 마리옹이 주장하고 앙리가 현상학의 원리로 내세우는 동시에 그 중요성을 강조한, "더욱더 환원할수록 더욱더 준다"d'autant plus de réduction, d'autant plus de donation라는 원리의 의미가 드러나는 동시에 실현된다. 현상을 그 현상성(봄)으로 환원하는 데 그치지 않고, 현상성(봄)을 그 현상성(삶)으로 환원하는 데까지 나아갔을 때, 다시 말해 환원을 "확장"élargissement하고 "심화"approfondissement했을 때 마찬가지로 줌도 "확장"하고 "심화"해서 은폐되었던 삶이 비로소 모습을 드러낸다.[28] 이것이 "더욱더 환원할수록 더욱더 준다"라는 의미이다. 환원과 줌은 서로 비례적이고 상관적이다.

후설이 환원에서 극단적이지 못했던 이유는 고대 그리스 시대

---

27) Henry, "Phénoménologie non intentionnelle: une tâche de la phénoménologie à venir", *Phénoménologie de la vie I*, p. 118.
28) *Ibid.*, p. 88. 앙리는 이 글에서 현상학의 네 가지 원리를 제시하고, 이를 비판적 관점에서 고찰한다. 그 네 가지 원리란 첫째, "나타나는 만큼 존재한다", 둘째, "근원적으로 주는 모든 직관은 인식의 정당한 원천이다", 셋째, "사태 자체로!", "더욱더 환원할수록 더욱더 준다"이다.

이래로 오랫동안 서양철학을 지배해 온 선입견, 앙리가 '존재론적 일원론'monisme ontologique이라 부르는 그것에서 그 또한 자유롭지 못했기 때문이다. 후설은 현상학의 원리 가운데 원리, 제1원리로 다음을 내세운다. "근원적으로 주는 모든 직관은 인식의 정당한 원천이다."[29] 이 원리는 직관을 보편적 조건으로 놓는다. 나타나는 것이 나타나고 존재하는 것이 존재할 수 있는 것은 오로지 직관 속에서, 직관을 통해서이다. 현상의 보편적이면서도 유일한 가능 조건이 지향성을 본질로 하는 직관이라면 어떤 거리도 없이 직접 주어지는 삶은 그 자체로 나타나는 것일 수도, 존재하는 것일 수도 없다. 지향적 직관이 함축하는 것은 결국 "삶의 무의식적이지만 근본적인 제거"이며, 후설이 현상학의 제1원리로 천명한 것은 하나의 "살해"라고 앙리는 비판한다.[30] 존재론적 일원론에 사로잡힌 후설은 결과적으로 지향적 직관 그 자체를 의심에 놓을 생각을 하지 못했고, 그것과 전혀 다른 줌, 나타남이 있을 수 있다는 생각에도, 그 발견에도 이르지 못했다. 삶의 자기촉발은 지향적 봄을 그 자체에 주고 나타나게 한다는 의미에서, 그것을 가능하게 하고 그 실재성을 이룬다는 점에서 더 근원적인 줌, 나타남이다. 지향적 봄에 내재적인 이 자기촉발 덕분에 봄은 끊임없이 자기 안에서 자기를 느끼고 겪는다. 그것은 '자기를 보지 않고' 자기를 본다. 이 봄은 직접적인 느낌 외에 다른 아무것도 아니다. 코

---

29) Husserl, *Idées directrices pour une phénoménologie*, Paris: Gallimard, 2008, p. 78(후설, 『순수현상학과 현상학적 철학의 이념들 I』, 이종훈 옮김, 한길사, 2009, 107쪽).

30) Henry, *Phénoménologie de la vie I*, pp. 86~87.

기토는 봄의 궁극적 토대이지 그것과 같은 것이 아니며, 그것으로 환원될 수 없다. 그것은 자기 안에서 자기를 바로 느끼는 봄이지 자기를 거리 속에서 보는 봄이 아니다. 거리 속에서 본 자기와 자기 안에서 느끼는 자기는 같은 것이 아니다. 보인 나에서 내가 나 자신을 알아본다 할지라도 보인 나와 나 자신은 엄연히 다른 것이다. 앙리는 초월적·탈자적extatique 봄과 내재적·절대적 촉발, 현상성과 현상성의 현상성, 이 두 개의 현상성을 인정하는 것을 '존재론적 이원론'dualisme ontologique으로 보았다. 앙리가 일관되게 요구하고 주장한 것이 이것이다. 이 존재론적 이원론의 태동을 그는 데카르트의 코기토, 그 궁극적 진술인 'videre videor'에서 보았다.[31] 나와 다른 것, 초월적 대상이 내게 어떻게 주어지는가? 이보다 더 궁극적인 질문은 '초월적 대상을 나와 다른 것으로 내게 주는 나 자신은 어떻게 주어지는가'일 것이다. 다시 말해 물어야 할 것은 "지향성 그 자체는 어떻게 주어지는가?"일 것이다. 이 궁극적 현상학적 질문을 던지지 않음으로써 후설 현상학은 큰 공백, 결함을 남겼다. 앙리는 이 질문을 체계적으로 묻고 그것에 답함으로써 현상학의 새 장을 열고자 하였고, 현상학의 전복과 쇄신 또한 정당하게 요구할 수 있었다.

---

31) 조태구는 "앙리의 후설 현상학에 대한 입장이 후설의 시간론에 대한 그의 비판적 분석을 통해서가 아니라 그보다 훨씬 앞선 데카르트에 대한 그의 해석을 통해 이미 제시되고 있었다"라고 지적한다. 조태구, 「데카르트, 후설 그리고 앙리: 미셸 앙리의 데카르트 '코기토'에 대한 해석과 질료 현상학」, 『현상학과 현대철학』 80집, 한국현상학회, 2019, 2쪽.

무엇이 의식인가?: 의식 개념의 해명

프로이트 무의식 개념에 대한 앙리의 비판적 독해는 다음 진술로부터 시작된다고 볼 수 있을 것이다.

언제 결국 무의식 개념이 근대 사유에 출현했는가? 의식 개념과 함께, 그 정확한 결과로서.[32]

서양 근대 사유에서 의식 개념을 최초로 확립한 이는 주지하듯 데카르트이다. 의식이라는 용어를 좀 들여다보면 어원학적으로 매우 흥미로운 사실을 발견하게 된다. 서양에서 의식에 해당하는 용어, 영어의 '컨셔스니스'consciousness, 불어의 '콩시앙스'conscience, 독일어의 '베부스트자인'Bewußtsein 같은 용어들은 라틴어의 '콘스키엔티아'conscientia에서 유래한다. 라틴어 '콘스키엔티아'는 '함께'를 뜻하는 접두사 '쿰'cum과 '알다'를 뜻하는 '스키레'scire를 합친 '콘스키우스'conscius를 어원으로 한다.[33] 그 어원으로 봤을 때, 의식은 언제나 더불어 발생하는 두 개의 인식, 이중의 앎이다. 참다운 인식의 토대에서 출발하고자 했던 데카르트는 최초의 의식, 최초의 '함께-앎'con-scientia을 코기토에서 찾았다. 코기토 곧 '나는 생각한다'에서 '생각한다'와 '나'는 더불어 생기는 것, 함께 나타나는 것이다. 이 '생각한다'에 언제

---

32) Henry, *Généalogie de la psychanalyse*, p. 6.
33) 기다 겐 외 엮음, 「의식」, 『현상학사전』, 278쪽.

나 함께 나타나는 것으로 '나'가 연관된다는 사실, 여기 중요한 논점이 있다.

데카르트에게 '생각한다'는 초월적 대상뿐만 아니라 초월성 그자체를 배제한 자리에 나타나는 순수한 나타남을 뜻한다. 그것은 어떤 경우에도 표상적 인식이나 지향적 봄으로 환원될 수 없다. 이 최초의 나타남에 '나'가 내포된다는 사실, 코기토에 함축된 에고의 존재, '나'의 이 동시성을 어떻게 설명할 것인가? 데카르트는 "의심하고, 듣고, 바라는 것이 나라는 사실은 너무도 자명하여 그것을 설명하고자 덧붙일 아무것도 없다"[34]라고 확언한다. 그러나 그것을 합리화하거나 정당화하는 어떤 물음도 묻지 않음으로써 데카르트 진술은 근대 사유에 참담한 결과를 불러올 "결함"을 드러낸다고 앙리는 말한다.[35] 그 결함이란 바로 에고 존재의 비결정성이다. '나는 생각한다'에 결합해 있는 '나는 존재한다'를 어떻게 해명할 것인가?

이 물음에 부딪혀 하이데거는 데카르트의 '나는 생각한다'_ego cogito를 '생각하는 나를 생각한다'_cogito me cogitare로 해석할 것을 제안하다. 여기서 '생각한다'는 '표상한다' 외에 다른 아무것도 의미하지 않게 된다. 표상한다는 것이 "자신의 앞에 세우는 방식_Vor-sich-stellen으로 자신에게로 가져온다_Sich-zu-stellen는 의미로"[36] 표상한다_Vor-stellen는 것이기에, 표상작용 안에는 에고가 본질적으로 속해 있게 된다. 대상

---

34) Descartes, *Méditations métaphysiques*, p. 44(국역본, 49쪽).

35) Henry, *Incarnation*, p. 95(국역본, 128~129쪽).

36) 마르틴 하이데거, 『니체 II』, 박찬국 옮김, 길, 2012, 138쪽.

을 정립하는 행위 자체가 그것을 자기 앞에 던지거나ob-jeter 자기 앞에 세우는op-poser 방식으로 이뤄지는 한, 그 같은 행위는 동시에 에고 자신을 정립하는 행위이기도 하다. 에고는 언제나 표상작용 속에 함께 표상되는 것으로, 언제나 함께 속하는 것으로 이해된다. "'나는 어떤 것을 표상한다'는 것은 동시에 나, 즉 표상하는 자를 (내 앞에서, 즉 나를 내 앞으로 세우면서) 표상한다. [···] 모든 표상작용Vor-stellen은 [···] '자신'을 표상하는 것Sich-vortellen이다."[37] '내가 나를 표상한다', '나를 내 앞으로 세우다', 이 말은 '대상을 인식하는 한편 내가 나를 대상으로서 인식함'을 의미하지 않는다. 표상된 것이 표상되는 영역, 대상ob-jet으로서 발견되는 영역 자체를 구성하는 이가 바로 에고 자신이라는 의미에서 그 말을 이해해야 한다. 그 영역은 에고가 자기 앞에, 자기 쪽으로 던지는 방식으로 구성되는 영역이다. 그 영역 안에서 대상은 발견된다. 이런 방식으로 에고는 처음부터a priori 표상작용에 개입하는 것으로 그 존재의 의미를 획득한다. 이렇게 이해했을 때 의식con-science은 대상 의식conscience d'objet으로서 존재하는 의식에 필연적으로 자기의식conscience de soi이 수반됨을 의미한다. 여기서 '자기'soi는 "근저에 놓여 있는 것", "기체"sub-jectum로서 이해된다.[38] 자기를 근저에 놓음으로써만 자기 앞에 던져져 자기 쪽으로 향하게 될 대상이 자기 앞에 나타날 수 있게 되는 것이다. 이것이 대상과의 관계에서 자신을 정립하는 주체sujet의 의미이다.

---

37) 앞의 책, 140쪽.
38) *Ibid.*, p. 142.

여기서 주목해야 할 것은 자기를 근저에 놓고 자기 앞에 세우고 자기 쪽으로 끌어오는 이 모든 행위를 하는 에고 자신은 이 행위 이전에, 곧 표상의 주체subjectum이기에 앞서 이미 그 자체로 구성돼 있었다는 사실이다. 에고 존재는 표상 속에 전제된 것이지 표상 자체가 발생시킨 것도, 따라서 설명할 수 있는 것도 아니라는 것이 앙리의 문제의식이다. "앞에-던져진-것ob-jeté과 앞에-놓인-것op-posé이 자기에게 표상되고 자기에게 대립하기opposer 때문에 표상하다représenter가 자기soi인 것이 아니다. 그것이 자기이고 이미 자기를 그 안에 지니기 때문"[39]이다. 이 자기성ipséité을 이해하기 위해서는 근본적 환원의 순간으로, 표상된 것도 표상 그 자체도 환원될 때 코기토가 비로소 모습을 드러내는 그 시점으로 돌아와야 한다. 근본적 환원 속에서 코기토는 삶의 자기촉발 이외의 다른 아무것도 아니었다. 끊임없이 자기에게 오는 것, 자기에게서 자기를 일으키고, 자기를 느끼고 겪는 것, 자기에게서 자기로 밀착되고 그렇게 자기 안에서 자기를 붙잡아 '나'라고 말할 수 있는 것, 나아가 나는 내가 보고 듣고 느끼는 것 같다고 자신의 내적 느낌을 말할 수 있는 것이다. 자기성은 여기서 자기촉발의 내재적 본질이자 그 실질적 내용을 이루는 것이다. 요컨대, 표상의 자기성은 자기촉발의 자기성을 전제로 할 뿐이다.

코기토가 '나는 나를 표상한다'가 아니라 '내가 내 안에서 느낀다'를 의미하는 한, 그리고 이 코기토를 데카르트가 의식으로 명명하는 한, 의식이 의식con-science인 것은 대상 의식conscience d'objet에 필연

---

39) Henry, "Sur l'ego du cogito", *De la subjectivité II*, Paris: PUF, 2003, p. 82.

적으로 자기의식이 수반되기 때문이 아니다. 자기에게 끊임없이 주어지는 자기, 이 자기 이외의 다른 아무것도 없기에 이 자기를 바로 붙잡고 깨닫는 앎science과 함께con 이 자기에게 부여된 주어짐이라는 근원적 느낌이 '괴로움'souffrance임을 깨닫는 앎science, 그것이 의식con-science이다. 괴로움으로 옮긴 souffrance란 용어는 원래 '포르테'(받치다, 지다porter)와 같은 의미를 지니는데, 이 같은 의미에서 봤을 때 그것은 괴로움이기에 앞서 먼저 자기에게 오는 자기를 받아 견디는 것se souffrir soi-même을 말한다. 이 받아 견딤은 또한 자기 자신을 즐김jouir de soi이다. 앙리를 따르면, 괴로움과 즐거움jouissance은 근원적으로 하나이지 둘이 아니다. 즐거움은 괴로움(자기 견딤) 속에서 생기고 괴로움(자기 견딤)이 클수록 즐거움 또한 커지는데, 더는 자기를 견디지 못하고 자기에서 벗어나고자 하나 그러할 수 없는 지점에 이르러 이 괴로움(자기 견딤)의 즐거움은 순수 괴로움으로, 불안angoisse으로 바뀌게 된다. 내가 나를 붙잡는 것은 언제나 이 같은 구체적 감정으로서이다. 나는 그것과 분리해서 생각할 수 없다. 이것이 동시적 나타남, 의식con-science의 의미이다. 최초의 나타남은 '내가 내게 나타남'이다. 여기서 '나타남'이 스스로 촉발함을, 자기 안에서 자기를 느끼고 자기를 겪고 자기를 견딤을 의미하는 한에서 나타나는 것은 나이고, 그와 함께 나를 전적으로 결정하고 나와 하나를 이룰 뿐인 구체적 느낌, 감정이다. 대상 의식에서도 '내가 내 안에서 나를 느낀다'라고 하는 것은 토대가 되는 의식, 근원적 의식이며, 이를 떠난 어떤 의식도 있을 수 없고 생각할 수 없다.

　　의식 개념을 분명히 한 지금 다시 앙리의 진술로 돌아와 보자.

'나는 생각한다'라는 의식 개념이 출현하자마자 그 정확한 결과로서 무의식 개념이 근대 사유에 등장했다고 앙리는 말한다. 근대 사유가 붙잡은 의식 개념은 '내 안에서 느낀다'라고 하는 자기촉발의 의미를 띤 의식 개념이 아니라 '무언가를 생각한다'라고 하는, 그리고 '그 무언가를 생각하는 것이 나'라고 하는 표상의 의미를 띤 의식 개념이다. 파토스적 삶으로서, 이 삶의 자기촉발로서, 자기 느낌épreuve de soi으로서의 의식 개념은 근대 사유가 붙잡지 못하고 잃어버린 것, "잃어버린 기원"이다. 그 무능력의 이유를 정리하면, 그것은 먼저 사유 자체에 내재적인 것으로, 삶이 사유를 벗어난다는 데 있다. 사유로는 삶에 이를 수 없다. 삶에 이를 수 있는 것은 오로지 삶밖에 없으며, 이 삶이 자기에 이르고 사유에 그 내적 본질로서 모습을 드러내고 마침내 사유가 이 삶을 사유할 수 있으려면 극단적 에포케를 수행해야만 한다. 극단적 에포케를 수행하지 못한 것이 그 무능력의 두 번째 이유라면, 이 극단적 에포케를 수행하는 데 장애가 된 것이 존재론적 일원론이라 부른 선입견이다. 이런 한에서 이 선입견은 그 무능력의 세 번째, 궁극적 이유라 할 수 있겠다. 근대 사유에서 의식은 표상적·지향적 의식을 가리킬 뿐이다. 무의식 개념은 이 같은 의식 개념의 "결과"라고 앙리는 말하는 것이다. 그것은 의식 개념의 "일탈"로부터 어떤 의미에선 예고된 것이었다고 할 수 있겠다. 프로이트의 출현이 이처럼 예고된 것이었다면, 프로이트는 단지 근대 사유의 무의식을 반복하는 데 그치지 않는다. 그가 의식 그 자체는 의식될 수 없다면서 "의식의 무의식"inconscience de la conscience을 역설하는 데 그쳤다면 데카르트(코기토), 쇼펜하우어(의지), 니체(힘의 의지)를 잇는 "긍정적 계보"

에 들어갈 수 없었을 것이다. 근대 사유를 물려받았지만, 프로이트에게는 그보다 더한 것이 있었다. 의식을 벗어나는 무언가가 존재한다는 그의 주장이다.

> 프시케의 심연이 탈자ek-stasis의 빛 속에서 어떤 외재성의 외부처럼 최초로 또는 항시 자신을 앞에 놓는se pro-poser 것 이외의 다른 아무것도 아닌, 그 같은 의식을 벗어난다는 주장, 곧 무의식의 주장은 결국 엄청난 존재론적 중요성을 띤다. 그 주장은 그리스 시대 이래로 철학적 또는 과학적 사유가 가시적 세계에서 찾았던 존재의 최초 본질이 이 가시적 세계에는 감춰진다는 사실을 가정한다.[40]

무의식이 존재한다는 주장이 표상과는 다른 차원의 어떤 것이 존재한다는 주장이라면, 이 주장이 함축하는 것은 결국 '존재론적 이원론'의 주장이다. 그 주장이 "엄청난 존재론적 중요성"을 띤다고 앙리가 말하는 이유가 여기 있다. 그 이유는 프로이트가 데카르트의 계승자인 이유이기도 하다. "현상성을 세계의 초월로 환원하는 의식철학 또는 자연철학에서 무의식은 삶의 이름이다."[41] 의식 개념이 지향적·초월적 봄으로 환원됨에 따라, 프로이트는 이 같은 의식 개념에 반대되는 무의식 개념으로 데카르트의 코기토, 삶을 되찾는다. 이것이 프로이트 무의식에 대한 앙리의 비판적 독해의 중대한 결과이다.

---

40) Henry, *Généalogie de la psychanalyse*, p. 8.
41) *Ibid*.

무엇이 무의식인가?: 무의식 개념의 해명

앙리는 어떻게 프로이트의 무의식에서 삶을 읽었을까? 무의식이 표상과는 다른 차원의 어떤 것이라면 이 다른 차원을 설명하는 것이 1985년 「과학적 심리학의 기획」[42] 시절부터 그 이후의 이론 형성에 이르기까지 프로이트에게 설명 모델을 제공해 주었던 '에너지론'énergétique이다. 이 관점에서 살펴봐야 할 것이 충동Trieb, pulsion 개념인데, 프로이트에게 정신현상의 시초를 설명하는 것이 이 충동 개념이다. 프로이트의 에너지론을 따라 말하면, 시초에 충동이 있었다. 충동은 안에서 오는 자극이다. 프로이트는 두 종류의 자극excitation을 구분하는데, 안에서 오는 자극과 밖에서 오는 자극이 그것이다. 밖에서 오는 자극은 피할 수 있고 따라서 "일시적 힘"force d'impact momentanée으로 작용하지만, 안에서 오는 자극은 피할 수 없고 따라서 "지속적 힘"force constante으로 작용한다.[43] 충동은 지속적 힘으로 작용하는 '내부 자극'excitation interne과 일치하고, 일시적 힘으로 작용하는 '외부 자극'excitation externe과는 구분된다. 자극은 에너지 과잉 상태에 해당한다. 과잉된 에너지를 내보내려면 적절한 행위가 일어나야 한다. 그 행위를 유발하는 것이 자극ex-citation(ex: 나가게 하다, citatio: 움직이게 하다)이다. 강

---

42) 이 논고의 제목이 시사하듯, 심리학에 과학적 토대를 주고자 한 프로이트의 야망은 실패로 돌아간다. 그 결과 이 논고는 프로이트 생전에 빛을 보지 못하고 그의 사후에야 유고작으로 출간된다. 그렇더라도 프로이트가 이 논고에 담긴 핵심적 사유마저 내버린 것은 아니다. 우리는 그것을 그의 이후의 저작들에서 만나게 된다.

43) Freud, *Métapsychologie*, Paris: Gallimard, 1996, p. 14.

한 빛이 망막을 자극할 때를 생각해 보면 눈을 감거나 고개를 돌리는 것으로 자극을 피할 수 있다. 그러나 배고픔과 같은 내부 자극에는 그 자극을 피해 달아나는 일 따위는 생각할 수 없다. 욕구besoin는 프로이트의 말을 빌리면 충동을 나타내는 가장 좋은 용어이다. 내부 자극을 피해 달아날 수 없는 것은 내가 이 자극과 분리될 수 없고 그것과 하나를 이루기 때문이다. "충동일 때 도망은 아무런 도움이 될 수 없는데, 자아가 자기 자신을 피할 수 없기 때문이다"[44]라고 프로이트는 말한다. 프로이트는 이 같은 경험으로부터, 곧 "자아가 충동적 자극에 대해서는 무력하지만, 외부 자극에는 […] 침묵을 부과할 수 있다"[45]는 경험으로부터 '안'과 '밖', '자아'와 '비자아'의 구분이 생긴다고 말한다. '안'에서는 지속적 힘으로 작용하는 자극과 그에 대한 자아의 무력함이 일치한다면, '밖'에서는 일시적 힘으로 작용하는 자극과 자아의 능력(힘, 할 수 있음)이 일치하는 것이다.

시초에 충동, 곧 내부 자극이 있었다면 이 자극으로부터 자아는 어떻게 생겨났을까? 프로이트는 자극이 해소를 원한다고 말한다. 자극의 해소는 과잉된 에너지의 방출이고, 이것이 충동의 만족satisfaction이다. 충동의 목적은 언제나 이 만족에 있다. 이 만족이 의미하는 것은 '에너지=제로'이다. 초기 에너지 상태, 곧 에너지 제로 상태를 추구하는 것, 이것을 프로이트는 '관성의 원리'principe d'inertie라 하였다. 그런데 충동인 한해서 '에너지=제로'는 실현될 수 없다. 에너지 방출에

---

44) *Ibid.*, p. 45.
45) *Ibid.*, p. 35.

적합한 어떤 행위(예를 들어 음식물을 가져오는 일련의 행위)를 통해서만 그 같은 방출이 일어날 수 있다면, 이 행위에 필요한 최소한의 에너지가 있어야 하며, 그것도 충동이 반복된다고 가정했을 때 항구적으로 있어야 한다. 이러한 목적에 부합하도록 에너지가 "항구적으로 집중되는"[46] 것이며, 프로이트의 설명을 따르면 자아는 그렇게 발생했다. 관성의 원리는 불가피하게 에너지를 가장 낮은 상태로 유지하고자 하는 '항구성의 원리'principe de constance로 바뀌게 된다. 그렇지만 에너지적인 어떤 것에서 자아와 같은 것이 어떻게 발생했는지 의문은 여전히 남는다.

　이 같은 의문과 함께 주목할 것은 에너지적인 것에 정서affect, 정감, 정동[47]적인 것이 중첩된다는 사실이다. 프로이트를 따르면 에너지 증가는 불쾌déplaisir에 일치하고 에너지 감소는 쾌락plaisir에 일치한다. 관성의 원리나 그것을 잇는 항구성의 원리는 '쾌락의 원리'principe de plaisir라는 명칭을 부여받는다. 이러한 일치로부터 프로이트는 표상과

---

46) Freud, "Projet de la psychologie scientifique", *Naissance de la psychanalyse*, Paris: PUF, 1973, p. 341.

47) 이 용어를 대개 '정감'이나 '정동'으로 옮기지만, 나는 우리말에 이미 있는 '정서'가 이 용어의 번역어로 나쁘지 않다고 생각한다. 이 용어의 동사에 해당하는 용어가 '아펙테'(affecter)인데, 이는 내가 이 글에서 줄곧 '촉발하다'로 옮긴 것이다. '촉발하다'는 '일어나는 것' 또는 '일으키는 것'이다. 이는 정서의 의미와 크게 다르지 않다. 정서란 '일어나는 여러 감정'을 뜻한다. 나는 '정서'(affect), '감정'(sentiment), '파토스'(pathos)를 구분할 이유가 없다고 보고 구분하지 않았다. 이와 달리 정지은은 "느낌(sentiment)이나 감정(emotion)은 대체로 내면의 지속적인 상태를 가리키는 데 반해 정동은 그러한 내면의 상태보다는 상태의 변화를" 가리키고, "느낌이나 감정에는 고통이 수반되지 않지만 정동에는 고통이 따라온다"라고 하면서 느낌이나 감정에서 정동을 구분한다. 그러나 이 글에서 나는 모든 느낌, 감정은 고통을 바탕으로 한다고 주장했다. 정지은, 「예술 창조의 동기로서의 감정: 세잔을 중심으로」, 『현대정신분석』, 한국현대정신분석학회, 2014, 79쪽.

는 다른, 이 에너지적인 것을 '정서량'(정동량quantum d'affect)이라는 생소한 용어로 지칭하기도 한다. 어떻게 일정한 에너지양이, 그것도 프로이트 고백을 따르면 계측할 어떤 수단도 없는 에너지양이, 감정으로 표현될까? 여기 또 하나의 의문이 있다. 정서적인 것은 프로이트 이론 전체에서 강조되는 것이다. 그것은 프로이트가 다룬 여러 병리현상 한가운데 있으며, 결국 문제는 이 정서적인 것을 어떻게 해결하느냐의 문제로 귀결된다. 프로이트 이론 형성 초기 단계에서 병리현상의 원인으로 지목된 기억에 '끼인 정서'affect coincé나 이 정서를 해방하는 치료법으로 제시된 '해제반응'abréaction 같은 용어들은 이를 잘 보여 준다. 끼이거나 해제해야 할 정서가 있는 것이 아니라 매번 새로 현실화하는 정서가 문제라는 것이 밝혀지면서 이 같은 용어들은 이후 포기되지만, 프로이트 이론에서 차지하는 정서의 중요성까지 퇴색되는 것은 아니다. 프로이트는 표상에 대한 감정의 우위를, 그 중요성을 강조하길 잊지 않는다. "우리가 기억이나 표상에 몰두하는 한 우리는 표층에 머문다. 정신적 삶에서 중요한 유일한 것은 오히려 감정이다."[48]

프로이트가 에너지론의 가설들을 통해 옮기고자 한 것이 무엇인지 앙리는 간파한다. 그 자신이 기술하는 현상학적 삶과 그것은 얼마나 닮았는가. 정신현상의 시초에 가정된 두 종류의 자극은 두 종류의 촉발이다. 내부 자극은 '자기의 자기촉발'auto-affection de soi이고 외

---

48) Freud, *Le délire et les rêves dans la "Gradiva" de W. Jensen*, Paris: Gallimard, 1993, pp. 190~191.

부 자극은 '다른 것에 의한 촉발'affection par un autre이다. 관성의 원리가 어찌할 수 없이 항상성의 원리로 바뀌는 것은 스스로 일어나고, 끊임없이 자기에게서 자기로 오는 삶이 그 절대적 내재성으로 자기에게 쉼 없이 밀착되고 자기에게서 멀어질 수도 자기에게서 벗어날 수도 없기 때문이다. 어떤 거리도 용납되지 않으며, 어떤 방식으로도 삶은 제거될 수 없기 때문이다. 오직 이 자기촉발의 자기성으로 말미암아, 자기 안에서 자기를 느끼고 겪음으로써만, 자아, 에고, 나와 같은 것이 있을 수 있다. 그 같은 자기성 없이 어떤 자기도, 어떤 에고도, 어떤 자아도 있을 수 없다. 자기촉발은 이렇게 모든 자아를 자아이게 하는 것, 그 본질이자 그 구체적 현실을 이루는 것이다. 내 안에서 느끼는 것을 모두 내 것이게 하고 나와 구분됨 없이 나와 하나이게 하는 것이다. 그렇게 프로이트가 말했듯 '안'과 '밖'의 구분이 생긴다. '안'에 일치하는 것은 항구적 자극, 곧 절대적 자기촉발과 이에 대한 자기의 절대적 수동성이다. 끊임없이 계속되는 자기촉발 속에서 자기를 느끼고 견뎌야 하는 상황 속에 내던져진 존재가 나이고, 그것으로 내 '안'은 이뤄졌다. '밖'에 일치하는 것은 일시적 자극, 곧 다른 것에 의한 상대적 촉발과 이 다른 것의 상대적 수동성이다. 모든 촉발은 자기촉발을 전제로 하고 그 토대에서만 가능하다. '내'가 있음으로써 '나 아닌 것'도 있을 수 있고, '안'이 있음으로써 '밖'도 있을 수 있다. 하지만 그 반대는 성립되지 않는다.

프로이트는 자극과 불쾌를 일치시켰다. 그러나 앞서도 보았듯 자기촉발의 구체적 양상은 먼저 순수 괴로움이 아니다. 괴로움이라면 그 자체로 즐거움, 쾌락을 낳는 괴로움일 뿐이다. 그 둘은 먼저 서로 불가분의 관계 속에서 끊임없이 교차할 뿐이다. 계속되는 자기 생성의 절정에 이르러서야, 더는 자기를 견딜 수 없는 지점에 이르러서야 괴로움은 순수 괴로움인 것, 불쾌의 감정이 되고 자기를 벗어나고자 한다. 프로이트가 삶을 붙잡은 것은 먼저 이 부정적 감정의 지점에서 였지만, 이후 그는 자극 그 자체가 쾌락일 수 있음을 인정하게 된다. "쾌락을 동반하는 긴장[자극 상태]과 불쾌한 이완[자극의 감소]이 존재한다는 것은 의심할 수 없다. […] 결국, 쾌락과 불쾌는 우리가 자극 긴장이라 부르는 양의 증가나 감소와 상당히 관계있음에도 이 요소에 결부시킬 수는 없다."[49] 이제껏 그가 가정했던 '쾌락=에너지 감소', '불쾌=에너지 증가' 공식이 무너지는 순간이며, 양적인 것의 언어로는 정서적인 것을 명확히 설명할 수 없다는 한계에 부딪히는 순간이기도 하다.

더는 자기 짐을 견딜 수 없고 그 짐을 참을 수 없는 지점에 이르러 삶은 충동 또는 욕망이 된다.[50] 이런 관점에서 생각했을 때 욕망은 '결핍'에서 비롯된다는 주장은 재검토되어야 할 것이다. 정반대로, 욕망은 '충만', 나아가 '과잉'에서 비롯된다고 말해야 할 것이다. 괴로움

---

49) Freud, "Le problème économique du masochisme", *Névrose, psychose et perversion*, Paris: PUF, 1999, p. 288. 1924년에 작성된 이 글에 앞서 1905년에 발간된 『성 이론을 다룬 세 가지 논고』(*Trois essais sur la théorie sexuell*)에서 벌써 프로이트는 여러 사례를 통해 자극이 쾌락을 불러온다는 사실을 인정하기 시작했다.

50) 충동 에너지와 욕망 에너지는 같은 것이며 프로이트가 이 에너지를 '욕망'을 뜻하는 라틴어 '리비도'로 불렀다는 사실은 눈여겨볼 지점이다. 이에 해당하는 독일어 'Lust'가 '욕구' 외에 '쾌락'을 뜻한다는 이유로 프로이트는 아쉬움을 토로하지만, 같은 단어가 '욕구'와 '쾌락'을 동시에 나타낸다는 사실은 우리로서는 흥미로운 사실이 아닐 수 없다. Freud, *Trois essais sur la théorie sexuelle*, Paris: Gallimard, 1987(1910년에 주석1을 덧붙임), p. 37.

은 이를테면 과잉, 지나침의 감정이다. 앙리를 따르면, 삶은 자기 자신을 지나치게 짊어진 데에서 벗어나고자 하고, 자기 짐을 내려놓고자 하지만, 자기 자신과 떨어져 자기 자신에게서 벗어난다는 것은 근본적으로 불가능하다. 이 불가능성 또는 무력함에 부딪혀 삶은 괴로움의 감정에서 다른 감정으로, 쾌락으로 바뀌기를 욕망하고, 이 욕망을 실현하고자 노력한다. 이 노력이 앙리를 따르면 곧 충동이다. 충동은 "자기를 벗어날 수 없어서 자신의 정서적 색조를 바꾸고자 하고 자기 자신을 바꾸고자 하는 삶의 노력"[51]이다. 이 욕망 또는 충동은 행위$_{action}$로 바뀐다. 어떻게 욕망 또는 충동이 행위로 바뀌는지, 이는 그 둘이 같은 본질로 되어 있기에 가능한 것으로 이해된다. 같은 촉발성(정감성$_{affectivité}$)이 그 둘을 연결한다. 자기에게 밀착되고 짓눌린 채, 벗어나려 해도 계속해서 자기에게서 자기로 되돌아올 수밖에 없기에, 달아날 수 없다면 좀 더 견딜 만한 다른 것으로 변화하고자 하는 욕망에서, 자기 안에서 부여잡은 자기 자신을 펼치게 된다. 행위는 그렇게 일어난다. 촉발성은 "행위에 실질적 동기를 제공해 줄 뿐만 아니라", 행위를 그것이게 하고 그것을 가능하게 하는 것, 곧 "그 본질을 이루는" 것으로 이해된다.[52] 이 과정에서 대상은 강조되지 않는다. 변화의 계기를 제공하는 대상의 중요성이 크지 않다고 할 수 없지만, 대상은 그 계기를 이룰 뿐이다. 프로이트는 대상이 "충동에서 가장 가

---

51) Henry, *Psychiatrie et existence*, p. 95.
52) Henry, *Incarnation*, p. 271(국역본, 355쪽). 앙리는 촉발성과 행위의 관계를 "절대적으로 일반적이고 본질적인 관계"로 본다. "그 관계란 우리 자신의 살 이외의 다른 아무것도 아니다"라고 그는 말한다(*Ibid.*, p. 291, 국역본, 381쪽).

변적"이며, "충동에 근원적으로 연결돼 있지 않고", 만족을 가져오는 그 능력 때문에 단순히 "부가된" 것에 지나지 않는다고 말한다.[53] 욕망이 대상을 향해 일어나는 것 같을 때도, 대상은 욕망의 부차적 이유밖에는 되지 않는다. 욕망이 욕망하는 것은 언제나 그 자신이다. 그 자신을 이루는, 그 자신과 한몸을 이룰 뿐인 정서적 변화를, 그 강렬함 또는 편안함을 그것은 원할 뿐이다.

분명한 설명적 한계와 개념적 모호성에도 불구하고, 에너지적이거나 양적인 어떤 것을 통해 프로이트가 나타내고 싶었던 것은 정신(프쉬케) 밑바닥에서 쉼 없이 일어나 정신을 결정하는, 지칠 줄 모르고 생동하는 미지의 힘이다. 이 힘이 충동이고 욕망이다. 그것이 미지의 힘인 것은 표상을 거부하기 때문이다. 표상과는 다른 차원의 힘, 표상되지도 표상될 수도 없는 그것은 이런 의미에서 무의식적 힘이다. 프로이트가 "꿈의 배꼽"이라 부른 것이 그것이다.

---

53) Freud, *Métapsychologie*, p. 14. 프로이트는 "성 대상의 종류와 가치는 뒤로 밀려난다. 성 충동에서 본질적이고 항구적인 것은 다른 것이다"라고 말한다. 덧붙여 그는 고대인의 사랑과 현대인의 사랑에서 가장 주목할 만한 차이가 "고대인은 충동 그 자체를 강조하지만 우리는 대상을 강조한다는 사실"에 있다고 말한다. "고대인은 충동을 찬양하고 그 이름으로 낮은 가치를 지닌 대상을 숭배할 준비가 되어 있지만, 우리는 충동적 활동을 그 자체로 대수롭지 않게 여기고, 우리가 대상에서 인정하는 성질들을 위해서만 그것을 허용할 따름이다"(Freud, *Trois essais sur la théorie sexuelle*, p. 56). 이러한 논리에서 우리는 누군가의 미모나 재력이나 성품 같은 것이 그 사람을 사랑하는 충분하고도 정당한 이유가 된다고 말해서는 안 될 것이다. 사랑에서 대상의 자질은 중요하지 않다. 위대하고 신비로운 것은 내 안의 사랑이고 이 사랑의 이름으로 누구든, 그가 하찮든 거룩하든 찬미와 숭배의 대상이 될 수 있다고 말해야 할 것이다. 중요한 것은 삶, 충동, 욕망, 사랑이며 이러한 것 없이 대상 그 자체는 아무것도 아니다.

가장 잘 해석된 꿈은 종종 어두운 지점을 지닌다. 우리는 그곳에 우리가 풀 수 없는 사유의 매듭이 있음을 알게 된다. 그 사유는 꿈의 내용에 더는 아무것도 가져오지 않을 것이다. 바로 꿈의 '배꼽'이다. 꿈이 미지에 연결되는 지점이 그것이다. 우리가 해석하는 동안 만나게 되는 꿈의 사유는 일반적으로 끝이 없다. 그 사유는 우리 사유의 복잡한 망 속에서 모든 방향으로 퍼져 나간다. 꿈의 욕망은 마치 균사체의 버섯처럼 이 조직의 더 두꺼운 지점에서 나온다.[54]

깨어 있을 때나 잠잘 때나 끊임없이 사유를 불러일으키면서 정작 그 자체는 사유되지 않고 사유를 거부하는 사유, 바로 무의식적 사유이다. 이 무의식적 사유와 관련하여 주목할 점은 그것을 이끄는 안내자 역할을 하는 것이 언제나 정서라는 점이다. 쾌락의 원리는 현실에서와 마찬가지로 꿈에서도 작동한다. 이 쾌락의 원리에 따라 사유는 형성되거나 억압된다. 프로이트는 "억압의 동기와 목적은 […] 불쾌를 피하는 것 외 다른 아무것도 아니다"[55]라고 일관되게 주장해 왔다. 사유가 형성되기도 전에 정서가 이처럼 사유를 결정할 수 있는 것은 사유 그 자체에 내재적이고 본질적인 힘, 충동적 힘이 정서 그 자체이기 때문이다. 그런 한에서만 정서는 사전에 어떤 사유를 형성할지, 또는 어떤 사유가 형성되지 못하도록 막을지 결정할 수 있다. 그렇게 하면서 정서가 형성하거나 형성하지 않으려 하는 것은 그 자신

54) Freud, *L'interprétation des rêves*, Paris: PUF, 1989, p. 446.
55) *Ibid.*, p. 56.

에 지나지 않는다. 프로이트가 무의식적 사유라 부른 것은 결국 코기토와 마찬가지로 "사유 아닌 모든 것", 곧 삶이다. 삶은 자기촉발이고, 그와 같은 의미에서 정서이다. 스스로 쉼 없이 일어나는 마음이고 이 마음이 곧 나인 것이다. 그런데 삶이라면, 곧 그 구체적 양상으로서 정서라면, 프로이트의 무의식적 사유는 무의식이 아니다. 왜냐하면, 어떤 정서도 무의식일 수 없기 때문이다. 프로이트는 이 점을 분명히 한다. "지각되는 것, 의식에 알려지는 것이 감정의 본질이다."[56] 이 진술로써 그는 무의식적 감정이나 정서의 가능성을 일축한다. 그런데 무의식적 사유가 프로이트가 믿었듯 무의식이 아니라 정서로서의 의식이라면, 무의식이라 불릴 만한 것은 존재하지 않게 된다. 이런 의미에서 앙리는 "무의식은 존재하지 않는다"[57]라고 주장한다.

프로이트는 무의식적인 것의 발생을 '억압'Verdrängung 이론으로부터 설명한다. 그는 억압을 충동이 겪는 한 운명으로 소개한다. 그를 따르면 충동이 드러나는 방식은 두 가지다. 하나는 표상이고, 다른 하나는 정서이다.[58] 충동은 표상에 결부된 정서로, 달리 말하면 정서를 수반한 표상으로 나타난다. 그런데 프로이트는 정신 깊숙한 곳에 사유를 일으키지만, 그 자체로는 사유되지 않는 것의 존재를 발견한다. 이것을 그는 억압된 것으로 이해한다. 그의 설명을 따르면 억압에

---

56) *Ibid.*, p. 82.
57) Henry, *Généalogie de la psychanalyse*, p. 384.
58) 프로이트는 표상과 정서가 충동을 '대리' 또는 '대표'한다는 의미에서 'repräsentanz'란 용어를 사용해 그 둘을 가리킨다. 이 용어의 사용에서 표상 형이상학의 영향을 의심하지 않을 수 없을 것이다.

는 '근원적 억압'Urverdrängung과 '사후의 억압'Nachrängen[59])이 있는데, 근원적으로 억압된 것은 어떤 방식으로든 표상으로 나타낼 수 없고, 따라서 의식화할 수 없다. 분석 과정에서 관찰되는 억압은 모두 이 근원적으로 억압된 것과 관련해서 사후에 발생한 억압으로 판명된다. 억압은 충동 그 자체를 억압하지 않는다. 억압은 표상에 대해 일어나고, 표상의 현재화를 막을 뿐이다.[60] 억압의 본질적 의미가 가리키는 것이 그것이다. 엄밀한 의미에서 억압이라 말해질 수 있는 것은 사후의 억압뿐이다. 근원적 억압은 억압의 대상이 될 표상('파생물'이라 불린 것)을 계속 산출해 냄으로써 그 근저에 있는 것으로만 확인될 뿐, 그 자체로는 확인되지도, 따라서 설명되지도 않는다. 확인 불가능하고, 설명 불가능한 그 존재의 기원은 그렇게 신비 속에 갇히게 된다. 무의식적 사유가 근원적으로 억압된 것, 곧 절대로 표상될 수 없고 절대로 의식될 수 없는 것을 가리킨다는 사실은 그렇지만 그것이 삶 이외의 다른 아무것도 아님을 역설해 주는 것이다. 이를 더 명백하게 해주는 것은 어떤 표상과도 결부되지 않은 채 그것이 순수하게 모습을 드러낸다는 사실이다. 표상될 수 없는 것은 정서로 나타난다. 그리고

---

59) Freud, *L'interprétation des rêves*, p. 48.

60) 프로이트는 지형적으로 무의식, 전의식, 의식의 장소를 가정했다. 이 같은 가정을 따르면, 억압 때문에 의식에 들어갈 수 없는 표상은 무의식으로 이동하게 되고 그곳에 유지된다. 억압된 표상은 다시 말해 무의식에서 그 활동을 이어 간다고 본 것이다. 그러나 이 같은 가정은 그의 고백대로 해부학적으로도 증명되지 않을뿐더러, 더 중요하게는 현상학적으로 그 정당성을 얻지 못한다. 표상은 현재화하거나, 현재화하지 않거나 둘 중 하나다. 억압을 이유로 현재화하지 못한 표상은 말 그대로 존재하지 않는 표상이다. 정신 어딘가에 보관되고 유지된다고 본 '지형론'(topik)에 관한 사변적 성격을 지울 수 없다.

이때의 정서는 "언제나 불안의 성격을 지닌다"[61]라고 프로이트는 말한다. 우리는 그것이 왜 불안의 성격을 띨 수밖에 없는지를 이제 이해한다. 불안(좁음, 숨가쁨angustiae)은 충동, 곧 자극의 증가 앞에서 무력한 자아가 느끼는 감정이다. 다시 말해 삶의 자기촉발 속에서 계속 증가하는 자기 자신을 수동적으로 겪고 견딜 수밖에 없는 데서 오는 감정이다. 절대적 수동성 속에 내던져진 채 아무것도 할 수 없는 데서 오는 무능력과 숨가쁨의 감정이다. 프로이트는 자기 자신의 무게에 짓눌려 질식할 것 같은 자아의 이 같은 수동적 상태를 '힐플로지히카이트'Hilflosigkeit라 규정하였다.[62] 도움Hilfe 없는los 상태를 뜻하는 이 단어는 자아의 무력함을 나타내는 말이다.

충동에서 출발해서 어떻게 힘이 정서가 되는지를 묻는 것은 적합한 질문이 아닐 것이다. 앙리는 충동의 본질이 정서임을 밝힘으로써 "어떻게 정서가 힘이 되는지", "어떻게 삶이 그 촉발성 속에서, 그 촉발성 때문에 지칠 줄 모르는 내적 긴장이 되고, 이 긴장으로써 자기 자신을 바꾸고자 노력하는지, 정확히 말하면 자신의 주체성으로부터 자기에게 오는 거북함에서 더 견딜 만한 다른 것으로 바꾸고자 노력하는지"[63]를 보였다. 무의식 개념은 힘의 개념이다. 프로이트는 순수하게 "기술적"deskriptiv 관점에서 무의식은 '잠재의식'을 말하지만, 이런 의미에서 이해한 무의식을 '전의식'Vorbewusste이라 하여 구분하고,

61) Freud, *L'interprétation des rêves*, p. 85.
62) Freud, *Inhibition, symptôme et angoisse*, Paris: PUF, 1997, p. 79.
63) Henry, *Psychiatrie et existence*, p. 102.

엄밀한 의미에서 말해진 '무의식'Unbewusste은 의식이 절대 될 수 없으나 지속해서 작용하는 것이라는 의미에서 "역동적"dynamisch 개념임을 분명히 한다. 그것은 "그 강도와 작용에도 불구하고 의식에서 멀리 유지된, 역동적 성격을 보이는 사유들", "강렬한 무의식적 사유행위", "무의식인 채로 있고 의식과 차단된 것 같은 작용하는 무의식"이다. 현재로서는 의식되지 않고, 그래서 무의식이라 말할 수 있지만, 지속적인 주의 같은 것을 통하여 언제든지 의식될 수 있는 잠재의식(전의식)과 달리, 작용하지만 어떠한 방식으로도 의식될 수 없는 것, 그것이 무의식이다.[64] 프로이트가 "말실수, 기억이나 말의 오류, 이름의 망각 같은 일상적인 기능적 결함들"뿐만 아니라 "신경증적 증상"의 원인이 되는 것으로 지목한 것이 그것이다.[65] "존재론적 성격"을 지니지만 존재론적 해명을 얻지 못한 이 개념에 앙리는 그 작용하는 무의식적 힘의 본질이 정서임을 드러냄으로써 그 존재론적 해명을 준다. 무의식은 이제 존재론적으로 비결정적인 개념이 아니다. 무의식은 자신을 드러내고 그런 한에서만 존재한다. 어떻게? 정서로써, 정

---

64) 배우순은 후설의 순수자아가 "경험 속에 함께 작용하지만 의식되지 않는 의식 속에 작용하는" 것이라는 의미에서는 프로이트의 무의식과 유사하지만, 그것에 '주의'함으로써 '직관'을 통해 파악되는 것이라는 의미에서는 프로이트가 말한 '전의식'의 성격을 띤다고 말한다. "순수자아의 존재 양태는 경험(체험) 속에서 작용하면서 체험 자체와 구분되는 내재성의 초월성"이라고 그는 말한다. 그러나 그러한 직관 속에서 파악된 순수자아는 그 실질적 내용 없이 파악된 것에 지나지 않는다. 직관 속에서 모든 것은 말하자면 그 내적 '두께'를 상실한다. 그 안에 있는 것으로서 그것이 직관을 벗어난다는 의미에서, 달리 말해 순수자아의 실재성을 인식하는 것이 문제일 때, 후설의 순수자아는 오히려 프로이트의 전의식이 아닌 무의식에 다가간다고 봐야 할 것이다. 배우순, 「S. 프로이트의 심층 심리적 무의식에 대해서: E. 후설의 "현상학적 무의식"에 연관해서」, 『철학논총』, 새한철학회, 2008, 330~331쪽.
65) Freud, L'interprétation des rêves, pp. 179~181.

서로서. 그런 한에서 무의식은 무의식이 아니다. 무의식은 존재하지 않는다.

나가며

이제까지 앙리가 어떻게 데카르트의 이름으로 후설의 순수 환원을 비판하고 근본적 환원을 주창하였는지, 어떻게 명증 그 자체를 환원함으로써 순수 내재의 영역을 발견하는 근본적 환원을 통해 순수 내재적 파토스적 삶으로서 코기토의 의미를 새롭게 드러냈는지, 이런 독창적 해석으로부터 어떻게 내적 느낌과 그 내적 느낌에 함축된 자아의 본질적 결합을 뜻하는 의식con-scientia 개념을 새롭게 정초했으며, 어떻게 이 의식과 같은 것으로서 무의식 개념에 대한 새로운 독해를 가능하게 했는지를 보았다. 이 독해의 의의는 무엇보다도 무의식 개념의 존재론적 해명에서 찾아볼 수 있을 것이다. 이 글에서 주요하게 보여 주고자 한 바가 그것이었다. 이 같은 해명은 존재론적 이원론에 기초를 둔, 현상학에 대한 새로운 이해 없이 가능하지 않았다. 표상의 언어에서 무의식은 부정적 개념이지만, 삶의 언어에서 그것은 긍정적 개념이 된다. 그 철학적 기원을 드러냄으로써 그 중요성과 그것이 함축하는 의의를 보인 뒤에 이제 무의식이 아니라, 새로워진 이해를 바탕으로 한 정서를 그 자리에서 말해야 할 것이다. 그것이 어떻게 그 자기성으로 에고를 낳는지, 어떻게 그 절대적 수동성 속에서 힘, 충동, 욕망이 될 수밖에 없는지, 어떻게 표상에 종속되기는커녕 표상이 전제로 하는 그 내적 본질이자 실재로서 그것을 결정하는지, 행위를 일으키거나 제지하는지, 사유를 억압하거나 양산하는지, 병리현상을 일으키거나 치유하는지, 이론적 측면에서뿐만 아니라 실천적 측면에서도 정신분석에 대한 새로운 독해는 앙리 이후에도 여전히 요구되고 계속돼야 할 것이다.

7장. 앙리 말디네의 현존재분석과 프로이트

신인섭

들어가며

이 글은 스위스의 현상학적 정신의학자 빈스방거의 문하에서 '현존재분석'Daseinsanalyse의 방법으로 임상을 체험한 앙리 말디네가 정신분석학을 어떻게 보는지를 밝히면서 궁극적으로는 그의 철학적 포용주의éclectisme가 현상학적 실재론을 정당화하는 과정을 펼쳐 보이는 에세이가 된다. 이를 위해 국내에 처음 소개되는 말디네의 『시선, 파롤, 공간』[1]을 통해 전반부에서는 키워드인 횡단감수성transpassibilité[2]과 횡단초월성transpossibilité을 중심으로 현존재를 분석하고, 후반부에 가서는 정신분석학의 전형적 문자들인 오이디푸스와 전이 그리고 저항

---

1) Henri Maldiney, *Regard Parole Espace*, Lausanne: L'Âge d'homme, 1973.
2) Maldiney, *Penser l'homme et la folie*, Grenoble: Millon, 1991, pp. 361~425에서도 이 개념에 대한 심층적인 분석을 확인할 수 있다. 'trans'는 초월적인 능동성을, 'passibilité'는 감내하는 수동성을 표현한다고 사료되어 "횡단감수성"이라 번역한다. 능동적으로 감내하는 '외재성의 수용력'이 그 내포이다.

등을 재해석하면서 말디네의 '세계로 열린 현전'présence *au* monde과 '의미생성적 몸짓'directions significatives이 어떻게 프로이트의 무의식을 대체하고 보완하는지를 스케치할 것이다. 그런데 여기서 다루려는 주제의식의 당사자인 실존분석적 현상학자 말디네와 정신분석학자 프로이트 사이의 관계란 다각적인 차원에서 흥미를 끈다고 볼 수 있는데 이를 대략 다음처럼 정리할 수 있겠다.

첫째, 이들의 관계는, 후설의 현상학에서 발원되었으나 실존의 '현전' 및 존재와 시간에 대한 '개방'이라는 명목하에 하이데거가 스승 후설에 가한 비판으로 한층 더 고쳐진 현상학적 사유에 둥지를 틀고 있다. 그리고 이러한 연유로, 현상학의 제3세대를 형성하는 철학자들에게는 '의식'에 자신의 법칙을 강요하는 외부로부터의 '소여'donné의 우선성이 중요한 화두가 된다. 이른바 제3세대 현상학[3]이란 최근의 프랑스현상학으로서 1980년대 이후 현재까지 세계 현상학계를 지배하고 있는 마크 리쉬르, 장-뤽 마리옹, 장-루이 크레티앙, 클로드 로마노, 조슬랑 브누아 등이 속한다.

둘째, 소여가 우선권을 쥐고 있는 이러한 실재론은 말디네의 철학이 전형이 될 수 있는 소위 '현상학적 포용주의'를 옹호하면서, 결과적으로는 학술적 호기심까지 다양화하는데 여기에는 정신의학과 정신분석만이 아니라 회화 그리고 시학까지도 포함된다. 이는 '생물

---

3) 말디네는 1912년생으로 메를로퐁티, 사르트르, 레비나스, 리쾨르와 동시대인이나 20세기 후반부터 세간에 알려지기 시작하면서 미셸 앙리, 리쉬르, 마리옹 등과 더불어 3세대 현상학 그룹을 이루게 된다.

학적 자연주의'뿐만 아니라 '의식의 심리학'과도 불가분리적인 회의적 실체로서의 무의식보다 현상학이 말하는 현존재가 선호되고 있다는 말인데, 그 이유는 이 현존재가 병리적인 것으로부터 정상적인 것을 분리하지 않으며 또 무엇보다 환자가 실존자라는 점을 잊지 않고 있기 때문이다. 이 같은 맥락에서 철학자 말디네는 당시까지 낯설었던 프로이트적 치료법이 개인 클리닉에 유입되도록 노력했을 뿐만 아니라 무엇보다 현존재분석[4]을 정교히 구축한 빈스방거의 현상학적 정신의학을 자신의 철학에 도입하게 된다. 빈스방거가 말하는 현존재분석이란 인간 "현전의 분석" 또는 "실존적 분석"analyse existentielle으로 이해될 수 있겠는데 이런 방법을 쓰는 정신의학자는 자신의 임상에 대한 현존재-분석적인 해명을, 존재론적인 것ontologique과 존재적인 것ontique 사이, 곧 존재와 존재자 사이의 '존재론적인 차이'에서 기대했다. 이들이 하이데거가 기술한 '실존 구조' 속에서 여전히 갱신되고 있는 철학적 정신의학의 소재를 찾는 동안, 말디네는 프로이트주의에 대한 각종 민감한 비판의 자료들도 모으고 있었다. 그는 특히 오이디푸스, 전이, 저항, 꿈과 같은 프로이트적 개념의 의미를 수정해 가면서 자신이 보다 명확히 드러내고 심화시킨 하이데거와 빈스방거의 접근유형을 높이 평가하게 된다. 이런 맥락과 더불어 우리는 현재

---

4) 빈스방거의 정신병리학 방법론인 현존재분석은, 프랑스의 동학인 으젠 민코프스키를 필두로, 제자들인 프랑스의 말디네와 스위스의 메다르 보스 그리고 교토대학의 정신의학자 기무라 빈(木村 敏)을 등장시켰다. 그 후로는 말디네의 제자들인 아르뛰르 타토시앙(Arthur Tatossian)과 조르주 샤르보노(Georges Charbonneau)가 이어가며 "해석학 서클"의 이름으로 '현상학적 정신의학'을 이끌고 있다.

와 미래의 실존성을 위해 프로이트 유형의 메타심리학이 집착하는 과거-조회적인 준거틀로부터 탈출할 수 있게 된다. 이리하여 '구성하는' 의식이라는 후설식의 선험적 원천은, 스스로를 시간화하면서 '존재로 열리는' 보다 원초적인 현존재를 위해 유기된다.[5]

셋째, 더 나아가 말디네는 의사와 환자 사이의 독특한 관계에서 작동하는 '인지 패러다임'과 '정신병리학 개념'을 문제삼는 자신만의 고유한 횡단감수성과 횡단초월성이라는 이념을 벼렸던 것이다. 그런데 이 두 가지야말로 궁극적으로 말디네를 하이데거뿐만 아니라 빈스방거와도 구별시키는 새로운 차원의 전략 이념이 된다. 이 이념들과 더불어 상담 치료자(분석가)와 그의 내담자(피분석자)의 실존적 관계는 프로이트에 대한 비판을 해명하는 데도 결정적으로 이바지하게 된다.

횡단감수성과 횡단초월성[6]

현대의 많은 정신의학자들은 그들 자신을, 철학자들의 도무지 알아들을 수 없는 전문용어에 저항하는 자들로 자처한다. 그럼에도 그들이 표명한 의학적 뉘앙스는 말디네의 철학적 개념 체계가 드러낸 지

---

5) Maldiney, *Aîtres de la langue et demeures de la pensée*, Lausanne: L'Âge d'homme, 1975, p.87 이하.
6) 외부로부터 주어진 것을 수용하고 초월하는 능동적 수동의 프레임을 지칭한다.

적인 섬세함을 참고하는 것으로 드러난다. 그러므로 '능동적인 수동성',[7] 곧 '감내력'passibilité을 지닌 현존재의 고유 능력에 방점을 찍는 것은 정신분석과 같은 복잡한 문제의 해결책이 된다고 하겠다. 그 자체로 이미 능동적인 횡단감수성은 특히 인간관계에서 수동적일 뿐만 아니라 예기치 못한 소여들의 난입을 기꺼이 받아들이기도 한다. 그런데 소여의 이런 출현은 발생되기 전까지는 불가능한 영역이다. 이것은 마리옹이 현상학적 환원과 연결해 언급하는 우리를 "당혹케 하는 소여"[8]나 레비나스가 요청한 "절대적 타자"의 외재성을 소환하고 있다. 말디네는 이처럼 수동적으로 능동적인 "횡단감수성"을, 소여에 대해서 본질적으로 '사건-연관적인' 성격의 수용성인 "횡단초월성"으로 확대한다. 반면, 외재성을 내면성으로 환원시키는 '지향성' 이념으로 후설이 시도한 바와 같이, 의식이라는 특수한 심리학적 방편을 통해 소여와의 만남을 안일하게 '무사통과'시키는 것은 문제의 소지가 있다. 우리는 외재성의 발견과 세계로의 개방이라는 지향성의 공적을 인정하는 사르트르가 후설의 이러한 인식론적 과정을 레옹 브렁슈비크 유형의 관념론이 지닌 패착이라 본 것[9]과 유사한 해석을 말디네에게도 발견할 수가 있다. 따라서 실존이란 실존 자신의 타자로서의 실존 그 스스로에 대한 감내성인데 말하자면 '자신의 타자' 안에

---

7) Maldiney, *Penser l'homme et la folie*, p. 265 이하.

8) Jean-Luc Marion, *Étant donné: Essai d'une phénoménologie de la donation*, Paris: PUF, 1997, pp. 369~373 참고.

9) Sartre, "Qu'est-ce que l'intentionnalité?", *Situations I*, Paris: Gallimard, 1947 참고.

서 자기 '자신으로 관통'하는 가능성이라 하겠다.[10] 그것은 바로 예측 불가, 초과 상태, 의외현상을 겪어 내는 능력[11]을 일컫는다. 만남을 위한 이러한 자질 안에는 말디네가 무심insouciance이라 칭한 차원이 존재하는데 이는 정신 질환을 확실히 저버리게 할 개방적인 유연성과 담담한 초연함을 가리키는 것으로서, 바로 자신이 타자로 될 수 있는 변모의 능력이요, 자율적인 조형의 기질이라 하겠다. 타자성altérité 또는 이타성, 달리 말해, 소여의 이방성étrangeté이란 리쾨르의 철학에서 주체의 수용 구조structure d'accueil[12]의 계열에서 가리키는 일종의 '포기'를 전제하고 있다. 이러한 포기는, 그것이 마치 저절로 되기라도 한 듯이, 의식과 의지 등 내면에 의존된 것보다 더 실제적이고 심층적으로 발생하는 것으로 양도함이다. 요컨대 무언가를 수용함이란, 자아 자신 이전에 이 자아를 지탱하면서 자아 그 자신에 대해 무언가를 그 자아에게 가르칠 수 있음과 같다. "장미는 이유 없이 피어 있다"[13]라는

---

10) 자기 자신에 대한 '실존적 가능성'을 일컫는데 말하자면 우리 각자는 자신도 모르게 무언가가 엄습했음을 깨닫기 십상이다. 주체는 반성적으로 사고할 뿐만 아니라 스스로에 대해 익숙하면서 낯설다. 그런고로 문득 놀라면서 감내할 수 있는(passible) 것을 자기 자신에 대한 감수성이라 하겠고 따라서 이는 자기 '자신이 타자'로 되는 것을 받아들임이다. 우리에게는 '모종의 수동성'이 내재하고 있으며 이 수동성은 곧바로 '실존적 수동성'으로 된다. 이러한 수동성은 능동적이고 반성적이며 게다가 모종의 안감(사건)을 댄 '변증법적' 수동성이라 하겠다.

11) 말디네의 이 말은 클로드 로마노의 사건 개념과 유사하다. 로마노는 전혀 낯선 것이나 아주 새로운 것, 이른바 '소여'에 대한 경험을 "사건"으로 규정하는 현상학자이다. Claude Romano, *Lumière*, Paris: Des Syrtes, 1999 참고.

12) Paul Ricoeur, *Soi-même comme un autre*, Paris: Seuil, 1990, p. 30.

13) "장미는 이유 없이 존재한다. 장미꽃이 피기에 장미는 만발한 것이다"(La rose est sans pourquoi, elle fleurit parce qu'elle fleurit). 이 말은 17세기 독일의 신비가 앙겔루스 실레지우스의 표현이다. 이런 신비적(Mystique) 사유는 하이데거가 자신의 실존적 콘텍스트로 차용한 초이성적인 이념인 "모든 실재 너머로 존재의 비합리적 토양이 존재하고 있다"로 조

맥락처럼 존재의 심층에 홀린 어떤 마법이 바로 '근심의 부재'로서 무심이 된다.

이렇듯 횡단감수적인 '세계로 열린 현전'은 모든 가능한 것들을 넘어서 존재하는 드라마틱한 '역량'으로도 나타난다. 말디네는 이 역량 일반을, 나의 가능성들은 나에게 불시에 들이닥칠 수 있는 바를 원리상 고갈시킬 수가 없다는 사실에서, "횡단초월성"이라 칭한다. 순수하게 가능한 것은 주어진 대로의 가능성들을 언제나 넘어서 있다. 이 순수가능성은 항상, 불가능하게 보이는 것을 생산해 내지만 다만 시간화 및 공간화를 달리하여 움직일 뿐이다. 그래서 탈-존함ex-ister, 즉 자기 '밖으로' 그리고 자기 '이전에' 현재함이란, 가능성들의 모든 가능한 형태들 이전에 '비결정적' 토대를 받아들이는 것으로서의 '횡단초월성'이 될 뿐만 아니라, 가능한 모든 '수동성의 형태들' 이전에 '비결정적' 토대를 떠맡는 '횡단감수성'이 되기도 한다. 그러므로 '사건'이란 실존적 자기soi가 그 자신의 횡단감수성을 통해 열리는 이른바 '횡단-초월적인 것'이다. 요컨대 횡단감수성과 횡단초월성은 초월적으로 실존하는 두 방법이다. 다만 횡단감수성은 인간과의 관계를 중심으로 표현되고 횡단초월성이란 그런 인간관계의 '사건-연관적인' 맥락으로 보다 극화된다. 이 같은 총체적 의미에서 볼 때, 정신적으로 병든 존재인 환자란 세계로 현전하는 두 존재 방식들에 실패

정된다. 이른바 '존재 너머의 진리'가 바로 이것이다. 장미의 만발은 말디네에게 와서 다음처럼 변한다. "언어의 뿌리들이 부속하는 차원 그래서 시인들도 합류하는 '선험-질료적' 차원의 비결정적 토대가 존재한다"라고.

한 자이다. 말하자면, 정신 질환은 위에서 언급된 개방적 횡단감수성의 태도인 통상적인 '무심'이 실패한 것이다. 그런데 이 무심은 소여를 수용함으로 인한 '사건 발생 및 자기 변모'에 대한 보편적인 운신의 능력, 곧 횡단초월성으로도 된다. 예컨대 여느 아동과는 달리, 정신분열증자는 주사위를 '언제든' 되던질 줄을 모르고 '도대체' 무심할insouciant 수도 없는 데다 타인들과 '제대로' 놀 줄도 모르는데, 한마디로 실존이 그 자신에게 가져다준 것에 대하여 자연스레 횡단감수적이거나 횡단초월적일 수가 없는 것이다.

프로이트의 무의식 이론에서 원초적 '의미'의 주입을 본 말디네

의식의 체험을 일의적으로 표방하는 후설과 세계da/là로의 개방 및 존재로 열린 현전에 우선권을 두는 하이데거[14]라는 이중의 자양분으로 하이브리드 연구를 한 현상학자 말디네는 사르트르나 메를로퐁티와 마찬가지로 생물학적 에너지들 사이의 무의식적인 게임을 마냥 그대로 받아들일 수가 없었다. 왜냐하면, 만일 프로이트의 성충동pulsions libidinales이 표상을 통해 지지된다면, 이 충동은 의지와 의식도 모르는 사이에 작용할 뿐만 아니라 꿈, 저항, 열등감과 같은 타협의 대형으로

---

14) Heidegger, *Être et Temps*, trans. E. Martineau, Authentica, 1927(1985), 2, 9, 12, 29 섹션 참고.

이 의지와 의식을 기만하기 때문이다. "실존주의 정신분석"[15]을 고안한 사르트르와 매한가지로 말디네는 존재의 출석être là de l'être으로 이해되는 하이데거의 현존재 개념에 기초한 빈스방거의 현존재분석을 채택한다. 현존재란, 하이데거가 후설의 '의식 일의성'에 가한 비판과 의식 및 무의식에 대한 모든 형태의 실체화에 퍼부은 비판에 기초한 '세계로 열림'ouverture au monde이다. 이러한 맥락과 더불어 현존재를 토대로 삼는 심리분석이란, 내담자 자신이 정신분열증자이든 우울증 환자이든, 아니면 또 다른 것이든, 비록 그가 이 개방 능력이 결핍되어 고통을 당할지라도, 여전히 하나의 인간으로 남아 있다는 사실을 제기한다. 즉 정신 질환자는 아직도 시간을 타고 있는 데다 부단히 생성되고 있으며 어떤 미래로 열리는 '초월성'으로도 존속하고 있다. 따라서 '세계' 차원 및 '미래' 차원으로 개방되려면 환자가 하는 행위들의 결함 자체 속에 그 가능성이 있어야만 한다. 프로이트의 파롤parole(무작위로 말하기)을 통한 치료가 단지 과거에 대한 '사태적' 조사, 곧 정신적 외상에 관한 '대상적' 연구에 있는 반면, 말디네는 도대체 무엇으로부터 트라우마를 그렇게 겪게 된 것인지를 묻는다. 요컨대, 우리는 성충동의 구조들보다 더욱 근원적인 구조들을 검토해야 하는데 그것은 바로 인간이 세계와 타인뿐만 아니라 심지어 그 자신과도 관계를 맺는 방도인 실존 구조의 분석이 된다.

이런 맥락에서 말디네 역시 그 자체로 이미 문제가 됨에도 불구하고 뾰족한 해결책이 될 수가 없는 '무의식의 정신 구조'를 조롱할

---

15) Sartre, *L'être et le néant*, Paris: Gallimard, 1943, p. 602 이하.

수밖에 없었지만, 당시 현상학의 지배적인 경향 속에서[16] 2차 세계대전 후의 많은 철학자들처럼 그 또한 프로이트의 고안물인 무의식이 그 생물학적이고 의학적인 성격에도 불구하고 심리학적 결정론으로 환원될 수가 없는 영역만큼은 열어 준 것으로 보았다. 말하자면 첫째, 표상들에 기초한 충동의 역학으로서 프로이트의 무의식 '이론'과 둘째, 실존적 전이 관계가 중재하는 말디네의 파롤을 통한 대화 치료의 '임상'이란 소위 원초적인 '의미' 이념 및 세계와의 '관계' 이념이 필수불가결한 속칭 '까다로운 심리학'을 구성한 것이다. 프로이트는 여기서 "자연과학의 유형과는 사뭇 다르게 과학적인 인지성의 유형"[17]을 개시하고 있었다. 그래서 무의식을 거부하는 말디네조차도 프로이트를 예찬하게 되는데 그것은 바로 후자가 보유한 철학적 차원들 때문이다. '철학적' 차원이란 한 개인의 생활사를 중심으로 환자와 의사라는 두 존재 관계를 매개로 한 실존적 의미로의 접근이다. 치료의 성공이란 결국 전이transfert 관계의 의미를 지배하는 환자의 능력에 달린 것이다. 따라서 정신분석 이론은 결코 생물학적인 것 속에 갇힌 구성물일 수가 없게 된다. 무의식적 정신현상이라는 프로이트적 실체주의는 의식과 무의식 사이의 '데카르트적 단절'에 토대를 두는데 이는 내면성과 외재성 사이의 단절이 되고 만다. 이 같은 실체주의는 과

---

16) 그 당시는 실존의 수동성 기반인 신체를 강조한 메를로퐁티의 『지각의 현상학』보다 사르트르의 『존재와 무』(1943)와 레비나스의 「후설 및 하이데거와 더불어 실존을 발견하면서」(Discovering the existent with Hussel and Heidegger, 1949)가 리쾨르가 번역한 후설의 『이념 I』(1950)과 더불어 프랑스현상학에 영향력을 행사하고 있었다.

17) Maldiney, *Regard Parole Espace*, p. 27.

거의 구조들로 환원될 수 없는 데다, 현재로 현전하면서 개방되는 '세계로 열린 존재'로서의 인간 이념과는 도저히 양립할 수가 없다.

'실존적 분석'은 대상적 의미가 아닌 '원초적 의미'의 이해

내담자에 대한 포괄적 이해를 요구한 빈스방거의 치료법에 동의하던 중, 세계로의 개방과 이 개방의 장애를 알게 된 말디네는 서로 관계를 맺고 있는 행동의 주체들을 간파하기 쉬운 개방으로서 '이해'를 깨닫게 된다. 이러한 프레임 속의 치료자에게는, 불안정한 실존 구조를 통해 '원초적 의미'directions de sens가 생성되도록 하면서 이 구조를 '관념-지성적인 것'으로도 만드는, 새로운 현존재가 마련된다. 곧 치료자는 내담자의 실존 구조가 '다른' 식으로 열리도록 유도하는 것이다.[18] 따라서 말디네의

> 실존이라는 낱말에다가 생물학적인 것과는 근본적으로 상반되면서 진부하지도 않은 본래적 의미를 되돌려주는 것이 필수적인 일이 된다. 실존자, 그것은 휴먼, 즉 '비생물학적'인 것이며 [⋯] 비대상적인 것이다. [⋯] (결국 이것은) 표상이나 재현이 아니라 현전이 관건이 된다.[19]

---

18) Maldiney, "Le dévoilement des concepts fondamentaux de la psychologie à travers la Daseinsanalyse de L. Binswanger", *Regard Parole Espace* 참고.
19) Bernard Rigaud, *Henry Maldiney. La capacité d'exister*, Germina, 2012, pp. 47~48(작은따옴표와 괄호는 인용자의 것).

따라서 방향 결정이나 의미 창출을 선험적으로 지시하는 "의미 생성적 몸짓"[20]이나 "원초적 의미"[21] 및 진정한 "실존의 구조"란 정녕 "비대상적으로"[22] 될 것이다. 예컨대 '세계를' 살면서 '거기에' 거하는 habiter 방식과 연관될 뿐만 아니라, 존재자와 사물들 그리고 시공간의 차원으로 향하는 방식과도 밀접한 행위 도식 및 그 공간 구조가 실존의 구조이다. 이러한 "의미생성적 몸짓"이나 "실존의 구조"와 더불어 빈스방거의 실존적 스케치가 관건이 되면서 이를 통해 존재의 의미가 계시된다.[23] 예컨대 '추락'chute이라는 말은 인간에 대해 각별한 의미를 지니면서 그가 취하는 입장의 의미 자체에 대한 탐색을 야기한다는 뜻이다. 말하자면 물리적인 본래의 의미만이 아니라 상징적이고 비유적인 뜻도 가진다고 하겠다. 먼저 땅바닥을 항상 발아래 둔다는 '낙하'를 지시하면서도 마치 세계의 중심에 있듯이 세계 안에 선다는 것이다. 그런데

만일 추락이 인간에 대해 어떤 상징적 가치를 지닐 경우, 그것은 무엇보다 이 추락이 하나의 실존적 스케치이기 때문이며, 인간이야말로 떨어지고 있는 추락의 주체이기 때문이다. 추락은 인간 실존의 어떤 보

---

20) 여기서 "의미생성적 몸짓"(수동적)으로 번역되는 directions significatives는 문맥에 따라서 "의미창출적 몸짓"(능동적)으로 표현될 수도 있겠다.

21) 의미생성적 몸짓을 하는 "원초적 의미"(directions de sens)는 배중률이 거부되는, 심리와 물리 '사이' 제3의 존재 장르이며 또 모순율이 부정되는, 정신과 물질의 분리 '이전'의 존재 영역인 이른바 역동적인 '선험 질료'이다.

22) Maldiney, *Regard Parole Espace*, p. 72.

23) *Ibid.*, pp. 97~98 참고.

편적 가능성이고, (그 무언가)로 현전하는 역동적인 공간 구조이다.[24]

　이처럼 현전의 전략과 고양 및 그에 따른 모든 시공간적 차원들은 실존의 모든 영역을 가로지른 의미를 지니게 된다. 예컨대, 원근간의 긴장이라는 살아 움직이는 공간 구조, 기획투사와 결정 해결의 공간, 청소년의 공상적인 공간 그리고 사랑과 미움의 공간을 조직하는 것이다. 그런데 공간의 의미는 이 모든 국지적인 수용들 '너머로', 아니 그보다 이 수용들 '이전에' 존재한다고 봐야 한다. 말디네는, 빈스방거의 정신 질환의 분석에 깃든 인간의 본질적 위상뿐만 아니라 예술 작품에 대해 그 자신이 이해한 내용의 핵심까지 수용하기 위해 주제화thématisation[25]라는 하이데거의 용어를 차용한다. 주제화는 정신분열증을 해명해 줄 뿐만 아니라, 칸딘스키가 자신의 '미학적 이상'에 부여한 해석의 내적 지평과도 같은, 어떤 작품에 대한 분열증적 차원까지 밝혀 주고 있다. 프랑스어 전치사 "à가 '세계[로 열린] 현전'에서 분리될 경우" 이 주제화가 발생하면서 공간과 시간, 감성과 소통 그리고 언어가 닫히고 마는 것이다. 그 대신에 반복과 단절, 양면감정과 정서마비 등, 한마디로 정신분열증을 유발시키는 모든 윤곽적인 특징이 발생한다. 여기에 덧붙여 말디네는 "환경세계Umwelt의 존재자는 엄격한 한계선을 수용하게 되면서, 수중의vorhanden 긴박한 현재라는

---

24) *Ibid.*, p. 97(괄호는 인용자의 것).
25) '대상화'로 이해해 볼 수도 있겠다.

온전함은 주제화되고 만다"[26]는 하이데거의 표현을 인용하면서 보충, 설명한다. 나아가 우리는 다음과 같이 부연, 설명할 수도 있을 것이다. 독일어 zu가 후설의 "사태 그 자체로 감"aller aux choses mêmes에서 사라질 경우, 무언가를 향한vers 의식의 개방이란 불가능하다는 점이다. 말디네 유형 '실존분석'의 야심 찬 기획은, 의미가 창출되고 효력이 넘치는 융복합현상을 통해 "한 인간에 대한 이해와 표현들을 가능케 하는 비주제적 실존 구조의 분석학"[27]을 구축하는 것이다.

만약 말디네가 빈스방거처럼 생물학적으로 설명하는 대신 비주제화함으로써 오이디푸스와 전이 등을 받아들였다면, 그것은 '자연으로서의 인간'과 '인간적인 조건'이라는 양면 사이에서 "프로이트가 계속해서 주저했음에도 불구하고 [⋯] 정신분석을 과학 앞에서 정당화하기 위해 고전적 비판의 차원에서 마련된 '의식─무의식' 논쟁"[28]에서는 그가 여전히 의식 관점의 포로로 남았음을 잘 보았기 때문이다. 프로이트의 무의식 규정은 "의식의 관점으로부터 제기된 '대항마적 문제의식'을 의미한다". 설령 "프로이디즘의 방법과 연결되는 일인칭 내의 상황과 행동의 역사적이고 극적인 '차원' 및 (자유롭고 비결정적인) 프로이트적 '의미'sens의 개념이 [세계로 열린 존재]라는 여전히 심의 중인 이름의 인간 조건을 책임진다고 설명할지라도 (프로

---

26) Heidegger, *Être et Temps*, p. 362(Maldiney, *Regard Parole Espace*, p. 70에서 재인용). 수중의 생생함(Vorhanden)으로서의 현재가 사라진다는 의미.

27) *Ibid.*, p. 72.

28) *Ibid.*

이트는) 무의식을 자연의 실물로 세우는 한에서만[29] 그것을 정당화할 수 있는 것이리라".[30]

현상학적 정신분석: 프로이트 개념들에 대한 말디네의 실존적 재해석

오이디푸스 구조 자체에 대한 심문

오이디푸스의 구조에 대한 실존적인 재해석을 통하여 마침내 인간은 가족 관계라는 트라이앵글에서 벗어나게 된다. 정신분석학의 기초 개념인 오이디푸스는 인간 본성의 이해를 위해 인간 '현전'의 비대상적이고 의미생성적인 몸짓을 토대로 한 실존적 이해가 필요했다. 고로 우리는 라캉-프로이트주의 가족현상에 대한 과타리와 들뢰즈의 비판이 이러한 재해석과 협화음을 낸다고 간주할 수 있겠다.[31] 현존재분석은 분열증과 우울증에서 세계로 열린 현전의 두 가지 뚜렷한 결핍의 형태를 보고 있는데, 그것들은 세계로 열린 현전의 두 병리학적 형태이고 현존재가 그의 세계 및 타자들과의 관계를 책임지지 않거나 잘못 담당하고 있을 두 가지 현전양식이다. 고로 1) 자아와 초자아가 '타협하는 경우'나 여러 '소아 단계 사이의 두절'을 만들어 온 태생적 시나리오 2) 과거에 고착된 '원초적 장면' 및 '은폐된 것'으로

---

29) 정신(esprit)의 반대급부로서의 자연(nature) 안에 무의식을 설치함으로써만.

30) *Ibid.*(작은따옴표와 괄호는 인용자의 것).

31) Deleuze and Félix Guattari, *L'anti-Œdipe: Capitalisme et schizophrénie*, Paris: Minuit, coll. "Critique", 1972 참고.

복귀하려는 프로이트주의 메커니즘에 대한 의존을 축출함이 필요하다. 성충동을 위장시키고, 현실에서가 아니라 고작 상징적으로 이 충동을 만족시키는 것이 바로 '프로이트주의 신화' 속에서 "오이디푸스 콤플렉스"를 체험함이다.

현존재분석에는 혼모금지interdit de la mère의 위반에 관련된 '거세 공포'처럼 객관화할 수 있고 주제적인[32] 시나리오 유형은 없는 대신, 보편적인 부성paternité 구조에 대한 인정이 있다.[33] 고로 아이는 아버지 안에서, 들뢰즈와 과타리도 조롱한 신성불가침의 트리오보다 훨씬 광범위한, 다원적 실존 차원인 '세계로 열린 존재'를 발견하고 있다. 아이는 결단코, 아직도 "정신분석학계"의 나이브한 경전이 되고 있는 가족현상 안에 갇혀 있지 않다. 라캉이 말하는 "아버지의 법"loi du père의 신성화와 아버지에 비교되는 어머니의 '이차적 상징성'의 지위 그리고 인간 상호관계의 사회적·역사적·정치적 차원의 은폐가 바로 가족현상이다. 말디네 역시 아버지는 당연히 어머니의 배우자라고 말하지만 아이에게 이러한 발견은 현전을 통해 그 자신 고유의 '세계로 열린 존재'에 참여함으로써만 의미가 생긴다고 한다.[34] 오이디푸스라는 희곡론에 집착하는 대신, 우리는 실존적 입장인 '존재하는 그대로의' 삼각 구조에 관심을 가져야 한다. 오이디푸스적인 삼각측량은 현실의 세 인격으로 이루어진 주제적인 삼각관계가 아니

---

32) 이 논문에서 주제적인(thématique) 것이란 '대상적'이고 '객관화'된 것이라 볼 수 있다.

33) Maldiney, *Regard Parole Espace*, p.74.

34) *Ibid.*

라 아이의 실존적 태도가 된다. 이 태도는 "세계로 열린 어린이의 존재"[35]양식이요, 그가 타인들과 사물들은 물론이요 자기 자신과도 소통하는 방식이다. "오이디푸스 관계라는 유일의 차원 속에" 작용하고 있는 것은 대개 "세계로 열린 존재의 모든 구조들"[36]이다. 아이의 전체적 역사 한가운데서 아버지는 의식의 지위라는 의미에서 하나의 상징적 인물이다. 만일 말디네가 지나치게 주제적인 "원형" 개념을 '실존화'시킬 경우 아마도 그는 프로이트보다 융에 가까울 것으로 보인다. 왜냐하면 융이 아버지를 가지고 원형archétype이나 원상imago을 만들 때, 실제로는 비주제적인 '원초적 의미'로서의 부성적 구조들을 주제로서 객관화하기 때문이다. 한편, 프로이트의 사유가 치장한 신화적 외양은 이드, 자아, 초자아와 같은 몇몇 심급들을 내면의 세계에 실체화하고 어떤 의미생성적 몸짓을 쾌락이나 현실의 원리 속에 실현하고 있다. 하지만 이런 외양은 "행동과 상황이 '세계로 열린 존재'라는 근원적 상황을 그것들 안에 진작 드러내 해명함으로써만 의미를 가진다는 것을 우리가 이해하자마자 파기될 수 있다."[37] 아이가 자신을 아버지와 동일시하고 이 아버지를 경쟁자로 구성하기 위해서는

이미 어떤 역사를 보유한 선재적인 친밀성의 배경이 필수적인데 여기서 역사란 아이가 스스로를 아버지로 여기면서 경쟁자를 찾는다고 믿

---

35) *Ibid.*, p. 73.
36) *Ibid.*
37) *Ibid.*

기 위해 필요한 것이다.[38]

"아이는 아버지 안에서 다른 차원들을 발견하기" 때문에 단순히 자신의 여자를 소유하는 것과는 완연히 다른 '원초적 의미'가 존재하게 된다. 아이는 "자신의 출입구가 외부세계로 문을 조금 열고 있는 존재인데 거기서 그 자신은 전능의 십장이고 불가사의한 과업의 저자이다".[39] 따라서 말디네는 프로이트가 신화에 근거해 상상한 환상과는 전혀 다른 오이디푸스 해석을 제안하기에 이른다. 말하자면 그것은 '소아의 유치한 삶'과 혼동되지 않을 '유아의 실존적 삶'에 본질적인 '원초적 의미'가 관건이다. 엄밀히 말해 오이디푸스 트라이앵글은 세계로 열린 아이의 존재양식이자, 타자들과 이 아이 사이의 소통형태가 된다. 정신분석학이 집중하는 "가족형 및 소아형 세계"는 아동 고유의 '세계로 열린 현전'을 전혀 고갈시킬 수 없는 것이다.

전이: 치료에서 시간성과 초월성, 대화의 실존적 역량

분석의 상황에서는 "타자와의 관계가 이중의 상관성 속에서 유기적으로 구성되고 있다. 곧 '동일시'라는 비본래적 관계와 '상호소통'이라는 본래적 관계가 그것인데 이것들이 전이의 역동성[40]을 결정한다.

---

38) *Ibid*.
39) *Ibid*.
40) Freud, *Psychologie de masses et analyse du moi*, Paris: PUF, 2010; *L'interprétation des rêves*, Paris: PUF, 2012 참고.

그런데 타자에 대한 이중적 관계는 자기 자신에 대한 두 유형의 관계를 상징하고 실현한다. 말하자면 두 종류의 차별적인 시간화를 내포한 '자기 자신의 역사'에 현전하는 두 존재방식을 상징하고 실현하는 것이다".[41] 즉 한편으로, 환자는 오로지 그 자신의 폐쇄적인 과거를 토대로 해서만 그의 시간적 실존 구조를 구축할 수 있다. 과거란 프로이트가 특권을 부여한 도식이 아니던가? 이 틀 속에서 환자는 '동일시' 구조처럼 오로지 '주제화된' 구조와 관련해서만 현재를 소유하게 된다. 이 현재는 환자를 끊임없이 그의 과거로 돌려보내는데, 환자의 회복이란 증상들[42]을 통해 상상적으로 해결된 갈등의 치료로 전이되는 가운데 반복을 거치는 것으로 여겨진다. 그러나 다른 한편, "환자와 세계의 관계란 전이로 말미암아 이 환자의 모든 동일시의 온상이자 미래에도 그러할 분석가를 거치게 된다".[43] 그런데 분석가 역시 "세계와 분석가 그 자신의 관계들의 진원지"가 될 것이다. 우리는 분석가와의 대화에서 '기대되는 의미'를 예견할 수 있으며 또 과거가 아니라 미래에 근거한 '시간의 개방'을 볼 수 있을 것이다. 대화에 부속된 이러한 "의미 형성의 내재적 역량", 곧 현재의 가치 및 미래 개방의 가치야말로 정녕 프로이트적 방법에 속하고 나아가 과거에 대한 이 방법의 편집증과 그 반복되는 폐쇄성을 상쇄하는 것이다. 전이는 따라서 과거와 동시에 미래로 향한다. 즉 "분석의 진전"이란 이처럼 무

---

41) Maldiney, *Regard Parole Espace*, p. 53(작은따옴표는 인용자의 것).
42) 충동과 사회 사이의 타협인 콤플렉스를 가리킨다.
43) *Ibid.*, p. 53.

의식적인 것이라 여겨진 "환상과 성향의 되풀이"[44]를 의식적인 것으로 만들어야만 할 것이다. "분석은 전이의 역동성에 영향을 미치고, 대화의 점진적 시간성이라는 성질을 띠게 되는데" 이런 의미에서 전이의 시간성은 단계적으로 진행된다. 그러나 분석은 역진적인 자신의 특징과 완전히 단절할 수가 없다. 왜냐하면 전이에서 역할을 하는 것은 과거 사실의 중핵이요, 제대로 해결되지 못한 갈등의 중심이기 때문이다. 대화는 특히 전이의 위기가 낳은 시간성의 변화 속으로 환자를 되돌리는 데 도움이 되어야 한다. 왜냐하면

> 대화행위의 시간성은 세계 쪽으로의 어떤 초월의 도식이기 때문이다. 분석가의 역할과 이 분석가에게 영향을 미치는 전이의 역할은 세계의 진원지가 되는 것이며 이 세계를 향해 초월은 열린다. 또 신경증이나 정신병에서 해결되지 못하고 남은 과거의 지양은 전이를 통해 시작된다. 따라서 프로이트의 '정신분석학'과 빈스방거와 말디네의 '현존재분석'에서 전이에 부여된 의미는 달라진다. 앞서 말한 대로, 대화행위의 시간성은 세계로의 초월도식인데, 그것도 분석가가 곧장 세계의 진원지가 되는 그러한 초월의 도식이다. 상담 치료의 방법적이고 직업윤리적인 규칙들이란, 분석가를 환자의 병리학적 세계의 정상적 진원지로 조직하는 기본적인 주제 속으로 죄다 수렴되고 있다.[45]

---

44) *Ibid.*

45) *Ibid.*

분석에 고유한 상황에서 세계 쪽으로의 초월은 상황 그 자체와 관련된다. 그래서 "분석을 개시하는 행위는 스스로를 탈구시키는 환자의 결정이고, 자신의 본질적인 근심[46]에 대한 책임을 분석가에게 맡기는 결정이다".[47] 여기서 말디네는 프로이트의 실수를 환기시키는데 말하자면 "전이의 역동성"에 관련된 '도라'_Dora_의 정신분석을 통해 알려진 프로이트의 패착이다. 전이의 역동성은, 환자를 그의 과거로 유도함으로 세계와 미래로의 그의 초월을 희생시켜 과거에서 꼼짝 못하게 하는 증후와 억압을 지양하도록 시동을 건다. 결국 전이는 이 고착된 과거의 지양을 허용하는 것으로 간주되고 또 분석의 진전과 그 미래로의 정향을 설명하는 것으로 여겨지며 마침내 환자가 자신의 고유한 차원으로 귀환하는 것까지 해명하는 것으로 사료된다. 도라는 소중한 교훈들을 통해 프로이트에게 모종의 모욕을 주게 된다. 즉 분석가 프로이트는 파토스적인 전이 관계들의 목표를 수동적으로 기다리지 않아야 한다는 것인데, 그렇지 않을 경우 그는 전이 관계들의 "시스템 속에 스스로가 얽매이게 될"[48] 위험에 처하게 된다. 분석가로서 프로이트는 자신에게 아가씨의 시간성을 장악하도록 해주었을 지배권을 상실했다는 점과 초월성의 의미에서 그녀의 행동을 예견하는 능력을 결여했다는 사실도 깨닫게 된다. 그런데 환자의 '초월성 없는' 전이란 과거의 동일시에 대한 '심화된 스케치'도 '갱신

---

46) 하이데거의 Sorge의 의미와 흡사하다.
47) *Ibid.*, p. 54.
48) *Ibid.*

된 실현'도 아니라 그저 반복에 불과할 것이다.[49] 정신분석은 따라서 "하나의 모험"이자 "진정한 역사"이어야 한다. 환자가 과거의 상황으로 퇴화함은, 상담 대화와 전이 계기를 통해 개선된 점진적인 실존의 시간성과 관련되는 것이다. 정신과 물질의 분리 이전의 '원초적 의미' 속에서 우리는 사물과 타인 그리고 현재와 유기적으로 연속되기에 이 살아 있는 의미는 객관화나 주제화가 불가능하다는 점을 기억하자. 또 말디네가 "거의 눈에 띄지 않는 이 비주제적인 것의 중요성을 그 자신에게 되돌려주고자 한다"[50]는 것도 잊지 말자. 그런데 "비주제화는 본래적 시간성에 필수적인 상관자이다".[51] 도라의 전이에 대한 프로이트의 판단 실수뿐만 아니라 치료의 시간성에 대한 비본래적 개념도 여기서 발생하는 것이다. 정신분석가는 환자 이해를 위한 이러한 소통과 포용의 추구를 통해 "절체절명의 순간에 처한 동물을 아주 꼼짝 못하게 하려는"[52] 사냥꾼을 닮아서는 아니 된다.

한편, 전이 속 '환자와 세계'의 관계는 분석가를 경유한다. 곧 특별한 "내재적" 의미생성력이 대화를 통해 드러나기 때문에 환자의 시간은 미래로부터 열린다는 것이다. 따라서 전이는 "두 시간성의 연결을 위한 결정적 계기"[53]가 되는데, 그 하나는 분석이 진전되는 미래로 열린 대화의 '점진적 시간성'이요, 다른 하나는 분석가와의 현실적

---

49) *Ibid.*, pp. 54~55 참고.
50) *Ibid.*, p. 46.
51) *Ibid.*, p. 48.
52) *Ibid.*의 각주 11 참고.
53) *Ibid.*, p. 53에는 '분석 테크닉'에 요긴한 내용이 기술되어 있다.

관계 및 분석적 상황 모두를 결정지을 환자의 과거와 그의 역사에 대한 '퇴행적 시간성'이다. 따라서 말디네는 『시선, 파롤, 공간』의 53쪽을 전후로, 프로이트가 전이에 부여한 역할 곧,

> 분석의 진척[54]에 따라 의식적이 되어야 하는 환상과 성향을 반복적으로 야기하는 역할을 전이가 제대로 수행하려면 '세계로의 개방'이나 두 '시간성의 개방'과 연결되어야 한다는 사실을 암시한다.[55]

숨겨진 과거 파토스의 소생인 전이는 이중으로 정향되는데, 말하자면 과거만큼 미래로도 향한다. 전이란 "과거의 동일시들이 단순히 전도된 의미로 재현된 것은 아니다."[56] 그것은 저항을 가로질러 움직이는데 이때 저항의 질서는, 분석이 진척됨에 따라 그리고 "분석 상황의 구체적 양식"에 따라, 갈등이 연쇄되는 시간적 순서와는 전혀 다른 방식으로 조직된다. 이 같은 상황에서 분석가의 "대화 상대자 역할"은 필수불가결할 뿐만 아니라 이 분석가는 "제때에 전이를 지배"[57]해야만 한다. 이것이 바로 프로이트가 도라와의 문제에서 실패했다고 인정한 점이다. 말디네는 이 실패를 현존재분석에 근거해서 환자의 현전의 도식이나 환자의 자기 초월의 도식으로 해석하게 된

---

54) 치료의 진전(progression de la cure)과 동일한 의미.
55) *Ibid.*에서 말디네는 Freud, *Cinq psychanalyses*, 2014를 인용, 해석한다.
56) *Ibid.*, p. 54.
57) *Ibid.*

다. 우리가 꿈,[58] 예술 그리고 도라와의 분석적 관계[59]에 드러난 "프로이트의 실패"가 잘 설명된 『시선, 파롤, 공간』의 난해한 부분을 횡단하며 찾아내야 하는 것은 이러한 '해석의 뉘앙스'이다.

꿈: 숨겨진 고정 의미가 아니라 현재적 실존 의미의 발생

『시선, 파롤, 공간』의 '이해함'comprendre이라는 장에서 말디네는 프로이트의 『꿈의 분석』을 비판적으로 해석하면서 후자가 '의미'에 관심을 가지게 된 방법을 이해하려 애쓴다. 그 방법은 시니피앙, 곧 '몽환 이미지'로서 명시적 의미를 '잠재성'으로서 암시적 의미로 이해함인데 이 후자는 전자로부터 분리될 수가 없다.

> 명시적 의미와 암시적 의미는, 그 어디서도 현실화되지 않고 개인사個人史의 원초적 의미로서만 파악할 수 있는, 동일한 의미의 두 극이다. 구성하고 드러내는 개인사의 이러한 변증법은 분석적 치료의 변화를 가로지르면서 실현된다.[60]

그래서 이 문제 해결의 관건은 빈스방거의 철학에서 "원초적 의미"가 된 이념을 프로이트의 문맥에서 되찾는 것이다. 이 의미[61]란

---

58) *Ibid.*, pp. 61~63 참고.
59) *Ibid.*, pp. 50~60 참고.
60) *Ibid.*, pp. 30~31.
61) 프랑스어 sens는 감각, 의미 그리고 방향을 모두 만족시키는 통전적(integral) 개념으로서

'세계로 열린 존재'에 대하여 존재론적으로 거대 구조의 역량을 지닌 보편적 '의미생성적 몸짓'이다. 이것은 프로이트가 모든 꿈은 의미를 지닌다고 선언할 때, "주관적 의식체험 속의 화자narrateur에게 주어질" 수 있는 의미가 아닐 뿐만 아니라 "어떤 객관적 개념 안의 해석자에게 주어질"[62] 수 있는 의미도 아닌 것이다. 몽환 이미지들이란, 갈등과 타협을 따라 자신들끼리 정돈되거나 또 충동을 지지하는 '재현들'로 간주되지 않는다. 장 프랑수아 리오타르도 꿈을 통해서는, 알 수 없는 '수수께끼'[63]가 아니라 이미지로 직접 파악된 '구상성'具象性, le figural을 보면서, 프로이트적 테제를 부정하는 마찬가지 의혹을 제기할 것으로 보인다.

『꿈의 해석』에서 프로이트주의가 드러내려는 생물학적인 국면은, 인과적인 분석이 가능할 어떤 기운들forces 그래서 마치 과학적인 가치로까지 이어질 것 같은 기운들로 무장된 무의식 개념으로 설명된다. 그렇지만 프로이트가 모든 꿈은 의미를 지닌다고 했을 때의 의미란 오직 명시적 의미와 암시적 의미의 변증법을 '통해서' 생긴다. 말하자면 의미란 애매한 형태를 취하는 고로, 혹여 있을지도 모를

이 형태의 안정적 명증성이란 결국 기만에 지나지 않을 것이다. 그런데 잠재적 의미는 어떤 '숨겨진 의미'가 아니라 오직 발견하는 것만이

여기서도 역동적인 기능을 발휘하고 있다.

62) *Ibid.*, p. 28.

63) 언어학적 토대에서 '낱말들의 놀이'는 이미지들을 지배하는데, 이 같은 '랑그와의 구조적인 놀이'는 이드와 초자아 사이의 타협을 통해 여러 가지 암시를 파생시킨다.

핵심이 되는 '생성적 의미'다. 이것은 자신을 숨기는 의미, 곧 드러난 내용인 자신의 현상 속에다 스스로를 감추는 어떤 '실존적 의미'라 하겠다.[64]

따라서 말디네는, 순전히 인과적이고 도구적인 방식으로만 무의식의 기운들을 이해할 경험론적 개념과는 정반대로, 무의식과 의식의 관계에 대한 합목적적이고 분별 있는 개념을 통해 프로이트를 신뢰하게 된다. 그럼에도 의식체험을 우선시하는 후설주의Husserlian 의식과 무의식의 관계 구조보다는 '세계로 열린 존재'나 '존재로의 현전'이라는 하이데거적 프레임의 '주체 해석'을 선호함으로써 말디네와 빈스방거 그리고 메를로퐁티를 비롯한 실존분석 영향권 내의 모든 현상학자들은 근대적 의미의 자연적 인간을 거부할 뿐만 아니라 "원칙(현실/쾌락)과 본능으로 실현되는"[65] 인간의 성향도 부정하게 되는데 이 성향은 감각의 참토대인 '의미생성적 몸짓'으로 형성된다.

　　요컨대 프로이트적인 맥락의 '의미'는 "행위와 상황의 유의미한 초월을 설명하는 것이 관건이기에"[66] 지향성이라는 후설의 원리와 동일한 구조를 동원하지 않는다. 즉 프로이트의 무의식이란 의식에만 전적으로 할당된 후설의 지향성 이념을 크게 넘어서는데, 전자의 무의식은 자신이 수용하고 만나며 발견하는 것 이상으로 자신의 내

---

64) *Ibid.*, p. 29(작은따옴표는 인용자의 것).
65) *Ibid.*, p. 73(괄호는 인용자의 것).
66) *Ibid.*, p. 31.

용물을 구성하게 된다. 결국 프로이트적 무의식은 현존재의 탈존ex-stase이 전도된 운동이요 그래서 세계와 시간의 환대가 되고 있다.[67]

저항: 과거가 지배하는 타협이 아닌, 갈등에 대한 현재의 반발

말디네는 프로이트적인 '역동적 의미'가 '의식의 지향성'과는 사뭇 다른 맥락에 자리한다고 단언하는데, 의식이 아니라 현전의 현상학이 말하는 의미가 바로 그것이다. 그 증거로서 그는 프로이트주의 독트린에 나타난 "저항의 위상"과 그 변증법적 국면을 제시한다. 저항하는 환자는 "자신에 대한 부적합한 해석에 스스로를 고착시키는, (타자의) 현혹과 (자아의) 고집이 혼합"[68]된 상태를 보여 주고 있다. 이런 해석은, 환자가 자신의 개인사로부터 '차단된 상황'과 또 그 개인사에서 가장 빈번히 '상징적인 상황'에 뿌리박고 있음[69]을 설명해 준다. 그러나 말디네는 다음처럼 언급한다.

> 저항하는 환자는 (역동적인) 그 의미가 (자신에게) 숨겨진 상황을 해명해 주는 장점이 있는 다소 교조적인 해석에 집착하는데, 이때 숨겨진 상황이란 예전에는 막연했으나 지금은 분명해졌고 그럼에도 여전히

---

67) Maldiney, *Penser l'homme et la folie*, passim.
68) Maldiney, *Regard Parole Espace*, p. 31.
69) Sartre, *L'être et le néant*, p. 81 이하 참고. 사르트르는 『존재와 무』, 1부, 2장의 자기기만(La mauvaise foi)에서 이러한 현상을 광인 스스로가 자신의 질환에 '암묵적으로 동조'하는 것으로 묘사한다.

폐쇄적인, 환자의 현재 행위의 지평을 구성한다. [⋯] (말하자면) 표현과 의미, 현재성과 잠재성 그리고 가까움과 멀어짐 사이에 일종의 왕래가 수립된 것이다.[70]

환자는 비록 그 자신의 역사가 어떤 상황 속에 차단되어 있을지라도 그 역사가 살아 움직이는 것을 보는 듯한 인상을 갖는다. 환자의 역사가 끊임없이 뿌리를 내린다 함은 그것이 "투사 공간espace projectif에 자리를 잡은 '과거의 동일시'들과 연루된 투사 게임[71]"에서 기인하기 때문이다. 한편, 아픈 존재인 환자 안에는 "실존적이고 의미 있는 구조들의 정체성"이 있게 마련이다. 그런데 아픈 존재의 구조들이란 바로 "구조들이 결핍된 양상"[72]이요, 결국 환자 자신의 '세계로 열린 현전'이 장애를 일으킨 것에 지나지 않는다. 많은 불일치에도 불구하고 프로이트를 빈스방거 쪽으로 접근시키는 정신분석학의 강점[73]은 "환자가, 자기 자신을 이해하여 복구되는 한에서만, 세계로 열린 그의 현전을 통해 부활할 수 있다"[74]는 것이다.

그리고 정신분석학의 역설적인 본질은 분석가에게 할당된 몫인데, 이는 다름 아니라 분석가의 파롤(말하기)에 존재하는 환자 고유의

---

70) Maldiney, *Regard Parole Espace*, p. 31(괄호는 인용자의 것).
71) 익히 알려져 있듯, 인격의 구축은 심리적 투사들(projections)로 만들어진다. 심리학과 정신분석학의 투사 개념은 '세계로 열린 현전'이 실천되는 장면들이라 하겠다.
72) Maldiney, "La personne", *Penser l'homme et la folie*, p. 325 이하.
73) Freud, "La décomposition de la personnalité psychique", *Nouvelles conférences d'introduction à la psychanalyse*, Paris: Gallimard, 1984, p. 110 참고.
74) Maldiney, *Regard Parole Espace*, p. 32.

갈등을 환자 자신에게 드러내 주는 일이다. 뿐만 아니라 "분석가들 고유의 파롤에 들어 있는 환자의 무의식적 콤플렉스를 환자 자신의 의식에 제시하는 일"[75]도 해당된다. 말디네는, 그렇게 하는 것은 다른 데서 구성된 의미를 환자에게 양도하는 것과는 전혀 다르다고 강조한다. 왜냐하면 이미 구성된 의미는 그 자체가 환자를 사물처럼 '그것'cela이 되도록 만들어 특정의 상태로 고착시키기 때문이다.[76] 반면, 무의식적 콤플렉스를 환자의 의식에 드러내는 것은 오히려 그에게 어떤 표현을 소개하고

> 그 자신의 갈등 연관을 그에게 제시하는 것이다. 갈등과의 유기적인 결합을 통해 환자는 공명을 일으킬 수 있으며, 이 갈등이 그가 그때까지 만든 다른 양태와 연결되도록 그 스스로를 유도할 수 있는 것이다.[77]

프로이트는 환자가 분석가에게 들었던 말과 환자 자신이 찾고 있는 것 사이에서 몇 가지 닮은 점을 간파할 것이라고 말한다. 그것은 환자가 찾고 있는 바를 막 발견 중인 상태로 환자를 배치하게 될 유사성이다. 따라서 환자가 분석가의 파롤을 가로질러 자신의 갈등들을 의식한다는 것은, 서로 낯선 '의미와 언어' 사이의 '다행스런 일치'를

---

75) *Ibid*. '꼬마 한스'(Le Petit Hans)에 대한 프로이트 분석의 한 표현.
76) *Ibid*. 참고.
77) *Ibid*.

의미하는 것이 아니라 정확히 말해서 대화 쌍방들이 침묵하는 순간과 대화를 단절하는 순간에도 말하고 있는 '파롤의 본질'을 드러냄이다. 그들은 정적과 고독 속에서도 낱말들의 의미생성적 활동을 떠맡아야 하는 것이다.[78]

확실히 프로이트는 쉽사리 "무의식을 물화"한 것으로 보인다. 그러나 프로이트의 무의식 속에서 말디네는 '의미의 우위성'을 방해하지 않는 어떤 "대담한 범속성"prosaïsme intrépide[79]을 발견하고자 한다. 상담자와 내담자 사이의 분석적 대화는, "환자의 의미가 추호도 그 자신을 배반하지 않은 채, 이 환자를 그 자신과 직결되도록 배치한다".[80] 그렇다면 마법이 아닌 "정신분석학자의 역량"이란 도대체 무엇으로 이루어진 것일까? 그것은 환자의 파롤을 통해 그의 진정한 존재로 그 자신을 밀접히 연결시키는 것이다. 외부가 간여하지 않는다는 분석적 규칙은 파롤 또는 대화를 통한 치료인 "분석요법이, 자신들의 본질적 계기를 '이해'로 삼는 '경험행위들'로 구성됨을 막지 못한다". 꿈이 과거의 단순한 수수께끼로서가 아니라 '살아 있는 현재'의 한가운데서 해석되어야 하는 것과 마찬가지로 저항이란 갈등에 대한 '현재적 반발'로서 이해되어야 한다.[81]

---

78) *Ibid.*, p. 33 참고.
79) 이 경구에서는 명사 prosaïsme을 통해서 경멸적인(péjoratif) 색채가 던져지고, 형용사 intrépide로써는 호감적인(sympathique) 뉘앙스를 흘리는 말디네의 양의적(兩儀的) 또는 교직교차적(chiasmic) 표현이 구사된다.
80) *Ibid.*, p. 34.
81) Maldiney, *Penser l'homme et la folie*, pp. 101~105, pp. 119~120, pp. 137~148, p. 237 이하 참고.

치료 속 언어: 대화에서 공동의 언어 사용

만일 현존재분석이 의식의 분석이 아니라 '세계로 열린 현전'의 분석이라면 파롤을 통한 치료는 환자와 의미가 객관화되는 것을 경계해야 한다. 말하자면, 환자가 실존하는 방식, 곧 '세계로 열린 존재'의 방식으로 환자가 부여한 의미를 향한 공동의 작업이 존재함을 알아야 한다. 그러나 여기서 조심해야 할 점이 있다.

> 정신분석학은 대화의 시학poétique이 아니다. 그래서 프로이트가 이따금씩 무의식을 물화하는 위험에 처하게 만드는 이 '대담한 범속성'을 (차라리) 정신분석학 안에 보존하는 것이 중요하다.[82]

이 범속성을 통해, 말디네는 무의식을 의식 내의 어떤 사태나 객관화할 수 있는 소여로 취급하도록 밀어붙이는 생물학주의를 이해하게 된다. 치료란 "무의미 속의 의미"를 찾아 "분석가와 피분석자가 저승으로 함께 하강"[83]하는 것으로 구성된다. 이 불쾌한 위험은 탐정처럼 무심하고 객관적인 방식으로 증후를 '해석'함이 아니라 세계로 [함께] 열린 존재être-au-monde commun로 말미암아 이 증후를 '이해'함이다. 상호주관적 관계의 토대인 이해comprendre의 가능성[84]은 '누구에게나 분유된' 의미생성적 몸짓에서 구축되는 것이다.[85] 어떤 사람을 파

---

82) Maldiney, *Regard Parole Espace*, p. 33(작은따옴표와 괄호는 인용자의 것).
83) *Ibid.*, p. 33.
84) 서로가 함께 나누어(com) 가지는(prendre) 바가 곧 이해의 본질이 된다.
85) '세계로 [함께] 열린 존재'의 실질적인 선험성이 바로 [모두에게 나누어진] '의미생성적 몸

악하려 할 때의 그 사람이란 우리가 그 사람 자신의 무언가를 가로질러 만나는 사람이다. 그러나 이때의 "무언가, 즉 그의 행동거지나 언술행위는, 비록 그것들이 그 사람 자신으로부터 나왔음에도 불구하고, 행동과 파롤의 찰나에 그 사람의 '근본적인 현전'을 요구하게 된다".[86] 이는 그 사람의 실루엣에 '수동적으로만' 현전하는 사물의 방식과는 다른 것이다.[87]

인간은 그의 표현들에 능동적으로 현전하고 있으며 그의 초월성이란 애초부터 사물의 그것과는 전혀 다른 것이다. 그런데 인간에 내재한 '인간의 과업'이란 바로 이 능동적 초월성이다. 인간의 모든 표현이 주체성 안에 토대를 두는 것은 오로지 (능동적 초월성이라는) 인간의 식별력을 통해서이기 때문에 (결국) 이 식별력은 모든 '본래적 이해'saisie authentique[88]의 조건을 결정한다.[89]

게다가 분석적인 상담 치료를 통해 우리는,

(서로가) 주고받은 낱말들 역시 합리적인 의미를 지닌다고 말할 수 있다. 우선, 고양이는 고양이며 늑대는 늑대이다. 그러나 정확하게는 늑

짓'이다.

86) *Ibid.*, p. 50(작은따옴표는 인용자의 것).

87) 인간의 모든 실루엣에 대한 '사물의 현전'에 의미를 부여하는 것은 바로 '자아' 자신이다.

88) 현존재에 가장 가까운 이해를 가리킨다.

89) *Ibid.*(괄호는 인용자의 것). Maldiney, "Psychose et présence", *Penser l'homme et la folie* 참고.

대란 더 이상 늑대만은 아니다. 즉 합리적인 명시적 의미작용을 넘어 낱말 및 글월과 같은 언술은 또 다른 의미작용도 하게 된다. 실제로, 언술이란 무엇을 말하든지 간에 언제나 환자 자신에 대해 이야기하는 것이다.[90]

환자의 파롤은 그 자신의 현재 행동의 일부를 이루면서 이 행동의 의미를 가리키는데, 당연히 이것은 과거 에너지의 무의식적인 결과가 아니다. 그러나 환자의 파롤은 두 가지 양식을 나타내는바, 환자의 이 언어행위는 마냥 하나의 언어로 머물면서도 두 가지의 원초적 의미를 보유한다. 첫째, 자기 자신에 대해 말하는 환자는 모종의 체험을 기술한다. 둘째, 현재 상황인 무작위 말하기의 치료 내의 관계는 환자의 파롤이 생성시키는 의미를 수정한다. 환자의 파롤은 분석의 현황을 따라 그것이 찾고 있는 의미를 "예견하면서 진술되고 있다".

환자의 병리화나 규격화보다 상담 치료의 실존화[91]

만약 프로이트에게 이미 인간이 다른 오브제와 같은 하나의 오브제가 아니고 또 프로이트 자신이 그의 이론을 "하나의 신화"로 여긴다

---

90) Maldiney, *Regard Parole Espace*, p. 51(괄호는 인용자의 것).

91) 여기서 우리는 타자를 그 자체로 '이해'하지 않고 오브제로 '구성'해 버린 정신분석학의 상투적 논변의 실패를 보여 주고자 한다.

면, 프로이트주의의 본질적인 오류란 무엇이 될까?

> 프로이트의 인간의 원상으로서 자연적 인간은 하나의 오브제가 아니라 […] 어떤 신화처럼 기능을 한다. […] 이를테면 성충동의 독트린이란 우리 인간의 전설이 된 것이다.[92]

그러나 말디네는 다음처럼 요구한다. "어떻게 인간은 이 같은 신화에 연루되고 있는가?"[93] 이드, 자아, 초자아라는 세 폭군들 사이에서 발생하는 원초적 갈등에 굴복한 자연으로서 인간은 그 자신의 '고유한 자아가 발생'하는 가운데서만, 즉 "순전히 자연적인 인간에서 문화와 역사의 인간으로 넘어가는" 통로에서만 스스로의 "입지를 굳히거나 세계와 그 자신에 대해 답할 수가 있는 것이다".[94] 말디네는 이러한 사고 방침을 『시선, 파롤, 공간』의 "이해함" 파트의 도입부에 기술하는데, 그것은 환자로 하여금 정신 질환을 이해하도록 만드는 정신의학 임상의의 정체성과 관계된다. 당연히 이 경우는 '정신 질환'의 개념을 의학적이라기보다는 실존적 맥락 속에 자리매김하면서다. 심리 치료사의 역할은 치료사 그 자신이 지닌 모습들 중의 하나와 연결된 차원, 곧 프로이트주의가 개시한 실존적 차원의 전개와 다르지 않다. 의미의 이념, 보다 구체적으로 하자면, 이성의 협찬으로 더 많

---

92) *Ibid.*, p. 27.
93) *Ibid.*
94) *Ibid.*

은 자리를 차지하면서 단지 생물학적이라기보다는 그 어떤 정신적인 맥락의 인과율 이념이 바로 저 실존적 차원이 된다.

한편, 말디네는 상대주의자들인 반-정신의학자들[95]과는 거리를 두고 있다. 그는 그 어디에서도 "광인이 타자"라고 말한 적이 없으며, 스스로를 정상이라고 믿는 사람은 착각하고 있다고 말한 적도 없다. 반면에, 반-정신의학자들은 정신병리학의 현실에 의문을 제기하고 이 현실을 사회학적으로 설명하면서 철저히 역사적인 방법으로만 취급한다. 그런데 정작 환자의 고통은 실제적이어서 결국 트러블에 처하고 말지만 이 트러블이라는 것도 순전히 의학의 영역에만 부속하는 생물학적인 것만도 아니다. 결국 말디네는 생물-의학적인 것과 사회-역사적인 것이라는 양극단을 거부한다. 고로 환자의 트러블은 '세계로 열린 현전'의 구조들이 일그러진 것이고 따라서 이것은 인문학적 영역에 속할 뿐만 아니라 특히 인간과 그의 조건에 대한 반성인 철

---

95) David Cooper, *Psychiatrie et antipsychiatrie*, Paris: Seuil, 1970; Ronald D. Laing, *Soi et les autres*, Paris: Gallimard, 1980 참고. 특히 사르트르가 서문을 써서 격려한 데이비드 쿠퍼와 로널드 랭의 공저 『이성과 폭력』(*Reason and Violence*, 1972) 참고. 1990년 이전에 타계한 이들 반-정신의학자들(anti-psychiatres)은 스코틀랜드의 랭(1927~1989)과 남아공의 쿠퍼(1931~1986) 및 이탈리아의 프랑코 바잘랴(1924~1980)로 구성된 저항 그룹인데 들뢰즈 및 과타리와 비슷한 시기에 저항과 저술을 했다. 프랑스 철학자 미셀 푸코와 캐나다 출신의 미국 사회심리학자 어빙 고프먼의 영향을 받은 이들은 1960~1970년대에 주로 활약한 정신과 의사들이다. 정신의학은 고압적이며 또 개별 인격을 부정한다고 생각한 이들은 정신병리학적 원인의 지배적인 부분은 억압적인 가정과 권위적인 사회 등 '사회학적인 것'이라 믿었다. 그러므로 정신 질환의 해법은 사회를 변화시키는 것이라 보았다. 그들은 우선 병원이라는 상징적인 장벽들을 무너뜨려야 했다. 이제 정신병은 존재하지 않을 뿐만 아니라 소위 정상인들도 실상은 정상적이라 할 수 없으며 따라서 정상성의 정확한 표지란 존재하지 않게 된 것이다. 요컨대 그들은 정신 질환에 대한 제대로 된 해석은 심리학적이라기보다는 사회학적이고 역사적인 것이어야 한다고 믿게 되었다.

학의 소관이 된다. 그리하여 치료자는, 환자의 현전이 타자성에 대해 장애를 일으킨 관계에 개입한다. 모든 것은 '일인칭'으로 발생하기에 환자와 그의 트러블의 관계는 결코 '외재성'으로부터 일어나지 않는다. 곧 시공간에 대한 환자의 장악 방식이 관건이 됨과 동시에 오직 환자 자신으로부터 시작해서 그 자신에게서 끝나는 트러블이 열쇠가 된다. 말디네는, 인간의 '표현'의 영역에 속하는 것을 '대상'화하고 타자를 오브제로 구성하며 외재성을 점유하듯 완고한 지각을 추구하는 사태 속에서도, 실존이 관건이 되는 테라피를 깨닫게 되고 이 테라피에 관한 정신분석의 "상투적 논변의 실수"[96]를 간파했다. 결국 "나는 타자를 '타자 자신', 곧 [과거와 미래 사이를 관통하는 그의 전인격]을 거치지 않고서는 그의 행위와 파롤로써 올바르게 그를 이해할 수가 없다".[97] 말하자면 신체적이고 언어적인

> 표현이란, 표현 자신을 초월하면서도 표현 그 자신을 통해서만 설명되는 이 초월성으로부터 자신의 의미를 도출한다. 내가 이러한 초월의 의미에서 타자의 표현들 중 하나로 접근하는 한에서만, 나는 이 표현을 가로질러 그에게 긴밀하게 연결될 수가 있게 된다.[98]

바로 여기서, 위에 인용된 '타자 자신을 거치지 않고서는 그의 행

---

96) Maldiney, *Regard Parole Espace*, p. 49.
97) *Ibid.*, p. 50(작은따옴표와 대괄호는 인용자의 것).
98) *Ibid.*

위와 파롤만으로 올바르게 그를 이해할 수 없다'는 진리가 도출된 것이다. 그래서 이제 우리는 환자를 병리적으로 가두지 말아야 하는데 말하자면 "외부세계를 환자의 병리적 세계로 주입시키지 말아야 한다. 또 병리적인 것을 정상화하지도 말아야 하는데 이는 곧 외부세계에다 환자의 세계를 주입하지 않는"[99] 것이다. 환자를 병리적으로 처리한다는 것은 그의 초월성과 그의 개방성을 무시하는 것이고 그의 질병을 마치 대피소와 같은 분석적 상황 또는 정신병동 속에 틀어박히게 하고 마는 것이 된다. 한편, 병리적인 것을 정상적으로 여기는 것은, 환자가 건강한 이의 행세를 하게 하고 정상의 이미지를 처음부터 끝까지 스스로에게 부여하도록 억지로 몰아가는 것이다. 그럴 경우 이 정상적 이미지에 대한 환자의 동일시의 실패로 분석가나 정신과 의사에 대한 환자의 공격성을 유발하게 된다. 말디네는 "그의 것도 나의 것도 아닌 세계", 곧 '공동의 세계' 한가운데서 "환자 자신을 통해 환자를 알기 위한 불가피성이 부과된다"[100]고 결론짓는다. 여기서 "그 자신을 통해서"selon lui란 결국 환자의 '능동적 초월성을 따라서'라는 뜻이 되고 이때의 초월성이란 그의 인간적 의무나 과업으로서 횡단감수성을 지칭하게 된다.

---

99) *Ibid*.
100) *Ibid.*, p. 51.

나가며

정신 질환의 상황에 실존적 범주를 적용하는 일이 어려워진 것은 하이데거에게 영감받은 치료 기준의 애매성에 기인한다. 하이데거의 '존재로의 개방', 곧 '세계로 현전'이란 '현존재로서 주체'가 존재를 수용하는 데 바쳐짐이다. 현존재를 위한 "세계"는 구체적 사실들의 총합이 아니라 현상학적 의미의 사건événement[101]이 되면서 세계를 수용하는 주체는 이 수용 관계를 통하여 스스로를 문제 삼고 있는 것이다. 이는 외부의 주체가 어떤 대상을 받아들임이 아니다. 세계를 받아들이는 현존재의 탈존적 혹 탈정태적ek-statique 입장은 비교적 긍정적 의미에서 '애매한' 현전의 한 형태가 된다. 존재의 출석être le là de l'Etre, 그것은 외부가 없는 수용에 바쳐짐이요, 모종의 만남으로 운명 지어진 것인데 이 만남은 그 의미가 우리의 운명 자체와 관련된다. 현존재와 세계는 주체와 객체로 나뉘었던 적이 결코 없다. 만일 존재가 이 관계에서 일의적이라면, 다시 말해 탈존적 개방이 존재에 대한 기대와 존재로의 소명을 전제하고 있다면, 주체란 더더욱 '존재의 표현'이 되고 존재가 현전에 임한 '역사의 계기'가 된다.

　이처럼 주체가 후설의 지향성처럼 구성적이지 않게 되자 말디네는 하이데거의 현존재가 주체 이념에 훨씬 더 어울린다고 빈스방거에게 제안하는데, 후자는 예전에 후설의 영향 아래서 현존재분석을 기획하면서 정신병리를 예지protensions-파지rétentions의 동요 및 현

---

101) 하이데거의 존재사건(Ereignis) 참고.

상학적 구성constitution의 혼란으로 해석한 바 있다. 하이데거의 사유와 함께 온 다양한 소여양식 때문에 주체가 일종의 해체 상태에 놓이게 되면서 말디네는 세계 외부의 구경꾼 같은 데카르트적 주체의 위상을 '확실히 거부'하는 제3세대 현상학자 그룹에 속하게 된다. 그럼에도 불구하고 현전의 우위성이란 다른 한편으로, 주체의 붕괴에 대항하는 어떤 '방책'으로 나타날 수도 있다. 저러한 붕괴는 담론의 틀을 우선시하는 푸코와 또 무엇보다 의미에 대한 랑그의 선차성을 말하는 데리다에게서 찾을 수 있었다. 그 외 다양한 형태의 구조주의자들도 홀로이 작동하는 상징체계와 주체 없는 전개를 변호하고 있다.[102] 하지만 한스 울리히 굼브레히트와 같은 독일 사상가들에게서 우리가 지켜보고 있는 것도 위에서 말한 '방책'이다. 이들은 프랑스적 구조의 논리가 우리로 하여금 단념토록 요구한 "의미의 직접적인 접근"을 스포츠 경험과 같은 즉각적인 현전의 형태에서 찾고 있다.[103]

정신 질환을 이해한다는 것은 해석적 담론을 요구하거나 아니면 적어도 어떤 치료법을 가능하게 하는 설명적 담론을 요구하는 것이다. 만약 현존재분석이 고도로 포용적이고 여유로워 정신분석학 방법에 호의적이라면, 그것은 전자로 하여금 '보완의 역할'을 하도록 하

---

102) 예를 들면, 『기호의 제국』(1970)에 설명된 롤랑 바르트의 '일본식 예절'(La politesse japonaise) 그리고 『상징적 교환과 죽음』(1976)에 나타난 장 보드리야르의 '상징적 교환의 체계들'(Des systèmes d'échange symbolique), 『신화적인 것』(1964~1971)에 기록된 클로드 레비스트로스의 '판독된 신화들'(Les mythologies décryptées) 참고.

103) Joachim Küpperdu, "Antiherméneutique et hyperherméneutique: Les discussions allemandes", *Critique*, no. 817~818, 2015. 6~7, p. 582 이하.

는 것으로서 이는 다른 치료 형식들 안에 "생동적 보충"[104]이 되도록 해주는 현존재분석 자체의 '휴머니스트 물결' 때문이다. 그렇지만 역으로 우리는 소여 양태들에 부합된 우선성과 현전의 선차성으로부터 인간과 세계의 관계에 집중된 구체적인 '긴장'을 기대할 수도 있으며 또 순전히 추측적인 무의식으로 헛되이 복귀하는 것보다 선호된 '능동적인 주의'를 바랄 수도 있다. 여하튼 무의식은 프로이트의 상투적인 논변이 줄기차게 빚어낸 가장 환영적인 구성물이요 그래서 우연으로 넘겨진 불투명한 존재가 된다.[105] 그러므로 환자와 치료자의 관계에 부합하는 가치란 재현이나 감정의 전이로 응축되기보다 그들 각자가 살고 있는 '세계 현실로의 개방'과 이 현실이 환자에게 열어주는 '가능성의 개방'으로 방향을 트는 것이다. 현존재분석의 강점이란 분명 이처럼 치료적이고도 인간적인 대화로 확장하면서 재발견된 개방성에 있으리라. 게다가 우리는 현존재분석이 '행동 및 인지의 새 치료법'[106]들의 경향에 가치를 부여하는 이유를 알아차릴 수조차 있다. 왜냐하면, 자신들만의 의학 체계에 순응하면서 카르텔을 형성한 프랑스의 정신분석가들[107]이 능멸한 이 새로운 행동 및 인지의 테라피도 타자와 세계로 '구체적으로 열린' 현전에 재적응하는 것을 기준

---

104) Bergson, *Les deux sources de la morale et de la religion*, Paris: PUF, 1932(1984), p. 331. "supplément d'âme"은 베르그송의 용어로서 원래 호의적인 동시에 경멸적인 표현이다. 여기서는 현존재분석에 적합하게 적용된 긍정적 사례이다.

105) Mélanie Klein, *Essais de psychanalyse: 1921 - 1945*, Paris: Payot, 1989 참고. 멜라니 클라인의 분할된 신체(le corps morcelé) 개념과도 비교하라.

106) T.C.C., 곧 「행동 및 인지 치료법」(thérapies comportementales et cognitives)을 가리킨다.

107) 여기서는 17세기 프랑스의 고전주의 문학인 '몰리에르 작품'에서 회화화된 의사들처럼 프로이트-라캉에게 경도된 의사들을 지칭한다.

으로 설계되는 이점이 있기 때문이다. 이 현전이란, 텅-빔le vide을 만나도록 그 운명이 결정된 '내면성의 추구'로부터 탈출하면서 여러 소여의 양태들이 지닌 불가사의를 자랑으로 삼는다.

한편, 환자의 수동적인 회복에 불과한 "적응"adaptation의 방법은 1940~1960년 사이에 미국의 공리주의 및 실용주의 의사들이 프로이트주의에 행한 심각한 '실수의 상징'으로서 유럽 상담 치료자들에게는 버려진 바이다.[108] 미국인들이 받아들인 프로이트주의는 프로이트 자신의 논리와 그 치료의 의미가 축소된 해석에 기초해 있다. 프로이트식 치료는 정신분석학자의 도움을 받기는 하지만 환자 자신에 의한 자기 이해를 목표로 한다. 반면, 효율성이라는 강박관념에 사로잡힌 공리주의자나 실용주의자의 관심은, 한마디로 약물로라도 '고치는 치료', 곧 적응인데 말하자면 환자가 '자기의 루틴', 곧 가족이나 직장이라는 '자신의 세계'에 다시 "적응토록 함"이다.

그러므로 우리는 한편으로, 말디네의 실존적 관점에 부합하도록 프로이트적 무의식의 데카당스에 비추어 '적응' 개념을 이해하는 것이 좋으며, 다른 한편으로는 위의 새 치료법(T.C.C.)을 획득하여 저 실존적 관점을 재검토할 필요에서 '적응' 개념을 이해하는 것도 바람직하리라. 근자에 인간의 지식 진보는 점차 신체적 정밀성인 뇌 속에다 여러 가지 병리학의 현실적 원인들을 기입하고 있는 실정이다. 그러

---

108) 유럽에서 진행된 미국 심리학의 거부는, 정신 질환에 대해 거의 수학적인 해결책을 찾는 라캉주의적 환영과 더불어 절정에 이르게 된다. 일면 무모하기도 했던 라캉주의는, 언어학적 패러다임에 지배되는 구조주의 모델의 일탈인, 일종의 '자연주의' 안으로 다시 떨어지는 사고 체계이다.

나 그렇다고 해서 '원인'의 관점이 아니라 반성의 능력, 법칙의 부재 그리고 내재적 규범이라는 삼중 '이유'의 관점이라 할, 현존재의 실존적 관점이 거부되는 것은 아니다. 왜냐하면 실존적 관점이야말로 정신현상에서 인간의 모든 자유와 비판 능력을 지켜 주기 때문이다.

프로이트의 무의식 개념은 의식에 대한 문제 제기 방법과 연동되어 있는데 이들 이질 항목 간의 연계는 하이데거의 존재론에 동조하는 말디네의 문제의식과는 많이 다르다. 말디네는 모든 '의식의 철학'으로부터 물러서 있기 때문이다. 그는 프로이트의 이론 그 자체를 진지한 것으로 취급하지 않는다. 정신분석학 개념을 수정하기 위해 그는 다시금 프로이트의 문자들을 차용한 것이다.[109] 말디네의 실재론적인 방향 설정이란 결국 '의식의 철학'에 대한 비판과 맥을 같이하는데, 곧 후설의 지향성에 대한 하이데거의 비판과 여정을 함께함이다. 하지만 현상학은 인간과 세계의 관계를 해명해야 하고 따라서 관계 속 수취인으로서의 주체, 다시 말해, 세계와 일관되게 연대하는[110] 이해 관계자인 주체를 빼고서는 생각할 수가 없다. 그러므로 말디네의 철학에서 사고하고 행동하는 주체는 횡단감수성의 본질인 '현전의 능동적 수용'을 위한 기반이 된다. 요컨대 투명한 구심력인 지향성

---

109) 하지만 차라리 메를로퐁티처럼 무의식의 모든 디테일과는 단절하는 것이 나을지도 모른다. 정신분석학의 상징적 문자들을 재해석하기보다 오히려 새로운 프레임의 현상학적 존재론을 구축하는 것이 낫지 않을까로도 사료된다.

110) Romano, *L'Événement et le Monde*, Paris: PUF, 1999(1998) 참고. 이러한 주체 이념은 클로드 로마노의 현상학 이해에 고유한 표현양식이며, 현상학 일반의 문제를 포괄적이고도 심층적으로 해명한 최근의 저술로는 Romano, *Au cœur de la raison, la phénoménologie*, Paris: Gallimard, 2010 참고.

이 현상학적 전경에서 사라지자마자 실재론에 자양분을 대는 '현전으로의 개방'은 한편으로, '무의식 거부'를 정당화하기와 다른 한편으로, 프로이트적 주제의 반복적인 활용으로 형성된 '기묘한 조화'를 정당화하기에는 불충분해 보인다. 고로 현존재분석을 통한 치료 효과에 대한 관심의 부족이란 첫째, 무의식의 위상에 대한 무관심, 둘째, 그럼에도 내용과 방법에서 프로이트주의 보존, 셋째, 개조를 핑계로 여전히 오이디푸스 같은 프로이트의 문자의 존중이라는 세 가지의 종합으로 발생한다고 볼 수 있겠다.

만일 우리가 실재론에 대한 토마-포지엘의 논리를 따를 경우,[111] 모든 무의식을 거슬러 능동적이고도 명석하게 소여를 감내하는 말디네의 현존재-분석적 '수용'론은 제3세대 현상학자들의 진영에 잘 어울릴 것이다. 이들의 범주는 후설의 지향성을 버리면서 '세계로 열린 현전'의 선차성 및 '새로운 실재론'으로 진화하는 것으로 특징지어진다. 그런데 앞서 언급했듯 무의식 개념은 의식의 문제와 연동되어 있다. 그래서 의식의 문제를 유기하는 것은 무의식에 대한 제대로 된 비판을 동반할 수 없다. 실재론적으로 방향을 정하는 것은, 새로운 "주체의 귀환"[112] 이전인 1960~1980년 사이의 20년 동안 발전된, 의식의 철학에 대한 비판을 강화하고 있다. 이럴 경우, '의식의 능동성'인

) Isabelle Thomas-Fogiel, *Le lieu de l'universel*, Paris: Seuil, 2015 참고.

112) 분석철학의 논리-환원주의 및 구조주의의 절정기 이후에 주체의 귀환이 일고 있었다. 미셸 푸코는 자기 배려(souci de soi) 쪽으로 방향을 튼 1980년부터 주체로 귀환하고 있었으며 라캉의 전성시대에서조차 앙드레 그린(André Green)은 영아의 지향적인 주체성을 통해 전자에게 저항했다.

장. 앙리 말디네의 현존재분석과 프로이트 283

주체의 차원은 새로운 실재론 때문에 희생될 위험에 놓이게 된다. 그런데 이런 실재론도 기실 '인간-세계' 관계를 설명해야 하고 따라서 주체를 빼고 생각할 수는 없다. 마침내 이것은 '능동적·지향적' 체험에서 '현전으로 열리는' 체험까지를 횡단하는 현상학의 역설적 지평에 내재한 문제가 된다. 우리는, 정신의학과 언어학 그리고 모든 예술과 접촉하는 앙리 말디네 사유의 '역동적인 포용주의' 속에서, 이 같은 '실재론적 징후'를 감지할 수가 있는데 그것은 바로 다양한 소여양식들에 대한 관심으로 표출되는 '소여의 우선성'이라 하겠다.

8장. 리쾨르와 프로이트
: 해석학과 정신분석

윤성우

들어가며: 프로이트의 현존

한 철학자의 지적 여정에서 다른 사상가의 흔적을 찾고 그것의 무게를 가늠하고 의미를 부여하는 일은 결코 쉬운 일이 아닐 것이다. 그 다른 사상가가 프로이트와 같이 어느 한 영역이나 담론에만 가둘 수 없는 방대한 스케일의 사유자에 가깝다면 더더욱 그럴 것이다. 지금 우리가 다루려는 주제(리쾨르와 프로이트)는 리쾨르 연구자들에겐 새로운 주제도 아닐 테지만 그렇다고 명약관화한 사항도 아니다. 리쾨르 자신도 그와 유사한 테마(보다 정확히는 '해석학과 정신분석학[1]')로 수차례 진지하게 다룬 바 있어서 사태가 더 복잡하게 전개되는 면이 없지 않다. 프로이트 정신분석이라는 담론과 이것을 분석하고 해

---

1) Ricœur, *Le conflit des interprétations: Essais d'herméneutique*, Paris: Seuil, 1969(폴 리 쾨르, 『해석의 갈등』, 양명수 옮김, 아카넷, 2001). 특히 제2장 「해석학과 정신분석학」, 107~225 쪽 참고. 그다음으로는 Ricœur, *Écrits et conférences I: Autour de la psychanalyse*, Paris: Seuil, 2008. 특히 "psychanalyse et herméneutique"(pp. 73~103) 참고.

석한 리쾨르의 담론, 이 둘의 관계를 다룬 연구자들의 여러 2차 문헌[2]이 적지 않은 상황 속에서 프로이트와 리쾨르를 다루려는 우리의 과제는 녹록지 않다. 다만 리쾨르 연구의 서지적 차원에서 보면 적어도 두 가지는 확인 가능한 사실이다. 첫째, 프로이트의 현존은 1950년 전후에서 시작된 그의 초기 저작[3]에서부터 말년의 저작[4]까지 사라지지 않고 뚜렷하다는 것이다. 둘째, 프로이트의 담론이 리쾨르 철학 안에 수용되어 현존하는 모습과 방식이 리쾨르 철학의 시기와 단계에 따라 조금씩 상이하다는 것이다. 특히 두 번째 사실이 우리에게 중요한데 그것은 리쾨르가 자신의 철학적 출발과 그 성장, 그리고 지향성에 따라 부단히 프로이트 담론과 밀접하게 조우해 왔기 때문이다. 따라서 우리의 목표는 리쾨르 철학 내에서 프로이트의 현존을 충분히 드러내고 그것이 어떤 맥락과 상황 속에서 수용되고 해석되는 것인지를 밝혀내고자 하는 것이다.

---

2) 리쾨르와 프로이트(해석학과 정신분석학)라는 주제로 진행된 여러 연구들이 있으며 유익하게 참고해야 할 몇 가지 문헌은 다음과 같다. 정기철, 「해석학과 정신분석학의 만남이 주는 의미에 대한 고찰: 리쾨르를 중심으로」, 『해석학연구』 9집, 2002; 김서영, 「리쾨르의 『해석에 대하여: 프로이트에 관한 시론』」에서 시도된 정신분석학에 대한 해석학적 고찰의 의의」, 『해석학연구』 30집, 2012; 김한식, 『해석의 에움길』, 문학과지성사, 2019.

3) Ricœur, *Philosophie de la volonté I: Le volontaire et l'involontaire*, Paris: Aubier, 1950.

4) Ricœur, *Écrits et conférences I: Autour de la psychanalyse*, Paris: Seuil, 2008.

리쾨르 철학의 출발, 성장, 지향점 그리고 프로이트 담론의 수용

리쾨르 철학의 긴 여정들에서 보면 프로이트 담론이 출현하는 지점은 크게 보아 세 단계, 더 정확히 말하자면 세 지점으로 나뉘는 것으로 보인다. 하지만 이 세 단계 또는 지점은 프로이트 담론의 출현 시점만을 나타내는 것이 아니라, 리쾨르 철학의 형성과 변곡점과도 어느 정도 궤를 같이한다고도 볼 수 있다. 그 세 지점을 보다 상세하게 다루기에 앞서 리쾨르 철학의 출발, 성장 그리고 방향성에 대한 대략적인 언급을 하는 것이 적절해 보인다. 그것은 아마도 리쾨르 철학의 출발과 변화, 그 각각에 필요하고 어울리는 프로이트 담론과의 만남이 그려지기 때문일 것이다.

리쾨르는 1983년과 1986년에 각각 영어와 프랑스어로 나온 자신의 글[5]에서 그 자신이 속해 있다고 인정하는 철학적 전통을 다음과 같이 세 가지로 제시하고 있다.

나는 내가 준거하고 있는 철학적 전통을 다음 세 줄기로 특징짓고자 한다: 그 전통은 반성철학philosophie réflexive의 가계ligne 속에 존재한다; 그 전통은 후설 현상학의 운동적 흐름mouvance 속에 머물러 있다; 그 전

---

5) 『시간과 이야기 1』이 출판되던 해(1983), 리쾨르는 지난 30년 동안 자신이 몰두해 왔던 문제들의 전체적인 윤곽을 제시하는 한 논문을 영어로 싣는다. Ricœur, "On Interpretation", ed. Alan Montefiore, *Philosophy in France Today*, London: Cambridge University Press, 1983. 이 글은 몇 년 뒤 『텍스트에서 행동으로』(*Du texte à l'action*, 1986)에서 '해석에 관하여'(De l'interprétation)라는 제목의 권두 논문으로 수정, 보완되어 다시 실리게 된다.

통은 이 현상학의 해석학적 한 변형$_{variante}$이 되기를 원한다.[6]

여기서 우리가 중요하게 주목해야 할 것은 첫째로, "가계 (속에 존재한다)", "운동적 흐름 (속에 머물러 있다)", "변형(이기를 원한다)" 등의 표현들이 지닌 미묘한 뉘앙스들이다. 둘째로는 "전통"이라고 하지만, 여전히 자신의 철학적 진로들을 문법상 시제가 현재인 동사들로 표현하고 있다는 점이다. 이런 의미에서 이 세 전통들은 리쾨르 철학의 근본적이고 현재적인 구조를 구성하는 것들이다.

첫째, 그가 속한 첫 번째 전통은 "반성철학의 가계 속에 있다"$_{est}$ $_{dans la ligne}$는 것이다. 이는 단순히 그의 철학이 데카르트에서 칸트, 피히테 그리고 후설 등으로 이어지는 그 반성적 전통에서 출발하고 있음만을 의미하는 것이 아니라, 그 반성철학이 "하나의 근원"$_{une origine,}$ $_{un Ur-sprung}$[7]임을 뜻한다. 그 근원을, 또 그 원천을 être 동사의 현재형 $_{est}$으로 표현함으로써 그 근원의 현재성을 드러내고자 한 것이다. 한마디로 늘 현재인 전통인 셈이다. 그렇다면 그가 말하는 반성철학이란 무엇을 가리키는 것인가? 리쾨르에 따르면, 그 반성$_{réflexion}$이란 주체가 "자기 자신에게로 되돌아오는 활동"[8]이며, 이 반성철학이 가장 근본적으로 여기는 문제는 "인식활동의, 의지활동의, 가치평가활동

6) Ricœur, *Du texte à l'action*, Paris: Seuil, 1986, p. 25 (리쾨르, 『텍스트에서 행동으로』, 박병수 · 남기영 옮김, 아카넷, 2002, 19쪽) 참고.

7) Jean Greisch, *Le cogito herméneutique: l'herméneutique philosophique et l'héritage cartésien*, Paris: Vrin, 2000, p. 57.

8) Ricœur, *Du texte à l'action*, p. 25 (국역본, 19쪽).

의, 등등의 주체로서 자기 이해의 가능성"la possibilité de la compréhension de soi comme le sujet des opérations de connaissance, de volition, d'estimation, etc.[9]을 탐구하는 철학을 말한다. 리쾨르의 첫 번째 주저인『의지의 철학 I: 의지적인 것과 비의지적인 것』에서 그는 의지하는 주체로서의 주체의 자기 이해를 추구해 나간다고 볼 수 있다. 프로이트 담론이 리쾨르의 철학과 만나는 첫 번째 지점이 바로 여기이다. 프로이트에 대한 참고도 리쾨르 철학 내내 부단하지만, 이 반성철학의 전통에 대한 리쾨르의 천착도 그 이상으로 중요하다.

두 번째 전통은 "후설 현상학의 운동적 흐름 속에 머물러demeure 있다"는 점에서 리쾨르의 현상학은『의지의 철학 I』의 기술현상학이라는 국면에 국한되어 있지 않다는 것이다. 소위 '해석학적'이라 불리는 그의 여러 저작 ──『해석에 대하여: 프로이트에 관한 시론』,[10]『해석의 갈등』,『텍스트에서 행동으로』,『시간과 이야기』 1~3권, 그리고『한 타자로서의 자기 자신』,『기억, 역사 그리고 망각』에 이르기까지 ── 속에서 리쾨르가 보여 주고 있는 후설 현상학에 대한 쓰임과 참조 관계는 이를 실제로 보여 주고 있다.

세 번째 전통으로 마지막은 (현상학의) "해석학적 변형이기를 소망veut" 했다는 점을 주목해 보자. 이런 의미에서 일반 독자들이나 전문가들이 모두 리쾨르와 프로이트 하면 떠올리는 리쾨르의 가장 중요한 저서인『해석에 대하여: 프로이트에 관한 시론』이 등장하는 지

---

9) *Ibid.*
10) 리쾨르,『해석에 대하여: 프로이트에 관한 시론』, 김동규·박준영 옮김, 인간사랑, 2020.

점은 리쾨르가 속한다고 고백한 두 번째와 세 번째 전통 사이 어디쯤이다. 프로이트와 리쾨르 간의 가장 격렬하고 본격적인 만남이 일어나는 곳이 바로 1965년에 나온 이 저서에서이다. 여기서 후설 현상학의 운동과 그 해석학적 변형이나 전환의 시기에 프로이트와의 만남이 극적으로 일어난다는 점은 아주 중요하다. 그 만남이 주는 철학적 성과나 유의미한 해석의 상당 부분이 그 지점에서 나오기 때문이다. 물론 1965년 『해석에 대하여: 프로이트에 관한 시론』 이후 거의 모든 저작에서 프로이트의 흔적을 빠짐없이 확인할 수 있는 것은 아닐지라도, 1962~1988년까지 정신분석에 관한 그의 미간행 유고를 모아 2008년에 단행본으로 나온 『정신분석학을 둘러싼 글과 강연 1』*Écrits et conférences I: Autour de la psychanalyse*을 참작한다면 리쾨르 철학에서 프로이트의 현존은 지속적이며 강력하다. 우리는 그의 철학에서 프로이트의 현존을 확인할 수 있는 몇몇 저작을 중심으로 리쾨르와 프로이트, 해석학과 정신분석학 간의 만남의 지형도를 그려 보고자 한다.

『의지의 철학 I』과 프로이트: 비의지적인 것으로서의 무의식과 그 한계

프랑스의 반성철학의 계보를 잇는 리쾨르의 (특히 초기) 철학은 『의지의 철학 I』에서 가장 잘 드러나는데, 프로이트와의 첫 만남은 자신이 추구하는 반성철학의 철학적 탐색의 여정과 맥락에서 이루어진다. 우리가 여기서 반드시 언급해야 할 것은 다음의 세 가지이다. 첫째, 프로이트의 무의식에 대한 이 당시의 논의는 비의지적인 것의 틀 내에서 다루어진다는 것이다. 따라서 1950년대 리쾨르가 다루었던 프로이트의 무의식에 접근하려면 '비의지적인 것'이라는 보다 더 큰 개념틀에 대한 해명이 먼저 필요하다. 둘째, 리쾨르가 당시 참고하고 읽은 프로이트의 문헌이 그 이후 1965년 출간된 『해석에 대하여: 프로이트에 관한 시론』에 비하면 상당히 제한적이라는 점이며, 프로이트에 대한 할애가 460쪽에 이르는 『의지의 철학 I』 전체 분량 중에서 약 30쪽 남짓하다는 점이다. 셋째, 따라서 1950년 당시의 프로이트에 대한 해석과 1965년 사이의 프로이트에 대한 해석 사이에 연속성이나 불연속성의 문제가 있는지가 중요하다.

우리는 『의지의 철학 I』의 부제가 "의지적인 것과 비의지적인 것"이라는 점에 주목해야 할 것 같다. 결정$_{\text{décision}}$,[11] 행위$_{\text{action}}$,[12] 승복$_{\text{consentement}}$[13]이라는 세 차원으로 의미 파악된 의지(적인) 활동은 시종일관 신체라는 비의지적인 측면에 근거해서만, 신체의 비의지적 측면과의 상호성 아래에서만이 가능하다. 거꾸로 인간 내부의 비의지적인 것은 인간의 의지활동을 위해 존재한다.[14] 리쾨르는 내가 결정하거나 행위하지 않아도 내 안에서 발생하는 (이른바 비의적인) 측면

---

11) 결정(決定)에 해당되는 프랑스어 'décision'의 구성은 'de+cision'으로 '탈(脫)/분리하여 (가위로) 잘라 내다', '(여러 경쟁하거나 갈등하는 동기들 가운데에서 어떤 동기들은 분리하여 버리고 특정의 동기를 취하여 […] 하기로 마음을 먹는다'라는 의미로 이해할 수 있을 것이다.

12) 리쾨르는 결정된 내용의 수행이나 실행의 의미에서 'exécution'이라는 개념도 함께 사용한다.

13) 승복(承服)에 해당되는 프랑스어인 'consentement'의 구성은 'con+sentir'로 '함께 일체가 되어 체감하다', '함께 수용하다', '함께 감내하다'라는 의미로 이해할 수 있을 것이다.

14) Ricœur, *Philosophie de la volonté I*, p. 82. 이와 관련된 보다 자세한 선행 연구로는 윤성우, 「자유와 자연: 리쾨르의 경우」, 『현상학과 현대철학』(구 『철학과 현상학 연구』) 19집, 2002, 102쪽; 윤성우, 『폴 리쾨르의 철학』, 철학과현실사, 2004, 42쪽 참고.

을 일컬어 '비의지적인 것'이라 부르고, 그 일상적이고 흔한 형태로는 배고픔과 같은 욕구besoin, 격한 감정적 운동으로서의 정서적 동요émotion, 비반성적irréflechi 방식으로 작동되는 습관habitude 등의 예를 든다. 하지만 이런 비의지적인 측면들은 '상대적'relatif인 비의지이다. 다시 말해, 의지와의 관계에서 어느 정도 조율과 조정 그리고 타협이 가능한 비의지의 측면인 것이다. 여기서 리쾨르가 프로이트의 무의식을 가져오는 관점은 '절대적'absolu 비의지의 형태들 중의 하나로서이다. 성격caractère, 무의식, 생명vie이 절대적 비의지의 모습들이다. '절대적'이라는 점에서 의지는 이런 비의지의 형태들에 대해서는 거기에 승복하는 것 말고는 다른 대응의 길이 없는 것이다. 그것에 대해 어떤 결정을 하거나 구체적인 행위나 실행을 할 수 있는 것은 없다. 성격, 무의식, 생명 자체에 대해 우리는 그 어떤 결정을 할 수 없을 뿐만 아니라, 그 결정에 근거해서 (신체를 동반하는) 구체적인 실행이나 행위를 할 수는 없는 것이다. 오히려 그런 결정이나 행위하는 데 있어 필요조건이나 제약 또는 한계로서 작용하는 것이 바로 그것들이다. 다시 말해 내가 무엇을 결정하든, 또 무엇을 (신체를 동반해서) 실행해 옮기든, 나의 성격은 그것을 구현해 내는 나만의 '특이하고'singulier도, '고유하고'propre도, '침해할 수 없는'inaliénable 존재방식인 것이다. 성격은 내 자신과 분리 불가능할 정도로 내게 밀착하여, 다른 사람과는 다른 오직 나만의 모방 불가능한inimitable 방식으로 세상의 다양한 가치들과 좋은 것들을 수용하는 '불변의 항구적인' 방식이다. 결국 성격이 가치와 좋음을 받아들이는 나만의 틀이자 방식이라면, 그것은 모든 가치를 수용할 수는 없다는 한계에서 오는 인간 (자유)의지의 협소함의 양식이며, (나의) 성격은 (나만의) 좁은 (가치와 좋음을 수용하고 구현하는) 방식이다.

반면, 1950년 당시 리쾨르는 무의식을 인간 의지의 불명료성, 그것의 어두움, 그것의 그늘 그리고 의지의 은폐된 측면이라고 보았다. 따라서 리쾨르는 이를 "은폐된 것의 제국"[15]이라 불렀다. 이는 정확히 데카르트가 『철학의 원리』(1부 원리 9항)에서 말한 "사유를 우리가 직접적으로 우리 자신에 의해 파악할 수 있다고 말한 것"과 정반대의 것을 말한다. 이런 의미에서 사물에 대한 의심을 통해 의식의 명증성이 확보되었다 하더라도, 이런 의식 자체에 대한 의심, 즉 의식이 정말 그 자신이 믿는 바대로 실제로 그렇게 존재하는 것인지에 대해 리쾨르는 물음표를 던진다.[16] 더 이상 코기토의 투명성을 의심할 수 없는 것으로, 자명한 것으로 믿지 않는다. 그래서 리쾨르는 의식 그 스스로가 의식하지 못하고 자각하지 못하는 다른 것에 의해 속임을 당할 수 있다는 점을 인정한다. 따라서 리쾨르는 더 이상 "의식"철학의 의미에서 반성철학을 수행하는 것은 불가능하다고 믿는다. 그런 의식철학에 대한 의심과 비판의 가장 큰 자원과 근거를 제공한 것이 바로 프로이트의 무의식이라고 보는 것이다. 자기 명증적이려는 의식과 관련해서 프로이트가 발견한 무의식을 리쾨르는 다음과 같이 정의 내린다: "(의식) 자신에 의미와 형태를 부여할 수 있고 그리고 (의식) 그 자신을 물음의 대상으로 만들어 버리는 무한한 가능성

---

15) Ricœur, *Philosophie de la volonté I*, p. 351.
16) *Ibid.*, p. 354.

을 의식에 제공하는 질료로서, 그 대부분이 감정적인 어떤 질료matière affective."[17] 도대체 어떤 의미의 (감정적) 질료일까?

『의지의 철학 I』에서 리쾨르가 프로이트를 논의할 때의 핵심적 주장은 아래의 세 가지로 정리된다.[18] 무의식이 욕망하며, 상상하며, 욕구하는 그 무엇이라는 무의식의 실재론le réalisme에 대한 비판, 무의식의 이미지들과 분산된 표상들이 증상과 증후를 일으키는 원인이라는 무의식의 물리학la physique에 대한 비판, 충동적이고 본능적인 하부구조와 에너지로부터 심리적 상부구조와 에너지가 유래하고 파생된다는 무의식의 발생론génétisme에 대한 비판.

실상 무의식의 실재론이 함의하는 반성철학적 의미는 인간존재의 중심이 의식이나 (자유)의지가 아니라 무의식이라는 이른바 '코페르니쿠스적인 전회'가 의미하는 바와 같다. 의미 중심과 의미 심급의 전복이라고 표현될 수도 있을 것이다. 하지만 그 당시의 리쾨르는 여전히 후설의 지향성 개념에 충실하며, 무의식이 …에 대한 의식이 아니라는 점에서 '무의식이 생각한다'l'inconscient pense는 주장을 비판하며, 여전히 지향적 사념의 분석에 이르지 못하는 무의식적인 어떤 것은 "인상印象적이며 지각 이하 수준의 질료"matière impressionelle et infra-perceptive의 형태에 머문다고 지적한다.[19]

무의식의 물리학이 함의하는 반성철학적 의미는 증상을 일으키

---

17) *Ibid.*
18) *Ibid.*, pp. 361~382.
19) *Ibid.*, p. 364.

는 원인cause이 인간 주체의 (자유로운 그리고 의지적인) 의도intention와 같은 것은 아니며, 그런 무의식적인 표상들이나 이미지는 설명을 요구하는 사실들이라는 점이다. 그렇다고 해서 리쾨르는 이런 원인이나 사실들이 물리적 대상이나 사물로 이해되어서는 안 된다고 주장한다. 마치 우리의 신체가 사물이나 대상으로서 존재하는 측면이 있다는 점에서 곧바로 우리 '신체=사물'이라는 등식이 성립되는 것은 아니듯, 단지 그것은 우리 신체가 대상으로서 그리고 대상적으로 취급될 수 있다는 것을 의미한다는 것이다. 따라서 무의식을 포함하는 우리의 심리현상은 대상으로서 그리고 대상적으로 취급될 수 있다는 것이지 그 자체로 하나의 사물은 아니라는 것이다.[20]

충동적이고 본능적이지 않은 모든 (상부적) 가치는 결국 하부적 에너지의 위장되고 변형된 표현이라는 무의식의 발생론은 코기토나 의식은 그 자신이 의미한다고 믿는 바와는 다른 어떤 것을 의미할 수 있다는 반성철학적 자각을 불러일으킨다. 사물에 대한 의심을 극복하게 한 코기토 자체에 대해 의심을 하게 하는 것이다. 이런 의미에서 "의식은 무의식의 암호화된 현상"[21]일 수 있는 것이다. 그럼에도 불구하고 무의식으로의 이런 환원적 운동은 일종의 부정적 계기일 뿐이며, 결국 프로이트의 교훈이나 가르침이 통합되어야 할 곳은 바로 오직 코기토나 의식 내부일 수밖에 없다는 점을 그 당시의 리쾨르는

---

20) *Ibid.*, p. 374. 이 점은 『해석에 대하여: 프로이트에 관한 시론』(1965)에 나오는 인간의 물(物, chose)적 측면에 대한 적극적인 언급과 대조된다. 앞으로 전개되는 『해석에 대하여: 프로이트에 관한 시론』의 상징존재론' 이하 참고.

21) *Ibid.*, p. 378.

강조한다.[22]

리쾨르 철학에서 프로이트의 현존을 확인하고 그것의 의미를 다루려는 우리의 기획에서 지금 단계에서 반드시 제기해야 할 하나의 물음이 있다면 바로 이것이다. 여러 가지 이유에서 어느 정도 제한된 방식으로 프로이트를 다룬 1950년의 『의지의 철학 I』과 프로이트의 저서들을 처음부터 끝까지 전체적으로 다룬 1965년의 저서인 『해석에 대하여: 프로이트에 관한 시론』 사이에서 어떤 연속성과 불연속성이 있는가 하는 물음이다. 이 물음은 리쾨르 철학 전체에서 적어도 두 가지 이유에서 큰 의미를 지닌다. 첫째, 『의지의 철학 I』에서 리쾨르가 철저히 따르고 있는 자신의 방법론인 후설의 기술현상학 또는 본질 기술학의 방법méthode eidétique이 『해석에 대하여: 프로이트에 관한 시론』을 전후하여 해석학적 방법méthode herméneutique으로 전환되는 데 있어 프로이트와의 본격적인 대면이 어떠한 중대한 영향을 끼치느냐의 문제와 직결되기 때문이다.[23] 둘째, 이런 방법(론)의 변화와 더불어, 1950년과 1965년 사이에 프로이트를 바라보는 관점의 변화가 결정적으로 있었는지의 문제와 직결되기 때문이다.[24] 우리는 여기에 "그렇다"라는 긍정적인 답변을 하고자 하며, 왜 긍정으로 답하는지도 이어지는 논의에서 해명하고자 한다.

---

22) *Ibid.*, p. 379.

23) Ricœur, *De l'interprétation: Essai sur Freud*, Paris: Seuil, 1965, p. 443.

24) Ricœur, *Philosophie de la volonté I*, p. 370; *De l'interprétation*, pp. 15~16. 또한 *Le conflit des interprétations*, p. 104 참고.

『해석에 대하여: 프로이트에 관한 시론』과 프로이트
: 상징인식론과 상징존재론

리쾨르와 프로이트와의 첫 만남이 이루어진 『의지의 철학 I』에서와는 완연하게 다른 접근과 읽기가 『해석에 대하여: 프로이트에 관한 시론』에서 진행된다. 원전의 분량만 해도 530쪽에 달하고 프로이트의 초기 저작에서 마지막 저작까지 그 모두를 다룬다. 1965년에 나온 프로이트에 대한 논의와 관점은 변화 없이 1969년의 저작 『해석의 갈등』까지 이어진다. 제한된 본 지면에 그 방대한 저작을 압축하거나 요약하는 것은 매우 부적절할 것이다. 따라서 우리는 1965년 프로이트와의 본격적인 만남의 성격을 리쾨르가 현대철학자들 중에서 '해석학'을 대표하는 철학자라는 관점에서 다루고자 한다. 이런 관점은 왜 그가 자신의 고유한 철학적 작업과 여정에서 프로이트를 만날 수밖에 없는지를 말하는 것일 뿐만 아니라, 그래서 프로이트를 만난 것이 리쾨르로 하여금 다른 현대의 해석학자들, 예를 들어 하이데거, 가다머 등과 어떻게 다른 길을 가게 만들었는지를 밝히는 또 다른 일에 해당한다.[25]

『해석에 대하여: 프로이트에 관한 시론』의 이전 『악의 상징』에서의 상징존재론

해석한다는 것은 무엇을 무엇으로 해석한다는 것이다.[26] 리쾨르는 해

---

25) 제한된 지면으로 인해 여기서 다루지는 않을 것이다. 다만, 각각 존재론적 해석학과 철학적 해석학을 대변하는 하이데거와 게오르그 가다머의 해석학은 상징-담화·은유-텍스트의 해석을 경유하는 리쾨르의 "방법적" 해석학과 다를 수밖에 없을 것이다.

26) 하이데거는 『존재와 시간』에서 "이해"와 "해석"을 이와 유사하게 정의 내린 바 있다. "두드

석학자로서 도대체 무엇을 무엇으로 해석했는가? 우리는『악의 상징』도,『해석에 대하여: 프로이트에 관한 시론』도,『살아 있는 은유』도, 그 이후의『텍스트에서 행동으로』도 이런 관점에서 물어야 한다고 생각한다. 리쾨르와 프로이트와의 만남도 이런 물음의 맥락에서 벗어날 수 없다. 적어도 프로이트에 대한 리쾨르의 접근은 상징, 은유, 텍스트라고 하는 언어의 가장 중요한 요소들과 핵심을 만나 가는 맥락에서 이해되어야 한다.

　　『악의 상징』의 말미에서 리쾨르는 "상징은 사유를 불러일으킨다"le symbol donne à penser라는 유명한 말을 남겼다.[27] 그것은 어떤 종류의 상징이고 어떤 사유를 불러일으키는 상징이었나? 그것은 악을 둘러싼 체험을 담은 종교적 상징들('물', '하늘', '뱀' 등)이었다. 하지만 문학적 상징들이나 욕망을 담은 정신분석적 상징들을 다루지는 않았다. 특히나 이런 다양한 종류의 상징들을 근본적으로 특징짓는 그 구조와 의미 등에 대해서는 1960년『악의 상징』당시에는 언급하지 않았었다. 상징을 제대로 그 인식론적 구조의 관점에서 해명하지 않고 그 철학적 및 존재론적 중요성만을 다소 선언적으로 언급했을 뿐이었다. 하지만 1965년 리쾨르가『해석에 대하여: 프로이트에 관한 시론』에서 프로이트를 만날 때의 보다 구체적인 맥락은 바로 이것이다. 프로이트의 정신분석학은 리쾨르 자신이 관심을 가져온 상징(언어)

러지게 이해된 것은 어떤 것을 어떤 것으로서라는 구조를 가진다"(하이데거,『존재와 시간』, 이기상 옮김, 까치, 1998, 206쪽).

27) Ricœur, *Philosophie de la volonté II: Finitude et culpabilité*, Paris: Aubier, 1960, p. 23(리쾨르,『악의 상징』, 양명수 옮김, 문학과지성사, 1999, 321쪽).

문제의 외연과 내포를 폭발적으로 확대시키는 결정적인 계기의 역할을 하는 것이었다. 따라서 『해석에 대하여: 프로이트에 관한 시론』 서론에 해당되는 1부에서 상당한 정도의 분량[28]을 상징의 종류와 그 (의미) 구조 그리고 이런 상징을 "해석"한다는 것이 어떤 철학적 의미를 가지는가를 밝히는 데 할애하는 이유가 바로 그런 맥락에서이다. 우리는 전자, 다시 말해 상징의 종류와 그 의미론적 구조에 대한 해명을 상징인식론épistémologie du symbol[29]이라 부를 수 있다. 후자, 다시 말해 그런 상징이 어떤 철학적 사유와 의미를 불러일으킬지에 대한 논의를 상징존재론ontologie du symbol이라 부를 수 있을 것이다. 『해석에 대하여: 프로이트에 관한 시론』 서론에 등장한 상징인식론[30]을 여기서 재론할 필요는 없을 것 같다. 하지만 이 핵심적인 주저 이전의 『의지의 철학 I』과 『악의 상징』의 관점에서도 그리고 그 이후에 등장하는 『해석의 갈등』과 『텍스트에서 행동으로』의 관점에서도 우리에게는 상징존재론이 더 중요하다.

---

28) Ricœur, *De l'interprétation*, p. 13~63.
29) *Ibid.*, p. 23. '상징인식론'이란 표현은 전적으로 리쾨르의 것이고, '상징존재론'은 필자가 제안하는 것이다.
30) 윤성우, 『폴 리쾨르의 철학과 인문학적 변주』, 한국외국어대학교출판부, 2017, 72~74쪽 참고. 상징의 구조를 인식의 차원에서 보여 주는 그의 상징인식론을 압축적으로 보여 주는 도식은 아래와 같다. 상징적 의미라 부를 수 있는 기의 2의 자리를 밝히는 것이 바로 상징인식론의 핵심이다.

리쾨르는 『악의 상징』의 말미에서 상징존재론의 내용을 다음과 같이 압축한다:

> 만일 상징을 단순히 자아의식을 드러내는 것으로 보면 상징의 존재론적 기능을 무시하게 된다. '너 자신을 알라'는 말을 흔히 반성 차원의 문제로 알지만 실은 존재 안에 자리를 잘 잡으라는 충고다. […] 결국 상징이 말하는 것은 삶의 터인 존재 한가운데 처한 인간의 상황이다. 그러므로 상징의 인도를 받는 철학자는 자아 인식의 담을 헐고 반성의 특권을 제거해야 한다. 상징은, 코기토가 존재 안에 있는 것이지 그 반대가 아니라는 생각을 불러일으킨다.[31]

위 인용의 마지막 문장에 주목해 보자. 언어, 특히 이중적·다중적 의미를 가진 상징은 인간이, 코기토가, 주체가 존재에 터하고 자리 잡은 것이지, 거꾸로 주체 안에서 존재가 자리잡을 수 없다고 한다. 이때 '존재'란 무엇인가? 리쾨르는 더 이상의 친절한 해명이나 설명을 거기서는 덧붙이지 않는다. 코기토를 품을, 코기토가 자리잡을, 코기토가 그 안에 있게 될 '존재'란 도대체 무엇인가? 하이데거의 존재 물음에서 우위를 점하는 존재자인 현존재의 근본 구성틀로서 '세계-내-존재'라는 실존범주에서 등장하는 '세계', 다시 말해 현존재가 거기에 '내[內]-존재'할 '세계'와 같은 것일까? 적어도 『악의 상징』에 등장하는 (코기토가) 그 안에 있게 될 존재란 전통적으로 인식 토대적인

---

31) Ricœur, *Philosophie de la volonté II*, p. 331 (국역본, 329쪽).

주체나 코기토의 자아가 보여 온 협소함과 자기 충전성에 비판적 관점을 제공하는 그 무엇이고, 주체나 코기토를 보다 확장된 자기 자신에 대한 이해로 이끌어 줄 새로운 의미의 심급을 말한다. 코기토가 자리잡을 '존재'란 어쩌면 윤동주의 「서시」에 등장하는 '하늘'일지도 모른다. 윤동주 시인의 '하늘'은 또한 제사장이 제의 속에서 민중의 기원과 소원이 향하게 하는 지평으로서의 '하늘'과 같은 것으로서, '눈에 보이는 (성층권의) 가시적인 푸른 하늘'만을 뜻하지 않는다. 또 다른 의미, 즉 '우주적 질서'를 뜻하는 것이다. 주지하다시피, 리쾨르는 악 체험의 단계를 흠, 죄, 허물로 나눈다. 『악의 상징』에 등장하는 다음의 두 문장에 주목해 보자. 왜냐하면, 특히 흠의 단계와 죄의 단계에서 코기토 또는 주체의 밖에서, 그 주체를 점검하고, 그 주체에 맞서는 새로운 '존재'(자)가 등장하는데, 우리는 이를 주목해야 한다.

(물리적인) 오염이 (도덕적인) 흠이 되려면 이를 꾸짖는 타자의 이목 regard d'autrui이 있어야 한다. 부정함과 정함을 구분하고 가르는 말과 함께 오염이 흠이 된다.[32]

죄의 관념이 생기는 범주는 하나님 '앞'devant이라는 범주이다. […] 하나님 앞이란 전적인 타자tout autre 앞이 아니다. […] 인간의 근본 상황이란 본질적으로 자기를 향해 있는 누군가의 주도하에 있다고 인간이 느

---

32) *Ibid.*, p. 45(국역본, 51쪽). 번역은 원문을 참고하되 필자의 의도에 따라 국역본에 약간의 수정을 가했다.

끼는 상황이다. 그를 가리켜 사람의 형상을 한 신이라고도 할 수 있겠다. 그러나 무엇보다도 사람에 관심을 두고 있는 신이다. 인간의 형상을 한 신이기 이전에 인간을 향한 신이다.[33]

여기서 우리가 "코기토가 그 안에 있게 될 존재"를 흠 체험에서의 "타자의 이목"이라 부르든 죄 체험에서의 "하나님"과 그 "앞"으로 부르든, 그 공통점은 주체의 협소한 내면성과 폐쇄성을 극복하는 데 있어 근본적으로 요구되는 (타자) 존재를 말한다. 주체는 자신에게 무한한 요청을 말하는 그런 큰 타자에게 솔깃해야만 하고, 그렇게 새로운 존재와 의미 지평에로 "소환"convoqué[34]된다고 볼 수 있다. 그렇다면 리쾨르는 프로이트 담론과의 본격적인 만남을 통해 과연 어떤 '존재'를 주체를 넘어서는 또 다른 의미 심급으로 규정하는가?

『해석에 대하여: 프로이트에 관한 시론』의 상징존재론

『악의 상징』의 새로운 의미 심급이 코기토나 주체를 밖으로 불러내는, 외재적 '존재'의 모습이라면, 따라서 이 당시의 상징존재론이 주체에게 일종의 목적인 *telos*, 즉 목적을 제시하면서 부단히 자기 자신을 넘어서 나가야 할 미래적 방향 설정을 이끌어 가는 그런 '존재'라면, 『해석에 대하여: 프로이트에 관한 시론』에 등장하는 "코기토가 그

---

33) *Ibid.*, pp. 54~55(국역본, 60~61쪽).
34) Ricœur, "Le sujet convoqué", *Revue de l'institut catholique de Paris*, vol. 28, 1988, pp. 83~99 참고.

안에 있게 될 존재"는 주체를 그 시원archê에까지 파고들어 가는 고고학적 여정을 통해서 드러나는 '존재'일 것이다. 하지만 우리는 『해석에 대하여: 프로이트에 관한 시론』에서 전개되는 프로이트 저작 전체를 두고 리쾨르가 전개하는 방대한 내용과 일관된 독해를 '상징 존재론'에 다 담을 수는 없을 것이다. 따라서 우리는 리쾨르가 수행한 프로이트 읽기의 몇 가지 특징을 언급하고 이를 적정한 수준에서 해명하는 것을 목표로 삼고자 한다. 『해석에 대하여: 프로이트에 관한 시론』의 짧은 서문에서 리쾨르는 자신이 프로이트를 바라보는 관점을 이렇게 압축한다. "나의 문제는 프로이트 담론(언어)의 일관성consistance du discours freudien의 문제이다."[35] 그에 따르면 프로이트 언어의 일관성의 문제는 아래와 같은 하위의 세 가지 방향성으로 분기한다: 인식론적 문제, 반성철학 문제, 변증법적 문제.[36]

1) 인식론적 문제: 이 문제는 프로이트 전全 저작을 통해 "해석한다"interpréter 하는 것이 무엇인가를 다루는 것이며, 이것은 또한 욕망의 근저에 도달하려는 경제학적 설명과 꿈의 상징들과 예술적 표현들 등 인간의 기호 전체에 대한 해석이 어떻게 분절되며, 어느 지점까지 욕망이나 충동은 해석될 수 있느냐의 문제이기도 한 것이다.

---

35) Ricœur, *De l'interprétation*, p. 8. 1965년의 이 저작 전반을 관통하는 문제의식이 바로 프로이트의 담론과 언어가 지닌 이중성, 다시 말해 욕망, 에너지, 충동, 저항, 억압 등과 같은 힘의 언어(langage du force)와 꿈의 사유, 꿈 해석, 원초적 장면, 형상화 등과 같은 의미의 언어(langage du sens) 사이의 관계 문제이다.

36) *Ibid.*, p. 8.

530쪽에 이르는『해석에 대하여: 프로이트에 관한 시론』이라는 저작의 구성적 특징 중의 하나는 총 3부로 구성되어 있으나 문제 제기로서의 1부, 다양한 철학적 담론들(현상학, 분석철학, 해석학 등)과의 대면으로 된 3부를 제외한 약 260쪽 분량은 프로이트 전체 저작에 대한 독자적인 분석으로 된 2부이며, 이 2부는 독립된 저작으로 다뤄져도 문제없을 정도라는 점이다. 어찌 보면 이 핵심적 분석을 담고 있는 2부의 가장 중요한 문제의식 중의 하나가 바로 "프로이트 담론(언어)의 일관성"의 문제이다. 한마디로 프로이트의 언어들을 구성하는 구조와 그 변화에 주목하겠다는 것이다. 프로이트가 1895년 첫 저서인『과학적 심리학 초고』에서부터 세 가지 뉴런을 통해 심적 상태나 심적 기구appareil psychique를 양적 개념으로 설명하려고 하지만 그 어떤 측정이나 수치가 등장하지 않았다든지,[37] 양quantité 개념을 주장하지만 '2차 과정', '주의' 등 대체 불가능한 질적 개념이 이미 나타나면서 메카닉한 설명의 도식을 넘어서는 심적 상태와 구조에 대한 기술記述이 이미 충분하다는 것이다.[38] 힘의 언어로 인간을 설명하려 하지만 의미의 언어들이 적어도 비주제적으로 그리고 기술의 차원에서 등장하면서 전자의 언어가 후자의 언어를 압도하지 못한다는 관점에서 프로이트를 읽기 시작한다. 더구나 이어서 나온『꿈의 해석』과 특히 그 7장에서 논의된 "꿈"이 가진 퇴행의 현상에서, 억압되면

---

37) *Ibid.*, p. 83.
38) 리쾨르는『과학적 심리학 초고』는 뉴런을 통한 생리해부학적 '해석'을 넘어서서 증후에 대한 해독과 연결된 "위상학으로 향하는"(vers la topique) 요소를 가지고 있으며, 이미 해석학적 성격을 띠고 있다고 말한다. Ricœur, *De l'interprétation*, p. 93.

서 삭제되고 금지된 원초적인 것에로 (위상학적으로) 회귀한다는 점에서 꿈이 전형적으로 힘과 에너지 차원의 언어들과 개념들의 영역에 속하는 동시에, 잠재적이고 위장되며, 숨겨진 형태로 표현되고 충족된다는 점에서 그것은 해석을 요구하는 의미의 언어들과 개념들의 영역에 속한다고 리쾨르는 본다.[39] 꿈의 작업을 이루는 구체적인 과정인 응축condensation, 전치déplacement, 특히 형상화figuration는 꿈이 욕망의 표현으로서 힘의 언어와 의미의 언어 사이의 굴절flexion[40]을 보여 준다는 것이다. 흥분, 자극, 충동, 욕망, 에너지 등 결국 힘의 존재는 심적 체계나 심적 기구의 1차 과정의 불가피성, 해소 불가능성, 파괴 불가능성을 보여 주는 것과 동시에 1차 과정이 (2차 과정으로) 완전하게 환원 불가능하다는 점을 의미한다. 1895년『과학적 심리학 초고』에서 등장한 항상성 원리와 쾌-불쾌 원리가 극복되거나 지양 가능한가의 문제의식이 여전히『꿈의 해석』에서 퇴행의 현상을 논할 때도 이어지는데, 이는 인간이 쾌-불쾌의 원리를 극복하는 데 여전히 무능하다는 점을 보여 준다는 것이다. 이런 무능함과 환원 불가능성은 무엇을 의미하는가? 원초적인 것, 유아적인 것, 억압된 것의 회귀는 결국 인간의 위상학(무의식, 전의식, 의식)의 공간성이 건재함을 뜻하는 것이고 이는 쾌-불쾌 원리의 조절을 통해 현실의 원리로 이행하기가 결코 쉽지 않다는 점을 말해 준다. 리쾨르는 이를 "노예 상태에서 자유와 지복으로의" 완전한 이행이 불가능하다는 점을, 다시 말해『꿈의

---

39) *Ibid.*, p. 99.
40) *Ibid.*

해석』7장의 "(심적) 기구"는 "인간이 물物, Chose이었고, 여전히 물로 남을 것"[41]을 뜻한다는 해석을 제시한다.

프로이트의 언어와 개념들이 가지는 이런 이중적 성격에 대한 리쾨르의 고유한 탐색은 계속된다. "충동과 그 운명", "억압", "애도와 우울" 등 다섯 편의 글을 모아 1915년 출간한 『메타심리학』에서도 이런 논점은 계속된다. 충동은 그 자체로는 칸트의 물자체와 같은 것이어서 그것을 가리키고 표현(대리 또는 재현)해 주는 것, 즉 표상Vorstellung[42]을 통해서만 무의식 안에서 나타난다. 또는 충동의 대상들은 '만족'이라는 충동의 목표를 위해서는 언제든지 변경되는 것이기에 일종의 '변수'에 불과한 것이다.[43] 따라서 나르시시즘(자기애)의 경우에서처럼, 전통적 의미의 대상, 즉 주체와 마주한 외부세계로서의 '대상'의 지위는 정신분석학적 의미에서는 더 이상 유효하지 않게 된다. 외부와 내부, 세계와 자아는 (리비도의) 경제적 배분이나 할당에 불과한 것이다. 이런 의미에서 철학에서 자명하게 이해되고 주장되어 온 개념들이자 언어들인, 자아, 대상, 의식, 주체 등은 억압, 저항, 방어, 나르시시즘, 자아 충동과 대상 충동 등 프로이트의 역학적-경제학적 언어들과 개념들과의 상관성 없이는 제대로 파악되지 못한다는 것이다. 이런 의미에서 리쾨르는 "의식은 이제 가장 덜 알려진 것이며, 더 이상 자명성이 아니라 오히려 문제(물음), 즉 의식-되기

---

41) *Ibid.*, p. 119.
42) 이는 말-표상과 의미-표상으로 나눠진다. 라플랑슈·퐁탈리스, 『정신분석 사전』, 임진수 옮김, 다니엘 라가슈 감수, 열린책들, 2005, pp. 507~508.
43) Ricœur, *De l'interprétation*, p. 127, 130 참고.

devenir-conscient의 문제"[44]라고 말한다.

결정적으로 '충동'이라는 개념은 심리적인 것과 신체적인 것의 경계 개념이며, 에너지 자체와 같은 것으로서의 충동을 심리적으로 '나타내 주는' "대표자"Repräsentanz[45]를 의식으로 보내려고 하지 않는 충동은 없는 것이다. 따라서 무의식 안에 남아 있는 분리된 정동affect 이라도 그 자신을 대체하고 대변할 표상을 기다리고 찾고 있는 정동이지 그 자체로 고립된 정동은 아니라는 것이다.[46] 그럼에도 무시간적인Zeitlos 무의식의 특징이라든지, 꿈과 그 퇴행에서 보여지는 1차 과정의 압도적인 현존성이라든지, 쾌락원리의 건재 등을 언급하며 리쾨르는 '정동의 환원 불가능성',[47] 다시 말해 힘의 언어가 의미의 언어에 의해 영원히 정복되지 않는다고 주장한다. 물론 욕망을 인간 유기체에서 완전히 제거하는 것이 불가능하며 또한 그것이 불멸적이어서 언어와 문화에 선행하는 어떤 것이라고 해서 프로이트가 이런 충동과 욕망의 경제학을 '표상 가능성과 언표 가능성'[48]과 무관하게 존재한다고 보지는 않는다는 점도 리쾨르는 분명히 지적한다. 결국, 정신분석학이 psycho-analyse인 것은 힘(욕망/충동)이 발가벗겨진 힘 자체가 아니라 '의미를 추구하는' 힘을 문제삼기 때문일 것이다. 바로 그런 이유로 욕망이 환상 혹은 환상의 방식으로 위장되고 변형

---

44) *Ibid.*, p. 136.

45) 표상과 정동(affect)으로 나눠진다. 이 용어는 우리말로 번역된 『정신분석 사전』에서는 "욕동의 대표"로 번역되어 있다. 라플랑슈·퐁탈리스, 『정신분석 사전』, p. 279.

46) Ricœur, *De l'interprétation*, p. 149.

47) *Ibid.*, p. 151.

48) *Ibid.*, p. 152.

되고 형상화되고 상징화되며, 결국 어떤 해석을 요구하는 것이다.

따라서 정신분석학에서 '해석한다'는 것은 위장, 변형, 상징화, 대체화, 형상화되는 욕망의 표현들과 기호들, 다시 말해 욕망과 충동의 증상들에 대한 이중적 또는 다중적인 읽기를 통해 인간의 아르케를 찾는 것이다. 이런 의미에서 리쾨르는 프로이트의 담론 전체를 '주체의 고고학'archéologie du sujet이라 부른다. 하지만 리쾨르는 프로이트가 인간의 아르케만을 발견하고 그것으로 인간의 현재와 미래를 그곳으로 환원시킨다는 관점에서만 그리고 인간을 회귀주의적 또는 복고주의적으로만 해석해 냈다고 보지는 않는다. 무엇이 억압되는지를 그리고 무엇이 억압하는지를 폭로함으로써, 숨겨지고 위장되고 잊혀지고 은폐된 것만을 드러내는 것이 프로이트의 '해석'의 전체적인 모습은 아니라는 것이다. 『해석에 대하여: 프로이트에 관한 시론』에서 전개되고 있는 '해석'을 둘러싼 인식론적 문제 영역에서는 프로이트의 '해석'의 전체적인 모습을 다 논할 수 없을 것이다. 이를 위해서는 실제로 프로이트가 그런 상징(언어)들을 구체적으로 해석함으로써 어떠한 자기 이해를 밝혀내는 반성철학의 문제 영역으로 이동해야만 할 것이다.

2) 반성철학 문제: 프로이트가 수행한 주체의 고고학으로부터 어떠한 새로운 자기soi 이해가 도출되는가?

우리는 이 물음에 직접적으로 답하기 전에 왜 반성의 문제가 프로이트 담론과 관계를 맺는지 먼저 반성철학의 전통에서 그 이유를 찾아야 한다고 본다. 철학은 오랫동안 반성적 활동으로 파악되어 왔다. 특히 서양의 근대 철학은 인간 주체의 자기自己반성이 그 핵심을 이루어 왔다. 이런 반성활동의 시발점은 늘 참된 인식을 갈구하는 주체의 자기 정립定立, position du soi이었다.[49] 이 자기 정립이야말로 데카르트를 시작으로 칸트·피히테·헤겔, 심지어는 후설에 이르는 유럽 철학의 반성적 전통의 제1진리였다. 한마디로 자기 스스로가 스스로를 (대상 인식과 대상 파악의) 토대와 근거로서 정립하는 진리였다. 주체의 존재와 주체의 (사유/반성)활동은 동시에 정립된다. 다시 말해, 데카르트에 의하면 (인식 주체인) 내게서 존재한다는 것은 사유하는 것이며, 나는 내가 사유하는 한 존재한다. 나아가 칸트는 우리의 모든 표상활동에 자아ego의 통각統覺, aperception이 동반한다는 것을 날카롭게 발견했다. 이건 분명 데카르트에 비해 큰 진보지만, 이런 자아의 통각은 사물 인식의 주체 내재적이고 선험적인 조건에 불과한 것이지, 인간이 자신에 대해 가지는 자기 이해와 자기에 대한 앎이라고 보기는 어렵다. 후설의 용어로 말해 보자면, 생각하는 자아의 존재는 필증적必證的, apodictique이지만 반드시 충전적充全的, adéquate인 것은 아니다. 데카르트가 『철학의 원리』에서 말하는 "직접적인 (자기) 파악"의 방식은 더 이상 유효하지 않다는 것이다. 이런 맥락을 의식conscience이 위장된 욕망의 표현 혹은 삭제된 텍스트라는 프로이트의 발견을 통해 풀이해 본다면 다음과 같을 것이다: 내가 그렇다고 여기고 생각하는 나의 모습과 실제로 존재하는 나의 모습에는 괴리가 있다. 이는 반성철학 전통이 지녔던 반성의 추상성, 공허함, 심지어는 기만성을 비

---

49) *Ibid.*, p. 50.

판적으로 지적하는 말이다. 그렇다고 우리가 반성 자체를 버릴 필요는 없을 것이다. 푸코의 초기 철학이나 들뢰즈의 입장은 철학이 더 이상 반성은 아니라는 것이지만, 리쾨르는 의식이 반성의 구체성과 해석을 통한 자기 배움의 길을 포기할 필요는 없다고 본다. "내가 사유한다, 그래서 나는 존재한다"라는 근대적 정초나 토대의 길을 극복하기 위해 1950년의 『의지의 철학 I』에서는 추상적 반성의 공허함을 신체의 비의지적인 측면의 고려를 통해 극복하려고 노력했다면, 1960년 『악의 상징』을 거치며 1965년의 『해석에 대하여: 프로이트에 관한 시론』에서는 상징 언어의 (의미론적) 충만성이 오히려 인간에게 그 의미를 사유하도록 자극하는 해석의 먼 (우회의) 길을 택한다는 것이다. 인간은 상징적 언어들의 의미 충만성에 의해 "불려 세워진 주체"sujet interpellé,[50] 또는 "소환된 주체"sujet convoqué가 되며, 자신의 기호와 상징에 대한 해석을 매개함을 통해 인간 주체의 자기반성에 살과 피를, 내용과 충만함을 채울 사유의 질료를 찾아야만 한다. 리쾨르는 『악의 상징』에서 악을 둘러싼 네 개의 신화적 언어들을 해석함으로써 그 사유의 질료를 가져왔다면, 『해석에 대하여: 프로이트에 관한 시론』에서는 프로이트의 예술·문화 해석 전반에서 가져오고자 한다.

우선 프로이트의 담론 전체를 "주체 고고학"이라 부른다면, 이때 '주체'는 그동안 근대 반성철학이 이해해 오던 바의 자기 명증적이고 의심할 바 없는 '주체'와는 그 성격을 달리하는 것이라는 점은 분명하

---

50) *Ibid.*, p. 52.

다. 진리 인식의 토대론적 지위를 가진 "근원적 주체"sujet originaire 51)와 같은 것을 프로이트가 찾지 않았다는 것은 분명하다. 의미 심급의 중심으로서의 코기토나 직접적 의식의 문제틀은 아예 프로이트 담론에서는 어울리지 않는다는 것이다. 프로이트에게 '의식'은 적어도 1차 위상학의 틀 내에서는 지각을 전해 오는 '외부세계의 대변자'이자 심적 기구의 표면적 기능을 담당하는 것이다. 굳이 '자아'를 말하더라도 그것은 "이드가 있었던 곳에서 자아가 나올 수밖에 없다"는 맥락에서 보면 '이드'의 선재先在성, 즉 이드가 먼저 등장하는 것이 된다. 이런 점에서 프로이트의 무의식은 그간 서양철학사에 (의식의) '잠재적'이거나 (의식) '부재' 상태 등으로 기술된 '무의식'이 아니라 정동과 (무의식적) 표상들이 거주하는 장소localité로서 위상학적으로 다뤄지는 무의식 개념이다. 이는 오히려 의식으로의 환원, 즉 의식으로 돌아가자는 근대적 의미의 반성에는 '고난'이자 '훈육'discipline과도 같은 것을 선사하며 "의식에 대한 환원"52)을 주장하는 근거이자 바탕이 되는 무의식이다. 따라서 앞서 말했듯이, 직접적인 의식으로서의 주체 개념이 흔들리면 동시에 주체의 상관자로서의 대상objet 개념도 흔들린다. 불변의 상관자로서가 아니라 욕망과 충동의 변천에 따라 무수히 변화 가능하고 대체 가능한 변수에 불과한 것으로 변하는 것이다.53) 심지어 프로이트의 '나르시시즘' 개념에서 보듯이, '자아'가 욕

---

51) *Ibid.*, p. 408.
52) *Ibid.*, p. 412.
53) *Ibid.*

망과 충동의 한 대상이 될 수도 있다. 충동이 원초적이고 미숙하며 선행적인 '자아'와 같은 어떤 것으로 향하기에 리쾨르는 이를 온전히 성숙하지 못하고 다 자라지 못했다는 의미에서 "유산된 코기토"cogito avorté[54]라 부른다. 따라서 "진정한 코기토"cogito authentique,[55] 성숙한 코기토는 외부 환경의 위협뿐만 아니라 자신의 내부, 즉 초기적·원초적 에너지와 상태로부터도 끊임없이 소환되는 과정을 극복하고서야 획득될 수 있는 것이며, 이런 의미에서 진정한 코기토는 이미 주어진 "소여"donnée가 아니라, 하나의 "과제"tâche이다. 어른은 진정한 자신이었던 (유)아동기에 소환되어 포로가 될 수 있으며, 지체하며 퇴행적일 수 있는 것이다. 프로이트에 따르면 이렇게 포로가 될 가능성, 퇴행의 가능성, 신경증의 가능성이 우발적 사건이 아니라 우리 인간의 구조적이고 체계적인 조건인 것이다. 의식의 문제는 당연하고 명백한 문제가 아니라 오히려 "의식-되기"devenir-conscient 또는 주체-되기의 문제일지도 모른다. 성숙한 의식이 될지도 혹은 안 될지도 모르는 모험과 도전에 직면해서 코기토는 이른바 "상처받는 코기토"cogito blessé[56]가 된다. 이 코기토는 스스로 정립하는, 즉 자기 정립을 감히 주장하는 코기토일지는 모르나 결코 스스로를 장악하거나 소유하지 못하는 코기토이며 직접적이고 현재적인 의식이 가지는 불충전성의 고백을 통하지 않고서는 결코 자신을 이해하지 못하는 것이다. 그러므

---

54) *Ibid.*, p. 413.
55) *Ibid.*, p. 416.
56) *Ibid.*, p. 425.

로 상징존재론의 관점에서 코기토의 자기 정립 이전에 욕망의 정립 자체가 선행한다고 말할 수 있는 것이다. 다른 말로 하면, "'내가' 생각하기 이전에 의미라는 어떤 것이 있다. 이드가 (이미) 말하는 것이다".[57] "Je pense, je suis"가 아니라 오히려 "존재"sum의 선재적 정립이 우선하는 것이다. 프로이트에게서 존재의 선재성은 욕망의 선재성에 다름 아니다. 이런 욕망의 선재적 정립 자체 때문에 그리고 이런 욕망의 파괴 불가능성[58]으로 인해 힘은 전적으로 언어 안에서 전적으로 재포착되지는 않는 것이다. 반면 마찬가지로 힘의 언어도 의미의 언어로 부단히 이행해야만 할 운명에 처하는 것이다. 의미에로 치닫지 않고 그것에로 부단히 움직여 나아가지 않는 힘은 인간의 힘은 아닌 것이다. 적어도 (인간) 존재론의 관점에서 보면, 코기토가 욕망의 정립에 의존하는 것은 반성을 통해 직접적으로 그리고 무매개적으로 포착될 수는 없는 것이다. 따라서 이제 프로이트 담론을 경유하면서 이른바 '반성철학'을 말하려면 그것은 의식의 철학, —— 이 "의식"이라는 말이 자기 자신에 대한 직접적 의식을 의미한다면 —— 즉 "직접적인 것의 철학"une philosophie de l'immédiat이 아니다. 오히려 그 "반성은 하나의 해석학"[59]이 되어야만 한다. 그것은 주체의 자기 파악이나 자기 이해가 더 이상 매개를 거치지 않는 —— 이런 의미에서 직접적인im-médiat —— 것이 아니라, 주체의 구체적 삶의 현장에서 자신을 드러낸

---

57) *Ibid.*, p. 421.
58) *Ibid.*, p. 428.
59) *Ibid.*, p. 62.

언어적 표현물들과 그에 대한 해석으로 이루어져야 하기 때문이다.

3) 변증법적 문제: 프로이트가 수행한 꿈의 상징들과 문학 및 예술 표현들 등 인간의 기호 전체에 대한 해석은 다른 해석들과 어떤 관계를 맺는가?

인간은 자신의 욕망을 끝까지 포기하지 않은 채로 위장, 퇴행, (고착된) 상징화의 방식으로 실현해 나아간다. 꿈이 그런 위장된 만족의 형태, 즉 주로 밤에 수행되는 만족의 방식이라면, 환영fantasie, Phantasien은 불만족한 현실에 대해 낮 동안 이뤄지는 충족일 것이다. 특히 예술적이거나 문학적 형태로 구현되는 환영은 대체된 만족의 비非-신경증적이고, 비-강박적인 형태인 것이다. 『꿈의 해석』 이후에 나온 프로이트의 여러 작품들(『농담과 무의식의 관계』, 『미켈란젤로의 모세』, 『레오나르도 다빈치』, 『쾌락원칙을 넘어서』)에 대한 독후를 통해서 리쾨르는 프로이트 이론과 개념 도식의 중요한 변화뿐만 그 이론적 도식에 담기지 않는 탈환원주의적 기술의 내용을 발견해 간다. 특히 『쾌락원칙을 넘어서』에 등장하는 '포르트-다'fort-da 놀이라든지 『레오나르도 다빈치』의 지오콘다의 비실재적irréel 미소는 욕망의 단순한 충족 같은 것으로는 다 해소될 수 없는 성질의 것이다. 거기서는 "부재의 통제"maîtrise de l'absence가 자리잡는다. 단순히 무시간적인 원초적이고 과거적인 환영과는 달리 "시간 표식"estampille temporelle, Zeitmarke[60]을 갖

---

60) *Ibid.*, p. 167. 리쾨르는 일명 파리 유파의 대가 장 바젠과의 대담을 통해 위와 본질적으로 유사한 주장을 한 적 있다: "인간이 된다는 것은 우리가 죽을 수밖에 없는 존재인 것을 아

는다는 것이다. 리쾨르에 따르면 이런 예술적 환영은 "현재의 인상, (유)아동기의 과거, 기획의 실현을 통해 만들어 가는 미래, 이 모든 것을 서로 통합할 수 있는 능력"[61]을 가지고 있다고 한다. 예를 들어, 다빈치의 눈앞에 선 지오콘다는, 프로이트의 독법에 따르자면, 자신을 버리고 떠난 다빈치의 생모에 대한 욕망과 충동의 부재하는 시니피에를 찾도록 하는 대상, 다시 말해 환원주의적 욕망을 읽어 내도록 권하는 상징으로 읽히기도 하지만, 실제 지오콘다의 초상화 그림에 등장한 지오콘다의 미소는 비실재적 미소로서 그 안에서 다빈치 생모의 미소가 창조되는 것이다. 오래되어 빛바래고 잃어버린 어머니의 미소는 현실 속에서는 비어 있는 자리를 차지하지만 "상징화 가능한 부재"absence symbolisable [62]로서 모나리자의 미소로 재현되고 구현되는 것이다. 따라서 리쾨르는 이런 의미에서 예술 작품을 "증후이자 동시에 치료"[63]라고 말한다. 그것이 여전히 심리적 잔여물rejetons psychiques 이라는 점에서 증후이고, 이것이 작품으로 창조되었다는 점에서 치료인 것이다. 예술가의 내재적이고 과거적인 갈등과 문제의 투사물이자 잔여물이라는 점에서 여전히 증후이지만 동시에 그 갈등이나 문제가 예술적 해결을 보는 지점이기도 한 것이다. 이때의 상징은 더

는 것뿐만 아니라 결여(manque) 속에 살아간다는 것이다"(Roger Lesgards, *Jean Bazaine: Couleurs et mots*, Paris: Le Cherche Midi, 1997, p. 67). 이 장의 결말에 덧붙이겠지만, 1965년 프로이트를 다룬 이 저작에서 얻었던 예술의 본질에 대한 착상은 두고두고 리쾨르의 철학 속에 스며들었다고 할 수 있을 것이다.

61) *Ibid.*, p. 168.
62) *Ibid.*, p. 174.
63) *Ibid.*, p. 175.

이상 과거의 퇴행적이고 미未해결적 갈등의 증상이라기보다는 인격의 종합과 미래가 열리는 전망적인 상징일 수도 있는 것이다.

상징의 또 다른 측면, 다시 말해 퇴행적 측면 말고 전진적이고 미래적인 측면에 대한 독서는 주체의 고고학적 측면으로는 전부 다 해명되지 않는 게 사실이다. 이처럼 프로이트의 (초기) 이론적 개념들과 도식이 정신분석적 경험이나 체험 또는 정신분석적 치료 사이에서 어느 정도의 거리나 이격을 드러낸다는 점은 1차 위상학(무의식, 전의식, 의식)에서 2차 위상학(이드, 자아, 초자아)에로의 변화에서뿐만 아니라, "승화" 개념에 대한 발견과 기술記述은 몰라도 그것에 대한 이론적 토대와 설명이 쉽지 않다는 점[64]에서도 분명해지며 또 프로이트가 종교, 도덕, 신화 등을 해석해 낼 때 더욱더 분명해진다. 예를 들어, 『토템과 터부』에서 종교의 기원으로 제시된 아버지 살해와 그 토템을 먹는 식사 제의는 인류 최초의 축제이자 수많은 사회조직들, 도덕적 금지들, 여러 종교의 탄생의 출발점을 제공하지만, 동시에 아버지 살해 이후에 형제들 간의 계약을 통해 형제 간의 살해, 폭력, 전쟁을 포기하게 된다는 중요한 사실을 제대로 충분히 해명해 주지 못하고 있다. 리쾨르에 따르면, 이것은 바로 홉스, 스피노자, 루소, 헤겔에 이르는 문제, 즉 "진정한 법의 문제, 전쟁에서 법의 전환의 문제"[65]이며, 리쾨르가 니체와 마르크스보다 프로이트를 '의심疑心, soupçon 해석학'으로서 우선적으로 탐구한 맥락이기도 한 것이다. 분명 이 문제는

---

64) *Ibid.*, p. 467 이하 참고.
65) *Ibid.*, p. 208.

프로이트의 정신분석적 설명의 틀, 즉 "욕망의 경제학"[66] 내에서 제대로 해명되지 못했고, 앞으로도 이 영역 안에서 해결될 수 있을지는 여전히 의문이다.

무리한 일반화의 오류를 무릅쓰고 말한다면, 『해석에 대하여: 프로이트에 관한 시론』은 상징을 둘러싼 거대한 해석들 간의 갈등[67]을 중재하고 자신만의 해석을 시도한 작품으로 요약할 수 있을 것이다. 그 자신만의 상징 해석은 『해석에 대하여: 프로이트에 관한 시론』의 3부에 집중되는데, 우리는 이를 '오이디푸스'라는 상징 해석[68]과 '아버지'père라는 상징 해석으로 응축해서 말할 수 있다고 본다. 리쾨르 해석학이 해석해 낸 두 가지 상징 해석의 핵심적 논점으로 가 보자. 소포클레스의 비극 작품인 『오이디푸스왕』에 등장하는 오이디푸스라는 인물에 대한 고유한 고전적인 해석에 따르면, 이는 운명적 비극의 상징이다. 즉 신들이 부과하는 비극적 운명과 이에 맞서는 불행한 영웅의 인간적인 노력의 허무함 사이의 대조와 대립을 극적으로 보여 주는 인물이자 상징인 것이다. 이런 고전적인 해석에 거의 처음으로 도전한 이가 프로이트다. 그에 따르면 그 비극이 진정 우리에게 감동을 주는 것은 운명과 (이에 맞서는) 인간적 자유 사이의 갈등 때문이

---

66) *Ibid.*, p. 208.
67) *Ibid.*, pp. 29~44 참고. 이 저작의 1부 2장의 제목이기도 한 이 표현은 1965년 이후에 나오는 저작의 제목이 되기도 한다. 국내에서는 '해석의 갈등'으로 번역되었다.
68) *Ibid.*, pp. 496~497 참고. 이 부분에 대한 국내의 논의는 윤성우, 『폴 리쾨르의 철학』, 7장 「신화와 해석학, 그 만남의 전후(前後)」(166~182쪽)와 윤성우, 『폴 리쾨르의 철학과 인문학적 변주』, 3장 「리쾨르의 상징론과 신화론」(80~83쪽)에서 이미 전개된 바 있고, 여기서는 크게 그 논의를 벗어나 있지 않다.

아니다. 오히려 이 운명의 성격이 문제가 된다. 프로이트는 그의 주저 『꿈의 해석』에서 이 운명이 우리 자신의 운명일 수 있다는 것과 유아기 이래로 우리가 지닌 오랫동안의 소망, 욕망 중의 하나를 실현시켰기 때문에 감동스럽다고 말한다. 아마도 프로이트와 함께 우리는 소포클레스가 창작한 비극 속에는 유년기의 강렬하고 지속적인 꿈, 즉 유아기적 욕망 그 이상의 것은 없다고 말할 수도 있을 것이다. 이는 일종의 퇴행적이고 아르케적 해석이라 볼 수 있다. 운명의 비극이라고 해석하는 것이 고전적이고, 욕망의 비극이 프로이트적인 해석이라면, "진리의 비극"[69]이라고 명명할 수 있는 것이 리쾨르적인 해석이다. 독자나 관객에게 숨겨졌던 근친상간이나 부친 살해의 은밀한 욕망을 일깨우거나 발견하는 것이 더 이상 문제가 되지는 않는다. 또 하나의 드라마틱한 의미 심급이 등장하는데, 바로 자기의식과 자기 인식의 비극이 그것이다. 왕 오이디푸스는 또 하나의 범죄를 저지른다. 즉 근친상간과 부친 살해가 첫 번째 범죄라면, 온 나라에 퍼진 역병의 이름 모를 책임자가 자신일 수 있는 개연성을 완전히 배제하고 도외시한 것이 두 번째 범죄다. 비극 『오이디푸스왕』은 점차 이런 허위적 결백과 기만적 무죄 추정의 요구를 해체해 나가며 자기발견과 자기폭로의 방식으로 전개한다고 볼 수 있다. 이 교만한 고집과 완강함은 더 이상 어린 오이디푸스의 내밀한 욕망이 아니라 어른인 오이디푸스왕의 오만불손과 허위의식이다. 어른이자 동시에 왕인 그의 잘못과 불행은 프로이트적인 리비도와 충동을 가지고 있다는 사실보

---

69) *Ibid.*, p. 496.

다는 그 자신이 결코 그런 범죄와 질병의 용의자일 리가 없다는 무지 non-savoir와 비진리non-vérité의 열광에 빠져 있다는 사실에 있다.

오히려 진리를 일찍부터 직관한 이는 견자見者인 티레시아스다. 육체적으로는 맹인이지만 그는 정신의 차원에서 진리를 보고 갈파한 사람이다. 반면 오이디푸스왕은 육체로는 볼 수 있지만 정신적으로는 진리를 볼 수 없었다. 그가 자기 인식, 즉 진리에 도달하게 되는 것은 자신의 눈에 칼을 들이댐으로써 가능해진다. 참다운 비극은 어린 오이디푸스의 욕망에 있는 것만은 아니다. 어른인 오이디푸스왕이 무지와 오만의 상태에서 고통을 통해 자기발견으로 이행한다는 점에서 이는 더 이상 운명의 비극도, 욕망의 비극도 아닌, 진리의 비극인 것이다. 따라서 동일한 하나의 '오이디푸스'라는 상징에서 과거적이면서도 미래적인, 퇴행적이면서 전진적인 해석의 두 방향을 리쾨르는 길러 낸다. 그 상징은 (유아기의 욕망을) 은폐하고 위장하는 상징일 뿐만 아니라 (자기발견을) 드러내고 밝혀 주는 진리의 상징이기도 한 것이다. 꿈의 몽환적 성격과 문학의 시학적 성격이 하나의 상징에서 전개된다고도 볼 수 있다. 하나의 상징을 둘러싼 이런 이중적 해석 가능성의 측면은 아버지 상징에서도 동일하게 발견된다고 할 수 있다.

아버지는 늘 (생물학적) 이상의 아버지이며 그것을 넘어서는 상징이다. 소포클레스의 비극 작품인 『오이디푸스왕』에서도 아버지는 현실에서는 부재하면서도 목소리로, 일종의 환영으로 아들 오이디푸스에게 말 건네는 아버지이기도 했다. 프로이트 역시 『모세와 유일신교』에서 종교를 "인류 보편적 강박신경증"으로 묘사했을 때 줄곧 어리고 유아적인 인류의 곤궁과 절망에 근거하며 신적 아버지를 그리위하는 종교의 본질을 비판적으로 음미한 바 있다. 유비해 이야기해 본다면, '(생물학적) 개인적 아버지에 대한 질투:오이디푸스 콤플렉스 =인류의 원초적 아버지 살해:종교' 일 것이다. 프로이트에게서 아들 은 아버지 살해를 모의하고 실행에 옮기는 저항적 수괴首魁의 형상이 자 그런 (부친) 살해자들의 두목의 형상이며, 그런 모습이 아들의 압 도하는 이미지다. 프로이트는 형제들 간의 화해와 계약을 통해 아버 지와 다시 화해하는 계기에는 별로 주목하지 못한 것 같다. 아버지는 유아동기의 욕망과 두려움의 대상으로도 역할을 하지만 아버지 살 해 이후에 그런 후회의 어두운 터널에서 벗어나 형제들, 즉 시민들 간 의 "사회적 계약"도 가능케 하는 "정치적 신"dieu politique[70]으로도 기 능하는 것이다. 리쾨르에 따르면 이런 신적 아버지의 모습은 "존재하 는 모든 것들을 함께 묶어 주는 능력"으로서의 신화적 존재인 에로 스Eros[71]와 같은 것이며, 계명을 주는 신명기의 신, 「욥기」의 비극적 신 과 요한의 서정적 신의 모습과도 상통한다는 것이다.[72] 따라서 아버 지는 유아동기의 원초적 욕망(증오)의 대상이기도 하지만, 사람들에 게 "이름을 부여하고 (그들에게) 법을 부여하는 제공자"donneur de nom et donneur des lois, "제도의 원천"source d'institution, 심지어 "언어를 만드는

---

70) *Ibid.*, p. 514.
71) 이 에로스의 원리는 플라톤이 『향연』에서 주제화시킨 결합과 화합의 에너지이기도 하지 만, 헤라클레이토스같이 더 이전의 선배 철학자들이 말하는 만물의 두 원리인 사랑과 증오 (대립) 중에서 전자에 해당하는 원리이기도 할 것이다. 프로이트가 말년으로 갈수록 에로 스와 타나토스(죽음)의 충동에 집중하는 것을 보면 문화 전체를 넘어 존재 전체를 사유하 는 사상가를 닮아 간다고도 할 수 있을 것이다.
72) Ricœur, *De l'interprétation*, p. 515.

존재"un être du langage[73])이기도 한 것이다. 종합하자면 '아버지'라는 동일한 하나의 상징은 그 안에서 이미 욕망과 질투의 대상이 되는 벡터와 동시에, 이런 충동의 목적을 뛰어넘어 승화된 모습으로, "질서정연하고 지혜로우며 그리고 정의로운 초월자"[74]의 벡터도 함께 품는 중층적 상징일 수도 있는 것이다. 결국 프로이트를 해석하는 리쾨르의 최종적인 방향성에는 프로이트 담론의 문화 해석 및 존재 해석이 공개적으로 표방하는 고고학적·원초적 해석의 운동성도 분명히 존재하지만, 그런 퇴행적이고 회귀적 독해를 가능케 하는 바로 그 동일한 상징들 안에서 거꾸로 인간들을 앞서 나가게 하고 그 자신의 미래로 자신을 한발 앞서 나아가게 하는 운동성도 함께 발견되는 것이다.

나가며: 프로이트의 흔적-내면화[75]

우리는 리쾨르 철학에서 프로이트의 현존을 확인하고 이것이 리쾨르 철학의 중요한 국면들에서 어떤 영향을 끼쳐 왔는지를 찾아보고 언급하는 작업을 계속해 왔다. 리쾨르 철학의 관점에서 보면 프로이트

---

73) *Ibid.*, p. 520.
74) *Ibid.*
75) 이 '내면화'라는 표현이 프로이트가 리쾨르 철학에서 특별한 중심축을 이루고 있다는 오해를 불러일으킨다고 볼 수도 있다. 상당히 타당한 언급이지만, 리쾨르 철학에서 프로이트의 사상이 내면화되는 정도로 보면 현상학이나 프랑스 반성철학의 정도에 비할 만큼은 아닐 것으로 판단된다. 후자는 (리쾨르 철학에) 방법과 내용을 동시에 제공하지만, 전자는 방법보다는 내용을 제공하는 측면이 더 강하다. 이미 이것은 앞에서 리쾨르 철학의 가계를 밝힐 때 어느 정도 논의한 바 있다.

담론은 '현상학의 해석학적 변형'이고자 하는 자신의 철학적 단계에서 결정적인 역할을 하는 방향타라고 볼 수 있다. 그가 현대 해석학을 대표하는 인물로 자리매김하는 데 핵심적인 내용을 제공해 준 담론 역시 프로이트의 담론일 것이다. 물론 여전히 기술현상학의 틀과 한계 내에서 움직이고 있는 『의지의 철학 I』과 『해석에 대하여: 프로이트에 관한 시론』 사이의 결정적인 차이는 "반성"이 일종의 해석학이어야 한다고 주장함으로써 "반성에 철저히 연계된 해석학적 방법"[76]을 가져오는 데 있어 그가 프로이트 담론에 의존하고 기대었다는 것이다. 욕망의 선재성, 사유에 대한 '존재'의 선재성을 프로이트 담론이 설득력 있게 드러내는 이상, 반성은 그런 (욕망하는) 삶의 기호들을 해석하는 프로이트 담론을 만나지 않고 회피할 방법이 없었던 것이다. 리쾨르에게 프로이트는 필연적인 우회$_{détour}$의 길이었다.[77] 이런 모험과 도전이 종종 리쾨르-프로이트 관계에 대해서 사람들이 흔히 하는 오해처럼, 프로이트 정신분석학을 보다 포괄적인 해석학의 하위 개념으로 포함시키는 것은 아니다.[78] 오히려 현상학적 철학의 한계와 근대적 반성철학의 전통에 새로운 전기를 마련하는 데 프로이

---

76) *Ibid.*, p. 520.

77) 프로이트의 길이 여러 우회로 중 '하나의' 우회로라고 생각할 수도 있다. 물론 '필연적인' 것이라 해도 그것이 '유일한' 우회의 길은 아니다. 미르체아 엘리아데 같은 종교현상학의 길도 리쾨르에게 상징을 해석하는 탁월한 시사점을 던지기도 하고, 예술에 대한 그의 이런저런 접근들을 보면 다양한 우회가 존재하는 것은 사실이다. 다만 프로이트 담론이 리쾨르 해석학에서 모종의 기축(基軸)을 이룬다는 점은 변함이 없을 것 같다.

78) 프랑수아 도스, 『폴 리쾨르: 삶의 의미들』, 이봉지·한택수·선미라·김지혜 옮김, 동문선, 2005, 365쪽. 국내외를 막론하고 현재까지 나온 리쾨르에 대한 평전 중에서 가장 눈여겨볼 만한 저서이다.

트 담론의 독창적인 기여를 인정하는 차원이라고 보는 게 정확할 것이다.

1962~1988년까지 정신분석에 관한 그의 미간행 유고를 모아 2008년에 단행본으로 펴낸 『정신분석학을 둘러싼 글과 강연 1』은 『의지의 철학 I』과 『해석에 대하여: 프로이트에 관한 시론』 이후에 프로이트를 포함하여 정신분석학을 보다 넓게 다루는 리쾨르-프로이트 만남의 세 번째 지점이다. 그렇지만 1965년 저작과의 결정적인 단절이나 이전 저작들과의 읽기의 불연속성은 없어 보인다.[79] 다만 프로이트를 다루는 주제와 범위는 더 넓어졌고, 1965년 저작 때의 분위기처럼 프로이트와 — 대결은 아니었겠지만 — 대면confrontation 하는 기조는 2008년의 저작에는 더 이상 없다고 봐야 할 것 같다. 물론 리쾨르 철학에서 프로이트가 등장하는 중요 시기로서 1950년, 1965년, 2008년이라는 세 모멘텀을 언급한다고 해서 틀린 것은 아니지만, 1965년과 2008년 사이의 여러 다른 저작들에서도 프로이트의 문제의식이나 개념들은 그의 철학에서 분명한 흔적을 남기면서 어느 정도 내면화되는 것으로 봐야 할 것 같다. 몇 가지 예를 살펴보자. 1986년에 나온 『시간과 이야기 3』에 나오는 대목을 잠시 살펴보자.

하지만 잊어서는 안 되는 범죄들이 있고, 고통의 대가로 복수보다는

---

79) 2008년의 저작에 나오는 한 장인 "psychanalyse et herméneutique"에서 보면, 이데올로기 비판 그룹의 담론과 함께 프로이트 담론이 기존 해석학에 '인과적 설명의 계기'를 제공하는 긍정적 역할을 한다고 규정하면서 '심오한 해석학'(herméneutique profonde)의 기획을 언급한다. Ricœur, *Écrits et conférences I*, p. 101 이하 참고.

이야기되기를 호소하는 희생자들도 있을 것이다. 오로지 잊지 않으려는 의지만이 그러한 범죄가 더 이상 일어나지 않도록 할 것이다.[80]

여기서 리쾨르는 어느 정도는 과거와 기억의 문제를 "피해자"의 이야기화 가능성의 관점에서 다루고 있는데 이것은 프로이트의 문제의식과 함께 가는 주제이기도 하다.[81]

『시간과 이야기 3』에서 문제 제기 정도만 되던 이 주제는 1995년 이후의 여러 다른 논문들과 2000년의 저작인 『기억, 역사, 망각』[82]에서 본격적으로 그 대안이 제시된다. 대개의 경우 직접적인 희생자들은 "과도한 기억"le trop de mémoire[83]으로 고통스러워하고, 가해자 쪽 사람들은 되도록이면 부끄러운 과거가 드러날까 전전긍긍하며 "과도한 망각"le trop d'oubli이나 기억의 결핍 증세를 겪는다. 기억과 관련된 이런 곤혹스런 상황에 대한 해결적인 대안으로서 리쾨르는 "기억의 비판적 사용"un usage critique de la mémoire[84]을 제안한다. 이런 대안적 개념의 제시를 위해 리쾨르는 먼저 프로이트가 1914년 지은 글 「회상, 반복, 그리고 철저 작업」Erinnern, Wiederholen und Durcharbeiten 같은 저작을 참조한다.[85] 프로이트에 따르면, 1차 세계대전 후 전쟁의 피해에 시달

---

80) Ricœur, *Temps et récit III: Le temps raconté*, Paris: Seuil, 1985, p. 275(리쾨르, 『시간과 이야기 3』, 김한식 옮김, 문학과지성사, 2004, 365쪽).

81) Ricœur, *Écrits et conférences I*, p. 280 이하 참고. 이 주제를 다루고 있는 2008년 저작의 장은 「이야기: 정신분석학 내에서의 그 지위」(Le récit: sa place en psychanalyse)이다.

82) Ricœur, *La mémoire, l'histoire, l'oubli*, Paris: Seuil, 2000.

83) Ricœur, "Le pardon peut-il guérir?", *Esprit*, no. 210, 1995. 3~4, p. 77 참고.

84) *Ibid.*, p. 79.

85) 정신분석학 개념들에 대한 번역은 라플랑슈·퐁탈리스, 『정신분석 사전』 참고.

324   2부. 현상학과 정신분석

리는 환자들은 회상을 잘 해내는 대신에 반복강박적 행태를 보인다. 전쟁의 참상을 차츰 기억해 내어 언어화해야만 치료가 될 터인데 그렇지 못했던 것이다. 그래서 프로이트는 이렇게 기억해 내고 회상하는 일을 환자의 "저항을 뚫고"durch 이루어지는 고된 "작업"Arbeit이라고 규정하기에 이른다.[86] 어렵게 얻어낸 기억과 회상을 자신만을 위한 순환적 폐쇄의 고리에 머물게 하지 말고, 타자의 기억에 열리고 그것과 대면하게 하여, 자신 아닌 타자의 것이 옳다고 인정하는, 다시 말해 정의正義의 기획projet de la justice 아래 움직이게 할 때 기억은 비판적으로 사용되는 것이며 이럴 때라야 과거는 미래의 전망과 징후를 가지게 될 것임에 틀림없다.[87]

프로이트의 문제의식과 개념들에 대한 내면화는 번역의 문제를 다룬 2004년 저작인 『번역론: 번역에 관한 철학적 성찰』[88]에도 등장한다. 우선 진정한 번역 작업에 착수하기 위해서는 낯설고 이국적인 것에 대한 공포와 증오로 인해 생기는 우리 안의 내적 저항을 이겨 내고 이루어지는 회상의 작업[89]을 요구한다. 우리 자신의 자존감을 위협하는 트라우마를 이겨 내야 하듯, 우리 자신의 언어적 정체성을 위협하는 낯섦을 견뎌 내야 하는 것이다. 마찬가지로 모국어를 신성시

---

86) 프로이트는 "저항을 뚫고"(durch) 이루어지는 고된 "작업"(Arbeit)이라는 의미로 "철저 작업"(Durcharbeiten, 영어로는 working through)이라고 표현하고 있다.

87) Ricœur, *Esprit*, no. 210, p. 79 이하 참고. 1965년 저작에서도 승화를 비롯해 프로이트 예술 및 문화 해석에 있어 시간성 문제가 중요한 화두였다는 점을 떠올려 보면 리쾨르가 프로이트를 해석할 때 고도의 일관성을 보여 준다고 볼 수 있을 것 같다.

88) 폴 리쾨르, 『번역론: 번역에 관한 철학적 성찰』, 윤성우·이향 옮김, 철학과현실사, 2006, 76쪽 이하 참고.

89) 앞의 책, 118쪽.

하는 경향과 완벽한 번역에의 이상理想에 대한 애도의 작업[90]이 필요
하다. 번역이 아무리 노력한다 해도 원본의 복제에 불과하며 원본에
대한 완벽한 번역은 불가능하다는 끈질긴 저항을 이겨야만 하는 것
이다. 자신의 것을 떠나지 않고서는 낯선 이국의 것을 제대로 수용하
기 어렵다는 점에서 번역은 애도의 작업이다. 또한 자신의 것을 위협
하는 것에 맞서 자신의 것인 무엇을 구해 내야 하는 회상의 작업이 바
로 번역이라는 것이다.

　지금까지의 논의에서 보듯이 우리는 리쾨르가 프로이트를 자신
의 철학 안에서 어떻게 수용하고 종합하고 있는지를 밝히려고 노력
했었다. 리쾨르 철학과 프로이트 담론 간의 관계는 어떤 하나의 결정
적인 성격을 가지기보다는 적어도 세 가지 정도의 단계를 거치며 이
행되는 것으로 규정할 수 있을 것 같다. 리쾨르 철학의 긴 여정 속에
서 1950년 전후에 프로이트 담론은 (기술현상학이라는) 제한된 관점
과 전망 속에 처음으로 도입되고, 1965년을 전후하여 확장되며 변형
된(해석학적) 대면과 도전의 차원에서 논의되었으며, 1990년을 전후
해서 2008년까지는 앞서의 도입과 대면의 지점을 넘어 충분히 성숙
되고 침윤되어 그의 철학 안에 내면화되는 지점에 도달하게 되었다
고 해석할 수 있을 것이다.

---

90) 앞의 책, 84쪽.

3부

포스트구조주의와 정신분석

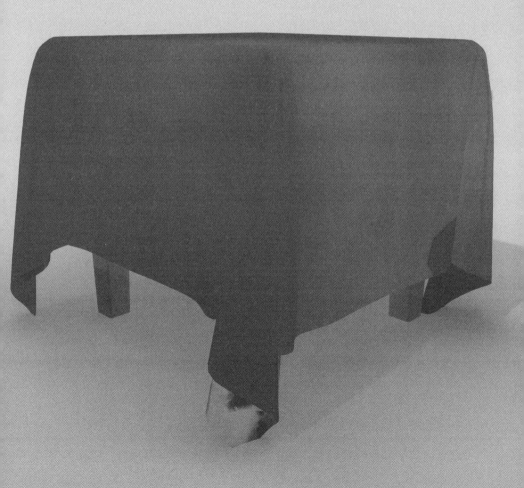

9장. 리오타르, 포스트모던 철학과 정신분석

이철우

들어가며

프로이트는 마르크스, 니체와 더불어 3대 의심의 대가로 알려져 있다. 그는 반성 이전의, 반성으로는 이해할 수 없는 정신 과정을 발견함으로써 근대의 반성하는 의식의 실패와 한계를 넘어서고자 했다. 의식의 확실성에 대한 프로이트의 의심은 의미의 근원으로서의 의식의 권위를 흔들어 놓았고, 그 결과, 의식으로 하여금 자신의 제한성을 받아들이지 않을 수 없게 했다. 리쾨르가 정확하게 지적하고 있듯이, "의식의 실패를 통해 의식은 자신에 대한 직접적인 확실성은 편견에 지나지 않는다는 것을 알게 된다".[1] 자아의 확실성의 흔들림은 자아 인식에서 의식의 한계를 나타내며, 이는 의식화될 수 없는 것의 존재를 깨닫게 해 준다. 다시 말하면, 반성으로는 이해될 수 없는 정신 과정으로서의 무의식이 있으며, 따라서 이 무의식은 의식과는 다른 정

---

1) 리쾨르, 『해석의 갈등』, 양명수 옮김, 한길사, 2012, 129쪽.

신 과정 속에 존재한다는 것이다. 한 걸음 더 나아가서, 프로이트는 인간의 감정, 사고 그리고 행동에 영향을 미치는 것이 단순히 의식이나 사고가 아니라 무의식이라고 주장하였다. 프로이트의 무의식의 발견은 이와 같이 정신 영역과 인식 영역의 확장일 뿐만 아니라 인간을 이전과는 다른 관점과 맥락에서 볼 수 있는 눈을 열어 주었다고 해도 과언이 아니다.

프로이트의 이러한 무의식론은 리오타르의 초반기 사유에 지대한 영향을 미친다. 리오타르는 1960년대 말 동유럽의 사회주의가 보여 준 정치적으로 부정적 측면뿐만 아니라, 당시의 공산주의에 대한 사회적·경제적 분석을 통해 종래의 좌파가 관련된 국가권력 기관, 구조, 법정 등 어느 곳에서나 특정한 형태의 권력욕이 존재하며, 그 속에서 인간은 기꺼이 노예로 전락해 노예 상태를 즐기게 된다는 것을 포착하게 된다.[2] 이로부터 1970년대 초반 리오타르는 이상 사회를 약속해 주는 마르크스주의적 확신을 포기하고 사회변혁의 새로운 대안으로 정신분석학을 발견하게 된다. 정신분석학적 사유는 인류를 해방시켜 준다는 허위에 불과한 진리 대신에 오히려 지배받고자 하는 무의식적인 충동, 리비도로부터 노예근성을 가진 인간이 해방되어야 함을 말해 줄 수 있다고 생각했기 때문이다. 그러나 리오타르의 이러한 기대와 소망은 그리 오래가지 않는다. 프로이트의 정신분석학적 사유 안에 헤겔적 사변주의의 위험성이 도사리고 있음을 간파했기 때문이다. 요컨대, 리오타르는 무의식에 대한 인식의 문제, 즉

---

2) 한정선·안드레아스 호이어, 『현대와 후기현대의 철학적 논쟁』, 서광사, 1991, 77쪽.

의식과 다른 무의식의 세계를 어떻게 인식할 수 있느냐는 문제에 직면하면서 프로이트에 더 이상 머무를 수 없는 자신을 발견하게 된다. 이 질문에 대한 답은 두 가지 입장, 즉 무의식은 의식의 세계에서처럼 언어나 담론으로 이해할 수 있다는 입장과 무의식은 의식과는 다른 정신 과정으로 언어나 개념으로는 이해할 수 없다는 입장으로 나뉜다. 리오타르는 의식과 무의식, 꿈과 언어 사이의 동질성을 주장하는 프로이트와 라캉의 입장을 통해 헤겔적 사변주의의 위험성에 빠질 수 있다는 점을 자각하고, 후자의 입장을 지지한다. 무의식의 세계를 의식의 언어로 표현할 수 있다는 것, 즉 무의식을 언어와 담론으로 환원할 수 있다는 발상은 근대의 동일성의 철학과 전체주의 철학을 연장하는 것은 아닐까?

적어도 정신분석적 입장이 무의식을 언어나 담론으로 환원하면서 왜곡과 변질을 낳을 수 있다는 혐의는 면키 어려워 보인다. 하지만 무의식의 존재는 의식이나 전의식과의 관계 속에서만 파악될 수 있다는 것 또한 부인하기 어렵다. 따라서 의식과 무의식 사이에는 상호 관계가 있다고 추정할 수밖에 없다. 리오타르는 의식과 달리, 무의식은 말로 표현할 수 없는 공간이며, 따라서 부당하게 말로 표현하려 해서도 안 된다고 주장한다. 여기에서 말로 표현할 수 없는 공간이 있다고 말하는 것은, 루트비히 비트겐슈타인처럼, 그런 영역을 말하지 말고 침묵해야 한다고 말하기 위함이 아니라는 점을 망각해서는 안 된다. 오히려 말할 수 없고 표현할 수 없는 영역이 있다는 것을 적극적으로 알릴 뿐만 아니라 바로 그 영역에 진리가 있음을 역설하기 위함이다. 때문에 리오타르는 예술 작품을 재현할 수 있는 것으로 간주한 프로이트의 입장을 반박하고, 그것의 재현 불가능성을 주장한다. 언어나 담론으로 표현할 수 없는 것이 있다는 것이다. 가령 예술 작품은 추상화의 과정을 밟게 되는데, 모양이나 구조 등 형태적이고 공통적인 요소는 옮겨질지라도, 그 작품의 원대상의 재질, 촉감 등은 옮겨질 수 없다. 그렇다면 리오타르가 예술의 재현 불가능성을 주장하는 이유는 무엇일까? 이는, 재현 이론에 따르면, 원대상과 그림으로 재현된 것을 동일시하는 결과를 낳기 때문이다. 원대상과 재현된 것의 동일시는 재현되지 않은 것을 무화시키거나 배제하기 때문이다. 따라서 리오타르는 "법칙의 추상적 보편성과 규칙에 맞서 예술과 자연의 도움으로 유일한 것, 생동하는 것을 지켜 내"[3]기 위해 담론의 공간에 대해 예술의 공간의 존재론적 우위를 주장한다. 이 글의 관심은 리오타르가 예술과 정신분석학을 소환한 이유, 즉 '유일한 것과 생동하는 것'을 살려 내는 과정을 추적하는 데 있다. 이러한 작업은 동일성의 철학과 전체주의 논리에 의해 배척당하고 억압당하는 인간들을 회복시키는 이론적 단초를 제공할 것으로 보이기 때문이다.

이러한 목적을 이루기 위해, 연구자는 다음과 같이 세 가지 문제를 제기하고자 한다. 첫째, 의식과 무의식은 동질적인 것인가, 이질적인 것인가? 둘째, 꿈-작업Traumarbeit과 담론 형성 과정은 동질적인가, 이질적인가? 셋째, 예술 작품은 재현 가능한가, 그렇지 않은가? 이 글은 이러한 문제의식을 품고, 정신분석적 사유를 전개하고 있는 리오타르의 초기 저서들을 중심으로 살펴보고자 한다.

---

3) 페터 V. 지마, 『모던/포스트모던』, 김태환 옮김, 문학과지성사, 2010, 213쪽.

1924년 베르사유에서 태어난 리오타르는 들뢰즈, 프랑수아 샤틀레, 그리고 미셸 뷔토르 등과 함께 소르본대학에서 철학을 공부했고, 철학교수자격시험agrégation을 통과한 후, 알제리의 콘스탄틴고등학교에서 2년 동안 철학을 가르쳤다. 여기서 그는 사회주의 혁명 그룹인 '사회주의냐 야만이냐'Socialisme ou barbarie를 자신에게 소개해 준 피에르 수이리를 만나고, 이를 계기로 알제리 해방운동의 열렬한 지지자가 되어 알제리 문제에 대한 정부의 정책에 저항하는 전투적 실천가가 되었다. 그는 1954년에 '사회주의냐 야만이냐'의 회원이 되었고, 1955년부터 1966년까지 자신의 모든 에너지를 정치적 활동에 쏟아부었으며, 알제리의 전쟁에 헌정된 13편의 논문을 『사회주의냐 야만이냐』에 게재하기에 이른다. 1964년에는 사회주의 신문인 『노동자 권력』Pouvoir ouvrier의 편집위원이 되기 위해 카스토리아디스 그룹을 떠나지만, 2년 후에는 『노동자 권력』도 떠나면서 마르크스주의로부터도 등을 돌리게 된다. 그는 낭테르대학의 전임강사 시절에 박사학위 논문인 『담론, 형상』Discours, figure(1971)을 간행하고, 이어 『충동적 장치들』Des dispositifs pulsionnels(1973), 『마르크스와 프로이트로부터의 표류』Dérive à partir de Marx et Freud(1973), 『리비도 경제학』Economie libidianale(1974) 등을 간행했는데, 이 저서들은 리오타르가 마르크스주의적 입장을 떠나면서 정신분석학적 입장으로 선회한 것을 보여주는 대표적인 저서들이다.

우리는 이러한 저서들을 중심으로, 의식과 무의식의 관계, 정신분석과 예술의 재현 가능성 문제, 그리고 담론과 형상의 관계 문제에 대한 프로이트 및 라캉의 모델이 어떤 면에서 타당하며, 또 어떤 면에서 한계를 지니고 있는지를 조명하고, 이어서 양자의 입장을 비판하는 리오타르의 모델을 검토함으로써, 리오타르 정신분석학의 철학적 함의를 밝히고자 한다.

의식과 무의식의 관계

의식과 무의식의 관계를 규명하기 위해 먼저 이 개념들을 규정하는 것으로 시작하고자 한다. 프로이트 정신분석학의 출발점은 무의식의 정신 과정이다. 프로이트의 무의식의 발견은 전통적인 의식 중심의 철학을 거부하고 정신 과정의 새로운 지평을 열어 인간의 감정, 사고, 그리고 행위를 이해하는 데 획기적인 전환점을 이루게 했다. 하지만 프로이트의 정신분석학과 데카르트의 의식 중심의 철학 간에는 부인할 수 없는 유사점도 존재한다. 라캉이 날카롭게 지적하듯이, "프로이트의 행보는 확실성의 주체를 토대로 해서 출발한다는 점에서 데카르트적"[4]이라고도 할 수 있다. 하지만 "프로이트는 자신이 의심하는 바로 그곳에 ── 왜냐하면 결국 그것은 '그의' 꿈이며, 처음에 의심을 품었던 것도 바로 그 자신이기 때문이다 ── 무의식적이라 할 어떤 생각이 존재하고 있음을 확신했다. 무의식적이라 함은 그 생각

---

4) 자크 라캉, 『자크 라캉 세미나 11: 정신분석의 네 가지 근본 개념』, 맹정현·이수련 옮김, 새물결, 2008, 60쪽.

이 부재자로서 자신을 드러낸다는 것을 뜻한다".[5] 말하자면, 데카르트가 의심하는 것으로부터 사유하는 주체의 확실성에 도달하였다면, 프로이트는 무의식적인 것의 존재에 도달하였다고 하겠다. 데카르트와 프로이트 사이의 이러한 비대칭은 주체의 확실성을 정립하는 최초의 행보에 있는 것이 아니라, 프로이트에게선 주체가 거처하는 곳이 바로 그 무의식의 장이라는 데 있다.[6] 이러한 점에서, 주체의 거주지로서 무의식의 장의 확실성을 단언함으로써 세상을 변혁시킬 만큼의 진보를 완수해 낸 것은 프로이트의 공적이라고 하지 않을 수 없다.

여기에서 한 걸음 더 나아가, 라캉은 정신분석의 관점에서 의식은 한계 지어져 있을 뿐만 아니라 그로 말미암아 의식에 의한 인식도 데카르트가 생각하듯이 그렇게 확실한 것이 아님을 천명한다. 그에 의하면, "주체의 환원이 이뤄지는 장 속에 어떤 균열 —— 이러한 균열은 우리에게 또 하나의 준거, 즉 정신분석으로 하여금 의식의 특권을 축소시킬 수 있게 해 주는 준거를 도입할 필요성을 일깨워 줄 것이다 —— 이 각인되는 최초의 무화의 지점"이 있으며 "정신분석은 의식을 철저하게 한계 지어진 것으로 간주하고, 이상화(관념화)의 원리만이 아니라 몰인식méconnaissance의 원리로 규정"[7]하고, 심지어 의식은 프랑스학파에 의해 정신분석 용어로 도입된, 시각 분야에서 쓰이게 된 새로운 가치를 지니게 된 용어로 "'암점'scotome"[8]으로서 규정되

---

5) 앞의 책, 61쪽.
6) 앞의 책, 62쪽.
7) 앞의 책, 130쪽.
8) 앞의 책, 131쪽.

기도 한다는 것이다. 라캉의 이러한 언명들은 분명 의식철학에 대한 중대한 도전임에 틀림없다. 의식이 철저하게 한계 지어지고, 몰인식의 원리나 암점으로 규정된다면, 의식의 진리 인식 특권은 더 이상 그대로 유지될 수 없을 것이기 때문이다. 반면에, 무의식의 발견은 "새로운 어떤 것을 배울 수 있게 하고", "소통 불가능한 것으로 남아 있었을 그런 종류의 의사소통 방법을 하나 더 획득할 수 있다는 전망도 가능하"[9]게 할 수 있다는 점에서, 진리의 새로운 장을 열고, 의사소통의 공간을 확장시킨다고 할 수 있을 것이다.

이런 무의식의 개념이 프로이트와 라캉 사이에서 달리 이해되고 있다는 점을 간과해서는 안 된다. 프로이트에 의하면, 의식과 마찬가지로, 무의식[10]도 정신 과정이라는 점에서 다르지 않지만, 표상[11] 방식에 있어서는 같지 않다. 말하자면, "우리의 의식 속에 존재하면서 우리가 인식할 수 있는 표상을 '의식적'"이라고 한다면, "잠재적 표상에 대해서는 만일 그 표상이 정신 속에 존재한다고 가정할 만한 충분한 근거 —— 기억의 경우에서와 같이 —— 가 있다면 그 잠재적 표상에 대해서 무의식적"[12]이라는 것이다. 무의식의 표상은 인식되지는 않지만, 정신 속에 존재한다는 프로이트의 주장은 의식이 정신적인 것

---

9) 프로이트, 『새로운 정신분석 강의』, 임홍빈·홍혜경 옮김, 열린책들, 1997, 17쪽.
10) 프로이트와 라캉의 무의식의 문제는 연효숙, 「들뢰즈, 가타리의 분열분석에서 억압과 무의식의 문제」, 『철학연구』 121집, 철학연구회, 2018, 102~105쪽 참고.
11) 프로이트에게 무의식은 그것이 유아기 초기의 경험들과 외상들에 대한 기억의 흔적들로 구성된다는 점에서 근본적으로 표상을 의미했다. 숀 호머, 『라캉읽기』, 김서영 옮김, 은행나무, 2006, 123쪽.
12) 프로이트, 『프로이트 꿈의 심리학』, 정명진 옮김, 부글, 2009, 30쪽.

의 전체라고 생각하는 데카르트 등의 의식론자들의 주장을 전복한다. "정신분석학에 있어 몇 가지 기초적 교훈"이라는 미완성 원고는 이러한 목적에 봉사하고 있다. 이 점은 데카르트의 명석 판명한 사유 주체를 패러디하여 "나는 내가 존재하지 않는 곳에서 생각한다. 그러므로 나는 내가 생각하지 않는 곳에 존재한다"[13]는 라캉의 역설에서도 확인할 수 있다.

무의식의 존재에 대한 프로이트의 이러한 주장은 의식과 무의식이 서로 다르다는 점을 부각시키고 있는 것으로 보인다. 하지만 우리는 꿈에 대한 프로이트의 분석에서 의식과 무의식이 이질적이지 않다는 것 또한 발견하게 된다. 프로이트의 다음 주장은 무의식의 사례인 꿈과 의식적 사고의 동질성을 보여 주는 대표적 언명이다.

'꿈의 밑바닥은 사고의 특별한 형식에 다름 아니다'라는 꿈에 대한 고전적 정의와 꿈에 대한 사고는 완전히 합리적이다. [⋯] 그 사고는 의식화되지 않은 사고 과정 가운데 자리하고 있다. 그리고 이 과정으로부터 일정한 수정을 거친 연후에 우리의 의식적 사고 또한 태어난다.[14]

꿈속에 잠재된 생각들과 의식활동의 결과물들이 다르지 않다는 프로이트의 언명은 무의식의 내용들이 의식성만 회복한다면 의식의

---

13) Lacan, *Écrits*, Paris: Seuil, 1966, p. 517.
14) Freud, *The Standard Edition of the Complete Psychological Works of Sigmund Freud*, vol. 5, trans. and ed. James Strachey, London: Hogarth Press, 1953~1974, p. 506.

내용과 다르지 않다는 것을 의미한다. 즉 잠재적 꿈의 사고가 지적으로 이해 가능한 어떤 합리성을 갖고 있어 꿈의 해석을 가능하게 하며, 해석된 꿈의 사고는 그 동질성으로 인해 곧 의식적 사고의 내용에 편입될 수 있다는 것이다.[15] 이러한 점에서 의식적 사고와 꿈의 사고 간에 질적인 차이는 없는 것으로 보인다.

의식과 무의식의 동질성을 지지하는 프로이트의 또 다른 주장은 그의 심리장치 기능의 구분, 즉 1차 과정과 2차 과정의 구분에서도 나타난다. 프로이트는 먼저 지형학적 관점에서 1차 과정은 무의식계의 특징이고, 2차 과정은 전의식−의식계의 특징이라고 구분하고, 이어서 역학적·경제학적 관점에서, 1차 과정의 경우 심리 에너지는 자유롭게 흘러 전치와 응축의 기제에 따라 아무런 구속 없이 어떤 표상에서 다른 표상으로 옮겨 다닌다고 보았다.[16] 프로이트는 여기서 한편으로 1차 과정(무의식계)과 2차 과정(의식계) 모두를 관통하는 전치와 응축이라는 기제를 제시하고, 다른 한편으로 2차 과정은 자아 ── 이것의 주된 역할은 1차 과정을 억제하는 것이다 ── 가 정립됨으로써 가능해진 조절 기능을 수행한다는 점에서, 1차 과정의 수정이라고 보았던 것이다.[17] 이러한 점에서, 프로이트는 양자 사이에 질적인 차이가 없다고 주장하는 것으로 보인다. 프로이트의 이러한 입장은 라캉의 구조적 정신분석학에 영향을 미친다. 라캉은 프로이트의 1차 과정

---

15) 박찬부, 『기호 주체, 욕망』, 창비, 2007, 31쪽.
16) 라플랑슈·퐁탈리스, 『정신분석 사전』, 임진수 옮김, 다니엘 라가슈 감수, 열린책들, 2005, 324쪽.
17) 앞의 책, 325쪽.

및 2차 과정과 구조주의 언어학을 연결시키면서, 은유와 환유 개념을 불러들임으로써 양자 간의 동질성을 명시적으로 내세우는 데까지 나아간다. 이제 무의식이 언어로 구조화된다고 주장하는 라캉의 무의식론을 검토하고 이에 대한 리오타르의 비판을 살펴보고자 한다.

언어와 무의식

우리는 앞서서 무의식이 의식과 별도로 정신 과정 속에 존재하며, 이 무의식은 의식과 다르지만, 양자의 상호작용을 통해서 인간의 정신 과정이 전개된다는 점을 살펴보았다. 프로이트는 의식계와 무의식계, 1차 과정과 2차 과정을 구분하면서, 이 두 영역을 관통하는 '전치'와 '응축'이라는 메커니즘을 도입함으로써 양자의 관련성을 보여 주었다. 이제 우리의 관심은 꿈이나 무의식은 어떤 과정을 거치면서 의식에로 옮겨지는가 하는 것이다. 이 점을 규명하기 위해 잠재적 꿈-사고가 명시적 꿈으로 어떻게 나타나는지를 보여 주는 것을 목적으로 삼고 있는 프로이트의 꿈의 분석 작업을 분석해 보자.

꿈-해석은 무의식이 재현 가능하다는 것을 전제한다. 꿈-작업은 꿈이 형성되는 과정을 추적하는 것이다. 그런데 꿈이 형성되는 과정은 비가시적이기 때문에 해석이 필요하다. 꿈을 해석하기 위해서는 드러난 꿈으로부터 출발하지 않을 수 없다. 프로이트가 언급하고 있듯이, 꿈-작업은 "잠재적 꿈-사고Traumgedanke가 외현적 꿈으로 변화되는 과정"을 연구하는 것이라면, 꿈-해석의 과제는 "다름 아닌, 외현적 꿈으로부터 잠재적 꿈-사고로 인도하는 것"[18]이라고 할 수 있다. 따라서 "모든 꿈은 어떤 본능적 소원이 충족된 것으로 표현되어야 한다"[19]는 점과 꿈-작업은 무의식이 기호적으로 재현되는 과정이라는 점에서, 꿈-사고는 본능의 관념적 표상체라 할 수 있다. 꿈의 형성 과정에서 중요한 것은 잠재적 꿈의 사유, 관념적 표상체가 어떤 과정을 거쳐 상징적 이미지로 변형되어 명시적 꿈으로 드러나는가 하는 점이다.[20] 잠재적 꿈의 사유와 외현적 꿈의 내용 사이에는 분명 근본적인 차이가 있음에도 불구하고, 양자가 연결되기 위해서는 후자와 마찬가지로 전자 역시 언어적이지 않으면 안 되는 것으로 보인다. 그러므로 무의식의 언어성을 밝히기 위해서는 잠재적 꿈-사고가 어떤 변형 과정을 거쳐 명시적 꿈으로 변화되는지를 보여 주는 꿈-작업의 메커니즘을 밝히고, 그것이 언어화 과정과 상동 관계에 있다는 것을 보여 주어야 할 것이다.

무의식의 언어성을 보여 주기 위해, 프로이트는 꿈-작업의 두 주요 메커니즘인 응축과 전치에 이어 세 번째 메커니즘으로 '재현 가능성의 고려'를 제시한다. 꿈-작업의 세 번째 작용의 본질은 관념을 시각적인 상으로 바꾸는 일이지만, 꿈-사고 전부가 변환되는 것은 아니며, 그 가운데 많은 것은 그 원형을 간직하고 있어서, 관념 또는 지식의 형태로 드러난 꿈속에도 나타난다. 시각적인 상은 결코 관념이

---

18) 프로이트, 『새로운 정신분석 강의』, 27쪽.
19) 앞의 책, 29쪽.
20) 박찬부, 『기호, 주체, 욕망』, 62쪽.

변환되는 유일한 방법은 아닐지라도, 꿈을 만드는 데 본질적인 것이다.[21] 이와 같이 재현 가능성의 고려는 추상적인 꿈의 사고에 '회화적'bildlich 표현을 가해 구상적 이미지로 변형시키는 문제를 고려하는 것이다. 여기서 중요한 것은 꿈의 재현 과정이 시각적 이미지뿐만 아니라 언어적 이미지와도 관련된다는 사실이다.[22] 꿈의 재현 과정이 언어적 이미지와 관련된다는 사실을 어떻게 알 수 있을까?

프로이트는 꿈-작업이 언어의 문제와 직접적으로 연관된다는 점을 보여 주기 위해 꿈의 형성 과정과 재담의 형성 과정이 친화적임을 보여 준다.

언어적 재담의 전 영역은 꿈-작업과 동일한 과정을 겪는다. 우리는 꿈의 형성 과정에서 언어가 하는 역할에 놀라워할 필요가 없다. 언어 그자체는 여러 생각들의 매듭점이므로 애매할 수밖에 없다고 간주된다. 노이로제는 강박증과 공포증을 형성하는 과정에서 꿈 못지않게 응축과 위장의 목적으로 언어의 이점을 부끄럼 없이 사용한다. 꿈의 왜곡 또한 표현의 전치에서 이익을 챙긴다는 사실을 보여 주는 것은 손쉬운 일이다.[23]

여기서 프로이트 주장의 핵심은 재담 형성 과정과 꿈의 형성 과

---

21) 프로이트, 『정신분석입문/꿈의 해석』, 김양순 옮김, 동서문화사, 2007, 160쪽.

22) 박찬부, 『기호, 주체, 욕망』, 65쪽.

23) Freud, *The Standard Edition of the Complete Psychological Works of Sigmund Freud*, vol. 5, pp. 340~341.

정이 같은 경로를 밟는다는 것이다. 재담 형성 과정과 꿈의 이미지 형성 과정이 동일하다는 것은 언어와 이미지 사이에 상동 관계가 있음을 보여 준다. 재현 가능성을 고려함으로써 프로이트가 전달하려고 한 메시지는 추상적인 무의식적 사고가 회화적 차원을 획득하여 구상적 이미지로 변형되고 형상화되는 과정에 대한 것일 뿐만 아니라 이 이미지화 과정이 본질적으로 언어의 비유화 과정과 중첩된다는 것이다. 비유적 언어의 회화성·형상성을 고려할 때 언어가 그림의 차원에서 진행되는 것은 그림이 언어의 차원에서 전개되는 것과 맞물린다는 것을 함축한다.[24] 이처럼 무의식의 재현 가능성에 대한 고려는 이미지의 기호적 측면에 주목하게 하였고, 심상적 기호와 언어적 기호가 구조적으로 겹친다는 사실에 도달하게 했다고 할 수 있다.

이처럼 프로이트가 꿈-작업의 일부인 '재현 가능성의 고려'를 통해 전형적으로 제시한 무의식의 기호적 재현성의 논리는 라캉에 의해 언어적 무의식론으로 발전한다. 프로이트의 영향으로 꿈-작업을 통해 무의식의 상징적 재현성을 강조하는 라캉도 꿈-작업의 대표적 메커니즘인 '응축'Verdichtung과 '전치'Verschiebung의 과정이 다름 아닌 언어 과정임을 분명히 한다.[25] 라캉에 의하면, "프로이트에 의해서 '1차 과정' ─ 그 속에서 무의식의 법칙성을 띠게 되는데 ─ 이라고 명명된 메커니즘은 이 학파(페르디낭 드 소쉬르와 로만 야콥슨의 구조주의 언어학파)가 언어의 효과 중 가장 근본적인 측면들, 즉 은유와 환유

---

24) 박찬부, 『기호, 주체, 욕망』, 66쪽.
25) 앞의 책, 62쪽.

를 결정한다고 믿고 있는 기능들과 정확히 일치한다".[26] 이처럼 라캉은 프로이트에 의해서 '응축'과 '전치' 법칙에 의해서 지배된다고 설명된 1차 과정이 야콥슨이 언어의 두 축이라고 설명한 은유와 환유의 다른 이름에 불과하다고 본다. 이러한 점에서 라캉의 구조주의적 정신분석학이 갖는 전통적 정신분석학과의 차별성 중의 하나는 프로이트를 생물학적 결정론에서 구해 내어 언어기호학적 차원으로 승화시켰다는 점이다.[27] 라캉은 대부분의 프로이트 추종자들이 무의식을 "단순한 본능의 자리"[28]로 환원시키는 생물학적 사고방식에 대해 반대하고, 무의식이 언어적이라고 주장했다. "무의식은 대타자의 담론이다",[29] "무의식은 원초적인 것도 아니고 본능적인 것도 아니다",[30] "무의식은 언어와 같이 구조화되어 있다"[31] 등의 언명은 라캉의 이러한 생각을 집약적으로 전달해 준다.

이러한 무의식의 탈신비화 선언은 무의식이 더 이상 원초적 본능이 들끓고 있는 가마솥과 같은 것이 아니라 언어, 더 정확히 말해서 기표들로 구성된 의미의 체계화라는 사실이 널리 인식되게 하는 데 기여하였다.[32] 라캉은 인간의 의식과 마찬가지로 무의식도 은유와 환유로 구조화되어 있다고 보았던 것이다. 그는 프로이트의 『꿈의 해

---

26) Lacan, *Écrits*, p. 799.
27) 박찬부, 『기호, 주체, 욕망』, 51쪽.
28) Lacan, *Écrits*, p. 147.
29) *Ibid.*, p. 16.
30) *Ibid.*, p. 170.
31) 라캉, 『자크 라캉 세미나 11: 정신분석의 네 가지 근본 개념』, 37쪽.
32) 박찬부, 『라캉: 재현과 그 불만』, 문학과지성사, 2006, 55쪽.

석』에 나오는 몇몇 기본적인 자료를 살펴본 후, "꿈의 기표성"[33]이라는 표현을 사용하는데, 이것은 꿈이 기표이며, 제대로 해석하기 위해서는 그것을 문자 그대로 간주하고 가장 작은 문자상의 구성 요소들로 분해해야 한다는 것을 강조하는 것으로 보인다.[34] 꿈(무의식)은 기표들이며, 읽어 내야 할 텍스트라는 것이다. 이러한 의미에서 라캉은 무의식이 언어에 의해 구성된다고 보았다.

그러나 라캉의 무의식에 대한 이러한 언어학적 접근이 지나치게 제한적이라는 비판이 가능하다. 프로이트 자신이 무의식에서 단어표상을 제외시켰다는 점이 제기될 수 있기 때문이다. 사실 프로이트는 무의식을 통사론이나 문법이 없는 영역 ── 시간성과 모순이 없는 영역 ── 으로 묘사했다. 프로이트에게 정신 상태는 표상$_{ideas/representations}$이거나 표상$_{ideas}$과 정동(에너지$_{affect}$)의 합이며, 이러한 측면에서 그는 의식적 사고를 통한 2차 과정의 산물인 '단어표상'과 '사물표상'을 구분했다. 이로 말미암아, 많은 비평가들은 프로이트의 무의식은 이미지나 감정에 관계되어 있는 반면에 의식적 사고는 언어에 관계되어 있다는 의미로 해석했고, 라캉은 이런 생각에 전적으로 반대한다.[35] 이에 대해 라캉은 프로이트가 이미 연구 초기에 억압과 언어 구조의 근본적 관련성을 포착했다고 높이 평가한다. 즉 프로이트가 한편으로 스스로 분절되는 언어의 실행적 기능이 있다는 것을,

---

33) Lacan, *Écrits*, p. 510.
34) 브루스 핑크, 『에크리 읽기: 문자 그대로의 라캉』, 김서영 옮김, 도서출판b, 2007, 184쪽.
35) 숀 호머, 『라캉읽기』, 129쪽.

그리고 이것이 전의식에서 본질적 역할을 한다는 것을 이해했고, 다른 한편으로 '무의식 속의 요소들이 언어의 구조를 따라 움직인다는 사실'을 이해했기 때문이라고 본다. 라캉은 프로이트의 이러한 관점에 근거하여 정신분석의 출발점을 '언어적 인간' 또는 '언어적 무의식'으로 잡는다. 즉 '인간의 세계-사물들이 말에 의해 구조화된 사물들의 세계라는 사실에, 언어가, 상징계적 절차들이 모든 것을 지배하고 통제한다는 것은 명백하다'는 사실에 정신분석의 근본 테제를 둔다.[36] 사실 말과 언어야말로 우리가 무의식을 알 수 있게 해 주는 기제임을 부인할 수 없지 않은가? 때문에 라캉은 무의식 안의 요소들, 기표들 그리고 다른 형태의 언어들 사이에는 유사한 종류의 관계가 존재한다고 보았다.[37] 그런즉 라캉에게 있어서 무의식은 생물학적인 것이라기보다 의미작용을 하는 어떤 것이다. 라캉이 무의식을 구성하는 것이 언어라고 할 때의 언어란 단순히 발화된 말이나 텍스트뿐만 아니라 차별 관계에 근거한 모든 의미화 체계를 의미한다. 무의식은 그것이 부호화와 판독, 또는 암호화와 해독을 포함하는 의미화 과정이라는 점에서 언어와 같이 구조화되어 있다는 것이다.[38] 말하자면, 라캉에게 있어서 무의식은 프로이트의 무의식에서처럼 개인적인 무의식이 아니라, 의미작용을 하는 어떤 것이며, 해독이 필요한 것이라고 할 수 있다.

---

36) 백상현, 『라캉의 인간학』, 위고, 2017, 49쪽.
37) 숀 호머, 『라캉읽기』, 129쪽.
38) 앞의 책, 130~131쪽.

하지만 리오타르는 무의식과 언어를 연결시키는 라캉의 이러한 입장에 동의하지 않는다. 리오타르는 프로이트가 『꿈의 해석』 마지막 부분에서 '꿈-작업'과 '꿈-사고'를 구분하는 것에 초점을 맞추어 꿈의 핵심이 "꿈-작업은 사유하지 않는다"[39]는 데 있다고 보았다. 이는 무의식의 활동으로서의 꿈이 이미 언어활동과 동일한 것이라고 보는 라캉의 입장을 전복하는 것이다. 리오타르에 의하면, "꿈은 욕망의 발화가 아니라 그의 활동이다. […] 욕망은 발화하지 않고, 발화의 질서를 위협한다".[40] 꿈은 욕망의 언어적 발화가 아니라 욕망의 활동이며, 욕망이 발화의 질서를 위협한다는 것은 욕망이 어느 특정 대상에 머무르지 않고 끊임없이 부유하기 때문에 언어적인 것과는 전혀 다르게 자신을 표현한다는 것을 의미한다.[41] 그럼에도 불구하고, 라캉이 무의식을 언어로 환원한 이유는 무엇인가? 리오타르에 의하면, 이는 라캉이 순수한 꿈의 활동을 기억과 사유활동 등 일정 정도의 자아의 개입이 이루어지는 전의식의 활동으로 간주하였기 때문이다. 의식의 개입이 이미 이루어지고 욕망은 통제가 이루어짐으로써 대상은 언어로 가공된다는 것이다. 따라서 꿈-사고는 이미 의식적 사유와 동종의 것이 된다.[42] 라캉이 순수한 꿈과 꿈-사고를 혼동하는 이유는 이처럼 무의식의 활동으로서의 꿈이 이미 언어활동과 동일한 것이라

---

39) Jean François Lyotard, *Discours, figure*, Paris: Klincksieck, 1971/1985, p. 239.

40) *Ibid.*, p. 239.

41) 박영욱, 「이미지의 정치학: 리오타르의 형상/담론 이분법에 대한 고찰」, 『동서철학연구』 31권, 한국동서철학회, 2004, 115쪽.

42) Lyotard, *Discours, figure*, p. 240.

는 가정에서 비롯된다.

　라캉이 꿈(무의식)을 언어활동과 동일한 과정으로 본 까닭은 꿈에서 일어나는 '응축'과 '전치'의 과정을 '은유' 및 '환유'와 동일시한데 있다. 하지만 리오타르가 보기에 '응축'과 '은유', '전치'와 '환유'는 결코 동일한 것이 아니다. 사실 프로이트에게 있어서 "응축이란 드러난 꿈이 잠재된 꿈에 비해서 그 내용이 적다는 것, 따라서 드러난 꿈은 생략을 가한 잠재된 꿈의 어떤 번역"[43]을 뜻한다. 리오타르에 의하면, 프로이트의 이러한 언명은 '응축'이 두 개 이상의 현실 대상들이 공간적으로 응축됨을 말하는 것이지 결코 암시적인 기표와 명시적인 기표 간의 은유적인 관계를 드러내는 것은 아니다.[44] 순수한 꿈은 읽혀질 수 있는 언어적인 텍스트가 아니라 다만 지시될 뿐인 형상의 텍스트이기 때문이라는 것이다.

　그런데 꿈의 제1작업인 응축이 이루어지는 과정을 보면, 잠재적 꿈과 명시적 꿈 사이에 어떤 관계가 있음을 시사하는 것으로 보인다. 응축 과정에 대한 프로이트의 말을 들어 보자.

　첫째, 어떤 종류의 잠재 요소가 완전히 탈락된다. 둘째, 잠재된 꿈의 많은 콤플렉스 가운데서 그 약간만이 드러나는 꿈으로 옮겨가며, 그 나머지는 이행하지 않는다. 셋째, 드러난 꿈이 될 때 공통점이 있는 몇 가

---

43) 프로이트, 「정신분석입문」, 『정신분석입문/꿈의 해석』, 158쪽.
44) 박영욱, 「이미지의 정치학: 리오타르의 형상/담론 이분법에 대한 고찰」, 115쪽.

지 잠재 요소가 하나의 것으로 융합되어 버린다.[45]

특히 잠재적 꿈이 명시적 꿈이 되는 과정을 나타내는 세 번째 특징에서 보이듯이, 잠재적 기표와 명시적 기표 사이에 의심할 수 없는 모종의 관계가 있는 것으로 보인다. 그러나 프로이트의 다음과 같은 언명은 이 관계가 그리 단순하지 않고 오히려 복합적임을 보여 준다. "응축은 잠재된 꿈과 드러난 꿈과의 관계에도 영향을 미치므로 양쪽의 꿈이 가진 요소 사이의 관계는 결코 단순하지 않다."[46] 좀 더 정확히 말하면, "응축의 결과로 외현적 꿈에서 한 개의 요소는 잠재적 꿈-사고의 수많은 요소들에 대응될 수 있"고, 이와 반대로 "꿈-사고의 한 가지 요소는 또 꿈속의 수많은 요소들로 표현"[47]된다는 것이다. 이러한 점에서, 꿈의 형성 과정에서 응축은 공간적인 응축을 함의할 뿐, 양자 사이의 관계가 은유적 관계라는 것을 함의하지는 않는다고 하겠다.

때문에 꿈-사고를 고쳐 쓰기 위해 꿈의 형성 과정을 추적하는 꿈-작업의 방법도 복합적이지 않을 수 없다. 프로이트에 의하면, 꿈의 작업은 "말을 줄인 직역도 아니며, 말의 자음만을 재현하고 모음은 생략해 버리는 식으로 일정한 법칙을 따르는 선역選譯도 아니거니와, 또 항상 많은 요소 대신 하나의 요소만을 선택하는, 이른바 대표

---

45) 프로이트, 『정신분석입문/꿈의 해석』, 158쪽.
46) 앞의 책, 160쪽.
47) 프로이트, 『새로운 정신분석 강의』, 31~32쪽.

라는 방법도 택하지 않"으며, "이런 것과는 전혀 다른 매우 복잡한 방법을 사용한다".[48] 프로이트는 이러한 꿈-작업의 제2요소가 다름 아닌 전치이며, 전치가 나타나는 두 가지 경우를 다음과 같이 제시한다. "잠재 요소가 그 자신의 구성 요소가 아니라 그것과는 인연이 먼 것, 바로 하나의 암시로 대치되는 경우"와 "심리적인 강조점이 어떤 중대한 요소에서 다른 중대하지 않은 요소로 이행되고, 그 결과 꿈의 중심이 다른 곳으로 옮겨서 꿈이 기괴한 모습으로 보이게 되는 경우"[49]가 그것이다. 쉽게 말하자면, 꿈의 검열 작업인 전치는 꿈속에서 그것과는 관계가 없는 다른 대상으로 나타나는 현상이다. 꿈-사고의 검열 작용으로 인해, 꿈은 대상을 있는 그대로 표상하지 않고 그와 전혀 관계가 없는 다른 대상으로 대체하여 표상하게 된다. 이 과정에서 꿈-왜곡이 발생한다. 프로이트에 의하면,

> 꿈의 암시는 가장 표면적이고 본래의 요소와 가장 먼 관계로 결합되어 있으므로 이해하기 어려우며, 본래의 사물로 돌아갈 수 있다고 하더라도 그 해석은 어떤 때는 서툰 위트라는 인상을 주기도 하고, 억지로 갖다 붙인 날조한 해석이라는 인상을 주기도 하는데, 위트에서 그 본래의 것으로 돌아가는 길을 도저히 발견할 수 없을 때야말로 꿈이 검열의 목적을 달성했을 때라고 할 수 있을 것이다.[50]

---

48) 프로이트,『정신분석입문/꿈의 해석』, 160쪽.
49) 앞의 책.
50) 앞의 책, 161쪽.

전치가 외현적 꿈-내용이 잠재된 꿈-사고와 다른 형태로 나타나게 되는 현상이라는 점에서 '응축'과 '은유'와 마찬가지로, '전치'와 '환유'도 그렇게 간단하게 동일시될 수 있는 것이 아님을 알 수 있다.

그렇다면 리오타르가 프로이트와 라캉의 입장을 반박하면서, 꿈(무의식)의 공간과 언어의 공간의 동일시에 반대하는 이유가 무엇일까? 리오타르에 의하면, 이는 무의식을 그와 이질적인 언어로 환원하거나 표현한다면 불가피하게 왜곡과 변질이 발생하고, 또한 현실세계가 모두 담론으로 간주되면 현실의 풍부함이 상실될 뿐만 아니라 담론의 이데올로기로부터 벗어날 공간조차도 존재하지 않게 되기 때문이다.[51] 리오타르가 무의식의 공간과 언어의 공간의 이질성을 논증하고, 따라서 담론으로 환원할 수 없는 공간이 있다는 것을 증언하는 이유가 바로 여기에 있다. 이로부터 리오타르는 담론화될 수 없고, 담론화되어서도 안 되는 공간으로 형상의 공간을 제시하고, 이 공간은 무의식의 세계와 통하는 것이며, 어떤 담론도 배제된 것이라는 원칙을 확립하게 된다. 이제 끝으로 담론과 형상의 이질성을 주장하는 리오타르의 형상적 미학을 분석하고, 담론이 아닌 형상 속에서 진리를 찾을 수 있다는 주장의 타당성을 검토해 보자.

---

51) 박영욱, 「이미지의 정치학: 리오타르의 형상/담론 이분법에 대한 고찰」, 116쪽.

담론과 형상

이상에서 살펴본 것처럼, 프로이트나 라캉의 정신분석은 무의식을 의식으로, 꿈을 언어로 표현하거나 환원할 수 있다는 입장을 내세웠다. 그러나 이러한 입장은 정신분석학이 모든 것을 하나의 담론, 즉 이론적 담론으로 환원하는 헤겔적 사변철학에 빠질 위험성을 내포하고 있다는 것이 리오타르의 우려였다. 여기서 리오타르는 정신분석적 접근에서 예술로의 선회를 도모하게 된다. 따라서 우리의 과제는 정신분석학과 예술, 욕망과 회화의 공모와 양자의 차이를 규명하고 형상이 그와 이질적인 담론으로 이행하는 과정을 천착함으로써 예술이 진리라는 리오타르의 주장의 정당성을 검토하고자 하는 것이다.

리오타르에 의하면, 무의식과 예술은 모두 언어 이전에, 언어의 밖에 있으며, 따라서 언어의 규약에 의해 지배받지 않는다는 공통점을 지닌다. 그의 『담론, 형상』은 담론의 토대가 되는 언어를 분석하고, 언어의 한계를 밝힘으로써 이미지와 형상의 지위를 복원하기 위해 의도된 책이다. 이 책에서 리오타르는 회화를 언어화하는 것, 즉 말로 표현하는 것이 불가능함을 역설한다. "회화는 오늘날 기호학자들이 말하듯이 읽으려 해서는 안 된다. 파울 클레는 회화란 뜯어먹는 것이라고 했다."[52] 여기서 리오타르가 클레를 인용하는 이유는 말로 표현할 수 없는 것이 존재하며, 그것은 언어가 아닌 다른 방식에 의해 접근해야 함을 역설하기 위함이다. 그 이유에 대해, 리오타르는 "담론

---

52) Lyotard, *Discours, figure*, p. 18.

의 의미화가 모든 감각을 다 포함할 수 있다는 것은 사실이 아니다. 예를 들면, 이 나무가 푸르다고 말할 수는 있지만 푸른색 자체를 말로 표현할 수는 없"[53]기 때문이라고 밝힌다. 사실 현실적으로 푸른색에 대한 경험은 언어적으로는 표현될 수 없는 또 다른 경험이다. 인간은 언어적 방식 이외에 다른 방식으로 세계를 경험할 수 있는 것이다. 이러한 방식이 곧 지시작용signification이다.[54] 말하자면 담론은 세계의 전부를 드러내는 것이 아니라 추상화작용 속에 담기는 것만을 드러내게 될 뿐이다. 이는 언어로 포괄될 수 없는 경험적 세계가 존재한다는 것과 담론은 그 세계의 깊이에까지 침투하지 못한다는 것을 함축한다. 소쉬르의 언어학의 특이성은 세계로부터 언어를 분리시키고, 시니피앙과 시니피에로 이루어진 언어의 자족적 영역을 구축한 데 있다. 리오타르가 『담론, 형상』에서 소쉬르의 언어학을 비판하는 이유는 이러한 언어가 감각세계를 추방함으로써 세계를 표현하는 것이 아니라 오히려 세계를 왜곡시킨다는 데 있다. 즉 언어학이 불투명하고 울퉁불퉁한 현실의 지각세계를 담론이라는 편편한 공간으로 만들어 버렸다고 보기 때문이다. 담론의 공간 속에서 감각의 이질적인 불투명성은 제거되어 버리고 서로 등가적인 교환 관계를 이루는 언어체계만 남게 되기 때문이다.[55] 이것이 바로 리오타르가 이론적 담론의 공간에서 담론의 의미화가 포함할 수 없는 예술의 공간으로 이동

---

53) *Ibid.*, pp. 51~52.
54) 박영욱, 「이미지의 정치학: 리오타르의 형상/담론 이분법에 대한 고찰」, 108쪽.
55) 앞의 글.

하는 이유이다.

프로이트에 의하면, 예술은 언어와 긴밀한 관계를 맺고 있다. "미학적 대상이 가능한 것은 애호가들에게 있어서도, […] 실재 속에서도, 언어가 있기 때문이다."[56] 다시 말하면 예술에서 외재성을 개방하는 것은 언어라는 것이다. 예술의 공간을 언어화하는 프로이트의 이러한 입장을 반박하기 위해, 리오타르는 담론과 형상을 구분하면서, 전자는 언어적 공간이라면, 후자는 언어에 의해 규정될 수 없는 공간이라고 주장한다. 형상은 담론의 외부에 있는 것으로, 담론의 질서와 체계로 환원될 수 없다는 것이다. 이와 같이 리오타르가 형상 개념을 도입한 것은 "예술의 진리를 모든 이론으로 환원할 수 없다는 것"과 "모든 이론적 담론으로 말할 수 없는 것이 있다는 것, 즉 그가 형상이라고 부르는 것이 있다는 것"[57]을 보여 주기 위함이다. 왜냐하면 예술의 진리를 이론적 담론으로 환원하려는 시도 속에는 모종의 욕망이 은폐되어 있음을 읽어 냈기 때문이다.

귀알랑디가 정확히 지적하고 있듯이, 여기에는 두 가지의 위험이 도사리고 있다. 첫 번째의 장애물은 모든 이론적 담론에 내재하는 전체주의적 욕망, 즉 헤겔 철학이 그것의 가장 대표적인 사례를 제공하는 욕망에 의해서 표현된다. 이러한 담론 장르에서 예술의 진리는 이념의 '감성적' 표현, 헤겔의 사변적 담론이 그것의 궁극적 표현인 정신적 삶과 진리보다 열등한 상태로 환원된다. 두 번째의 위험은 첫 번

---

56) Lyotard, *Dérive à partir de Marx et Freud*, Paris: Union Générale d'Éditions, 1973, p. 6.
57) Alberto Gualandi, *Lyotard*, Paris: Les Belles Lettres, 1999, p. 41.

째의 장애물과 무관하지 않은데, 그것은 예술의 진리를 표현할 수 없는 것, 지울 수 없는 것, **말할 수 없고 침묵해야** 하는 것의 영역 속에 놓는 이 모든 담론에 의해서 표현된다는 것이다.[58] 첫 번째 위험인 예술의 진리가 사변적 담론보다 열등한 상태로 환원되는 이유는 화가가 마주치는 대상이 언표될 수 있는 것이 아닌, 그 어떤 다른 것으로도 환원될 수 없는 그 자체임을 망각한 데서 연유한다. 말하자면 "회화가 보여 주는 것은 만들어지는 과정 중에 있는 것"[59]일 뿐, 기호화된 보편적 세계가 아니다. 즉 감각적 대상은 의미화작용을 통하여 언표되는 것이 아니라 다만 지시될 수 있을 뿐이다. 회화가 보여 주는 것은 바로 언표화될 수 없는 대상 그 자체인 것이다. 두 번째의 위험인 예술의 진리 표현 불가능성 논제는 예술에 대한 침묵을 수반한다. 리오타르는 이와 같이 예술의 공간을 언어화하는 프로이트의 입장에 내포되어 있는 두 가지 위험성을 간파하고, 첫 번째 위험성을 극복하기 위해 예술은 언어로 표현될 수 없는 것임을 보여 주었다. 하지만 그렇다고 해서 리오타르가 예술적 경험이나 모든 미학적 담론이 말할 수 없는 것이므로 침묵해야 한다고 주장하려는 것은 아니다. 오히려 그는 그것을 언어가 아닌 예술에 고유한 인식 방법으로 파악해야 함을 역설한다. 말하자면, 형상은 언어와는 이질적인 것이기 때문에 언어가 아니라 다만 눈으로 봄으로써만 그 의미를 파악할 수 있다는 것이다. 즉 언어의 외재성으로서의 형상을 개방하는 것은, 프로이트가 말

---

58) *Ibid.*, pp. 41~42.
59) Lyotard, *Discours, figure*, p. 29.

하듯이, 언어가 아니라 시각과 욕망이라는 것이다.

그런데 문제는 형상의 의미를 파악한다는 것이 과연 가능한가 하는 데 있다. 한 발 후퇴해서 그 의미를 파악했다고 치자. 그러나 그렇게 파악한 의미를 담론화하는 것은 불가능하므로 그것은 전달될 수 없다.[60] 이런 점에서, 형상과 담론 사이에는 소통 가능성이 없는 것으로 보인다. 리오타르는 담론과 형상이 철저하게 이질적이라고 보기는 하지만, 그렇다고 해서 양자가 완전히 단절된 것이라고 보지는 않는다. 그렇다면 이질적인 두 공간이 어떻게 연결될까? 리오타르에 의하면, "담론 속에서 말하여지지 않은 것이 나타날 때 산출된 것이 바로 형상이며, 바로 그곳에서 '형상적 진리'가 담론 속에서 그 담론을 깨뜨리는 사건의 힘으로 나타난다".[61] 담론이 깨지는 곳이 바로 예술이 솟아나는 지점이라는 것이다. 따라서 담론과 형상이 만나는 곳은 다름 아닌 담론이 깨지는 지점인 것이다. 정신분석학과 예술이 만나는 지점도 담론이 깨지는 지점이다. 이 점을 보여 주기 위해, 리오타르는 꿈-작업과 예술의 공통점을 분석한다. 그에 의하면, "꿈-작업은 언어가 아니며, 그것은 언어에 대해 형상적인 것(이미지나 형태처럼)이 발휘하는 힘의 효과이다. 이 힘이 법칙을 위반하며, 이해하는 것을 가로막으며, 보게 한다".[62] 꿈-작업과 마찬가지로, 예술도 위반에 의해 특징지어진다는 것이 리오타르의 생각이다. 예술이 그 자체

---

60) 박영욱, 「이미지의 정치학: 리오타르의 형상/담론 이분법에 대한 고찰」, 114쪽.
61) Gualandi, *Lyotard*, p. 47.
62) Lyotard, *Discours, figure*, p. 270.

로서 말하여질 수 있기 위한 지식 담론의 보증을 기다리는 진리의 표현이 아니라, 담론을 체계에 정돈하는 그리고 담론에 대하여 안정된 실재가 구체화되는 지각 공간을 규정하는 규칙들의 위반으로써만 생산되기 때문이다.[63] 이와 같이, 꿈-작업과 예술 작품의 생산은 양자 모두 언어 체계를 구성하고 언술활동을 지배하는 코드를 뒤흔들어 놓을 뿐만 아니라 위반이라는 공통된 특징을 갖는다고 하겠다.

꿈-작업과 예술 작품이 위반에 의해 이루어진다는 점을 구체적으로 보여 주기 위해, 리오타르가 도입하는 것은 다름 아닌 '형상'figure 이라는 개념이다. 그에 의하면, 꿈-작업은 언어로 접근할 수 없는 형상 공간에서 이루어지는데, 이 공간은 3단계, 즉 형상-이미지figure-image, 형상-형태figure-forme 그리고 형상-원형figure-matrice의 위상적이고 에너지적인 층위를 갖는다. 꿈-작업의 세 단계는 가시성의 세 단계를 나타내는데, 보이는 상으로서의 '형상-이미지'의 단계, 보이지는 않지만 가시적인 형태로서의 '형상-형태'의 단계, 그리고 비가시적인 것, 즉 모태로서의 '형상-원형'의 단계가 그것이다. 가시성의 첫 번째 단계인 '형상-이미지'에 대해 살펴보자. 리오타르에 의하면, "내가 환각이나 꿈속에서 보는 것이며 나에게 그림과 영화를 제공하는 것인, 형상-이미지는 떨어져서 놓인 대상이며 […] 그것은 가시적인 것의 질서, 즉 현시적 도면에 속한다".[64] 한마디로, 형상-이미지는 윤곽을 지닌 대상에 대한 상이라 할 수 있다. 무의식의 공간과 관련해서

---

63) Gualandi, *Lyotard*, p. 47.
64) Lyotard, *Discours, figure*, p. 271.

볼 때, "형상-이미지는 꿈 또는 준₋ 꿈의 장면에서 보도록 주어지는 것이다. 여기에서 위반을 겪는 것은 지각된 사물의 형성 규칙들이다. 형상-이미지는 지각의 대상을 해체하며, 그것은 차이의 공간에서 성취된다. [···] 그것이 해체하는 것은 실루엣의 윤곽이며, 그것은 **현시적 도면의 위반이다**".[65] 리오타르가 제시한 형상-이미지의 사례는 여러 사람의 옆얼굴과 다른 자세를 취하고 있는 피카소의 데생이다.

가시성의 두 번째 단계인 '형상-형태'는 "가시적인 것 속에 나타나며, 그 자신이 엄밀하게 가시적이지만, 일반적으로 보이지는 않는다. 즉 이것은 앙드레 로트의 규제적 도면이며, 구성의 게슈탈트, 그림의 건축, 표상의 무대술, 사진의 영상 배치, 간단히 말하면, 도식이다".[66] 보이지는 않지만, 그것을 가시적이게 할 수 있는 형상-형태는, 무의식적 공간과 관련해서, "양호한 형태(게슈탈트)의 위반에 의해 주어진다. 그 '양호한 형태'는 피타고라스적이고 신플라톤적인 형태이다. 그것은 유클리드 기하학의 전통과 관련이 있다. [···] 이와 반대로 무의식적 형상-형태, 회화적인 것으로서의 형태는 부적합 형태, '나쁜 형태'일 것이다".[67] 리오타르가 제시한 예술에서의 형상-형태의 사례는 선과 색들의 순수한 에너지의 순환을 나타내고 있는 잭슨 폴록의 액션 페인팅이다. 리오타르에 의하면, 폴록의 그림은 적어도 1946~1953년대의 표현들 속에서 드리핑dripping(패션 페인팅이라 불

---

65) *Ibid.*, p. 277.
66) *Ibid.*, p. 271.
67) *Ibid.*, p. 277.

릴 수 있는)의 방법으로 우리에게 나쁜 형태를 제공할 수 있기 때문이다.[68] 폴록의 드리핑 공간은 가시성의 종말을 고한 공간이기 때문에 형상-형태는 가시적인 게슈탈트로서 단번에 볼 수 있는 것이 아니라 분석에 의해서 비로소 도출되는 것이라 할 수 있다.

끝으로 가시성의 세 번째 단계인 형상-원형은 프로이트의 이원론적 구분, 즉 쾌락원칙과 현실원칙, 현실적인 것과 가능한 것, 실재와 상상, 과학적 담론과 예술 사이의 구분이 너무 단순하며 피상적이라는 비판과 관련된다.[69] 리오타르에 의하면, 이러한 이분법적인 구분보다 더 깊은 층위, 즉 형상-원형이 있으며, 이 층위는 그로부터 다른 것들이 발생하는 원천이라는 것이다. 형상-원형은 "원칙상 비가시적이며, 직접적으로 담론과 혼합된 원억압의 대상이며, 근원적인 환상이다. 그것은 구조가 아닌 형상인데, 이는 그것이 곧장 담론적 질서의 위반, 이 질서가 허가해 주는 변형에서 실행된 위반이기 때문이다. 사람들은 인지 가능intelligibilité의 도식 대신에 그것을 사용하면서, 자신들의 무의식 속으로의 잠수를 인지 불가능한 것이 되게 한다".[70] 이런 무의식 속으로의 잠수는 형상-원형이 담론과 지식의 타자임을 보여 주는 증거이다. 때문에 형상-원형의 단계는 볼 수도 없고, 읽을 수도 없는 공간이다. 그것은 조형적 공간이 아닐 뿐만 아니라 텍스트 공간도 아니며,[71] 모든 공간, 즉 논쟁적, 지각적, 꿈의, 회화적 공간들

---

68) *Ibid*.
69) Gualandi, *Lyotard*, p. 49.
70) Lyotard, *Discours, figure*, p. 271.
71) *Ibid*., p. 278.

을 가로지르는 환상적 위상과 관련이 있다. 만일 형상적인 것이 모든 다른 공간, 지각적, 꿈의, 담론적 공간을 가로지르는 '욕망의 집중 공간'이라면, 오직 예술 속에서만 그것은 자신의 진리의 기능을 표현한다고 하겠다.[72] 즉 "담론, 이미지, 형태는 마찬가지로 원형을 결여하고 있으며, 그것은 세 공간 전체에 거주한다. 인간의 작품은 이 원형의 파생물들일 뿐이다".[73] 따라서 형상-원형의 해체는 담론, 이미지, 형태의 혼합 공간에서 한꺼번에 일어나는데, 이는 여기서의 해체가 어느 한 공간만을 지향하지 않기 때문이다. 형상-원형은 모든 다른 공간을 구조 지우는 대립들을 뒤섞는 근원적인 차이, 욕망을 동요시키는 위상적 형상, 모든 생산 작업을 주도하는 에너지 장치인 것이다.

꿈-작업의 세 단계에 대한 분석으로 우리는 '형상' 공간이 프로이트가 말하는 무의식의 2차 과정에서 현실원칙에 지배받는 지각이나 언어가 해체된 공간임을 확인하였다. 가시성의 첫째 단계인 '형상-이미지'는 현실원칙에 지배받는 '지각 표상'의 해체라면, '형상-형태'는 게슈탈트 심리학이 규명하려는 '양호한 형태'의 해체이다. 프로이트는 형상과 언어라는 두 개의 범주뿐만 아니라 무의식이라는 제3의 범주에서 1차 과정에 의한 언어 공간과 시각 공간의 해체를 주장한다.[74] 이와 같이 '형상' 개념의 도입을 통해 리오타르가 의도한 것은 무엇일까? 리오타르에게 있어서 예술의 기능은 억압 과정에서

---

72) Gualandi, *Lyotard*, p. 51.
73) Lyotard, *Discours, figure*, pp. 278~279.
74) 이광래, 『해체주의와 그 이후』, 열린책들, 2007, 225쪽.

현실원칙에 지배된 지각이나 언어를 해체하는 데 있다. 즉 그것은 지각 표상을 파괴하는 피카소의 데생이나 양호한 형태마저도 파괴하는 폴록의 액션 페인팅에서 보듯이, 표류하려는 리비도를 억압하고 있는 '형상'을 해체하는 데 있다.[75] 리오타르가 형상을 파괴함으로써 보여 주고자 했던 것은 1차 과정과 2차 과정의 관계를 전도시키며, 충족되지 못한 리비도의 공간을 개방시키는 것이 바로 예술이라는 것이다. 이러한 과정에서 우리는 정신분석학과 예술 사이의 차이를 목도하게 된다.

먼저 리오타르는 정신분석학의 공간과 예술의 공간을 지배하는 원칙과 기능이 상이함을 밝힌다. 그는 프로이트에게 있어서 꿈과 증상적 환상 속에는 응축과 전위가 여전히 쾌락원칙에 예속되는(동일시 대상의 제거에 의해 인위적으로 일으킨 불안의 주체를 보호하기 위해) 반면에, 예술 작업 속에서는 예술적 형상이 출현하고 형상적 진리가 생산되게 하면서 그것을 계승하는 것이 죽음의 충동에 의해 지배된 '위반의 작용자들'임을 주목한다.[76] 예술이 진리라고 할 수 있는 것은 바로 이 위반을 일으키는 죽음의 충동 덕분이라는 것이다. 이 점을 보여 주기 위해, 리오타르가 끌어들인 것은 다름 아닌 예술의 기능론이다. 정신분석학과 달리, 예술의 기능은 치료가 아니다. 예술과 정신분석학은 둘 다 2차적 착안, 논쟁적 합리화, 그것들의 검열로부터 욕망과 그것의 형상적 구성을 해방시키는 것을 겨냥한다는 점에서는 크

---

75) 앞의 책, 226쪽.

76) Gualandi, *Lyotard*, p. 52.

게 다르지 않다. 하지만 정신분석학에서 무의식의 1차 과정들은 이론적 담론의 대상들인 반면에, 예술 작품 속에서는 환상적 원형을 드러내 보이게 하는 전복이 욕망의 증상, 역동성 그리고 환상들의 모든 이론적 가치화를 제지한다는 점에서 차이가 있다.[77] 그런즉 정신분석학에서 무의식의 과정들은 이론적 담론의 대상이 되지만, 예술의 대상은 언어나 담론으로 표현될 수 없다는 데 그 차이가 있다고 하겠다.

꿈-작업과 예술 작업은 원칙과 기능이 다를 뿐만 아니라, 예술가의 작품과 정신분석학자의 분석도 동일하지 않다. 예술가의 작품 생산은 1차적인 환상적 표면에서 담론의 2차적 구성으로 방향을 바꾸면서, 정신분석가가 피분석자에게 부과하는 것과 유사한 퇴행을 내포하지만, 이러한 퇴행이 예술 속에서는 치료적 작업, 실재와 정상성에로의 회복이 아니라는 데 그 차이가 있다. 정신분석과 예술이 무의식의 심층에로 내려가는 목적에서 서로 다르다는 것이다. 리오타르에 의하면, "예술가가 표현하는 것은 무의식의 '형상'(근원적 환상)이며, 이는 자신의 욕망의 형상인 동시에 자신의 죽음의 형상이기도 하다".[78] 예술가가 무의식의 심층에 내려가는 것은 '예술 작품을 생산하기 위해서'가 아니라, '보이지 않는 것, 죽음을 찾기 위해서'라는 것이다. 이처럼, 리오타르에 의하면, 예술가가 무의식의 심층에로 내려가는 것은 욕망의 구성을 지배하는 심급들을 전복하고, 모든 동일성의 연결로부터 차이를 해방시키고, 삶의 구성을 넘어서 죽음의 작업을

77) *Ibid*.
78) Lyotard, *Discours, figure*, p.59.

보여 주기 위한 것이다.[79] 이러한 점에서, 정신의 치료와 정상성의 회복이라는 정신분석의 목적과 달리, 예술의 목적은 욕망의 형상이자 죽음의 형상이기도 한 '무의식의 형상'을 표현하는 것이다. 리오타르는 바로 죽음의 충동을 통해서 예술이 진리임을 보여 주고자 했던 것이다. 요컨대 쾌락원칙과 관계가 있는 정신분석학과는 달리, 예술은 죽음의 충동과 관계가 있으며, 이 죽음의 충동은 차이의 운동이며 바로 이 차이로부터 예술의 진리가 솟아난다는 것이다. 리오타르는 이와 같이 형상과 죽음의 충동이라는 개념을 도입함으로써 모든 담론과 지식으로 환원할 수 없는 진리의 공간을 예술에 되돌려 주었다고 할 수 있다.

그러나 리오타르가 담론과 형상을 철저히 분리시켜 놓은 결과, "담론의 외부 혹은 그것의 메타 담론으로서의 형상은 어떤 내용도 결여한 공허한 것이 되고 만다"[80]는 비판이 가능하다. 그러나 형상이 담론의 외부에 있다는 것은 양자의 이질성을 강조하고 그것들 사이의 떨어진 관계를 보여 주고자 하는 것이지 양자의 연결 자체를 부정하는 것은 아니다. 때문에 리오타르는 형상과 담론은 분리되어 있으면서도 동시에 연결되어 있는 것으로 볼 것을 제안한다. "형상은 바깥이며 동시에 안이다."[81] 여기서 문맥상 형상은 담론과의 관계에서 담론의 바깥에 있기도 하고 동시에 안에 있기도 하다는 것을 뜻한다. 리

---

79) Gualandi, *Lyotard*, p. 53.
80) 박영욱, 「이미지의 정치학: 리오타르의 형상/담론 이분법에 대한 고찰」, 118쪽.
81) Lyotard, *Discours, figure*, p. 13.

오타르는 이와 같이 형상과 담론 사이의 관계의 문제를 담론으로부터 분리된 형상을 다시 담론 속으로 데려오는 방식으로 해결한다. 물론 이때 형상은, 앞서 살펴본 것처럼, 담론을 위반하는 방식으로 존재한다.

나가며

이 글은 리오타르의 전반기의 사유, 즉 의식과 언어에 의해 억압당했던 무의식과 형상의 권위를 복원시키고자 했던 정신분석학적 시기의 성찰에 초점을 맞추었다. 리오타르는 의식과 언어로 환원되지 않는 것들이 존재한다는 것을 증언하고, 또한 세계와 자아를 언어적 세계로 보는 것은 세계의 참모습을 나타내는 것이 아니라, 오히려 국부적인 인식에 불과하다는 점을 보여 주고, 나아가서 의식적이고 언어적인 것이 아니라 오히려 무의식적이고 비언어적인 것이 보다 근원적이라는 것을 논증하였다. 정신분석학 시기에서의 리오타르의 사유는 무의식과 언어로 표현될 수 없는 것, 즉 소위 '언어의 외부'로 지칭되는 형상의 유일성, 생동성, 숭고성을 되살려 냈다는 점에 그 철학적 의의가 있다고 하겠다.

그런데 자아와 세계에 대한 의식과 언어의 설명력에 대해 근본적으로 이의제기를 한다는 것은 회의주의나 불가지론으로 인도하는 것이 아니라 세계를 경험할 다른 가능성을 시사하는 것임을 망각해서는 안 된다. 프로이트나 라캉이 의식의 한계를 지적하고 무의식의 우위를 주장하는 데까지 나아간 점은 분명 서양 역사상 획기적인 진보를 이루어 낸 것임에 틀림없다. 하지만 프로이트와 라캉은 무의식과 언어, 담론과 형상을 동일시함으로써 또다시 헤겔적 정신분석학으로 빠질 위험성을 제거하지 못했다는 비판에서 자유롭지 못한 것으로 보인다. 프로이트는 무의식의 이중적 특성, 즉 한편으로 의식과 무의식의 이질성을 강조하고, 다른 한편으로 양자의 상호작용과 상호관련성을 중시한다는 점에서 양자 사이의 동질성의 가능성 또한 주장하였다. 프로이트의 무의식론은 반언어적임에도 불구하고, '무의식적 사고'나 '꿈의 사고' 등에서는 언어적 무의식의 흔적을 지니고 있음을 부인할 수 없다. 또한 프로이트는 꿈의 해석을 한 언어에서 다른 언어로 번역하는 과정이나 상형문자의 해독 과정으로 설명하며 텍스트적 메타포를 동원하고 있다. 이는 이러한 이론적 체계뿐만 아니라 그의 분석적 실천을 통해서도 극명하게 드러난다. 즉 그가 수립한 '말하기 치료'의 전통은 무의식이 어떤 담론의 차원에 위치하고 있음을 말해 준다. 이 경우에 무의식은 타자의 담론이 되는바, 타자의 담론으로 무의식을 말한다는 것은 그것의 언어성을 떠올리게 할 뿐만 아니라 무의식이 본질적으로 의미의 구조로 형성되어 있다는 사실을 뒷받침해 준다.[82] 이러한 입장에서 한 걸음 더 나아간 라캉은 프로이트의 1차 과정과 2차 과정을 소쉬르와 야콥슨 등의 구조주의 언어학에 접목시키면서 무의식과 언어의 이질성은 배제하고 동질성만을 주장하였다. 그 결과 그는 언어의 무의식성, 무의식의 언어성을 피

---

82) 박찬부, 『라캉: 재현과 그 불만』, 24쪽.

력하였다.

    프로이트와 라캉의 입장에 반기를 드는 리오타르는 양자의 이질성을 내세우면서, 무의식적인 것의 의식적인 것으로의 이행의 불가능성을 주장한다. 또한 감각적 대상에 대한 프로이트와 라캉의 재현 가능성 이론에 대해, 리오타르는 '형상' 개념의 도입에 의해 재현 불가능성을 단호히 주장한다. 그는 형상, 곧 언어 밖의 영역을 설명하기 위해 정신분석학을 끌어들이는데, 이는 형상과 마찬가지로, 꿈도 언어나 사유가 배제된 순수한 공간이라고 보기 때문이다. 따라서 리오타르가 담론과 형상을 구분하고자 했던 이유는 양자의 이질성을 드러냄으로써 후자를 전자에로 단순하게 환원할 수 없음을 보이고 담론에 대해 형상이 오히려 보다 근원적임을 보여 주기 위함이었다. 언어나 담론이 자아와 세계를 표현하는 것은 부인할 수 없지만, 표현되는 것은 또한 심층의 형상이 아니라 표층일 뿐임도 부인할 수 없다는 점에서 리오타르의 이러한 주장은 타당하다고 하겠다. 형상은 언어의 한계가 드러나는 지점, 언어가 꿰뚫고 들어갈 수 없는 공간이 열리는 지점에서 출현하기 때문이다. 따라서 감각적으로 경험하는 세계를 언어로 표현하거나 재현하는 것은 가능하지 않다고 하겠다. 재현한다는 것은 "현시할 수 없는 것을 현시하는 것"[83]이기 때문이다. 형상이나 이미지란 언어처럼 체계적이고 투명하지 않아서 단정적으로 규정할 수 없는 울퉁불퉁한 세계이기 때문이다. 따라서 예술 작업은 논증 이전의 에너지에 의해서만 이해해야 할 것이다. 또한 형상 또는 이

---

83) Lyotard, *Des dispositifs pulsionnels*, Paris: Editions Galilée, 1994, pp. 22~23.

미지가 부분적이고 파편적으로만 드러날 수밖에 없다는 것은 파편으로만 드러날 수밖에 없는 진리 자체의 표현이라 하겠다.

10장. 들뢰즈와 과타리의 오이디푸스 유형학[1]

성기현

들어가며: '안티' 오이디푸스

학문의 세계에는 불멸의 저자들이 존재한다. 그들에게서 벗어나기 위해서라도 그들에게서 출발할 수밖에 없는 저자들, 그런 이유에서 결코 사라지지 않는 저자들이 존재하는 것이다. 이는 그 저자들이 새로운 연구 영역 자체를 개척하고, 그 영역에 대한 독창적인 접근 방식을 제시하며, 그 접근 방식 속에서 유효하게 작동하는 기본 개념들을 정립했기 때문이다. 인간의 무의식에 관해서라면, 프로이트가 그런 저자라는 데에는 이견의 여지가 없을 것이다. 프로이트 자신도 이 점을 확신하고 있었으며, 그런 이유에서 스스로를 코페르니쿠스나 다윈에 비견되는 위대한 발견자로 내세우곤 했다. 그러나 프로이트의 이런 '불멸성'이 그가 무오류의 존재라거나 그에 대한 비판이 무의미

---

[1] 이 논문은 2020년 대한민국 교육부와 한국연구재단의 지원을 받아 수행된 연구임(NRF-2020S1A5B5A16082269).

10장. 들뢰즈와 과타리의 오이디푸스 유형학 367

하다는 의미는 아니다. '불멸의 저자들'의 진정한 가치는 그들의 문제의식으로 돌아가 그 오류와 한계를 밝혀내는 후대의 작업이 그들이 개척한 학문 영역 자체의 발전을 가져온다는 데 있기 때문이다. 본격적인 논의에 앞서 지적해 두자면, 이 글이 주요하게 참조하는 들뢰즈와 과타리의 『안티 오이디푸스』 또한 이런 관점에서 이해될 필요가 있다.[2] 말하자면, 이 책의 제목에 사용된 '안티'라는 표현은 프로이트에 대한 단순한 평가 절하가 아니라, 가장 탁월한 상대에게 전력을 다해 도전하겠다는 존중의 표시이자 이를 통해 그와는 다른 방향으로 무의식에 대한 이해를 진전시키겠다는 의지의 표현인 것이다.

주지하다시피, 오늘날 구조주의와 결합된 정신분석의 이론과 개념은 인문·사회과학의 제 영역은 물론 무의식과 욕망을 둘러싼 우리의 일상적 사유에까지 깊이 침투해 있다. 그리하여 그것들은 "사설 진료소의 영역만이 아니라 학교, 기관, 부문 등의 영역에서 작동"[3]하게 되었으며, 극단적으로는 예술 작품이든 사회 문제든 "등장하는 모든 기표는 자신의 주제(즉 무의식)가 직접 표출된 것이라고 주장"[4]하

---

2) 들뢰즈는 저술활동 초기부터 정신분석에 지속적인 관심을 보여 왔으며, 특히 『차이와 반복』(1968)과 『의미의 논리』(1969)에서는 프로이트, 클라인, 라캉 등 정신분석학자들의 논의를 자신의 형이상학 속에 적극적으로 녹여내고자 노력했다. 그러나 이러한 태도는 68혁명을 즈음하여 과타리를 만나면서 극적으로 변화한다. 들뢰즈에 따르면, 과타리는 라캉의 세미나에서 정신분석을 배운 그의 제자이면서도, 이미 '가능한 화해라는 건 없다는 사실을 알고 있는 아들'과 같았다. 두 사람은 『안티 오이디푸스』(1972), 『카프카. 소수 문학을 위하여』(1975), 『천 개의 고원』(1980), 『철학이란 무엇인가?』(1991)를 함께 썼는데, 그중 앞의 세 저작에서 정신분석은 주된 비판의 대상으로 등장한다.

3) Deleuze, "Cinq propositions sur la psychanalyse", ed. David Lapoujade, *L'île déserte: textes et entretiens 1953 – 1974*, Paris: Minuit, 2002, p. 381.

4) Gregg Lambert, "Deterritorialization Psycho-Analysis", ed. Gabriele Schwab, *Derrida,*

기에 이르렀다. 이렇듯 광범위하게 활용되는 정신분석의 개념들 가운데 가장 핵심적이면서도 가장 문제적인 것을 하나만 꼽는다면, 그것은 단연 오이디푸스 콤플렉스(이하 오이디푸스)일 것이다. 정신분석가 장-다비드 나지오에 따르면, 오이디푸스는 "자신을 낳아 준 어른"과의 "황홀하고 완전한 융합"을 위해 "실현할 수 없는 근친상간의 욕망을 실현하려는 어린아이의 시도"를 일컫는다.[5] 이러한 시도는 역설적인 성격을 갖는다. 한편으로 부모와의 삼자 관계 속에서 어린아이가 실제로 경험하는 감정들을 반영한다는 점에서는 '현실적'이지만, 다른 한편으로 성인 환자의 회상 속에서 구성되는 심리적 구조물에 불과하다는 점에서는 '환상적'이기 때문이다. 나지오는 정신분석에서 오이디푸스가 갖는 중요성을 다음과 같이 요약한다.

> 오이디푸스 콤플렉스는 정신분석의 이론적 구성과 치료의 효용성에서 절대적으로 빼놓을 수 없는 핵심 개념입니다. 오이디푸스 개념이 없다면, 대부분의 분석 개념은 그 역할을 하지 못할 것입니다. 또한 오이디푸스 환상이 없다면, 우리는 심리적 고통의 한없는 복잡성을 명확하게 이해하지 못했을 것이라고 장담합니다. […] 그것은 유아 성본능의 명백한 위기, 무의식의 **환상**, 사회적인 **신화**, 그리고 정신분석의 가장 근본이 되는 **개념**입니다.[6]

Deleuze, Psychoanalysis, New York: Columbia University Press, 2007, p. 204.
5) 장-다비드 나지오, 『오이디푸스: 정신분석의 가장 근본적 개념』, 표원경 옮김, 한동네, 2017, 32쪽.
6) 앞의 책, 111~112쪽(강조는 원문).

이 개념의 놀라운 확장성과 관련해서, 들뢰즈와 과타리는 프랑스 소설가 제라르 드 네르발의 『오렐리아, 꿈과 인생』(1854)을 하나의 사례로 제시한다. 이 작품은 프로이트가 태어나기도 전에 쓰인 것이지만, 놀라울 정도로 손쉽게 오이디푸스적으로 해석된다는 것이다.[7] 그렇다면 이러한 확장성은 '인간의 무의식을 구성하는 가장 근본적인 사태'로서 오이디푸스의 보편성을 보여 주는 것일까? 여기서 흥미로운 것은 두 저자가 손쉽게 '오이디푸스는 거짓'이라고 말하지 않는다는 점이다. 그들에 따르면, "오이디푸스는 엄밀히 말해 그 진위를 결정할 수 없다".[8] 그리고 이것이야말로 오이디푸스의 비밀이다. 진위를 결정할 수 없기 때문에, 우리는 (원한다면) 어디에든 그것을 적용하고 어디서든 그것을 발견할 수 있으며, 오이디푸스의 무궁무진한 확장성은 바로 여기서 나온다.[9] 그러나 들뢰즈와 과타리는 이러한 확장성의 이면을 다음과 같이 지적한다. "모든 것이 오이디푸스 속에 기입된다면, 모든 것은 극한에서는 반드시 오이디푸스 밖으로 도주한다."[10] 사

---

7) 이 소설에서 주인공은 자신이 사랑한 두 여인을 모두 어머니와 동일시할 뿐만 아니라, 더 나아가서는 어머니를 포함한 세 여인을 모두 성모(聖母)와 동일시하는데, 어느 경우든 이는 그들을 오이디푸스 삼각형(아빠-엄마-나)의 한 축으로 삼으려는 시도로 해석될 수 있다. Deleuze and Guattari, *L'anti-Œdipe: Capitalisme et schizophrénie I*, Paris: Minuit, 1973(2008), p. 150(들뢰즈·과타리, 『안티 오이디푸스: 자본주의와 분열증』, 김재인 옮김, 민음사, 2014, 224쪽).

8) *Ibid.*, p. 150(국역본, 224쪽, 강조는 원문).

9) 이러한 주장은 정신분석가들에게도 낯선 것이 아니다. "오이디푸스는 관찰할 수 있는 현상도, 증명할 수 있는 가설도 아닙니다. […] 문화적 관점의 오이디푸스는 인간의 욕망하는 힘과 그것을 반대해서 금지를 실현하는 가족 인물들을 등장시키는 단순하고 놀라운 상징적 이야기이기 때문에 우리 모두에게 해당되는 신화입니다"(나지오, 『오이디푸스: 정신분석의 가장 근본적 개념』, 111쪽, 강조는 인용자의 것).

10) Deleuze and Guattari, *L'anti-Œdipe*, p. 150(국역본, 224쪽).

랑하는 모든 여성을 '어머니의 대체물'로 간주한다면, 그 극한에서 '어머니'라는 개념은 그 외연을 확정할 수 없는 무차별적인 것이 될 것이며, 결과적으로 '어머니와의 동일시'는 아무런 의미도 갖지 못하게 될 것이다.

일찍이 마단 사럽은 들뢰즈와 과타리의 오이디푸스 비판을 다음과 같이 요약한 바 있다.[11] 첫째, 오이디푸스는 보편적인 것으로 간주되므로 해석의 결과를 미리 제시하는 셈이다. 앞서 살펴보았듯이, 여기서 보편적이라는 말은 어디에든 적용될 수 있음을 함축한다. 둘째, 그것은 실제 사례의 풍부함을 축소하여 도식화한다. 이후 살펴보겠지만, 이는 환자의 신분, 인종, 경제적 상황 등이 프로이트의 분석에서 핵심적인 역할을 하지 못한다는 점과 관련된다. 셋째, 그것은 가부장적 편견을 담고 있다. 이는 프로이트가 가부장적 가족 모델을 기초로 무의식적 욕망을 남근 개념과 결부시켜 이해하는 데서 잘 드러난다. 그러나 『안티 오이디푸스』에 담긴 들뢰즈와 과타리의 무의식에 대한 탐구는 이렇듯 일반적인 비판에 그치지 않는다. 한편으로, 이 저작에서 두 저자는 오이디푸스에 대한 유형학적 탐구를 시도한다. 이러한 탐구를 통해, 그들은 우리가 이해하고 있는 오이디푸스, 이른바 '가족 극장'에서 이루어지는 욕망의 무의식적 드라마로서의 오이디푸스가 역사의 특정한 국면에만 유효한 것임을 밝혀낸다. 결론을 앞

---

11) Madan Sarup, *An Introductory Guide to Post-Structuralism and Postmodernism*, New York: Harvester Wheatsheaf, 1988(1993), p. 94(마단 사럽, 『후기구조주의와 포스트모더니즘』, 전영백 옮김, 조형교육, 2005, 156쪽 참고).

당겨 말하자면, 그들의 이러한 탐구는 오이디푸스의 보편성에 이의를 제기하는 동시에 그것이 보편성을 참칭하게 된 이유를 제시하는 데 그 목표가 있다. 이언 뷰캐넌은 『안티 오이디푸스』를 "욕망의 계보학"genealogy of desire[12]으로 간주하는데, 주지하듯이 계보학은 일견 절대적·보편적·중립적으로 보이는 사태들이 어떤 점에서 상대적·역사적·정치적으로 구성된 것인가를 역사 속에서 드러내는 데서 성립한다.[13] 이런 관점에서 보자면, 우리는 들뢰즈와 과타리가 개진한 '오이디푸스 유형학'이 계보학적 가치를 갖는다고 말할 수 있다. 다른 한편으로, 두 저자는 전통적 정신분석의 대안으로 그들 나름의 분열분석schizo-analyse을 제시한다. 이 책에서 그들은 프로이트의 몇몇 사례를 부분적으로 재해석하는데, 이는 그의 분석에서 간과된 지점들을 지적하고 해석의 방향을 전환하여 '다른 분석의 가능성'을 드러내기 위함이다. 이 장에서 우리는 오이디푸스 유형학을 주로 탐구하되, '나가며'에서는 늑대 인간 사례의 한 대목을 통해 이 '다른 분석의 가능성'을 또한 살펴보고자 한다.

---

12) Ian Buchanan, *Deleuze and Guattari's 'Anti-Œdipus': A Reader's Guide*, London: Continuum International Publishing, 2008, p. 2(이언 뷰캐넌, 『안티-오이디푸스』 읽기, 이규원·최승현 옮김, 그린비, 2020, 17쪽 참고).

13) 이는 역사적 구성물인 한에서 현존하는 어떠한 사태도 결코 필연적인 것일 수 없으며, 따라서 다른 사태로 바뀔 수 있음을 함축한다. 푸코에 따르면, 계보학자는 "기원이라는 키메라를 쫓아내기 위해 역사를 필요로 한다"(Michel Foucault, "Nietzsche, la généalogie, l'histoire", eds. Daniel Defert and François Ewald, *Dits et écrits II: 1970 – 1975*, Paris: Gallimard, 1994, p. 140, 강조는 원문).

오이디푸스 유형학

유형학적 탐구의 토대: 보편사

푸코는 서양에서 광기와 이성의 관계가 대대적인 변화를 겪은 시기로 18세기 말을 제시하면서, 이때부터 가족이 광기의 문제에서 핵심적인 역할을 수행하기 시작했음을 지적한다. 그에 따르면, 이 시기에 "광기를 둘러싸고 가부장제의 위엄이 부르주아 가족에서 되살아"나는데, 그 결과 이전에는 "신성모독이나 신에 대한 불경不敬"을 읽어 내던 광기와 관련해서 이제는 "아버지에 대한 끊임없는 공격"을 읽어 내게 되었다는 것이다.[14] 이러한 지적은 오이디푸스를 역사화하는 몇 가지 중요한 논점을 담고 있다. 첫째, 대략 17세기 중반부터 18세기 말에 이르는 '고전주의' 시대와 18세기 말 이후의 '근대' 사이에 광기에 대한 인식에 큰 변화가 나타난다. 둘째, 그 변화는 광기를 다루는 방식·공간·주체가 감금에서 치료로, 수용시설에서 가족으로, 내치內治를 위한 교정술矯正術에서 고전적 정신의학으로 이행한 것과 관련된다. 셋째, 이러한 이행은 광기를 '신에 대한 불경'이 아니라 '아버지의 권위에 대한 공격'과 결부시키는 새로운 관점을 제공한다. 들뢰즈와 과타리는 푸코의 지적을 직접 언급하면서, 이러한 변화 이후에야 비로소 정신분석이 "광기를 '부모 콤플렉스' 속에 집어넣고, 죄책감의

---

14) Foucault, *Histoire de la folie à l'âge classique: Folie et deraison*, Paris: Gallimard, 1972, p. 510(푸코, 『광기의 역사』, 이규현 옮김, 나남출판, 2003, 749쪽 참고).

고백을 오이디푸스에서 귀결되는 자기 형벌의 모습들에서"[15] 찾아낼 수 있게 되었다고 말한다. 그 결과 오늘날 우리는 광기를 "아버지-이성理性과 미성년자-광인"의 대립 속에 위치시키고, 무의식적으로 저지른 잘못(아버지에 대한 거역과 어머니에 대한 욕망)을 빌미로 광인을 "양심의 가책과 죄책감에 대한 담론(치료라고 불리는 것)"에 내맡기게 되었다는 것이다.[16] 두 저자가 보기에, 프로이트가 창조한 것은 바로 이 담론이다. 그는 소포클레스에게서 부모에 대한 가책과 죄책감에 시달리는 인물을 발견한 뒤 그에 대한 해석을 다음의 두 방향으로 밀고 나갔다.[17] 하나는 인류 전체를 대상으로 한 문명사적 가설인 원시의식儀式의 방향이고(『토템과 터부』), 다른 하나는 현대인의 꿈과 환상에서 발견되는 내밀한 사적 무의식의 방향이다(「자아와 이드」 등). 이로써 인간의 무의식은 종적種的 차원은 물론 개인적 차원에서도 오이디푸스의 틀 속에 완전히 포획된다. 이후 자세히 살펴보겠지만, 들뢰즈와 과타리의 문제의식은 이러한 포획이 그들이 '문명'이라고 부르는 역사의 특정한 유형과 관련해서, 그 유형을 조직하는 자본주의에 복무하는 방식으로 이루어졌다는 데 있다.

다른 한편, 두 저자는 정신분석이 보편적인 것으로 간주하는 이

---

15) Deleuze and Guattari, *L'anti-Œdipe*, p. 58(국역본, 94쪽).

16) *Ibid.*, p. 323(국역본, 455쪽). 푸코의 다음 지적도 함께 보라. "광인에게 부여된 법적 미성년의 지위는 [⋯] 심리적 주체로서의 광인을 정상인[이성을 갖춘 인간](homme de raison)의 권한과 위세에 완전히 내맡기게 되며, 전자가 보기에 후자는 구체적인 어른의 모습, 다시 말해 우월성(domination)과 목적성(destination)을 갖춘 모습으로 나타난다"(Foucault, *Histoire de la folie à l'âge classique*, p. 509, 국역본, 748쪽 참고, 대괄호는 인용자의 것).

17) *Ibid.*, p. 319(국역본, 450쪽).

러한 오이디푸스, 그러나 푸코에 따르면 18세기 말 이후에야 비로소 나타난 이러한 오이디푸스를 그들 고유의 유형학적 탐구의 중요한 한 축으로 삼는다. 이 탐구는 역사를 세 유형으로 구별하고, 그와 결부된 오이디푸스의 세 유형을 제시하는 방식으로 이루어진다. 『안티 오이디푸스』에서 역사의 유형학은 그들 나름의 보편사histoire universelle를 통해 제시된다.[18] '보편사'라는 용어는 그들이 역사 전체에 보편적인 무언가를 상정하고 있음을 함축하지만, 그것이 이른바 '무의식의 보편적 구조'로서의 오이디푸스는 아니다. 그것은 오히려 역사의 이러저러한 유형들 자체를 낳고 또 거두어 가는 역사의 가장 근본적인 대상, 즉 '흐름'flux과 관련된다. 생명, 가치, 정보… 무엇이든 유동성과 가변성을 띤 것, 이리저리로 옮겨가면서(영토화territorialisation) 이러저러한 형식을 부여받는 것(코드화codage)을 그들은 흐름이라고 부른다. 그런데 그들이 보기에, 인간 사회가 추구하는 단 하나의 본질적인 과제는 이러한 유동성과 가변성이 전면화되지 않도록 흐름을 관리하는데 있다.

> 사회체socius의 문제는 언제나 다음과 같은 것이었다. 욕망의 흐름들을 코드화하고 기입하고 등록하여, 막히거나 수로화되거나 규제되지 않는 그 어떤 흐름도 흐르지 못하게 하기.[19]

---

18) 이하 그들의 보편사 개념에 관한 논의는 성기현, 「들뢰즈와 가타리의 보편사 개념에 대한 연구」, 『인문논총』 78권(1호), 서울대학교 인문학연구원, 2021, 404~421쪽 참고.
19) Deleuze and Guattari, *L'anti-Œdipe*, p. 40(국역본, 69쪽).

루이스 헨리 모건의 『고대 사회』를 참고하면서 들뢰즈와 과타리는 흐름을 관리하는 세 사회 유형(사회체 혹은 사회 기계)을 제시하는데,[20] 그것이 바로 미개sauvages, 야만barbares, 문명civilisés이다. 첫째로, 미개 혹은 원시 영토 기계는 토지를 중심으로 노동의 대상·수단·실천을 조직하는 한편, 국가라는 권력의 단일 중심이 성립되지 않도록 흐름의 집중을 가로막는 사회를 가리킨다.[21] 둘째로, 야만 혹은 전제군주 기계는 신과의 직접 혈연을 통해 과거의 혈연(가문)과 결연(혼인)을 재조직하는 한편, 전제군주의 이름 아래 흐름을 집중시켜(지대, 노역, 세금) 구성원들을 자신의 부속품으로 만드는 사회를 가리킨다.[22] 셋째로, 문명 혹은 자본주의 기계는 도처에서 흐름을 탈코드화 및 탈영토화하여(생산, 유통, 금융) 끝없이 유동성과 가변성을 추구하

---

20) 그러나 모건과 두 저자 사이에는 다음의 차이가 존재한다. 후자는 전자처럼 "[안정적인] 사회 형태가 어떻게 변화하게 되는지를 묻는 것이 아니라, 사회역사적 지층 전체의 기반을 이루는 보편적 변이 가운데서 어떻게 그런 사회 형태들이 생겨나고 유지되는지를 묻는다" (Jérome Rosanvallon and Benoît Preteseille, *Deleuze & Guattari à vitesse infinie 2*, Paris: Ollendorff & Desseins, 2016, p. 40, 대괄호는 인용자의 것).

21) "토지는 그 위에 생산의 모든 경과가 기입되고, 노동 대상들, 노동 수단들, 노동력들이 등록되고, 담당자들과 생산물들이 분배되는 표면이다"(Deleuze and Guattari, *L'anti-Œdipe*, p. 165, 국역본, 247쪽). 원시 영토 기계는 "족장제의 기관(器官)들을 집단과 무력한 관계로 유지함으로써 권력 집중을 막는다. […] 원시 기계는 교환, 상업, 공업을 모르지 않는다. 원시 기계는 이것들을 쫓아내고, 국지화하고, 구획하고, 처박고, 상인과 대장장이를 종속적 지위에 묶어 둠으로써, 교환과 생산의 흐름이 […] 코드들을 파괴하지 못하게 한다"(*Ibid.*, pp. 179~180, 국역본, 266~267쪽).

22) "전제군주는 옛 공동체의 방계 결연들과 확장 혈연들을 거부한다. 그는 새 결연을 강요하고 신과 직접 혈연을 맺는다. 백성들은 따라야 한다. […] 영토 기계 대신에, 국가라는 〈거대 기계〉, 즉 기능적 피라미드가 생겨난 것이다. 이 피라미드의 꼭짓점에는 부동의 모터인 전제군주가, 측면에 있는 전동(轉動) 기관으로서 관료장치가, 바닥에는 노동 부품으로서 마을 사람들이 있다"(*Ibid.*, pp. 228~230, 국역본, 332~335쪽).

는 한편, 여러 법적·제도적 관리수단을 통해 이를 항상 더 커지는 '자기 목적으로서의 생산'(자본의 자기 증식)에 귀속시키는 사회를 가리킨다.[23] 그런데 두 저자에 따르면, 이상의 세 사회체는 역사의 전개 과정 속에서 반드시 차례대로 등장하는 것도 아니고, 하나가 다른 하나보다 반드시 더 우월한 것도 아니다. 이는 모건과 마르크스·엥겔스 등 역사의 선형적 진보를 주장하는 입장들과 달리, 그들이 상이한 사회체들을 항상 서로 혼합되거나 공존하는 것으로 이해하고 있음을 의미한다.[24]

미개의 오이디푸스

들뢰즈와 과타리에 따르면, 미개·야만·문명에는 저마다 오이디푸스가 존재하지만, 그것들 모두가 우리가 알고 있는 오이디푸스는 아니다. 즉 그것들 모두가 근친상간에 대한 욕망, 그 욕망의 좌절, 그 좌절을 야기하는 아버지의 존재에 대한 인정, 아버지에 대한 죄책감과 그

---

23) "판매되는 재산들의 흐름, 유통되는 돈의 흐름, 그림자 속에서 준비되는 생산과 생산수단의 흐름, 탈영토화되는 노동자들의 흐름 ── 자본주의가 탄생하기 위해서는, [⋯] 이 모든 탈코드화된 흐름의 만남, 이것들의 결합[⋯]이 있어야 할 것이다"(*Ibid.*, p. 265, 국역본, 382쪽). "자본주의의 근본 원리란 한 사회의 단계에서 그리고 곧이어 전 세계적인 단계에서 잉여가치를 만들어 내는 것이다"(Rosanvallon and Preteseille, *Deleuze & Guattari à vitesse infinie 2*, p. 78).

24) 그럼에도 미개·야만·문명이라는 용어들 자체가 선형적 진보의 뉘앙스를 준다는 사실을 부인하기는 쉽지 않다. 그런 이유 때문인지 『안티 오이디푸스』의 속편인 『천 개의 고원』에서 두 저자는 더 이상 이 용어들을 사용하지 않을 뿐만 아니라, 일체의 진화론적 견해를 단호하게 거부하는 태도를 취한다. 다음을 보라. Deleuze and Guattari, *Mille plateaux: Capitalisme et schizophrénie II*, Paris: Minuit, 1980, pp. 827~828.

것의 내면화, 아버지가 제시하는 법과 권위에 대한 복종 등으로 구성된 내밀한 가족 드라마로서의 오이디푸스는 아니다. 두 저자가 "오이디푸스에서 출발하여 모든 사회구성체를" 다루는 것은 사실이지만, 이는 "무의식에 대한 기만"[25]인 오이디푸스가 문명에만 나타나면서도 스스로를 인간 무의식의 보편적 구조로 내세우기 때문이다. 두 저자는 오이디푸스의 세 유형을 다음과 같이 요약한다.

영토 기계에서 오이디푸스는 점유되지 않은 빈 극한limite으로서 준비된다. 전제군주 기계에서 오이디푸스는 상징적으로symboliquement 점유된 극한으로서 형성된다. 하지만 오이디푸스는 자본주의 기계의 상상적imaginaire 오이디푸스가 됨으로써만 채워지고 실효화된다. 전제군주 기계는 원시 영토성들을 보존하고 있었는데, 자본주의 기계는 원국가 Urstaat[26]를 자신의 공리계公理系, axiomatique의 두 극 중 하나로 부활시키며, 전제군주를 자신의 이미지들 중 하나로 만든다.[27]

---

25) Deleuze and Guattari, *L'anti-Œdipe*, p. 207(국역본, 304쪽).

26) 들뢰즈와 과타리는 야만 사회체를 마르크스주의에서 말하는 '아시아적 생산양식'과 동일시하면서 일종의 '원국가'로 간주하는데, 그 의미는 다음과 같다. "원국가는 망각(소멸 또는 잠복)과 회귀의 시간적 구조를 일컫는 것으로서, 이 구조로 인해 구체적인 각 국가는 선재하는 지평을 이루는 어떤 추상적인 패러다임이 가변적인 역사적 조건하에서 다시금 현실화된 것으로 보이게 된다"(Guillaume Sibertin-Blanc, *Deleuze et l'anti-Œdipe: La production du désir*, Paris: PUF, 2010, p. 115). 일찍이 카를 비트포겔은 아시아적 생산양식 혹은 동양적 전제주의를 '이념형적 패러다임'(paradigme idéaltypique)으로 제시한 바 있다. 그러나 그가 그것을 '전체주의 국가의 원형'으로 이해했던 것에 반해, 들뢰즈와 과타리는 그것을 '모든 국가의 원형'으로 간주한다. *Ibid.*, pp. 110~111; Daniel W. Smith, "7000 BC: Apparatus of Capture", eds. Henry Somers-Hall et al., *A Thousand Plateaus and Philosphy*, Edinburgh: Edinburgh University Press, 2018, p. 233 참고.

27) Deleuze and Guattari, *L'anti-Œdipe*, pp. 318~319(국역본, 449쪽).

한눈에 이해하기는 쉽지 않은, 들뢰즈와 과타리 특유의 난해한 개념어들이 잔뜩 뒤엉킨 요약이다. '미개의 오이디푸스', '야만의 오이디푸스', '문명의 오이디푸스'라는 소제목의 글에서 우리는 이 요약의 실타래를 풀어 세 유형의 오이디푸스를 하나씩 살펴보고자 한다. 우선, 세 유형에 공통으로 등장하는 '극한'이라는 용어에서 이야기를 시작해 보자. 두 저자에 따르면, 오이디푸스는 "모든 사회에 출몰하는 극한", 즉 "모든 사회가 […] 욕망의 탈코드화된 흐름들로서 절대적으로 두려워하는 그 무엇"과 관련된다.[28] 앞서 살펴보았듯이 모든 사회체는 흐름을 규제하고자 하지만, 그것들이 규제하고자 하는 흐름과 그 흐름을 규제하는 방식은 서로 구별된다. 그것들의 공통점은 각각의 흐름이 자신의 규제에서 벗어나려 할 때('극한'), 이를 가로막고자 그 극한을 '점유'한다는 사실뿐이다.

그렇다면, 각 사회체가 규제하고자 하는 흐름이란 과연 무엇이고, 그것들은 저마다 그 흐름에 어떻게 대처하는 것일까? 단적으로 말하자면, 미개 사회체의 경우 그것은 "배아胚芽적 흐름"이고 "억압은 바로 이 흐름에 관여한다".[29] 들뢰즈와 과타리는 이 배아적 흐름을 설명하기 위해 신화적·생물학적 논거를 제시하는데, 그것은 마르셀 그리올이 기록한 도곤족의 우주발생론적 신화다.[30] 이 신화에서

---

28) *Ibid.*, p. 209(국역본, 307쪽).

29) *Ibid.*, p. 191(국역본, 283쪽).

30) *Ibid.*, p. 185(국역본, 275쪽). 도곤족은 말리 남부와 부르키나파소 북부에 거주하는 소수민족이다. 그들의 우주발생론적 신화는 1930년대 초 프랑스 민족학자들의 답사를 통해 서구에 알려지게 되는데, 여기에는 그리올 외에도 마르셀 모스, 미셸 레리스 등이 포함된다. 도곤족에 관한 일반적인 우리말 설명으로는 다음 논문을 참고할 수 있다. 이경래, 「서아프리

창조주 암마가 낳은 반인반어半人半漁의 존재인 여덟 놈모 중 넷째 유루구는 창조주의 태반을 훔친 뒤 그 속에 침투하여 자신의 아내 아시구이를 낳는다. 여기서 문제가 되는 것은 부모(암마)와 자식(유루구)을 창조의 동일한 층위에 위치시키고, 창조하는 자(유루구)와 창조된 자(아시구이)를 부부인 동시에 남매로 묶어 주는 태반의 존재다. 따라서 이 태반을 지닌 유루구는 다음과 같이 말할 수 있게 된다. "나는 아들이요 또한 내 어머니의 형제이며, 내 누이의 남편이요, 나 자신의 아버지다."[31] 즉 그는 태반에서 태어난 자요, 태반을 어머니와 공유하는 자이며, 나와 태반을 공유하는 다른 이와 결혼한 자요, 나를 낳은 태반을 지닌 자다. 두 저자는 여기서 일종의 신화적 바이스마니즘 weismannisme을 발견하는데, 생물학자 아우구스트 바이스만은 19세기 후반에 오늘날의 DNA를 예견하면서 부모·아이·형제자매가 공유하는 불멸의 유전물질(생식질plasma germinatif)의 존재를 주장한 바 있다.[32]

카 도공족의 인간관」,『프랑스문화예술연구』35집, 프랑스문화예술학회, 2011. 들뢰즈와 과타리는 이 신화를 설명하면서 그리올의 저작(Marcel Griaule, *Dieu d'eau*, Paris: Fayard, 1948[마르셀 그리올,『물의 신』, 변지현 옮김, 영림카디널, 2000])을 언급하지만, 사실 그들의 설명은 이 책과 일치하지 않는 부분이 많다. 도곤족의 신화에는 매우 다양한 판본이 존재하지만, 여기서는 두 저자의 설명을 따르기로 한다.

31) Deleuze and Guattari, *L'anti-Œdipe*, p. 186(국역본, 276쪽).

32) 이와 관련해서, 그의 반대자인 트로핌 리센코는 "바이스만이 아들을 어머니의 유전적·배아적 형제가 되게 한다고 비난했다"(*Ibid.*, p. 187, 국역본, 277쪽). 19세기 말의 세포학자들은 현미경의 도입에 힘입어 성세포와 체세포가 서로 다른 방식으로 분열한다는 사실을 발견했다. 바이스만은 라마르크의 용불용설(用不用設)에 반대하면서, 자신이 생식질로 명명한 성세포가 외부 요소의 개입 없이 세대를 따라 유전정보를 전달하고 스스로를 복제·재생산한다고 주장했다. 개체가 경험한 변화로부터 독립적인 '생명의 전달 체계'를 구상함으로써, 그는 생명철학의 초점을 개체에서 종으로 옮겨 놓는다. 그의 배아적 선택(germinal selection) 개념은 오늘날 일반화된 DNA상의 돌연변이 개념을 예고한다. Keith Ansell Pearson, *Germinal Life: The Difference and Repetition of Deleuze*, London and New

이런 관점에서 말하자면, 이 신화적·생물학적 흐름이 보여 주는 것은 (어머니와의 오이디푸스적 근친상간보다 훨씬 더 포괄적인) "자웅동체 상태들의 세계"[33]이며, 미개 사회체의 목표는 이러한 세계를 은폐하면서 나름의 사회적 질서(혈연과 결연)를 구축하는 데 있다.

들뢰즈와 과타리가 보기에, 미개 사회체는 **"토지의 몸 위에서 결연과 혈연을 직조"**[34]하는 데서 성립한다. 보다 구체적으로 말하자면, 사방으로 질주하면서 혼란스럽게 뒤엉키는 배아적 흐름을 수직 구조의 시간적 연속성(행정적·위계적 성격의 직계 혈연)과 수평 구조의 공간적 확산성(정치적·경제적 성격의 방계 결연)으로 조직하는 데서 성립한다. 전자는 이를테면 부계 성을 전달하여 가문을 이루고, 그 속에서 혈연적 재고在庫, 즉 결연을 위해 다른 가문으로 보낼 수 있는 여성들을 축적한다. 후자는 결연을 통해 여성을 얻어 자손을 낳음으로써 가문의 영속성을 확보하고 이 과정에서 가문들의 결사체인 부족을 형성한다. 영국의 인류학자 에드먼드 리치가 말하듯이, 미개 사회체는 "같은 지역 내지 이웃 지역에 거주하며, 결혼을 도모하고, 구체적 현실을 형성하는 집단"[35]을 통해 구성되는 것이다. 쉽게 짐작할 수 있듯이, 그리고 두 저자가 스스로 지적하듯이, 혈연과 결연을 조직하기 위

York: Routledge, 1999, pp. 5~7 참고.

33) Deleuze and Guattari, *L'anti-Œdipe*, p. 186(국역본, 276쪽).

34) *Ibid.*, p. 171(국역본, 256쪽, 강조는 원문).

35) *Ibid.*, pp. 172~173(국역본, 258쪽). 리치는 이 집단을 지역 가계(local lineage)라고 부른다. 결연이 레비스트로스가 말하는 '닫힌 구조로서의 친족 관계'가 아니라 사회·정치적 성격을 띤 일종의 '전략적 실천'이라는 사실을 잘 보여 준다는 점에서 들뢰즈와 과타리는 이 개념을 높이 평가한다.

해서는 근친상간 금지가 필수적이다. 혈연은 어머니와의 근친상간을 금지할 때 유지되고, 결연은 누이와의 근친상간을 금지할 때 확장되기 때문이다. 그러나 여기서 우리가 아는 바의 오이디푸스는 발견되지 않는데, 이는 미개 사회체에서의 근친상간 금지가 아버지에 의한 것이 아니기 때문이다. 두 저자가 단언하는 바에 따르면, 미개 사회체에는 "아버지의 억압이 전혀 없으며, 아버지의 이름nom du père에 대한 폐제forclusion[36]도 전혀 없다".[37] 미개 사회체에서 억압의 주체는 아버지가 아니라 (그를 자신의 일부로 포함하는) 혈연과 결연의 조직화이고, 억압의 대상은 어머니에 대한 욕망이 아니라 (그것을 자신의 일부로 포함하는) 배아적 흐름이기 때문이다. 이러한 억압 속에서 배아적 흐름은 미개 사회체의 각 구성단위들 속으로 분절되고, 도곤족에게서 그러하듯이 신화적 표현으로만 남게 된다(따라서 배아적 흐름의 존재는 은폐된다). 혈연과 결연의 조직화 자체가 가족 내부의 오이디푸스를 대신하는 한에서, 오이디푸스를 조직하는 '아버지의 억압'이 존재하지 않는 한에서, 우리는 앞선 인용문의 첫 문장을 이해할 수 있게

---

36) 여기서 두 저자는 '아버지의 이름'이라는 용어를 통해 라캉의 정신병 개념을 시사한다. "폐제는 어떤 특정 요소를 상징계(언어)로부터 완전히 추방하는 것이다. 이 요소는 상징계 전체를 떠받치는 요소이기에 그것이 폐제되면, 상징계 전체가 타격을 입게 된다. [···] 라캉에 따르면 정신병에서 폐제된 요소는 아버지와 직접적인 관련이 있다. 라캉은 그 요소를 〈아버지의 이름〉이라고 불렀다"(핑크, 『라캉과 정신의학: 라캉 이론과 임상분석』, 맹정현 옮김, 민음사, 2002, 139쪽). 잘 알려져 있듯이, '아버지의 이름'은 그의 금지(non du père)를 시사한다. 아버지는 "엄마와 아이에게 무엇이 허용되고 무엇이 허용되지 않는지를 명확히 제시하면서 집안의 법을 제정하는 자"이며, 라캉에 따르면 그와 그의 법을 폐제할 때 우리는 정신병자가 된다(앞의 책, 141쪽).

37) Deleuze and Guattari, L'anti-Œdipe, p. 188(국역본, 278~279쪽).

된다. '영토 기계에서 오이디푸스는 점유되지 않은 빈 극한으로서 준비된다.'

야만의 오이디푸스

들뢰즈와 과타리는 미개 사회체(혈연과 결연)에서 야만 사회체(전제군주 국가)로의 이행을 설명해 주는 개념으로 초코드화를 제시한다. "**초코드화**, 이것이야말로 국가의 본질을 구성하는 조작이요, 국가와 옛 구성체[미개 사회체]들의 연속성과 단절을 동시에 측정하는 조작이다."[38] 초코드화는 앞선 코드들 전체를 포괄하는 '상위 코드'를 설치하는 데서 성립한다. 한편으로, 초코드화는 기존의 사회적 코드인 혈연과 결연을 전제군주의 하위 코드로 재조직하는데, 이 점은 잠시 후에 살펴보도록 하자. 다른 한편으로, 초코드화는 국지적인 경제적 흐름들을 전제군주의 이름으로 전유하는데, 여기서는 이 점을 먼저 살펴볼 것이다.[39] 미개 사회체에서 샤먼, 전쟁 지도자, 혈연의 연장자 등은 정치적 권력의 국지적 중심일 뿐만 아니라 경제적 생산 및 교환의 국지적 중심이기도 하다. 그런데 전제군주의 등장은 이런 국지적 중심들을 새로운 사회 기계의 부품으로 포섭하는 결과를 낳는다. "원시 체계 전체는 우월한 권력에 의해 동원되고 징발되며, 외부의 새로

---

38) *Ibid.*, p. 236(국역본, 342쪽, 강조는 원문, 대괄호는 인용자의 것).
39) 이하의 논의는 Rosanvallon and Preteseille, *Deleuze & Guattari à vitesse infinie 2*, pp. 72~74 참고.

운 힘들에 의해 굴복되어 다른 목적들에 봉사하게 된다."[40] 이 과정은 대체로 다음과 같이 요약된다. 첫째로, 전제군주는 정복전쟁을 통해 영토 전체에 대한 지배권을 확립한 뒤, 자신의 필요에 따라 특정 혈연이나 결연에 그것을 나눠주거나 거둬들인다. 둘째로, 그는 수리水利시설이나 기념비적 건축물을 건설하면서 구성원들의 노동력을 징발하고 관리한다. 셋째로, 그는 공물 납부의 의무를 부과하고 외부 거래를 관리함으로써 재화의 흐름을 통제한다. 이렇게 해서 "고대 국가는 이후의 국가 사회에서 (토지의) 지대, (노예의) 노역, (화폐의) 세금이 될 것을 앞서 고안"[41]해 내며, 이를 통해 이집트의 파라오나 잉카의 황제 등은 "토지의 탁월한 소유자, 대역사大役事의 기획자, 세금과 상금의 주인"[42]이라는 삼중의 역할을 수행하게 된다. 이러한 초코드화의 양상은 야만 사회체가 두려워하는 흐름이 무엇인지 쉽게 짐작할 수 있게 해 준다. 말하자면, 그것은 "국가의 독점, 국가의 틀, 국가의 마개에서 빠져나갈 교환과 상업의 시장 흐름들"[43]이다.

  그렇다면 이제 궁금한 것은 전제군주의 이름으로 각종 흐름들을 통제하는 이러한 사회체가 어떻게 성립될 수 있는지의 문제다. 이는 앞서 언급했던 혈연과 결연의 재조직화와 관련되는데, 들뢰즈과 과타리는 그것을 "새 결연과 직접 혈연"[44]으로 요약한다. 먼저, 직접 혈

---

40) Deleuze and Guattari, *L'anti-Œdipe*, p. 232(국역본, 337쪽).

41) *Ibid.*, p. 232(국역본, 337쪽).

42) Deleuze and Guattari, *Mille plateaux*, p. 555.

43) Deleuze and Guattari, *L'anti-Œdipe*, p. 233(국역본, 338쪽).

44) *Ibid.*, pp. 227~228(국역본, 332쪽).

연은 전제군주가 신과 맺는 (혹은 맺고 있다고 주장하는) 관계를 일컫는다. 물론 이러한 관계는 확인될 수 없지만, 그 관계가 실제로 존재하는지의 여부는 중요하지 않다. 중요한 것은 신과의 직접 혈연이라는 "전제군주의 발명을 선전하고 […] 이들이 세우거나 정복하는 도시들에서 그의 영광을 유포하고 그의 권력을 강요"[45]하는 집단들이 존재한다는 사실이다. 다음으로, 새 결연은 전제군주가 자신의 누이 및 어머니와 맺는 이중의 근친상간을 통해 시작된다.[46] 신의 핏줄인 전제군주가 어찌 그렇지 않은 자들과 결혼할 수 있겠는가? 한편으로, 그는 족내혼을 금지하는 과거의 결연으로부터 이탈하여 자신의 누이와 결혼하며, 이를 통해 새 결연을 창조한다. 다른 한편으로, 그는 떠나온 곳으로 돌아가 자신의 어머니와 결혼하며, 이를 통해 신과의 직접 혈연을 연장한다. 쉽게 짐작할 수 있듯이, 여기서도 그가 결혼하는 이가 '진짜' 누이이거나 '진짜' 어머니인지는 중요하지 않다. 어쨌거나 그렇게 믿는 이들이 존재하는 한에서, 중요한 것은 그것이 낳는 다음의 두 귀결이다. 첫째로, 그의 가문에 해당하는 "모든 확장 혈연은" 어머니와의 근친상간에 따라 신과 전제군주 사이의 "직접 혈연에 의해 포섭"되고, 둘째로 혈연적 재고와 관련된 "결연의 모든 부채는" 누

45) *Ibid.*(국역본, 332~333쪽).
46) *Ibid.*, p. 237(국역본, 344~345쪽). 전제군주나 그에 상응하는 절대적 지배자가 근친상간을 하는 사례는 신화와 전설에 두루 퍼져 있다. 누이와 근친상간을 하는 사례로는 중국의 여와와 복희, 일본의 이자나기와 이자나미, 그리스의 제우스와 헤라, 유대의 아브라함과 사라 등을 들 수 있으며, 어머니와 근친상간을 하는 사례로는 그리스의 레아와 제우스 및 오이디푸스와 이오카스테 등을 들 수 있다. 역사적으로도 이집트에서는 파라오가 가족 내에서 결혼을 하는 경우가 많았으며, 로마의 칼리굴라도 이집트를 모방하여 자신의 누이와 관계했던 것으로 알려져 있다.

이와의 근친상간에 따라 전제군주에 대한 결코 다 갚을 수 없는 빚으로, "새 결연의 무한 부채로 전환"된다.[47] 이렇듯 이중의 근친상간은 욕망의 흐름들을 초코드화하여 "모든 결연과 혈연을 [⋯] 신과 전제군주의 직접 혈연, 전제군주와 백성의 새로운 결연 위에서 수렴시킨다".[48] 전제군주의 절대적인 권위는 이처럼 그가 영토 내의 모든 혈연과 결연의 새로운 출발점이라는 데서 생겨난다.

지금까지 살펴본 바에 따르면, 야만 사회체에서 근친상간은 전제군주의 등장을 위한 일종의 통과의례로 제시된다. 말하자면, 여기에는 근친상간적 욕망으로 정의되는 오이디푸스가 존재하는 것이다.

> 오이디푸스가 제국적 재현 속에서 [누이 및 어머니를 향한] 자신의 세포적·난자적 이주를 시작했던 것은 사실이다. [⋯] 점유되지 않았던 극한이 이제 전제군주에 의해 점유된다. 오이디푸스는 자기 이름을 얻었다. [⋯] 초코드화에 의해 누이 및 어머니와 이중의 근친상간을 행하는 안짱다리 전제군주. [⋯] 하지만 우리는 아직 정신분석의 오이디푸스로부터 아주 멀리 있다.[49]

야만 사회체의 오이디푸스는 왜 아직 '정신분석의 오이디푸스로부터 아주 멀리' 있는가? 첫째로, 야만 사회체에서 오이디푸스는 누

---

47) *Ibid.*, p. 248(국역본, 358쪽).
48) *Ibid.*, p. 236(국역본, 342쪽).
49) *Ibid.*, pp. 254~255(국역본, 367쪽, 대괄호는 인용자의 것).

이 및 어머니의 난자 속에서 세포적 합일을 추구하는 전제군주의 성적 욕망으로 나타나지만, 정확히 말해 그것은 가족을 향한 욕망이 아니라 국가를 향한 욕망이다. 둘째로, 그것은 아버지의 뚜렷한 역할 없이 전제군주, 누이, 어머니만으로 작동한다. 셋째로, 그것은 아버지에 의해 억압되기는커녕, 오히려 전제군주를 제외한 모든 이들을 억압한다. 야만 사회체 자체를 성립케 하는 이 근친상간은 전제군주에게만 허용되고, 다른 모든 이들에게는 금지되기 때문이다. 쉽게 짐작할 수 있듯이, 이러한 금지는 전제군주의 행위를 반복함으로써 다른 국가를 세우려는 시도를 미연에 방지하기 위한 것이다. 넷째로, 그것은 전제군주와 그의 지지자들에 의해 주장되지만 결코 입증되지는 않는 것으로서, 신의 대리자로서 그가 갖는 일종의 특권으로 나타난다. 그런 한에서, 우리는 '미개의 오이디푸스'에서 제시된 인용문의 두 번째 문장을 이해할 수 있게 된다. '전제군주 기계에서 오이디푸스는 상징적으로 점유된 극한으로서 형성된다.'

문명의 오이디푸스

들뢰즈와 과타리에 따르면, 문명 사회체는 '탈코드화된 흐름들'로부터 생겨난다. 그런데 사실 탈코드화는 코드화의 이면으로서, 앞선 사회체들에서도, 특히 야만 사회체의 강력한 초코드화 아래에서도 항상 존재해 왔다.

고대 국가의 초코드화는 […] 그로부터 벗어나는 새로운 흐름들을 야기한다. 국가가 대형 토목공사를 벌일 때마다 독립적인 노동의 흐름이 국가의 관료제에서 벗어난다(특히 광산과 야금술의 경우가 그러하다). 국가가 화폐 형태의 세금을 만들 때마다, 화폐의 흐름이 도주하며 다른 역량을 활성화하거나 발생시킨다(특히 상업과 은행의 경우가 그러하다). 그리고 무엇보다 국가가 공공재산 체계를 만들 때마다, 사적 전유의 흐름이 그 체계의 주변에서 생겨나 밖으로 흘러 나가기 시작한다.[50]

뿐만 아니라, 탈코드화된 흐름들이 국가의 존재방식을 뒤흔들 정도로 광범위하게 형성되었던 경우도 드물지 않으며,[51] 이러한 흐름들이 강이나 바다를 건너 다른 영토까지 나아가는 일도 적지 않았다(탈영토화). 이러한 탈코드화와 탈영토화는 유럽만이 아니라 중국이나 일본, 이슬람에서도 발견되지만, 우리가 잘 알고 있듯이 후자들에서는 자본주의의 형태를 띤 새로운 사회체가 형성되지 않았다. 이는 자본주의가 "흐름들의 일반화된 탈코드화와 새로운 거대한 탈영토화, 그리고 탈영토화된 흐름들의 결합에 의해" 성립되기 때문이다.[52] 여기서 핵심에 해당하는 '결합'은 18세기 유럽에서 급속도로 이루어졌는데, 여기에는 다음의 세 조건이 필요했다. 1) 생산물의 존재방식

---

50) Deleuze and Guattari, *Mille plateaux*, p. 560(강조는 원문).

51) 광범위한 탈코드화에도 불구하고 자본주의로 이어지지 않은 역사적 사례로 두 저자는 로마제국 말기의 상황을 언급한다. "재산의 사유화를 통한 부동산 흐름들의 탈코드화, 큰 재산의 형성을 통한 화폐 흐름들의 탈코드화, 상품생산의 발전을 통한 상업 흐름들의 탈코드화, 몰수와 프롤레타리아화를 통한 생산자들의 탈코드화, 이 모든 것이 거기에 있고 이 모든 것이 주어져 있지만, 본래 의미의 자본주의는 생산되지 않았으며 오히려 노예 옹호 체제가 있다"(Deleuze and Guattari, *L'anti-Œdipe*, p. 264, 국역본, 380~381쪽).

52) *Ibid.*, pp. 265~266(국역본, 383쪽).

을 변형시켜 유통하고 이를 통해 이윤을 얻는 전적으로 상업적인 교환(흐름의 탈코드화를 통한 잉여가치의 창출). 2) 이러한 교환의 범위를 확대시키는 흐름의 순수 형태, 즉 일반 등가물로서의 화폐(흐름의 탈영토화를 용이하게 해 주는 수단). 3) 이러한 화폐에 대한 사회적 욕망.[53] 마르크스가 분석했듯이, 자본주의에서 화폐에 대한 욕망은 '상품-화폐-상품''으로 이어지는 단순한 순환이 아니라 '화폐-상품-화폐''로 이어지는 자본의 순환으로 나타난다.[54] 다시 말해, 그것은 (화폐를 통한) 상품에 대한 욕망이 아니라 (상품을 통한) 화폐에 대한 욕망으로서, 궁극적으로는 '자본의 자기 증식'이라는 형태로 나타난다. 그리고 이 자기 증식에는 한계가 없다. 자기 증식을 위한 자본의 수탈은 결코 만족하는 법이 없으며, 더 큰 잉여가치를 찾아 중심부(선진국)에서 주변부(저개발 국가)로, 또 중심부 내부의 주변부(비정규직 등의 사회적 약자)로 끊임없이 이동하기 때문이다.[55]

그런데 자본주의는 "자기가 한 손으로 탈코드화하는 것을 다른 손으로 공리화한다".[56] 주지하다시피, 논리학에서 공리公理, axiome 는

---

53) 주류 경제학의 효용가치설(수요와 공급) 및 마르크스주의 경제학의 노동가치설(사회적 평균 노동시간)에 맞서 들뢰즈와 과타리는 '욕망의 세기'를 가치의 원인으로 간주한다. 이에 대한 구체적인 설명은 다음을 보라. Rosanvallon and Preteseille, *Deleuze & Guattari à vitesse infinie 2*, pp. 99~101.

54) "이 경우 문제는 더 이상 사기 위해서 파는 것이 아니라(생산된 재화를 생존의 관점에서 유용한 다른 재화와 바꾸기) 다시 팔기 위해서 사는 것이다(어떤 재화를 이윤의 관점에서 다른 재화와 바꾸기). […] 일단 시작되고 나면, 흐름의 잉여가치가 창조되는 과정, 탈코드화된 흐름이 확산되는 과정은 권리상 무제한적이다"(*Ibid.*, pp. 79~81).

55) Deleuze and Guattari, *L'anti-Œdipe*, pp. 274~275(국역본, 393~394쪽).

56) *Ibid.*, p. 292(국역본, 416쪽).

증명할 필요가 없는 자명한 명제를 가리키며, 그러한 명제들의 집합은 공리계를 이룬다. 들뢰즈와 과타리는 자본주의를 일종의 공리계로 보는데, 이는 그것이 생산·교환·소유·가치·시장 등에 관한 내재적인(즉 전제군주와 같은 초월적 심급이 존재하지 않는) 규칙들의 체계임을 함축한다. 『천 개의 고원』에서 두 저자는 이러한 규칙들이 자본주의가 현실적으로 구현되는 서로 다른 양상들을, 그들의 용어로는 다양한 '현실화 모델'modèle de réalisation들을 규정하고 있음을 보여 준다.[57] 이 현실화 모델들은 크게 두 지향점을 갖는다. 한편으로, 공리를 계속 추가하여 흐름을 광범위하게 제어하는 현실화 모델이 존재하는데, 1차 세계대전 이후의 케인스 경제학과 뉴딜 정책, 2차 세계대전 이후의 마셜계획과 복지국가 개념, 그리고 오늘날의 사회민주주의가 그 예에 해당한다. 다른 한편으로, 최소한의 공리로 지배적인 흐름만을 제어하는 현실화 모델이 존재하는데, 내수시장을 저개발 상태로 방치한 채 자원 수출에 따른 이윤을 독점하는 일부 아랍 국가들, 그리고 오늘날의 신자유주의가 그 예에 해당한다.[58] 그런데 이 두 지향점 사이의 넓은 스펙트럼에도 불구하고, 두 저자는 거기서 하나의 동일한 그림자를 발견한다. "전제군주 기계의 폐허에서 태어났기 때문에" 문명 사회체의 현실화 모델들은 어느 것이든 "초코드화하고 재영토화하는 통일체"를 부활시키려는 은밀한 경향을 띤다는 것이다.[59] 그

57) Deleuze and Guattari, *Mille plateaux*, pp. 577~578.
58) Rosanvallon and Preteseille, *Deleuze & Guattari à vitesse infinie 2*, pp. 125~126 참고.
59) Deleuze and Guattari, *L'anti-Œdipe*, p. 309(국역본, 437쪽).

것이 바로 자본주의의 근본적인 두 경향 중 하나인 편집증paranoïa[60]이며, 이로써 우리는 앞서 '미개의 오이디푸스'에서 제시된 인용문의 후반부를 이해할 수 있게 된다. '자본주의 기계는 원국가를 자신의 공리계의 두 극 중 하나로 부활시키며, 전제군주를 자신의 이미지들 중 하나로 만든다.'

이제 우리가 살펴보아야 할 것은 문명 사회체와 전제군주의 관계 문제인데, 들뢰즈와 과타리가 오이디푸스에 이의를 제기하는 이유도 바로 이 문제와 관련된다. 야만 사회체의 유산인 전제군주가 어떻게 문명 사회체에서 존속할 수 있는 것일까? 이 물음에 대한 두 저자의 답변은 "전제군주 국가의 극단적 정신화, 자본주의 장의 극단적 내면화"[61]를 통해 가능하다는 것이다. 즉 전제군주는 사라지는 것이 아니라 우리의 정신에 침투하며, 이를 통해 자본주의가 요구하는 복종의 방식을 우리에게 내면화한다. 그들이 보기에, 오이디푸스는 이러한 내면화의 결과물로서 "사회적 주권의 형식에 응답하는 우리의 내밀한 식민지 구성체"[62]에 다름 아니다. 이제 이 충격적인 주장을 좀 더 자세히 살펴보자.

한편으로, 자본주의 공리계는 이른바 경제 관계의 명백한 자율성을,

---

60) 다른 하나의 경향은 바로 분열증(schizophrénie)이다. "현대 사회들은 두 방향 사이에 붙잡혀 있다. 의고주의와 미래주의, 신-의고주의와 탈-미래주의, 편집증과 분열증 사이에. 현대 사회들은 두 극 사이에서 흔들거린다. […] 현대 사회들은 한 극에 울타리를 치지만, 다른 극을 통해서는 흐르거나 흘러나온다"(*Ibid.*, pp. 309~310, 국역본, 437~438쪽).

61) *Ibid.*, p. 320(국역본, 451쪽).

62) *Ibid.*, p. 316(국역본, 446쪽).

그리고 그것이 식별 가능한 다른 모든 사회적 관계들(혈연적·인간적·정치적·사법적·문화적 관계 등)에 대해 갖는 우월성을 함축한다. 그러나 다른 한편으로, 이러한 우월성은 어떠한 독립성도 함축하지 않는다. 자본주의 체제에서 그 자체로 서로 구별되는 영역들(정치·사법·사회·가정 등)을 구성하는 다른 관계들은 경제적 공리계가 […] 요구하고 구성하는 적용application의 장[…]이 되기 때문이다.[63]

미개 사회체나 야만 사회체에서 사회적·경제적 재생산은 인간적 재생산과 구별되지 않는다.[64] 앞서 살펴보았듯이, 그것은 전자의 경우 혈연과 결연의 재생산으로, 후자의 경우 직접 혈연과 새 결연의 확립으로 나타나기 때문이다. 그에 반해, 문명 사회체에서 경제적 재생산은 사회적 재생산에서 분리될 뿐만 아니라 그것을 지배한다. 이제 경제적 재생산('자본의 자기 증식')은 자신에게 복무해야 할 사회적 재료들을 인간에게서 발견하는데, 그 재료들이란 "자본에서 파생된 기능으로서의 자본가 자체*le capitaliste*"와 "노동력에서 파생된 기능으로서의 노동자 자체*le travailleur*"다.[65] 여기서 문제는 경제적 공리계가 요구하는 자본가라는 기능('인물화된 자본으로서의 자본가')과 노동자라는 기능('인물화된 노동력으로서의 노동자')을 수행할 수 있는 인간을 사회적으로 재생산하는 것이다. 이는 다음의 두 방향에서 이루어

---

63) Rosanvallon and Preteseille, *Deleuze & Guattari à vitesse infinie 2*, p. 94.

64) Deleuze and Guattari, *L'anti-Œdipe*, p. 313(국역본, 442쪽).

65) *Ibid.*, p. 314(국역본, 443쪽, 강조는 원문).

진다. 첫째로, 이러한 재생산은 가족에 의해, "가족이 계급 질서에 의해 미리 절단되는 그런 방식으로"[66] 이루어진다. 즉 아버지나 아들과 같은 가족적 기능들은 자본가나 노동자와 같은 사회적 기능들에 의해 미리 규정되어 있어, 전자는 후자를 '적용'한 것으로 나타난다. 둘째로, 사람들은 "도처에서 아버지, 어머니, 나를 재발견하는 등가성의 체계" 속에서 사장·선생·대통령 등을 "부모 형상들의 파생물 내지 대체물"로 이해하게 된다('그러니 그의 말을 따르라…').[67] 이제 한편으로는 사회적 기능들의 이미지가 실제의 가족구성원들을 규정하고('적용'), 다른 한편으로는 실제의 가족구성원들이 사회적 기능들의 이미지들로 확장된다('파생' 내지 '대체'). 이렇게 해서 오이디푸스는 비로소 완성되기에 이른다. '미개의 오이디푸스'에서 제시된 인용문 세 번째 문장에서 두 저자가 말하듯이, '오이디푸스는 자본주의 기계의 상상적 오이디푸스가 됨으로써만 채워지고 실효화된다'.

---

66) *Ibid.*(국역본, 443~444쪽).

67) *Ibid.*, p. 120(국역본, 182쪽). 다른 한편, 두 저자는 이러한 적용과 파생의 체계가 갖는 정치적 위험성을 분석하는데, 그것은 아버지를 내면화한 오이디푸스적 '위인'을 군중이 '집단의 부모'로 삼아 동일시할 때 가장 극적으로 드러난다. 이런 유형의 집단적 동일시는 "〈우리 편이어서 좋다〉는 느낌, 바깥의 적들에게 위협을 받고 있는 우등 인종에 속해 있다는 느낌을 구성"하는데, 두 저자는 여기에 함축된 배타성을 인종주의를 비롯한 극단적 정치현상들의 원인으로 제시한다. *Ibid.*, p. 123(국역본, 186~187쪽).

나가며: 분열분석의 한 사례

우리가 보기에,『안티 오이디푸스』의 근본적인 문제의식은 마르크스 이후의 역사 이론(사회체의 유형학)과 니체 및 프로이트 이후의 주체화 이론(오이디푸스 유형학)으로 요약된다.[68] 한편으로, 이 저작은 '흐름에 대한 서로 다른 방식의 규제'라는 관점에서 사회체들의 동질성과 이질성을 설명하고, 그에 기반하여 각 사회체의 본성과 작동 방식을 제시한다. 다른 한편으로, 그것은 '무의식에 대한 서로 다른 방식의 조직화'라는 관점에서 오이디푸스의 보편성에 이의를 제기하고, 이를 바탕으로 각 사회체의 주체화 방식을 해명한다. 그런데 예컨대 문명 사회체에서 "오이디푸스적 주체화 방식이 자본주의적 생산양식의 재생산을 위한 조건"[69]이 되는 한에서, 우리는 이상의 두 문제의식이 같은 동전의 양면이라고 말할 수 있다. 즉 들뢰즈와 과타리의 논점은 일견 상호무관한 두 측면(동전의 '양면')이 사실은 서로 긴밀하게 연결된다는 데 있다('동전'의 양면). 이런 관점에서 보자면, 그들 나름의 대안적인 정신분석인 분열분석의 가장 핵심적인 과제는 다음과 같을 것이다. "욕망의 무의식적 과정에 대한 분석의 장을 변형시키기, 그 장을 개방하여 역사 및 사회적 투쟁의 장에 연결될 수 있게 만듦으로써 그것을 변형시키기."[70] 이를 위해 두 저자는『안티 오이디

---

68) Sibertin-Blanc, *Deleuze et l'anti-Œdipe*, p. 88 참고.

69) *Ibid.*, p. 103.

70) *Ibid.*, p. 16.

푸스』곳곳에서 이러한 분석의 선구적 사례들[71]을 언급하는 한편, 프로이트의 몇몇 사례를 직접 재해석하고 있다. 특히 무의식이 조형되는 과정에서 부모가 수행하는 역할과 관련해서, 그들이 프로이트의 늑대 인간 분석을 재해석하는 한 대목을 살펴보는 것으로 '나가며'를 대신하고자 한다.[72]

프로이트는 늑대 인간이 사랑에 빠질 때 통제할 수 없는 강력한 성적 에너지를 방출한다는 데 주목한다. 그에 따르면, 이러한 방출을 위한 조건은 늑대 인간이 한 살 반 무렵에 목격한 "최초 성교 장면에서 그의 어머니가 취했다고 여겨지는 그 자세를 여성이 취해야 한다"[73]는 것이다. 이러한 분석에 근거하여, 프로이트는 두 살 반 직전

---

71) 대표적으로 다음 두 가지를 들 수 있다. 첫째로, 어머니의 죽음 이후 박해망상 정신병에 시달리는 한 식민지 알제리인에 대한 프란츠 파농의 분석. 그는 "무의식적 죄책감의 콤플렉스"가 환자의 진정한 문제가 아니라는 사실을 깨닫는다. "언제나 이렇게 말할 수 있다. 전쟁의 외상, 식민 상태, 극심한 사회적 비참 등의 극한 상황들은 오이디푸스의 건설에 거의 도움이 되지 않는다고"(Deleuze and Guattari, *L'anti-Œdipe*, pp. 114~115, 국역본, 175쪽). 둘째로, 세 명의 소설가 쥘 발레스, 조르주 다리앵, 루이 페르디낭 셀린이 보여 주는 유년기에 대한 문학적 이해. 여기서 중요한 것은 (오이디푸스가 아니라) "빵, 돈, 집, 사회적 승진, 부르주아 가치들과 프롤레타리아 가치들, 부유함과 가난, 압제와 반항, 사회 계급들, 정치적 사건들, 형이상학적·집단적 문제들, 숨쉰다는 것은 무엇일까?, 왜 가난할까?, 왜 부자들이 있을까? 등이 어떻게 [리비도] 투여의 대상이 되는가"(*Ibid.*, pp. 118~119, 국역본, 180쪽, 대괄호는 인용자의 것)와 같은 문제들이다.

72) 들뢰즈와 과타리는 『천 개의 고원』에 늑대 인간에 관한 장을 쓰기도 했다. "1914-Un seul ou plusieurs loups?", *Mille plateaux*, pp. 38~52. 이 텍스트에 대한 구체적인 논의는 다음을 참고하라. Brent Adkins, "One or Several Wolves: The Wolf-Man's Pass-Words", eds. Henry Somers-Hall et al., *A Thousand Plateaus and Philosophy*; 연효숙, 「들뢰즈, 가타리의 분열분석에서 억압과 무의식의 문제」, 『철학연구』 121집, 철학연구회, 2018.

73) Freud, "The Case of the Wolf-Man: From the History of an Infantile Neurosis", trans. James Strachey, *The Standard Edition of the Complete Psychological Works of Sigmund Freud*, London: Hogarth Press and Institute of Psycho-Analysis, 1953~1974, p. 3531(프로이트, 『늑대 인간』, 김명희 옮김, 열린책들, 1998[2020], 241쪽 참고).

같은 자세로 마루를 닦음으로써 늑대 인간을 흥분시켜 오줌을 싸게 만들었던 하녀 그루샤, 그리고 열여덟 살 무렵 같은 자세로 빨래를 함으로써 늑대 인간을 강렬한 사랑으로 이끈 시골 처녀 마트로나를 어머니의 대체물로 간주한다(프로이트는 '마트로나'라는 이름이 '어머니 Mutter'라는 단어를 연상시킨다고 덧붙인다). 요컨대, 늑대 인간은 근친상간의 욕망을 억압하는 오이디푸스적 메커니즘에 따라 하녀와 시골 처녀에게 어머니를 향한 자신의 리비도를 대리-투여했다는 것이다.

늑대 인간은 가난한 여자나 엎드려서 세탁물을 빨고 있는 시골 처녀나 마루를 닦고 있는 하녀를 향한 결정적 취향을 드러낸다. [⋯] 리비도의 이 모든 **사회적-성적** 투여와 이 대상 선택에서 가족적 오이디푸스에 대한 단순한 의존을 보아야 할까? [⋯] 이것들은 근친상간의 타협들이며 대체들이라고 이해해야 할까? [⋯] 프로이트는 단호하게 이 방향을 선택한다. [⋯] 늑대 인간의 증례에서 사랑의 대상인 여자를 〈낮추려는 경향〉이 실존함을 확인한 후에, 그는 단지 문제는 〈합리화〉이며, 또 〈현실적이고 깊이 있는 규정〉은 늘 그렇듯 우리를 〈순전히 에로틱한 동기들〉로 여겨질 뿐인 누이와 어머니에게 다시 돌아가게 한다고 결론짓는다! 그리고 오이디푸스의 영원한 노래, 영원한 자장가를 되풀이하면서, 그는 기록한다. 〈아이는 사회적 차이들을 문제 삼지 않는데, 아이에게는 그것이 거의 의미가 없기 때문이다. 아이는 하층 사람들이

이하의 논의는 다음에서 가져온 것이다. *Ibid.*, pp. 3573~3575(국역본, 303~307쪽 참고).

부모와 유사하게 사랑을 보이면 그들을 부모 곁에 놓는다.⟩[74]

들뢰즈와 과타리는 우선 늑대 인간과 관련된 정보들을 오이디푸스라는 선재하는 도식으로 환원하지 말 것을 요청한다. 이러한 함정에 빠지지 않는다면, 뛰어난 관찰자인 프로이트가 제공하는 정보들은 그 자체로 우리에게 새로운 해석의 가능성을 제시하기 때문이다. 두 저자는 늑대 인간에게서 '사랑의 대상인 여자를 ⟨낮추려는 경향⟩'이 나타난다는 데 주목하는데, 프로이트가 정당하게 지적하듯이 이는 "자신보다 훨씬 우월했던 누나에게서 오는 압력에 대한 반응"[75]으로 설명된다. 그런데 문제는 프로이트가 이런 해석을 스스로 유예하면서 ⟨순전히 에로틱한 동기들⟩에 해당하는 어머니'를 보다 결정적인 요인으로 내세운다는 데 있다. 그 결과, 그는 자신이 발견한 리비도의 사회적 성격을 묻어 버린 채 최초 성교 장면의 어머니에게로 돌아가 '가족적 오이디푸스에 의존'하게 된다. 여기서 우리는 오이디푸

---

74) Deleuze and Guattari, *L'anti-Œdipe*, pp. 424~425(국역본, 585~586쪽, 강조는 원문).

75) Freud, *The Standard Edition of the Complete Psychological Works of Sigmund Freud*, p. 3575(국역본, 307쪽 참고). "그녀는 그보다 두 살 위였고, 그보다 항상 앞서 있었다. […] 그녀는 지적으로 눈부시게 발전하기 시작했고, 예민하고 현실적인 지성으로 두각을 나타냈다. 그녀는 학문으로는 자연과학을 좋아했지만, 상상력이 뛰어난 글도 써서 아버지는 이를 대견하게 여겼다. 그녀는 어린 시절 그녀를 숭배했던 수많은 이들보다 지적으로 훨씬 뛰어났고, 그들의 노력을 우습게 여기곤 했다. […] 어린 시절 우리 환자는 누나가 부모의 칭찬을 듣는 데 방해가 되는 경쟁자임을 알게 되었고, 그녀가 사정없이 우월성을 과시하는 것 때문에 엄청난 억압을 받는 기분이었다." 뒤이어, 프로이트는 타당하게도 다음과 같이 지적한다. "그의 사랑의 대상 모두가 그가 포기해야 했던 누나라는 인물을 대신하는 것이라면, 누나의 가치를 낮추고 […] 그녀의 지적 우월함을 끝장내려는 의도가 그의 대상-선택에 결정적인 지배력을 행사했음을 부인할 수 없을 것이다"(*Ibid.*, pp. 3514~3515, 국역본, 216~217쪽 참고, 강조는 인용자의 것).

스에 대한 그의 집착뿐만 아니라 보다 근본적인 차원의 전제를 발견하는데, 그것은 바로 '아이들에게는 사회적 차이가 거의 의미가 없다'는 것이다. 이 지점에서 정신분석과 분열분석의 차이가 아주 분명하게 드러난다. 어린 시절의 리비도 투여는 원래는 성적인 것이고 나중에야 사회적인 것이 되는가, 아니면 어린 시절부터 이미 '사회적-성적'인가? 들뢰즈와 과타리는 단호하게 후자의 입장을 취하면서, '어머니의 자세-그루샤의 자세-마트로나의 자세' 등으로 이어지는 전적으로 성적인 계열이 아니라 '누이의 가치를 낮추려는 열등감-그루샤의 하녀라는 신분-가난한 시골 처녀라는 마트로나의 처지'로 이어지는 사회적이자 성적인 계열을 제시한다. 그런데 여기서 주의해야 할 것은 두 저자의 목표가 무의식의 형성 과정에서 "부모의 삶과 사랑의 중요성을 부정하는 것이 아니"[76]라는 사실이다. 오히려 중요한 것은 부모의 역할을 정확하게 파악하는 것이다. 부모는 "모든 면에서 그들을 넘어서는, 그리고 욕망을 역사적·사회적 현실에 직접 관계시키는 하나의 진행의 흐름 속에서, 부분 대상, 증인, 보고자, 담당자"[77]라는 제한된 역할을 수행하기 때문이다. 요컨대, 부모는 아이들의 무의식적 욕망에 관여하지만 그 욕망 전체를 대표하지는 않는다. 들뢰즈와 과타리가 정신분석을 전적으로 거부한다는 주장은 사실 그들에 관한 가장 흔한 오해들 중 하나다. 그러나 두 저자가 명시적으로 말한 바에 따르면, "무의식을 탈-오이디푸스화해서 진정한 문제들에

---

76) Deleuze and Guattari, *L'anti-Œdipe*, p. 56(국역본, 91쪽).
77) *Ibid.*, p. 119(국역본, 181쪽).

도달"하는 과업은 정신분석의 바깥에서가 아니라 오히려 그 안에서 이루어져야 하는 "내적 전환réversion"의 문제다.[78] 따라서 우리가 짧게 살펴본 이상의 분석은 이러한 '내적 전환'을 촉구하는 하나의 시도로 서, 프로이트에게로 돌아가 그에게서 발견되는 (그러나 그가 스스로 묻어 버린) 무의식에 대한 다른 이해를 보여 주려는 것이다.

---

78) *Ibid.*, p. 97(국역본, 151쪽). 특히, 라캉에 대한 그들의 태도와 관련해서는 다음을 보라. "적 어도 『앙띠오이디푸스[안티 오이디푸스]』에서 라캉에 대한 들뢰즈의 태도는, 라캉이 오이 디푸스적으로 해석되지 않을 수 있는 가능성들을 보이고자 하는 것이다. 라캉 정신분석학 을 오이디푸스로부터 해방시키고, 라캉의 개념들의 이면에서 분열증의 가능성을 발견하고 자 하는 것이 들뢰즈의 의도이다"(서동욱, 「라깡과 들뢰즈: 들뢰즈의 욕망하는 기계와 라깡의 부분 충동: 스피노자적 욕망이론의 라깡 해석」, 김상환·홍준기 엮음, 『라깡의 재탄생』, 창작과비평 사, 2002, 444쪽, 대괄호는 인용자의 것).

11장. 푸코와 정신분석

: 섹슈얼리티를 넘어서

이상길

프로이트의 유령

1991년 국제정신의학·정신분석역사학회는 '『광기의 역사』30년 후'라는 제목의 학술회의를 열었다. 이 자리에서 개회사를 맡은 과학사가 조르주 캉길렘은 자신보다 먼저 세상을 뜬 제자 푸코의 학문적 성취를 회고하며 다음과 같은 논평을 내놓는다. "푸코를 읽고 나서도 내게는 대답의 단초조차 잡기 어려운 하나의 질문이 계속 남는다. 그가 프로이트의 저작이 표상하는 절단coupure을 상찬하긴 했지만 나는 푸코가 정신분석에 끌렸다고는 믿기지 않는다. 정신분석의 피상담자가 검열에 맞서 거둔 승리가 푸코에게 과연 고백과의 온갖 유사성으로부터 결백한 것으로 보였을까? 교정을 통한 어떠한 회복의 시도도 거부한다는 정신분석의 자기변호는 언제나 전적으로 투명한 것일까? 섹슈얼리티에 대한 인지가 정신분석의 공적이라면 무의식에 대한 인지 또한 푸코가 보기엔 마찬가지였을까?"[1] 캉길렘의 이러한 자문은 회의를 여는 말 특유의 겸손한 수사일 수도, 아니면 오랫동안 간직해 온 지적 의구심의 솔직한 표현일 수도 있을 것이다. 다만 한 가지 분명한 사실은 그것이 정신분석에 대한 푸코의 모호한 입장을 일깨워 준다는 점이다.

같은 회의에서 푸코의 오랜 동료이자 철학적 경쟁자였던 데리다는 캉길렘과 비슷한 시각을 표명한 바 있다. 그는 『광기의 역사』의 한 문장에서 따온, 「프로이트에게 공정해야 한다」라는 제목의 논문에서 프로이트에 대한 푸코의 양가적 태도를 지적한다. 즉 『광기의 역사』의 저자는 프로이트를 19세기 정신의학과 연계된 규범화 권력의 역사에 단절을 가져온 인물로 예찬하는 동시에, 결국에는 그 권력의 제도적 핵심을 보존하고 강화한 인물로 비판한다는 것이다. 데리다가 보기에, "프로이트에게 공정해야 한다"는 푸코의 문장은 바로 그러한 호의와 적대의 양면성이 담고 있는 긴장감을 드러낸다. 그 말을 통해 푸코는 프로이트를 자칫 부당하게 대우하는 잘못을 범할지도 모른다는 우려를 곱씹으며, 그 같은 충동을 교정할 필요성을 자신에게 확인시킨다. 이러한 긴장감이 깃든 『광기의 역사』의 정신분석 관련 부분은 푸코가 프로이트와 벌인 일종의 철학적 '포르트-다 게임'이라고 할 만하다.[2]

---

1) Georges Canguilhem, "Ouverture", *Penser la folie: Essai sur Michel Foucault*, Paris: Galilée, 1992, p. 41.
2) Derrida, "Être juste avec Freud'. L'histoire de la folie à l'âge de la psychanalyse", *Penser la folie*, pp. 141~195.

캉길렘과 데리다의 공통된 언급이 시사하듯, 푸코는 평생 정신 분석에 대해 실존적으로나 학문적으로 복잡다단한 관계를 맺었던 것으로 보인다. 그는 1946년 고등사범학교에 입학해 철학을 공부하고 1948년에는 소르본에서 철학 학사학위를 땄지만, 일찍부터 심리학과 정신의학에 큰 관심을 기울였다. 1949년 심리학 학사 과정을 마친 푸코는 1952년에는 파리심리학연구소Institut de psychologie de Paris에서 정신병리학 학위를 받고 릴대학의 심리학 교수가 되었으며, 이듬해에는 생트안병원에서 라캉의 세미나를 들었다. 학창 시절 동안 그는 심리적 고립감과 성 정체성에 대한 고민 등으로 인해 몇 차례 자살 기도를 했는데, 이에 따라 별로 내키지 않아 하면서도 잠시 정신분석 치료를 받기도 했다. 1954년에 첫 책『정신병과 인격』(후에『정신병과 심리학』으로 개작)을 출간한 푸코는 결국 정신의학자가 되려던 계획을 포기한 채 스웨덴 웁살라로 떠나고, 그곳에서 프랑스문화원장으로 일하며 정신의학의 역사를 주제로 박사학위 논문을 준비한다. 그 결과 1961년에 나온 저작이 바로『광기와 비이성. 고전주의 시대 광기의 역사』이다.[3]

푸코의 국가 박사학위 논문이자 주저인『광기의 역사』가 등장하기까지의 이 과정은 푸코 철학이 애초부터 심리학, 정신병리학, 정신분석 등 다양한 심리과학과 얼마나 긴밀한 관계를 맺고서 발전했는지 분명하게 알려 준다. 철학자로서 본격적인 경력을 시작한 이후에

---

3) Daniel Defert, "Chronologie", in Foucault, *Dits et écrits I: 1954 – 1969*, Paris: Gallimard, 1994, pp. 15~24.

도 푸코는 심리과학들에 대한 역사적·비판적 탐구를 계속해 나갔으며, 이는 『말과 사물』, 『감시와 처벌』, 『성의 역사 1: 지식의 의지』(이하 『지식의 의지』로 표기)와 같은 저서들에 뚜렷한 흔적을 남겼다. 푸코 사후 잇따라 간행되고 있는 강의록들에도 여러 심리과학에 대한 이 철학자의 관심과 탐구 열의가 여실히 드러난다. 대표적으로 『비정상인들』, 『정신의학의 권력』, 『섹슈얼리티에 관한 강의』 등이 그렇다. 근대 서구에서의 '진실의 사회사'에 대해 쓰면서 푸코는 광기, 정신병, 범죄, 비정상, 섹슈얼리티 등을 문제화한 심리학, 정신의학, 정신병리학 등의 형성과 변화, 그리고 그러한 지식 담론의 정치적 효과에 각별한 주의를 기울였다. 같은 맥락에서 그는 종종 프로이트와 정신분석이 수행한 역할 또한 검토했다. 그런데 정신분석에 대한 그의 언급과 평가는 시기와 저작에 따라 상당한 굴곡을 그리며 나타났다는 특징을 지닌다. 즉 『광기의 역사』에서는 정신분석이 '비이성과의 대화'라는 차원에서 긍정적으로 조명되었다면, 『말과 사물』에서는 언어학, 민족학과 더불어 인문과학의 새로운 인식론적 출구로서 간주되었고, 『지식의 의지』에 이르면 섹슈얼리티를 둘러싼 근대적 '권력-지식'의 핵심 층위로 분석된다. 그 각각의 내용은 기본적인 주장에서뿐만 아니라, 어조와 강조점에서도 미묘한 차이가 있다.

이 글에서 우리는 푸코 철학이 정신분석을 어떻게 다루었는지, 또 그것과 어떤 영향 관계에 있었는지 살펴보고자 한다.[4] 여기서 정

---

4) 이 글에서는 우리말 번역본이 있는 푸코 저작들의 경우, 번역본의 인용과 쪽수 표기를 원칙으로 삼았다. 다만 번역이 부정확하다고 판단되면 개념이나 문장 등을 원문과 대조해서 때

신분석은 특히 프로이트 정신분석을 가리킨다. 이에 대한 푸코의 탐구가 『지식의 의지』에서 가장 전면적으로 펼쳐지기에 이 글에서도 이 책을 주된 논의 대상으로 삼을 것이다. 그런데 푸코는 주저들 이외의 여러 글과 인터뷰, 강의록 등을 통해서도 정신분석에 대한 이런저런 논평을 남겼다. 우리는 그 자료들 역시 폭넓게 참조할 것이다. 분석의 초점은 프로이트의 유령이 푸코의 텍스트들에 언제 어떤 식으로 출몰했는지, 또 무슨 흔적을 남겼는지보다는, 푸코가 그것에 어떻게 대적했는지 하는 문제에 맞춰질 것이다. 푸코가 그것을 완전히 몰아냈는지 그렇지 않은지 여부는 여기서 중요하지 않다. 다만 우리는 푸코가 프로이트의 유령을 상대한 방식을 재조명해 봄으로써 그의 철학이 정신분석 담론에 어떤 식으로 접근하고 또 이를 어떻게 문제화하는지, 나아가 그러한 탐구가 그의 철학에 어떤 결과를 초래했는지 논의해 보려 한다. 달리 말해, 푸코가 어떤 문제의식과 방법론 아래 정신분석 비판에 나섰으며, 그러한 비판을 바탕으로 궁극적으로 어디로 향해갔는지가 이 글의 주 내용이 될 것이다.

무의식 이론의 철학적 기여

일단 푸코가 프로이트와 정신분석을 기본적으로 어떻게 접근했는지 되짚어 보자. 1969년 프랑스철학회 강연문인 「저자란 무엇인가?」에

로 인용자가 수정하기도 했다.

서 푸코는 프로이트를 단순히 어떤 책이나 작품의 저자가 아닌, 무한한 담론 가능성을 열어젖힌 인물로 기술한다. 즉 프로이트는 담론의 질서 안에서 어떤 유비뿐만 아니라 차이를 가능하게 함으로써, 다른 텍스트들의 형성 가능성과 규칙을 만들어 냈고 다른 담론을 위한 공간을 마련했다는 것이다. 이러한 평가를 바탕으로 푸코는 프로이트를 (마르크스와 위상 면에서 유사한) "담론성discursivité의 창시자"로 규정한다.[5]

그렇다면 담론성이란 무엇일까? 푸코는 이 개념을 명확히 정의하지 않은 채, 다만 과학성scientificité과 대비시키며 그 이해에 도움이 되는 몇 가지 부연 설명을 제공한다. 그에 따르면, 담론성의 창설은 유사성, 연속, 계승의 공간만이 아닌 차이와 변형의 공간을 연다. 이러한 차원에서 담론성은 과학성과 공통점을 지니지만, 둘 사이에는 분명한 차별점도 존재한다. 즉 과학성의 영역에서는 새롭게 생산되는 명제들의 유효성이 과학적 담론의 내재적 규범 및 구조와 맺는 관계 속에서 결정된다면, 담론성의 영역에서는 시초의 담론과 맺는 관계 속에서 결정된다. 물리학, 생물학, 언어학 같은 과학의 경우, 예컨대 갈릴레이의 새로운 글이 발견된다면 역학론의 역사는 변할지언정 역학 자체가 변하지는 않는다. 반면 마르크스주의나 프로이트주의 같은 담론의 경우, 창설자의 새로운 글이 발견되거나 재해석되면 마르크스주의나 프로이트주의 자체가 변화한다. 즉 '기원으로의 회귀'

---

5) "Qu'est-ce qu'un auteur?", *Ibid.*, p. 804.

는 담론성의 변화에 고유한 동력이자 구성 요소인 셈이다.[6] 이러한 논의에 비추어 우리는 담론성을 '일군의 담론이 유사성과 차이의 관계로 일정한 계열을 이루도록 조건 짓는 속성들의 총체'로 정의할 수 있다. 푸코는 19세기 말 프로이트가 창안한 정신분석이 하나의 담론으로 출현한 동시에, 무수한 텍스트들의 구성 가능성과 작동 규칙을 규정하는 담론성을 정초했다고 본다.

그렇다면 좀 더 근본적으로 담론이란 무엇일까? 푸코는 「저자란 무엇인가?」와 같은 해 발표한 『지식의 고고학』에서 담론 및 관련 개념들에 관한 자세하고 정교한 철학적 입론을 제시하고 있는데, 그것을 단순화해 요약해 보자. 담론은 언어적·비언어적 기호로 이루어지는 분산된 언표들énoncés의 집합이다. 정치경제학이나 자연사, 정신병리학 등이 푸코가 드는 담론의 구체적인 예다. 하지만 이러한 분과 학문만이 담론의 전부이거나 유일한 단위인 것은 아니다. 담론은 법전이나 문학 작품, 철학서, 정치 강연 등을 횡단한다. 그것은 담론적 실천 속에서 존재하는데, 지속성과 물질성을 가지는 이 실천은 그 형성

---

6) *Ibid.,* pp. 805~809. 푸코는 이후로도 정신분석이 과학적 지식과 다르다는 점을 되풀이해 강조한다. 그는 정신분석학자들 역시 자기들 지식의 취약성에 대한 자의식을 갖고 있다고 지적하면서, 물리학과 정신의학의 사례를 비교한다. 푸코에 따르면, 아인슈타인은 물리학이 귀신 연구(démonologie)에 기원을 둔다고 주장할 수 있었는데, 이는 물리학을 진정한 과학으로 정립한 물리학자들이 그러한 논의에 공박당한다고 느끼지 않았기 때문이다. 하지만 정신의학자들은 그들 지식의 형성을 광인들의 수용소 감금 역사와 연관 짓는 시도에 반감을 갖는다. 이는 정신의학이나 정신분석이 역사에 의해 학문적 정당성을 위협받을 수 있다고 느끼기 때문이며, 다양한 심리 지식이 견고하지 않고 비과학적이기 때문이라는 것이다. Foucault, "Interview de Michel Foucault", *Dits et écrits IV: 1980–1988*, Paris: Gallimard, 1994, p. 666.

과 작동과 기능작용에서 일정한 규칙들에 따른다. 담론은 한 사회 안에서 널리 통용되는 지식savoir을 구성하고, 그러한 지식 가운데 어떤 것들은 특정한 조건 아래 과학으로 자리잡는다.[7] 푸코에 따르면, 한 시대에 "실제로 발화된 담론들의 총체"는 이른바 문서고archives를 이루고, 이러한 "문서고의 기술", 특히 담론적 실천의 규칙에 대한 기술이 바로 고고학의 궁극적인 목표라 할 수 있다.[8]

결국 푸코가 정신분석을 담론으로 다룬다는 말은 고고학의 탐구 대상으로 삼는다는 뜻이며, 전통적인 사상사나 인식론과는 다른 방식의 접근을 시도한다는 의미이기도 하다. 이때 중요한 문제는 정신분석이 과연 진정한 과학인지, 또는 어떻게 하면 과학이 될 수 있는지가 아니라, 그 담론이 어떠한 정치경제적 맥락에서 형성되었으며 어떤 진실들을 부과하는지, 그 효과는 무엇인지 하는 것이다.[9] 푸코는 수학이나 이론물리학처럼 형식화와 추상화 정도가 높은 과학이 아니라, 임상의학이나 정치경제학처럼 과학성의 수준은 높지 않을지라도 사회적 실천과 접점이 많은 경험적 학문들에 관심을 기울였으며, "경험적 지식의 역사"를 쓰고자 했다. 정신분석에 대한 그의 이해 또한 크게는 고고학에 의해 규정지어졌는데, 이 '사회사적 담론분석'의 방법론이 푸코 철학의 실행 계획안이나 다름없었다는 점을 고려하면 그것이 그리 놀라운 일은 아니다.

---

7) 미셸 푸코, 『지식의 고고학』, 이정우 옮김, 민음사, 1992, 4장.
8) Foucault, "Michel Foucault explique son dernier livre", *Dits et écrits I: 1954–1969*, p. 772.
9) 푸코, 『사회를 보호해야 한다』, 박정자 옮김, 동문선, 1988, 27~28쪽.

그가 남긴 이런저런 언급에 비추어 볼 때, 푸코는 정신분석의 담론 지형이 기본적으로 불연속성을 띠는 지층들로 구성되어 있다고 보았던 듯싶다. 즉 정신분석을 떠받치고 있는 양대 지층은 섹슈얼리티 이론과 무의식 이론인데, 이 두 이론은 서로 필연적 연관성이 없으며 또 반드시 그래야 할 필요도 없다는 것이다. 푸코가 보기에, "프로이트의 탁월성은 결국 무의식의 진실이 섹슈얼리티라는 사실을 발견했다는 데 있는 것이 아니라, 이와는 정반대로, 그 시대에 이미 상당히 논의된 섹슈얼리티의 문제틀로부터 출발해 마침내 다른 것으로 나아갔다는 데 있다. 무의식은 성이나 섹슈얼리티 그 이상의 것이기에 그렇다". 이러한 견지에서 "영속적인 성애화"에 기초한 "일종의 참을 수 없는 정신분석"과 "섹슈얼리티를 뚫고 나와 다른 것을 찾으며, 섹슈얼리티를 가로지르고 이미 이루어진 결별을 촉진하는" 정신분석 사이의 구분도 가능하다.[10] 이처럼 푸코는 정신분석의 담론성을 특징짓는 섹슈얼리티 이론과 무의식 이론을 분리하는 한편, 후자가 철학에 가져온 인식론적 전환의 긍정적 의의를 강조한다. 그는 무의식 이론이 서구의 전통적인 주체철학과 의식철학에 심층적인 타격을 가함으로써 20세기 인간과학의 혁신에 원동력을 제공했다고 평가한

---

10) Foucault, "Entretien inédit entre Michel Foucault et quatre militants de la LCR, membres de la rubrique culturelle du journal quotidien Rouge (juillet 1977)", https://questionmarx.typepad.fr/files/entretien-avec-michel-foucault-1.pdf, pp. 22~23. 같은 맥락에서 푸코의 다음과 같은 언급도 유의할 만하다. "[프로이트 저작에서] 중요한 것은 『섹슈얼리티 이론의 세 에세이』가 아니라, 『꿈의 해석』이다. […] 그것은 발달 이론이 아니고 신경증과 정신병 이면의 성적 비밀도 아니며 '무의식의 논리'이다"(Foucault, "Le jeu de Michel Foucault", *Dits et écrits III: 1976 – 1979*, Paris: Gallimard, 1994, p. 315).

다. 말하자면, 『정신분석 입문』에서 '무의식적 주체'라는 철학적 노선을 "코페르니쿠스적 혁명"으로 자처했던 프로이트와 인식을 같이하는 셈이다.

이러한 푸코의 입장이 선명하게 나타난 저작이 바로 『말과 사물』이다. 이 책에서 푸코는 18세기 말 이래 인간과학의 중심에 있었던 '인간'의 형상이 점차 사라지고 있는 변화 양상을 고고학적으로 탐구한다. 그에 따르면, 18세기 말 19세기 초 생물학, 경제학, 문헌학 등 인간에 관한 지식을 추구하는 각종 학문이 발전했는데, 그러한 인간과학들의 인식론적 지반은 대략 1950년대 이후 심층적인 변동을 겪는다. 그러한 변동의 중심에 있는 학문들이 민족학, 정신분석, 그리고 언어학이다.[11] 푸코가 보기에, 이들 지식 체계는 인간과학의 기획과 전제에 맞서는 비판적 '반과학'contre-sciences을 구성하며, 그 핵심에는 무의식 이론이 있다.[12] 그에 따르면, "민족학과 정신분석은 인간의 의

---

11) 푸코가 거론한 이 세 분과 학문은 실질적으로 레비스트로스의 인류학, 라캉의 정신분석 그리고 야콥슨의 구조주의 언어학을 준거로 삼고 있다. 『말과 사물』에서 푸코는 정신분석에 대해 '과학'(science)이라는 표현을 쓰지만, 이는 엄밀한 과학성의 기준을 충족하는 분과 지식의 위상을 가리킨다기보다는, 인문과학이라는 용어가 담고 있는 '학문' 정도의 의미에 가깝다. '반과학'이라는 표현 또한 푸코의 이러한 시각을 함축한다고 볼 수 있다. 정신분석의 학문적 성격에 대한 그의 평가는 다음과 같은 언명에서도 잘 나타난다. "정신분석과 민족학은 우리의 지식에서 특권적인 위치를 차지한다. 이는 정신분석과 민족학의 실증성(positivité)이 다른 모든 인문과학의 경우보다 더 잘 확립되어서 마침내 진정으로 과학적이고자 하는 오랜 기획을 완수했을지 모르기 때문이 아니다. 그것은 오히려 인간에 관한 모든 인식의 경계에서 정신분석과 민족학이 확실히 경험과 개념의 마르지 않는 보고를 이루기 때문이며, 특히나 이미 확고한 사실처럼 보일 수 있었던 것에 대한 의구심, 질문, 비판, 이의제기의 영속적인 원리를 형성하기 때문이다"(푸코, 『말과 사물』, 이규현 옮김, 민음사, 2012, 508쪽).
12) 앞의 책, 508~525쪽.

식 아래에 있는 것으로 이르기 때문이 아니라, 인간을 넘어서서 무엇이 인간의 의식에 주어지거나 인간의 의식에서 벗어나는가를 실증적으로 알게 해 주는 쪽으로 나아가기 때문에 둘 다 필연적으로 무의식의 과학일 수밖에 없었다". 정신분석과 민족학은 인간 개념을 필요로 하지 않을 뿐만 아니라 그것을 거쳐갈 수도 없다. 세심한 관찰을 기초로 구축된 이 경험과학들은 인간에 관한 일반 이론이나 인간학과 무관하다. 그것들은 "인간에 관한 지식을 일반적으로 가능하게 하는 영역을 질문하고, 이 지식의 장 전체를 그 한계들에 다다르는 경향이 있는 운동 속에서 가로지른다". 이는 둘 다 "언제나 인간의 외부 한계인 것을 겨냥"하기 때문이며, 결국 둘은 "인간을 해체"한다고 말할 수 있다.[13] 푸코가 보기에, 이들은 이전의 인간과학들과 달리 인간의 유한성의 형상들을 인정하는데, 이렇게 해서 인간과학의 가능성 자체를 끊임없이 비판하는 메타인간과학으로 등장한다. 즉 정신분석과 민족학은 다른 분과 학문들에 비해 합리성이나 객관성이 덜하다는 의미에서가 아니라, 두 분과가 인문과학을 그 자체의 인식론적 토대로 다시 이끌어 가고, 인문과학을 통해 실증성을 획득하고 회복하는 '인간'을 끊임없이 문제시한다는 의미에서 반과학이다.

　푸코의 시각에서 정신분석의 무의식 이론은 현상학과 실존주의 전통이 주체에 부여한 중심, 토대, 기원과 같은 지위를 박탈함으로써 새로운 철학적 사유의 장을 여는 데 이바지한다. 철학자 아널드 데이비드슨의 지적처럼, "무의식의 존재는 푸코의 반심리학주의를 구성

---

13) 앞의 책, 514~516쪽 곳곳에서 인용.

하는 결정적인 요소"이다.[14] 여기서 특히 구조주의 언어학과 공명하는 라캉식의 해석이 중요하게 작용한다. 그것은 무의식을 언어적-논리적 구조로 간주하면서 심리학적 이해나 설명을 기각하기 때문이다. 의식의 지향성과는 무관한, 그 자체의 고유한 규칙이 작동하는 언어와 논리의 공간은 주체의 자유와 권능을 제한적인 것으로 인식하도록 이끈다. 『말과 사물』에서 푸코가 언어학, 민족학과 함께 반과학을 구성하는 정신분석이 인간과학(그리고 은밀하게는 실존주의적·마르크스주의적 휴머니즘)의 인간 개념을 무효화한다고 진단하는 것도 이러한 맥락에서다. 세 학문은 "욕망의 법칙과 관련해, 언어 형식들과 관련해, 행위 규칙들과 관련해, 혹은 신화적인 담론의 게임과 관련해 주체를 탈중심화했다".[15] 이 사태를 지지하면서 푸코는 인식론적으로 구조주의에 가깝게 자리잡는다.

물론 『말과 사물』 이후 푸코는 구조주의에 대해 일정하게 거리 두는 태도를 취했다. 하지만 그는 적어도 구조주의가 수행한 주체의 탈중심화에 대해서라면 언제나 한결같은 옹호의 입장을 표했다. 『말과 사물』에서 정신분석이 다루어지는 방식 또한 구조주의적으로 재조명된 무의식 이론의 차원에 초점이 맞추어진다. 「저자란 무엇인가?」에 관한 토론에서 라캉이 지적한 대로, 구조주의의 핵심은 '주체의 부정'이 아니라, '구조에 대한 주체의 종속'이며, 이 둘은 완전히 다

---

14) Arnold Davidson, *The Emergence of Sexuality: Historical Epistemology and the Formation of Concepts*, Cambridge: Harvard University Press, 2002, p. 210.

15) 푸코, 『지식의 고고학』, 35쪽.

른 것이다.[16] 푸코는 라캉이 주체를 전통적인 철학에서 가정하는 '자명한 토대'도, '자기 충족적인 근원'도 아닌, '생성의 역사를 갖는 형식'으로 재개념화하는 데 결정적인 기여를 했다고 평가한다. 이러한 견지에서 그는 라캉을 니체, 조르주 바타유, 피에르 클로소프스키, 모리스 블랑쇼 같은 작가들과 나란히 놓는다. 푸코가 보기에, 이들은 모두 모종의 한계-경험을 출현시킴으로써 한계와의 만남 및 그 바깥으로의 일탈을 통해 주체를 사라지게 만든다.[17] 푸코의 새로운 권력 이론 역시 미시적인 세력 관계망에 의해 결정되는 하나의 항으로서 주체를 설정하는데, 이러한 관점은 정신분석을 비롯한 언어학, 민족학 등 구조주의적 사유 체계에 기반을 둔 새로운 주체 개념과 궤를 나란히 한다.

이처럼 푸코는 정신분석 담론을 두 이론적 노선, 즉 무의식 이론과 섹슈얼리티 이론(혹은 욕망이론)이 복잡하게 얽힌 역사적 구성물로 파악하는 한편, 전자를 일종의 '합리적 핵심'으로 간주하며 후자로부터 분리해 내고자 했다.[18] 특히나 『말과 사물』에서 두드러지는 이

---

16) Foucault, "Qu'est-ce qu'un auteur?", *Dits et écrits I: 1954 – 1969*, p. 820.

17) Foucault, "La scène de la philosophie", *Dits et écrits III: 1976 – 1979*, pp. 589~590.

18) 사실 라캉에 대한 푸코의 평가는 정신분석에 대한 입장 못지않게 모호하고 불분명해 보인다. 푸코는 자신이 1950년대 라캉의 초기 텍스트들에 대한 독서를 통해 "사람이 대명사 '나'의 단순한 사용의 이면에 숨기는 모든 것을 해방해야 한다는 요구"를 발견했다고 말한다. 그에 따르면, 라캉은 정신분석에서 "행동의 규범화 과정"이 아닌, "하나의 주체 이론"을 모색했다. 하지만 그는 어쨌든 자신이 정신분석 문헌이나 라캉의 텍스트를 충분히 알지 못하며, 다만 라캉이 정신분석에 "의미 있는 진보"를 가져왔다고 본다는 막연한 논평만을 내놓은 바 있다. Foucault, "Lacan, le 'libérateur' de la psychanalyse", *Dits et écrits IV: 1980 – 1988*, pp. 204~205; "Interview de Michel Foucault", *Ibid.*, p. 666; Didier Eribon, *Michel Foucault et ses contemporains*, Paris: Fayard, 1994, pp. 261~263 참고.

러한 이해 또는 이용 방식이 얼마나 적절한가에 대해서는 논란의 여지가 있을 것이다. 그럼에도 푸코는 정신분석 담론에 대한 이원적 접근을 이후에도 계속 고수했던 것처럼 보인다. 이는 그가 『말과 사물』 10년 뒤에 출간한 『지식의 의지』를 보면 알 수 있다. 사실 정신분석에 대한 푸코의 고유한 관점은 이 책에서 가장 전면적으로 펼쳐졌다고 할 만하다. 이는 『광기의 역사』와 『말과 사물』을 각각 "침묵의 고고학", "인문과학의 고고학"이라고 이름 붙였던 그가 『지식의 의지』를 구체적으로 "정신분석의 고고학"이라고 표현한 데서도 잘 드러난다.[19] 이 새로운 판본의 고고학은 이전과는 다른 각도에서 정신분석을 재조명하는데, 이제 정신분석은 비판적 '반과학'의 하나로서가 아니라, 서구 사회의 근대적 권력-지식pouvoir-savoir의 일부로서 틀이 지어진다. 푸코의 관심 역시 더 이상 전통적인 주체 개념을 탈중심화하는 무의식 이론이 아니라, 새로운 권력양식의 작동에 이바지하는 섹슈얼리티 이론 쪽을 향한다. 이러한 고고학적 탐구는 급진적 비판의 형식을 띠는데, 그 밑자리에는 정신분석 담론에서 (역사적 잔여물인) 섹슈얼리티 이론과 (혁신적인 발견인) 무의식 이론의 분리 가능성이

참고로, 라캉의 사위이자 정신분석학자인 자크-알랭 밀레르와 푸코의 전기 작가이자 철학자인 디디에 에리봉은 모두 푸코가 근본적으로 라캉과 대립하는 입장에 서 있는 것으로 해석한다. 밀레르에 따르면, 푸코의 주체가 스스로 주체로서 인지하는 주체인 반면, 라캉의 주체는 적어도 1958년 이후에는 그러한 주체가 아니었다. 또 에리봉에 의하면, "『성의 역사』의 모든 책과 모든 기획은 프로이트적이든 라캉적이든 정신분석에 대립하는 방향을 향해 있다"(Jacques-Alain Miller, "Michel Foucault et la psychanalyse", *Michel Foucault philosophe*, Paris: Seuil, 1989, p. 81; Eribon, *Echapper à la psychanalyse*, Clamecy: Léo Scheer, 2015, p. 68).

19) 푸코는 경우에 따라 "성과학의 계보학", "정신분석의 계보학" 같은 표현을 쓰기도 했다.

라는 전제가 여전히 놓여 있는 것이다.

섹슈얼리티 이론의 정치적 효과

『지식의 의지』는 푸코가 "지배적 담론, 섹슈얼리티 담론으로서의 정신분석에 대한 일종의 계보학"으로서 정신분석에 대항해 쓰게 되었다고 말한 책이다.[20] 푸코는 정신분석 담론의 역사적 형성과 효과를 분석하기 위해 우선 새로운 권력 개념에 기초한 근대성 이해를 시도한다. 즉 그는 권력의 '사법 모델'과 '전쟁 모델'을 대비시키는데, 전자가 법, 주권 등의 개념을 토대로 억압하고 금지하고 명령하는 부정적인 권력, 중앙집중적인 권력 형상에 기댄다면, 후자는 규범, 규율, 조절 등의 개념에 기초해 신체에 작용하고 지식과 쾌락을 낳는 생산적인 권력, 사회체 곳곳에 모세혈관처럼 퍼져 있는 권력 형상을 불러온다. 이러한 전제 위에 푸코는 근대 서구 사회가 '규범화 사회'société normalisatrice라고 주장하면서, 이른바 '피의 상징론'과 '섹슈얼리티의 분석론'을 대비시킨다.[21] 그에 따르면, 법과 주권 위주의 권력이 지배했던 사회에서는 형벌, 폭력, 죽음, 전쟁 등이 권력 기술의 주축을 이뤘다. 권력은 피를 통해 말했고, 피는 상징적 기능을 갖는 실재였던

---

20) Foucault, "Entretien inédit entre Michel Foucault et quatre militants de la LCR, membres de la rubrique culturelle du journal quotidien Rouge(juillet, 1977)", https://questionmarx.typepad.fr/files/entretien-avec-michel-foucault-1.pdf, p. 23.
21) 푸코, 『성의 역사 1: 지식의 의지』, 이규현 옮김, 나남, 2004, 5장.

것이다. 그런데 17세기 이래 형성된 규율과 규범의 권력은 섹슈얼리티에 관한 담론과 지식을 생산하면서 신체, 종, 생명을 그 중심에 놓았다. 푸코는 이처럼 피를 중심으로 한 군주권력과 섹슈얼리티를 중심으로 한 생명권력bio-pouvoir이 서로 교차하며 만들어 낸 접점에서 두 가지의 상이한 담론 형태가 나타났다고 주장한다. 하나는 인종주의이고, 다른 하나는 정신분석이다. 인종주의는 군주권력에 고유한 피의 환상을 규율권력, 생명권력과 결합시킴으로써 우생학적 질서에 따른 차별과 폭력을 가능하게 했으며, 이는 나치즘에서 그 절정에 이른다. 반면 정신분석은 생명권력의 주된 관심사인 섹슈얼리티를 군주권력의 이미지에 투사함으로써 법과 주권 체계, 상징적 질서에 다시 편입시킨다. 그 핵심에는 "섹슈얼리티에 결연, 근친상간 금지, 아버지-군주 등의 모든 법칙을 원리로 부여하려는, 요컨대 욕망의 주변에 낡은 권력 질서 전체를 불러들이려는 프로이트의 노력"이 있는데, 이는 동시대에 대두한 인종주의에 대한 반발로 해석할 수 있다.[22] 푸코에 따르면, 이 과정에서 정신분석은 19세기 후반 유전과 병리학 사이의 관계를 끊고 비정상에 대한 유전적이고 인종주의적인 이론들로부터 확고하게 단절할 수 있었는데, 이는 프로이트의 중요한 공적이라 할 수 있다.[23]

하지만 푸코가 보기에, "법, 죽음, 피, 주권의 심급에 따라 성적인 것의 질서를 사유하는 일"은 결국 전복subversion이기보다는 "역사적

---

22) 앞의 책, 162쪽.
23) 푸코, 『사회를 보호해야 한다』, 41~83쪽 참고.

후방선회rétro-version"에 지나지 않는다.[24] 말하자면, 프로이트는 새롭게 변화한 권력 형태에 대한 인식 없이 그것이 부여한 섹슈얼리티라는 대상을 낡은 권력 형태를 모델로 분석했던 셈이다. 이는 그가 이른바 '억압가설'의 주요 공모자가 된 이유이기도 하다.[25] 푸코에 따르면, 프로이트가 성 담론을 해방했다고 여기는 사람들은 "프로이트라는 수호신이 18세기부터 지식과 권력의 전략에 의해 드러난 결정적 지점 중의 하나에 성을 위치시켰다는 것 그리하여 그가 성을 인식하고 담론화해야만 한다는 오래된 명령을, 고전주의 시대의 가장 위대한 구도자들과 영성 지도자들 못지않게 놀랄 만큼 효과적으로 재개했다는 사실을 알아차리지 못했다".[26] 푸코는 담론적인 것(법, 과학적 언술, 도덕적 명제 등)과 비담론적인 것(건축, 제도, 규제 결정 등)의 이질적인 복합체를 장치dispostif라는 개념으로 포착하는데, 그에 의하면 18세기 중엽 이래 성을 억압하고 성에 관해 침묵하도록 강제하기보다는, 성 관련 담론을 자극하고 생산하는 섹슈얼리티장치dispositif de sexualité가

---

24) 푸코, 『성의 역사 1: 지식의 의지』, 162쪽.

25) 푸코는 프로이트가 19세기 말 고안한 성본능 개념이 이후 클라인이나 도널드 위니코트, 라캉 같은 정신분석학자들에 의해 정교화되었다는 사실을 일깨운다. 그 결과, 본능(Trieb) 대 문화, 본능 대 억압식의 프로이트적 도식은 폐기되고, 문화나 억압이 그 자체로 본능을 규정하는 메커니즘에 속하며, 성본능이 충동으로서 구성되고 전개되는 과정의 일부를 이루는 것으로 여겨지게 되었다. 즉 정신분석학자들은 더 이상 본능을 억압이 금지의 법을 부과하는 자연적이고 생물학적인 소여로 보지는 않는다는 것이다. 하지만 푸코는 정신분석학자들이 이런 식으로 본능, 충동, 욕망 같은 개념들을 갱신했을지는 모르지만, 권력에 대해서는 여전히 금지, 법, 규칙 등에 기초한 부정적이고 사법적인 관념을 벗어나지 못하고 있다고 비판한다. Foucault, "Les mailles du pouvoir", *Dits et écrits IV: 1980–1988*, pp. 182~183.

26) 푸코, 『성의 역사 1: 지식의 의지』, 172쪽.

본격적으로 발전했다. 섹슈얼리티장치란 성을 둘러싸고 생겨난 다양한 담론과 지식, 각종 법규와 실천, 제도 등의 총체를 가리킨다. 그것은 섹슈얼리티라는 새로운 대상, 그리고 이를 경유하는 고유한 기능과 권력 효과를 생산한다. 그것의 일부로서 인간을 성적인 주체로 전제하고 규정하는 각종 지식 체계는 실상 생명권력을 매개하며 특수한 정치적 효과를 발생시켰다. 푸코가 보기엔, 정신분석도 그러한 지식 체계 가운데 하나에 지나지 않는다. 그것은 장치에 의해 사회적으로 구성된 섹슈얼리티 관념을 강화하며, 우리가 그 안에서 주체의 진실을 발견할 수 있다고 믿게 만든다. 이러한 시각에서 정신분석에 바탕을 둔 성 해방 담론 또한 부르주아 사회에 대한 급진적인 비판이기보다는 하나의 기능적인 요소에 불과할 따름이다.

푸코는 『지식의 의지』의 끝부분에서 성le sexe이 섹슈얼리티장치에 의해 만들어진 "허구적 지점"이자 "상상적 요소"라고 주장한다.[27] 그리하여 성은 마치 『말과 사물』에서 '인간'이 그랬듯이, 불과 한두 세기 전의 발명물이자 역사적 변전 속에서 사라질 수도 있는 무언가처럼 나타난다. 푸코에 의하면, 19세기 이래 섹슈얼리티장치가 확장된 주 노선들을 따라 단순한 해부-생리학적 체계로서 신체의 기관과 기능, 감각과 쾌락과는 다른 그 이상의 어떤 것, 그 자체의 내재적 특성과 법칙을 갖는 어떤 것, 즉 성이 실재한다는 관념이 형성되었다.[28]

---

27) 앞의 책, 169~170쪽.
28) 푸코는 "육욕이라는 기독교적 문제 이래 성에 관한 진실의 담론을 자극하고 그 주변에 쾌락과 권력의 혼합된 체제를 조직한 모든 메커니즘을 분석"하기 위해 '어린이 성에 대한 교육학적 관심과 개입', '여성 신체의 병리화', '성도착의 정신의학화', '생식행위의 사회적

이와 같은 성은 몇 가지 고유한 기능을 수행하게 된다. 첫째, 그것은 해부학적 요소, 생물학적 기능, 특정한 행동, 감각, 쾌락 등을 자의적인 통일성에 따라 한데 묶었고, 이 통일성을 인과의 원리, 의미의 심연, 편재하는 비밀로 제시했다. 둘째, 성을 매개로 생물학과 생리학의 일부 생식 관련 지식이 인간의 섹슈얼리티에 대해 정상성의 원리로 기능하게 되었다. 셋째, 성은 권력에 대립하는 특수한 심급으로 나타남으로써 권력을 법과 금지의 관점에서 인식하도록 이끌었다. 덧붙여 성은 개개인이 자신의 온전한 신체와 정체성에 접근하기 위해 거쳐야만 하는 지점으로서 실천적인 역할을 떠맡게 되었다.[29]

성에 대한 이러한 분석은 일종의 급진적 구성주의라는 성격을 띤다. 푸코는 자신이 섹슈얼리티를 정치적인 장치로 분석한다고 해서 신체적인 것과 물질적인 것, 생리학적 기능과 해부학적 구조를 누락시키는 것은 아니라고 말한다. 달리 말해, 그는 성의 생물학적 기층이 존재하지 않는다고 주장하지는 않는다. 다만 푸코는 우리가 말하고 인식하는 성이 생물학적으로 고정된 어떤 기관이나 지점, 상태를 가리킨다고 보지 않으며, 우리가 '날것으로서의' 성을 가지거나 경험할 수 있다고도 믿지 않는다.[30] 성과 섹슈얼리티는 정치적인 장치의 구성물이다. 그것들은 주어진 시기의 복잡한 권력 관계 속에서 '자연적 속성'으로 구성되고 가정되었을 따름이며, 따라서 역사적인 재구

관리'라는 네 가지 차원을 집중적으로 해부한다. Foucault, "L'Occident et la vérité du sexe", *Dits et écrits III: 1976 – 1979*, pp. 105~106.

29) 푸코, 『성의 역사 1: 지식의 의지』, 167~169쪽.

30) 폴 벤느, 『푸코, 사유와 인간』, 이상길 옮김, 산책자, 2009, 23~24쪽.

조화에 열려 있는 가변적 대상이다. 한마디로, 성과 섹슈얼리티는 성과학, 섹슈얼리티장치, 생명권력이 서로 긴밀하게 얽힌 채 펼쳐진 권력-지식의 사회적 과정에서 솟아나고 또 응결되었다는 것이다. 성과 섹슈얼리티의 구성적 성격에 대한 푸코의 이러한 논의는 정신분석의 핵심 기반인 성본능이나 성욕 같은 개념들을 역사적으로 해체하고 근본적으로 문제삼는 공격이 아닐 수 없다.

『지식의 의지』를 중심에 놓고 보자면, 프로이트에 대한 푸코의 논의는 매우 비판적이고 역사적인 성격을 띤다. 푸코는 섹슈얼리티 장치에 분석의 초점을 맞추면서, 생명권력의 발전 도정 위에서 정신분석이 어떤 식으로 자리잡았고 어떤 기능을 담당했는지 주목한다. 그리하여 그는 프로이트 정신분석의 중요한 개념들, 이를테면 성과 성본능, 섹슈얼리티는 물론, 억압, 근친상간 금기, 오이디푸스 콤플렉스, 페티시즘 등을 철저하게 역사적인 맥락 속에 재배치한다.[31] 정신분석은 성의 진실을 생산하는 지식 체계들의 총체인 성과학의 일종이다. 그것은 개인의 섹슈얼리티를 부각시키지만 가족과 연결해 다

---

31) 『지식의 의지』 전후에 나온 글이나 인터뷰에서도 이러한 비판적 역사화 작업은 계속 이어진다. 푸코는 도착적 섹슈얼리티의 원천을 유아의 성충동이나 성 심리 발전과 같은 개인 내적인 차원에서 찾는 정신분석과 달리 섹슈얼리티장치라는 사회적 차원에서 찾으며, 어린 아이의 성적 본능을 다양한 행위 동기의 원천으로 이론화한 프로이트를 비판한다. 그는 또 고대 그리스의 아르테미도로스가 제시한 꿈의 '사회적' 해석을 프로이트의 '개인 심리적' 해석과 암묵적으로 대비시킨다든지, 자기 점검의 기술과 관련된 요한 카시아누스의 '환전상' 개념을 프로이트의 '검열' 개념과 비교하고 아우구스티누스가 말한 리비도 개념을 분석하는 등, 욕망을 둘러싼 정신분석적 논의를 다양한 방식으로 역사 속에서 상대화한다. Foucault, "M. Foucault. Conversation sans complexes avec le philosophe qui analyse les 'structures du pouvoir'", Dits et écrits III: 1976 - 1979, p. 675; Foucault, L'origine de l'herméneutique de soi, Paris: Vrin, 2013, pp. 80~82.

루며, 우생학에 맞서면서도 섹슈얼리티장치 안에서 머물 따름이다. 그것은 성과 섹슈얼리티에서 주체의 진실을 탐색하며 이를 위해 억압과 금기를 제거해야 한다고 요구한다. 게다가 푸코에 따르면, 정신분석에 내재하는 성적 억압의 문제틀은 권력의 검열과 금지, 통제에 대한 저항을 목표로 내세울 뿐만 아니라, 그것을 자본주의 사회에 대한 정치경제적 저항과 긴밀히 연계시킨다. 그런데 이때 정신분석은 결코 섹슈얼리티장치의 외부에 있지 않고 그에 대항하지도 않으며, 그 내부에서 일종의 위치 조정을 행할 따름이다. 푸코는 예컨대, 빌헬름 라이히나 허버트 마르쿠제식의 '반反억압적 성혁명론'의 성공 역시 그러한 사실에 기인한 것이라고 주장한다.[32] 섹슈얼리티장치 안에서 작동하는 정신분석과 성 해방 투쟁에 대한 푸코의 비판적인 시선은 무엇보다도 『지식의 의지』의 마지막 문장에서 극명히 드러난다. "이 장치의 아이러니는 우리로 하여금 그것에 우리의 '해방'이 달려 있다고 믿게 만든다는 데 있다."[33]

프로이트와 정신분석의 위상에 대한 푸코의 이러한 평가가 돌출적인 것은 아니다. 그는 『광기의 역사』에서도 타자, 비이성, 비정상인들을 규범화하는 정신의학의 역사 안에 정신분석을 자리매긴 바 있

---

32) 『지식의 의지』에서 푸코는 성에 대한 '억압가설'과 그것이 토대로 삼는 법적-주권적 권력 개념을 비판하고 있다. 한편 그가 프로이트의 사유는 자기가 제시하는 이미지보다 훨씬 더 섬세하고 미묘하다고 역설하면서, 라이히-마르쿠제 계열의 억압(répression)과 프로이트적 의미의 억압(refoulement)을 개념적으로 구별했음을 덧붙여 두자. 후자는 법의 개념으로부터 나오는데, 욕망을 구성하는 메커니즘을 가리킨다. Foucault, "Les mailles du pouvoir", *Dits et écrits IV: 1980 – 1988*, pp. 197~198.
33) 앞의 책, 173쪽.

는데, 이때 정신분석은 일정하게 해방적인 성격을 지니면서도 통제적인 역할을 수행하는 것으로 나타난다. 그에 따르면, 프로이트는 19세기의 '병원 정신의학'과 단절하고 정신병자 수용소의 기만적 구조로부터 환자를 구출했음에도 불구하고, 그러한 구조에 깃든 치명적인 문제점을 보존하고 강화했다. 그것은 전이transfert로 드러나는 '의사-환자 쌍'의 위계적 권력 관계이다. 의사는 수용소의 구조를 인격적으로 이어받았고, 환자에 대한 권력을 수중에 최대한 틀어쥐었다. 푸코의 시각으로는, 바로 이 '의사-환자 쌍'을 통해서 "19세기 정신의학 전체가 실질적으로 프로이트에게로 수렴"되며,[34] 정신분석의 창시자는 "사제와 판관, 가족과 법, 질서와 권위와 처벌의 층위에서 기념비적 인물들"의 편에 놓인다. 푸코에 의하면, "의사는 개인의 자주성을 박탈하는 형상으로서 여전히 정신분석의 열쇠이다. 정신분석이 비이성의 목소리를 들을 수도, 정신이상자의 징후를 그 자체로 해독할 수도 없을 뿐만 아니라 앞으로도 그럴 수 없게 되는 것은 어쩌면 정신분석이 이러한 궁극적 구조를 제거하지 않았고 다른 모든 구조를 이 구조로 귀결시켰기 때문일 것이다".[35]

푸코는 정신분석에서 부권적 의사의 형상과 의사-환자의 전이 관계, 그리고 그 공간적·역사적 맥락에 대해 오랫동안 문제의식을 유지해 온 것으로 보인다. 그는 『말과 사물』에서도 정신분석이 "의사와 환자 사이의 특이한 관계와 이로 인해 초래되는 전이의 조용한 폭력

---

34) 푸코, 『광기의 역사』, 이규현 옮김, 나남, 2003, 775쪽.
35) 앞의 책, 776~777쪽.

속에서만" 이루어질 수 있다는 점을 지적한 바 있다.[36] 이후 그는 한 인터뷰에서 자신의 문제의식을 다음과 같이 피력한다. "내 논지는 프로이트와 정신분석이 섹슈얼리티를 말하면서, 또 분석 기법들을 통해 주체로부터 섹슈얼리티를 끌어내면서 해방의 과업을 온전히 수행했다고 본다면 위험하다는 것이다. 해방의 은유는 정신분석의 실천을 정의하기에 적절치 않은 듯싶다. 그런 이유로 나는 고백과 섹슈얼리티 고백의 고고학을 시도했으며, 정신분석의 핵심 기술들이 어떻게 권력 체계 내부에 미리 존재하는지 […] 보여 주고자 했다."[37] 이 인터뷰에서 푸코는 정신분석의 상담 상황에서 환자-분석가 간에 일어나는 권력 행사가 제대로 탐구된 적이 없다는 점을 지적하고, 정신분석이 스스로 유통시키는 권력의 메커니즘을 의문에 부치지 않는다고 비판한다. 그런 예 가운데 하나로 그는 동성애를 드는데, 분석가들이 그것을 '비정상'이든 '신경증'이든 "삐딱하게만que par la diagonale" 접근할 뿐이라는 것이다. 이처럼 그가 보기에 정신분석은 "그 외부에서 구성된 성적 권력의 일부인 어떤 경계들을 승인하면서 그 주요 특성들을 유효하게 만든다."[38]

『지식의 의지』에서 푸코는 '전이의 조용한 폭력'에 대한 문제의식을 '의사와 환자 간의 상담 실천과 이를 통한 주체의 진실 생산'이

36) 푸코, 『말과 사물』, 513쪽.
37) Foucault, "L'Occident et la vérité du sexe", *Dits et écrits III: 1976–1979*, pp. 105~106; "Michel Foucault Les réponses du philosophe", *Dits et écrits II: 1970– 1975*, Paris: Gallimard, 1994, pp. 813~814.
38) Foucault, "Michel Foucault Les réponses du philosophe", *Ibid.*, pp. 814~815.

라는 문제로 변환시키고 역사화함으로써, 기독교적 연원을 갖는 고백 실천의 변화와 새롭게 연계시킨다. 그리하여 정신분석에서의 고백은 특히 '성에 관해 말하기'라는 공통점을 빌미로 중세 교회로부터 내려오는 고해의 사목적 실천과 동일한 계보 위에 놓는다. 정신분석에서 고백이 갖는 지위는 기독교의 사목활동에서 양심 지도examen de conscience나 고해성사가 갖는 지위와 다를 바 없다는 것이다. 정신분석은 13세기부터 이어져 내려온 "우리 문명에 특징적인 고백 절차들의 엄청난 성장과 제도화"에 의존해 발전했다.[39] 이때 고백은 주체로 하여금 자신에 관한 인식을 생산하도록 강제하고 그럼으로써 주체를 변화시키는 지배 기술로 여겨진다. 푸코는 고백 실천이 보여 주는 의사-환자 간 미시적 세력 관계의 불평등을 부각시키면서, 정신분석의 형성을 근대 서구 사회의 권력장치 재편의 맥락 속에 위치 짓는다.

푸코가 19세기에 정신의학, 형법, 섹슈얼리티 등의 영역에서 고백 실천이 중요해진 현상에 대해 이미 오래전부터 주목했음에도, 정신분석을 늘 동일한 시각에서 바라보았던 것은 아니다. 그러한 철학적 변화의 마지막 단계에서 정신분석은 오랜 역사를 지니는 고백 실천과 긴밀하게 결합하고, 고백은 단지 '권력의 기술'만이 아닌 '주체와 진실의 관계'를 문제화하는 '자기의 기술'techniques de soi로서 의미를 확장한다.[40] 이는 다시 정신분석에 대한 다음과 같은 정의로 이어

---

39) Foucault, "Les rapports de pouvoir passent à l'intérieur des corps", *Dits et écrits III: 1976–1979*, p.235.

40) 이상길, 「이중적 커뮤니케이션 형식으로서의 고백: 미셸 푸코의 논의를 중심으로」, 『언론과 사회』 27권 3호, 2019, 61~104쪽 참고.

진다. "정신분석은 무엇보다도 과학이 아니며, 고백에 기초해 이루어지는 자기에 대한 자기의 작업 기술이다. 이러한 의미로 그것은 또한 성적 욕망désirs sexuels을 둘러싸고 구조화되는 인물을 창조한다는 점에서 통제 기술이기도 하다."[41] 달리 말하면, 정신분석은 넓은 의미로 보아 '자기의 기술'이지만, 그 기술이 주체를 특정한 방식으로 규정함으로써 주체를 구속하고 결박한다는 측면에서 '지배의 기술'이라는 것이다.

푸코가 정신분석에서 고백 실천의 권력작용 못지않게 문제삼는 것은 바로 거기 전제된 특정한 주체의 형상이다. 그것은 바로 '성적 욕망을 가진 주체'라 할 수 있다. 정신분석은 우리가 주체의 진실을 섹슈얼리티에서 찾을 수 있다고 주장한다. 이와 같은 정신분석의 입장은 근대적 개인의 자기 이해에 중요한 도구를 제공하게 되었다. 푸코는 이를 서양 사회가 성의 진실을 논해 온 수세기의 역사와 연결 짓는 한편, 성에 관련된 '분석의 쾌락'을 생산한 온갖 제도의 발전을 지적한다. 그가 보기에, 서양 사회는 성을 문제삼는 동시에 욕망하게 만드는 모호한 쾌락을 발명했으며, 성에 우리가 누구인지 말하는 역할을 부여한다는 것이다. 고백 실천의 연장선상에서 영적 지도, 교육, 상담, 분석 등은 성직자와 신도, 부모와 자식, 정신과 의사와 히스테리 환자, 정신분석가와 성도착자 같은 다양한 관계를 뒷받침했고, 성은 이른바 "주체의 과학"을 조직하는 논리로 구축되었다. 푸코에 따르면, 정신분석을 통해 "우리는 성과 진실을 연계시키는 절차들의 역

---

41) Foucault, "Interview de Michel Foucault", *Dits et écrits IV: 1980~1988*, pp. 665~666.

사에서 하나의 정점에 이른다".[42]

이처럼 푸코는 정신분석이 인간 주체에 관한 특수한 이해 방식을 생산한다는 사실, 그러기 위해 수행하는 실천이 특수한 권력 관계를 함축하고 작동시킨다는 사실을 비판한다. 정신분석은 개인의 진실이 불변하는 성적 본질에 위치한다고 보면서, '욕망하는 인간'이라는 보편적이며 비역사적인 주체의 형상을 제시한다. 이는 근대적 주체에 대한 가장 영향력 있는 관념의 하나이기도 하다. 하지만 푸코는 섹슈얼리티를 인간 본성이라든지 생물학적·생리학적 실체가 아닌, 지식, 사회 관계, 정체성을 구조화하는 역사적 장치로 개념화함으로써 인간 주체화 양식의 우연성과 가변성을 강조한다. 이는 욕망을 위시한 다양한 정신분석의 범주들을 역사적 형성 맥락 속에서 고고학적으로(또는 계보학적으로) 해체하는 작업을 수반한다.

푸코에 따르면, 정신분석의 범주들은 서구에서 거의 두 세기에 걸쳐 이루어진 아버지-어머니-아이의 핵가족 구성과 이러한 가족의 성애화, 혹은 섹슈얼리티의 가족화 경향에서 솟아난 것이다. 이 경향

---

42) Foucault, "Le jeu de Michel Foucault", *Dits et écrits III: 1976 – 1979*, p. 320; "L' Occident et la vérité du sexe", *Ibid.*, pp. 103~104. 이러한 인식은 이미 1960년대 초 그가 섹슈얼리티에 관해 강의했던 내용에서도 나타난다. "근대 문화에서 인간은 섹슈얼리티에 대한 주체, 그리고 자기 섹슈얼리티의 주체로 밝혀졌기 때문에 과학의 대상이 되었다. 그러므로 인간의 정상적·비정상적 행동의 핵심에서 섹슈얼리티를 발견한 정신분석은 모든 근대 인문과학의 열쇠이다. [⋯] 사실 오늘날 인문과학들과 같은 무언가가 가능하다면, 우리는 그것을 모두 섹슈얼리티와 관련되는 일련의 사건에 빚지고 있다. 바스티유 감옥에 갇힌 사드가 『살로, 소돔의 120일』을 쓰기 시작한 1790년부터 프로이트가 히스테리에 대한 성적인 설명 방식을 발견한 1890년 사이에 펼쳐졌던 사건들을 말이다"(Foucault, *Cours sur la sexualité*, Paris: EHESS/Gallimard/Seuil, 2018, pp. 22~23).

은 미시권력이 여러 사회 계급의 가족에 상이한 방식으로 행사되는 과정을 동반했는데, 그에 병행해서 정신의학적 지식 또한 구성되었다. 가족을 기반으로 삼는 이 권력과 지식의 접점에서 욕망, 충동, 자아 등이 인식 범주이자 대상으로 나타난다. 푸코에 의하면, 19세기 중엽 확립된 정신의학은 '거부할 수 없는 충동'과 '섹슈얼리티'라는 문제틀에 의존하면서 한편으로는 이상성anomalie, 다른 한편으로는 성과 접속했고, 두 영역은 정신의학의 정당한 개입 영역으로 떠올랐다. 이는 19세기 말 정신분석에서 그 절정에 이른다. 정신분석은 "어린이 근친상간의 관리 기술로 등장하면서" 그 이전까지 탐구된 적 없는 주체성의 새로운 영역을 열었다. 이처럼 푸코는 정신분석이 핵가족을 성애화하고 아버지-어머니-아이 사이에서 순환하는 성적 금기와 근친상간의 욕망 등을 자연화함으로써 개인이 구성하는 내면에 욕망을 '실재'로서 부과한다고 주장한다. 그에 의하면, 이러한 "심리학적인 것의 기능"fonction Psy은 권력으로 작용하는 지식이기도 하다. 예컨대, 프로이트에게 오이디푸스 콤플렉스가 주체의 성 정체성과 인격 형성의 핵심적인 계기라면, 푸코가 보기에 그것은 법, 충동, 거세, 자아 같은 개념을 바탕으로 자본주의 생산양식에 불가결한 주체성을 산출하는 주권장치와 규율장치의 구성물에 불과한 것이다.[43]

　이와 같은 인식은 이후 "욕망과 욕망하는 주체에 관한 역사적·비평적 작업", 말하자면 '욕망인의 계보학'을 기술하려는 계획으로

---

43) 푸코, 『비정상인들』, 박정자 옮김, 동문선, 2001, 317~347쪽; 『정신의학의 권력』, 심세광·전혜리 옮김, 난장, 2014, 126~137쪽 참고.

발전한다. 이는 "욕망, 정욕, 혹은 리비도라는 연속적인 개념들의 역사를 쓰겠다는 것이 아니라 어떤 실천, 즉 그것을 통해 개인들이 그 자신들 사이의 욕망에서 ─ 그것이 자연스런 것이건 타락한 것이건 간에 ─ 그들 존재의 진실을 발견할 수 있도록 해 주는 어떤 관계를 작동시키면서, 그들 자신에게 주의를 기울이고 자신을 해독하고 자신을 인식하고 스스로를 욕망의 주체라 고백하게 되었던 실천들을 분석하겠다는 것"이다.[44] 풀어 말하자면, 푸코는 근대적 개인이 자기를 섹슈얼리티의 주체로 경험할 수 있게 되기까지 서구인이 자신을 욕망의 주체로서 인식하는 방식을 분석하고자 하는데, 이는 "이른바 욕망인의 역사를 그 참조 영역과 조사 분야로 삼아 자기에 대한 자기의 관계 그리고 자기의 주체 정립 속에서의 진실 게임에 관해 연구하는 것"을 뜻한다.[45] 이렇게 해서 그는 반드시 성적 욕망만이 아닌, 자기의 자기에 대한 관계 속에서의 진실 게임, 주체로서 자신을 구성하는 문제에 관한 역사적 탐구로 나아간다. 『지식의 의지』이후 8년 만에 나온 『쾌락의 활용』과 『자기에의 배려』는 그 대표적인 성과물이라 할 수 있다. 푸코는 사람들이 자신과 타자에 대해 수행하는 '욕망의 해석학'을 '자기의 해석학'이라는 차원으로 확장하는 한편, 이를 위해 고대 그리스 로마 사회로 거슬러 올라간다. 동시에 그는 주체화 과정에서 욕망의 축을 적극적으로 대체하는 새로운 축으로서 쾌락과 자유의 가능성을 모색한다.

---

44) 푸코, 『성의 역사 2: 쾌락의 활용』, 문경자·신은영 옮김, 나남, 2004, 19쪽.
45) Foucault, *Histoire de la sexualité II: L'usage des plaisirs*, 1984, p. 20.

신체와 쾌락, 혹은 정신분석의 바깥

푸코는 정신분석이 설정하는 섹슈얼리티 이론이 성과 섹슈얼리티를 개인의 내밀한 진실의 근원이자 정체성의 중심에 놓는 데 대해 확고한 단절의 의지를 드러낸다. 그는 또한 정신분석이 작동시키는 고백 실천의 권력 효과로 부상한 '성적 욕망의 인간'이라는 주체 형상과 '성-섹슈얼리티'라는 대상의 해체를 시도한다. 『지식의 의지』의 유명한 구절은 이러한 문제의식을 다음과 같이 표현한다. "우리가 섹슈얼리티의 다양한 메커니즘을 전술적으로 반전시킴으로써 권력의 지배력에 맞서 신체, 쾌락, 지식의 다원성과 저항 가능성을 활용하고자 한다면, 성의 층위로부터 해방되어야 한다. 섹슈얼리티장치에 맞서는 반격의 지지점은 성-욕망le sexe-désir이 아닌, 신체와 쾌락이 되어야 한다."[46] 고고학을 무기로 정신분석의 담론과 실천을 비판적으로 재조명한 푸코는 이제 그렇게 해서 생겨난 대안적 상상의 공간 속에 신체와 쾌락의 다원성을 기입하려 한다. 그가 성-욕망은 섹슈얼리티장치에 내재적인 반면, '다양한 쾌락의 신체들'은 그 장치의 메커니즘에 저항하는 세력선으로 기능할 수 있다고 보았기 때문이다. 이러한 시각이 얼마나 타당하며 설득력 있는지에 대해서는 평가가 엇갈릴 수 있을 것이다. 다만 푸코의 논리를 내적으로 이해하기 위해 일단 그가 『지식의 의지』에서 제시한 성과학scientia sexualis과 성애술ars erotica의 이분법부터 살펴볼 필요가 있다.

---

46) 푸코, 『성의 역사 1: 지식의 의지』, 208쪽.

푸코는 권력과 성과 진실의 관계를 문제화하는 두 가지 주요 체제를 구분한다. 하나가 성과학이라면, 다른 하나는 성애술이다. 지나친 단순화의 혐의가 없지 않지만, 어쨌든 푸코는 전자를 서구 문명에, 후자를 비서구권 문명에 특징적인 것으로 기술하며 논의를 전개한다. 성애술은 권력과 성과 진실의 관계를 쾌락의 양식 위에서 발전시켰다는 점에서 욕망의 양식 위에서 작동하는 성과학과 근본적으로 궤도를 달리한다. 전자가 "신체-쾌락-강화intensification"를 둘러싸고 조직되었다면, 후자는 "주체-욕망-진실"을 둘러싸고 조직되었다는 것이다. 성애술에서 진실은 쾌락에서 도출되고 경험으로서 수집되며 질에 따라 평가된다. 그것은 쾌락을 강화하고 완성하기 위해 활용된다. 선생은 그러한 성애술의 지식을 비밀스러운 입문의 형식 아래 학생에게 전수한다. 그런데 푸코에 따르면, 서양 문명은 수세기 동안 성애술 대신 성과학을 발전시켰다. 여기서 진실은 욕망의 분석에서 도출된다. 그것은 또 분석가와 피분석자 간의 특수한 권력 관계를 수반하는데, 성직자, 선생, 의사 등은 신도, 학생, 환자 등의 성적 욕망을 탐문하고 청취하고 해석하는 역할을 담당한다. 이렇게 생산된 지식은 쾌락의 강화가 아닌, 주체의 변형을 목적으로 한다. 즉 영적인 인도, 교육적 지도, 정신분석적 치료 등을 통해 피분석자는 용서받거나 해방되거나 또는 치유받는다. 이 과정에 쾌락이 관여한다면, 그것은 '발화와 분석의 쾌락'이라는 특이하고 제한된 수준에서일 따름이다.[47]

푸코가 제시하는 성과학과 성애술의 대비는 역사적이고 비교문

---

47) Foucault, "L'Occident et la vérité du sexe", *Dits et écrits III: 1976 – 1979*, p. 104.

화적으로 엄밀한 사실이라는 차원에서보다는, '욕망 대 쾌락'이라는 개념적 대립 구도의 유용한 예시라는 차원에서 이해하는 편이 생산적일 것이다. 이와 관련해 자신이 욕망 개념의 의학적·자연주의적 함의로부터 벗어나기 위해 쾌락 개념을 쓴다고 했던 그의 언급에 주목할 필요가 있다. 푸코가 보기에, 욕망 개념은 주체의 영속성을 전제하고 그 위에 심리학적-의학적 골조를 접붙이며, 궁극적으로는 정상성의 줄자 같은 인식 도구로 기능한다. 이는 기독교의 색욕 개념으로부터 1840년대 성본능의 개념을 거쳐 프로이트의 욕망 개념에까지 공통적으로 나타나는 특징이다. 그에 따라, 욕망은 정체성과 정상성의 판단 준거이자, 분석가의 권력이 행사되는 지렛대로 기능한다. "당신이 무엇을 욕망하는지 알려 주면 내가 당신이 누구인지(게다가 정상적인지 아닌지) 말해 주겠다"든지 "나는 당신의 욕망을 인정하거나 평가할 수 있다"는 식이다. 이처럼 개인성이 성적 욕망에 의해 정의된다는 발상은 19세기에 떠오른 것으로 보인다.[48] 반면 푸코에 의하면, 쾌락 개념은 주체중심주의에서 벗어나 있으며 정상성의 범주와도 무관하다. 그것은 신체나 영혼, 주체의 내부나 외부 어디에도 속하지 않으며, 주체의 경계, 혹은 사건에 있는 것이다. 푸코의 표현을 빌리자면, "한 개인에게서 다른 개인에게로 건너가는 무언가"인 쾌락은 또 "정체성의 분비물이 아니고", "통행증이나 신분증을 가지지 않으며", 무언가를 재현하지도, 대표하지도 않는다. 쾌락에는 진실과 허위, 정

---

48) Foucault, "Une Interview de Michel Foucault par Stephen Riggins", *Dits et écrits IV: 1980 – 1988*, p. 532; "The Gay Science", *Critical Inquiry*, no. 37, 2011, pp. 389~390.

상과 병리의 구별도 없다.[49]

　　성과학 대 성애술의 대비와도 이어지는, 욕망과 쾌락에 대한 푸코의 개념화는 그가 정신분석에 내재하는 낡은 주체 이론 및 그와 연관된 심리학 이론들에 얼마나 비판적이었는지를 시사한다.[50] 그는 성과 섹슈얼리티를 정체성의 중핵으로 간주하는 이론들과 단절하기 위해 끈질긴 노력을 기울이는데, '욕망의 구조'와 변별적인 '쾌락의 경험'을 추상화하려는 시도는 이로부터 기인한다. 욕망 개념은 진실/허위의 이분법과 맞물려 작동하고, 데이비드슨의 표현처럼 "심리학적 깊이"를 통해 표출과 위장, 억압과 승화, 해독과 해석의 대상으로 나

---

49) Eribon, *Michel Foucault et ses contemporains*, p. 271.

50) 욕망과 쾌락의 이와 같은 대비는 푸코와 들뢰즈의 이론적 분기점을 이룬다. 들뢰즈는 욕망을 결여와, 그리고 쾌락을 발산과 동일시하는 관점을 비판한다. 푸코는 욕망이라는 용어가 우리를 불편하게 만드는 결핍이자 억압의 대상으로 여겨진다는 점에서 "참을 수 없다"고 말했으나, 들뢰즈 자신은 욕망을 완전히 다른 의미로 사용한다는 것이다. 푸코가 욕망을 쾌락 개념으로 대체하는 방향으로 나아간다면, 들뢰즈는 욕망을 재정의하는 방향으로 나아간다. 들뢰즈에게 욕망은 자연적 소여도, 구조나 기원도 아닌 과정이다. 그것은 또 개인도 사물도 아닌 사건이며, 리비도의 발현이 아니라 새로운 가능태들의 창조이다. 개인을 구성하는 사회적 요인(socius) 안에서 매개 없이 흐르는 욕망은 자연적·생물학적·충동적 기원을 가지지 않는 인공물(artifice)이다. 그것은 개인적인 것이 아니라 집합적인 것으로, 언제나 배치를 위해, 배치 속에 있다. 또한 그것은 주체 내부에서 나오는 것이 아니라, 외부에서 만남과 배치로부터 나온다. 우리는 무언가를 추상적으로 욕망하는 것이 아니라, 인간과 사물과 기계와 기호와 관계의 복합체 속에 있는 특정한 대상을 욕망한다. 욕망은 잠재성을 가지지만 그 현실화는 정치적이고 사회적인 구성 작업을 요구한다. 섹슈얼리티는 이러한 욕망의 원천이 아니라 여러 플럭스(flux) 가운데 하나이며, 주체성의 토대가 되는 충동이 아니라 욕망의 변형을 기호화하는 수단일 뿐이다. 이처럼 들뢰즈는 욕망을 탈성애화하고 가능태의 생산양식으로 변화시킨다. 이렇게 보자면, 들뢰즈도 주장하듯, 푸코의 쾌락과 들뢰즈의 욕망 사이에 개념적 거리가 아주 멀다고는 말하기 어렵다. 그럼에도 푸코는 욕망에, 그리고 들뢰즈는 쾌락에 모두 끝까지 긍정적 가치를 부여하지는 않았다. Deleuze, "Désir et plaisir", *Deux régimes de fous*, Paris: Minuit, 2003, pp. 112~122; Foucault, "The Gay Science", *Critical Inquiry*, pp. 389~390.

타난다. 그것은 정체성의 심리적 정박점이 됨으로써 규범화 권력이 주체의 변형을 위해 개입할 수 있는 공간을 연다. 이와 반대로, 심리학적 깊이를 갖지 않는 쾌락은 강화되고 증진되고 질적으로 변화될 수 있지만, 표면에서 소진될 따름이다. 그것은 진위와 관련되지 않으며, 주체를 심리학적으로 규정하지도 않는다. 그리하여 데이비드슨은 푸코의 논의를 다음과 같이 정리한다. "욕망의 구조는 성적 지향성의 형식, 주체성의 유형으로 이끈다. 상이한 쾌락은 지향성을 함축하지 않으며, 어떤 주체성 이론이나 정체성 형성의 이론을 요구하지도 않는다."[51]

욕망과 쾌락 개념의 대비는 그 이분법의 이면에 정체성과 신체의 또 다른 이분법을 끌고 들어간다. 이때 정체성은 무엇보다 성적으로 정의되는 정체성, 정확히 말해 규범화된 성 정체성이다. 그에 맞서 푸코가 떠올리는 이미지는 바로 "성 바깥의 신체"이다. 정신분석학자 자크-알랭 밀레르는 푸코가 정신분석의 바깥을 사유하기 위해 "더 이상 거세의 통일적인 지배권 아래 집결되지 않을 다원적 쾌락을 느끼는, 성 바깥의 신체라는 유토피아"를 소환한다고 정확하게 지적한 바 있다.[52] 밀레르에게 푸코의 이러한 기획은, '유토피아'라는 용어가 암시하듯, 너무 빈약하고 비현실적이기에 공허한 것으로 비판받는다. 하지만 그것이 설령 견고하지 않을지언정 순전히 공허한 것으로 치부될 수 있는지는 의문이다. '성 바깥의 신체'는 유토피아라기보

---

51) Davidson, *The Emergence of Sexuality*, p. 212.
52) Miller, "Michel Foucault et la psychanalyse", *Michel Foucault philosophe*, p. 82.

다 차라리 푸코가 말한 헤테로토피아에 가까운 것으로 보인다. 현실에 실제로 존재하는 유토피아로서 현실의 규범성을 환기시키고 그것에 이의를 제기하며 변화의 잠재력을 시위한다는 의미에서 말이다.

이와 관련해 푸코가 19세기의 양성 인간인 에르퀼린 바르뱅이 자살하기 전 남긴 비망록을 발굴해 출간하면서 붙인 서문은 의미심장하다. 이 텍스트에서 푸코는 양성 인간의 사법적·의학적 지위 변화 양상을 다루며 성 정체성의 문제를 역사화한다. 그에 따르면, 고대와 중세 서양에서 양성 인간은 공포의 대상이 되고 처형당하기도 했지만, 어쨌든 수세기 동안 두 개의 성을 가진다고 인정받았다. 그는 두 성이 나란히 있는 사람으로, 특정한 성의 비율에 따라 그 정체성이 가변적일 수 있다고 여겨졌던 것이다. 양성 인간이 아이일 때는 아버지나 대부가 세례받을 때 성을 정해 주었고, 때로는 두 가지 성 가운데 더 강한 쪽을 고르도록 권유받았다. 성인이 되어 결혼 적령기에 다다르면 양성 인간은 이미 부여된 성이나 그 반대 성 중에 자기 스스로 선택할 자유를 가졌는데, 죽을 때까지 그 성을 유지한다는 조건 아래서였다. 그런데 푸코에 의하면, "18세기부터 섹슈얼리티의 생물학적 이론들, 개인의 사법적 조건들, 근대 국가 내 행정적 통제 형식들로 인해 점차 단일한 신체 속에서의 두 성의 혼합이라는 관념은 거부당했고, 그 결과 모호한incertains 개인들의 자유로운 선택이 제약받기에 이르렀다. 그 이래로 개개인에게는 하나의 성, 그리고 유일한 성이 주어졌다. 각자에게는 일차적이고 심오하며 제한적이고 결정적인 성

정체성이 부여되었다".[53] 다른 성의 요소들은 설령 나타난다 하더라도 우연적이고 피상적인 것으로 간주되었다. 의학적인 관점에서 양성 인간은 이제 두 성의 병렬이나 혼합을 인지하는 문제도, 두 성 가운데 어느 것이 우세한지 아는 문제도 아닌, 혼란스런 외양 뒤에 감춰진 '진정한 성'sexe vrai을 해독하는 문제가 되었다. 법적인 관점에서 양성 인간은 개인이 스스로 어떤 성을 원하는지 결정하는 자유로운 선택의 문제가 아니라, 자연이 어떤 성을 그에게 부여했는지 전문가가 말해 주고 사회가 그 성의 유지를 요구하는 문제가 되었다. 푸코에 따르면, 이처럼 우리가 결국 하나의 진정한 성을 가져야만 한다는 관념은 의학의 발전과 사법 체계의 변화에도 불구하고 여전히 사라지지 않았다.

바르뱅의 역사적 사례에 대한 성찰을 통해 푸코는 "우리가 정말로 진정한 성을 필요로 하는가?"라는 질문을 제기한다. 그가 보기에, 근대 서양 사회는 이 질문에 그렇다고 답해 왔으며, "신체의 실재성과 쾌락의 밀도만이 중요하다고 상상할 수 있는 사물의 질서 속에서 '진정한 성'이라는 질문을 고집스럽게 작동시켰다".[54] 여기서 진정한 성이란 생물학적·의학적·사법적 분류 틀 안에서 명확히 구분 가능하며 위치 지어질 수 있는 성을 가리킨다. 하지만 푸코에 의하면, 이는 결코 보편적인 경험이 아닌, 역사적으로 특수한 현상일 뿐이다. 우

---

53) Foucault, "Le vrai sexe", *Dits et écrits IV: 1980 – 1988*, pp. 116~117. 양성성에 대한 고전주의 시대의 인식과 그 변화 양상에 관해서는 푸코, 『비정상인들』, 87~96쪽 참고.
54) Foucault, "Le vrai sexe", *Ibid.*, p. 116.

리는 바르뱅이 표상하는 범주적 미결정성의 상태, 즉 성적 범주의 부과 이전에 존재하는 "비정체성non-identité의 멋진 림보", 다형적 섹슈얼리티에서 비롯하는 "비정체성의 행복한 가장자리"를 인식할 수 있어야 한다. 나아가 규범화하는 섹슈얼리티장치가 개인에게 부과하고 허용하는 "종교적·학교적 삶의 강렬한 단일 섹슈얼리티" 대신에 "성적 비정체성이 발견하고 자극하는 부드러운 쾌락"을 복원해야 하는 것이다. 이러한 시각에서 보자면, 정신분석은 비정체성을 성적 정체성의 격자 안에 집어넣고 주체를 규범화하려 한다는 점에서 문제적이다. 분석가가 피분석자의 과거와 무의식에 대한 심층적인 탐구를 통해 진정한 섹슈얼리티를 전유할 수 있다고 가정하기 때문이다. 푸코는 섹슈얼리티를 개인의 근본적이거나 원초적인 욕망으로 표상하지 않고, 오히려 일시적이고 불투명하며 탈중심적인 개인의 유동적이며 감각적인 쾌락의 경제 속에서 해소하고자 한다.[55]

푸코의 논의를 뒤쫓자면, 쾌락은 정체성의 심층 혹은 중심에 놓이는 욕망과 달리, 정체성의 표면에 복수로 존재하면서 정체성을 분산시키고 차이의 공간을 만든다. 이러한 쾌락이 모태로 삼는 것은 단일한 규범적 정체성이 아닌, 상이한 감각의 신체들이다. 이 신체들은 다원적 쾌락이 가로지르는 지점이자, 개인이 성을 포함한 모든 특질을 스스로 결정할 수 있는 비정체성의 근거지이다. '성 바깥의 신체'

---

55) Foucault, "Il y aura scandale, mais…", *Dits et écrits II: 1970 – 1975*, p. 75; Eribon, *Michel Foucault et ses contemporains*, 8장; Joel Whitebook, "Against Interiority: Foucault's Struggle with Psychoanalysis", ed. Gary Gutting, *Cambridge Companion to Foucault*, Cambridge: Cambridge University Press, 2005, pp. 312~347도 참고.

라는 이미지를 통해 푸코는 다르게 주체화될 수 있는 대안적 가능성을 상상한다. 그것은 정체성을 규정하는 현재의 규범적 범주들을 역사화하고 상대화하는 데서 출발해 '이런 식으로 통치당하지 않으려는 의지'를 작동시키는 일, 한마디로 비판적 에토스를 발휘하는 일이다. 이렇게 해서 푸코는 '욕망하는 주체'를 생산하고 성 정체성을 규범화하는 권력-지식으로서의 정신분석에 대한 비판으로부터 출발해 자유와 쾌락을 존재의 윤리적 거점으로 삼는 미학적 주체화에 관한 논의로 이행해 간다.

정신분석을 공정하게 대하기

푸코는 『지식의 의지』에서 정신분석의 전제(법적-주권적 권력 개념과 억압가설)와 실천(의사-환자의 미시권력 관계), 그리고 정치적 효과(가족주의의 강화, 인간 본성의 강조)를 급진적으로 비판하는 입장에 선다. 이는 그가 특히 『말과 사물』에서 정신분석의 무의식적 주체 개념이 인문과학에 가져온 혁신에 대해 호의적인 평가를 내놓았던 사실에 비추어 보면, 다소 의외의 시각 전환이었다고도 할 만하다. 어쨌거나 정신분석 비판은 푸코가 이후 '욕망인'의 근대적 관념을 넘어 새로운 주체화의 윤리를 탐구하는 방향으로 나아가는 데 중요한 계기를 마련한 것으로 보인다. 그리하여 그는 『쾌락의 활용』과 『자기에의 배려』를 통해 고대 그리스 로마 문화에서 나타난 다양한 '자기의 기술'을 탐구한다. 이 자기 주도적인 주체화의 기법들이 '자기에 대한 자기의 관계'가 역사적으로 얼마나 다르게 배치되고 변형될 수 있는지 알려 주기 때문이다. 아프로디지아aphrodisia를 둘러싼 푸코의 분석은 이러한 맥락에서 전개된다.

그리스 로마에서 성적 행동actes sexuels을 가리키는 말인 아프로디지아는 쾌락을 낳는 행위, 접촉, 몸짓 등을 뜻한다. 이 경험에서 행위, 욕망, 쾌락은 서로 긴밀히 결합한 총체를 이룬다. 따라서 아프로디지아의 윤리 또한 결핍과 욕망의 존재론이 아닌, 행위, 욕망, 쾌락을 연결하는 힘의 존재론을 바탕으로 한 것이었다.[56] 그리스 로마인들에게 아프로디지아가 있었다면, 기독교인들에게는 육욕chair과 관능적 욕망désir sensuel이 있었는데, 이는 "개인 안에 있는 지속적인 힘의 현존"을 가리켰다. 하지만 육욕 역시 섹슈얼리티와 동의어가 아니었다. 푸코에 의하면, "그리스 로마인들이나 기독교인들에게 장치로서의 섹슈얼리티는 존재하지 않았다". 달리 말해, 서구 역사에서 성적 경험들은 "그리스인들에게는 아프로디지아, 기독교인들에게는 육욕, 근대인에게는 섹슈얼리티"라는 매우 상이한 양식으로 나타났다는 것이다.[57]

그런데 푸코가 아프로디지아의 분석을 통해 일깨우고자 하는 것은 단지 욕망의 경험이 시대에 따라 다르게 형성된다는 점만이 아니

---

56) 푸코, 『성의 역사 2: 쾌락의 활용』, 52~56쪽.
57) Foucault, "Interview de Michel Foucault", *Dits et écrits IV: 1980 – 1988*, p. 661; 벤느, 『푸코: 사유와 인간』, 20~25쪽 참고. 여기서 'chair'는 기독교의 도덕이 기반하는 세속적 죄악의 구심점으로서 육신, 그리고 그것에 구현된 육욕을 뜻한다. 따라서 그것은 예컨대, 현상학적 존재론에서의 '살'(chair)과 같은 개념과는 명백히 차이가 있다.

다. 그것은 무엇보다도 개인이 자기를 삶과 행동의 주체로 구성하는 일이 가능하며, 이를 위해 자기와 관계 맺는 기술들이 중요하다는 사실이다. 그러한 기술들을 활용해 자기를 발명하는 작업을 그는 '에토스'로서의 윤리로 개념화하는데, 이는 역사적 결정 요인들의 작용 속에서 개인의 자유를 보장해 준다.[58] 이런 면에서 아프로디지아를 중심에 놓는 헬레니즘의 윤리는 육욕을 중심에 놓는 기독교의 도덕과 대조적인 양상을 띤다. 즉 자기에 의한 자기의 결정으로서 그리스 로마의 윤리가 사회적 코드와 처방의 무게로부터 자유로운 '미학적 주체화 양식'을 구성한다면, 이후 기독교적 사목이 발전시킨 도덕은 금기와 율법을 통해 행동에 정해진 규범을 부과함으로써 '예속적 주체화 양식'을 구성하기 때문이다. 정리해 보자면, 푸코는 고백 실천을 기반으로 성과 욕망, 섹슈얼리티를 인간 본성이자 정체성의 핵심으로 생산하는 정신분석을 기독교의 사목과 지배 기술, 그리고 근대적 도덕이라는 계보학적 계열에 위치시키는데, 그로부터 새롭게 문제화된 신체와 쾌락을 매개로 아프로디지아, 자기의 기술, 고대의 윤리라는 또 다른 계열을 대안적으로 제시한 셈이다.[59]

사실 『지식의 고고학』에는 푸코가 정신분석을 대하는 방식의 변화, 그리고 이와 맞물린 푸코 철학의 진화를 마치 예고하기라도 한 듯한 언급이 있다. 거기서 그는 우리가 다양한 고고학을 쓸 수 있다고 말하면서, 그 예로 섹슈얼리티와 관련해 두 가지 가능한 접근 방법을

---

58) 푸코, 『성의 역사 2: 쾌락의 활용』, 39~45쪽.
59) 문성훈, 『미셸 푸코의 비판적 존재론: 그 미완의 기획』, 길, 2010, 4장 참고.

든다. 이를테면, 인식론적 지향을 갖는 고고학은 19세기에 섹슈얼리티를 다루는 심리학이나 생물학 등이 어떻게 형성되었는지 살피고, 프로이트와 더불어 과학적 유형의 담론이 어떤 단절에 의해 정초되었는지 보여 줄 것이다. 이와 달리, 윤리적 지향을 띠는 고고학은 섹슈얼리티에 대한 금지, 배제, 자유, 위반, 가치 부여 등 온갖 언어적·비언어적 표현들이 일정한 담론적 실천에 어떻게 연계되어 있는지, 섹슈얼리티를 둘러싼 모종의 말하는 방식이 과학적 담론 아닌, 금지와 가치 체계 속에 어떻게 투여되는지를 밝힐 것이다.[60] 이에 비추어 볼 때, 『지식의 의지』(그리고 아마도 『말과 사물』의 일부)가 대략 첫 번째 유형의 섹슈얼리티의 고고학 쪽에 놓인다면, 『쾌락의 활용』과 『자기에의 배려』는 두 번째 유형 쪽에 속한다. 정신분석에 대한 푸코의 논의는 큰 틀에서 섹슈얼리티 문제에 대한 인식론적·윤리적 고고학의 관심을 깔고 있었던 셈이다.

그런데 이 못지않게 주목해야 할 것은 그의 논의에서 나타나는 표면상의 기복이나 불연속성에도 불구하고, 심층의 일관된 입장이 그것을 관통하고 있었다는 점이다. 그 입장은 바로 인간에 대한 전통적인 관념을 해체하려는 의지와 관련된다. '정신분석의 고고학'을 사유의 지렛대 삼아 푸코는 실존주의와 현상학이 전제하는 자유로운 의식의 중심으로서 '주권적인 인간'의 형상을 거부하는 한편, 생물학적이고 심리학적인 본성에 기초한 개인의 '단일한 정체성'이라는 가정에서 탈피하고자 했다. 나아가 그는 우리가 의식이나 본능, 욕망 같

---

60) 푸코, 『지식의 고고학』, 268~269쪽.

은 형이상학적 토대 없이 주체의 자율적인 공간을 어떻게 구축할 수 있을지 탐색했다. 이렇게 보자면, 프로이트와 정신분석에 대한 푸코의 시각은 나름대로 확고한 철학적 기획을 바탕에 두고 있었다고 평가할 만하다.

푸코가 주로 역사서들을 썼지만, 그가 그것들 안에 담긴 비판의 화살이 언제나 현재성이라는 과녁의 중심을 조준해야 한다고 믿었던 철학자라는 사실 또한 잊지 말아야 한다. 이는 바꿔 말하자면, 그의 철학이 언뜻 보기와는 다르게 늘 동시대의 사회 문제 및 논쟁 맥락과의 긴밀한 연관 속에서 운동했다는 의미이다. 푸코의 철학을 이처럼 사회문화적 배경과 밀접하게 연결 지어 바라본다면, 정신분석에 대한 그의 지적 저글링 역시 다른 식으로 이해 가능하다. 그가 1950년대까지 프랑스에서 지배적이었던 주체철학 전통과 휴머니즘적 사회 분위기에 반기를 드는 방편으로 무의식 이론(그리고 구조주의)을 이용했다면, 1970년대 광범위한 인기를 끌며 유행했던 정신분석과 프로이트 마르크스주의 및 그에 기반을 둔 급진적 성 정치에 이의를 제기하기 위해 섹슈얼리티 이론을 비판했다고 볼 수 있기 때문이다. 1980년대에 푸코가 정신분석의 욕망 담론을 넘어 쾌락의 활용과 자기 배려에 관한 탐구로 나아간 이유도 어떤 면에서는, 역사학자 폴 벤느의 지적처럼, 자연이나 신, 전통, 칸트식 정언명령 등이 더 이상 믿을 만한 삶의 처방전을 제공해 주지 못하는 포스트 니체 시대의 새로운 윤리에 대한 고민 때문이었을 법하다.[61] 그렇다면 우리는 푸코가

---

61) Paul Veyne, "Avant-propos", *Sénèque-Entretiens. Lettres à Lucilius*, Paris: Robert

정신분석을 끝까지 '공정하게' 대하려 했다고 말할 수 있지 않을까? 그가 정신분석의 해방적 성격과 통제적 성격, 무의식 이론과 섹슈얼리티 이론을 상황에 따라 균형 있게 강조하거나 비판했다는 의미에서보다는, 정신분석을 언제나 현재적 시점에서 그 가변적인 존재양식과의 관계 아래 사유하려 애썼다는 의미에서 말이다.

Laffont, 1993, pp. v~vi.

12장. 데리다와 정신분석
: 저항의 리듬

강우성

들어가며

"프로이트 없이 데리다는 없고, 없었을 것이다."There is, and would have been, no Derrida without Freud 제프리 베닝턴의 이 도발적 발언은 해체와 정신분석의 관계를 집약해 주고 있지만,[1] 정치적 주체의 문제를 둘러싼 20세기 후반의 프랑스철학의 논점 전체를 겨냥한 말로도 읽을 수 있다.[2] 물론 사르트르 이후 프랑스철학의 약진을 포스트-마르크시즘의 관점에서 보면 이 발언은 쉽사리 납득할 수 없겠지만, 68혁명의 유산을 거시적 혁명 이론의 퇴조로 파악하지 않는 한 이른바 '프랑스 이

---

1) Geoffrey Bennington, *Interrupting Derrida*, London and New York: Routledge, 2000, p. 96. 데리다의 텍스트를 포함하여 앞으로 등장할 인용문의 번역은 모두 영어판을 기준으로 필자가 옮긴 것이다.

2) 푸코의 다음과 같은 발언이 이를 잘 정리해 주고 있다. "우리는 주체를 제거하여 구성적 주체 없이 지내야 하며, 다시 말해, 주체의 형성을 역사적 틀 내에서 설명할 수 있는 분석에 도달해야 한다"(Foucault, "Truth and Power", trans. Donald F. Bouchard et al., ed. Paul Rabinow, *The Foucault Reader*, New York: Pantheon Books, 1984, p. 59).

론'French theory의 융성에서 정신분석이 차지하는 위치를 부정하기는 어렵다. 20세기 후반 프랑스철학이 고대철학과 독일관념론의 충실한 계승자임을 자처하는 알랭 바디우조차 "정신분석과의 팽팽한 교환관계"[3]를 핵심 쟁점의 하나로 삼았다. 바디우에 따르면, 무의식 개념을 둘러싼 정신분석과의 "경쟁과 공모"야말로 프랑스철학의 자양분이었다.

　이러한 평가에도 불구하고 프랑스철학이 정신분석을 바라보는 입장은 대체로 비판적이었다. 주지하다시피, 바슐라르와 사르트르는 프로이트를 대체하는 독자적 정신분석 개념을 주장했고, 푸코와 들뢰즈의 작업은 마르크시즘 못지않게 정신분석에 적대적이었으며, 이데올로기 개념에 정신분석적 사유를 도입한 루이 알튀세르조차 "오이디푸스적 불변자"(Œdipal invariant)[4]에 끝내 회의적이었다. '프로이트로의 복귀'를 주창한 라캉도 언어학의 세례를 받지 못한 프로이트의 생물학적 유기체론과 결별하고자 했고, 라캉 —— 특히 전기 라캉 —— 보다 프로이트를 중시했던 데리다 역시 해체와 정신분석의 차이를 힘주어 역설했다. 특히 데리다는 프로이트의 개념들이 "예외 없이 형이상학의 역사, 즉 로고스중심주의적 억압의 체계"[5]에 속하고 "겉보기

---

3) Alan Badiou, *The Adventure of French Philosophy*, trans. Bruno Bosteels, London: Verso, 2012, p. lx.
4) Louis Althusser, *Lenin and Philosophy and Other Essays*, trans. Ben Brewster, London: Monthly Review Press, 1971, p. 216.
5) Derrida, *Writing and Difference*, trans. Alan Bass, London and New York: Routledge, 1978, p. 248.

와 달리 로고스중심주의의 해체는 철학의 정신분석이 아니"[6]라고 말하며 "대리보충supplément 개념은 전혀 정신분석적이지 않다"[7]고 못박는다. 베닝턴의 말을 빌리면, 데리다에게 정신분석은 오히려 "해체론이 무엇이 아닌가를 나타내는 최상의 사례, 그 모범적 사례이자 패러다임"[8]에 더 가깝다. 바디우의 적극적 입론과 달리, 정신분석은 20세기 프랑스철학의 적대적 타자 내지는 반면교사에 해당하는 듯하다. 과연 그럴까. 이 논문은 이 질문을 출발점으로 삼아 프랑스철학과 정신분석 간의 착종된 관계를 데리다의 논의를 중심으로 그려 보고자 한다.

철학의 가장자리

프로이트가 주조한 정신분석 개념들이 "예외 없이" 형이상학의 역사에 속한다면 왜 데리다는, 그리고 프랑스철학은 정신분석을 필요로 하는가. 서양철학의 로고스중심주의적 유산을 청산하려는 데리다에게 프로이트의 형이상학 귀속성은 어째서 문제적인가. 데리다는 차연différance의 사유가 "개념들보다 담론에 더 관심을 기울인다"고 말하면서 "로고스중심주의적 억압 개념은 [프로이트의] 개별적이

---

6) *Ibid.*, p. 246.

7) Derrida, *Of Grammatology*, trans. Gayatri Chakravarty Spivak, Baltimore: Johns Hopkins University Press, 2016, p. 173.

8) Bennington, *Interrupting Derrida*, p. 97.

고 기원적인 억압 개념이 어떻게 문화적이고 역사적인 귀속歸屬의 구조라는 지평 내에서 가능했는지 이해할 수 있게 해 준다"[9]고 주장한다. 사실 데리다에게 프로이트의 개념들이 형이상학의 유산에 속한다는 사실 그 자체는 문제적이지 않다. 서양철학이든 정신분석이든 형이상학에서 자유롭다고 주장할 수 없을 만큼 모든 담론은 이미 그 유산에 깊숙이 오염되어 있기 때문이다. 데리다는 형이상학을 벗어날 새로운 개념의 창조가 철학의 역할이라는 (들뢰즈와 과타리의) 입장에 동조하지 않으며, "형이상학의 해체는 그 유산의 계승 없이 불가능하다"[10]는 아포리아를 강조한다. 오히려 프로이트의 문제는 정신분석 개념들의 형이상학적 귀속성이 아니라 분석 담론의 **역사적 지평**에 대한 사유의 부재이다. 개념의 형이상학적 기원이 아니라 개념으로 소진되지 않는 담론의 잠재성 —— 정신분석의 '유사 초월성'quasi-transcendentality —— 에 대한 자기 망각이 문제다. 프로이트가 형이상학의 전통으로부터 '분석'analysis 개념의 상충하는 두 가지 모티프 —— 기원회귀적 '아나'ana와 파괴적·종말론적 '리시스'lysis —— 를 계승한 일은 데리다에게 비판의 대상이 아니다.[11] 데리다는 정신분석의 형이상학적 개념들에 잠재된 담론 자체의 저항성을 이론화하지 못한 책임을 프로이트에게 묻고 있다. 요컨대 정신분석이 내포한 저항의 계기를 정신분석 자체의 저항적 힘으로까지 사유하지 못한 한계를 짚어

---

9) Derrida, *Writing and Difference*, p. 248.

10) Derrida, *Resistances of Psychoanalysis*, trans. Peggy Kamuf, Pascale-Anne Brault and Michale Naas, Stanford: Stanford University Press, 1998, p. 19.

11) *Ibid.*, pp. 19~20.

낸다.

데리다가 정신분석을 직접 다룬 여러 저술들에서 형이상학적 유산으로 소진될 수 없다고 본 프로이트 담론의 저항적 리듬은 적어도 세 가지 개념을 중심으로 전개된다.[12] 이는 프로이트가 이론화한 주체의 심리 구조의 독특한 움직임과 관련되며, 이를 전유한 해체론의 탈형이상학적 운동과도 이어진다. 첫 번째 모티프는 사후성 Nachträglichkeit이다.

> 현재present 일반이 원본적이지 않고 재구성된 것이라는 사실, 현재가 경험을 구성하는 완전히 살아 있는 절대적 형식이 아니라는 사실, 생생한 현재의 순수성은 없다는 사실. 이것이야말로 프로이트가 사태/물자체thing itself에 해당하지 않는 어떤 개념적 도식을 통해 우리로 하여금 사유하도록 추동했을 법한 주제이다. 이러한 사유는 분명 형이상학이나 과학(학문) 내에서 소진될 수 없는 유일한 사유이다.[13]

프로이트가 신경증 증례 연구와 꿈의 분석에서 길어 낸 사후성 개념은 의식에 현전하는 현재가 유일한 기원이 아니라 재구성의 산물이라는 사유로서 현상학과 길을 달리하는 해체론의 시간관을 예비하며, 이는 의식이 아니라 무의식 속에 현재의 진리가 선재先在한다

---

12) 앞으로 다룰 이 세 가지 개념 ─ 사후성, 흔적, 반복강박 ─ 은 데리다가 프로이트의 정신분석에 핵심이 되는 계기라고 평가하는 중심축이며, 동시에 데리다가 해체와 정신분석을 연결하는 중요한 연관의 고리라고 할 수 있다.

13) Derrida, *Writing and Difference*, p. 266.

는 생각과도 다르다. 프로이트에 따르면, 꿈-사고Traumgedanke는 현존한 적도 없고 현전하지도 않는 텍스트로서 항상 이미 재생산된 것이며 꿈-내용Trauminhalt은 현재적 의미가 오로지 사후적으로 일종의 '대리보충'의 논리에 따라 재구성된 또 다른 기표일 뿐이다. 사후성은 바로 기원으로 재정립된 의미의 원본이라는 허구의 생성 과정을 지칭하며, 따라서 현존했던 과거나 현전하는 현재의 절대적 기원을 상정하는 형이상학의 틀로 포섭되지 않는 사태를 일컫는다.

프로이트가 '꿈의 배꼽'der Nabel des Traums이라고 명명한 이 재구성된 허구적 기원은 억압된 (과거의) 무의식에서 증상의 발원지를 찾으려는 꿈의 정신분석에 강력하게 저항하는 계기이다. 현전의 형이상학으로 소진될 수 없는 이 사후성 개념은 사실 프로이트의 초기 저작인 『과학적 심리학 초고』(1895)에 등장하는 엠마의 증례분석에 이미 내포되어 있었다.[14] 신경증을 앓고 있는 여자아이가 소급적으로 기억해 낸 최초의 트라우마적 사건 자체가 분석가의 개입으로 촉발된 일종의 사후적 환상일 가능성이 크며, 이 사건은 따라서 기원적 환상의 성립이 아니라 "방어의 실패"를 나타낸다.[15] 사후성은 현재의 증상이 그 기원적 트라우마라는 원原사태로부터 나온다는 분석가의 가설을 혼란에 빠뜨리며, 성인의 성性이 현재의 관점에서 재구성되어 사후적

---

14) Boothby, *Freud as Philosopher: Metapsychology after Lacan*, London and New York: Routledge, 2001, p. 205. 엠마의 분석에 관해서는 Freud, "Project for a Scientific Psychology", trans. James Strachey, *The Standard Edition of the Complete Psychological Works of Sigmund Freud*, vol. 1, London: Hogarth Press, 1950 참고.

15) *Ibid.*, p. 203.

448   3부. 포스트구조주의와 정신분석

으로 의미화된 어린 시절의 트라우마로부터 나온다는 이른바 '유혹이론'을 반증하는 사례로 기능한다.[16) 데리다에게 프로이트의 사후성 개념은 모든 차이가 단일한 기원에서 나온다는 현전의 형이상학을 불가능하게 만드는 동시에 이 신화적 기원을 인간 심리 바깥의 물자체로 환원하지 않는다는 점에서 반反철학적이다.

프로이트의 사후성 개념은 정신분석의 두 번째 탈형이상학적 계기인 '흔적'trace과 연결된다. 데리다가 '차연'이라는 용어에서 이미 시사하고 있듯, 차이의 기원인 물자체로 소급하지 않는 사후성 개념은 차연과 에크리튀르écriture를 추동하는 흔적 개념의 근거를 마련해 준다. 프로이트에게 흔적은 꿈-사고가 무의식 속의 기원적 기의가 아니라 이미 지워진 채로 기입inscription된 기의 없는 기표의 자취로서 오직 순수한 차연들이 시공간적으로 연기되고 힘의 차이에 의해서만 직조된 경로Bahnung일 뿐임을 입증한다.[17) 지워진 기입으로서의 흔적은 선행하는 말의 흔적이 아니라 그 자체로 복수의 형태로 존재하는 에크리튀르의 순수한 리듬을 가리킨다. 데리다가 흔적 혹은 원흔적 개념을 통해 로고스중심주의를 비판할 수 있는 근거는 여기서 나온다. 프로이트에게 현재의 증상이 발원하는 기원적 트라우마가 사후적 환상이듯, 데리다에게 흔적은 항상 이미 지워진 채로 쓰인 흔적, 결코 형

---

16) 강우성, 『불안은 우리를 삶으로 이끈다: 프로이트 세미나』, 문학동네, 2019, 22~23쪽. 이런 맥락에서 보면 훗날의 신경증자가 재구성한 기원적 트라우마는 최소한의 '사실성'조차 보장받지 못한다. 따라서 프로이트에게 트라우마는 최초의 기원적 환상이 아니라 성이 애초부터 심리적 환상에서 유래함을 설명하는 개념으로만 유용하다.

17) Derrida, *Margins of Philosophy*, trans. Alan Bass, Chicago: University of Chicago Press, 1982, p. 18.

이상학으로 소진될 수 없고 사유 불가능한 그 무엇의 이름이다.

따라서 이 흔적 개념은 현전하는 모든 차이가 거기로부터 나오는 물자체나 근본 사태로 표상될 수 없고, 오로지 스스로 연기되고 스스로 달라지는 순수한 차연들의 어떤 리듬으로밖에 현상하지 않는 일종의 시뮬라크르이다. 흔적으로서의 차연은 구분된 항들 간의 외적 차이 ― 관계적 차이 ― 나 물자체에서 파생된 차이가 아니라 기원 없는 흔적의 내적 차이 ― 자기 차이 ― 를 일컫는다. 따라서 이 차연은 다른 어떤 것으로도 표상되지 않는 결정 불가능한 그 무엇이다.[18] 차연 관념이 하나의 개념이나 단어가 아니며 관계를 전제하지 않는 까닭도 여기에 있다. 물론 프로이트는 이 흔적 개념을 사후성 개념에 결박시키는 바람에 형이상학의 너머로까지 사유하지 못한 채 리비도의 경제와 '쾌원리'에 매몰되어 생물학이 발전한다면 궁극적으로 해소될 잠정적 이율배반으로 간주한 것이 사실이다.[19] 프로이트가 '쾌원리'의 너머에 에로스와 다른 더 근원적 파괴충동이 있을 가능성을 사유했으면서도 이를 여전히 "쾌원리와 모순되지 않는" 충동으로 환원하는 것도 이와 관련이 깊다.[20] 데리다는 프로이트가 사변을

---

18) 민승기, 「초월의 몸짓: 라캉과 데리다」, 『라깡과 현대정신분석』 1권 1호, 1999, 234쪽.

19) 대체로 '쾌락원칙'으로 번역되는 프로이트의 Lustprinzip을 '쾌원리'로 쓴 이유는 심리기제가 감정적 변용(쾌/불쾌)에 대처하여 자극의 감소 내지는 최소화를 통해 항상성을 유지하려는 경향을 일컫기에 적극적 즐거움의 추구를 연상시키는 '쾌락'(快樂)의 의미를 바로잡기 위해서이다. 마찬가지로 이 항상성의 경향은 금지와 관련된 어떤 정립된 원칙이 아니라 능동적 길잡이 역할을 뜻하는 것에 가깝기에 원리로 옮겼다. 강우성, 『불안은 우리를 삶으로 이끈다』, 46~52쪽.

20) Freud, "Beyond the Pleasure Principle", trans. James Strachey, *The Standard Edition of the Complete Psychological Works of Sigmund Freud*, vol. 18, London: Hogarth

통해 정직하게 대면했으나 생물학의 틀로 해소해 버린 죽음충동의 자취를 흔적 개념을 통해 쾌원리 너머로까지 사유했을 따름이다.

사실 흔적 개념은 프로이트의 1925년 에세이 「'요술글판'에 관한 노트」에서 유래를 찾을 수 있다. 이 에세이에서 프로이트는 이층 구조로 되어 있는 어린아이들의 글쓰기 연습용 판 ── 영어판에서는 '신비한 글쓰기 판'으로 번역되어 있다 ── 을 예로 들어 심리 구조에 관해 설명한다. 이층 구조로 된 요술글판Wunderblock의 윗부분에는 투명한 셀룰로이드 판이 있고 그 아래에는 얇은 파라핀을 먹인 반투명의 종이가 자리하고 있다. 이 이중 판에 글을 쓸 경우, 윗판에 가해진 압력이 밑부분의 파라핀과 접촉하여 검은 글자의 형체를 만들어 낸다. 쓰인 글자를 지우고 새로 쓸 경우에는 이 두 판을 분리하여 윗판을 들어 올리면 애초의 상태로 쉽사리 되돌아간다.[21]

글쓰기와 지우기가 동시에 가능한 이 글자판이 프로이트에게 의미 있는 '기계'인 이유는 바로 새로운 지각정보를 기억하는 동시에 그 기억의 흔적을 지워 버리는 심리의 이중성을 탁월하게 구현하기 때문이다. 두 판을 분리하면 백지상태로 돌아가기에 지각정보를 무한히 기록할 수 있으면서도 아래쪽 판에는 이미 기록된 지각정보의 흔적들을 희미하게나마 보존할 수 있는 것이다. 윗판 뒷면의 셀룰로이드 막이 심리의 2차 과정인 지각-의식에, 밑면의 파라핀 보드가 1차

Press, 1955, p. 56.

21) Freud, "A Note on the 'Mystic Writing Pad'", trans. James Strachey, *The Standard Edition of the Complete Psychological Works of Sigmund Freud*, vol. 19, London: Hogarth Press, 1961, p. 229.

과정인 무의식에 비유됨으로써, 이 요술글판은 심리의 이중적 겹침을 절묘하게 담아낸다. 데리다는 이 이중 구조에서 무의식에 지워진 형태로 기입된 글쓰기의 움직임을 읽어 내고 이를 자신의 흔적 개념과 연결시킨다. "흔적은 자신의 주기적 말소를 행함으로써만 자신이 기입되는 공간을 창출한다. 애초부터, 최초로 각인되는 '현전'에서부터 흔적은 반복과 말소, 독해 가능성과 독해 불가능성이라는 이중의 힘에 의해 구성된다."[22] 요술글판으로 은유된 에크리튀르의 근원적 시간성은 바로 흔적이 현전의 지배에 들어가기 이전의 어떤 운동성을 나타내며, 이를 데리다는 주기적 재생과 말소의 반복, 즉 프로이트가 묶기와 풀기의 진동이라고 부른 "포르트-다"의 주기적 리듬$_{rythmos}$과 유사한 것으로 본다.[23] 흔적은, 현전하는 아무런 항목도 없이 실패를 던지고 되감듯 오직 충동의 흐름을 일정한 규칙 없이 조이고 풀면서 진동하는 유령적 리듬으로 존재한다.

데리다에게 프로이트의 사후성과 흔적 개념이 형이상학에 귀속되지만 형이상학으로 소진될 수 없는 사유 불가능한 것의 오롯한 리듬을 가리킨다면, 이 유령적 리듬은 어떻게 확인할 수 있는가. 여기서 세 번째 탈형이상학의 계기인 '반복강박'$_{Widerholungszwang}$이 개입한다. 리비도의 흐름 ── 에너지의 양적$_{量的}$ 경제학 ── 으로 심리 현실의 작동을 설명하는 프로이트에게 이 리듬은 흔적 속에 지워진 채 묶

22) Derrida, *Writing and Difference*, p. 284.
23) Derrida, *The Post Card: From Socrates to Freud and Beyond*, trans. Alan Bass, Chicago: University of Chicago Press, 1987, p. 406.

여 있던 죽음충동이 끊임없이 의식에 되돌아오는 쾌원리 너머의 사태를 가리킨다. 즉 죽음충동은 묶여 있던 충동의 흔적이 지워져 훼손된 채 돌아와 심리 현실의 항상성을 교란시키는 돌발적 리듬의 분출이다. 따라서 죽음충동은 심리적 긴장 상태를 일정한 수준으로 유지하여 불쾌를 줄이는 쾌원리를 위반하는 예외적 상황을 만든다.『쾌원리 너머』는 이 죽음충동의 예외적 귀환의 원인을 반복성과 인간의 회귀본능에서 찾아 다시 포섭하는 논리를 담고 있다. 이때 프로이트의 독창성은 이 예외적 파괴성의 분출을 쾌원리 이전의 유아적 충동의 논리로 환원하여 더 근원적이고 본래적인 충동의 본성으로 자리매김함으로써 쾌원리를 폐기하거나 에로스충동과 갈등 관계를 만들지 않고 자신의 정신분석 이론 속에 체계화했다는 사실에 있다.

그런데 프로이트가『쾌원리 너머』에서 죽음충동이 현상하는 외상적 현실의 경험으로 거론하는 네 가지 사례 —— 전쟁신경증자의 외상적 꿈, 외손자의 '포르트-다' 게임, 도착적 마조히즘, 분석에 맞선 상담자의 저항 —— 는 사실 동일한 위상을 갖지 않는다. 무엇보다도 전쟁신경증자의 외상적 꿈은 다른 증상과 달리 성적 억압과 관련이 없고, 상담자의 저항은 분석의 결과에 대한 의식적 부정에 가깝다. '포르트-다' 게임만이 엄마의 부재라는 트라우마에 대한 방어로 볼 수 있고, 도착적 마조히즘은 외상과 무관한 도착적 성욕의 도덕적 표현으로 간주된다. 따라서 데리다가 이 책에서 죽음충동 개념이나 사례들의 중요성보다 더 주목하는 것은 네 사례에 공통적으로 수반되는 통제 불가능한 리듬으로서의 반복강박이다. 그런데 데리다가 보기에 프로이트의 분석이 형이상학으로 복귀해 실패하는 지점은 죽음충동을 생물학적 논리에 근거하여 쾌원리의 부정적 계기로 편입시키는 변증법이 아니라 반복강박이 보여 주는 '과장된 저항'의 의미를 끝까지 이론화하지 못한 정신분석적 사변의 한계이다.

> 반복강박은 분석의 두 의미를 네 가지 다른 저항의 형태에 두 가지 이유로 전달하지 못한다. 하나는 반복강박이 죽음충동처럼 의미가 없기 때문이고, 다른 하나는 분석에 대한 저항이 무저항의 형태로 이뤄지기 때문이다. 즉 반복강박 자체가 분석의 **구조 혹은 소명**을 이미 지니고 있기 때문이다. […] 우리는 여기서 꿈의 배꼽과 아주 근접한 장소에 도달했다. 죽음의 욕망과 욕망 그 자체가 자신들이 금지하는 분석을 요청하고 소리 내는 장소, 「필경사 바틀비」에서처럼 아무것도 말하지 않음으로써 욕망을 말하고, 응답하지 않음으로써 응답하며, 예나 아니요라고 말하지 않는 장소에 도달했다. 모든 요구, 질문, 압박, 요청, 명령에 대해 욕망은 능동적이지도 수동적이지도 않은 채 답하지 않음으로써 답한다.[24]

데리다에게 반복강박은 기원 회귀적이면서 동시에 파괴 종말론적인 분석의 착종된 두 의미를 동시에 체현하며, 바로 그러한 이중 결속double liaison의 측면에서 정신분석의 분석적 경향 자체에 대항하는 정신분석의 자기저항을 포함한다. 반복강박은 정신분석을 향한 증상자의 저항일 뿐만 아니라 정신분석이 형이상학으로 귀착되는 것

---

24) Derrida, *Resistances of Psychoanalysis*, p. 24.

에 저항하는 분석 이론 자체의 저항적 리듬을 표상한다. 데리다에 따르면, 프로이트는 바틀비를 대면한 화자-변호사처럼 반복강박의 '무저항'을 자신에 대한 예외적 저항(트라우마) 내지는 저항 없음(죽음충동)으로만 병리화했을 뿐 무저항이 갖는 분석 자체에 대한 저항의 힘을 보지 못했다.[25]

따라서 데리다에게 반복강박은 기원 회귀적 쾌원리나 기원 파괴적 죽음충동의 이중 결속에 대한 저항의 함의를 지닌 것으로 재정립될 필요가 있다.[26] 현전의 형이상학을 허무는 해체의 저항이 이 반복강박의 리듬을 포착한 일은 결코 우연이 아니다. 이 과장되고, 아무런 의미 없는, 무저항으로서의 저항의 외피를 띤 분석의 해체는 철학이 사유할 수 없는 나머지의 잔존la restance du reste, 잔여의 저항과 관계한다. 다시 말해 "의미화의 연쇄 속에서 배제된 기표-사물이 바로 주체 속에서 주체를 능가하는 것"[27]으로 돌아온 것이 바로 반복강박이 산출하는 잔여의 논리다. 쓰여 지워진 채 존속되는 나머지의 리듬인 반복강박은 쾌원리와 죽음충동에 기반을 둔 분석의 이중 결속을 넘어서는 저항의 에너지다. 이 결정 불가능한 나머지는 쾌원리와 죽음

---

25) 바틀비가 보여 주는 무저항의 저항과 죽음의 윤리 간의 관련에 대해서는 Shela Sheikh, "Bartleby-Derrida: Literature, Law and Responsibility", ed. S. Dimakopoulou, C. Dokou and E. Mitsi, *The Letter of the Law: Literature, Justice and the Other*, New York: Peter Lang, 2013, pp. 77~90 참고. 바틀비의 저항을 정치화하는 들뢰즈와 데리다의 차이를 '법'과 '삶'의 차이로 이론화하는 입장은 Gregg Lambert, "The Subject of Literature between Derrida and Deleuze: Law or Life?", *Angelaki*, vol. 5, no. 2, 2000, pp. 177~190 참고.

26) Derrida, *Resistances of Psychoanalysis*, p. 27.

27) 민승기, 「초월의 몸짓: 라캉과 데리다」, 『라캉과 현대정신분석』, 235쪽.

충동의 논리에 포섭되지 않는 정신분석의 가장자리, 즉 사이_{between}의 시공간, 존속과 저항의 쐐기_{wedge}로 기능하며, 억압된 충동의 흔적이 귀환되는 길을 열어 준다. 요컨대 사후성으로 작동하는 흔적의 이중 리듬이 바로 반복강박이다. 데리다에 의해 반복강박은 프로이트적 쾌원리의 예외적 병리 상태나 충동의 본질이 아니라 정신분석을 해석의 틀에 갇히지 않게 만드는 해체의 이론적 무기로 활용된다. 데리다가 되풀이 가능성_{iterability}으로 명명한 이 반복강박의 리듬은 "분석의 원리를 작동시키는 동시에 이 원리를 의문에 부친다".[28]

라캉과 철학

데리다는 『우편엽서』에서 프로이트가 형이상학의 유산을 빌려 의미 있게 제기했으나 형이상학 너머로 나아가지 못한 채 실패한 정신분석 사유의 잠재적 저항성이 라캉에 의해 다시 한 번 형이상학적으로 재전유될 위험을 감지한다. 주지하다시피, 에드거 앨런 포의 단편소설 「도둑맞은 편지」를 둘러싼 두 사람의 논쟁은 작품의 해석 및 편지의 의미를 두고 격렬한 논쟁을 불러일으켰다.[29] 라캉은 1966년 발간된 『에크리』의 첫머리에 1955년에 행한 포 소설에 관한 세미나

---

28) Derrida, *Resistances of Psychoanalysis*, pp. 32~33.
29) John P. Muller and William J. Richardson eds., *The Purloined Poe: Lacan, Derrida and Psychoanalytic Reading*, Baltimore: Johns Hopkins University Press, 1988 참고.

를 전략적으로 배치한 뒤, 이 소설에 나타나는 자동반복 ── 반복강박 ── 의 장면들에 주목한다. 인물들 사이를 자동적으로 떠도는 기표로서의 편지는 두 개의 장면을 그대로 반복한다. 장관이 여왕으로부터 편지를 훔치고 뒤이어 뒤팽이 장관에게서 편지를 훔친다. 그리고 왕과 경시청 장관은 이 두 장면 각각에서 편지의 존재를 모르는 맹목적 제3자의 위치를 차지한다. 편지를 잃어버리는 위치를 여왕과 장관이, 편지를 훔치는 위치를 장관과 뒤팽이 공유하는 구조적으로 동일한 삼각관계의 상황이 두 번 반복된다. 기표로서의 편지는 인물의 처지가 뒤바뀌는 상황을 그 인물들의 의지나 선택과 상관없이 자동적이고 강박적으로 반복한다. 주체는 편지, 즉 기표의 지배에 복종하는 한에서만 주체로 탄생한다.[30]

그런데 라캉이 이 소설에서 가장 힘주어 강조하는 역설은 이 두 개의 삼각구도의 반복을 관통하여 움직이는 편지의 이동이다. 주체의 부단한 자리바꿈을 연출하면서도 편지는 훼손됨이 없이 움직이며, 이 움직임은 편지의 내용과 아무 상관이 없다. 라캉은 "편지가 소설의 **진짜 주체**이며" 도둑맞은 편지는 "항상 그 목적지에 도착한다"고 주장한다.[31] 기의 없는 기표로서의 편지가 동일성을 유지한 채 "진짜 주체"로서 자신이 놓였던 원래의 장소로 어김없이 복귀하는 이 사태를 라캉은 기표의 질료성matérialité, 즉 "기표의 분할 불가능성"[32]이

---

30) Lacan, *Écrits*, trans. Bruce Fink, New York: Norton, 2006, pp. 6~30.
31) *Ibid.*, p. 21, 30. 라캉의 질료성 개념에 대해서는 김상환, 「라캉과 데리다: 기표의 힘, 실재의 귀환」, 『라캉의 재탄생』, 김상환·홍준기 엮음, 창작과비평사, 2002, 519쪽 참고.
32) Lacan, *Écrits*, p. 21.

라고 부른다. 라캉은 이 분할 불가능하고 끊임없이 이동할 뿐 스스로의 고정된 위치를 점하지 않는 기표로부터 모든 주체들의 욕망이 생겨난다고 주장한다. 그런 의미에서 이 편지는 쾌원리를 목적으로 하지 않는 프로이트의 죽음충동과 유사하며, 라캉이 말하는 욕망의 원인인 대상 a$_{objet\ a}$ 내지는 특권적 기표인 팔루스, 즉 실재$_{réel}$가 드러나면서 감춰지는 역설적 기표의 모습을 띠고 있다. 편지에 구현된 대상 a는 상호주체적 관계로 이루어진 상징계의 공백을 메우는 환상의 기표, 즉 주체의 존재론적 결핍을 메우는 대상 아닌 대상이 된다.[33]

주지하다시피, 데리다는 라캉이 포의 「도둑맞은 편지」에서 읽어내는 기표의 분할 불가능성이 프로이트가 반복강박 개념을 통해 폐기한 구조주의적 진리 개념을 정신분석에 다시 도입한다고 비판한다.[34] 데리다의 라캉 비판은 우선 포 소설에 대한 라캉의 초월론적 읽기에 초점이 맞추어진다. 데리다는 만일 편지가 분할 가능하며 목적지에 도달하지 않을 가능성에 지배된다면 어떤 결론이 가능한지 묻는다. 만일 포의 소설이라는 허구적 담론이 이미 자신 안에 라캉적 진리의 독법 —— 편지의 분할 불가능성 —— 을 해체하고 있다면 어떻게 될까? 왜 라캉은 포 작품의 문학적 허구성에 주목하지 않는 것일까? 데리다가 보기에 라캉의 포 읽기는 기표의 분할 불가능성과 귀환

---

33) 민승기, 「초월의 몸짓: 라캉과 데리다」, 『라캉과 현대정신분석』, 238쪽.
34) 이 논쟁의 경과에 대해서는 Muller and Richardson, *The Purloined Poe* 참고. 라캉의 독법에 관한 데리다의 '구성적 읽기'를 자세하게 정리한 글로는 Jacques de Ville, "Derrida's The Purveyor of Truth and Constitutional Reading", *Journal of Semiotic Law*, vol. 21, no. 2, 2008, pp. 117~137 참고.

의 회로 구조에 들어맞지 않는 작품의 많은 부분을 잘라 냈기에 가능하다. 문학은 철학적 진리의 예증을 위해 맥락이 잘리고 허구성이 유보되어도 괜찮은 대상인가. 데리다에 따르면, 문학 작품을 다루는 분석 이론에 문학의 존재에 관한 질문이 빠져 있기에 라캉의 텍스트 읽기는 문학을 거세하는 "할례분석"circanalyse이다.[35] 무엇보다도 라캉은 이 작품을 서술하는 화자의 존재, 그리고 화자와 뒤팽의 분신分身적 관계, 화자가 행하는 서사의 성격, 그리고 뒤팽 자신의 욕망 등 편지의 순환 구조를 가능하게 만드는 허구적 장치의 역할을 분석에서 배제한다. 또한 라캉의 분석은 화자를 중립적 전달자로 만들고 편지의 회귀적 순환 구조를 완성하는 뒤팽의 개인적 욕망을 무시함으로써 포 텍스트에 내재된 거세의 장소, 그 텍스트의 심연을 팔루스라는 초월적 기표로 봉합한다.[36]

포 소설의 플롯, 이른바 만듦새syuzhet를 세밀하게 분석하여 편지의 분할 가능성과 도달 불가능성을 도출한 뒤 라캉의 독법에 맞서는 데리다는 라캉의 초월적 읽기가 하나의 유일한 봉합적 진리로 표상되는 방식에 비판의 초점을 맞춘다. 초월적 읽기가 문제인 한, 편지가 팔루스의 기표인지 욕망의 대상 a인지는 데리다에게 부차적 사안일 뿐이다.

데리다가 팔루스나 대상 a를 '초월적'이라고 부른 것은 […] [라캉이]

---

35) Bennington, *Interrupting Derrida*, p. 93.
36) Derrida, *The Post Card*, pp. 442~444.

시스템에 다시 기묘한 전체성을 부여해 버린다고 생각했기 때문이다. 초월적 기표는 확실히 초월적 기의의 결여, 시스템의 전체성의 결여를 표상하지만, 그 자체가 단수이고 분할이 불가능하다면, 그것은 다시 시스템의 전체성을 **부정적으로** 표상해 버린다. 즉 여기에서 시스템은 전체성이 없다는 이유로 전체성을 갖는다.[37]

라캉의 분할 불가능한 편지는 그 자체로 표상이 불가능한 유사 대상의 지위를 갖고, 이를 통해 전체성을 탈각한 시스템의 공백은 전체성의 부정이 아니라 **부정적 전체성**으로 표상된다. 전체성이 결여되었음을 결여로 표상하기에 전체성 자체가 사라지는 것이 아니라 결여된 전체성으로 남아 있게 된다는 것이다. "무언가는 그 자리에서 사라지지만, 결핍은 거기에서 결코 사라지지 않는다."[38] 이러한 부정적 전체성의 초월적 움직임은 마르크스의 경제결정론을 프로이트의 중첩결정 개념에 의거해 '부재원인'absent cause으로 재정립하는 알튀세르의 논리와도 매우 흡사하다. 데리다는 라캉의 편지가 결핍의 특권적 기표인 팔루스로서 '부정적으로' 표상되는 순간, 시스템의 전체성 자체가 폐기되기보다 실재의 공백 속에 고스란히 보존된다고 보는 셈이다. 아즈마 히로키가 적절하게 지적하듯, "문제의 편지 = 팔루스에는 '자기 자신의 위치를 가지지 않은 위치라는 역설적 위치'가 보

---

37) 아즈마 히로키, 『존재론적, 우편적: 자크 데리다에 대하여』, 조영일 옮김, 도서출판 b, 2015, 141쪽.
38) Derrida, *The Post Card*, p. 441.

증"[39)]되어 있다. 데리다에게는 긍정적이든 부정적이든 그 어떤 기표로도 시스템 전체를 조망하는 일은 애초부터 불가능하다.

물론 라캉이 포의 「도둑맞은 편지」에 관한 세미나의 후기에서 덧붙이듯, 기표의 분할 불가능한 질료성은 잔여로서의 실재, 즉 "기표의 자동적 연쇄가 진행됨에 따라 부수적으로, 그것도 법칙화할 수 없는 방식으로 형성"[40)]되는 상징계의 공백을 지칭하며, 이 공백이야말로 텅 빈 초월적 기표로서 시스템의 부단한 봉합 과정을 조건 짓는 동시에 그에 맞선 주체의 행위 역시 촉발할 수 있다. 라캉이 포의 소설에서 프로이트적 반복강박의 구조를 읽어 내는 이유도 거기에 있다. 다시 말해, 라캉에게 원래의 목적지로 귀환하는 것은 초월적 기표로서의 팔루스 그 자체가 아니라 표상 불가능한 실재의 공백이고, 편지는 그 실재의 공백을 은유하는 환상, 즉 대상 a일 따름이다. 기록 불가능하고 해체 불가능한 이 환상은 바로 기표적 질서의 안정적 토대를 뒷받침하며, 이는 어떤 면에서 데리다가 주장하는 반복강박의 이중 결속 리듬, 즉 묶기와 풀기를 반복하는 역동적 리듬인 기조stricture 내지는 흔적의 논리와 매우 유사하다.[41)] 여기서 한 걸음 더 나아가면, 데리다가 편지의 배달 불가능성을 뒷받침한다고 본 우편 시스템 네트워크Bahnung의 불안정성은 라캉이 실재의 공백을 가로질러 환상을 횡단할 가능성을 언급할 수 있는 이론적 근거로 볼 수도 있다.

---

39) 히로키, 『존재론적, 우편적』, 141쪽.
40) 김상환, 「라캉과 데리다: 기표의 힘, 실재의 귀환」, 『라캉의 재탄생』, 526쪽.
41) Derrida, *Resistances of Psychoanalysis*, p. 36.

그러나 데리다의 라캉 비판이 갖는 함의는 상징계보다 실재로 관심을 옮긴 후기 라캉의 인식론적 단절을 강조한다고 해서 매끈하게 반박되지 않는다. 무엇보다도 데리다의 비판은 라캉을 포함한 정신분석 전체의 형이상학과의 관련성을 문제삼기 때문이다. 데리다가 정신분석 내부에 존재하는 정신분석의 자기저항의 가능성에 주의를 기울이는 이유는 이와 관련이 깊다. 즉 데리다가 던지는 질문은 라캉의 포 해석이 프로이트의 사후성 개념이 열어 놓은 탈형이상학의 돌파구를 다시 닫아 버릴 수 있는 가능성을 우려하는 것이다. 어떤 형태의 횡단 가능성이든 일단 환상이 실재의 공백을 거쳐야만 하는 유**일한 순환 경로**에 갇히는 한, 부정신학적 형이상학으로 복귀할 여지가 크고 이는『의미의 논리』의 들뢰즈와 알튀세르의 수정된 이데올로기론에도 마찬가지로 해당한다.[42] 실제로 데리다가 라캉의 팔루스적 초월의 기표를 비판한 까닭은 그것이 시스템의 전체성을 부정적으로 표상하는 논리이기 때문만은 아니다. 히로키도 지적하듯, 문제는 "라캉이 기의 없는 기표를 단수화하여 '목적 없는 충동'의 표류를 불러일으킨 특권적 기표 —— 데리다가 말한 '초월론적 기표' —— 를 **오로지** 하나로 정하려고 시도한 점이다".[43] 팔루스든 대상 a든 라캉의 편지가 데리다에게 초월적 기표로 파악되는 근본적 이유는 이 기표가 부정적으로 표상하는 그 공백, 억압된 것이 반복적으로 회귀하는 그 유령적 비존재의 장소가 단수單數, 즉 일자一者로 파악되기 때문이다.

---

42) 히로키,『존재론적, 우편적』, 264~266쪽.

43) 앞의 책, 139~140쪽.

라캉의 대상 a가 데리다의 유령과 다르게 파악되어야 하는 근거 역시 여기에 있다. 전자가 목적지로의 회귀 여부와 상관없이 분할 불가능하고 단수적이며 환상적 차원의 사유 불가능한 대상을 뜻한다면, 후자는 분할 가능하고 복수적이며 물질적인 '불가능한 것'에 가깝다. 라캉의 기표는 프로이트가 꿈의 분석을 통해 무의식의 기표들이 사물표상과 언어표상의 대리자들을 통해 복수의 형태로 분할 가능하다고 보았던 입장을 단일한 표상의 논리로 평면화하는 것이며, 또한 프로이트가 낯섦과 낯익음의 역설적 결합으로 파악한 기이(旣異, das Unheimliche)의 이중적 의미에 존재하는 억압된 것들의 회귀를 단일 회로에 가두는 논리다.[44] 반복강박을 통해 회귀하는 것은 단일한 비존재의 부정성이 아니라 그 비존재의 경험을 심리적 정보로 처리하는 복수의 회로 간의 충돌 가능성이며, 그 회로들을 통해 도래하는 억압된 충동들의 시간적 어긋남과 속도의 차이가 주는 불안이다. 환원 불가능한 공백이나 그 공백을 메우는 억압된 환상적 대상 자체가 기이한 것이 아니라 그 유령적 비존재의 귀환된 표상을 복수의 회로에 분할하여 처리하는 심리장치의 불안한 리듬이 기이의 근원이다. 이 점은 프로이트의 기이 개념이 낯선 공포감을 선물하는 낯익은 대상 자

---

44) 『프로이트 전집』에서 채택하는 바람에 우리말로는 '두려운 낯설음'으로 의역되어 통용되는 이 프로이트의 개념은 주체에게 낯익은 대상이 낯설게 느껴지는 상황, 그리고 이로 인해 주체의 심리에 발생하는 '불안'의 감정과 연관이 깊고, 따라서 두려움이나 공포와는 직접적 관련이 없다. 여기서는 프로이트의 어원 고찰에 충실하게 낯익음을 뜻하는 기(旣)와 낯설음 혹은 다름을 뜻하는 이(異)를 합쳐 기이(旣異)로 표기하여 이와 발음은 유사하나 섬뜩함의 의미를 포함한 기이(奇異)와의 어원적 유사성을 살리는 새로운 번역어를 제시한다. 강우성, 『불안은 우리를 삶으로 이끈다: 프로이트 세미나』, 382~383쪽.

체가 아니라 특정한 대상을 처리하는 주체의 분할된 심리 과정, 그 복수적 통로의 취약성에 관계된 현상이라는 점에서도 확연히 증명된다.[45] 프로이트에게 반복강박이 문제적인 이유는 억압을 뚫고 거듭 귀환하는 악마적 힘을 지닌 트라우마나 외상적 사태 혹은 이와 결부된 어떤 단일한 대상 자체가 주는 섬뜩함 때문이 아니라 그 비존재의 유령적 현전을 한꺼번에 감당할 수 없는 심리적 경로들 간의 충돌 가능성이 필연적으로 생기는 까닭이다. 이때 심리적 경로의 취약성이란 심적 정보처리 경로의 어긋난 리듬과 동일하고, 이는 자극을 방어하는 심리의 근본적 수동성과 다름없다. 프로이트의 '기이'는 이 취약성의 기원을 궁극적으로 어린 시절의 거세불안에 귀속시키고자 노력하지만, 그 과정에서 뜻밖에도 거세로 소급되지 않는 분신doppelgänger의 모티프를 기이의 또 다른 원천으로 제시한다. 기이의 근원인 유령적 비존재는 '모래인간'같이 쾌원리를 거슬러 반복강박적으로 도래하는 트라우마적 사건이 아니라 항상 이미 이중적 표상을 띤 채 보이지 않는 형상으로 복수의 경로를 따라 각기 다른 시간에 다른 속도로 도달하는 네트워크적 불안의 산물이다.[46] 그런 의미에서 편지는 항상 이미 도달 불가능성, 행방불명의 가능성에 노출되어 있다.

　　최초의 나르시시즘이 사라졌다고 해서 분신이 사라지는 것은 아니다.

45) Freud, "The Uncanny", trans. James Strachey, *The Standard Edition of the Complete Psychological Works of Sigmund Freud*, vol. 17, London: Hogarth Press, 1955, p. 245.
46) Bernard Stiegler, "Derrida and Technology", ed. Tom Cohen, *Jacques Derrida and the Humanities*, Cambridge: Cambridge University Press, 2001, p. 239.

왜냐하면 분신의 재현은 자아가 나중에 밟아 나가는 여러 단계에서 새로운 내용들을 얻게 되기 때문이다. 자아 속에는 서서히 하나의 새로운 심급이 자리를 잡아 가게 되는데 이 심급은 옛날의 자아와 대립할 뿐만 아니라 자아를 관찰하고 비판하기도 한다. […] 어떤 경우이든 문제가 되고 있는 것은 자아에 대한 의식이 겪게 되는 변천 과정에서 떨어져 나온 단계들이 다시 움직이고 있다는 사실이다.[47]

프로이트에게 분신의 모티프는 반복을 추동하는 표상들만이 복수인 것이 아니라 표상을 받아들이는 심리적 경로 역시 복수로 존재한다는 점을 가리킨다. 기의가 제거된 편지는 그 자체로 분할 가능하며 서로 다른 리듬의 회로들을 따라 각기 다른 시간에 도래하기에 수신자에게 그 '고유성'으로 도착하지 않을 잠재성을 품고 있다. 라캉을 비판하는 데리다의 『우편엽서』가 편지의 은유와 원격통신의 주제, 그리고 송신자와 수신자가 존재하는 우편 경로의 문제를 중심으로 다양한 문체와 서사 경로를 통해 서술되는 것도 이런 문제의식과 관련이 깊다.

반면 라캉에게는 편지를 둘러싼 반복강박이 "말이라는 근원적 협로défilé를 통하는 길" 말고는 다른 경로를 만들 수 없고, 이 유일한 협로는 "주체를 무화시킬 수 있는 타자로서의 대타자에게 말을 건넬 때마다, 따라서 주체가 대타자를 대하는 것과 동일한 방식으로, 즉

---

47) Freud, "The Uncanny", *The Standard Edition of the Complete Psychological Works of Sigmund Freud*, vol. 17, pp 235~236.

대타자를 속이기 위해 자기를 대상으로 만드는 방식으로 행동할 때만"[48] 가능하다. 라캉에게 편지는 주체가 대타자와 말을 통해 거래하는 유일한 통로인 셈이다. 이는 라캉의 욕망 그래프가 그 복잡한 방정식과 복합적 도식, 그리고 기표와 충동의 차원을 가로지름에도 불구하고 결국 분열된 주체가 자아 이상으로 수렴되는 단일한 흐름으로 형상화되는 것과도 관련이 깊다.[49] 물론 여기서 라캉이 거론하는 '말'을 목소리와 등치시켜 곧바로 음성중심주의의 혐의를 씌우는 것은 단순하고 성급한 비판이다. 라캉이 말하는 목소리는 문자에 앞선, 문자를 억압하는 대타자의 음성이 아니라 대상 a를 추동하는 기표의 신호를 뜻할 따름이기에 문자가 될 수도 있고 촉각이 될 수도 있다. 그렇지만 "주체의 이쪽과 말이 실제로 타자와의 거울 관계를 삽입시키는 대타자의 저쪽 사이에 끼어들 때만 분석 경험에 의해 밝혀진 환상화 작용 전체를 그와 같은 관계의 실질적 종속화로 환원시킬 수 있다"[50]고 주장할 때, 라캉적 주체의 자동반복이 기표라는 유일한 통로, 즉 대타자의 상징계를 거치는 소외와 분리의 경로에 전적으로 의존하는 것 역시 사실이다.

---

48) Lacan, *Écrits*, p. 68.
49) Lacan, *Écrits: A Selection*, trans. Alan Sheridan, New York: Norton, 1977, pp. 313~315.
50) *Ibid.*, p. 69.

저항의 정치학

언어로 이루어진 협로를 통해 대타자와 자동적으로 반복해서 소통하는 라캉의 기표 체계는 상징계의 한복판에 자리한 실재의 텅 빈 자리, 그 유일하고 불가능한 공백에 의해 추동된다. 자신의 고유한 자리가 없는 편지가 훼손되지 않은 채 항상 수신자에게 도달하는 길이 "순환적 형태"[51]를 띠는 것은 필연적이다. 역설적이지만, 이러한 협로의 단일성은 라캉이 프로이트의 리비도 이론에 내포된 생물학적 한계를 기표의 순환으로 체계화시키는 과정에서 불가피하게 치르게 된 대가에 해당한다. 라캉이 프로이트의 리비도 경제를 특유의 기표적 삼원구조, 즉 상상계, 상징계, 실재로 나누었을 때, 이미지와 충동의 갈등, 기표 체계 내부의 불가능한 실재라는 공백을 통해 욕망의 구조를 결핍과 환상의 기제로 설명하는 심리기제의 체계화를 완성할 때, 이러한 삼원구조로의 분기를 일관되게 관통하는 대립은 나르시시즘적 자아와 욕망의 주체 간의 단일한 갈등으로 정립된다. 라캉에게 반복강박을 추동하는 묶이지 않은 충동의 흐름은 프로이트식 죽음충동의 심리적 표상이든 대상 a를 통한 실재의 공백이든 상관없이 모두 자아의 묶기 구조를 공격 대상으로 삼는다. 다시 말해, 쾌원리에 의해 표상되지 못한 채 귀환하는 충동들은 오로지 자아가 만든 기존 충동의 재현 체계를 파괴하는 형태로만, 즉 공백에서 발원하는 허구적 환상의 형태로만 표상될 수 있을 뿐이다.

---

51) Derrida, *The Post Card*, p. 437.

라캉에게 억압된 충동과 욕망이 대상 a를 따라 트라우마적 사건에 달라붙는 이유는 쾌원리를 거스르는 트라우마 자체가 강박적으로 반복하길 원하기 때문이 아니다. 오히려 에고가 거부한 이러한 충동을 이 트라우마가 부정적으로 표상해 주기 때문이다. "존재를 뒷받침하는 것은 죽음이다"[52]는 언명처럼 라캉에게는 죽음충동과 실재가 동일시되며 반복강박은 이 자기파괴적 실재에 고유한 리듬으로 인식된다. 라캉에게는 파괴가 곧 삶의 원천이라는 사드적 사유가 쾌원리를 넘어선 죽음충동의 원리가 되며, 이를 통해 부정적으로 표상된 공백과 결여 자체가 곧바로 자아에 맞서는 주체의 추동력으로 간주된다. 요컨대 라캉의 협로를 순환하는 공백이 추동하는 주체의 행위 가능성은 데리다의 복수적 표상과 복수적 경로의 리듬과 달리 오직 자아를 파괴하는 방식으로만 표상되는 실재의 신비한 힘에 근거한다. 자아를 공격하는 주체의 파괴성이 삶의 근원이 되는 한, 라캉의 죽음충동은 프로이트와는 다른 방식으로 충동의 파괴적 본성이라는 논리에 수렴된다. 라캉의 죽음충동은 쾌원리를 거스르는 새로운 원리로서의 충동이 아니라 "유기적 생명체에 내재된 이전의 상태를 회복하려는 충동"이자 "생명체의 보수적 본성의 표현"[53]으로서 프로이트적 본능의 차원과 구별이 불가능해진다. 존재론적 상처가 곧 힘과 행위의 근원이라고 보기 때문이다.

---

52) Lacan, *Écrits: A Selection*, p. 300.
53) Freud, "Beyond the Pleasure Principle", *The Standard Edition of the Complete Psychological Works of Sigmund Freud*, vol. 18, p. 30.

데리다가 프로이트의 착종된 죽음충동 개념이 아니라 반복강박에서 형이상학을 넘어선 정신분석의 가능성을 읽어 내는 것은 생물학적 함의가 짙은 '본능'으로서의 죽음충동보다 묶고 풀기의 이중 리듬인 반복강박이 주체의 적극적 저항의 근원을 형성한다고 보기 때문이다. 프로이트는 『쾌원리 너머』의 7장에서 쾌원리를 거스르는 죽음충동의 파괴력을 이론적으로 재전유하기 위해 심리적 자극의 감소를 감정 —— 쾌와 불쾌 —— 의 항상성을 유지하려는 경향으로 정립했던 애초의 입장에서 후퇴하여 생물학적 본능 —— 무생물의 상태로 회귀하려는 추동력 —— 의 논리로 풀어냈는데, 이는 라캉이 죽음충동을 사드적 삶의 원리로 보는 시각과 정확히 일치한다.[54] 따라서 "쾌원리는 실제로 죽음충동에 봉사하는 것 같다"[55]는 프로이트의 갑작스런 결론은 "존재를 뒷받침하는 것은 죽음이다"는 라캉의 주장과 상통한다. 프로이트에게서와 마찬가지로 라캉에게도 죽음충동은 '반복'의 효과가 아니라 본능의 '자기 말소'를 근원으로 갖기에 쾌원리의 '너머'라기보다 그 불가능한 '기원'이다.[56]

---

54) Boothby, *Death and Desire: Psychoanalytic Theory in Lacan's Return to Freud*, London: Routledge, 1991, p. 175.

55) Freud, "Beyond the Pleasure Principle", *The Standard Edition of the Complete Psychological Works of Sigmund Freud*, vol. 18, p. 32.

56) 프로이트의 죽음충동을 충동이 아니라 '본능'으로 보아야 한다는 들뢰즈의 주장도 이와 유사한 인식을 보여 준다. 들뢰즈에게 쾌원리의 너머는 불가능한 공백이나 자기 말소적 실재의 자리가 아니라 쾌원리를 작동시키는 상위원리를 뜻한다. 그런 뜻에서 그 '너머'는 라캉과 다른 의미에서 잔여물이다. "쾌원리의 예외는 없지만, 그 원리로 환원되지 않는 잔여물은 존재한다. 쾌원리와 모순되는 것은 없지만, 그 원리의 바깥에 있는 무언가, 그 원리와 이질적인 무언가, 즉 하나의 너머(un au-delà)가 존재한다"(Deleuze, *Masochism: Coldness and Cruelty*, trans. Jean McNeil, New York: Zone Books, 1991, p. 112).

데리다에게 죽음충동이 자아를 향한 주체의 자기파괴적 힘의 근원이자 곧 삶의 근원이라는 라캉의 주장 ── 라캉의 주이상스jouissance는 이 역설적 쾌plaisir의 표현이다 ── 은 부정적으로만 표상 가능한 그 비가시적 실재의 움직임 자체를 정신분석적 행위의 존재론적 근거로 보는 신비화이자 프로이트 (형이상학으로의) 복귀로 간주된다. 문제는 죽음충동의 자기 말소적 파괴력의 규명이 아니라 어째서 자아를 향한 주체의 공격성이 곧 저항적 행위의 근원이 되는가를 밝히는 상위원리를 이론화하는 작업인 것이다. 라캉에게는 반복강박 증상을 겪는 고통의 주체들이 왜 집요하게 자신들의 불쾌의 근원이 되는 바로 그 증상에 파괴적으로 집착하는가라는 물음이 그 자체로 답이 된다. 가장 상처받은 자는 그 상처로 인해 그리고 그 상처에 역설적 쾌가 존재하기에 가장 저항적이 된다는 논리다. 편지가 분할 불가능하듯, 자아를 향한 주체의 자기 말소적 공격성 이외에 주체가 따를 수 있는 다른 저항의 경로는 여기에 존재하지 않는다.

그렇다면 데리다가 죽음충동이 아니라 반복강박에서 정신분석의 정치적 가능성을 찾는 이유는 무엇인가. 무엇보다도 반복강박이 이제껏 사유되지 못한 전혀 새로운 종류의 저항, 정신분석이 스스로 사유하지 못한 채 드러낸 새로운 저항의 가능성을 담고 있기 때문이다. 어떤 새로운 저항인가. 쾌원리를 작동시키는 상위원리의 가능성을 묻는 들뢰즈와 마찬가지로, 데리다는 반복강박의 저항성을 정신분석 담론이 지닌 저항의 차원으로 확대한다. 이 새로운 저항의 가능성은 분석 자체에 대한 저항, 즉 정신분석에 대한 반복강박의 저항뿐만 아니라 해체론적 분석을 포함하는 모든 종류의 철학적 저항 개념에 저항하는 저항 없는 저항, 즉 무저항의 저항으로 사유된다. 이는 정신분석의 제도적 폭력에 대한 비판과 결을 달리하는 데리다의 독창적 관점이다. 분석이 전제하는 일종의 선험적 종합, 기원 회귀적이자 기원 말소적인 이중 결속 리듬에 맞서 반복강박은 한 걸음 더 나아간, 극단적으로 과장된 분석의 길을 따라간다. 반복강박은 분석의 종결을 끝없이 연기하고 반복할 뿐이며 그 과정에서 일종의 "유사초월적 종합"quasi-transcendental synthesis[57]을 생산한다. 이 해체 불가능한 반복강박의 '너머'를 향한 충동이야말로 극단적 의미의 저항이자 일종의 무저항의 저항이 된다. 이 저항이 무저항인 이유는 반복강박이 모든 충동의 기원이지만 그 자체로는 표상될 수 없는 비非기원이자 결핍으로서의 부정성이 아니라 마치 절대 0도처럼 부정을 모르는 무의식의 순전한 생산성을 나타내기 때문이다. 이 무저항은 회귀와 퇴행의 리듬이 아니라 탄성과 파괴성을 동시에 뜻하는 프로이트적 가소성plasticity의 움직임이다.[58] "무저항의 형태를 띤 이 과장된 저항으로서의 반복강박은 그 자체로 '분석적'이고 회귀-종말론적이다."[59]

그런데 이쯤 되면 다음과 같은 의문이 들기도 한다. 데리다가 프로이트의 형이상학적 유산으로부터 끌어낸 세 가지 탈형이상학적 모티프를 통해 재구축하는 "묶기와 풀기"의 이중 결속으로서 저항의 리듬은 모든 분석의 해체를 지향하는 이론적 저항의 가능성에 불과

---

57) *Ibid.*, p. 115.
58) Catherine Malabou, "Plasticity and Elasticity in Freud's Beyond the Pleasure Principle", *Diacritics*, vol. 37, no. 4, 2007, p. 80.
59) Derrida, *Resistances of Psychoanalysis*, p. 38.

한 것은 아닐까? 폴 드 만Paul de Man이 「이론에 대한 저항」에서 설파했 듯, 반복강박을 새로운 저항으로 자리매김하는 데리다의 해체는 스 스로를 "이론(철학)에 저항하는 이론적 저항"으로 규정하는 이론의 새로운 메타 이론적 변종은 아닐까.[60] 해체 불가능한 것과 마주한 과 장된 데리다의 이론적 반복강박은 수동적 저항으로 귀착되지 않고 정말로 실제적 저항의 힘이 될 수 있을 것인가.[61] 데리다와 정신분석 의 착종된 관계는 필연적으로 해체론 자체의 정치성에 대한 질문으 로 이어진다.

프로이트의 탈형이상학적 계기를 통해 해체의 이론적 의미를 궁 구했던 데리다에게 되묻게 되는 이 질문은 사실 68혁명 이후 프랑스 철학이 당면한 정치학의 과제와도 깊이 맞닿아 있다. 정신분석에 유 달리 비판적이었던 푸코와 들뢰즈가 제기했던 질문을 상기하면서 이 난제의 의미에 다른 방식으로 답해 보자. 흥미롭게도『안티 오이디푸 스』의 서문에서 푸코가 제기하고 본론의 첫머리에서 들뢰즈와 과타 리가 되묻는 이 근본 질문은 지극히 정신분석적이다. 그들은 사회적 재생산의 가장 억압적이고 치명적인 모든 형식들이 왜 욕망에서 발 원하는지 설명하면서 다음과 같이 묻는다.

---

60) Paul de Man, *The Resistance to Theory*, Minneapolis: University of Minnesota Press, 1986, p. 12.

61) 해체의 정치성을 폄하하는 논리는 아니지만, 미국의 실용주의 철학자 리처드 로티가 데리 다의 철학을 '글쓰기로서의 철학'이라고 규정했을 때, 유일하게 긍정한 해체론의 측면이 바 로 "최후의 논평이라는 개념"에 대한 거부이다. Richard Rorty, "Philosophy as a Kind of Writing: An Essay on Derrida", *New Literary History*, vol. 39, no. 1, 2008, p. 159.

정치철학의 근본 문제는 여전히 스피노자가 제기할 수 있었던, 그리고 라이히가 재발견한 문제이다. 왜 인간들은 마치 자신들의 구원을 위해 싸우기라도 하는 양 자신들의 예속을 위해 싸울까? [⋯] 왜 인간들은 몇 세기 전부터 착취와 모욕과 속박을 견디며 그것도 남들을 위해서는 물론 자기 자신들을 위해서도 그런 일들을 바라는 지점까지 간 것일까? 라이히는 파시즘을 설명하기 위해 대중들의 오해나 착각을 내세우길 거부하고 욕망을 통한 해명, 즉 욕망의 견지에서 설명하길 요구했는데, 이럴 때 그는 가장 위대한 사상가였다. 아니다. 대중들은 속지 않았다. 그 순간 그 상황에서 대중들은 파시즘을 욕망했고 우리는 군중 욕망의 이런 도착성을 설명해야만 한다.[62]

주체들은 왜 억압을 욕망하는가. 이 질문을 프로이트의 언어로 바꾸면, 어째서 강박증자들은 쾌원리를 따르지 않고 반복강박적으로 고통을 원하는가. 이 질문은 고통스러운 만큼이나 합리적 설명을 미궁에 빠뜨리는 탈형이상학적이고 탈정신분석적 물음이다. 푸코는 이 질문에 주체의 욕망을 매개하는 담론 자체와 분리 불가능한 권력의 문제로 답했지만,[63] 이는 바로 그 담론 속에서 욕망과 권력을 분리해서 사유할 가능성, 즉 데리다와 라캉이 언급하는 저항의 차원을 원천

---

62) Deleuze and Guattari, *Anti-Oedipus: Capitalism and Schizophrenia I*, trans. Robert Hurley, Mark Seem and Helen R. Lane, London: Bloomsbury, 2004, p. 42.

63) Foucault, "Preface", Deleuze and Guattari, *Anti-Oedipus: Capitalism and Schizophrenia I*, trans. Robert Hurley, Mark Seem and Helen R. Lane, Minneapolis: University of Minnesota Press, 1983, p. xii-xiii.

봉쇄한다. 푸코와 마찬가지로 들뢰즈와 과타리 역시 담론에 스며든 미시권력의 문제에 관심을 기울이지만 푸코와 달리 욕망의 배치라는 관점에서 권력의 작동기제 자체에 관한 정치한 분석을 수행한다.[64] 푸코가 담론에 매개됨으로써 권력과 분리되지 않는 욕망의 담론, 즉 **권력화된 담론**으로서의 정신분석과 이에 공모하는 생명정치를 비판하는 일에 몰두한다면, 들뢰즈와 과타리는 욕망의 재생산에 근거하는 정신분석을 넘어 담론에 매개되지 않는 욕망의 생산적 측면을 권력의 구체적 작동 방식과 연결시켜 추구한다.

그렇다면 정신분석은 이 질문에 어떻게 답하는가. 프로이트는 쾌원리 너머의 근원적 죽음충동의 존재 가능성을 사변적으로 정립하는 방식으로 이 문제를 '해결'하지만 특유의 생물학적 패러다임으로 인해 형이상학으로 퇴행한다. 라캉은 죽음충동을 자아에 대항하여 주체가 의거하는 불가능한 실재의 파괴적 힘으로 자리매김하면서 반복강박의 저항 가능성을 사유하지만, 이를 주체의 존재론적 구도로 환원하는 입장을 버리지 못한다. 후기의 라캉은 네 가지 담론에 대한 분석을 통해 히스테리 담론이 주인 담론과 대학 담론에 저항할 가능성을 사유하지만, 철학의 증상을 치료하는 분석가 담론의 정치적 지평을 넓히지는 못한다.[65] 요컨대 정신분석은 예속과 고통의 상태를 욕망하는 인간 심리의 예외 상태를 존재론적 조건으로 사유하고 거기서 저항의 근거를 찾는 데 그치고 만다. 들뢰즈가 욕망을 사회적 차원

64) 고쿠분 고이치로, 『들뢰즈 제대로 읽기』, 박철은 옮김, 동아시아, 2015, 226~227쪽.
65) 김상환, 「라캉과 데리다: 기표의 힘, 실재의 귀환」, 『라캉의 재탄생』, 549쪽.

의 생산의 측면에서 봐야 하며 정신분석이 아니라 분열분석을 통해 "경제적인 것과 정치적인 것의 리비도 투자들의 특유한 본성"을 규명할 필요를 제기하고, "이데올로기에서가 아니라 이데올로기 밑에서 벌어지는"[66] 무의식의 혁명적 투자를 판별하고자 하는 것은 이러한 정신분석의 한계에 대한 돌파의 의미를 지닌다.

푸코가 담론의 권력성으로 파악하고 들뢰즈와 과타리가 욕망의 배치로 재규정한 정신분석의 존재론적 욕망 구조와 그 반복강박성은 욕망이 어째서 자기 자신의 억제를 욕망하며 쾌원리를 거스르는 자기파괴적 행위를 통해 저항의 가능성을 찾는지를 규명하는 작업에 수렴된다. 마르크시즘의 이데올로기론을 정신분석의 사유를 통해 재정립한 알튀세르의 입장 역시 크게 보면 이 질문에 대한 마르크스주의자의 응답이라고 볼 수 있다. 주지하다시피 알튀세르는 욕망의 자기 억압성이 허위의식으로서의 이데올로기에 의한 기만의 결과가 아니라 다양한 국가장치들을 통해 주체들을 호명interpellation하고 주체는 자아의 상상적 오인méconnaissance을 통해 여기에 응답하는 구조적 효과라고 본다. 프로이트의 꿈분석과 라캉의 상상적 자아 개념에 근거를 둔 알튀세르의 이데올로기가 "현실의 존재 조건에 대한 개인의 상상적 관계"[67]로 다시 정의될 때, 자아에 대항하는 라캉적 주체의 저항성은 이데올로기를 통한 대타자의 호명이라는 경로를 통해서만 가능

66) Deleuze and Guattari, *Anti-Oedipus*, p. 127.
67) Althusser, *Lenin and Philosophy and Other Essays*, p. 162.

한 것으로 설명된다.[68]

　이렇게 본다면, 프로이트와 라캉이 제기한 탈중심성과 분열된 욕망에 근거를 둔 정신분석적 주체 개념은 68혁명 이후 프랑스철학의 정치적 주체성을 규정하는 핵심 질문이 되며, 오직 존재론적 반복강박의 구조 ── 라캉의 말로 하면 대타자의 기표 순환 형식 ── 를 통해서만 저항의 가능성을 얻게 된다. 이런 맥락에서 보면, 데리다가 이 질문에 우회적으로 답하면서 쾌원리를 거슬러 작동하는 또 다른 원리가 아니라 "쾌원리 이전의, 원리의 정립 자체에 저항하는 이질적 반복강박의 움직임과 그 역동적 리듬"[69]으로 주체의 반복강박을 사유해야 한다고 응답한 사실은 두고두고 의미심장하다. 데리다가 자신의 분석을 분석의 이중 결속을 품되 궁극적으로 분석 자체에 저항하는 일종의 "분석의 마비"paralysis 또는 "반反분석"para-lysis으로 자리매김하는 것은 결코 우연이 아니다.[70] 데리다는 욕망과 권력을 연결 짓는 정신분석가들과 그 비판자들의 입장에 공히 깃든 **기원의 재전유** 가능성에 비판적이다.

　만일 지배하려는 이 욕망이 주체의 외부에서만큼이나 내부에서도 작동된다면, 만일 이 욕망이 주체의 자기 자신에 대한 관계를 충동이라는 타자와의 관계로 규정한다면, 그래서 이 욕망이 하나의 '기원적' 뿌

68) *Ibid.*, p. 173.
69) Derrida, *Resistances of Psychoanalysis*, p. 118.
70) Derrida, *The Post Card*, p. 338.

리를 갖는다면, 이때 권력을 향한 이 충동은 더 이상 파생될 수 없다. 우편적 권력도 마찬가지다. 우편적 권력에의 충동은 그 자기 이질성 auto-heterology에 있어서 쾌원리와 분리되어 있으며 쾌원리보다 더 근원 적이다. 다시 말해, 권력의 모티프는 쾌원리보다 더 기원적이고 더 일 반적이고 쾌원리로부터 독립적이며 그 너머이다. [⋯] 쾌원리의 너머, 그것은 권력이다. 즉 우편이다. 그렇긴 하지만 방금 암시한 초월적 기 능에도 불구하고 우리는 쾌원리의 너머를 죽음충동 — 권력 — 의 너 머나 우편의 너머라고 부르지는 않을 것이다. 왜냐하면 죽음충동이나 반복강박의 이름으로 묘사된 모든 것은 비록 그것들이 권력의 충동에 서 발원하고 모든 설명적 특성을 이로부터 차용함에도 불구하고 마찬 가지로 권력을 초과한다고 똑같이 말할 수 있기 때문이다. 반복강박은 권력의 근거인 동시에 실패이며, 권력의 기원인 동시에 한계이다. 하 나의 원리 혹은 하나의 원리의 원리가 있을 때만 권력이 존재한다. 초 월적이고 메타 개념적인 기능은 권력의 질서에 속한다. 따라서 오직 권력의 차연만이 존재한다. 이 사실로부터 우편이 나온다.[71]

데리다에게 욕망의 예속성과 권력을 연결 짓는 정신분석의 논리 는 쾌원리를 넘어선 주체의 저항을 사유하지만, 바로 그렇기 때문에 쾌원리 너머의 또 다른 원리, 원리의 원리로서의 초월적이고 존재론 적인 원리에 사변적으로 의탁한다. 이 입장은 반복 개념을 통해 쾌원 리의 너머를 원리의 원리에 관한 물음, 즉 상위원리의 사변으로 보았

---

71) *Ibid.*, pp. 404~405.

던 들뢰즈와도 길을 달리한다. 데리다는 부재하든 결핍되었든, 호명되었든 포획되었든, 기원의 해체든 상위원리의 사변이든, 비존재의 원인이 비존재와 공백의 이름으로 재기원화, 재원리화되는 것에 저항한다. 이는 데리다가 "아카이브 열병"에 내재하는 "반反아카이브적 기원에 대한 열망"[72]을 비판하는 맥락과도 일치한다. 존재하는 것은 오로지 차연일 따름이다. 그렇기 때문에 데리다에게는 분열된 주체가 발원하는 기원보다 더 기원적인, 어떤 부재하는 유일자가 아니라 항상 이미, 그러나 아직 도래하지 않은 복수의 경로, 즉 환원 불가능한 네트워크 효과로서의 차연들과 흔적들이 문제다. 그렇기 때문에 저항의 가능성 역시 항시 초월의 논리에 포섭될 위험에 처해 있는 이 차연의 유령적 리듬을 끊임없이 연기하고 반복하는 행위 자체로부터 도출되어야 한다.

데리다에게 차연의 이 유령적 리듬은 철학이나 정신분석이 이론화할 수 없고, 해체론 역시 주제화할 수 없는 그 무엇이다. 이론화 불가능하고 해체 불가능한 복수의 충동들과 복수의 경로들에 의존하기에 저항의 리듬은 오직 자기 이질적 차이의 경로, 우편적 네트워크에서만 발견될 수 있다. 데리다에게 모든 차이를 만들어 내는 차연의 에크리튀르, 즉 사유 불가능하고 결정 불가능한 흔적의 리듬은 결여와 공백 혹은 대타자와 권력의 호명으로 소진되지 않는 나머지의 존속을 표현한다. 복수의 충동들이 복수의 경로로 연기되고 스스로 달

---

72) Derrida, *Archive Fever: A Freudian Impression*, trans. Eric Prenowitz, Chicago: University of Chicago Press, 1995, p. 91.

라지기에 에크리튀르라는 기조에는 소진될 수 없는 잔여의 흔적만이 존재한다. 따라서 흔적은 수신자에게 도착하는 편지의 출발점이나 분석가와 피분석자가 공유하는 메시지의 원천이 아니라 이 단일한 경로를 초과하고 복수화復數化하는 나머지의 중계소이자 반아카이브적 아카이브다. 데리다가 이 결정 불가능한 나머지의 존속을 명명하기 위해 파마르콘, 대리보충, 이멘, 차연, 흔적 같은 일련의 기표적 연쇄, 은유의 계열에 의존하는 것은 바로 이 때문이다.[73]

해체론은 자기 이질적 타자들이 묶이고 풀리며 복수의 경로들 속에서 각기 다른 리듬으로 주체와 관계 맺는 이 반복되는 저항의 리듬을 발견한 이론이다. 이 리듬은 푸코와 라캉에게는 없고 프로이트에게서는 충분히 사유되지 못한 채 주어진다.[74] 해체론보다 더 해체적이며 형이상학의 초월보다 더 오래된 이 저항의 리듬을 우리는 어떤 경험의 자리에서 찾을 수 있을까. 스스로는 존재하지 않거나 겨우 존재하지만 그 유령적 존재를 통해 진리, 본질, 기원을 항상 이미 초과하여 해체하고 있는 나머지의 존속, 그 에크리튀르의 리듬을 데리다는 문학에서 발견한다. "문학은 위반하고 변용시키는 일, 그리하여 에크리튀르 일반의 정초적 법을 생산하는 일에 기반을 둔다. 혹은 더

---

73) Derrida, *Resistances of Psychoanalysis*, p. 30.
74) 『정신분석의 저항』의 3부에서 데리다는 푸코의 『광기의 역사』에서 진행되는 정신분석 담론 비판이 프로이트 저작을 면밀히 읽지 않고 진행된다고 비판한다. 데리다는 푸코가 『쾌원리 너머』를 자세히 읽었다면 프로이트의 죽음충동과 반복강박을 '광기'의 문제틀로 환원하지는 못했을 것이라고 개탄한다. 이는 라캉의 포 독법이 문학의 허구성을 배제한 읽기였다고 비판한 맥락과 상통한다. 데리다에게 문학의 저항적 힘에 대한 무시, 무지, 배제는 곧 이론의 형이상학성을 드러내는 계기와 다름없다. Derrida, *Resistances of Psychoanalysis*, pp. 70~118.

정확히 말해 바로 그 근본적 정초행위의 가능성이 적어도 '허구적으로'라도 도전받고 위협받고 해체되며 그 불안정함 그대로 드러나게 만드는 담론의 형식들, '작품들'과 '사건들'을 생산하는 데 기반을 둔다."[75] 데리다가 프로이트의 꿈분석이 지닌 해체적 잠재성을 읽어 낼 때, 푸코의 데면데면한 프로이트 읽기를 비판할 때, 그리고 라캉의 포 소설 읽기가 말소한 서사의 움직임을 복원할 때, 개념과 표상으로 소진될 수 없는 나머지의 존속 가능성은 늘 문학의 이름으로 소환된다. 프로이트의 종결 불가능한 분석과 마찬가지로 데리다의 해체는 문학이라는 경로의 자기 해체적 무저항의 리듬에 공명한다.

데리다에게 문학은 "타자에 관해 그리고 타자로부터 우리가 배우고자 욕망하는 것, 마음에 의해 쓰이는 어떤 것"이며 그 마음속 타자는 "심장 속의 악마"démon du cœur의 형상을 하고 있다.[76] 이 타자는 무한한 환대歡待와 책임의 대상이자 우애를 나눌 수 있는 친구이지만 또한 적敵의 모습으로 나타나기도 한다. 물론 이때의 적은 내가 친구와 함께 파괴해야 하는 적대의 대상, 즉 정치적 적수가 아니라, 내 속에 자리잡은 낯익은 모습의 낯선 존재, 즉 기이의 분신이다. 한 편의 시가 내 심장에 악마처럼 새겨지듯, 타자는 주체를 초과한 잉여로 내 마음속에 여러 겹으로, 여러 리듬으로, 틈새로, 사이로, 쐐기로 존속한다. 차이를 초월한 기원으로 돌아가거나 모든 차이의 종말을 사유

---

75) Derrida, *Acts of Literature*, ed. Derek Attridge, London and New York: Routledge, 1992, p. 72.
76) Derrida, "Che cos'é la poesia?", trans. Peggy Kamuf, *A Derrida Reader: Between the Blinds*, New York: Columbia University Press, 1991, p. 234.

하는 철학(형이상학)과 분석(정신분석) 이전에, 그 내부에 문학이라는 이름으로 새겨진 타자가 구현하는 저항의 리듬은 데리다에게 아카이브될 수 없는 사유 불가능한 것의 자리를 끊임없이 연기하고 반복하는 일이다. 물론 형이상학적 재전유의 위험을 잘 아는 데리다는 그 이중 결속의 리듬을 존속하려는 끝이 없는 저항의 리듬에서 더 이상 나아가지 않는다. 그렇기 때문에 해체는 현실적 정치학으로서는 부재한다. 그렇지만 데리다에게 정치의 핵심은 저항이고 이 저항은 '정치적인 것'의 다른 이름이다. 자기 말소를 통한 타자의 파괴나 혁명적 저항의 리듬이 아니라 리듬의 저항, 무저항의 저항이다. 그렇기에 데리다에게 "상처 자체는 모든 타자들이 전적으로 타자인 자기 자신만의 경제 속에서 자신의 친구들을 셈하고, 자신의 타자를 셈해야 할 필연성"을 개방할 뿐이고, 거기서 "모든 타자는 동등하게 전적으로 타자일 뿐이다".[77]

---

77) Derrida, *Politics of Friendship*, trans. George Collins, London: Verso, 1997, p. 20.

4부

정신분석의 독창적 바리에테

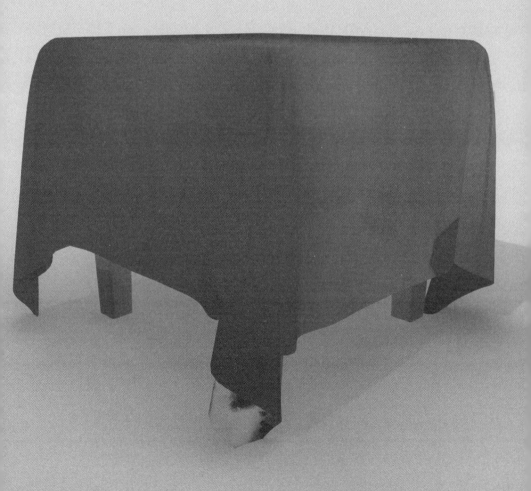

13장. 바타유의 정신분석 사용법

차지연

들어가며

조르주 바타유는 20세기 프랑스의 작가이자 철학자다. 『눈 이야기』, 『마담 에드와르다』 등의 파격적인 소설을 써서 사드의 뒤를 잇는 '위반의 작가'라는 별명을 얻기도 했던 그는, 특히 『에로티슴』, 『저주의 몫』 등의 저서들을 통해 인간과 세계를 총체적으로 설명할 수 있는 관점을 탐색하는 자기 고유의 사유를 전개시켰다. 동시대에 활동했던 사르트르나 초현실주의 그룹의 수장 앙드레 브르통에 비해 비교적 덜 알려진 문인이기는 하나, 오늘날까지도 그 명맥을 이어 오는 프랑스의 문예지 『비평』*Critique*을 창간하여 운영하기도 했던, 당대의 영향력 있는 지식인 중 한 명이기도 했다.

그러한 바타유의 독자라면 분명 그의 생애와 그가 쓴 글 속에서 정신분석이라는 말을 떠올려 봤음 직하다. 일단, 철학자이자 사회학자로서의 바타유와 소위 '연관 검색어'로 꼭 붙어 다니는 '에로티슴'

érotisme이라는 개념은 "죽음 속에서까지 삶을 긍정하기"[1]로 정의되는데, 이는 정신분석학을 조금이라도 공부해 본 사람들에게 자연스레 성충동을 에로스, 즉 삶본능과 연결시키고 이것과 죽음충동과의 길항을 발견했던 후기 프로이트의 이론을 연상케 한다. 다른 한편, 소설가로서 바타유는 자신의 대표작 중 하나인 『눈 이야기』의 2부 「일치들」Coïncidences에서 작가 본인의 목소리를 등장시켜 자기가 받았던 정신분석 상담의 경험담을 직접적으로 술회하고 있다. 게다가, 바타유의 첫 번째 부인이었던 영화배우 실비아 바타유가 그와 이혼한 뒤 라캉과 재혼하였다는 전기적 사실 등은, 바타유라는 인물과 정신분석이라는 단어를 떼려야 뗄 수 없는 관계로 인식하게 만든다.

하지만 의외로, 1920년대 당시 초현실주의 영향을 받아서 썼던 『눈 이야기』를 비롯한 초기 저작들이나 1930년대 '사회학 학회'Collège de sociologie 활동 당시에 남긴 글들을 제외하면, 바타유가 정신분석에 대해 직접적으로 언급하는 대목들을 찾기는 쉽지 않다. 찾는다 해도 프로이트로 대변되는 정신분석 이론을 학술적 차원에서 인용하는 경우가 대부분이다. 심지어 오랫동안 친분을 맺어 왔던 라캉의 이름은 바타유의 글에 거의 등장하지 않는다. 우리의 기대와 달리, 자신만의 고유한 사유가 무르익어 가던 시절의 바타유는 정신분석을 전격적으

---

1) Georges Bataille, *L'érotisme*, in *Œuvres complètes X*, Paris: Gallimard, 1976, p. 12. 이하 바타유의 『전집』은 약어 'OC'와 권수로 표시하기로 한다. 이 글에서 사용하는 단어 'érotisme'의 경우 국내에 '에로티즘'으로 번역되어 소개되어 있기는 하나, 바타유 고유의 개념어임을 강조하기 위해 프랑스어 발음기호 '[eʀɔtism]'에 근거하여 '에로티슴'으로 표기하였다.

로 자신의 사유 구축에 사용하거나 작품 창작에 활용하지는 않았던 것으로 보인다. 그렇다면 왜 바타유는 정신분석과 이처럼 가까웠다가 멀어진 것일까? 이 글은 이러한 질문에서 출발하였고, 그 답을 바타유와 정신분석 사이에서 발견되는 일종의 '밀고 당기는' 관계의 흔적들을 추적함으로써 찾아보고자 했다.

여기서 알아보려는 문제는 다음과 같다. 첫째, 1920~1930년대에 정신분석에 입문한 젊은 바타유는 그것을 어떤 방식으로 이용하였고, 거기에서 무엇을 기대했는가? 이에 대한 대답을 우리는 개인적 차원과 사회적 차원으로 나누어 살펴볼 것이다. 우선 소설 『눈 이야기』를 다시 독해함으로써 문학 작가로서 바타유에게 정신분석의 체험이 가져다준 실마리가 어떤 것인지 알아볼 것이다. 또한 프로이트의 이론을 자신이 놓여 있는 사회현상 분석의 도구로 사용하고자 했던 야심이 담긴 바타유의 논문 「파시즘의 심리 구조」La structure psychologique du fascisme를 살펴볼 것이다.

둘째, 그렇다면 바타유는 왜 시간이 흐르면서 정신분석을 덜 언급하게 되었는가? 이에 대해서는 1940년을 전후로 하여 바타유가 자신만의 독특한 '내적 체험'과 '에로티슴' 개념을 구상하는 과정에서 그것에 관한 힌트를 찾아볼 수 있다고 생각하여, 이 두 개념을 정신분석과의 연관성하에 검토할 것이다. 그리하여 바타유가 자기 고유의 '학문'science[2)]을 설립해 나가는 과정 속에서 정신분석학의 체계와

---

2) 'science'는 포괄적으로 어떤 사유 체계를 배워 익히는 방법으로 여겨 '학문'으로 번역할 수도 있고, 보편적 진리를 탐구하기 위한 객관적 지식의 체계로 여겨 '과학'으로 번역할 수도

방법론에 대해 어떤 태도를 취하게 되는지를 추적해 볼 것이다. 특히, 정신분석학을 딛고 자신만의 독특한 학문적 개념들을 구상해 나가는 단계에 위치하는 '사회학 학회' 활동을 위해 집필했던 발표문 중, 당시 그의 학문적 고민과 성찰이 오롯이 드러났다고 판단되는 「인력과 척력」Attraction et répulsion을 독해할 것이다.

셋째, 그럼에도 불구하고 왜 그의 후기 텍스트들 역시 정신분석과 결부되어 읽히는가? 바타유의 『내적 체험』을 읽은 사르트르도, 그의 외설적인 소설들을 읽었음에 틀림없는 들뢰즈도, 정신분석학적 사유 방식에서 벗어나지 못했다는 지점을 근거로 그를 비판하였다. 더구나, 바타유가 라캉을 직접 언급하지는 않지만, 바타유가 끊임없이 언어와 이성적 사유의 한계 너머로 설정하는 '불가능'l'impossible의 지점은 라캉의 '실재'le réel 개념과 매우 닮은 것이 사실이다. 논문의 후반부에서는 특히 바타유의 '불가능' 개념을 밝혀 보려 하는데, 이를 위해 바타유의 사망 직전 재출간된 소설 『불가능』에 삽입될 예정이었던 「불가능의 의지」La volonté de l'impossible를 살펴볼 것이다. 이와 더불어, 이미 알려진 전기적 사실들만으로도 충분히 흥미로운 라캉과 바타유의 인간적 관계를 경유하여, 바타유의 사유와 라캉의 정신분

있을 것이다. 게다가 정신분석을 자연과학과 동등한 위치로 올려놓고자 했던 정신분석학자들의 노력을 생각한다면, 이 두 단어 중 무엇을 선택해야 할지는 쉽지 않은 문제로 보인다. 여기에서는 바타유가 인간과 세계를 이해하기 위한 자기 나름의 전체적 조망과 관점을 설립하고자 여러 분야의 '학'(學)들을 탐색해 나가는 과정을 추적하는 중이기에, '학문'으로 번역하는 것을 원칙으로 하되, 문맥에 따라 '과학'으로도 표기하였다. 개별 인간에 대한 탐구를 바탕으로 한 학문이자 동시에 객관적·보편적 지식의 총합체인 과학이고자 하는 정신분석의 양가적 위상이 오히려 바타유의 흥미를 끌었다고 짐작해 볼 수도 있다.

석학이 맞닿는 지점들을 짚어 보고자 한다.

바타유의 정신분석 입문

정신분석 체험과 『눈 이야기』

바타유의 생애와 그 삶이 담긴 문학을 고려할 때, 바타유가 자신의 개인적 가족사에서 비롯된 정신적 외상을 극복하고 그것을 글쓰기라는 창작활동으로 연결시키는 데 정신분석이 지대한 공을 세웠음은 명백한 사실이다. 바타유 스스로가 『눈 이야기』는 정신분석 없이는 쓸 수 없었다고 고백하고 있을 만큼,[3] 1925년부터 시작된 아드리앵 보렐 박사와의 정신분석 상담은 심리적 불안 상태를 병적인 성적 탐닉으로 해소하고 있던 바타유를 치료하는 데 도움이 되었다.

그 당시 프랑스에서는 아직 정신분석이 본격적으로 심리 치료로 사용되고 있지는 않았다. 바타유는 보렐에게 분석을 받기 전에 이미 초현실주의자들이 소개한 프로이트의 텍스트들을 읽은 적이 있었기 때문에[4] 정신분석에 대한 기본적인 지식은 갖추고 있었던 터였다.

---

3) "그것[정신분석]은 완전히 병적인 존재였던 나를 비교적 살 만한 사람으로 바꿔 놓았습니다. […] 내가 쓴 첫 번째 책(『눈 이야기』)은, 정신분석을 받았기 때문에만 쓸 수 있었던 것입니다. 그래요, 거기서 나오면서요. 그리고 바로 그 방식으로 해방되었기 때문에 비로소 내가 쓸 수 있었다고 말할 수 있을 것 같네요."(Madeleine Chapsal, *Envoyez la petite musique*, Paris: Le livre de poche, coll. "Biblio Essais", 1984, p. 266).

4) 바타유의 도서 대출 목록에 따르면 그는 『정신분석 입문』을 1923년에, 『토템과 터부』를 1927년에 읽은 것으로 추정된다. "Emprunts de Georges Bataille à la bibliothèque nationale", OC XII, Paris: Gallimard, 1988, pp. 554~568 참고.

한편, 보렐은 정통파 정신분석학자가 아닌, 마치 이단아 같은 존재였다.[5] 바타유가 정신분석학에 학자로서 입문했다기보다 정신분석의 개념들을 차용하되 자기 나름의 방식대로 전유했다는 점은, 첫 정신분석 체험을 함께했던 보렐의 영향 때문이라고도 생각할 수 있다.

그렇다면 소설 『눈 이야기』를 들여다보자. 정신분석 치료를 받은 직후에 쓴 작품인 『눈 이야기』는 정신분석학 이론 적용을 연습해 볼 텍스트로 적격이라고까지 할 수 있다. 주인공-화자와 여주인공 시몬이 펼치는 외설적 유희들에는, 정신분석학에서 말하는 항문기와 구강기적 특징들이 잘 드러나 있다. 특히 작중 인물들이 오줌에 집착하는 모습들에는, 4세 유아들이 보이는 배뇨 성애가 마치 교과서처럼 형상화되어 있다고 평가되기도 한다.[6]

이 소설의 중심 대상은 '눈'oeil, '달걀'oeuf, 그리고 투우사에게 희생당한 황소의 '불알'couille이다. 우선 눈과 달걀은 백색 구체라는 생김새뿐 아니라 프랑스어 단어의 발음상으로도 유사성을 지니고 있는데(복수형이 되었을 때는 발음이 동일하다), 거기에 보렐과의 상담 중에 알게 된, 바타유가 집필 당시만 해도 본래 붉은색인 줄 알았던 황소의 고환이 실제로는 흰색이라는 새로운 발견이 더해지고, 이를 통해 작

---

5) 루디네스코는 보렐의 정신분석에 대해 이렇게 평가한다. "보렐의 상담에는 치료성과 적응성이 있었고, 고통의 청취를 토대로 하고 있었다. 그의 테크닉은 별로 엄정하지 않았고, 의식화된 치료 모델을 제안하지도 않았다. 보렐은 그 자신이 맡은 분석가의 위치에 일체화되지 않은 것으로 보인다. 그는, 특히, 그 환자가 작가일 경우, 환자로 하여금 그 자신의 무의식의 폭력들에 몸부림치도록 내버려두었다"(Roudinesco, *Histoire de la psychanalyse en France 1: 1885～1939*, Paris: Fayard, 1994, p. 359).

6) Gilles Ernst, "Notice d'*Histoire de l'œil*", Bataille, *Romans et récits*, Paris: Gallimard, coll. "Bibliothèque de la Pléiade", 2004, pp. 1003~1004.

가는 대상 이미지의 순환이 자신의 무의식 속에서 이미 완성되어 있었음을 깨닫는다. 바타유는 이 이야기를 서술한 다음 스스로 이렇게 결론짓는다. "이번에 나는 **매우 외설적인**, 즉 가장 파렴치한 최초의 이미지들, 폭발이나 착란 없이는 그것을 견뎌 낼 수 없는 의식이 그 위에 무한히 미끄러지는 바로 그런 이미지들이 일치하는 내 정신의 어떤 심오한 지역이 있다고 가정함으로써 그처럼 비정상적인 관계를 설명하는 위험을 무릅썼다."[7]

보렐과의 상담에서부터 소설의 집필까지 이 일련의 경험들은 이후 펼쳐질 바타유의 삶에 어떤 의미를 갖는가? 첫째, 바타유는 이처럼 음란한 이미지들의 결합을 글쓰기로 표현하고 그러한 결합의 원인을 가족 관계에서 찾음으로써 개인의 과거사를 객관적으로 성찰하고 극복할 수 있게 된다. 「일치들」에서 바타유는 자신의 어린 시절을 순간적으로 사로잡았던 이미지들을 서술한다. 매독에 걸리고 눈까지 멀어서 자리에 앉은 채로 배설을 할 수밖에 없던 아버지의 모습, 전쟁 중 아버지를 버리고 피난을 가느라 평생 죄책감에 시달리다가 미쳐 버린 어머니가 강물에 뛰어들었다가 마치 옷에 오줌을 싼 것처럼 푹 젖어서 돌아오던 모습, 밤길 산행 중에 자신과 함께 가던 일행을 놀래 주려고 유령의 탈을 쓰고 돌연 출현했던 형의 모습들이 그것이다. 이 강렬한 이미지들은 기억 저편에 숨겨져 있었다가 『눈 이야기』를 쓰는 중에 자기도 의식하지 못한 채 **나타났고**, 결국 그 포착되지 않는 무의식이 자신의 의식을 실제로 지배하고 있다는 사실을 깨달았다는

---

7) Bataille, *Histoire de l'oeil*, OC I, Paris: Gallimard, 1970, p. 75(이하 강조는 원문).

데 이 글쓰기의 의의가 있다. 이처럼 『눈 이야기』 쓰기는 자신의 정신적 외상을 증언하는 동시에 그것을 극복하기 위한" 것이었다.[8]

둘째, 위에 인용한 대목에서 바타유가 가정하겠다고 말한 "내 정신의 어떤 심오한 지역"은 후에 그의 사유가 전개되며 천착하게 될 '불가능'의 지점을 암시한다. 그 "지역"에 의식은 자리잡지 못하고, 그곳이 어디인지 지정하지도 못하고 미끄러질 뿐이다. 정신분석의 체험을 통해 바타유가 얻은 게 있다면, 그 지역, 의식할 수 없기에 무엇이 있다고 말할 수 없고 알 수도 없지만, 빈자리로라도 남아 있는 지역이 존재함을 자신이 실제로 주관적 체험을 통해 인지하게 됐다는 점이고, 또 그 지역을 객관적 학문의 체계를 빌려 '무의식'이라는 명칭으로나마 설정해 볼 수 있었다는 점이다.

집단심리학과 「파시즘의 심리 구조」

그렇다면 이제 바타유의 개인적 성찰을 넘어 사회와 세계의 조망에 정신분석이 어떤 역할을 했는지 알아보자. 정신분석은 그동안 바타유가 알고 있던 학문들이 포섭하지 못한 부분들을 학문 안으로 들여오게 하는 새로운 방법론이었다. 바타유는 이미 완성된 학문 체계로서의 정신분석학을 참조했다기보다는, 교조적이지 않으면서도 실천적 응용이 가능한 하나의 방법으로서 정신분석을 접했다. 궁극적으로 인간존재란 무엇인지를 자기 나름의 방식으로 규명하고자 철학,

---

8) Ernst, "Notice d'*Histoire de l'œil*", p. 1002.

사회학, 인류학, 선사학 등 모든 분야의 인문과학을 편력했던 그에게 정신분석은 유용한 이론적 도구가 되었다. 특히 1차 세계대전을 겪은 뒤 공산주의와 파시즘이 동시에 각자의 세력을 갖추던 1930년대 유럽의 정세 속에서, 바타유는 마르크스주의만으로 목도 중인 사회의 구조와 현상들을 설명하기는 어렵다고 느끼던 터였다. 그리하여 그는 마르크스주의를 토대로 하되 현상학과 사회학, 정신분석학을 참조하여 자신이 속한 세계를 분석하려는 시도를 하게 되는데, 그 성과가 바로 1933년과 1934년에 걸쳐 『사회비평』에 기고한 「파시즘의 심리 구조」라는 논문이다. 이 글에서 바타유는, 마르크스의 이론이 경제적 토대를 규정해 준 것은 맞지만 상부구조, 즉 사회구성체들의 정치적·종교적 형성 과정을 설명해 주지는 못한다고 진단하고, 상부구조를 심리적 구축물로 파악할 것을 제안한다.[9] 그는 마르크스 사회주의와 공산주의, 그리고 파시즘이 맞물리고 있는 시대적 현상을 총체적으로 이해하기 위해서는 에밀 뒤르켐과 마르셀 모스로 대표되는 프랑스의 사회학, 독일 현상학,[10] 그리고 프로이트 정신분석까지를 통합적으로 살펴봐야 한다고 말한 뒤, 이 학문들의 내용과 방법을 적용하여 파시즘의 "사회적 상부구조와 그것이 경제적 토대와 맺는 관계들"[11]을 밝히는 것이 목표라고 명시한다.

---

9) Michel Surya, *Georges Bataille, la mort à l'oeuvre*, Paris: Gallimard, coll. "Tel", 2012, pp. 210~211.

10) 바타유가 '현상학'(phénoménologie)이라고 가리키는 것은 후설 이후의 현상학이 아니라 『정신현상학』에서 전개된 헤겔의 철학을 의미한다.

11) Bataille, "La structure psychologique du fascisme", OC I, p. 339.

「파시즘의 심리 구조」에서 바타유는 프로이트의 『집단심리학과 자아분석』을 직접적으로 원용하고 있다. 바타유는 이 책이 파시즘 이해에 필수적인 입문서라고 말하며, 그 내용을 "군사적(군대) 기능과 종교적(가톨릭교회) 기능을, 그[프로이트]가 **자아 이상** 혹은 **초자아**라 명명한 개인적 심리의 명령적(**무의식적**) 형태와의 관계하에서 연구"[12]한 성과라고 요약한다. 프로이트의 저술은 "두 집단[군대와 가톨릭교회] 모두 두 종류의 감정 유대에 지배받으며, 이 두 감정 유대 중에서 지도자와의 감정 유대가 ── 적어도 이 두 집단에는 ── 다른 감정 유대, 즉 집단 속의 개인들 상호 간의 감정 유대보다 더 중요한 것 같다는 사실"[13]을 바타유에게 알려 주었고, 바타유는 이를 통해 집단 심리 구성에 있어 주권과 권력이 한 인물에게 집중되어 구현된 지도자의 역할이 매우 중요하다는 것, 그리고 군중들은 그 지도자에 대한 애정을 품게 되고, 이것이 집단을 엮어 주는 접착제 역할을 한다는 것에 주목하였다. 차이가 있다면, 프로이트는 그러한 지도자가 군중 개개인의 자아 이상의 자리를 차지하게 되어서 지도자와 개인 사이의 '동일시' 작용이 일어난다고 분석하였고, 바타유는 그 지도자라는 존재와 군중 사이의 '이질성'hétérogénéité을 강조하고자 한 것인데, 그 근거는 이렇다. 우선, 그가 인용하는 프로이트의 말에 따르면, 지도자는 군중을 사랑하지 않아도 되지만 군중은 그를 사랑하기 때문에 그는 절대적 권력을 지닌다는 점에서 지도자는 집단 속 무리와 절대적으

---

12) Bataille, "La structure psychologique du fascisme", *Ibid.*, p. 356.
13) 프로이트, 『집단심리학과 자아분석』, 이상률 옮김, 이책, 2015, 53쪽.

로 다른 이질적인 존재다. 그리고 파시즘을 대표하는 히틀러나 무솔리니는, 최소한 자신들의 회고에 따르면, 밑바닥의 비천함과 지고의 권위를 모두 경험해 본 자들이라는 점에서 본인의 인격 안에 이질적 요소들을 내포하고 있는 인물들이다. 한편 바타유는 프로이트의 동일시 논리를 확장시켜, 앞서 말한 지도자가 성장하게 되는 과정이 이탈리아나 독일의 경우 국가 자체의 형성 과정과 매우 유사하다는 점역시 지적한다. 그래서 단지 군중 개개인이 그 자아 이상과 자신을 동일시하는 데 그치는 것이 아니라, 그들이 속한 국가라는 조직 자체가 그 지도자와 동일시된다는 것이다.

바타유의 학문과 정신분석

학문 바깥의 내적 체험

이처럼 그는 사회현상에서 드러나는 동질적이면서도 이질적인 양가적 측면을 모두 설명할 수 있는 학문적 근거로서 프로이트의 저작들과 정신분석학을 참조하였음을 확인할 수 있다. 이번에는 그가 당대의 여러 인문과학들과 접촉하면서 정신분석학이나 사회학을 능동적으로 수용하되 거기에 의지하지 않고 자기 고유의 이질적 학문인 '내적 체험'expérience intérieure과 '에로티즘' 개념을 발전시키게 되는 계기를 추적해 보고자 한다. 이를 위해 우리가 독해할 글은 그의 학문적 방황의 시기 한가운데 위치한 1938년 사회학 학회에서의 발표문들 중 정신분석학의 가능성을 주로 논의하고 있는 「인력과 척력」이다.

주목할 점은, 1934년부터 1939년까지 바타유가 프랑스 고등실천연구원에서 알렉상드르 코제브의 헤겔『정신현상학』강의를 수강했고, 여기서 배우고 성찰한 내용들이 이후 바타유의 철학에 지대한 영향을 끼치게 되었다는 점이다. 「파시즘의 심리 구조」에서 마르크스주의가 충분히 설명하지 못한 상부구조에 대해 심리학적으로 접근하여 분석할 필요가 있다고 역설하였듯, 바타유는 여전히 정애적인 것, 혹은 감각적인 것, 즉 학문의 영역 바깥의 것들을 어떻게 학문적으로 표현할 수 있는지의 문제에 매달렸다. 감각은 개인적 체험을 통해서만 얻을 수 있는 것인데, 이것들을 객관화하여 기술한다면 그게 학문이 될까? 이런 질문을 품고 있을 때 바타유가 읽었던 책이 바로 헤겔의『정신현상학』이었다. 이 책을 읽은 그는, 감각적인 것과 이질적인 것을 학문의 영역으로 들이기 위해 자신이 생각할 수 있는 방법이 결국은 "단순한 현상학적 방법, 즉 명백한 경험에 대한 단순한 기술"[14]에 그칠 수 있다고 자가비판한다. 자기 자신만 아는 주관적 경험을 늘어놓는 일이 어떻게 객관성을 담보한 학문이 될 수 있을 것인가? 여기서 다시 한 번 정신분석의 방법론이 소환된다. 공산주의에 대한 입장을 고민했던 시기 바타유가 쓴 「파시즘의 심리 구조」에서 정신분석이 마르크스주의의 한계를 채우기 위해 요청됐다면, 헤겔 현상학에 천착하던 1930년대 말에 쓴 「인력과 척력」에서 정신분석은 헤겔주의의 한계를 보완하기 위해 다시금 요청된다.

---

14) Bataille, "Attraction et répulsion II: La structure sociale", ed. Denis Hollier, *Le Collège de sociologie: 1937–1939*, Paris: Gallimard, 1995, p. 147.

「인력과 척력」에서 바타유는 자신이 이해한 대로라면 헤겔 철학에 두 가지 문제가 있다고 제기하고, 이를 해결하기 위해 "과학적 차원의 방법들"[15]로서 정신분석학과 사회학을 참조한다. 첫 번째 문제는 이것이다. 헤겔은 자기의식의 운동을 통해 정신의 체계를 완성시켰다고 주장하는데,[16] 그 체계가 인간 의식의 총체라고 어떻게 장담할 수 있는가? 정신현상학은 곧 의식이 발전해 나가는 과정인데, 그러면 의식이 닿지 않는 인간 정신의 깊숙한 부분은 어떻게 인식할 수 있을 것인가? 바타유가 보기에, 닫힌 체계로서의 총체를 향해 가는 헤겔은 결국 인간 정신과 세계를 주체에 소급시켜 동질화시켜 버렸다. 반면 정신분석학은 억압되어 무의식의 영역에 있던 것을 의식과 학문 안으로 포함시키려 한다. 또한 바타유가 천착하던 사회학은 인력과 척력을 동시에 작용시키는, 즉 매혹과 혐오를 동시에 불러일으키기에 중심부에서 밀려났던 이질적 존재들, 비천함 속에서 발현되는 '신성'神聖을 탐구할 수 있는 길을 열어 준다.

그렇다면 다음 문제. 헤겔이 말하는 정신의 경험은 오로지 혼자만이 인식할 수 있는 것인데, 그것을 설사 모두가 사용하는 언어로 표

---

15) *Ibid.*, p. 149.

16) 바타유가 코제브의 해석에 의존하여 헤겔 철학을 독해했다는 사실을 주지하자. 코제브는 나폴레옹이 자신의 창문 아래 들어오는 순간 헤겔의 『정신현상학』이 탈고되었음을 강조하며, 이 지점에서 헤겔은 세계의 역사뿐 아니라 자기의식의 역사로서 변증법적 학문 체계의 완수를 동시에 선언한 것이라 말한다. Alexandre Kojève, *Introduction à la lecture de Hegel*, Paris: Gallimard, 1947, p. 57. 바타유는, 헤겔 자신이 인식의 체계를 완성시켰다고 주장함으로써 체계를 닫아 버렸다고 비판하며 그것을 찢고 '비-지'(非-知)를 향해 열어 두어야 한다고 외친다. 이와 관련하여 Bataille, "Hegel, l'homme et l'histoire"; "Hegel, la mort et la sacrifice", OC XII, Paris: Gallimard, 1988 참고.

현한다 한들 어떻게 보편적인 학문이 될 수 있을 것인가? 바타유가 보기에 헤겔의 현상학은 인식하고 사유하고 있는 주체의 주관적 경험을 기술한 것이다. 그런데 그 경험이란 당사자 주체 이외의 다른 누구에게도 똑같은 것일 수 없기에, 결국 헤겔의 철학은 신격화된 이성을 지닌 주체의 주관성에 갇혀 버렸고, 주체로서의 자기 자신을 어떻게 객관적으로 기술하고 인정할 수 있을지의 문제는 여전히 해결되지 않았다. 주체가 느낀 경험과 감각을 대상화할 수 있는 학문의 가능성을 찾고 있었던 바타유에게 헤겔의 현상학은 충분히 만족스럽지는 않았다. 바타유는 모스의 사회학이나 프로이트 정신분석학을 자연과학과 가깝다는 의미에서 "냉철한 학문"[17]이라 부르며 이 분야들이 지닌 객관성에서 헤겔 현상학의 난점을 해결할 수 있으리라 생각한다. 바타유가 보기에 정신분석은, 최소한 그 경험의 내용과 경험하고 있는 주체의 상태를 객관화해서 소통시킬 수 있는 학문으로 자리잡았던 것이다.

> 내 시도의 본질적 대상이라고 말했던 인간의 그 자신에 의한 인정認定이 현상학적 틀에서만 발생할 수 있다는 것도 틀린 말이 아니다. 다시 말해, 아무튼 경험된 체험이 발생하지 않았다면 인정도 없었을 것이라는 말이다. 나는 여기서 이미 정신분석 체험 내부에서 해결책을 찾아낸 어떤 문제를 다시 만나게 된다. 알다시피 신경증 환자에게 그의 병

---

17) Bataille, "Attraction et répulsion II: La structure sociale", *Le Collège de sociologie: 1937–1939*, p. 150.

적인 행동을 불러일으키는 콤플렉스들에 대해 **설명하는** 것만으로는 충분치 않다. 그 환자로 하여금 그 콤플렉스들을 **감각하게**rendre sensible 해 줘야 한다. 그러므로 오직 정신분석만이 내가 정의 내리고자 했던 모든 어려움 —— 무의식에서 의식으로의 이행 —— 을 이미 실질적으로 해결했어야 했다. 그런데 이 지점에서 정신분석가들은 과학의 원칙에 매우 특수한 일종의 **왜곡**entorse으로 환원된다. 그들의 방법이 **주관적 체험**을 통해 소통될 수밖에 없어서인데, 이는 모든 정신분석가가 일단 자신이 정신분석을 받아야 하고, 객관적 지식들은 분명 충분치 않기 때문이다. 이럴진대, 성과물 말고 다른 증거는 없다. 심지어 그렇다면 오직 정신분석을 받은 자들만이 정신분석학적 자료들의 가치를 인정할 수 있을 것이라는 사실이 도출돼야 했을 것이다. 그러나 실은 전혀 그렇지 않다. 정신분석과 그 왜곡은 무려 충분히 인정된 **객관적** 자료들을 꽤나 일반적으로 유통시켰다. 그리하여 최소한 무의식이 인식의 대상이 될 수 있었던 것이다.[18]

과학적이고 객관적이어야 할 정신분석학에 개인의 정신분석 체험이라는 주관성이 끼어듦으로써, 학문으로서 정신분석학이 지녀야 할 정합성과 엄정성에 관절의 염좌처럼 삐끗하고 일종의 "왜곡"이 끼어들었는데, 오히려 이로써 정신분석은 주관적 체험에 근거하면서도 객관적 정보를 전달할 수 있는 학문이 되었다는 말이다. 그리하여 바타유에게 정신분석은 주체와 대상 사이의 구분 자체를 지운 상태

---

18) *Ibid.*, pp. 149~150.

를 보편적으로 소통시키는 사유 개념으로서 '내적 체험'을 구상하기 위한 여정 중에 의미를 갖는다. 이처럼, 처음에 방법론과 체험으로 정신분석을 원용했던 바타유는 이제 이것을 하나의 정립된 과학적 이론으로 간주한다.

그리하여 마르크스주의와 헤겔주의에서 한계를 발견한 것처럼, 바타유는 정신분석학에서도 만족할 수 없었던 듯하다. 주체가 의식하지 못하는 영역과 감각적 체험을 탐구한다고 하지만, 그것들이 구조화되고 언어화되기를 기도하는 한, 정신분석학 역시 신격화된 이성과 언어의 영역 안으로 '비-지'非-知와 무의식을 포섭하려 드는 기존의 학문들과 다르지 않다. 정신분석가들은 주체로 수렴하는 학문 자체를 거부하지는 않는다. 그들은 그 주체의 의식 뒤에 가려졌던 진실을 밝히려 하고, 그들이 제공한 진실들은 기존 학문의 지식 생산 체계와 실증주의적 인문학에 조금씩 편입되면서 정합적인 과학의 면모를 띠게 된다. 반면 바타유는 계속해서 주체의 자리를 비우되, 그 빈자리를 다른 주체와 소통하게 할 방법을 탐색하는 과정에서 결국 보편적이고 객관화된 언어를 사용할 수밖에 없다는 한계를 인식하고, 이제 그 한계를 넘어서려고 시도한다. 그는 객관적 진리를 추구하는 과학의 경계 바깥까지 밀어붙여진 학문, 즉 "바깥-학문"hors-science을 구상했는데, 이것이 곧 '내적 체험'이라는 이름으로 지시될 것이다. 내적 체험이란, 헤겔이 기술한 것과 같이 주체에게만 귀속된 경험이 아니라, 대상과 주체의 구분이 표명되는 순간 곧장 소멸하게 될 어떤

작용을 가리킨다.[19]

여기까지 살펴보았듯, 1930년대 후반까지 프로이트의 정신분석 이론은 바타유에게 유용한 도구였고 그의 사유 발전에 많은 도움을 주었지만, 이 역시 완전하진 않았다. 정신분석학은 모든 것을 통제하고 인식하는 이성과 명철한 의식에 대한 전적인 믿음을 바탕으로 한 전통적 철학의 주체가 보지 못한 지점을 보려고 했고, 바타유는 이 점을 매우 높이 평가했다. 그럼에도 불구하고 정신분석은 주체의 무의식을 탐구함으로써 주관성을 객관적으로 제시하려 했기에 결국 주체와 대상의 경계를 지워 버리는 상태에는 이르지 못했다. 그리하여 이제 바타유는 더 이상 다른 학문에서 해답을 찾으려 하지 않고 자기만의 사유를 독자적으로 구축하려고 한다. 그렇기 때문에 1940년대에 출간된 『내적 체험』 이후부터 그의 저작에서 프로이트가 사용했던 용어라든가 정신분석이라는 단어 자체도 찾아보기 힘들어진다. 그리고 그 자리에는 에로티슴과 내적 체험이라는, 바타유가 새로이 의미를 부여한 말들이 자리를 잡게 된다.

---

19) 바타유가 블랑쇼의 표현을 빌려 말하는 내적 체험의 원칙은 이러하다. "체험 그 자체가 권위이다(그러나 그 권위는 속죄된다)"(Bataille, *L'expérience intérieure*, OC V, Paris: Gallimard, 1973, p. 19). 바타유의 내적 체험에 대해서는 다음 참고. 차지연, 「조르주 바타유의 '내적 체험'과 술(酒): 소설 『쥘리』 연구」, 『불어불문학연구』 113집, 한국불어불문학회, 2018, 184~188쪽.

죽음을 긍정하는 에로티슴

에로티슴은 이런 맥락에서 구축된 바타유 고유의 학문을 대표하는 개념 중 하나로, 살면서 죽음을 체험하고자 하는 내적 체험의 한 형태로 제시된다.

바타유가 시도했던 모든 학문은 궁극적으로 죽음을 삶 속에서 체험하고 감각하고 그것을 객관화된 언어로 표현하려는 그의 오래된 열망하에 구축되었다. "공동체와 그 참여자들의 전체성에 문제를 제기하는", "극한의 소비"이자 "에너지 상실"로서의 죽음,[20] 인간으로 하여금 매혹(인력)과 혐오(척력)를 동시에 느끼게 하는 가장 원초적인 대상으로서의 죽음에 대한 탐구가 이후 바타유 사유의 근간을 이룬다. 이는 특히 바타유가 자신의 여러 저서들에서 시체에 대한 금기를 자주 인용한다는 점에서 잘 드러난다. 분명 어제까지 내가 알던 사람이 지금은 전혀 다른 존재가 되어 버렸다는 데서 오는 이질감이 죽은 사람의 몸, 즉 시체의 본질이다. 바타유에 따르면, 시체는 두려움과 기피의 대상이 되기도 하지만, 동시에 살아 있는 자들로 하여금 호기심을 자극하거나 다가가고 싶은 욕구를 불러일으키기도 하고, 바로 그 이유로 원시 시대부터 시체에의 접근은 보편적 금기로 설정됐

---

20) Bataille, "Attraction et répulsion II : La structure sociale", *Le Collège de sociologie: 1937 - 1939*, pp. 166~167. 이 대목은 우리가 다루고 있지는 않지만, 「소비의 개념」(La notion de dépense)에서부터 움트고 있던 바타유의 '일반 경제' 이론이 전개되는 그의 저서 『저주의 몫』을 예고한다. 그러나 이 글에서는 정신분석과의 관계를 집중 조명하고 있기에, 사회 조망의 틀로서 경제적 관점을 도입하는 이 부분에 대해서는 길게 논의하지 않겠다. 다만, 이러한 에너지 상실과 죽음을 삶 속에 들이는 방식으로 에로티슴이 등장했다는 사실만을 분명히 언급하고자 한다.

던 것이다.[21]

그렇다면 살아 있는 인간으로서는 원칙적으로 체험이 불가능한 죽음을 어떻게 삶 속에 포섭시켜 감각적으로 느껴 볼 수 있을 것인가. 이것이야말로 바타유의 궁극적 문제였다. 정신분석을 원용하며 헤겔 철학의 맹점을 지적했던 바타유는, 죽음의 문제를 대하는 태도에 있어 끝내 헤겔의 손을 들어 주고, 이와 동시에 정신분석학이 아니라 철학의 편에 서게 된다.[22] 헤겔 철학 역시 유대-기독교에서처럼 인간을 정신적인 존재로 본다. 그러나 기독교적 신이 구현하는 것이 무한하고 영원한 객관적으로 실재하는 정신이라면, 헤겔이 말하는 정신적 존재인 인간은 유한하고 일시적이다. 그렇다면 "죽음만이 오직 인간이라는 정신적인, 혹은 헤겔적 의미에서 **변증법적**인 존재의 실존을 보장해 주는 셈이다".[23] 반면, 프로이트 정신분석학에서 죽음은 삶과 대립되며 에로스와 죽음충동 사이의 이원론을 형성한다. 죽음이 인간의 삶의 전제가 된다는 방향으로 전개될 바타유의 사유가 헤겔 쪽으로 기울어지는 것은 자명해 보인다. 이를 염두에 두면서, 여기서 잠깐

---

21) 시체에 대한 금기를 다루는 부분은 Bataille, *L'érotisme*, OC X, pp. 43~51; *Histoire de l'érotisme*, OC VII, pp. 67~74, Paris: Gallimard, 1976; *Lascaux ou la naissance de l'art*, OC IX, Paris: Gallimard, 1979, pp. 31~36 참고. 한편, 자전적 소설을 집필하면서 이미 고백했다시피 바타유는 시체 성애적(nécrophile) 성도착 증세를 보이기도 했다. 실제로 어머니의 시체 앞에서 성욕을 느꼈던 바타유 자신의 경험담은 소설 『하늘의 푸른빛』에 표현되어 있다.

22) 드니 올리에는 헤겔 현상학과 인문과학으로서의 정신분석 사이의 대결과 관련하여, 이미 1930년대 후반부터 바타유가 헤겔의 편에 서 있었다고 본다. Bataille, *Le Collège de sociologie: 1937-1939*, p. 151.

23) Bataille, "Hegel, la mort et le sacrifice", OC XII, p. 329.

성과 삶의 본능을 하나로 엮고 죽음과 대척점에 두었던 프로이트의 후기 이론과 바타유의 에로티슴 개념을 간략하게 비교해 봄으로써 두 입장의 차이는 무엇인지 정리해 보자.

위에서 말한 바대로 에로티슴은 바타유가 인간과 세계를 전체적으로 조망하기 위해 구상한 사회학과 철학의 키워드이자, 모종의 실천 이념마저 담겨 있는 '-이즘'-主義이다. 프로이트의 에로스가 성적 본능과 의미가 합쳐지며 "살아 있는 물질의 부분을 통합하고 융합하려는" 힘을 의미하면서 파괴 지향적인 죽음본능과 투쟁한다면,[24] 바타유에게 성적 본능은 근본적으로 죽음본능과 같은 것이다. 성행위 중에는 개인과 개인 사이의 경계가 무너지고 주체와 대상으로서의 자기 인식이 사라지는 순간을 지나게 되는데, 이 순간 개인들은 살아 있으면서도 죽음을 체험하는 것이며, 이러한 죽음의 체험은 오히려 삶을 더 강렬하게 긍정하는 방식이라는 것이다. 또 에로틱한 행위가 죽음본능이 수반하는 공격성이나 파괴 지향성과 연결됐을 때 여기에는 금기를 위반한다는 데서 오는 죄의식까지 더해지는데, 이것이 바로 에로티슴의 본질이다.

한편, 바타유는 개인의 정신병리학적 징후를 통해 인간 개개인의 탐구를 의식 밖 영역까지 탐구했던 정신분석학의 내용과 방법을 사회 전체로 확장시키려고 한다. 바타유의 에로티슴은 개인 대 개인의 관계에 머물지 않고 인간 전체와 신성 사이의 관계를 설명하기 위

---

24) 프로이트, 「쾌락원칙을 넘어서」, 『정신분석학의 근본 개념』, 윤희기·박찬부 옮김, 열린책들, 2004, 339쪽.

해 내세워진 사회학적이고 인류학적인 개념이다. 정신분석학은 특정 개인들에게 어떤 매혹과 혐오를 동시에 불러일으키는 대상이 있다고 보고 그 케이스들을 수집하고 있었다. 바타유는 그러한 대상이 존재한다는 것에 전적으로 동의하되, 그 대상을 특정하는 대신, 그것을 오히려 특정할 수 없고 언어로 지시할 수 없는 '신성'이라고 부르기로한다. 이렇게 해서 정신분석학을 자기 방식대로 확장시키고 넘어선 바타유의 에로티슴은 신성한 것에 접근하는, 즉 금기를 위반하는 행위로서, 그러나 그 금기를 부정하면서 죽음을 치우고 삶을 영속시키려는 것이 아니라 삶 속에서 죽음을 긍정하는 몸짓으로서 의미를 갖추게 된다.

'상실의 의지'와 정신분석

"아스피린을 복용하는 것처럼 정신분석을 사용한 사람"

우리는 방금 바타유가 자신의 사유 구상을 위해 이용했던 정신분석학을 확장시키고 넘어섰다고 말했다. 이의의 여지가 있는 문장이다. 다른 한편에서는 그가 결국은 정신분석학의 틀에 갇혀 있는 게 아닌가, 혹은 애초에 정신분석을 제대로 이해하지도 못했던 게 아닌가, 더나아가 바타유야말로 정신분석을 통한 치료가 필요한 환자의 전형이 아닌가 하는 비판과 비난들이 남아 있다. 여기서는 그중 우리에게도 매우 잘 알려진 두 명의 철학자들이 바타유에게 가한 비판을 검토해 보려 하는데,『내적 체험』을 읽고 쓴 사르트르의 「새로운 신비주의

자」Un nouveau mystique와 들뢰즈의 『대화』 중 바타유를 언급하는 대목들이 그것들이다.

마르크스의 경제학, 모스의 사회학, 헤겔의 현상학처럼, 정신분석학은 바타유의 삶과 사유에 깊게 뿌리내린 학문이 되었다. 정신분석에 대한 언급이 뜸해진 1940년대 이후의 저작에서도 정신분석 이론의 영향이 완전히 지워진 것은 아니었다. 루디네스코는 바타유와 가장 가까운 친구 중 한 명이었던 작가 미셸 레리스의 표현을 빌려, 바타유를 비롯한 일군의 지식인들을 가리켜 "아스피린을 복용하는 것처럼 정신분석을 사용한 사람들"[25]이라고 말하는데, 우리는 이 비유적 표현에 전적으로 동의한다. 바타유에게 정신분석은, 자신의 사유를 개진하는 데 발생한 문제를 해결하기 위해 아스피린처럼 상시 복용하는 약 중의 하나였다. 처음에는 혁명적인 치료 효과를 보여 주는 신약처럼 등장했지만 이제는 일상적 필수품이 된 약 말이다. "약"이라는 비유 역시 매우 훌륭한데, 정신분석은 바타유에게 맨 처음 보렐과의 상담이 그러했듯 치유의 역할을 했음을 부정할 수 없다.

바타유 전기 작가인 미셸 수리아도 바타유에 대한 사르트르의 비판이 담긴 「새로운 신비주의자」를 인용하면서 이러한 사실을 암시한다.

---

25) 루디네스코, 『자크 라캉 1: 라캉과 그의 시대』, 양녕자 옮김, 새물결, 2000, 207쪽. 루디네스코는 이를 미셸 레리스의 『일기』(Journal)에서 빌려 온 것임을 밝히고 있다. 1934년 8월 레리스는 이렇게 썼다. "아마 정신분석에서 대단한 것을 기대할 수는 없을 것이다. 하지만 아스피린을 복용하는 것처럼 우리는 항상 그것을 취할 수 있다."

살아남은 자라고 불릴 만한 사람들이 있다. 그들은 일찍이 어떤 소중한 존재를, 어떤 **아버지**를(그런데 사르트르는 그게 어떤 아버지인 줄은 아나?), 친구를, 연인을(도대체가!) 잃었다. 그리고 그들의 삶은 이제 그러한 죽음 이후에 오는 우울한 다음날에 지나지 않는다. 바타유 씨는 신의 죽음 뒤에 살아남은 자다.[26]

사르트르에 따르면, 바타유는 소중한 존재를 잃은 뒤 "살아남은 자"survivant, 그 상처와 빈자리를 끝없이 더듬는 자다. 그래서 그가 내세우는 인간의 체험과 사유 전개 내용은 보편적 인간의 것이 아니라 어느 위로받지 못한 "홀아비"의 것이라는 인상을 준다는 것이다. 그리고 사르트르의 바타유 비판의 핵심이 바로 여기에 있다. 그가 보기에, 바타유는 스스로 무신론자라 주장하였고, 니체가 선언했던 신의 죽음, 즉 절대적·초월적 존재가 허구일 뿐이라는 진단에 동의한다고 하면서도, 끝내 자신이 한때 믿었던 기독교적인 신의 부재를 견디지 못하고 그에 따르는 애도를 미처 마치지 못한 "수치스러운 기독교인"[27]에 불과하다는 것이다. 뒤이어 사르트르는 바타유에게 조롱과 야유를 섞어, 제법 진지한 어조로 "치료책"traitement으로서 정신분석을 제시한다. "나머지는 정신분석이 할 일이다. 항의하지 말지어다. 여기

---

26) Surya, *Georges Bataille, la mort à l'œuvre*, p. 383. 이 대목은 일부러 사르트르의 텍스트를 직접 인용하는 대신 같은 대목을 수리아의 전기에서 재인용하였다. 괄호 안의 추임새는 수리아가 이 대목을 인용하며 추가한 것이다. 수리아는 바타유에게 정신적 외상으로 남았던 아버지의 이미지, 그리고 바타유의 생애에 가장 강렬한 영향을 끼쳤으며 바타유가 그 임종을 지켜야 했던 연인 콜레트 페뇨와의 관계를 암시하고 있다.

27) Jean-Paul Sartre, "Un nouveau mystique", *Situations I*, Paris: Gallimard, 1947, p. 166.

서 나는 프로이트나 아들러, 융 등의 조잡하고 수상쩍은 방법들을 말하는 게 아니다. 다른 종류의 정신분석들이 있다."[28] 수리아가 이 글에서 사르트르가 사용하고 있는 수사법인 아이러니에 주목하듯, 이 문장은 바타유를 두 겹으로 비판하고 있다. 상상컨대, 사르트르는 바타유에게 이렇게 말하고 싶었던 듯하다. "바타유 씨, 긴말 말고 그냥 정신분석이나 한 번 더 받아 보시지요, 그런데 당신은 우리가 알고 있는 것 말고 다른 종류의 정신분석들을 알고 계신가 본데, 그런 게 있다면 거기에라도 도움을 받아 보시는 게 어떤지요?"

우리로서는 『내적 체험』에 대한 사르트르의 평가[29]에 완전히 동의하기는 힘들다. 그러나 잃어버린 무엇인가에 대한 끝없는 탐색의 의지, 주체로서의 자기 스스로를 잃고자 하며 타인의 것이든 자신의 것이든 죽음을 체험코자 하는 의지, 달리 표현하자면 "상실의 의지" volonté de perte[30]가 바타유의 사유를 관통하고 있다는 사실은 사르트르가 지적한 대로다.

사르트르가 '학문인 듯 학문 아닌 학문 같은' 내적 체험 개념의 애매성에 비판을 퍼부으며 바타유에게 차라리 정신분석학을 더 배워 오라고 훈수를 뒀다면, 들뢰즈는 바타유가 애초에 전형적인 정신

---

28) *Ibid.*, p. 135.
29) 사르트르는 『내적 체험』이 사실상 종교적 신비체험의 수기에도 못 미친다고 평가 절하한다. 특히 그는 바타유가 실존주의적 인간관을 내세우는 것 같지만 끝내 신에게서 벗어나지 못했다는 점과, 신비주의적 체험을 객관적 학문으로 승격시키려는 욕심 때문에 괜히 과도하게 과학적 용어를 사용하려 든다는 점을 지적하기도 한다.
30) Catherine Millot, "Bataille et la psychanalyse", *Les temps modernes*, 1998. 12~1999. 1/2, no. 602, p. 147. 여기서 카트린 미요는 이러한 '상실의 의지'가 라캉과 바타유에게 공통적으로 드러남을 지적한다.

분석학적 세계관에서 빠져나오지 못했다고 단언한다. 들뢰즈는 특히 바타유의 문학 작품들을 참조하며 그의 작품세계뿐 아니라 정신분석학적 세계관까지 한꺼번에 비판한다. 바타유의 대부분의 작품들은 잃어버린, 계속해서 자신에게서 벗어나는, 접근이 금지된 신성의 면모를 띤 여성을 애타게 기다리면서 헤매고 다니는 방탕한 지식인의 자전적 회고의 형태를 띤다. 들뢰즈는 이처럼 뭔가 "작고 더러운 비밀"[31]을 품고 말 못할 것을 말하고 싶어 안달이 나서 쓰는 문학이야말로 전형적인 "프랑스 문학"이며, 이는 완전히 오이디푸스 콤플렉스에 갇힌 세계관이자 기독교적 세계관의 산물이라고 평한다. "정신분석이란, 정확히 하나의 자위행위이자, 일반화되고, 조직화되고 코드화된 나르시시즘"[32]이라고 평가하는 들뢰즈는, 바타유가 바로 저 자위하는 남성의 자리에 스스로를 위치시킨다고 말하며 이렇게 빈정댄다. "작은 비밀은 대체로 자아도취적이고 경건한, 서글픈 자위로 귀착된다. 이것이 환상이다! '위반'이란, 교황 혹은 사제의 법 아래의 신학생들, 협잡꾼들에게 너무 좋은 관념이다. 조르주 바타유는 매우 프랑스적인 작가다. 그는 작은 비밀을 문학의 정수로 삼는다. 안에는 어머니를, 아래에는 신부神父를, 저 위에는 눈眼을 놓아둠으로써."[33] 물론 들뢰즈가 바타유의 문학 작품들에 공통적으로 드러나는 핵심 요소들을 매우 적확하게 집어내고 있음은 사실이다. 꼭 소설 『내 어머

---

31) Deleuze and Claire Parnet, *Dialogues*, Paris: Champs Essais, 1996, p. 58.
32) *Ibid.*, p. 122.
33) *Ibid.*, pp. 58~59.

니』의 주인공 엘렌이 아니더라도 바타유 작품 속에는 늘 퇴폐적인 성생활을 이어 가는, 비천함 속에서 더욱 빛나는 신성을 구현하며 주인공에게 영원히 채워지지 않는 대상의 자리를 차지하는 여성이 있다. 또 비록 스스로 무신론자임을 천명하며 『무신학 대전』을 썼더라도, 바타유에게는 여전히 가톨릭 사제가 될 것을 꿈꿨던 시절의 종교적 감수성이 남아 있으며, 그러한 면모는 소설 『C 신부』에서 끝내 타락하고 마는 사제 로베르에게 어느 정도 투영되어 있기도 하다. 마지막으로 눈은 앞서 살펴본 『눈 이야기』에서 순환하는 이미지들의 상징을 환기한다. 들뢰즈 말대로, 바타유는 아버지의 이름으로 말하는 신과 생물학적 의미에서의 남근에 여전히 집착하며 거세공포, 즉 죽음에 대한 공포로 인해 계속해서 자신의 비밀을 픽션의 힘을 빌려 고백했던 사람으로 보일 여지가 충분하다. 다만 우리가 덧붙이고 싶은 것은, 바타유는 어쨌든 신의 죽음을 누구보다 치열한 고민 속에서 끝내 받아들였고, 프로이트 이후 정신분석학에 의해 남근에 새로이 입혀진 현대적 의미, 즉 로고스의 의미를 인지하고 거기에 저항했으며, 그리하여 아버지-신-로고스-남근, 다시 말해 언어와 이성의 원칙이 지배하는 상징계 너머를 탐색하고 있었다는 것이다. 그리고 바로 이 지점에서 우리는 드디어 라캉과 바타유를 나란히 놓아 볼 수 있게 된다.

불가능과 실재

이처럼 바타유가 정신분석을 "상시 복용"했다는 점을 염두에 둘 때, 더 이상 바타유가 직접적인 언급을 하지 않았다 해도 프로이트 이후 프랑스에서 전개된 정신분석학과 바타유가 구축한 사유와의 연결 지점에 대해 생각해 보지 않을 수 없다. 특히, 그와 동시대인이었고 가까운 관계를 유지했던, 프랑스의 대표적인 정신분석학자 라캉과의 관계를 말하지 않을 수 없다. 실제로 바타유를 경유하여 라캉의 이론을 접하게 되었다고 고백하는 라캉주의자도 있고,[34] 바타유의 텍스트를 라캉 정신분석학 이론과 결부시켜 읽으려는 시도들도 이어지고 있다.[35] 여기에서는 바타유와 라캉의 생애에서 주목할 만한 전기적 사실을 언급한 다음, 바타유의 텍스트를 중심으로 그와 라캉의 사유가 어떻게 공통의 맥락으로 엮일 수 있는지 알아보려 한다.

바타유와 라캉은 젊은 시절부터 서로 알고 지내는 사이였으며, 라캉은 바타유가 공식적으로나 비공식적으로 했던 활동들, 특히 사회학 학회의 지하 단체인 '무두인'無頭人, Acéphale에도 가담한 적이 있었다. 더구나 이 둘은 모두 코제브의 헤겔 강의를 들었고, 이때 배운 헤겔 철학은 이들에게 지대한 영향을 미쳤다. 그러나 무엇보다 이 둘 사이의 관계를 이야기할 때 기억해야 할 이름이 있는데, 그것은 바로 실비아 바타유[36]다. 바타유의 첫 번째 부인이었던 그녀와 바타유 사

---

34) Millot, *Les temps modernes*, p. 147.

35) 다음의 연구들을 예로 들 수 있다. Bernard Sichère, "Bataille, Lacan", *Pour Bataille*, Paris: Gallimard, 2006; Albert Nguyên, *La perdi(c)tion de Georges Bataille: Essai de psychanalyse*, Paris: Stilus, 2016.

36) 결혼 전 이름은 실비아 마클레스. 루디네스코는 라캉 전기에서 "라캉 저작의 형성 과정에서 바타유의 영향이 계속 있었으나 암묵적인 상태로 머물러 있었다는 점, 바타유의 저서에서 라캉의 저서에 대한 언급이 전혀 없는 점, 마지막으로 가족처럼 가까운 사이였으나 너무나 달랐던 두 사람의 우정이 은밀하게 오래 지속된 점 등은 이처럼 오래 진행된 교제의 본질적인 목적이 한 여자(실비아 바타유)와 관련"되었기 때문이라 단정한다(Roudinesco,

이에는 로랑스라는 딸이 있었지만 이들은 곧 별거에 들어갔고,[37] 영화배우로서 명성을 떨치고 있던 실비아는 1939년부터 라캉과 연인 관계를 맺고, 라캉과의 사이에서 딸 쥐디트를 출산한다.[38] 한편 바타유는 이후 드니즈 롤랭이라는 여인과 잠시 함께 지내다가 이후 요양 차 머문 베즐레에서 다이앤 드 코추베이를 만나 여생을 함께하게 된다. 라캉은 본처와 그 사이에서 낳은 자식들과의 관계도 유지한 채, 실비아 바타유와 두 딸과 함께 가족생활을 한다.

이 여성들의 이름을 굳이 다 열거한 이유는, 바타유와 라캉이 머물렀던 거처들의 주인이 바로 그녀들이었기 때문이다. 1943년부터 부르고뉴 지방의 베즐레에 정착하기로 한 바타유는, 실비아 바타유와 라캉을 위해 자기가 사는 집 근처에 큰 집을 따로 임대해 두었지

Histoire de la psychanalyse en France 1: 1885 - 1939, p. 234). 그런데 이 둘의 사유를 실비아 바타유라는 특정 여성을 중심으로 엮기보다, 여성 일반에 대한 개념화를 중심으로 엮어 보면 어떨까? 영원히 채워지지 못할 욕망 대상의 빈자리와 '여성'의 관계는 주목할 만한 주제다. 바타유의 사유를 따르자면, 주체와 대상 사이의 경계를 부정하는 역설적 대상, 논리적으로 불가능한 대상인 '에로틱한 대상'은 언제나 '부재'의 형태로만 존재하며, 바타유의 문학 작품에서 이러한 대타자-대상-신성의 자리는 언제나 근친상간, 혹은 그에 준하는 위반을 욕망하는 여성-어머니가 차지한다. 베르나르 시셰르는 이처럼 바타유에게 여성으로 육화되는 빈자리가 바로 라캉이 '물'(Chose)이라 이름하는 것의 장소와 다름없다고 연결 짓는다. Sichère, *Pour Bataille*, pp. 151~157.

37) 이 당시 바타유는 페뇨와 동거 중이었다. 『하늘의 푸른빛』에 등장하는 여러 여성들 중, 사이가 소원해진 상태에서 남편을 걱정하는 아내 에디트의 모델이 아직 이혼하지는 않은 상태였던 부인 실비아 바타유인 것으로, 주인공이 끝없이 찾아 헤매는 '주권적' 여인 디르티의 모델이 페뇨인 것으로 통상 알려져 있다.

38) 쥐디트는 호적법상의 이유로 처음에는 바타유의 성을 받아야 했지만, 바타유 사후 라캉은 친자 소송을 통해 딸에게 진짜 '아버지의 이름'인 자신의 성을 되찾아 준다. 쥐디트는 정신분석학자 밀레르와 결혼해 이후로는 쥐디트 밀레르라는 이름으로 더 잘 알려져 있다. 언급된 두 딸, 로랑스 바타유와 쥐디트 밀레르 모두 성인이 되어 정신분석가로 활동하였다.

만, 이 둘은 바타유가 기다리는 곳으로 오지 않았고, 대신 그 집의 실소유주였던 코추베이가 거기 와서 살기로 하는 바람에 바타유는 그녀와 만나게 된 것이었다. 이즈음 롤랭은 바타유와 결별하고 그와 같이 살았던 파리의 릴가街에 있던 아파트를 라캉에게 넘겨주는데, 라캉과 실비아, 실비아의 어머니와 로랑스, 쥐디트 일가는 베즐레로 가는 대신 바로 이 릴가의 아파트에 정착한다. 라캉은 이 아파트에서 환자들을 받았고 자신의 첫 세미나를 시작했으며, 그가 사망할 때까지 이곳에서 살게 된다.[39]

이처럼 바타유, 그리고 그와 함께했던 여인들은 라캉에게 계속해서 '빈집'을 넘겨주려고 했다. 어쩌면 라캉에게 넘겨진 것은 실제로 살 공간으로서의 집이 아니라, 사유의 체계에서 '비워진 자리'의 문제였는지도 모르겠다. 바타유와 라캉은 모두 선험적으로 존재하는 실체적 주체, 의식이든 무의식이든 어떤 행위나 사유의 주인으로서의 주체를 더 이상 명명할 수 없는 학문을 탐색했다. 주체와 대상의 경계를 서로 넘어서는 움직임인 내적 체험과 신의 부재하는 빈자리를 그 자체로 탐구했던 무신학athéologie이 그러하고, 시니피앙으로 대리된 라캉의 결여된 주체 이론이 그러하다. 요컨대, 바타유는 라캉에게 '빈자리'를 남겨 주었던 것이다. 수리아는 이 둘이 맺었던 "지성적이고 정애적인 긴밀한 관계들"의 영향이 바타유보다 라캉의 작품에서 더

---

39) Surya, *Georges Bataille, la mort à l'œuvre*, pp. 398~399, p. 651; Marina Galletti, "Chronologie", Bataille, *Romans et récits*, pp. CXVII~CXVIII 참고.

잘 드러나 있다[40]고 시사했는데, 채워지지 않는 욕망의 빈자리와 결여에 대한 라캉의 끝없는 탐색은 그 말을 증명하는 듯하다.

바타유가 라캉의 지적 여정에 준 영향에 대해 루디네스코는 이렇게 쓴다. "라캉은 바타유의 저서를 깊이 연구하지는 않았는지 몰라도 여하튼 바타유와의 우정에서 일정한 영향을 **받았다.** 바타유가 벌인 모든 활동에 참여함으로써 라캉은 자기 연구에 어떤 근본적인 내용을 추가할 수 있었다. 그는 바타유의 니체주의를 통해 이미 사춘기 시절부터 영향을 받았던 니체 철학에 대한 새로운 해석을 끌어낼 수 있었을 뿐만 아니라 그를 통해서 사드의 텍스트들에 대한 독창적인 해석에 접할 수 있었다. 그리고 이를 통해 나중에 비프로이트적인 향유 이론을 정식화할 수 있게 된다. 게다가 그는 **불가능**과 **이종 구조**[이질적인 것]에 대한 바타유의 생각을 빌려 왔다. 그는 여기서 **실재** 개념을 끌어낸다. 이 개념은 처음에는 **잔여물**로, 나중에는 **불가능**으로 정의된다."[41] 사드와 니체에 대한 바타유의 독해가 라캉뿐 아니라 푸코, 데리다 등 현대 프랑스 철학자들에게 큰 영향을 끼쳤음은 주지의 사실이다. 주목할 만한 것은 맨 마지막 문장, 바타유의 '불가능'과 '이질성' 개념에서 라캉이 '실재'에 대한 관념을 끌어낼 수 있었다는 대목이다. 우리는 여기에 착안하여, 지금부터는 바타유 사망 직전 1962년에 소설 『불가능』의 재출간 당시 에필로그 격으로 삽입된 「오레스테이아 되기」_Être Oreste_의 초고라고 할 수 있는, 매우 시적_詩的_인 사유의

---

40) Surya, _Georges Bataille, la mort à l'œuvre_, p.630.
41) Roudinesco, _Histoire de la psychanalyse en France 1: 1885 – 1939_, pp.233~234.

기록 「불가능의 의지」(1945)[42]를 독해하면서 바타유의 불가능 개념을 간략하게 짚어 보고, 이것이 라캉의 '실재' 개념과 맞닿는 맥락을 검토하고자 한다.

우선, 바타유가 외치는 '불가능'이 도대체 무엇인지 간단히 개념을 잡아 보자. 바타유는 내적 체험을 인간이 스스로의 존재에 대해 아는 것에 대한 "문제 제기"이자, "가능의 끝으로의 여행"[43]이라 정의한다. 인간의 앎에 대해 끝없이 문제를 제기했을 때 닿게 되는 것은 결국 인식 체계 바깥, 비-지이며, 살아 있는 인간으로서 가능한 모든 영역을 체험하고 나면 그 끝에 맞닥뜨리게 되는 것은 결국 불가능으로서의 죽음이다. 바타유는 여기에다가 언어의 문제까지 곁들이는데, 인간의 의식과 인식을 벗어나는 것을 언어로 포착하는 것 역시 불가능한 일이기에, 그 바깥의 영역은 침묵으로밖에 말해질 수 없는 것이기도 하다. 무엇이 있다고 해도 그것의 실체를 알거나 말할 수도 없고, '아무것도 없음/아무것도 아님RIEN'이 그 본질일 수밖에 없는 불가능의 세계는, 그럼에도 불구하고 논리적으로 존재를 상정할 수밖에 없는 자리다. 초월적인 존재에 대한 믿음이나, 아직 정체가 밝혀지지 않은 미지의 존재에 대한 탐구가 끊이지 않는 것도 어찌 보면 그런 맥

---

42) 「불가능의 의지」와 「오레스테이아 되기」는 내용과 구조상 거의 차이가 없으나, 몇몇 단어들이 교체되고 전자에서 현재시제로 썼던 문장이 후자에서 과거시제로 변경됐다는 정도의 차이가 발견된다. 여기에서는, 제목에서부터 드러나다시피 '불가능'의 개념이 구축되던 당시의 그 사유 현장을 더 잘 들여다볼 수 있으리라는 판단하에, 먼저 써진 글인 「불가능의 의지」를 주로 참조하기로 하였다.

43) Bataille, *L'Expérience intérieure*, OC V, pp. 16~20.

락에서 이해할 수도 있다.[44] 그런데 그보다 바타유가 말하는 불가능의 철학적 의미는, 인간이 인간답기 위한 전제 조건인 이성과 언어의 질서로 환원될 "수 없음" 그 자체로 새겨지는 것이 더 적절할 것이다.

상징계에 집중하던 라캉이 시간이 지날수록 점점 더 중요성을 부각시키게 된 실재에 대한 일반적 정의는, 방금 우리가 정리한 바타유의 불가능과 매우 유사해 보인다. 일차적으로 "상징화 밖에 잔존하는 것의 영역",[45] 즉 상징계에 의해 전제되는 영역이자 상징계를 전제하기도 하는 영역으로 규정된 실재는, "일상 속에 나타나는 환상, 주체 탄생 시 잃어버린 어떤 것, 언어적 질서로 표현하지 못하는 욕구의 찌꺼기, 하나됨을 이루지 못하는 불가능한 성관계 등 […] 상징화에 저항하고 기표들의 질서에 동화되지 않는 모든 질서"[46]를 아우르는데, 여기서 이미 우리가 앞에서 논의했던 바타유의 '이질적인 것'들에 대한 성찰에서 라캉이 무엇을 가져왔는지 바로 알아챌 수 있다. "상징계가 상징화에 수반되는 차이와 제한의 질서라면 실재는 무한함과 통합의 질서이다. 실재는 안과 밖의 구분도 대상과 주체의 구분도 없는 그런 것이다."[47] 이처럼 구분과 경계가 소거되는 상태 혹은 순간이야말로 바타유가 『내적 체험』을 통해 탐색했던 것이었다. 실재 개념

---

44) 예컨대, 아무리 우리가 세상에 벌어지는 일들을 "말이 되는" 이야기로 구성하여 이성적으로 이해해 보려고 해도, 종종 "말도 안 돼!"라고 외칠 수밖에 없는 사건들이 벌어지기도 한다. 그처럼 "말도 안 되는" 일을 경험할 수 있는 순간을 바타유는 '운'(運, chance), '기적적인 것'(le miraculeux) 등으로 명명하곤 한다.

45) Lacan, "Réponse au commentaire de Jean Hyppolite sur la Verneinung de Freud", http://ecole-lacanienne.net/wp-content/uploads/2016/04/1954-02-10b, p. 4.

46) 김석, 『에크리: 라캉으로 이끄는 마법의 문자들』, 살림, 2007, 237~238쪽.

47) 앞의 책, 242쪽.

은 계속해서 바타유 사유의 내용들을 환기시킨다. "상징계의 효과로 탄생한 주체는 본성상 의미화의 사슬에서 벗어나는 실재에 다가갈 수 없는데 이러한 불가능성은 주체에게 금지, 즉 법으로 인식된다. 하지만 이 금지가 역설적으로 그 너머에 무언가 있을 것 같은 착각을 만들며 금지를 위반하고 싶은 욕망을 불러일으킨다. 이것은 사실상 불가능한 대상에 대한 금지이므로 모순일 수밖에 없다. 이 불가능한 욕망을 주이상스라고 하며, 이것이 지향하는 대상이 바로 절대적 숭고함인 실재이다."[48] 바타유의 관점에서 볼 때, 실재에 대한 이러한 설명은 에로티슴의 근간이 되는 금기-위반 이론과 정확히 만난다. 그가 발화하려던 학문적 주체의 진리란 곧 "노동은 주체를 낳고, 금기는 주체를 세우고, 위반은, 말하자면 모순의 현실화를 통해 주체를 생산한다"[49]고 정리되고 있으니 말이다. 요컨대, 라캉 방식으로 말하자면 자신을 구축한 상징계로부터 벗어나려는 주체의 불가능한 욕망이 향하는 곳이 실재고, 바타유 방식으로 말하면 죽음에 대한 인식으로 규정된 인간이 최종적 금기인 죽음을 삶 속으로 들이려는 위반으로 닿을 곳이 불가능이다.

　문제는 그러한 실재, 그러한 불가능이 언어와 의식의 경계를 찢고 틈을 내면서 존재를 드문드문 드러낸다는 것이다. 바타유와 라캉

---

48) 앞의 책, 242, 295쪽. 여기에서 김석 교수는 심리학 이론 중 '유도저항 이론'을 원용하며 욕망 때문에 금지가 생기는 것이 아니라 금지가 욕망을 부른다는 라캉의 말에 근거를 더하고 있다.

49) Jean-Louis Baudry, "Bataille et la science: introduction à l'expérience intérieure", Philippe Sollers(dir.), *Bataille*(Actes du colloque du Centre Culturel International de Cerisy-la-Salle, 1972.7), Paris: Union Générale d'Éditions, 1973, p. 142.

은 모두 그처럼 구멍난 체계 바깥으로 문득 보이는 실재, 불가능을 포착하려는 욕망을 거두지 못한다. 그래서 바타유는 언어의 한계를 넘어서는 언어로서의 '시'라는 우회로를 통해 붙잡아 보려 하고, 라캉은 거기에서 '글쓰기'의 기능을 찾는다. 바타유는 이렇게 쓴다.

> 만일 내가 거짓말을 한다면, 나는 시의 차원에, 소여所與의 **허구적** 초월의 차원에 머무는 것이다. […] 실재 세계의 시로부터 출발한 비평은 더 심하게 격화된 거짓말이다. […] 시는 우회로일 뿐이다. 나는 시를 통해 담론의 세계, 다시 말해 (사물들의) 자연적 세계에서 벗어난다. 나는 시를 통해 일종의 무덤으로 들어선다. 그곳에서는 논리적 세계의 죽음으로부터 무한한 양의 가능들이 탄생한다.[50]

논리와 담론의 세계를 벗어나서 죽음과 조우케 하는 언어인 시는 그러나 실재를 있는 그대로 담는 것은 본질적으로 불가능한 일이기에, 결국 거짓말일 뿐이다. 게다가, 위 문단에서 **"허구적 초월"** dépassement fictif이라고 쓰며 강조했던 단어는 1962년의 『불가능』에서는 "언어적verbal 초월"[51]로 대체되어 있는데, 이 사실 역시 불가능의

---

50) Bataille, "La volonté de l'impossible", OC XI, Paris: Gallimard, 1988, p. 22. 여기서 "실재 세계"는 불가능한 세계가 아니라 우리가 살아가는 현실적 세계를 의미한다. 이는 라캉의 '실재'가 "'불가능성으로서의 실재'로서만이 아니라 일반적 의미에서의 '현실'이란 의미로"도 쓰이는 것과도 연결된다. 이와 관련해서는 라캉에게 "실재는 현실 바깥이 아니라 현실의 가장 깊숙한 곳에 있으며, 뫼비우스의 띠에서처럼 양쪽 사이의 이행을 허용한다"는 해설을 참고하였다(라캉, 『자크 라캉 세미나 11: 정신분석의 네 가지 근본 개념』, 맹정현·이수련 옮김, 새물결, 2008, 428쪽).

51) Bataille, L'impossible, OC III, Paris: Gallimard, 1974, p. 222.

체험을 포착하려고 하는 언어는 어쩔 수 없이 허구임을, 거짓일 뿐임을 확인케 해 준다. 바타유는 언어화가 불가능한 것을 언어 속으로 가져오려고, 이론화가 불가능한 것을 학문으로 설립하려고 온갖 애를 쓰며 수많은 글들을 썼다. 시인지 에세이인지 불분명하고 글의 의미마저 모호해서 오해를 샀던 『내적 체험』이나 지금 인용한 「불가능의 의지」 같은 글들이 그러하고, 자신의 사유를 극화하기 위해 쓴 에로틱한 문학 작품들이 그러하고, 더욱 외설적이고 파편적인, 아포리즘에 가까운 시들이 그러하다. 그러나 이 모든 것들은 결국, 작가 자신이 선언한 대로 거짓말일 뿐이다. 불가능이란 곧 써지거나 말해질 수 없는 것이기 때문이다.

이 지점에서 라캉의 "성관계는 없다"Il n'y a pas de rapport sexuel라는 공식과, 그러한 성관계의 불가능성이 담론 자체 내부에 새겨져 있다고 말하며 라캉이 언급한 글쓰기 개념이 환기된다. 라캉은 말한다. "**써지지 않기를 멈추지 않음**le ne cesse pas de ne pas s'écrire, 이것은 불가능입니다. 어떤 경우에도 써질 수 없기에 나는 그것을 이렇게 정의하고, 바로 이를 통해 성관계를 지시합니다. 성관계는 써지지 않기를 멈추지 않는다고요."[52] 물론, 남성성과 여성성이 똑같은 것일 수 없기에 대등한 위상으로서의 결합이 불가능하다는 의미에서 "성관계는 없다"는 문장의 의미를 새길 수도 있지만, 우리가 주목하고자 하는 것은 "써질 수 없기" 때문에 불가능한 것으로 인식된다고 라캉이 말하는 대목이다. 다른 때에 라캉은 이렇게 말했다.

---

52) Lacan, "Le savoir et la vérité", *Le séminaire XX: Encore*, Paris: Seuil, 1975, p. 120.

[…] 성관계는 없다 ─ 이것이 모든 분석적 담론의 구축 덕택이 아니고서는 뚜렷이 밝힐 수 없는, 그리고 오래전부터 내가 여러분들에게 반복해서 가르쳤던 공식입니다.

하지만, 여러분들에게 이 공식을 반복해 가르치려면, 또 설명 드려야 하는 것이, 성관계는 써질 수 없다는 점에서 이건 써진 글로만 용인될 수 있다는 것입니다. 모든 써진 글은, 성관계를 있는 그대로 쓰는 것은 영원히 절대로 불가능할 것이라는 사실에서 비롯됩니다. 글쓰기라고 불리는 담론의 모종의 어떤 결과가 그리하여 존재하게 된 것입니다.[53]

성관계의 불가능성은 실재를 지시하고, 그것은 그대로 써지지 않기 때문에, 달리 말해 그것을 담론 안으로 갖고 오려는 욕망은 영원히 충족될 수 없기 때문에 사람들은 계속해서 그 채워지지 않는 빈자리를 둘러싸며 글쓰기를 했고, 그리하여 모든 글들이 존재한다는 것이다. 조금 거친 방식일 수도 있지만, 이런 논리하에 바타유와 라캉을 다시 한 번 접붙여 보자. 바타유가 궁극적 불가능으로 제시하는 죽음은 연인들의 에로틱한 성적 결합 중 절정의 순간에 찾아오는 황홀경의 형태로 스치듯 체험되지만, 그 순간의 체험을 있는 그대로 언어와 이성 안으로 끌어들이기는 여전히 불가능하다. 라캉이 말한, 성관계 역시, 영원히 충족될 수 없는 욕망의 대상으로서, 써질 수 없기 때문에 끝없이 그에 대한 글쓰기를 생산한다.

불가능하다는 걸 그렇게 잘 알면서도 그들은 왜 자꾸 쓰기를 멈

---

53) Lacan, "La fonction de l'écrit", *Ibid.*, p. 47.

추지 않는가? 이 멈추지 않음이 바로 바타유와 라캉이 각자 나름의 방식으로 학문에 천착하면서 찾아낸 일종의 윤리다. 이 질문에 라캉이 대답한다면 그것은 욕망 때문일 것이며, 그게 바로 욕망의 진실이다. 그는 이렇게 말한다. "전통적 도덕은 다들 말하다시피, 그리고 그렇게 말하도록 강요되었다시피, **가능의 척도 안에서** 해야 할 것들 속에 정착했습니다. 정체를 밝혀야 할 것은, 이러한 도덕이 그렇게 위치하게 된 그 기준점인데, 이것은 다름 아닌 불가능입니다. 여기에서 우리는 우리 욕망의 위상을 알아보게 됩니다."[54] 전통적 도덕과는 차별화된 정신분석의 윤리를 정립하려 할 때, 라캉은 불가능 속에서 욕망을 알아볼 것을 말한다. 그는 이렇게 영원히 비어 있을 주체의 욕망의 진실을 규명하는 학문이자 욕망에서 스스로를 소외시키지 말 것을 역설하는 윤리로서 자신의 고유한 정신분석학을 정립했다. 한편, 상징계의 이면으로서의 죽음을 삶 속에 들이려고 에로티슴을 탐색했던, 시라는 우회로를 통해서라도 체험을 언어로 포착하려 했던 바타유는, 그마저도 거짓말임을 인정하며 이렇게 쓴다. "그러나 그걸 알고서도 거짓말을 할 수 없기에, 나는 미쳐 간다(자명한 이치를 깨닫지 못한 채). 혹은, 더 이상 오직 나 하나를 위해 광란의 희극을 상연할 수 없기에, 나는 더욱 미쳐 간다. 이번엔 내적으로. 나는 **밤의 체험을 한**다."[55] 바타유는 죽음과 이성의 상실이 설사 두렵더라도 그것을 마주

---

54) Lacan, "Les paradoxe de l'éthique ou 'as-tu agi en conformité avec ton désir'?", *Le séminaire VII: L'éthique de la psychanalyse,* Paris: Seuil, 1986, p. 364.
55) Bataille, "La volonté de l'impossible", OC XI, p. 22.

하고 체험할 것을 요구하며 차라리 "미쳐 간다". 이처럼 그 모든 학문 (혹은 과학)들을 모두 딛고도 도달할 수 없을 학문-바깥을 내다본다. 그 바깥은 언어와 이성의 빛이 없기에 어둠과 침묵, 광기만이 지배하는 곳일지라도 말이다.

나가며

여기까지 정신분석·정신분석학을 바타유가 어떻게 전유하였는지를 통시적으로 되짚어 보았다. 1920~1930년대의 젊은 바타유는 개인의 가족사에서 비롯된 심리적 외상과 내적 혼란의 원인을 파악하기 위해, 동시에 자신이 속한 사회의 구조를 설명하는 방법을 구하기 위해 정신분석의 이론과 임상을 직접적으로 활용하였다. 이후 사회학 학회를 창립하여 활발하게 활동하던 1930년대 후반, 주관적이고 감각적 체험에 근거하는 학문이면서도 객관화된 지식을 구축하는 과학의 가능성을 보여 주는 정신분석의 학문적 방법에 주목하였던 바타유는, 여기에 머물지 않고 이를 넘어 자신만의 내적 체험과 에로티슴 개념을 구상하였다. 그러나 그 역시 당시 프랑스 지식인들의 필수 상비약과 같았던 정신분석을 무의식적으로라도 사용할 수밖에 없었고, 그리하여 그의 문학적이거나 철학적인 텍스트 곳곳에서 정신분석의 흔적들이 남아 있다. 특히 바타유의 철학적 사유가 무르익었다고 판단되는 1940년대 이후부터는 자신의 글에 정신분석학자들의 이론이나 이름을 드러내 놓고 언급하지 않음에도 불구하고, 동시대 혹은 이후 세대의 정신분석학자들, 특히 라캉과 유사한 고민들이 발견된다. 바타유의 불가능에 대한 관념과 라캉의 실재 이론은 사실 인간 이성의 한계를 시험하고 넘어서려 하는 현대 프랑스 철학자들 대부분이 공유하는 문제의식이라고도 할 수 있을 것이다.

마지막으로, 이 글의 제목을 "바타유의 정신분석 사용법"이라고 붙인 이유를 첨언하고자 한다. 이는 바타유의 글 「D.A.F. 사드 사용의 가치」La valeur d'usage de D.A.F. Sade를 염두에 두고 만든 제목이다. 사실, 바타유가 했던 모든 연구와 구축했던 사유, 그가 세우려던 모든 학문은 최종적으로 "인간이란 도대체 무엇인가"를 밝히기 위한 작업으로 수렴된다고 말해도 과언이 아니다. 그의 대표 저작 『에로티슴』에 수록된 논문 「사드와 정상적 인간」Sade et l'homme normal, 「사드의 주권적 인간」L'homme souverain de Sade 등의 제목만 보아도, 바타유는 자신이 속한 문학 계보의 선구자라 할 수 있는 사드에게서 인간에 대한 탐구 영역의 확장을 보았다. 바타유는 일부러 사드'처럼' 쓰려고 한 적이 없다. 도리어 사드를 추종하며 이상화하는 초현실주의자들을 비판하기 위해 「사드 사용의 가치」라는 글을 썼던 것이다. 바타유는 사드가 인간세계에 이질적인 것들을 내다보았으며 그것을 글쓰기를 통해 인간의 사유 영역 안으로 들여왔다고 믿었고, 그 내용과 방법을 이번에는 자기 고유의 방식으로 표현하려고 했다. 바로 거기에 바타유만의 사드 사용법이 있다.

마찬가지로 정신분석 역시, 바타유의 관점에서 볼 때, 그의 인간 탐구의 과정에서 그 진짜 사용법이 발견되는 학문으로 판단된다. 정신분석은 의식 저편을 무의식으로 지시하고, 인간의 정신이 포착할 수 없는 무엇인가가 현전으로든 부재로든 존재한다는 것과 거기에 닿아 보려 하는 방법적 시도를 바타유에게 보여 주었다. 접근 불가한 그 지점이 '신성'이든, '불가능'이든, '비-지'이든, '죽음'이든, '실재'이든 간에, 그것에 닿으려는 끊임없는 시도 속에, 바타유만의 정신분석 사용법이 있다.

14장. 바르트의 정신분석학적 어휘

한석현

정신분석학과의 "불확실한 관계"

롤랑 바르트는 철학자가 아니다. "어떤 철학자도 나의 안내자인 적은 결코 없었다." *Jamais un philosophe ne fut mon guide*[1] 실제로 그의 저작 어디에서도 다른 이의 철학에 '관한' 장구한 담론이나 정연한 해석을 개진한 글은 찾아볼 수 없지만, 1979년 미완성 기획 『비타 노바』의 구상안 한 편에 괄호로 묶어 기울여 쓴, 바르트와 철학의 관계를 묻는 다양한 질문의 발단이 되는,[2] 선언과도 같은 이 문장을 문자 그대로 받아들이기는 어렵다. 이전의 어떠한 철학도 안내자로 취하지 않음으로써 사유로의 첫걸음을 딛는다는 데카르트의 방법[3]을 상기하지 않더라

---

1) Roland Barthes, *Œuvres complètes V*, ed. Eric Marty, Paris: Seuil, 2002, p. 996(영인본), p. 1011(전사본). 이하 바르트의 『전집』은 약어 'OC'와 권수로 표기하기로 한다.

2) "Colloque Roland Barthes: Littérature et philosophie des années 1960", organized by Marielle Macé(CNRS), Michel Murat(Paris IV) and Frédéric Worms(Lille III, CIEPFC, ENS), ENS, 2008. 3. 28, https://www.roland-barthes.org/audio_sur_barthes1.html 참고.

3) Jean-Claude Milner, *Le pas philosophique de Roland Barthes*, Lagrasse: Verdier, 2003,

도, 문장 자체의 강렬한 부정 구문은 오히려 그것이 부정하는 듯 보이는 철학과의 긴밀한 관계를 상정할 것을 요청하지 않는가? "철학자" 앞에 단수 부정관사 "un"을 놓음으로써 정관사가 들어갔을 때의 철학 자체‹la› philosophie에 대한 부정으로 읽히지 않음은 물론이다. 요컨대 여기서 부정되는 건 개별 사상 체계 각각이며, 하나의 체계에 편입되기를 거부함으로써 긍정되는 건 '철학하기'에 대해 바르트 자신이 품은 어떤 관념일 것이다.[4] 여하한 철학적 계보와의 관련을 거부하는 저 부정의 선언은 따라서 바르트가 철학적 개념이나 범주들과 관계 맺는 방식, 자기 고유의 사유 방식을 암시하는 것으로 읽어야 한다.

철학을 넘어서 '이론'이라고 불리는 담론의 영역에서도 이 선언은 여전히 유효하다. 그중에서도 언어학과 더불어 20세기 이론의 영역에서 가장 큰 자리를 점유하는 정신분석학에 대해 바르트가 보였던 태도는 특히 의미심장하다.[5] 그의 저작에 산재하는 정신분석학 용

---

p.9.

4) 1978년의 한 인터뷰에서 추출해 보자면, 바르트에게 '철학하기'란 객관적 학문과 대립하는 어떤 주관성의 측면을 지시한다. "나의 글들 안에서가 아니라 내 안에서 일어나는 일을 지시할 만한 단어가 하나 있다면, 아마도 '철학자'라는 말일 것입니다. 그런데 이 단어는 전문적 능력과 관계되는 것이 아닙니다. 왜냐면 나는 어떤 철학 교육도 받은 적이 없으니까요. […] 내 안에서 내가 하는 일, 그것은 철학하기, 나에게 일어나는 것들에 관하여 성찰하기입니다. 그로부터 어떤 환희, 효용을 발견합니다. 철학하기를 방해받을 때 나는 조금은 불행합니다. 무언가 중요한 것을 빼앗긴 기분입니다. 철학하기? 나에게 그것은 형이상학적 차원보다는 윤리적 차원에 속합니다"(Barthes, "Propos sur la violence", *Réforme*, 1978. 9. 2, OC V, p. 549).

5) 정신분석학과는 달리, 언어학은 바르트의 작업에서 확정적인 지위를 지닌 듯이 보인다. 이는 첫 저작인 『글쓰기의 영도』(1953) 이래로 소쉬르의 언어학이 그의 작업에서 방법적 지평으로서 수행한 역할이나, 바르트 자신이 그 건립에 기여한 기호학에 대한 지속적인 천착 ── 콜레주 드 프랑스에서 바르트의 강좌명이 "문학기호학"이었다 ── 을 통해 확인된다. 그러나 이는 '언어'에 대해서 말하는 '언어'로는 언어학이 유일하기 때문이지 언어학에 특권

어들의 빈번한 차용에도 불구하고 바르트의 작업이 정신분석학과 맺고 있는 관계는 그 자신이 쓰고 있듯이 매우 "불확실"하다. "정신분석학과 그[바르트]의 관계는 세밀하지 않다(그렇다고 해서 이론異論이나 거부를 내세울 수 있는 것은 결코 아니다). 그것은 **불확실한** 관계이다."[6] 정신분석학과의 '불확실한' 혹은 '미결정적인' 관계에 대해서, 위의 선언이 시사하는 바는 아마도 이런 것이다. 첫째, 문학비평에서 흔히 그러하듯이, 정신분석학적 체계를 텍스트 분석의 틀로 사용하지 않는다. 따라서 바르트 텍스트에서 정신분석학 용어들은 해석의 보증이나 증거, 권위로 인용되지 않는다. 둘째, 당대의 이름 있는 사상가들이 하였듯이, 프로이트 이론의 내부로부터 철학으로 향하는 경로를 개척하거나, 프로이트 이론과의 접합을 통해 기존의 철학을 갱신하거나, 혹은 (그리고 특히) 프로이트 이론과 정면으로 대결하여 부수어 버리거나 하지 않는다. 그렇다면 무엇이 남는가? 바르트는 정신분석학을 가지고 무엇을 하는가? 이에 대하여 바르트의 저작 곳곳에서 돌발하는 정신분석학적 담화들을 문헌학적으로 정리하거나 거기에

적 지위를 부여하는 것이 아니다. 실제로 바르트는 소쉬르 외에도, 야콥슨, 에밀 뱅베니스트, 알기르다스 줄리앙 그레마스, 루이 옐름슬레우, 존 랭쇼 오스틴 등의 이론을 별다른 제약 없이 그때그때 차용한다. 소쉬르가 모든 기호를 포괄하는 보편학문으로서의 기호학을 상상했다면, 소쉬르의 꿈을 이어받아 기호학을 실제로 정초하는 데 이바지한 바르트에게 기호학은 담화, 텍스트, 언어에 대한 사유라는 폭넓은 의미, 즉 일종의 전망이라고 이해해야 한다. 이때 언어학은 언어를 말하기 위한 개념들의 창고로 쓰인다. '무언가를 말하기 위한 개념의 창고', 즉 발어의 기능을 하는 이론의 역할은 정신분석학에도 그대로 적용될 수 있다.

6) "Son[Barthes] rapport à la psychanalyse n'est pas scrupuleux (sans qu'il puisse pourtant se prévaloir d'aucune contestation, d'aucun refus). C'est un rapport indécis"(Barthes, *Roland Barthes par Roland Barthes*, OC IV, Paris: Seuil, 2002, p.724).

체계적인 정합성을 부여한다거나 개념들의 엄밀한 비교를 행하는 식으로 답할 수는 없다. 정신분석학이 바르트의 작업에서 지식의 체계로서 수행하는 역할을 과장하여 철학자 내지는 사상가로서의 이미지를 덮어씌울 수도 있을 그런 규범적 방식보다는, 용어들을 자유롭게 차용하면서 동시에 그 체계로부터는 일탈하는, 일종의 "개념적 일탈"과 "이론적 무일관성"[7]으로부터, 정신분석학적 어휘가 바르트 텍스트 내에서 개인어idiolecte로 작동하는 방식을 읽음으로써 '비평가-작가로서의 바르트'를 확인하는 비스듬한 방식으로 답해야 한다. 따라서 이는, 1960~1970년대 이론의 최전성기에 지성계가 공유하던 이른바 "이론 조약"le pacte théorique을 따르지 않은 결과로 지적 고립을 가져온,[8] 탈이론적인 (그러나 동시에 여전히 이론적인) 바르트의 독특한 실천 방식, 즉 위의 선언이 암시한다고 여겨지는 바르트 고유의 사유 방식이 무엇인지 우회적으로 확인하는 작업이기도 하다.

바르트의 저작에서 정신분석학적 어휘들이 두드러지게 나타나는 시기는 1960년대 중반 이후로, 대표적으로 『S/Z』(1970), 『한 사랑의 담화의 파편들』(1977), 그리고 1977년에서 1979년 사이에 쓰인 노트[9] 형태 그대로 사후에 출간된 『애도일기』(2009)가 있다.[10] 이 가운

---

7) Bernard Comment, *Roland Barthes, vers le neutre*, Paris: Christian Bourgois Editeur, 1991, p. 35.

8) Marty, *Roland Barthes, le métier d'écrire*, Paris: Seuil, 2006, pp. 198~205 참고.

9) 생전에 출간된 마지막 저작인 『밝은 방』(1980)의 기원에 놓인 이 노트들은 『비타 노바』의 구상안에 따르면 도래할 작품의 일부가 될 예정이었다.

10) 세 작품에서 바르트가 펼치는 담화가 주로 머물고 있는 영역에 대응하여 각각의 작품을 라캉의 위상학에 적용하자면, 『S/Z』는 상징계, 『한 사랑의 담화의 파편들』은 상상계, 『애도일기』는 (쌍을 이루는 『밝은 방』과 함께) 실재계와 관계된다는 가설을 제안할 수도 있다.

데서 특히 『S/Z』가 중요한 이유가 있다면, 이 저작이 바르트와 소쉬르라는 원천을 공유하는 라캉의 이론과 '거세의 테마'를 중심으로 연관된다는 점이다. 1967~1968, 1968~1969년 두 학년도 동안 고등실천연구원에서 행한 『발자크의 「사라진느」 세미나』[11]와 그 결과물로 1970년 출간된 『S/Z』가, 그보다 조금 앞서 마찬가지로 세미나가 먼저 행해진 다음 지면으로 출간된 알튀세르의 『자본론 읽기』(1965), 그리고 라캉의 『"도둑맞은 편지"에 관한 세미나』(1966)와 이루는 평행 관계가 결코 우연이 아니라는 바르트 전집 편찬자이자 라캉과 알튀세르의 해석자이기도 한 에릭 마르티의 지적[12]은, 세 세미나와 저술이 모두 하나의 텍스트에 대한 면밀한 독해를 수행한다는 점에서, 그리고 정신분석학과 언어학이란 공통분모를 공유한다는 점에서 옳다. 다만, 이 세 작업이 얼마간 동일한 방법으로 간주되는 '징후적 독해'(알튀세르)와 '쓸 수 있는 것'le scriptible(바르트)을 통해 새로운 의미의 공간으로서의 '구조'를 개념적으로 사유하기 때문에 삼자 간에 "평행적 역사"를 수립할 수 있으리라는 제안[13]을 유보 없이 받아들이기 위해선 심층적인 비교 검토가 뒤따라야 할 것이다. 우리가 『S/Z』와 라캉의 연관 관계를 보는 지점은 정반대로 텍스트의 가장 표층, 바로 제

---

11) 세미나를 위해 작성한 바르트의 강의 노트들은 『S/Z』와는 별개로 아무런 가필 없이 수고본 형태를 그대로 보존한 채 바르트 사후 출간되었다. *Sarrasine de Balzac: Séminaires à l'École pratique des hautes études(1967–1968 et 1968–1969)*, eds. Claude Coste and Andy Stafford, Paris: Seuil, coll. "Traces écrites", 2011.

12) Marty, "Roland Barthes et le discours clinique: Lecture de *S/Z*", *Essaim*, vol. 15, issue 2, 2005, p. 85.

13) *Ibid.*

목에서이다. 'S/Z'라는 제목이 소쉬르의 도식을 뒤집어서 자신의 이론의 중핵으로 삼은 라캉의 연산식 'S/s'를 연상시킴은 명백하다.[14] '기표'와 '기의' 외에도 '주체', '의미작용', '상징계' 등을 뜻하는 'S', 그리고 '기표와 기의의 부유하는 관계' 혹은 'S'와 겹쳐 씀으로써 '주체의 분열'을 지시하는 데 쓰이는 '횡선'(/), 라캉의 대수학에서 가장 핵심적인 역할을 하는 두 기호에 'Z'를 덧붙인 합자가, '무의식에서 문자의 심급'[15]을 나타내는 저 연산식과 다른 점은 바로 이 'Z'뿐이다. 그러나 가장 표층적인 이 차이가 가장 핵심적이다. 'Z'라는 글자는 라캉의 대수학 어디에도 등장한 적이 없으며, 따라서 합자 자체를 라캉의 체계로부터 일탈시키며 그 의미를 확정할 수 없도록 만들기 때문이다. 제목 자체가 개념의 차용과 체계로부터의 일탈, 그리고 기표의 연쇄적 유희를 표상하고 있는 것이다.

그렇다면 이제 우리가 대답할 질문은 다음과 같다. 발자크의 중편소설 「사라진느」의 텍스트 전체를 한 줄 한 줄 분석하는, 달리 말해 말의 표면을 따라 체계를 벗어나는 '읽기-쓰기'를 실천하는 이 책의 제목에서, 'S'와 'Z', 그리고 그 두 글자를 잇거나 혹은 가르고 있는 하나의 횡선은 과연 어떤 의미를 발화하고 있는가? 혹은 어떤 무의미를 발화하고 있는가?

---

14) 바르트는 『기호학 원론』(1964)에서 역시 소쉬르의 도식을 뒤집어서 "Sa/Sé"로 나타내었고, 그와 나란히 라캉의 연산식을 "공간화된 도안"(graphisme spatialisé)이라 부르며 소쉬르 도식과의 차이를 정리한 바 있다. Barthes, Eléments de sémiologie, OC II, Paris: Seuil, 2002, p. 665~666.
15) Lacan, "L'instance de la lettre dans l'inconscient ou la raison depuis Freud", Écrits, Paris: Seuil, 1966, pp. 493~530 참고.

끝이 있는 이야기와 끝이 없는 분석

「사라진느」는 액자 구조이다. 랑티 가문의 연회에 참석한 화자와 로 슈피드 후작 부인이 등장하는 바깥의 이야기가, 사라진느와 잠비넬라가 등장하는 안의 이야기를 가동시킨다. 랑티 가문 사람들이 극진히 대하는 기이한 노인의 정체와 방에 걸린 아도니스 초상화의 모델이 누구인지 알고 싶어 하는 후작 부인과, 그녀와의 하룻밤을 대가로 그 비밀을 이야기해 주기로 한 화자 사이의 계약이 성립하면서 안의 이야기가 시작된다. 이때 안과 바깥, 두 층위의 이야기는 여섯 가지의 수수께끼를 중심으로 구조화된다. 첫째, 제목 '사라진느'는 무엇을 나타내는가? 둘째, 랑티 가문의 막대한 재산은 어디에서 왔는가? 셋째, 랑티 가문의 출신은 어디인가? 넷째, 노인은 누구인가? 다섯째, 초상화의 모델은 누구인가? 여섯째, 잠비넬라는 누구, 혹은 '무엇'인가?[16] 소설의 제목에 의해 표명되는 첫 번째 수수께끼는 프랑스인 청년 조각가 사라진느가 주인공인 안의 이야기가 시작되는 시점에 즉시 해결된다. 바깥의 이야기에서 표명되어 안의 이야기를 이끌고 있는 랑티 가문과 노인, 초상화에 관련된 의문들에 대한 해답은 안의 이야기에서 표명되는 잠비넬라의 수수께끼 속에 응축되어 있으며, 안의 이야기가 종료되고 바깥의 이야기로 다시 돌아와서야 해결될 것이다. 따라서 이야기의 전체 구조를 결정짓는 것은 마지막 여섯 번째 수수

---

16) "잠비넬라는 누구, 아니 차라리 (성별이) 무엇인가?"(Qui est, ou plutôt: quelle (de quel sexe) est la Zambinella ?, Barthes, S/Z, OC III, Paris: Seuil, 2002, p. 207[이하 S/Z로 표기]).

께끼이다.

> (202) 어느 날 저녁, 그가 아르젠티나 극장에 들어갔을 때, […] (203) 사람
> 들이 떼를 지어 몰려들고 있었습니다. […] (204) 그가 인파의 이유를 묻자,
> […] (205) 사람들은 두 이름으로 대답했습니다. '잠비넬라! 조멜리!'[17]

수련을 위해 로마에 간 사라진느가 이제 그가 사랑에 빠지게 될 가수를 처음 보게 되는 이 장면에서 제기되는 여섯 번째 수수께끼는 두 가지로 분할된다. 표명되는 의문(누구인가?)은 익명의 외침에 의해 '잠비넬라'라는 이름으로 즉각 제시되지만, 잠비넬라의 정체성에 관한 수수께끼(무엇인가?)는 표명되지 않는 채로 남는다. 이 감춰진, 그러나 서사의 저변에 깔려 있는 수수께끼에 대한 해답은 주로 성별과 관련된 언어적 지표들에 대하여 화자의 담화가 수행하는 "함정"과 "속임수", "애매함", "부분적 대답"[18] 등에 의해 이야기의 최종적 기의이자 결말('잠비넬라는 거세가수이다')로서 그 도착이 지연된다('진실은 최후의 순간에 드러나야 한다'). 결국 잠비넬라가 거세가수 le castrat임을 알게 된 사라진느가 그/그녀를 납치하고 그/그녀의 후견인인 추기경에 의해 죽임을 당하는 것으로 안의 이야기는 종결되며, 이 이야기가 랑티 가문, 초상화, 노인과 무슨 관련이 있느냐는 후작 부인의 미루어졌던 질문이 드디어 제기될 때, 잠비넬라가 바로 그 노인이

---

17) *Ibid.*, p. 206.
18) *Ibid.*, p. 181.

며, 마리아나의 종조부(랑티 부인의 삼촌)이고, 초상화의 모델이라는 화자의 대답을 통해, 바깥의 이야기와 안의 이야기가 마침내 하나로 합쳐지고, 모든 수수께끼가 해결되며, 바깥의 이야기 또한 종결된다. 요컨대, 「사라진느」는 수수께끼와 해답에의 기대, 이야기를 진전시키는 해결의 지연과 최후의 순간에 진실의 폭로라는 설계도에 따라, 진실을 추구하는 고전적 작품의 서사로서 완벽히 닫힌 구조를 이루며, 이러한 이야기의 구조 차원에서 S와 Z는 '조각가 사라진느', '거세가수 잠비넬라'라는 안정적인 기의로 안착한다. 따라서 'S/Z'는 가장 명백하고 단순하게 사라진느의 S와 잠비넬라의 Z를 결합시킨 합자, '사라진느'라는 제목을 대신하여 발자크의 중편소설 전체를 상징하는 문자가 된다.[19]

이렇게 완결적 구조를 지닌 소설에 대하여 『S/Z』는 두 층위의 이야기를 다시 하나의 바깥으로 둘러싸는 메타 담론의 결과물인가? 이에 주목할 것은 바르트의 분석에서 총체성과 파편성이 대립하는 양상이다. 소설의 텍스트 전체를 그 유명한 '다섯 가지 코드'[20]를 동원하여 "한 걸음 한 걸음"pas à pas[21] 읽어 나가는 선형적인 독해와, '렉시'lexie라고 명명한 561개의 독해단위로 텍스트를 절단하는 움직임, 별

---

19) "왜냐하면 발자크의 중편소설 전체를 상징하는 합자를 제시하고 싶었기 때문입니다. S는 조각가 사라진느의 이니셜, Z는 거세가수 잠비넬라의 이니셜이니까요"(Barthes, "L'express' va plus loin avec… Roland Barthes", OC III, p.687).

20) 다섯 가지 코드는 다음과 같다. 해석적 코드(le code herméneutique: HER), 의소적 코드(le code sémique: SEM), 행동적 코드(le code proaïrétique: ACT), 상징적 코드(le code symbolique: SYM), 문화적 코드(le code culturel: REF).

21) Barthes, S/Z, p.127.

도의 제목을 붙인 93개의 섹션을 삽입해 넣음으로써 때때로 텍스트로부터 이탈하는 움직임이 병존한다. 책의 서두에서부터 이미 강력한 도구로 제시되는 코드들을 가지고 텍스트의 작은 세부도 놓치지 않고 전체를 총망라하는 독해를 수행하겠다는 야심은, 프랑스 문학 연구가 기본 원리로 삼는 이른바 '텍스트 설명'explication de texte의 유사성으로 인해, 분석 작업의 과학적·객관적 성격을 담보하는 듯 보이지만, 실상 이 방법에는 그 외양과 달리 자의적이며 주관적인 성격이 내포되어 있다. 『S/Z』에서는 다섯 개의 코드가 선험적으로 제시되지만, 「사라진느」의 텍스트 전체가 아니라 프롤로그만을 분석하는 데 그치는 세미나에서는 주로 해석적 코드와 행동적 코드 두 개만 다루어졌으며, 마지막 두 번의 회차에 가서야 다섯 개의 코드가 완전히 확립된다.[22] 다섯 개의 코드는 이렇듯 모든 문장들에 적용되는 절대적인 원리가 아니며, 경우에 따라 더 많을 수도 더 적을 수도 있는 자의적 성격을 지닌다. 또한 바르트에게 방법이란 선험적인 것이 아닌 분석을 통해 만들어지는 것, 즉 독해를 통해 이론이 생성되는 것이지, 독해를 위한 이론이 선재하는 것이 아니다. 마찬가지로, 렉시는 한 문장 혹은 여러 개의 문장 혹은 문장의 절단된 조각, 낱말들의 그룹이 될 수도 있으며, 섹션들 또한 93개여야 할 필연적 이유도, 그것이 삽입된 위치의 규칙성도 없다.

그렇다면 이러한 절단découpage의 효과는 무엇인가? 첫 번째 렉시인 「사라진느」의 제목(10번 섹션)에서부터 시작되는 텍스트 분석

---

22) Barthes, *Sarrasine de Balzac*, pp. 499~529 참고.

에 앞서서, 서론의 역할을 하는 1번에서 9번 섹션은 분석에 임하는 방법을 기술한다. 다소 웅변적인 어조와 비유적인 수사로 채색되어 있는 바르트의 이 방법서설le discours de la méthode을 우리의 논의와 관련하여 건조하게 다시 읽어 보자. 먼저 바르트의 방법은 무수히 많은 개별적 서사로부터 하나의 보편적인 서사 구조를 도출해 내는 작업이 아니다.[23] 또 특정 체계를 동원하여 개별 텍스트를 하나의 의미로 고정하거나 하나의 최종적 구조로 환원하는 작업, 즉 통상적 의미의 작품 해석interprétation도 아니다.[24] 이러한 방식은 하나의 총체un tout로서의 텍스트와 메타 담론으로서의 텍스트 바깥을 상정하는데, 바르트는 이 총체와 외부를 동시에 거부할 것을 요구한다.[25] 하나의 아포리

---

[23] "어떤 불자들은 고행에 의해 하나의 잠두 안에서 어떤 풍경 전체를 보는 데 이른다고 한다. 이것이 서사의 초기 분석가들이 하고자 했던 바이리라. 하나의 유일 구조 속에서 (무수히 많으며, 또 많이 존재했던) 세계의 모든 이야기들을 보는 것. 그들은 각각의 이야기에서 그 모델을 추출하고, 그 모델들로부터 하나의 거대한 서사 구조를 만들어 내어, 그것을 어느 이야기에나 적용하고자 했다. 이는 매우 소모적이며 달갑지 않은 임무인데, 왜냐면 텍스트는 그 구조 속에서 차이를 상실하기 때문이다"(Barthes, S/Z, p. 121). 바르트 자신도 제자인 제라르 주네트, 츠베탕 토도로프와 더불어 이러한 구조주의 시학의 건립에 참여하였다 (Barthes, "Introduction à l'analyse structurale des récits", Communications, no. 8, 1966. 12, OC II, pp. 828~865 참고). 따라서 『S/Z』의 가장 첫머리에 놓인, 일종의 자기비판처럼 읽히는 이 진술은 그 자신의 방법적 갱신을 표명하기 위한 것으로 볼 수 있다. 바르트는 몇 페이지 뒤에서 "이 유일한 텍스트를 그 상세함의 극한까지 작업하는 것은 구조적 분석이 지금껏 멈췄던 지점, 즉 커다란 구조들에서 서사분석을 다시 개시하는 것"(Barthes, S/Z, p. 128)이라고 갱신된 방법의 의의를 규정한다.

[24] "우리가 한 텍스트의 복수태에 주의를 기울이고자 한다면, 고전수사학이나 교과서적 설명과는 달리 거대한 덩어리들로 이 텍스트를 구조화하는 일을 단념해야 할 것이다. 텍스트의 **구축**이란 없다. 모든 것은 끊임없이 여러 번에 걸쳐 의미한다. 그러나 어떤 궁극적인 전체, 최후의 구조로 위임되지 않는다"(Ibid., pp. 127~128).

[25] "이러한 단언은 필수적이지만 어려운 일이다. 왜냐하면 텍스트의 바깥에는 아무것도 존재하지 않음과 동시에, 텍스트의 어떤 **총체**도 결코 없기 때문이다. […] 텍스트를 그 외부와 그 총체성으로부터 동시에 빼내야 한다"(Ibid., p. 123).

아라 할 수 있을 이러한 임무를 수행하는 것이 바로 "쓸 수 있는 것"le scriptible이며, 이는 렉시와 섹션의 절단과 이탈의 효과와 연관된다. 렉시는 텍스트의 "인위적인 분절을 통한 기의의 이동과 반복"[26]을 실행함으로써 독서로 진입하는 "입구"entrée[27]들이 무한하고 진입의 순서가 없는 "망"réseau을 조직한다. 섹션은 그러한 무질서한 망을 읽어 나가는 와중에 텍스트에서 들려오는 여러 목소리들을 청취하는 동작을 수행한다. "한 권의 책을 읽으면서 계속해서 독서를 멈추게 될 때가 있지 않은가? 흥미를 잃어서가 아니라 반대로 착상, 흥분, 연상 들이 쇄도함으로 인해서. 한마디로 **고개를 들면서 읽는 때가 있지 않은가?**"[28] 『S/Z』와 같은 해 발표된 「읽기를 쓰기」라는 글에서 묘사된 이와 같은 순간은, 읽는 작업을 멈추고 머리를 들어 텍스트로부터 잠시 이탈하게 만드는 순간들, 바로 93개의 섹션이 위치하는 자리들이다. 그렇지만 이러한 유희를 단순히 자유로운 독해나 독해가 주는 쾌락을 뜻하는 것으로 이해해선 안 된다. 주이상스가 고통을 배제하지 않는다는 점을 기억하자. 읽기의 쾌락은 쓴다는 노동을 불러온다. 바르트에게 유희jeu라는 것은 오락이 아니라 작업이다.[29] 즉 창조적 행위와 연결될 때만 그 의미를 획득한다. 따라서 읽기를 쓴다는 것은, 텍스트를

---

26) *Ibid.*, p. 129.
27) 'entrée'는 '입구'이자 사전의 '표제어'를 뜻하는 이중적 의미로 보아야 한다. 입구와 출구가 무한하고 진입의 순서가 없는 전범적인 구조가 바로 사전이다. 바르트가 대부분의 저작에서 채택하고 있는 파편적 글쓰기, 즉 알파벳 순서로 단장들을 배치하는 방식은 사전을 모델로 한 것이다.
28) Barthes, "Écrire la lecture", *Le Figaro littéraire*, 1970, OC III, p. 602.
29) *Ibid.*, p. 604.

해석한 결과, 발견된 의미, 진리를 쓰는 일이 아니다.[30] 즉 통상적으로 메타 담론으로서의 비평이 수행하는 쓰기가 아니라, 이야기의 완결적 구조를 분석의 무한한 탈-구조적 운동이 해체시키며 또 다른 텍스트를 직조하는 작업을 뜻한다. 『텍스트의 쾌락』에서 텍스트 이론의 이름으로 제시되는 '거미학'_hyphologie_이라는 신조어는 이러한 망의 "영속적인 짜임을 통해 텍스트가 만들어지며 작업되는 생성적인 개념을 강조"[31]한다. 따라서 순차적 읽기는 과학성의 알리바이가 아니라, 반대로 자르는 작업과 공조함으로써 해석이 의미의 종합_synthèse_으로 닫히는 것을 막고, 텍스트의 표면을 따라서 의미들이 산재하도록 하는 기능을 수행한다.[32] 이러한 작업을 통해 「사라진느」는 절단되어 흩어지고, 만들어지는 중인 텍스트와 뒤섞임으로써, 그 총체성도 외부성도 상실한다. 이것이 바르트의 방법서설에서 "별처럼 빛나는 텍스트"_le texte étoilé_가 비유적으로 뜻하는 바이며, "부서진 텍스트"_le texte_

---

30) "읽는다는 것은 기식적 행위도 반응적 보충도 아니다"(Barthes, _S/Z_, p. 127).

31) "**텍스트**는 직물을 뜻한다. 그런데 우리는 지금껏 이 직물을 하나의 생산물로, 그 배후에 의미(진리)가 다소간 가려진 채로 염색된, 하나의 완성된 베일로 이해해 왔다. 지금부터 우리는 직물 속에서 영속적인 얽힘을 통해 텍스트가 만들어지고 작업되는 생성적 개념을 힘주어 발음해야 한다"(Barthes, _Le Plaisir du texte_, 1973, OC IV, p. 259).

32) "위상학적으로 내포의미는 의미들의 어떤 (제한된) 산종을, 텍스트의 뚜렷한 표면에 뿌려진 금가루와도 같은 산종을 보증한다"(Barthes, _S/Z_, p. 125). 이 구절에서 엿볼 수 있듯 사실 바르트와 진정한 평행 관계는 라캉이나 알튀세르보다도 데리다에게서 찾을 수 있다. 데리다 역시 바르트에게 보내는 편지에서 『S/Z』의 '미장센', 즉 절단의 방법에 대한 찬동을 표하기도 했다. "『S/Z』의 미장센, 레이아웃에 담긴 모든 것은 옛날식으로 말하자면 모델, 방법, 혹은 모범적 준거라고 부를 만한 것을 구성합니다. 아무튼 읽기와 쓰기의 새로운 공간을 소요하고 다양화하고 '해방하기'. 저는 『S/Z』가 그러한 일을 수행하며 앞으로도 오랫동안 수행하리라고 확신합니다"(Barthes, _Roland Barthes Album: Inédits, correspondances et varia_, ed. Marty, Paris: Seuil, 2015, p. 337).

brisé[33]가 문자 그대로 뜻하는 바이다.

텍스트의 입구가 무한하고, 순서가 없다는 것은 언제든지 재독이 가능하고 그때마다 다른 식의 절단이 가능하다는 것을 뜻한다. "쓸 수 있는 텍스트는 영속적인 현재이다. (그 현재를 필히 과거로 변환시켜 버릴) 어떠한 **귀결적인** 말도 거기에 제기될 수 없다."[34] 바르트가 이처럼 쓸 수 있는 텍스트를 '영속적인 현재'로 규정하는 것은 그 때문이다. 그러므로 직조로서의 분석에는 끝이 없으며 일시적인 중단만이 있을 수 있다. 「사라진느」는 "후작 부인은 그리고 생각에 잠겼다" *Et la marquise resta pensive*라는 문장으로 끝난다. 이 마지막 561번 렉시에서 바르트는 생각에 잠기는 상태의 "무한한 열림"을 보며, 그로부터 이 문장이 "모든 분류에서 벗어난다"고 쓴다.[35] 그러나 사실 이는 고전적 소설에서 이야기에 종결을 고하는 상투적 문구에 불과하며, 그 점에서 문화적 코드로 분류될 수 있다. 생각에 잠긴다는 것도 '아무것도 하지 않음', '행동을 멈춤'이라는 행위에 속한다고 본다면 종결의 시퀀스를 구성하는 행동적 코드일 수 있다. 요컨대 이 마지막 문장에 개방성과 분류 불가능성의 성격을 부여하는 것은 텍스트를 읽는 주체이다. 그러므로 '생각에 잠긴 텍스트'라고 제목을 붙인 마지막 93번 섹션에서 '생각에 잠긴 텍스트'는 명시적으로는 「사라진느」를 가리키지만 그와 동시에 암묵적으로는 『S/Z』 자체를 가리킨다고 해석

---

33) Barthes, *S/Z*, p. 129.

34) *Ibid.*, p. 122.

35) *Ibid.*, pp. 299~300.

할 수 있다. 즉 서사의 완전한 종결에 대해, 분석의 열림이 맞서며, 그 분석의 마지막 문장은 그래서 '끝'fin이 아닌 의미의 일시적인 '중지' suspension여야 하는 것이다. "텍스트는 의미에 그 최후의 마감을 부여함으로써 대답을 하지 않는다. 바로 중지를."[36]

마지막으로 문자의 의미와 관련하여 텍스트를 읽는 이 '나'에 주목해야 한다. 쓸 수 있는 텍스트란 따로 있는 것이 아니다("서점에서 찾을 수 없다"[37]). 읽는 '나'가 텍스트를 쓸 수 있는 것으로 만든다. 예컨대, "그녀의 갑작스러운 두려움, 그녀의 이유 없는 변덕, 그녀의 본능적인 불안, 그녀의 까닭 모를 대담함, 그녀의 허세, 그녀의 감미롭고 섬세한 감정, 그것은 분명 여자였습니다"라는 문장을 읽으며, "누가 말하고 있는가? 사라진느인가? 화자인가? 저자인가? 저자-발자크인가? 남자-발자크인가? 낭만주의인가? 부르주아 계급인가? 보편적 지혜인가?"[38]라고 물을 때, 발자크의 고전적 소설은 쓸 수 있는 텍스트가 된다. 바르트가 제시하고 실천하는 방법은 실상 다른 텍스트에 적용될 수 있는 해석장치로서의 방법이 아니다. '쓸 수 있는 것'이란 해석의 방법이 아닌 독서의 전망이자 창작의 방법, 결국 '누가 말하는가?'라는 질문에 대답하는 '다시 쓰기'이기 때문이다. 이 같은 관점에서 『S/Z』는 '바르트'라는 주관을 관통하여 다시 쓰인 「사라진느」,

---

36) *Ibid.*, p. 300.
37) "쓸 수 있는 텍스트란 어떤 물건이 아니다. 서점에서 그것을 발견하기는 어려울 것이다" (*Ibid.*, p. 122).
38) *Ibid.*, p. 265. 이 구절은 「저자의 죽음」(영어판: 1967, 프랑스어판: 1968)을 시작하는 질문으로 사용된 바 있다.

"소설 없는 소설적인 것"le romanesque sans le roman이자 "논술 없는 시론" l'essai sans la dissertation[39]이다. 그러므로 첫 번째 '문자의 의미'가 이야기의 구조 차원에 속한다면, 두 번째 '문자의 의미'는 분석의 탈구조적 측면에서 다음과 같다. '바르트'Barthes가 '발자크'BalZac를 읽고, 절단하고, 흩뿌리고, 다시 쓴다. 그러나 동시에 이 '바르트' 역시 '발자크'의 텍스트 속으로 융해되어 독서의 흔적으로만 남는다.[40] 제목의 'S'는 '바르트'의 이름에서 소리 나지 않지만 하나의 자리를 차지하고 있는 묵음의 글자, 의소적 기능을 수행하기에 결코 탈락시킬 수 없는 흔적으로서의 'S'와 일치시킬 수 있으며,[41] 이때 횡선은 텍스트의 절단, 읽기와 쓰기의 결합, 텍스트의 생산자와 사용자(저자와 독자) 사이의 구

---

39) "쓸 수 있는 텍스트, 그것은 쓰는 중인 우리이다. […] 쓸 수 있는 것은 소설 없는 소설적인 것, 시 작품 없는 시, 논술 없는 시론, 문체 없는 글쓰기, 생산물 없는 생산, 구조 없는 구조화이다"(*Ibid.*, p. 122).

40) "텍스트와 가까워지는 이 '나'는 그 자체로 이미 무한한 코드들과 다양한 텍스트들의 복수태이다. 더 정확히 이 '나'는 사라진다(그 기원은 사라진다)", "나의 임무는 그 전망이 텍스트에서도 '나'에서도 멈추지 않는 체계들을 움직이게 하고 번역하는 데 있다"(*Ibid.*, p. 126, 127).

41) 1970년의 한 인터뷰에서 묵음의 'S'에 대한 다음 언급은 이러한 해석에 대한 단초를 제공한다. "나는 사람들이 내 이름의 끝에 놓인 'S'를 덫에 빠트리는 데 익숙합니다. 그런데 고유명을 건드리는 것이 심각한 일이라는 것을 당신은 잘 알 테지요. 그것은 소유물을 침해하는 일입니다(그것은 괜찮습니다). 그러나 또한 온전한 상태를 훼손하는 것이기도 합니다. 내 생각에 이를 무심해하는 사람은 없을 것입니다. 특히 이제 막 거세의 이야기를 읽었을 때는 말이죠!"(Barthes, "'L'express' va plus loin avec… Roland Barthes", OC III, p. 687). 바르트는 여기서 'S'가 탈락되면 여성형('Barthe')이 된다는 사실을 암시하고 있다. 'S'의 탈락은 온전한 상태(intégrité)의 훼손, 즉 거세이기 때문이다. 바르트의 이름에서 'S'는 소리가 없지만 성의 구분을 실행하기 때문에, 남성과 여성의 기표적 유희를 읽는 이 작업에서는 더욱 중요하게 생각되어야 한다. 또한, '바르트'와 '발자크'가 이니셜로는 구분이 되지 않는다는 점도, 'S'와 'Z'를 두 이름을 표상하는 기표로 읽을 수 있다는 우리의 해석을 뒷받침한다.

분의 폐지, 그리고 주체의 독서의 흔적으로의 사라짐을 뜻한다.[42] 따라서 이제부터 읽을 텍스트는 하나의 작품으로서의 『S/Z』이다.

"저 기이한 피조물…": 흔들리는 기의와 거세의 문자화

잠비넬라는 남자인가, 여자인가? 파편적 테마로서 『S/Z』 전체를 관통하고 있는 이 질문에 대하여, 프랑스어가 부과하는 법에 따라 잠비넬라는 남성과 여성 둘 중 하나로 표시되어야 한다. 바깥의 이야기에서 노인을 남자로 지시하며("그는 한 남자였다"[43]), 안의 이야기에서 잠비넬라를 여자로 지시함으로써,[44] 화자의 담화는 문법적 성 구분이라는 피해 갈 수 없는 랑그의 강압적인 법 자체를 수수께끼를 구축하는 속임수로 삼는다. 그런데 바깥의 이야기에서 함정으로 기능하는 남자로의 지칭은 안의 이야기의 진실을 드러내며('여자 가수는 사실 남자이다'), 안의 이야기에서 함정으로 기능하는 여자로의 지칭은 바깥의 이야기의 진실을 드러낸다('노인은 사실 여자 가수이다'). 이렇게 바깥과 안의 남자와 여자라는 지칭은 함정이자 동시에 진실로서 서로를 엇갈려 지시하고 있다. 그러나 남자와 여자 둘 중 어느 것

---

42) 텍스트/저자를 피분석자에게, 읽기/독자를 분석가에 대응시킬 수 있다면, 이는 정신분석학에서 말하는 '피분석자의 분석가에 대한 전이'의 역방향의 움직임이라고 볼 수 있다.

43) 노인이 처음 이야기에 등장하는 순간, 29번 렉시에 해당한다. "C'était un homme"(Barthes, *S/Z*, p. 152).

44) 잠비넬라가 처음 이야기에 등장할 때 군중들의 외침에 의해 관사 없이 이름으로만 말해진 205번 렉시 이후, 화자는 줄곧 그를 여성(elle)으로 지칭한다.

도 잠비넬라를 완전히 지시하지 못한다. 모든 성을 부정하는 잠비넬라의 모호성은 "저 기이한 피조물"cette créature bizarre, "저 여성적 체형" cette organisation féminine [45] 등과 같은 중의적 명사를 통해서만 말해질 수 있을 뿐이다. 잠비넬라를 말할 때, 안과 밖의 지칭이 서로를 비껴가듯 이 기표와 기의는 늘 아주 조금씩 미끄러지는데, 문법의 강제성으로부터 발생되는 이러한 어긋남은 언어 체계 자체의 균열 지점을 스스로 폭로하는 동시에 정신분석학이 서 있는 근본적 이항대립인 '남성과 여성'의 성적 패러다임을 벗어나는 체계의 맹점으로서 잠비넬라의 위상을 만들어 낸다. 바르트가 매료되는 것은 이야기의 트릭이 아니라 이러한 성적 패러다임의 불안정성과 성별의 결정 불가능성 자체이다.

수수께끼의 한 축을 이루는 잠비넬라-조각-초상화로 이어지는 복제의 과정은 잠비넬라가 야기하는 패러다임의 불안정성을 표상한다. 바르트가 다시 쓰는 이야기에서 진실은 이 "혼동된 복제"la réplique troublée [46]의 과정에 담겨 있다. 원본인 잠비넬라는 먼저 사라진느에 의해 여자의 몸으로 조각되고, 그 조각은 다시 사라진느가 죽고 나서 그의 친구인 화가 비엥에 의해 남자의 몸으로 그려진다. 잠비넬라의 성은 남성과 여성이 교대하는 그 복제 속에서 흔들리고,[47] 복제의 기원으로서의 원본의 위상은 사라진다. 바르트는 조각가 사라진느의 작

---

45) *Ibid.*, p. 156.
46) *Ibid.*, p. 180.
47) "몸들의 복제는 거세 가수를 사내와 여자 사이에서 진동하게 하는 성적 패러다임의 불안정성과 연관된다"(*Ibid.*, p. 179).

업, 즉 파내는 일을 잠비넬라의 육체에 대한 탐색, 즉 진실에의 추구와 동일시한다.[48] 파내는 작업은 깊이를 추구하는 것이며, 사라진느는 이 파내는 일을 통해서 잠비넬라의 몸 뒤에 감춰진 진실에 도달하고자 한다. 그러나 그것이 그림으로 다시 복제될 때 조각은 깊이를 상실하고 내부가 없는 이차원으로 평면화되며,[49] 나체의 중심은 그림자의 음영으로 어둡게 처리된 채 감춰진다.[50] 그런데 진실은 그 그림의 표면에 이미 명백하게 그려져 있다. 육체의 깊은 곳에는 아무것도 없다는, 그림자가 감추고 있는 건 아무것도 없다는 진실이.

> 조각가는 자신이 잠비넬라 육체의 진실이라고 믿는 것에 도달하기 위해 그녀에게서 베일들을 벗긴다. 그로부터 주체로서의 사라진느는 반복되는 환상들을 통해 거세가수의 진정한 상태로, 즉 그에게 중심의 구실을 하는 텅 빔으로 숙명적으로 인도된다. [⋯] 잠비넬라 아래에는 (그러니까 그녀의 조각상 내부에는) 거세의 무가 있으며, 이 무로 인해 사

---

48) 54번 섹션 "배후에, 더 멀리"(Derrière, plus loin)에서 바르트는 프로이트의 다빈치에 대한 글을 상기시킨다. "끊임없이 모델의 옷을 벗겨 내며, 조각가 사라진느는 프로이트를 문자 그대로 따른다. 프로이트는 (레오나르도 다빈치에 관한 글에서) 조각가와 분석을 동일시했다. 양자 모두 비아 디 레바레[벗기는 일을 통해서] 어떤 파내기를 실행한다"(*Ibid.,* p. 220).
49) "반대로 그림은 아마도 하나의 이면을 지닐 수 있다. 그러나 내부가 없다. 그림은 화포 뒤에 있는 것을 보러 가려는 신중치 못한 운동을 유발하지 못한다"(*Ibid.,* p. 293).
50) 에필로그에서 화자는 안 루이 지로데의 「엔디미온의 잠」이 비엥의 그림을 토대로 그려졌다고 말한다. 이처럼 실제로 존재하는 그림을 문화적 코드로 허구 속에 삽입해 넣음으로써 잠비넬라의 형상에 구체성이 부여된다. 우리는 화자의 이야기와는 반대로 실제로는 소설 속에서 묘사되는 비엥이 그렸다는 허구의 초상화가 지로데의 그림을 모델을 한 것이라고 상정할 수 있다. 비엥의 초상화에 대한 바르트의 언급 역시 모두 이 지로데의 그림에 근거하고 있다.

라진느는 허망한 조각상 속에서 그 실패의 증인을 파괴한 후 죽게 된다.[51]

사라진느의 오인은 성별의 오인이 아니다. 사라진느는 잠비넬라의 아름다움과 성격, 자신의 본능이 가리키는 표지들을 그대로 따랐을 뿐이다.[52] 사라진느가 빠져 있는 환상은 오히려 성별의 규정이 아닌 있는 그대로의 진실, 즉 비어 있음으로 그를 이끈다. 따라서 비극은 오인이 아니라 잠비넬라를 규정할 수 없는 체계의 불안정성 자체에서 온다. 바르트는 잠비넬라의 복제 과정에서 '비어 있음'이 가져오는 효과를 다음과 같이 요약한다. "텅 빔은 기호들의 연쇄, 복제들의 생성, 코드의 규칙성을 공전_{空轉}시킨다."[53] 흔들리는 기의들 위를 미끄러지는 잠비넬라의 기표 'Z'는 그러므로 성적 패러다임에서 벗어남으로써 의미들의 연쇄작용을 깨트리는 일탈의 글자이며, 따라서 언어학에서 같은 계열체에 속하는 낱말들의 교대를 뜻하는 횡선은 여기서 'S'와 'Z'의 남녀 교대를 나타낼 수 없다. 사라진느가 육체의 탐색 끝에 도달한 진실, 중심은 비어 있다는 것, 이 의미의 빈자리가 'S/Z'의 문자가 나타내는 무-의미이다.

---

51) *Ibid.*, p. 220.
52) 바르트는 사라진느를 환상에 빠지게 한 오류추리를 세 가지 생략삼단논법으로 정리한다. "자기도취적 증거('나는 그녀를 사랑한다. 그러므로 여자이다'), 심리적 증거('여자들은 약하다. 그런데 잠비넬라는 약하다 등'), 미학적 증거('아름다움은 여자에게만 속한다. 그러므로…')" (*Ibid.*, p. 258).
53) "le vide affole la chaîne des signes, l'engendrement des répliques, la régularité du code"(*Ibid.*, p. 180).

「사라진느」에는 '거세가수'라는 단어가 단 한 번도 등장하지 않는다. 가령, 거리의 소년이던 잠비넬라를 발탁하여 거세시키고 후원하였던 치기에 의해 그의 정체가 폭로되는 순간에도 그 단어는 교묘히 회피된다.[54] 읽기를 마쳤을 때에야 독자는 소설 전체가 최후의 결론이자 기의로서 떠오르는 그 말을 지시하기 위한 것이었음을 알게 된다. 언어의 구속과 문화의 제약 자체를 미스터리의 장치로 만든 이 침묵과 지연을 통해, 서사적 서스펜스와 '금기의 대상으로서의 거세'라는 상징적 코드를 결합시킨 점에 바로 발자크의 작품이 이룬 성취가 있다. 그런데 바르트는, 그리고 현대의 모든 독자는, 「사라진느」를 처음 읽는 독자가 아니다. 잠비넬라 뒤에 거세의 무가 있다는 것은 더 이상 비밀이 아니다. 따라서 바르트에 의해 다시 쓰인 이야기에는 문법적 패러다임이 발생시키는 문제와 거세의 테마가 중첩되어 산재한다. 실상 「사라진느」는 정신분석학적 독해를 수행하기에 최적화된 텍스트이며, 바르트가 「사라진느」라는 작품을 알게 된 논문 「사라진느 혹은 의인화된 거세」[55]에서 장 르불이 했던 것이 바로 그것이다. 가령, 사라진느는 조각가로서 모델들의 몸의 단편을 통해서 분리된 신체만을 알았는데, 잠비넬라에게서 마침내 한 명의 전체로서의 아름다움을 알게 된다. "이제 그는 타자를 만나기 위한 하나의 자아를 갖

---

54) "(469) 교황의 나라에서 어떤 존재(créatures)가 여자 역을 하는지 모른단 말이오?"; "(470) 잠비넬라에게 저 목소리를 준 게 바로 나요, 선생. 내가 저 이상한 놈(ce drôle-là)을 위해 모든 것을 지불했소. 심지어 노래 선생까지도"(*Ibid.*, p. 273, 274).

55) Jean Reboul, "'Sarrasine' ou la castration personnifiée", *Cahiers pour l'analyse*, 1967. 3~4.

게 되며, 그리고 자아와 타자는 방금 막 함께 태어난다"[56)]는 '조각난 신체'에 대한 르불의 해석은 라캉의 거울단계를 그대로 적용한 것이다. 또 "이 불완전성의 흔적, 즉 실제적 거세는 모성적 남근의 상상적 결여와 만난다. […] 잠비넬라는 그가 가지고 있지 않았던 것 이상을 감춰야 했다. 가지고 있었지만, 상실했기 때문에, 그러나 (여자들과 달리) 실제로 상실했기 때문에. 이를 통해 그는 모든 이들이 그것을 잃을 상황에 노출되어 있다는 사실을 포고한다. […] 사라진느는, 반사된 타인에게서 생식기를 배제함으로써 적응하지 못한다. 왜냐하면 타인은 그것을 가지고 있지 않았으므로. 그에게 여자는 없다. 절단된 남자만 있다. 그것도 남자다움에 치명상을 입은 보류된 남자들만"[57)] 등등의 해석 또한 라캉의 거세 이론의 틀을 따른다. 즉 사라진느는 거세 콤플렉스를 자신의 것으로 받아들이는 데 실패하여 상징계로 진입하지 못한 자이며, 그를 죽음으로 몰고 간 랑티가의 유령 같은 노인 잠비넬라는 '의인화된 거세'la castration personnifiée라는 결론으로 귀결된다. 르불의 논문이 거기까지 나아가진 않지만, 우리는 이러한 해석의 추이를 따라, 추기경이 보낸 자객들의 칼에 맞고 쓰러진 사라진느의 죽음을 오이디푸스의 눈을 찌르는 자기 처벌에 비할 수 있으며, 거세 콤플렉스에 '사라진느 콤플렉스'라는 새 이름을 부여할 수도 있다. 「사라진느」라는 교훈적 우화는 아버지의 법을 가르치는 제2의 『오이

---

56) *Ibid.*, p. 94.
57) *Ibid.*, pp. 94~95.

디푸스왕』인 셈이다.[58]

바르트는 「사라진느」를 뒤틀린 거세의 이야기로 다시 씀으로써 정신분석학적 틀이 제공하는 위와 같은 일의적 의미로부터 벗어난다. 몇 가지 단편을 모아 보자.

(240) 그녀의 사랑을 받든지 아니면 죽어 버린다. 이것이 사라진느가 자신에게 내린 선고였습니다.

[…] 그러나 예고, 전조, 시련들의 진행에 의해 준비되고, 희생 자체에 의해 축복된 그의 죽음은 제시된 양자택일 속에 이미 싹튼 자살이다.[59]

(443) 나는 사포처럼 용감하고 에너지와 열정이 넘치는 강한 여자를 싫어하는 것 같습니다.

[…] 사라진느는 여기서 자신의 운명을 진술하고 있다. 사포, 즉 거세시키는 여자를 피하기 위해 결여가 그를 안심시키는 거세된 존재에게서 피신처를 찾고 있기 때문이다. 그러나 이 존재는 두려운 사포보다 그를 더욱 확실하게 장악하여 그 자신의 텅 빔으로 끌고 가게 된다. 결국 사라진느가 거세되는 것은 거세를 피해 달아났기 때문이다. 그리하

---

58) 두 작품은 수수께끼의 기원과 신탁의 기원을 좇는 이야기, 진실을 찾는 일종의 추리 장르라는 점에서 형식상으로도 유사하다. 바르트가 「사라진느」에서 추출하는 테마 중에는 '거세의 전염'(Barthes, "La castration est contagieuse", *S/Z*, p. 285)이 있는데, 바르트의 맥락은 물론 그것이 아니지만, 이를 르불식의 전형적인 정신분석적 독해로 해석하자면, 거세의 전염은 '아버지의 법'이 주체 형성에서 수행하는 보편적 기능과 법으로서의 권능을 의미한다고 해석될 수 있다. 즉 사라진느의 죽음은 오이디푸스의 자기 처벌과 마찬가지로 아버지의 법을 따라야 한다는 교훈을 증거한다.

59) *Ibid.*, p. 216.

여 꿈이나 이야기에서 잘 알려진 다음과 같은 형상이 실현된다. 즉 당신을 쫓고 있는 살인자의 품안에서 피신처를 찾는 것이다.[60]

(466) 아마 여기 있는 추기경, 주교, 신부들 때문에 그녀가 남장을 하고, 머리를 뒤로 묶어 곱슬곱슬하게 하고, 옆구리에 검을 차고 있는 것이겠죠? 사라진느가 물었습니다.

잠비넬라의 수수께끼는 두 의복, 즉 여장(323번)과 남장(이 렉시) 사이에 전적으로 위치한다. 의복은 성별의 반박할 수 없는 증거처럼 나타난다(혹은 나타났다). 그러나 사라진느는 어떤 대가를 치르더라도 자신이 빠진 함정/환상_leurre을 지키는 데 몰두한 나머지, 남장의 동기를 두고 논쟁하면서 사실을 무너뜨리려고 한다(HER. 수수께끼6: 함정, 사라진느가 빠진 함정에서 그 자신이 만든 함정으로).[61]

바르트의 이야기에서 사라진느는 거세 콤플렉스를 수용하는 데 실패한 자가 아니라 오히려 상징계로의 진입을 거부한 자로 다시 그려진다. 사라진느는 처음부터 줄곧 거세에의 욕망을 품고 있었으며, 성별의 오인을 가져온 기호해독의 실패는 거세를 향한 운명을 촉구하는 의도적인 기호해독불능이다. 잠비넬라를 향한 사랑의 맹세가 예정된 자살임은 사라진느의 이름에 심어진 거세의 흔적으로 이미 주어져 있다. 본래 'SarraZine'으로 쓰였어야 할 이름에서, "철자상의

---

60) *Ibid.*, pp. 265~266.
61) *Ibid.*, p. 272.

오류"[62]로 인한 'Z'의 상실은 이 글자를 거세의 문자로 만든다.

> Z는 잠비넬라의 첫 글자, 거세의 이니셜이다. 그리하여 자신의 이름 한가운데에, 자신의 육체의 중심에 놓인 이 철자상의 오류를 통해 사라진느는 결여의 상처인 잠비넬라적 Z를 그의 진정한 본성에 따라 받아들이고 있다. 게다가 S와 Z는 표기적 전도 관계를 이룬다. 그것은 거울의 반대편에서 볼 때 같은 글자이다. 사라진느는 잠비넬라 속에서 그 자신의 거세를 응시한다. 또한 사라진느의 S와 잠비넬라의 Z를 대립시키는 횡선은 공포적인 기능을 지닌다. 그것은 검열의 횡선, 거울의 표면, 환각의 벽, 대립명제의 칼날, 한계의 추상, 기표의 기울어짐, 계열체의, 즉 의미의 지표이다.[63]

요컨대, 사라진느(S)는 거울(/) 속에서 잠비넬라(Z)를 응시한다. 잠비넬라를 의인화된 거세로 보는 것은 「사라진느」라는 텍스트의 의미를 '거세행위'la castration, 즉 정신분석학적 의미의 상징적 거세로 고착시킨다. 바르트는 상징적 거세로서의 거세행위와 거세 상태la castrature를 구분하는데,[64] 그렇게 함으로써 의인화된 거세로서의 잠비넬라를 거세된 상태, 즉 무의 상태를 지시하는 문자로 되돌린다. 사

---

62) 'Sarrasine'을 철자상의 오류로 단정하고 거기서 탈락된 'Z'를 보는 것 역시 바르트이다. 실제로 프랑스어에는 바르트의 확언과 달리 'sarrasin'(메밀)이라고 표기되는 단어가 존재한다. Marty, *Essaim*, p. 99 ; Tiphaine Samoyault, *Roland Barthes*, Paris: Seuil, coll. "Fiction & Cie", 2015, p. 467 참고.
63) Barthes, *S/Z*, p. 207.
64) 70번 섹션 "거세 상태와 거세행위"(*Ibid.*, pp. 255~256) 참고.

라진느가 거울 속에 반사된 자신의 쌍둥이 이미지인 잠비넬라에게서 응시하는 것은 상상적 남근의 상징적 결여가 아니라, 이러한 거세된 상태, 즉 실제적 거세이며, 사라진느는 그것을 이미 자신 안에 품고 있었다. 'S/Z'라는 표기는 그 점에서 "진정한 거세의 문자화"véritable littéralisation de la castration[65]라 할 수 있다.

상징적 거세는 한 명의 주체로 거듭나기 위해서, 즉 상징계에서 남성이나 여성으로서의 위치를 차지하기 위해 모두가 거친다고 상정된 가설적인 내면의 드라마이다. 사라진느에게서 보았듯이 바르트의 거세 이야기에는 이러한 상징계 진입을 거부하는 도착적 쾌락, 일종의 거세에의 매료가 있다. 이는 물론 라캉 이론의 오독이나 오용이 아니다. 바르트가 다시 쓰는 것은 거세 이론이 아니라, 잠비넬라와 사라진느의 'Z'에 담긴 부정성의 긍정적 효과이다. 그것은 체계에 동요를 가져오며, 패러다임과 이항대립의 날카로운 칼날을 무디게 한다. 즉 성 구분을 폐지한다.

거세와 중성

바르트는 「사라진느」의 등장인물들을 분류할 수 있는 몇 가지 패러다임을 검토하는데, 먼저 이를 라캉의 용어를 동원하여 남근과의 관계로 표현한다.

---

65) Marty, *Essaim*, p. 84.

1° 남근으로 존재하다(남자들: 화자, 랑티 씨, 사라진느, 부샤르동); 2° 남근을 소유하다(여자들: 마리아니나, 랑티 부인, 화자가 사랑하는 젊은 부인, 클로틸드); 3° 남근을 소유하고 남근으로 존재하다(양성구유: 필리포, 사포); 남근을 소유하지도 남근으로 존재하지도 않는다(거세가수).[66]

이러한 분류는 라캉의 성 구분 공식이나 거세 이론과 정합적으로 들어맞지 않을뿐더러, 생물학적 패러다임과 상징적 패러다임이 혼재되어 있다. 1번과 2번은 생물학적 패러다임의 남녀와 일치하지만, 양성적 존재로 예시되는 필리포와 사포는 남성 기관과 여성 기관을 실제로 함께 소유하고 있다는 것이 아니라 정신적 혹은 신체적 특성으로서의 남성성과 여성성을 동시에 갖고 있다는 의미이다. 또한 생물학적으로 동일한 성에 속하는 인물들도 정신적 특성과 상징적 기능이 각기 다르다. 바르트가 이러한 분류를 통해 보이고자 하는 것은 해부학적인 구분(남자/여자)이든, 정신적·신체적 성향으로서의 구분(남성성/여성성)이든 상관없이, 성적인 분류는 좋지 않다는 점이다.[67] 그리하여 그다음으로 찾아낸 패러다임은 거세의 축에 근거한다. "상징적 장은 그러므로 생물학적 성의 장이 아니다. 그것은 거세의 장 속에 있다. 즉 거세시키는 자/거세되는 자, 능동적인 것/수동적인 것

---

66) Barthes, *S/Z*, p. 147.
67) "성적 분류는 그러므로 좋은 것이 아니다"(Le classement sexuel n'est donc pas le bon, *Ibid.*, p. 147).

의 영역에 있다.”[68] 이 패러다임은 남녀의 구분과 상관없이 모든 등장
인물들을 분류할 수 있다는 점에서 좀 더 나은 체계이다. 가령, 능동
적인 거세의 진영에는 랑티 부인, 부샤르동, 사포가 있으며, 수동적인
진영에는 사라진느와 화자가 위치한다. 단 하나의 예외는 물론 잠비
넬라이다. “그는 이 체계의 유동하는 눈먼 얼룩이다. 그는 능동적인
측면과 수동적인 측면 사이를 왕복한다. 거세된 그는 거세시킨다.”[69]
앞선 장에서 말했듯이, 체계의 맹점으로서의 잠비넬라는 성적 패러
다임의 불안정성과 성별의 결정 불가능성 그 자체를 표상한다. 이를
통해 바르트가 문제화하는 것은 이항대립의 구조 자체이다. 따라서
그의 분석은 사라진느와 잠비넬라에게서 여성성과 남성성이 교란되
는 양상을 집요하게 읽어 낸다.

그 대상은 먼저 이름이다. ‘Sarrazin’이 아니라 ‘SarrasinE’으로
표기되는 이름은 의소적 코드인 ‘e’로 인해 이미 여성성이라는 함축
의미를 내포한다.[70] 또한 바르트는 잠비넬라의 이름에서 감비넬라
Gambinella, 곧 ‘짧은 다리’를 읽기도 한다.[71] 이렇게 이름은 각기 사라진
느의 생물학적 성의 반대항과 잠비넬라의 여성성의 반대항(그가 결여
하고 있는 것)을 가리킨다. 이런 독해의 예는 끝이 없다. 가령 사라진
느의 성격에 대한 묘사나 의복의 코드에서도 혼성적 측면을 읽는다.

---

68) *Ibid.,* p. 148.

69) “Quant au castrat lui-même, on aurait tort de le placer de droit du côté chatré: il est
la tâche[sic] aveugle et mobile de ce système; il va et vient entre l’actif et le passif
châtré, il châtre”(*Ibid.,* p. 148).

70) *Ibid.,* p. 132.

71) *Ibid.,* p. 207.

(159) 자질이 떨어지다가도 지나치게 영리하기도 하고, 공격적이다가도 수동적이기도 한 상태가 차례로 반복되는 그의 기이한 성격은*Tour à tour agissant ou passif, sans aptitude ou trop intelligent, son caractère bizarre*

SEM. 혼합적 특성le composite. [⋯] 대립적인 것들이 "차례로 반복되는" 이 함축하고 있는 '혼합적 성격'(낭만주의 용어로 이는 기이한 것le bizarre 이다)은 동질적인 것, 통일성에 도달할 수 없는 무능력을 지시한다. [⋯] 이는 사라진느가 남자다움(에너지, 독립성 등등)을 결여하고 있어서가 아니라, 이 남자다움virilité이 불안정하며, 이 불안정성이 조각가를 조화롭고 충만한 통일성의 바깥, 부서진 것, 결여를 향해 인도하기 (혹은 그것을 의미하기) 때문이다. [/] 사라진느가 "차례대로 공격적이거나 수동적"이라고 말하는 것은 그의 성격에서 **굳어지지 않는** 무언가를 식별하라고 촉구하는 것이다. 그리하여 명명의 과정이 개시되는데, 이는 독자의 활동 자체이다. 읽는다는 것은 명명하기 위해서 싸운다는 것, 텍스트의 문장들에 의미론적 변환을 겪도록 하는 것이다. 이 변환은 우유부단하다. 그것은 여러 이름들 사이에서 망설인다. [⋯][72]

(302) 그리하여 그는 자신의 첫 연인 앞에서 거닐어야 하는 젊은 처자처럼 치장했습니다.

[⋯] 주인공은 젊은 여인처럼 입는다. 이러한 전도inversion는 사라진느의 (앞서 지적한) 여성성la Féminité을 함축한다(SEM. 여성성).[73]

---

72) *Ibid.*, p. 195.
73) *Ibid.*, p. 232.

그리하여 혼합적인 특질들에 대한 독해는 종국에 바르트의 궁극의 테마인 '중성'을 향해, 거세가 열어 놓은 여성과 남성 사이의 미결정적 의미의 공간인 중성을 향해 나아간다.

(548) —— **그러면 잠비넬라, 그 혹은 그녀는요?**_Mais ce ou cette Zambinella?_

—— **마리아니나의 종조부일 수밖에 없을 것입니다, 부인.**

★ HER. 수수께끼4: 완전한 폭로(노인의 친족적 정체성). ★★ HR. 수수께끼3: 폭로(랑티 가문은 누구인가? —— 잠비넬라의 친족들). ★★★ 거세 가수에게 어떤 문법적인 성을 적용할 수 있는가? 아마 중성일 것이다. 그러나 프랑스어에는 중성이 없다. 이로부터 ce/cette라는 교대가 비롯되고, 이 교대의 진동_oscillation_은 두 성의 일종의 평균, 남성과 여성으로부터 동일한 거리를 지닌 그런 평균을 멋진 움직임으로_en bonne physique_ 창출해 낸다(SYM. 중성).[74]

여기서 확인되는 것은 거세의 위상 변화, 그리고 그것과 궤를 같이하는 중성적 형상의 우월성이다. 이항대립의 두 항, 수동적인 것과 능동적인 것의 패러다임을 넘어서는 잠비넬라적 거세의 부정성[75]은 중성적 형상의 완벽함을 생산하므로 거세란 바르트에게 "좋은 것"_le bon_이다. 그리하여 바르트에게서 조각난 신체의 테마는 중성적 형상

---

74) _Ibid.,_ p. 294.
75) '이것도 아니고 저것도 아닌'(ni l'un ni l'autre) 잠비넬라의 부정성은 중성의 어원적 의미와 일치한다.

의 완벽성을 격상하는 것으로 변환된다.

114) —— 남자라기엔 너무 아름다워요. 그녀는 마치 경쟁자를 대하는 듯한 태도로 살펴본 후 이렇게 덧붙였다.

거세에 의해 방향이 잡힌 —— 혹은 방향을 벗어난 ——「사라진느」의 육체들은 성적 패러다임의 이쪽과 저쪽 모두에 확실하게 위치할 수 없다. 여기에는 어떤 암묵적인 여성 이상(완벽성)과 남성 이하(거세된 상태)가 있다.un *au-delà* de la Femme(la perfection) et un *en deçà* de l'homme(la castrature).[76]

227) 그녀는 한 명의 여자 이상이었으며, 걸작이었습니다!

[…] 잠비넬라의 육체를 발견하는 것은 그러므로 코드들의 무한함을 멈추게 하는 것이며, 마침내 카피들의 기원(원형)을 발견하는 것이며, 문화의 출발을 결정하는 것이며, 그 성과들에 그것들의 보충을 부여하는 것("한 명의 여자 이상")이다. 걸작으로서의 잠비넬라의 육체 안에서, 지시대상(모사하고, 표현하고 의미해야 하는 실제적 육체)과 준거(글쓰기의 무한을 종결시키고 따라서 그것을 창설하는 시작)가 신학적으로 일치한다.[77]

요컨대, 여성 이상, 남성 이하, 거세가 만들어 내는 두 항 사이의

---

76) *Ibid.*, p. 179.
77) *Ibid.*, pp. 213~214.

진동이 잠비넬라를 걸작으로 만든다. 중성은 바르트의 저작에서 여러 가지 방식으로 말해졌다. 가령, '중성'이라는 어휘는 아직 나타나지 않지만, 『S/Z』에서 나타나는 것과 유사한 혼합적 형상에 대한 매료는 바르트의 가장 초기 저작에 속하는 『미슐레』(1954)에서부터 이미 드러난다. 미슐레의 전 저작에 대해 일종의 테마비평을 수행하는 이 책에서 바르트가 가장 관심을 기울이는 요소가 바로 이중의 성을 이상적인 성으로 제시하는 미슐레적 영웅의 형상이다. 따라서 "나는 정신의 두 성을 모두 지니고 있다는 점에서 완전한 한 인간이다"[78]라는 미슐레의 문장이 책의 가장 앞머리에 제사로 놓이며, 마지막 장은 '초-성'ultra-sexe의 형상에 할애되어 있다. 물론 바르트가 읽은 미슐레의 상상계 속에서 정신적 특질로서의 여성성과 남성성은, 각각에 특정 속성을 부여하는 '부당한' 구분 —— 남성성에는 지식, 관념, 이성, 철학 등을, 여성성에는 감정, 본능, 즉흥성, 종교 등을 부여한다 —— 에 근거하고 있지만, 그럼에도 남성과 여성의 위계를 뒤집어 오히려 여성적인 자질을 더 우월할 요소로 부각한다는 점이 중요하다.[79] 예컨대, "양성적 영웅"Le Héros Androgyne이라는 단장에서는 다음과 같이 말한다. "사고가 본능을 교정하는 것이 아니라, 직관이 관념에 완전한 형태를 부여하는 것이다. 지성의(남성적 오르가슴의) 건조하고 생식력이 없는 불꽃에 부화의(여성적 환경의) 동질적 열기를 대립시켜야

---

78) *"Je suis un homme complet ayant les deux sexes de l'esprit"*(Barthes, *Michelet*, OC I, p. 291).

79) 『S/Z』에서 바르트가 잠비넬라를 줄곧 "la Zambinella"로 쓴다는 사실을 주목해야 한다.

한다. 최상의 존재와 국가, 최상의 요소들에 있어 항상 여성성이 우세할 것이며, **부화의 재능**, 관념을 감정으로 변환하는 여성적 역량을 소유할 경우에만 생식력을 지니게 될 것이다."[80] 그에 더하여 한쪽의 성만으로는 결코 영웅이 될 수 없다. "그러므로 미슐레적 영웅은 정의상, 여자에게서 빌려 온 일종의 초자연적 직관하에서 지적인 역량을 품고 있는 양성적 존재이다. 잔 다르크를 보라. 그의 순수한 여성성이 그를 영웅으로 만드는 것이 아니다. 한 명의 온전한 여자로서 정신의 두 가지 성을, 즉 **감정의 고양 안에 양식**le bon sens dans l'exaltation을 지니고 있기에 영웅인 것이다."[81] 이러한 "남자이자 동시에 여자임"être homme et femme이 바로 "초-성"(민중)으로 명명되며, 그에 대립되는 "하위-성"infra-sexe은 "불모성으로 이끌리고 마는 순수한 관념의 성질을 띠는 모든 것"[82](공공의 안녕, 국가 이성, 법률가, 예수회, 학자, 체제 입안자 등)으로 규정된다. 여기서 주목해야 할 것은 구체적인 내용의 층위가 아니라 양성적 영웅, 초-성적 형상이 곧 이항대립을 좌절시키는 중성과 동일한 기능을 수행한다는 점이다.

바르트의 지적 도정의 종반부에서도 중성 개념은 중대한 자리를 점한다. 콜레주 드 프랑스 교수 취임 후 두 번째 해(1977~1978) 강의 "중성"은 성이나 문법에서의 중성뿐 아니라, 모든 영역에서 나타나는 중성적 형상에 대한 탐구로,[83] 그의 저작들에서 파편적인 테마

---

80) *Ibid.*, pp. 412~413.
81) *Ibid.*, p. 413.
82) *Ibid.*, p. 414.
83) '중성'은 문법에서는 여성도 남성도 아닌 것, 능동도 수동도 아닌 것을 뜻하지만, 예컨

로 흩어져 있던 단편들의 집대성이라 할 수 있다. 여기서 중성은 이항 대립을 통해 의미의 제국을 건설하는 패러다임[84]을 벗어나고 좌절시키는 모든 것, 그럼으로써 "의미의 면제"exemption du sens를 작동시키는 다형적 장으로 규정된다.[85] 바르트는 다양한 영역들에서 중성의 형상을 발견하지만 탐구의 주 영역은 인간의 언어와 담화, 몸짓, 행동, 육체 등이다. 이 가운데 『중성』강의 노트의 마지막 문형인 "앙드로진" l'androgyne에서 본 논의와 관련된 몇 가지 사항을 짚어 본다.

가장 먼저 특기할 점은 '장르'genre 개념을 성적 패러다임으로부터 빼내려고 한다는 것이다. 성적인 범주와는 구별되는 문법적 범주로서의 장르는 "다양한 존재들을 표상하는 이름들의 덩어리를 여러 분류로 나누는 분할인 하나의 원초적인 존재론적 개념을 언어에서 나타나도록 해 주는 현상들의 총체"[86]로 규정된다. 다양한 언어들에서 나타나는 장르 구분에 대해 여러 문헌들에서 바르트가 수집한 난삽한 예시들은 장르의 배분이 언어마다 다르다는 것을 보여 주기 위

대 정치에서는 어떤 당파에도 속하는 않는 것, 동물학에서는 성이 없는 일별, 화학에서는 산성도 염기성도 아닌 것 등이 될 수 있다. Barthes, *Le neutre: Cours au Collège de France(1977 - 1978)*, ed. Thomas Clerc, Paris: Seuil/IMEC, 2002, p. 32 참고.

84) "소쉬르적 관점에 따르면, 나는 이 지점에서 그의 생각을 따르는데, 패러다임은 의미의 원천이다. 의미가 있는 곳에 패러다임이 있고, 패러다임이 있는 곳에 의미가 있다"(*Ibid.*, p. 31). 바르트는 강의에서 이전의 다른 저작들에서도 자주 언급하였던 다음과 같은 고전적 예시를 든다. 'poisson'과 'poison'에서 's'와 'z'의 음운론적 변별(s/z)이 의미를 발생시키는데, 이것이 언어학에서 'S/Z'라는 도식이 나타낼 수 있는 가장 정통적이며 평면적인 의미일 것이다.

85) "패러다임과 그 위협, 그 오만함을 제거하고 좌절시키고 피하고자 하는 시도→의미를 면제시키기→패러다임과 대립의 회피의 다형적 장=중성"(*Ibid.*, pp. 31~32).

86) *Ibid.*, p. 234. 이 정의는 바르트가 루시앙 아담(Lucien Adam)의 『여러 언어들의 장르에 관하여』(*Du genre dans les diverses langues*, 1883)에서 가져온 것이다.

함이다. 인도유럽어, 특히 프랑스어에서 장르 구분을 규정하는 "하나의 원초적인 존재론적 개념", 즉 이원론적인 남녀의 이분법은 그중 하나일 뿐이며, 다양한 분할이 있을 수 있다는 것이다. 문제는 이 장르의 배분이 프랑스인의 정신 속에서 균형적이 아니라는 점이다. 바르트는 이를 "언어적 감정"sentiment linguistique이라고 표현한다. 예컨대, 사전에 수록된 낱말들은 프랑스어에서 소멸한 중성을 대신하여 모두 남성형으로 표시되며, 묵음 'e'를 덧붙여 형성되는 여성형은 파생된 형태로 느껴진다. 이 언어적 감정은 남성 중심적 위계를 위해 장르에 성적 패러다임을 덧씌우며, 그것을 일반적인 환상으로 만든다.[87] 요컨대, 성이란 시대의 이데올로기에 종속되는 하나의 관념,[88] 즉 바르트의 기호학이 늘 적으로 삼는 독사doxa이다. 그리하여 바르트는 블랑쇼를 인용하여 "중성은 우리의 언어들과 진리들로부터 끊임없이 밀려나고 있다"[89]고 진단한다.

바르트가 중성에 탐닉하는 것은 이항대립의 관념적 위계를 교란시키는 형상들을 회복하기 위해서이며, 앙드로진은 그중 하나로 소환된다. 여기서도 바르트는 성적인 함의를 벗겨 내기 위해서 앙드로진을 에르마프로디트l'hermaphrodite와 구분할 것을 요청한다. 후자가 양성구유, 생식성과 연관되는 데 비해, 전자는 '대립적인 것들의 결합,

---

87) "'언어적 감정'은 남성을 위하여 랑그를 재성화(resexualise)한다. 그러나 위선적으로서" (*Ibid.*, p. 236).
88) "그것은 항상 시대의 이데올로기에 종속될 것이다. 왜냐하면 성이란 하나의 '관념'이기 때문이다"(*Ibid.*, p. 237).
89) *Ibid.*

이상적인 완결성, 완벽함을 함축하는 남성성과 여성성의 통합을 나타낸다'.[90] 신화, 성서, 신비주의 문헌, 문학 등에서 바르트가 추출하는 앙드로진의 여러 단편들은 곧 중성과 연계된다. "앙드로진은 중성이다. 그러나 이 중성은 사실 복합도이다. 남자와 여자(생식성)가 아니라 남성적인 것과 여성적인 것의 혼합, 배합, 변증법이다. 달리 말해 여성적인 것을 품고 있는 남자, 남성적인 것을 품고 있는 여자이다."[91] 『중성』 강의에서의 앙드로진에 대한 이 규정은 미슐레적 영웅에 대한 정의와 일치하지만, 여기서의 여성성과 남성성은 특정한 자질로 고착되었던 『미슐레』에서와 달리 비정형적이다. 가령, 다빈치에 대한 분석에서 프로이트는 어린아이의 입에 꼬리를 집어넣는 독수리 꿈에서 독수리 머리를 지닌 여신 무트를 상기시키며, 그것을 젖가슴과 발기된 성기를 가진 모성적 여신으로 묘사하는데, 바르트가 볼 때 이는 앙드로진의 한 형상에 불과하다. "어머니와 여자를 뒤섞어서는 안 된다"[92]는 바르트의 지적은 정신분석학이 여자와 어머니를 늘 동일하게 둔다는, 즉 여성적인 것을 모성과 동일시함으로써 일의적으로 규정하고 있다는 간접적인 비판이거나, 혹은 남근을 가진 어머니상에 대한 비판으로 읽힐 수 있다. 그리하여 바르트는 서양의 상상계 속에는 존재하지 않는 앙드로진들을 환상화한다. "우리는 또한 우리 서양의 신화에는 부재하는 형상, 의미심장한 결핍인 어머니-

---

90) *Ibid.*, p. 240.
91) *Ibid.*, p. 242.
92) "ne pas confondre forcément la mère et la femme"(*Ibid.*, p. 243).

아버지, 모성적 아버지, 젖가슴이 있는 아버지, 혹은 부드러운 아버지의 형상을 명시하고, 파생시키고, 꿈꾸고, 야기시킬 수 있다."[93] 그러한 양성성의 비정형적인 한 모습을 보여 주는 것이 바로 잠비넬라와 사라진느의 '혼합적 특성' 또는 '기이한 특성'이다. 그러나 『중성』 강의를 거친 지금 앞서 했던 판단, 즉 잠비넬라의 부정성이 가져오는 긍정적 효과에 약간의 수정을 가해야 한다. "중성은 성들을 폐지시키는 것이 아니라 그것들을 조합하고 주체 안에 그것들을 현존하게 잡아 두며, 또한 동시에 그것들이 교대되도록 유지하는 것이다."[94] 따라서 바르트의 중성 개념은 두 항 사이의 어딘가에 고정되는 일종의 균형équilibre 지점이라기보다는 'ce/cette'가 교대하는 운동 자체, 그리고 그 진동이 창출하는 잠재적이며 미확정적인 의미의 공간을 가리킨다고 할 수 있다. 바르트가 프로이트가 분석한 다빈치의 미소, 즉 모나리자의 미소를 "하나의 성으로부터 다른 하나의 성으로 순환하는"[95] 중성적 몸짓으로 읽음으로써 발견하는 것이 아마도, 잠비넬라의 절대적 아름다움에 비할 수 있는, 그런 미확정적 의미일 것이다.[96]

---

93) *Ibid*. 바르트는 『S/Z』에서 사라진느의 스승인 부샤르동에게서 이러한 모성적 아버지의 형상을 읽는다.

94) *Ibid*., p. 239.

95) "프로이트가 분석한 레오나르도적 미소 : 모나리자, 성녀 안나, 레다, 성 요한, 바쿠스 : 남자이며 동시에 여자인 미소, 그 안에서 배제와 분리의 표지가 폐지되는 미소-형상, 한 성에서 다른 성으로 순환하는 미소"(*Ibid*., pp. 243~244).

96) 섹스와 장르 개념을 붕괴시킨다는 점에서 『S/Z』, 『중성』 강의 등에서 나타나는 중성에 대한 천착은 이후 영미권에서 개화하는 젠더 스터디를 선취한 작업으로 평가된다. 이에 대한 논의는 다음을 참조할 수 있다. Samoyault, *Roland Barthes*, pp. 475~476; Marty, "Le neutre barthésien et la question du genre", Séminaire Roland Barthes, ENS, 2015. 3. 14. http://www.roland-barthes.org/audio_seminaire_barthes1.html. 역으로 바르트 사

바르트는 중성을 결핍하고 있는 언어를 보충하는 것이 바로 담화discours의 활동이라고 말한다.[97] "담화(가장 폭넓은 의미로 문학적·윤리적·파토스적·신화적 언술행위)는 언어에 결여된 중성을 다른 곳에서 살아 있게 만들 수 있는 뉘앙스와 신화들의 무한하고 일렁이는 장을 연다. 어떤 길을 통해서? 다소 모호한 단어로 말해야겠다. 정서l'affect의 길을 통해서라고. 담화는 정서를 통해 중성에 다다른다."[98] 우리는 저 모호한 단어인 '정서'[99]가 결국 기존의 언어가 여성성에 혹은 남성성에 부여하고 있는 어떤 자질들에 대하여 새로운 '언어적 감정'을 불러일으킨다고 이해할 수 있다. 이론적 '담론'이 아닌, 뉘앙스(차이)의 '담화'로서, 바르트가 읽고 쓰는 「사라진느」가 하고 있는 것 역시 불구의 언어가 잃어버린 능력을 회복시켜 주는 일, 즉 이항대립적 패러다임에 다른 '언어적 감정'을 제공하는 일이다. 'S/Z'라는 동일한 도식은 그러므로 언어학이 지시하는 것과는 정반대의 것을 지시한다. 그것은 두 항 사이의 운동과 그것이 창출해 내는, 새로운 언어적

후 형성된 퀴어 이론의 시선으로, 바르트의 생애와 저작에 은밀히 감추어진 동성애적 요소와 테마들의 상세한 목록을 작성함으로써, 그것들의 보이지 않는 가시성을 밝히는 연구로는 다음이 있다. Magali Nachtergael, "Barthes à l'aune des Queer & Visual Studies", *Roland Barthes: Continuités, déplacements, recentrements, Colloque de Cerisy 2016*, Jean-Pierre Bertrand(dir.), Paris: Christian Bourgois Éditeur, 2017, pp. 417~436.

97) Barthes, "Le discours supplée la langue", *Le neutre*, p. 237.

98) *Ibid.*, p. 238.

99) 정신분석학에서 '정동'이 나타내는 특정한 의미가 아니라 일상적이고 광범위한 의미의 '정서'로 이해해야 한다. 바르트는 강의에서 애칭어에서 발견되는 성 구분 전복의 매우 단순한 예를 하나 든다. "Tiens! Voilà Mathieu, Comment vas-tu ma vieille?' […] L'hypocoristique change les genres: marque l'affect par le tourniquet des sexes: Mon chéri, mon chou →à une fille; ma vieille →à un garçon"(*Ibid.*, p. 238).

감정으로서의 미확정적 의미 혹은 무의미의 공간을 나타내는 중성의 문자이다.

쾌락의 기표

지금까지 확인한바, 바르트의 정신분석학적 어휘 사용에서 나타나는 가장 큰 특징은 개념들의 탈성화désexualisation에 있다. 그러나 이를 대신하여 다른 쾌락이 온다. "쾌락의 **중지**의 힘에 대해서는 아무리 말해도 충분치 않다. 그것은 하나의 진정한 **에포케**, 모든 공인된(스스로에 의해 공인된) 가치들을 멀리서 응결시키는 멈춤이다. 쾌락은 하나의 **중성**(악마적인 것의 가장 도착적인 형태)이다."[100] 『텍스트의 쾌락』 말미에 놓인 이 불가해한 단장은 아마도 『S/Z』를 경유할 때 그 의미를 비로소 이해할 수 있을 것이다. 먼저 「사라진느」의 '중지'로서의 결구를 상기해야 한다. 거세의 이야기에 전염된 후작 부인은 생각에 잠긴다. 여기에 감추어진 진짜 결론은 이것이다. '이야기'와 '하룻밤'을 교환한다는 화자와의 계약은 끝내 연기된다. 이것이 거세의 이야기가 야기시키는 에포케[101]의 효과이다. 그리고 바르트에게는 이 중지시키

---

100) Barthes, *Le plaisir du texte*, OC IV, p. 260.
101) 『텍스트의 쾌락』에서 아무런 설명 없이 사용된 이 용어를 바르트는 후일 『중성』 강의에서 다시 다룬다(강의 노트로 준비되었지만, 실제 강의에선 다뤄지지 않았다). 여기서 바르트가 참조하는 것은 현상학이 아니라 그리스 회의주의이다. 바르트가 인용하는 섹스투스 엠피리쿠스의 에포케에 대한 정의 "중지는 아무것도 부정하지도 긍정하지도 않는 사유의 상태이다"를 볼 때, 바르트가 왜 에포케를 중성과 연결시키는지 짐작할 수 있다.

는 힘이 거세가 주는 쾌락, 가장 도착적인 쾌락이다.[102] 즉 중지의 힘
이란 이항대립적 패러다임이 생성해 내는 공인된 의미 체계들의 작
동과 순환을 중지시키는 중성의 쾌락인 것이다. 이상으로부터 '거세=
중지의 힘=의미의 에포케=쾌락=중성'이라는 일련의 등식을 도출할
수 있다. 기의가 부재하는 중성의 문자 'S/Z'는 그러므로 "기표의 화
려한 위치로 이동한 가치",[103] 곧 텍스트의 쾌락의 기표이다.[104]

  정신분석학이 철학과 접속하는 국면이 있다면, '나는 누구인가?'
라는 철학의 물음에 '그것이 말한다'Ça parle라고 정신분석학이 대답
할 때이다. 바르트의 개인어 목록에 '무의식'은 결코 등장하지 않는
다. 그러나 텍스트가 있다. '누가 말하는가?'라는 바르트의 질문은 철

Barthes, *Le neutre*, pp. 251~252 참고.

102) '쾌락의 중지/지연의 힘'이란 오르가슴을 지연시키는 행위를 뜻하는 '코이투스 레제르
바투스'(coitus reservatus)의 의미로 읽어야 한다. 즉 쾌락을 지연시킴으로써 더 큰 쾌락
(도착적 쾌락)에 도달한다는 것이다. 『텍스트의 쾌락』에서 "쾌락은 곧 중성이며, 이는 악
마적인 것 중에 가장 도착적인 형태이다"라는 경구는 이렇게 쾌락을 지연하는 행위와 중
성이 행사하는 의미의 중지의 효과를 동일시할 때 비로소 이해된다. 바르트는 '코이투스
레제르바투스'란 문구를 『중성』 강의의 첫 번째 문형인 "호의"(la bienveillance)와 『어떻
게 더불어 살 것인가』 강의의 "거리"(distance) 문형에서 언급한 바 있다. 전자에서는 중
성적 호의를 지시하기 위해서, 후자에서는 육체들 간의 적정한 거리(이 역시 중성의 한 형
상이다)를 말하기 위해서 사용된다. "le bon dosage de l'émoi et de la distance [⋯]
en somme, un Eros bien conduit, 'retenu', 'réservé'(au sens de coitus reservatus)"
(*Ibid.*, p. 42); Barthes, "contrôle non mutilant: coitus reservatus [⋯] L'orgasme n'
est pas le Souverain Bien: pensée profonde de la sexualité perverse", ed. Claude
Coste, *Comment vivre ensemble: Simulations romanesques de quelques espaces
quotidiens: Notes de cours et de séminaires au Collège de France, 1976 – 1977*,
Paris: Seuil/IMEC, 2002, p. 113.

103) Barthes, "Le plaisir du texte, c'est ça: la valeur passée au rang somptueux de
signifiant", *Le plaisir du texte*, p. 260.

104) 그러므로 바르트의 이 합자는 그의 작업에서, '무의식에서 문자의 심급'을 나타내는 라캉
의 연산식에 준하는 가치를 지닌다고 볼 수 있다.

학의 물음과 정신분석학의 대답을 포개어 놓는다. 이에 대한 바르트의 대답은 결국 '텍스트가 말한다'이다. 그 텍스트의 목소리를 듣는 바르트의 '읽기-쓰기'가, 작가의 무의식이 아닌 이른바 '텍스트의 무의식'이란 것을 상정한다는 점에서 바르트의 텍스트 이론을 계승한다고 볼 수 있는 장 벨멩-노엘 계열의 '텍스트의 정신분석'과 다른 점은, 그에게 정신분석학의 이론적 틀은 따라야 할 해석의 규칙이 아니라는 점이다. 객관화하는 지식으로부터 순수한 사변(개념들)을 떼어내어 자기 것으로 만든 분석가의 주관(한 주체가 지닌 불균형적인 교양과 언어에 대한 개별적인 감각을 포괄하는 뜻에서의 주관)이 그 규칙을 대신한다. 이는 이론의 객관화하는 힘에 대한 저항이면서 동시에, 읽기의 주체를 전면에 세우는 해석의 한 전망, 즉 하나의 텍스트론을 제시하는 강력한 도그마를 설정한다는 점에서 이론적이다. "어떤 철학자도 나의 안내자인 적은 결코 없었다." 이 단언은 『비타 노바』의 구상안에서 다음 구절 옆에 괄호로 덧붙여 있다. "담화의 대가 —— 작가 (*Maître du discours* —— L'Écrivain)." '소설'(문학적 담화)과 '에세'(이론적 담화) 사이에서 진동하는 『S/Z』의 '중성적 글쓰기'는 '비평가-작가 바르트'의 상을 보여 주며, 이론에 대해, 혹은 더 일반적으로, 사유하는 방식에 대해, 혹은 더 소박하게, 읽고 쓰는 방식에 대해 가질 수 있는 이미지를 일신한다.

부기

1) 『S/Z』라는 제목은 사실 초고를 일독한 필립 솔레르스가 제안한 것이다.[105] 즉 저자가 의도를 가지고 미리 설정한 것이 아니라는 점에서, 지금까지 추정한 문자의 의미와 무의미는 '저자의 의도'가 아닌 하나의 읽기의 결과일 뿐이다.

2) 본 작업의 목적은 '바르트'를 정신분석하는 것이 아니므로, 특히 '중성' 테마와 관련하여 정신분석적 시나리오를 쓰기에 매우 용이한 요소들을 제공하는 그의 전기적 사항들에 대해서는 전혀 언급하지 않았다. 그러나 문자의 의미와 관련하여 한 가지만을 적도록 한다. 어머니의 동반자이자, 그의 이부동생의 아버지였던 남자의 이름은 '살제도'SalZedo였다. 이것이 문자의 마지막 '무의미'[106]이다.

---

105) Samoyault, *Roland Barthes*, p. 493.

106) 에릭 마르티는 앞서 인용한 논문 말미에서 '살제도'라는 이름에 근거하여 'S/Z'를 바르트 개인의 비의지적 '신화 표식'(mythographie)으로 읽을 수 있다는 착상을 제시한다(Marty, "Roland Barthes et le discours clinique: Lecture de S/Z", *Essaim*, p. 100). 그러나 이는 문자가 나타내는 '무의미'(non-sens)라기보다, 정신분석이 무의식의 해석에서 역설적으로 중대한 의미를 부여하는 '무의미한/사소한'(insignifiant) 단서 혹은 증후라고 볼 수 있다. 마르티의 착상과 같은 선상에서, 'S/Z'의 의미를 '살제도'라는 이름과 결부하여 전기적-정신분석학적 상상력을 발휘한 해석으로는 다음을 참고할 수 있다. Marie Gil, *Roland Barthes: Au lieu de la vie*, Paris: Flammarion, 2012, pp. 91~95.

15장. 지라르, 모방이론과 새로운 심리학

김진식

2015년에 서거한 르네 지라르는 '욕망의 삼각형' 이론으로 우리에게 널리 알려진 사상가이다. 『낭만적 거짓과 소설적 진실』과 『폭력과 성스러움』을 비롯한 주요 저작들이 우리말로 소개되어 있고, 또한 『르네 지라르 혹은 폭력의 구조』, 『르네 지라르: 욕망, 폭력, 구원의 인류학』, 『르네 지라르』 같은 연구서도 나오면서 르네 지라르는 우리에게 비교적 익숙한 이름이 되었다.

지라르는 '살아 있는 마지막 고슴도치'라는 말을 들을 정도로, 인간 욕망의 모방이라는 하나의 주제에 쏟아부은 끈질긴 열정이 그야말로 '천착'穿鑿이라는 덕목에 딱 들어맞는 학자다.[1] 지라르에 의하면, 인간의 욕망은 욕망의 대상에서 출발하는 것이 아니라 타인의 욕망을 모방하는 데서 출발한다고 한다.

다시 말해, 인간의 욕망은 욕망 대상에서 출발하는 '자연 발생적

---

1) René Girard, *Les origines de la culture*, Paris: Desclée de Brouwer, 2001 (르네 지라르, 『문화의 기원』, 김진식 옮김, 기파랑, 2006, 10쪽).

욕망'이 아니고 타인의 욕망을 모방하는 데에서 출발하는 '모방에 의해 생겨난 욕망', 즉 '모방적 욕망'이라는 것이 르네 지라르 욕망이론의 핵심이다.[2]

첫 저서 『낭만적 거짓과 소설적 진실』에서 소설 주인공의 욕망 구조를 살피던 지라르의 관심은 모방으로 수렴하였다. 지라르는 욕망이 생겨나게 하는 것도 모방이지만 더 나아가서 인간의 일상적 관계에서 큰 역할을 하는 것 또한 모방이라는 것을 깨닫게 된다.

모방에서 경쟁이 생겨나고 이 경쟁에서 폭력이 발생하고 이 폭력을 해결하는 '희생양 메커니즘'으로 이어지는 등, 일련의 과정이 모두 모방에서 출발하고 있다는 것이다. 초기에는 '욕망이론'으로 불리던 지라르의 사상이 요즘에 와서는 포괄적으로 '모방이론'théorie mimétique이라고 불리고 있는 것도 이런 사정 때문이다. 모방이론에 의하면 우리의 욕망과 경쟁과 폭력이 모두 모방과 연결되어 있다.

이런 내용의 모방이론은 심리학, 더 정확히는 인간 내면 이해에 어떠한 영향을 끼치고 있을까? 인간 이해를 향한 모든 길이 그러하듯이 완벽하게 완결된 길은 없으며, 새롭게 밝혀진 사실로 인해 언제든지 수정, 보완될 수 있고 보완되어야 하는 것이다. 그렇다면 인간 욕망의 근원이 모방에 있다고 보는 지라르의 모방이론으로 수정된 인간 내면 이해는 심리학 연구에 어떤 변화를 일으켰을까?

---

2) 르네 지라르 이론이 처음 소개되었을 때에는 'désir mimétique'가 '모방욕망'이란 표현으로 소개되었다. 그러나 우리말의 이 표현은 '모방하고 싶어 하는 욕망'으로 오해될 소지가 많은 것 같아서 우리는 '모방을 통한, 혹은 모방에 의한 욕망'이란 의미를 드러내기 위해 '모방적 욕망'이란 용어로 정리하기로 한다.

이에 앞서 르네 지라르의 모방이론을 간단히 살펴볼 필요가 있다. 이를 통해 좀처럼 해명되지 않던 우리의 일상을 밝히는 빛을 모방이론에서 얻을 수 있는 단서를 찾게 될 것이다.

지라르의 모방이론

욕구와 욕망

우리는 항상 무엇인가를 원하고 있고, 하고 싶어 한다. 우리가 '하고 싶어 하는 것'에는 먹고 자고 쉬는 것처럼 생존과 직결된 것이 있는가 하면, 굳이 특정한 음식점의 특정 메뉴를 고집하는 것처럼 생존과 직결되지 않지만 '하고 싶어 하는 것'도 있다. '생존과 직결된 하고 싶은 마음'을 '욕구'慾求로, '생존과 직결되지 않은 하고 싶은 마음'은 '욕망'慾望으로 구분할 수 있을 것이다.

생존과 직결된 욕구는 그야말로 자연스러운 현상이다. 욕구가 자연적인 만큼, 욕구의 해소도 자연적이라는 뜻이다. 욕구는 인간으로서는 어쩔 수 없는 절대적인 것이다. 그러나 '먹고 싶다'는 욕구를 해결하고자 특정 레스토랑의 특정 음식만을 고집하는 것은 절대적인 욕구의 차원이 아니라 상대적인 욕망의 차원이다. 욕망은 상대적이라는 말이다. 그렇다면 우리의 상대적 욕망은 어디에서 나오는 것일까? 우리는 욕망이 자신에게서 나온다고 흔히 '생각한다'. 만약 욕망이 우리 자신에게서 나온다면 우리는 그야말로 '자율적 존재'일 텐데 과연 우리는 진정한 자율적인 존재일까?

우리가 존경하는 사람의 취향이 어느 순간 우리의 취향이 되어 있고, 그가 좋아하는 물건을 좋아하거나, 그가 즐겨 부르는 노래를 즐겨 부르는 자신을 발견할 때가 있다. 또한 우리는 중요한 상품을 살 때 다른 사람들의 평가를 참조하거나 주변 사람의 판단을 곁눈질한다. 이처럼 우리의 모든 행동에는 보이지 않게 늘 타인이 개입되어 있다. 다시 말해 우리는 항상 타인을 모방하여 욕망하고 있다.

욕구는 실제 대상을 향하고 있기에 '실질적'physique이다. 그러나 타인에 대한 모방에서 생기는 욕망은 실제 대상에 바탕을 두고 있지 않다. 그래서 '욕망에는 대상이 없다'는 진술도 가능하다.

또한 욕망은 우리 스스로 '간주하는' 타인의 '상태'에 바탕을 두고 있기에 관념적이다. 다시 말하면 욕망은 '실질적인 것을 초월한' méta-physique 것, 즉 형이상학적인 것이다. 우리 모델은 실제로 행복하지 않지만, 우리는 그가 '행복할 것'이라고 '간주'하고 그와 같이 되고 싶어 하는 것이 욕망이다. 그러므로 욕망은 엄격한 의미에서 실제 대상에서 발원한 것이 아니기에 '가상 욕망'이라 할 수 있다.

형이상학적인 가상 욕망 때문에 우리는 그야말로 하지 않아도 되는 마음고생을 할 때가 많다. 예를 들어 옆집 아저씨는 항상 가정적이고, '엄마 친구의 아들'은 공부도 잘하고, 착하고 멋지다. 그런데 엄마 친구의 아들에게는 내가 '엄친아'다. 그래서 그 친구가 보기에 나는 공부도 잘하고 착하고 멋진 녀석일 것이다. 엄마가 보기에 친구의 아들은 당연히 모범생이다. 왜냐하면 엄마는 친구의 '상태'를 욕망하고 있기 때문이다. 세상에 자기 처지에 완전히 만족하는 사람은 없다. 그러면서 '자기 마음속으로' 자신과 비슷한 처지의 다른 사람은 만족한 상태에 있을 것이라고 여긴다. 이렇게 실체에 바탕을 두지 않은 관념적인 간주에서 나온 엄마의 형이상학적 욕망 때문에 수많은 아이가 힘겨워하고 있다.

관념적이고 형이상학적인 욕망은 공허함을 낳기에 욕망에 사로잡힌 삶은 공허할 수밖에 없다. 우리 욕망의 이런 속성을 이해하고 나면 "모두들 자기 혼자 지옥에 있다고 생각하는데, 그것이 바로 지옥이다"[3]라는 지라르의 지적에 공감하게 될 것이다.

지라르의 모방이론으로 설명할 수 있는 일상의 사례는 도처에 퍼져 있다. 일상의 행위인 '싸움'이나 '선물'에도 상호모방이 들어 있다. 싸움을 하는 것도 우리의 모방적 욕망 때문이며, 타인에 대한 선물이 그렇게 신중함을 요하는 것도 모방의 상호성 때문이다. 손을 내밀면 상대방도 손을 내밀어 그 손을 잡는 상호모방 행동인 악수握手라는 행위에서 상호모방의 한 축이 모방을 거부하는 순간 문제가 발생한다.

> 만약 내가 어떤 이유로 이 제의에 참가하기를 거부한다면, 다시 말해서 당신을 모방하기를 거부한다면, 당신은 어떤 반응을 보일까? 아마당신은 곧 내밀었던 손을 거두어들일 것이다. 적어도 나의 무뚝뚝한 태도와 똑같거나 분명 그 이상으로 심하게 냉랭한 태도를 보여 줄 것이다.
>
> 이보다 더 정상적이고 더 자연스러운 태도도 없다고 사람들은 생각할

---

3) Girard, *Mensonge romantique et vérité romanesque*, Paris: Grasset, 1961, p. 74.

것이다. 그러나 조금만 더 깊이 생각해 보면 여기서 하나의 역설을 발견할 수 있을 것이다. 내가 악수라는 제의에서 몸을 뺐을 때, 즉 당신을 모방하기를 거절하였을 때 일어나는 일은 다음과 같다. 당신은 나의 거절을 되풀이함으로써, 다시 말해서 거절을 모방함으로써 나를 모방한다.[4]

의례적으로 주고받는 선물에도 모방이 작용하고 있다.

두 사람이 주고받은 선물 중에서 한 선물이 다른 것보다 비쌀 때, 싼 선물을 받은 사람은 불만을 겉으로 표하지는 않지만 마음의 상처는 깊이 남는다. 비싼 선물을 받은 사람이라고 마음이 편한 것이 아니다. 그가 받은 선물이 비싼 이유가 그가 주었던 선물에 대한 상대방의 간접적인 비난은 아닌가 하고 따져 보게 되는데, 그러다가 자신이 인색한 사람일지 모른다고 짐작하게 된다. 선물의 차이가 두 사람 수입의 차이를 반영한 것이라면 결과는 나쁘게 된다. 비싼 선물을 받은 사람은 마음이 흡족하기는커녕 원한으로 마음이 아리면서, 상대방이 자신을 모욕할 의도가 있었다고 느끼게 될 것이다. 선물을 선택할 때에는 물물교환을 하는 것처럼 엄격하게 동등한 것을 고르는 신중함이 요구된다. 아주 정확하게 상대방을 모방해야 한다. 하지만 그와 동시에 아주 자연 발생적으로 그렇게 한 것 같은 인상을 주어야 한다. 인간사의 꼼꼼한 계산과는 거리가 멀게도, 거역하기 힘든 충동이나 번쩍 떠오르는

---

4) Girard, *Celui par qui le scandale arrive*, Paris: Desclée de Brouwer, 2001, p. 25.

영감에서 그 선물을 골랐다고, 상대방이 믿게 해야 한다.[5]

우리는 선물을 너무나 자연스러운 관습으로 여기고 있지만, 모방이론에서 보면 여기에도 상호모방의 상호성이 깊이 녹아들어 있다는 것을 알 수 있다. 광고와 유행에도 모방이 들어 있다. 불과 얼마 전만 해도 감히 생각하지 못했을 '처녀들이 동시에 배꼽을 드러내는' 행동이 가능한 것도 모방 때문임을 아는 순간 우리는 인간 행동에 들어 있는 모방의 편재성을 확인하게 된다.

오늘날 광고는 맑은 하늘 아래에서 소다수를 마시고 있는 아름다운 젊은이를 보여 줍니다. 그 메시지는 분명합니다. '이 음료수를 마시면 여러분도 이 젊은이와 같은 존재가 될 수 있다'는 것이 그것입니다. 물론 비싼 제품은 언제나 높은 평가를 받습니다. 하지만 정말 대단한 광고의 기술은 싼 물건도 귀중하고 소중하며 명사들로부터 높은 평가를 받고 있다고, 그래서 우리도 그것을 소비하는 순간 명사들의 세계로 들어가리라고 믿게 한다는 데 있습니다. 그런데 이런 식으로 자신을 돋보이게 하는 것은 허망한 생각일 뿐입니다. 왜냐면 우리는 타인과 똑같은 것을 욕망할 것이기 때문입니다. **모든 처녀가 사전에 의논한 것도 아니면서 동시에 배꼽을 드러내고 있는 것은 바로 이런 유행 때문입니다.**[6]

---

5) *Ibid.*, pp. 37~38.
6) Interview with Girard by Nicolas Truong, *Le monde de l'éducation*, 2006. 5, pp. 82~83(강조는 인용자의 것).

모방적 욕망의 발생은 우리와 대상의 직접적인 작용이 아니라 모델이라는 중간 매개물을 통한 중개작용 혹은 간접화médiation로 볼 수 있다. 모델이 우리와 멀리 있는 사이일 때는 모델에 대한 일방적인 모방과 함께 그 모방을 인정도 하여 아무런 문제를 낳지 않는다. 그에 반해 우리와 가까운 사이의 모델을 모방할 때에는 실제로는 그를 모방하면서도 겉으로는 그 모방을 절대 인정하지 않으면서 오히려 모델에게서 나오는 모든 것에 대해 시기, 선망, 질투와 숨은 원한을 품게 된다.

지라르는 아무런 문제도 낳지 않는 먼 사이의 중개를 외면적 간접화médiation externe로, 질투와 원한까지 낳을 수 있는 가까운 사이의 중개를 내면적 간접화médiation interne로 구분한다. 그중에서도 시기, 선망, 질투, 원한을 낳을 정도로 우리와 너무나 가까운, 그래서 우리 자신과 구분이 거의 안 되는 모델을 지라르는 '분신' 혹은 '짝패'double라고 부르는데, 짝패 사이에서 일어나는 상호모방이 바로 경쟁이다.

경쟁

오늘날의 세상에서 갈수록 경쟁이 일상화되어 가고 있는 현상도 모방이론으로 설명될 수 있다. 너무나 닮아 있는 오늘날의 사람들은 서로가 서로의 짝패가 되면서 상호모방을 더 많이 행하고 있다. 상호모방이 경쟁을 부채질하는 과정과, 경쟁의 순간 대상에 대한 욕망 실현이라는 애초의 목적이 상대를 이기는 것으로 변하는 과정, 즉 욕망 대상의 중요성이 사라지는 과정을 지라르의 다음 인용문은 잘 보여 주고 있다.

> 우리가 모델을 모방하는 만큼 모델도 우리를 모방한다. 결국 욕망 주체는 그의 모델의 모델이 된다. 이리하여 우리의 관계는 갈수록 더 많은 상호성, 그러므로 더 많은 갈등으로 나아가게 된다. 이것이 우리가 '짝패'의 관계라고 부르고 있는 것이다.[7] 경쟁이 뜨거워지면 욕망의 대상은 사라지고 만다. 두 경쟁자를 사로잡고 있는 유일한 목표는 대상을 획득하는 것이 아니라 곧 상대방을 이기는 것으로 바뀌고 만다. 이렇게 되면 대상은 별 의미도 없는 것이 되고 그 갈등을 격화시키는 단순한 핑곗거리가 변하고 말면서, 경쟁자들은 갈수록 더 똑같은 사람이 된다. 이런 상태가 바로 '짝패'이다. 모방 위기는 항상 무차별화의 위기인데, 주체와 모델의 역할이 경쟁 상태로 변할 때 무차별화가 생겨난다. 그리고 대상이 소멸하게 됨으로써 무차별화가 가능해지는데 이렇게 되면 무차별화는 더 격화될 뿐 아니라 주위를 전염시키면서 퍼져 나간다.[8]

욕망 때문에 경쟁이 생겨나지만 경쟁이 가속화되면 원래의 욕망 대상의 중요성은 사라진다. 이런 현상은 우리 주변에서 쉽게 목격할 수 있다. 가령 날씬한 몸매를 선호하는 세태는 요즈음 거의 상식에 가까운 것이 현실이다. 그러나 날씬한 몸매에 대한 경쟁이 시작되는 순

---

7) Girard, *Des choses cachées depuis la fondation du monde III*, ch. II: "Le désir sans objet", Paris: Grasset, 1978, pp. 398~406 참고.
8) Girard, *Les origines de la culture*, p. 62(강조는 인용자의 것).

간 원래의 목표가 실종되는 위험이 녹아들게 된다. 실제로 2010년에는 이자벨 카로라는 모델이 거식증에 걸려 사망하는 사건이 프랑스에서 일어났다.

일부러 굶는 아가씨들은 물론 톱 모델처럼 되고 싶어 하는 것이 사실이지만 그렇다고 사내들의 마음에 들려고 그러는 것은 아니다. "말라깽이 아가씨를 좋아하는 사내는 하나도 없지만 소녀들은 아랑곳하지 않는다. 소녀들의 목적은 사내를 정복하는 데에 있는 것이 아니라 날씬한 몸매의 경쟁에서 다른 여성 경쟁자를 이기는 것에 있기 때문"이라는 것이 정신과 의사의 진단이다.[9] 여기서 우리는 날씬한 몸매를 선호하던 욕망은 너무나 쉽게 원래의 목표가 사라진 경쟁으로 변할 수 있다는 위험을 느끼게 된다.

날씬한 몸매에 대한 지나친 열기에 우려를 느낀 지라르가 『거식증과 모방적 욕망』이라는 책에서 경쟁의 이런 폐단을 경고한 것은 2008년이었다.

거식증 아가씨들은 남자에 대해 아무런 관심이 없다. 남자들처럼 여자들도 자기들 사이의 경쟁에 빠져 있는데, 유일하게 중요한 것은 경쟁 그 자체이기 때문이다.[10]

모방에서 나온 경쟁은 또한 경쟁자들을 모두 똑같은 사람으로

---

9) Jean-Michel Oughourlian, *Notre troisième cerveau*, Paris: Albin Michel, 2013, p. 256.
10) Girard, *Anorexie et désir mimétique*, Paris: Carnets de l'Herne, 2008, p. 71.

만든다. '싸우면서 닮아 간다'는 말은 경쟁을 할수록 더 닮아 간다는
의미일 것이다. 그러나 모방이론에서 보면 '닮았기에 경쟁을 하고 경
쟁하기에 더욱 닮아 간다'고 말하는 것이 더 정확한 표현일 것이다.

> 경쟁 관계가 더 심화될수록 모방자와 모델 혹은 장애물의 역할은 더
> 쉽게 뒤바뀔 수 있게 된다. 간단히 말하면, 적대 관계가 격화될수록 그
> 적대자들은 역설적이게도 점점 더 서로를 닮아 간다. 그들의 대립이
> 예전에 그들을 갈라놓았던 실제적인 차이를 없앨수록 이들은 더 집요
> 하게 대립한다. 선망, 질투, 증오는 이런 감정들이 대립시키고 있는 사
> 람들을 획일화시키고 있다.[11]

닮은 사람끼리의 상호모방이 경쟁으로 이어지고 또 경쟁이 격화
될수록 사람들은 더 닮아 가는 모방 메커니즘을 이해하지 못하면 세
상 모든 갈등의 원인이 차이로만 보일 것이다. 모든 단위의 인간 공동
체들이 하나같이 닮아 있는 오늘날 사회의 모든 문제를 차이 소멸이
아니라 차이의 탓으로 돌리고 있는 세태는 이런 인식 불능에서 나오
는 것이다.

그러나 오늘날 사람들은 이런 감정을 이들 감정이 계속해서 만들고 있
는 유사성과 동일성에 따라 생각하려 하지 않는다. 요즘은 차이에 대
한 거짓된 찬양에만 귀를 기울이고 있는데 이런 찬양은 그 어느 때보

---

11) Girard, *Je vois Satan tomber comme l'éclair*, Paris: Grasset, 1999, p. 32.

다 현대 사회에서 가장 유행하고 있다. 이토록 차이에 대한 찬양이 많아진 것은 실제로 차이가 많아져서가 아니라 차이가 사라졌기 때문이다.[12]

쟁점 실종 현상

토론회나 논쟁에서 종종 접하는, 경쟁이 치열해질수록 애초의 쟁점이 사라지는 '쟁점 실종 현상'도 모방적 경쟁으로 설명할 수 있을 것이다. 이런 현상 또한 애초의 대상이었던 쟁점의 중요성은 사라지고 그 대신에 경쟁자에 대한 증오가 자리잡기 때문이다.

주체와 모델의 불화에서 주체는 자신의 모방을 감추기 위하여 욕망의 논리적인 순서나 시간적인 순서를 도치시킨다. 자신의 욕망이 경쟁자의 욕망보다 먼저 있었다고 주장한다. 그의 말을 들어 보면 경쟁 관계의 책임은 자신이 아니라 중개자에게 있다. 비록 언제나 은밀한 욕망의 대상이었음에도 불구하고 이 중개자에게서 유래한 것은 모두가 일관성 있게 혐구의 대상이 된다.[13]

어쩌면 모델과 경쟁을 하는 순간은 모델에 대한 모방의 단계를 이미 넘어선 것일지도 모른다. 서로가 서로를 너무 닮아서 상호모방

---

12) *Ibid.*, p. 32(강조는 인용자의 것).
13) 지라르, 『낭만적 거짓과 소설적 진실』, 김치수·송의경 옮김, 한길사, 2001, 52쪽(강조는 인용자의 것).

이 일상이 된 오늘날의 상황이 이러할 것이다. 또한 갈수록 갈등과 폭력이 많아지는 오늘날의 세상도 경쟁과 무관하지 않을 것이다.

> 사람들은 폭력적인 전염에 노출되어 있는데, 이 폭력의 전염은 대부분 복수의 순환이나 폭력의 연속으로 귀결된다. 그런데 이 복수나 폭력은 서로를 모방하기에 모두 아주 닮아 있다. 그래서 나는, **갈등과 폭력의 진짜 비밀은 바로 욕망하는 모방, 모방적 욕망 그리고 여기서 나오는 맹렬한 경쟁이라고 단언한다.**[14]

사정이 이러한데도 경쟁의 고삐를 갈수록 더 세게 당기는 오늘날의 세태는 한 치 앞을 모르고 위험에 뛰어드는 형국과 같을 것이다. 그래서 "인간 갈등은 모두 모방에 의한 경쟁 때문인데도 이상하게도 어느 누구도 경쟁의 폐단에 대해 아무런 말도 하지 않는다"는 지라르의 지적은 그만큼 오늘날의 세태가 우리 자신의 모방을 인정치 않으려는 '낭만적 거짓'의 단계에 머물러 있다는 것을 말해 주고 있는 것 같다.[15] 이와 동시에 경쟁에서 이기는 '승리'가 행복한 인생이라는 '성공'과는 다른 것임을 깨닫게 된다. 승리는 성공이 아니란 말이다.

지금까지 간략하게 살펴본 지라르의 모방이론이 심리학에 미친 영향으로 인해 새롭게 주창되는 '새로운 심리학'의 내용을 지라르의 모방이론을 심리학에 원용하고 있는 장-미셸 우구를리앙을 중심으

---

14) Girard, *Celui par qui le scandale arrive*, p. 24(강조는 인용자의 것).
15) *Ibid.*, p. 19.

로 살펴보자.

욕망의 기원

지라르의 모방이론이 인간 내면 이해에 새로운 시각을 제시한 것은
다음과 같은 프로이트 비판으로부터 시작한다.

> 프로이트의 저 유명한 '죽음충동'과 같은, 인간을 폭력이나 죽음으로
> 인도하는 본능이나 충동이라는 생각은 기껏해야 신화의 퇴각 진지이
> 거나 우리로 하여금 외부로 발산시킨 자신의 폭력을 신이나 운명 혹은
> 본능으로 보게 함으로써 인간은 더 이상 그것들에 책임이 없으며 오
> 히려 그것들이 인간을 지배하고 있다고 믿게 만드는, 대대로 내려오는
> 환상의 후미부에 불과할 뿐이다.[16)]

프로이트를 비판하는 지라르의 태도는 욕망을 생물학적으로, 다
시 말해 하나의 '대상'objet처럼 보는 시각에 대한 비판에서 나온 것이
다. 타인의 욕망에 대한 모방에서 우리의 욕망이 생겨난다는 모방이
론의 기본 시각에서는 욕망을 타고난 본능에서 나오거나, 대상에서
나오는 자연 발생적인 것으로 보는 프로이트의 시각은 당연히 비판
의 대상이 되었을 것이다.

---

16) Girard, *La violence et le sacré*, Paris: Grasset, 1972, p. 216.

지라르의 모방이론이 제공한 시각이 심리학에 미친 영향을 두고 '심리학의 코페르니쿠스적 혁명의 암시'로 높이 평가하는 유진 웹의 다음 지적은, 욕망을 모방이라는 인간관계의 산물로 보는 시각이 얼마나 근본적인 것인가를 말해 주고 있다.

전통적인 프로이트주의는 욕망의 근본적으로 생물학적이고 대상 중심적인 성격을 강조했다. 프로이트에게는 다른 모든 것을 규정하는 근본적이고 발생론적인 뿌리가 되는 **성적 욕구**라는 것이 있다. 그리고 특히 어린아이는 어머니라는 첫 성적 대상에 대한 욕망을 갖고 있다고 본다. 지라르가 욕망의 방향을 모방의 산물로 전환한 것은 **심리학의 코페르니쿠스적인 혁명**의 암시이거나 상대성으로 이동한 아이슈타인의 반전과 흡사하다. 지라르의 관점에서 볼 때 욕망 대상이나 주체에 대한 절대적인 기준이 더 이상 없었기 때문이다.[17]

인간 내면에 대한 지라르의 생각은 기존의 심리학, 특히 프로이트와는 큰 시각 차이를 드러내고 있다. 가령 오이디푸스 콤플렉스에 대한 해석이 그러하다. 요컨대 어머니에 대한 아들의 욕망을 자연 발생적인 것으로 보는 프로이트와는 달리, 아들은 아버지를 모방하여 아버지의 욕망 대상인 어머니를 함께 욕망하게 된다는 것이 지라르의 해석이다.

---

17) Eugene Webb, "The New Social Psychology of France: The Girardian School", *Religion*, vol. 23, issue 3, 1993, p. 259(강조는 인용자의 것).

프로이트에 의하면 아들은 아버지가 자기 욕망의 방해물임을 알고서 아버지를 적대시한다. 아들은 아버지보다도 더 뛰어난 감지력으로 아버지를 제거하고 싶어 한다는 것이다. 그러나 실제로 오이디푸스는 그가 아버지를 죽이는 것을 스스로 감지하지 못한다. 단지 나중에 신탁에 의해서 알게 될 뿐이다. 이렇게 볼 때 프로이트 해석의 신화적 요소는 오이디푸스가 아버지를 죽이고 어머니를 갖는다는 욕망을 자기 스스로 의식하고 있다고 보는 데 있다. 그러나 이런 식의 해석은 마치 신탁이 라이오스에게 아들을 죽이라는 명령을 내리듯이 이 아들을 유죄인 것처럼 만들려는, 또 그렇게 함으로써 그 사회, 즉 테베의 안녕과 질서가 무난히 회복될 것으로 기대하는 아버지라는 현실 유지 보수세력으로 대변되는 집단 전체의 이중 중개가 아니냐는 것이 지라르의 생각이다.

지라르에 의하면 오이디푸스와 어머니 사이에는 아버지라는 중개자가 있어 아들은 중개자인 아버지의 욕망을 모방함으로써 어머니를 욕망하게 된다. 그러나 아들은 모방 욕망의 대상인 어머니를 순진한 차원에서만 대한다. 그러므로 아버지와의 사이에서 폭력의 교환은 일어나지 않는다. 그러다가 차츰 아버지의 욕망이 자신과 상충한다고 느끼는 순간, 마치 오이디푸스가 뒤늦게 티레시아스를 통해서 신탁의 진실을 알고서 자괴감에 빠져 자신의 눈을 멀게 하고 영원히 테베를 떠나는 것처럼, 죄의식을 느끼면서 어머니를 포기하게 된다.

프로이트와 지라르의 시각 차이는, 프로이트는 욕망주체 내부에서 나오는 리비도를 중시하고 지라르는 모방본능을 중시하고 있다는 데에 있다. 이런 시각 차이가 빚는 결과를 지라르식으로 표현하면 다음과 같다. 욕망주체(아들)가 스스로 욕망 대상(어머니)을 욕망한다고 믿고 있는, 즉 '자발적 욕망'이라는 환상을 믿고 있는 것이 바로 프로이트의 '낭만적 거짓'이며, 욕망주체가 중개자인 아버지를 통해서 대상인 어머니를 욕망한다고 보는 '비자발적 욕망'을 인정하는 지라르의 태도는 '소설적 진실'의 태도라고 말할 수 있을 것이다.

프로이트와 지라르의 시각 차이를 지적하는 연구자들이 많은데 마크 안스팍도 그중의 한 사람이다. 마크 안스팍은 욕망은 타고난 것이 아니라 타인으로부터 배우는 것이라고 지적하면서, 이것이 바로 프로이트와 지라르의 근본적인 차이라고 본다.

프로이트 이래로 우리는 욕망은 인간에게서 가장 개인적이고 가장 내밀한 것이라고 생각하고 있지만, 지라르에게 있어 이런 생각은 낭만적인 신화일 뿐이다. 오히려 사람은 자신이 욕망할 것을 알지 못하고 배워야 한다. 인간은 생활에 필요한 것을 배우듯이 욕망도 배운다. 타인을 관찰하고 모방하는 것이 그것이다.[18]

시선을 오늘날의 사회로 돌려 보면, 지라르의 다음과 같은 오이디푸스 신화 비판은 오늘날 우리 사회에서 일상적으로 일어나는 진

---

18) Mark Anspach, "Global markets, anonymous victims", *Courrier UNESCO* 2001. 5, Interview by Yannick Blanc and Michel Bessières. http://www.unesco.org/courier/2001_05/uk/dires.htm/.

부한 희생양 비난에 대한 비판으로 읽힐 수 있을 것이다.[19]

희생양에게 부과되는 범죄는 약탈, 유아 살해, 수간과 같이 여러 신화에 자주 나타나는 상투적인 범죄의 모습을 띠고 있다. 오이디푸스의 친부 살해와 근친상간이 여기 해당한다. 이것은 프로이트가 생각한 독특한 혜안이라기보다는 오늘날 화난 군중들이 서로에게 내뱉는 진부한 비난과 같은 것일 뿐이다. 이 비난은 마치 노려보는 눈길로도 사람을 죽일 수 있다고 비난하는 것과 같은 것이다. 이런 비난은 군중들이 자신의 살인을 정당화하기 위해 기대는 임기응변적인 판에 박힌 비난이다.[20]

프로이트를 위시한 니체와 마르크스가 제시하는 것은 바로 또 다른 희생양이라는 것이 지라르의 주장이다. 달리 말해, 프로이트와 니체와 마르크스 같은 대가들이 인류 해방의 길을 찾는 태도는 결국, 욕망은 대상에서 나온다는 자연 발생적 욕망론의 연장선에 있다.[21]

---

19) Anspach, "Global markets, anonymous victims".
20) Girard, "Violence and Religion: Cause or Effect?", *The Hedgehog Review*, vol. 6, issue 1, Institute for Advanced Studies in Culture, 2004. 3. 22, p. 8.
21) 『누벨 옵세르바퇴르』의 다음 기사처럼 프로이트, 니체, 마르크스에 대한 지라르의 비판은 당시 이들 대가를 높이 평가하던 프랑스 지식인 사회에서는 큰 스캔들이었을 것이다. "'지라르 현상'이라 부를 만한 것이 있다. 시중에서는 지라르를 우리 시대의 가장 위대한 사상가 중의 한 사람으로 보는 사람들이 많다. 그런데 정작 인문학 전문가라는 작은 집단 내에서는 사정이 정반대이다. 지라르가 협잡꾼으로 매도되는 것은 드물지 않게 볼 수 있다. 한 지식인에 대한 동료들의 도편추방이 이렇게 끔찍이 자행된 적은 일찍이 없었다"(Jean-Pierre Dupuy, *Nouvel Observateur*, 1994. 8. 18).

프로이트와 프로이트주의가 우리에게 제시하고 있는 아버지니 법이니 하는 모든 희생양을 거부해야 한다. 또 마르크스가 제시하고 있는 부르주아니 자본가니 하는 희생양도 거부해야 한다. 그리고 노예 모럴이니 숨은 원한이니 하는 니체가 제시하고 있는 희생양도 마찬가지로 거부해야 한다. 마르크스, 니체, 프로이트 등이 그 제1열에 서 있는 고전적 모더니즘은 마지막 결론에 가서는 우리들에게 매번 희생양을 제시하고 있을 뿐이다.[22]

실은 모방적 욕망이 원인인데 욕망의 모방성을 인정하지 않는 프로이트가 이를 '죽음본능'이라는 또 다른 본능으로 만들어 냈다고 비판하는[23] 르네 지라르는 기존의 프로이트 심리학에서 벗어나서 '모방'을 중심으로 인간 내면을 분석하는 '새로운 심리학'의 필요성을 밝힌다. 새로운 심리학이 지금까지 분리되어 있던 심리적 현상들에 '일관성'을 부여할 수 있다는 지적은 기억해 둘 만한 지적이다.

이제 우리는 끝없는 실수와 오해의 원천인 '오이디푸스 콤플렉스'라는 표현은 그만 쓰고, 정신분석학이 이 콤플렉스의 결과라고 이야기하는 현상들을 갈등을 일으키는 '모방'을 중심으로 재편성해야 할 것이다. 그러할 때 이 현상들은 일관성을 획득하게 될 것이다. 이렇게 되면 다

---

22) Girard, *Des choses cachées depuis la fondation du monde*, Paris: Grasset, 1978, p. 406.
23) "프로이트도 광기와 죽음에 이르는 이런 변화를 잘 알고 있었다. 그러나 프로이트는 이를 설명하기 위해 '죽음본능'이라는 말을 만들어 낼 수밖에 없었다"(*Ibid.*, p. 413).

른 한편으로 이러한 현상을 통시적인 도식에 끼워 넣는 것, 즉 이 현상 뿐만 아니라 그것들을 설명하기 위해서 생겨나는 이론들, 물론 무엇보다도 우선은 정신분석학을 역사적으로 자리매김하는 것이 가능해질 것이다.[24]

새로운 심리학의 필요성을 주장하는 지라르의 입장은, 리비도나 성적 충동을 비롯한 본능으로 인간 내면을 이해하려는 프로이트의 시각에서 벗어나서, 있는 그대로의 현실을 받아들이는 자세로 우리 안에 실제로 일어나는 모방에 입각해 인간적 문제를 보아야 한다는 것으로 정리할 수 있다. 바꾸어 말하면, 인간 내면의 문제를 주체라는 한 개인의 문제로 보는 것이 기존 심리학의 입장이라면 타인과의 관계의 일종인 모방으로, 그러니까 사회적인 문제로 보는 것이 지라르의 시각이라고 볼 수 있다.

이런 생각은 '개인'과 '자아'에 대한 기존 개념에 대한 이의제기로 이어지는데, 우구를리앙의 다음 지적은 자아에 대한 지라르학파의 아주 적절한 정의로 볼 수 있다.

지라르 이론을 논하면서 '개인'이라는 개념을 거론하지 않았던 것은 이런 이유 때문이다. 왜냐하면 개인이라는 개념은 자신의 정체성과 자유로움의 기원이 스스로에게 있다고 보는, 스스로에게 닫혀 있는 개

---

24) Girard, *La violence et le sacré*, p. 275.

넘이기 때문이다. 그래서 우리는 개인을 특징짓는 '고전적인' 심리학을 거부하고 대신에 개인 간의 심리학을 택하였다. 우리는 진정한 심리학적 사실은 개인의 가운데 있는 것이 아니라 두 사람 '사이의' 관계 그 자체에 '있다'고 보고 있기 때문이다. 심리학적인 이런 관계와 한결같은 상호작용은 전적으로 모방에서 나오는 것이다. 이런 관계와 상호작용의 특징은 두 사람 사이에서 일어나는 모방과 암시의 상호운동인데, 이것은 상호 간에 대칭을 이루면서 끊임없이 우리를 변화시키면서 단조해 내는 운동이다. 우리의 욕망과 우리의 자아는 사이, 즉 관계 속에서 형성된다. 그래서 자아는 감추어져 있거나 숨겨져 있는 것이 아니다. 우리 주변 사람들과의 대칭적인 교환과 만남의 한가운데에서 일어나는 지속적인 창조행위의 결과가 우리 자아이다. 이런 교환 속에서만 우리의 자아가 생겨날 수 있다는 말이다.[25]

  '새로운 심리학'의 핵심 개념으로 자리잡은 '미분화 개체 간' 심리학을 우구를리앙을 중심으로 살펴보자.

새로운 심리학, 미분화 개체 간 심리학

기존 심리학에 대한 문제 제기

우구를리앙은 지라르와 같이 쓴 『세상 설립 이래 감추어져 온 것들』

---

25) Oughourlian, *Genèse du désir*, Paris: Carnets Nord, 2007, p. 59(강조는 인용자의 것).

의 공저자로서 정신의학 교수이자 현역 정신의학자이다. 정신병과 신경증 같은 심리 증상을 심리의 '움직임'mouvement으로 파악하고 있는 우구를리앙의 특별한 시각부터 확인해 둘 필요가 있을 것 같다.[26]

나는 욕망의 정의로, […] '욕망은 심리의 움직임'이라는 적절하고도 아주 넓은 정의를 제안하고 싶다. 심리학에서는 사실, 욕망 아닌 움직임이 없고 움직임 아닌 욕망도 없다.[27]

'욕망은 움직임'이라는 직관하에서 환자의 심리현상을 '심리의 움직임'으로 보던 우구를리앙은 심리현상을 본능의 표현으로 보는 기존 심리학에 한계를 느낄 수밖에 없다. 기존 심리학에서 느낀 문제의식을 우구를리앙은 이렇게 고백한다.

심리적 움직임의 기원에 본능이 있다고 보는 프로이트의 이론은 현실에도 맞지 않고 내가 관찰해 본 여러 심리현상과도 상반된 것 같았다. 실제로 심리현상들은 오랜 계통발생 과정 속에서 인간이 본능에서 벗어났기 때문에 생겨난 것이다. 심리현상은 어떤 경우에도 본능의 표현일 수가 없다. 오히려 심리현상은 매번 인간행위가 본능에서 벗어나고 있는 자유를 말해 주고 있다. 실제 현실을 존중하는 모방이론의 논

---

26) 우구를리앙이 지라르의 욕망이론과 쉽게 만나게 된 데에는 욕망을 '움직임'으로 보는 그의 시각도 영향을 주었을 것이라고 짐작할 수 있다.

27) Oughourlian, *Genèse du désir*, p. 33(강조는 인용자의 것).

리는 주체의 심리학과 주체성의 심리학을 거부해야 한다. '단자와 같은' 주체의 내부에 심리적 움직임의 기원이 있다고 생각하는 것은 신화적 환상이다.[28]

내면의 변화, 즉 심리적 움직임의 원인이 우리 안의 본능 때문이라는 프로이트식의 해석은 하나의 신화와 같은 환상이라고 비난하는 우구를리앙은 기존 심리학이 한 개인의 내면에만 국한되어 있다고 비판한다. 사실 '주체의 심리학'이나 '주체성의 심리학'이라는 이름으로 개인의 주체성을 강조하는 기존 심리학은 고정된 한 개인, 혹은 개인 주체성의 고정성을 맹신하고 있다고 볼 수 있다. 특히 우구를리앙은 '단자와 같은 주체'라는 개념에 대해 강한 거부감을 드러내는데, 그렇다고 해서 그가 제안하는 심리학이 대상을 향하는 것도 아니다.

그렇다고 심리현상의 원인을 완전히 주체의 외부, 그러니까 대상에 있다고 생각하는 것은 더 위험하다. 대상에는 사실 어떠한 인력도 없고 어떠한 결정력도 들어 있지 않다. 대상은 심리적인 반응을 유도하는 자극으로 변할 수는 있지만 그것은 오로지 정말 의미 있는 복합적 상호작용을 일으키는 경험적인 조건하에서만 그러하다.[29]

기존 심리학적 방법으로는 해결이 되지 않던 환자를 모방이론을

28) Oughourlian, *Un mime nommé désir*, Paris: Grasset, 1982, p. 28(강조는 인용자의 것).
29) *Ibid.*, pp. 29~30.

원용하여 당사자들 사이의 관계를 중심으로 처방한 결과 효과를 보았던 경험을 우구를리앙은 이렇게 고백한다.

> 몇 년 동안 정신과 임상 작업을 행한 끝에 나는 르네 지라르의 모방이론이 환자를 치유하는 데에 정말 믿기지 않을 정도의 효능이 있다는 것을 확인할 수 있었다. 때로는 복잡하고 때로는 '처음부터' 합리적인 설명이 되지 않는 환자들의 증세를 밝혀내는 지라르 이론의 힘을 느끼면서 지금도 나는 매일 깜짝 놀라고 있을 정도이다.[30]

'자아'에 대한 새로운 이해

정신병과 신경증 환자를 치료하던 우구를리앙은 자아 개념에 대한 수정의 필요성을 느낀다. 앞서 우구를리앙은 단자와 같은 자아라는 개념을 끈질기게 거부하였다. 그렇다면 우구를리앙이 생각하는 자아는 어떤 모습일까?

우구를리앙이 생각하는 인간은 타인과의 만남에서 영향을 받는 존재이다. 이 영향을 구체적으로 말하면 '모방'이다. 심리를 변화시키는 움직임이 욕망이라는 점에서 우구를리앙은 타인과의 관계에서 생겨나는 모방적 욕망의 결집체가 바로 우리의 '자아'라고 본다. "사실, 우리의 자아에 영향을 끼칠 뿐 아니라 아예 자아를 만들어 내는 것이

---

30) Oughourlian, *Genèse du désir*, p. 25.

바로 욕망이다"라는 지적이 바로 그것이다.[31]

그런데 알다시피 우리 욕망은 새롭게 갱신되는 가변체이다. 그러므로 욕망에 의해 만들어지는 존재인 자아도 고정된 것이 아니게 된다. 자아는 하나로만 되어 있는 것이 아니라 궁극적으로는 유동적이고 가변적인 운동 상태가 된다. 자아는 날 때부터 결정된 고정된 것이 아니게 된다. 기존 심리학과 갈라서게 되는 결정적인 지점이 바로 이 지점이라 할 수 있다.

> 나는 항상 심리학에서 '자아'라고 부르는 것은 변하는 불안정한 구조라는 생각을 하였다. 나는 […] 자아를 존재하게 하는 것이 욕망이라고 생각했다. 왜냐하면 유일한 심리적 움직임이 욕망이며 **욕망만이 생명을 불어넣어 자아를 만들어 낼 수 있는 것**으로 보였기 때문이다. 여기서 나는 두 개의 가설을 세웠다. 첫 번째 가설은 "**자아를 만드는 것은 욕망인데, 욕망의 움직임으로 자아에 생명을 불어넣는다**"였고, 두 번째 가설은 "**욕망은 모방적이다**"라는 것이다. 지라르가 1961년에 이미 밝혔던 생각인 두 번째 가설은 그 어떤 생물학주의로부터도 방해를 받지 않는 새로운 순수 심리학의 기초가 될 수 있을 것 같았다. 우리는 이것을 '**미분화 개체 간 심리학**'psychologie interdividuelle이라 불렀다.[32]

위 인용문은 새로운 심리학의 핵심 사항을 드러내고 있다. '자아

---

31) *Ibid.*, p. 52.
32) Oughourlian, *Un mime nommé désir*, p. 26(강조는 인용자의 것).

를 만들어 내는 것이 욕망'이라는 지적과 진정한 심리학은 '미분화 개체 간 심리학'이 되어야 한다는 지적이 그것이다. 이것은 바로 우구를리앙이 주창하는 새로운 심리학의 핵심 전제가 된다.

욕망과 자아, 욕망의 자아

"유일한 심리적 움직임이 욕망이며 욕망만이 생명을 불어넣어 자아를 만들어 낼 수 있기 때문"에 "자아는 우리의 욕망이 만든 것"이라는 우구를리앙의 설명을 제대로 이해하기 위해서는 욕망과 자아의 관계에 대한 그의 생각을 더 깊이 살펴볼 필요가 있다.

우구를리앙이 욕망을 '움직임'으로 파악한다는 사실은 앞서 지적한 바 있다. 그런데 움직임을 어떤 운동의 현재 혹은 결과라고 한다면 이런 움직임을 낳는 원동력은 어떤 '힘'이나 '에너지'가 될 것이다. 그렇게 되면 욕망은 힘이나 에너지라고 볼 수 있게 된다. 우구를리앙의 다음 지적도 이런 차원에서 이해될 수 있을 것이다.

> 에너지이자 운동인 욕망은 다른 모든 힘들이 그런 것처럼, 결국은 저항을 만날 때에만 발휘되어 드러나는 힘이다. […] 마찬가지로 욕망은 저항이 존재할 때에만 힘을 발휘하는데, 그 힘은 저항의 크기에 비례해서 증가한다. 그러다가 저항이 사라지면 욕망도 소멸된다.
> 발몽이 "전에는 당신을 사랑했습니다만 지금은 더 이상 아닙니다. 하지만 내 잘못은 아닙니다. […] 당신이 정절을 지키고 있을 때에만 내 욕망이 지속되었습니다"라고, 투르벨 부인에게 보낸 아주 잔인한 편지

에서 하고 있는 말이 바로 이것이다. 여기서 우리는 "내 잘못은 아닙니다"라는 구절에 담긴 심리학적으로 아주 깊은 진실에 대해 강조할 필요가 있다. 사실, 자아에 영향을 끼칠 뿐 아니라 아예 자아를 만들어 내는 것이 바로 욕망이다. 자아는 다름 아닌 욕망의 자아moi-du-sésir이다. 그러므로 이런 욕망이 책임이 있는 것이 아니다. 욕망은 자신의 운명, 자신의 논리를 따라서 장애와 저항이 사라지자 자신도 사라졌던 것이다. 자아는 여기에 아무런 힘도 없다는 것을 인정하고 있다.[33]

'자아를 만드는 것이 욕망'이라는 생각을 따르게 되면 자아가 '욕망의 소유권'을 주장하는 것은 하나의 난센스가 될 것이다. '내가 내 욕망의 주인'이 아니라 '내 욕망이 나의 주인'이기 때문이다. 우구를리앙이 생각하는 자아와 욕망의 이런 관계를 따르게 되면 기존 심리학에서 말하는 단자와 같이 고정불변의 존재인 '주체의 심리학'이나 '주체성'이 우리 내면을 움직이는 동인이라는 생각은 설득력을 잃게될 것이다. 그래서 '미분화 개체 간 심리학'이라는 주장이 가능해지는 것이다.

이런 전제에서 시작된 새로운 심리학은 움직임의 심리학이 될 것이다. 이것은 한 개인의 심리학이 아니라 '미분화 개체 간' 심리학이 될 것이다.[34]

---

33) Oughourlian, *Genèse du désir*, pp. 51~52(강조는 인용자의 것).
34) Oughourlian, *Un mime nommé Désir*, p. 27.

'미분화 개체 간'

우리가 '미분화 개체 간 심리학'이라고 옮긴 낯선 신조어에 대해서는 약간의 설명이 필요할 것 같다. interdividual이라는 신조어는, '개인' 個人, individual을 뜻하는 서구어 individu에 대한 비판적 대안으로 볼 수 있다. 알다시피 서구어 individu의 어원적 의미는 '나눌 수 없는' indivisible 개체라는 의미이다. 나눌 수 없다는 것은 원자처럼 더 이상 변하지 않는 고정된 개체라는 의미이고 이는 곧 개인은 더 이상 변하지 않는 완전 고정체라는 의미일 것이다.

그러나 모방이론에 입각한 우구를리앙 같은 지라르학파의 시각에서 보면 개인은 더 이상 '나눌 수 없는individual 개체'가 아니라 '아직도 나누어질 수 있는dividual 개체'이다. 다시 말하면 분화가 덜 된 '미완성 자아' 혹은 '미분화 개체'가 바로 dividual로서의 '자아'라는 말이다.

미분화 개체라는 자아의 정의에다가 "심리적인 자아는 항상 사이에 있는 자아self between이다"라는 지적이 말해 주듯이,[35] 진정한 심리학적 사실은 한 개인 안에만 있는 것이 아니라 두 사람 '사이의' 관계에 있다는 지라르학파의 생각을 덧보태어 생각하면, '미분화 개체들 사이'의 문제가 진정한 심리학이 되어야 한다는 생각에서 만들어진 용어가 바로 '미분화 개체 간 심리학'이라는 신조어라는 것을 알 수 있다.

---

35) Webb, "The New Social Psychology of France: The Girardian School", *Religion*, p. 260.

이런 생각은 우리가 기존의 의미로 자아라고 믿고 있는 것이 하나의 허상임을 암시해 준다. 동시에 자아를 하나의 닫힌 완결체로 보지 않고 욕망에 의해 지속적으로 주조되는 변형체로 보게 되는 순간 서구어 개인의 개념에 대한 재검토의 필요성을 느끼게 된다.

욕망이라는 심리의 움직임과 그 에너지는 과연 어디서 오고 있는 것일까? 그것은 타인과의 관계에서 나온다. 타인과의 관계는 아주 밀접하고도 근본적인 것으로 보였다. 그래서 나는 이것을 단순히 두 개인이나 두 주체 사이의 관계로 봐서는 안 되고 두 개체 사이를 오가는 왕복운동, 그래서 양쪽 다 이 움직임으로 인해 '자아'라고 부를 수 있는 자신의 실체를 파헤치는 그런 왕복운동으로 봐야 한다고 생각하였다. 지라르와 기 르포르와 내가 『세상 설립 이래 감추어져 온 것들』에서 우리들의 인류학적·심리학적인 연구가 만나는 지점에서, 더 이상 개인이나 단자로서의 주체에 관한 심리학이 아닌 관계의 심리학인 새로운 심리학을 시작하기 위해서, 이 관계의 심리학을 '미완성 개체 간 심리학'이라 명명했던 것도 이 때문이었다.[36]

하나의 개인에 국한하지 않고 개인과 개인의 사이, 즉 관계라는 모방을 중시하고 있는 '미분화 개체 간 심리학'의 태도는 개인의 문제를 사회적 차원에서 접근하는 사회학의 전통과 닿아 있다고 볼 수 있을 것이다. 그래서 모방이론으로부터 시작된 프랑스의 새로운 심리

---

36) Oughourlian, *Genèse du désir*, p. 55.

학이 프로이트의 전통보다는 사회학에 더 가깝다는 웹의 다음과 같은 지적도 충분히 가능한 지적이라고 볼 수 있다.

> 이런 생각은 지라르 사상이 프랑스의 지적 유산과 연결되어 있다는 점과 함께 프로이트에 앞선 이폴리트 베른하임, 장-마르탱 샤르코, 에밀 뒤르켐, 피에르 자네, 귀스타브 르봉과 가브리엘 타르드와 같은 19세기와 20세기 초기 사상가들과 연결되는 심리학의 **사회적 차원**을 강조하고 있다. 이들에게 있어 심리학은 프로이트의 전통보다 사회학에 훨씬 더 가까운 경향이 있었다.[37]

새로운 심리학의 성과와 '자아' 개념 재론

새로운 심리학을 주창하는 정신과 의사 우구를리앙이 임상에서 확인한 결과는 어떠하였을까? 40년 동안 특히 부부나 커플 문제 해결에 노력해 온 우구를리앙은 "분명 정신 질환은 아닌데 그들 삶에 해독을 끼치는 어떤 '문제'에 대해 고민하는 환자들 숫자가 늘어 가고 있다는 사실"을 확인한다. 환자를 진단한 결과 '문제'의 원인은 환자가 타고난 것이 아니라, "타인들과 그 환자와의 사이"에 있다는 것을 알아차

---

37) Webb, "The New Social Psychology of France: The Girardian School", *Religion*, p. 259.

린다.[38] 그 과정을 우구를리앙은 이렇게 전하고 있다.

> 당시 나는, 개인들에게 문제가 있을 때 '좋지 않은 것'은 당사자의 이 사람도 저 사람도 아니고 이들을 연결하고 있는 '관계'라는 직감을 갖고 있었다. 이 관계에서 중요한 것은 각자의 욕망이었다. 이 욕망은 심리적인 움직임이라는 아주 넓은 의미의 욕망으로, 모방적 욕망이다.[39]

욕망의 실상을 깨닫게 함으로써 관계의 문제를 치유하는 우구를리앙은 문제의 궁극적인 해결책은 바로 '지혜'에 있다는 깨달음을 얻는다.

> 애석하게도 사랑의 모험에는 모방이 저돌적으로 달려들고 있다. 하지만 욕망의 실상을 차츰 깨닫게 되는 사람들도 있다. 그런데 이를 깨닫는 방식은 사람을 차츰 변화시킨다는 의미에서, 순전히 지적 활동의 것이 아니라 통과의례적인 것이다. 이런 방식의 궁극 목표는 욕망을 그것과 밀접하게 연결되어 있는 경쟁에서 벗어나게 하는 것이다. 그리고 그 최종 결과는 갈수록 **지혜**에, 다시 말해 **자신이 소유하는 것을 욕망할 줄 아는 능력**에 도달하는 것이다.[40]

---

38) Oughourlian, *Genèse du désir*, p. 9.
39) *Ibid.*, pp. 19~20.
40) *Ibid.*, pp. 254~255(강조는 인용자의 것).

경쟁에서 벗어나는 욕망! 이것이 바로 치유의 궁극 목표이다. 이에 도달하는 것은 '자신이 소유하고 있는 것을 욕망할 줄 아는 지혜'에 도달하는 것이라는 지적은 곧바로 '정신이상의 반대는 건강이 아니라 지혜임을 제대로 이해하게 됐다'는 우구를리앙의 말을 충분히 수긍할 수 있게 해 준다.[41]

이어지는 질문들

지금까지 르네 지라르의 모방이론이 심리학에 미친 영향을 살펴본 우리는 '미분화 개체 간 심리학'이라는 새로운 심리학의 연장선상에서 솟아나는 몇 가지 의문으로 또 다른 출발점을 삼고자 한다.

첫 번째 의문은, 우리 자아가 변화무쌍한 것이라면 한 사람에게 하나의 자아만 있다는 생각은 수정되어야 하지 않을까, 하는 조심스런 의문이다. 자아라는 것이 더 이상 고정불변의 존재가 아니라는 생각은 한 사람에게는 하나의 자아만 있다는 통념을 다시 생각하게 하기 때문이다. 다시 말하면 우리의 욕망과 마찬가지로 욕망의 산물인 자아도 타인과의 관계 속에서 매번 새롭게 주조되기에 '인간에게는

---

41) "This is why he says [⋯] that properly understood 〈the opposite of madness is not health but swisdom.〉" in Webb, "The New Social Psychology of France: The Girardian School", *Religion*, p. 261.

여러 개의 자아가 있다'고 볼 수 있지 않을까, 라는 추측이 지나치지 않다는 암시를 우구를리앙의 다음 지적에서 얻을 수 있을 것 같다.

> 우리는 한결같지 않고 우리의 자아도 변한다. 연속적인 상태에 대한 기억과 우리 욕망의 기원을 감추고 있는 망각 덕택에, 우리는 자신에게 지속성과 정체성이 있다고 생각할 수 있다. [⋯] 타인과의 온갖 관계 속에서 만들어지고 또 만들어지는 것이 우리의 자아이다. 앞에서 보았듯이, 우리의 모든 욕망은 타인을 닮고 싶어 하는 욕망이기에 아주 유동적이다. 모델이 바뀔 때마다 우리 욕망은 각기 다른 심리 변화를 낳고 또 다른 자아를 만들어 낸다. 가수 겸 배우였던 레이몽 드보스는 "우리는 실은 여러 사람이면서도 종종 자신을 어떤 한 사람이라고 여기고 있다"고 이런 상황을 아주 적절히 표현한 바 있다. 우리 사이를 타인들이 관통해 지나가면서 우리는 끊임없이 변화하면서 주조되고 있다.[42]

두 번째 떠오르는 의문은, 한 걸음 더 들어가서 과연 인간에게 자아라는 것이 있기는 하는 것일까, 하는 의문이다. 이 의문은 우리가 기계적으로 '자아'self, moi라고 부르는 것은 습관적으로 그렇게 느끼는 것일 뿐 혹시 실체가 없는 것은 아닐까, 하는 의문으로 이어진다.[43]

---

42) Oughourlian, *Genèse du désir*, p. 57.
43) 한국의 한 정신분석학 연구자는 프랑스어의 자아(moi)를 발음 그대로 우리말의 무아(無我), 즉 '아(我)는 없다'로 볼 수 있다고 조심스럽게 제안한 적이 있다.

16장. 바디우와 정신분석, 진리와 주체로 본 사랑

홍기숙

철학, 그 조건으로서 진리의 유적 절차들

알랭 바디우가 수학적 존재론, 진리와 사건, 주체를 이야기하는 철학자라는 것쯤은 이제 많은 철학 연구자들에게도 알려진 사실이다. 그러기에 그의 중심 사유를 논하는 것은 더욱 조심스러운 일이 되었으며, 그의 논의의 타당성 유무를 묻는 물음도 이제는 지나칠 수 없는 일이 되었다. 그러나 그의 주된 사유를 명확히 이해하고 논의하기란 쏟아져 나오는 그 많은 번역물에도 불구하고 주요 저서의 난해함으로 인해 아직까지는 쉽지 않은 것 같다.

　바디우 철학의 첫 대명사는 수학적 존재론이다. "수학은 존재론이다"라는 그의 언명은 철학적 지반에 많은 놀람과 이견을 가져다준, 그러면서 그를 이해하기 어려운 난해한 철학자로 몰게 한 주범이다. 두 번째 특징은 이 시대에 마지막 남은 마르크스주의자로서 아직도 변화와 혁명의 가능성을, 즉 진리와 주체를 말하는 철학자로 볼 수 있을 것 같다. 물론 마르크스의 어떠한 구체적 사유에 대한 논의도 답

습하여 개진하고 있지 않지만, 진리, 인류애와 평등을 이야기하는 한 그 핵심 사상이 고스란히 녹아 있음을 알 수 있다. 세 번째로 많은 철학자들이 정신분석과의 직간접적인 영향권 아래에 있었다면 바디우 역시 그 예외가 아니었다는 점이다. 그러나 바디우 철학에서 우리는 정신분석학적인 영향이나 흐름의 직접적 영향을 읽어 내기가 어렵다. 바디우는 라캉에게서 주체, 수학소, 진리들의 존재, 진리가 지식에 구멍을 뚫는다는 것 등 자신의 생각과의 일치점을 발견하여 강조하고 기뻐하지만, 정신분석학적 방법론이나 사유의 도구를 그의 철학에 직접 사용하지 않았음을 볼 수 있다. 바디우가 기뻐했던 지점은 아마도 직관적 통찰이 가져다준 동시대적 사유의 공통분모였을 것이다. 어쨌든 바디우는 라캉의 업적에 대한 많은 관심과 언급을 즐긴다. "그는 치료의 목적이 무능impuissance을 불가능한 것impossible으로까지 끌어올리는 일이라고 했죠. […] 분석이 상상계라는 함정 속에서 질척대는 주체를 자신의 상징화 능력의 일부를 되찾을 수 있는 실재의 지점으로 이끈다는 점에서 말입니다."[1]

바디우의 첫 번째 철학적 관심은 단연코 이 시대에 '철학이 가능한가?'이다. 왜 바디우는 철학의 가능성을 언급하는가? 이는 그의 주장대로 '철학의 종말'이라는 이슈가 현시대의 주된 현상 중 하나가 되었기 때문이다. 니체 이후 반플라톤적 사유의 몸짓과 또 다른 한편으로 형이상학의 종언에 대한 외침은 철학을 그 존재 위기에 빠뜨렸고, 근대적 사유에 대한 가차없는 비판은 더 이상 근대적 사유의 주 산물

---

1) 알랭 바디우·루디네스코, 『라캉, 끝나지 않은 혁명』, 현성환 옮김, 문학동네, 2013, 39쪽.

인 진리와 주체를 주장할 수 없게 했다. 그러나 바디우는 이러한 시대의 한가운데서 오히려 철학의 가능성을 선언하고, 진리와 주체를 주장한다.[2]

바디우의 철학의 가능성에 대한 주장은 본격적으로 『철학을 위한 선언』에서 제시된다. 철학의 존재 조건으로서 정치, 과학, 예술, 사랑이라는 네 가지 진리의 유적 절차가 있다는 것이다. 즉 이 네 가지 유적 절차가 조건으로서 존재하는 한 철학은 언제나 가능하다. 언뜻 보기에 단순해 보이는 이러한 주장을 어떻게 받아들일 수 있을까? 네 가지 조건 외에는, 예를 들어 역사는 그 조건이 될 수 없는 것인가? 이에 대한 바디우의 생각을 우리는 수학자 폴 조지프 코언으로부터 차용한, 앞으로 주목하여 볼 '유적'générique이라는 개념을 통해 찾아볼 수 있을 것이다. 바디우에게서 이 네 가지 절차는 고정되어 있다기보다는 진리의 유적 성격과 관련하여 변화 가능한 것으로, 시대적 상황에 달려 있다고 볼 수 있다. 실제로 바디우는 중세 시대에는 종교가 그 역할을 담당하였다고 말한다. 또한 정신분석도 진리 절차 중 하나가 될 수 있다는 여지를 남긴다. 그러나 현시대의 진리 유적 절차는 바디우에 따르면 이 네 가지로 규정된다. 여기서는 네 가지 진리 절차의 타당성 유무를 논의하기보다는 '철학의 가능성'에 대한 바디우의 논의를 좀 더 따라가 보기로 한다.

---

2) 바디우의 '철학의 가능성'에 대한 선언은 두 저술, 즉 『철학을 위한 선언』(1989), 『철학을 위한 두 번째 선언』(2009)을 통해 제시되고 있으며, 그 외의 바디우 저술 속에서도 직간접적으로 꾸준히 강조되고 있다.

바디우는 하이데거가 기술에 근거한 철학에 종말을 선언하고 '시'에로 '구원'의 문제를 떠넘기려 한다고 비판한다. 그러나 철학은 아직도 자본의 높이에서 사고하는 법을 알지 못했으며 따라서 라캉의 언어를 빌려 와 여전히 '욕망'해야 된다고 역설한다. 물론 바디우도 하이데거의 주장처럼 이 시대가 분명 허무주의를 증언하고 있음을 인정한다. 그러나 우리 시대의 진정한 문제는 허무주의가 아니라, 철학적 사유를 불가능하게 하는 일련의 '봉합'suture이 만들어 낸 역사적 흐름 안에서 빚어진 문제들이다. 19세기는 폭넓은 봉합에 의해 지배되어 왔고 이로 인해 철학은 쇠퇴하는 것처럼 보였으며, 철학적 사유의 가능성이 조건들의 봉합에 의해 닫혀 있었다.[3] 바디우가 말하는 이 봉합은 우선 앵글로색슨의 아카데미즘적인 철학을 지배하고 있는 실증주의적 또는 과학주의적 봉합으로서 '과학'에로의 봉합이다. 이로 인해 봉합된 정치는 자유주의적이고 의회주의적인 체제에 대한 실용적 방어기제로 축소되었다. 두 번째 봉합은 마르크스주의의 정치적 조건에 대한 철학적 봉합으로서, '정치'에로의 봉합이다. 예컨대 스탈린의 지시로 만들어진 철학사전에서 플라톤에 관해서는 "노예 소유자의 이데올로그"라는 짧고 거친 내용밖에 나오지 않으며, 예술적 활동과 관련된 마르크스주의자들의 실패를 묵인한다고 바디우는 말한다.[4] 알튀세르가 정치 아래 과학에 의해 이중적으로 봉합되어 있는 마르크스주의를 과학의 편으로 뒤집으려고 시도한 영웅적 노력은

---

3) 바디우, 『철학을 위한 선언』, 서용순 옮김, 길, 2010, 94쪽.
4) 앞의 책, 95, 144쪽.

이러한 상황의 개입에 의해 만들어진 것으로 평가된다. 과학보다 정치적 조건에 의한 지배의 봉합이 더 위험하다는 것을 알튀세르는 알고 있었다는 것이다. 그리고 19세기 이후 현재에 이르기까지 서유럽에서는 다른 주인을, 즉 시를 섬기려고 하는 '예술'에의 봉합을 볼 수 있으며, 또한 레비나스의 철학에 의해 '사랑'의 시종이 될 수 있음도 시사하고 있다. 조건들에 대한 '봉합'에서 벗어나는 것, 즉 바디우가 말하고자 하는 철학의 가능성의 몸짓은 다름 아닌 조건들로부터의 탈봉합의 몸짓인 것이다.

그렇다면 바디우에게서 철학 혹은 철학의 역할이란 무엇인가? 들뢰즈는 "개념들을 형성하고 발명하고 제작하는 기술을 넘어 창조하는 역할"을 철학에 귀속시킨다.[5] 바디우 역시 철학의 특수한 과제로 통일된 개념적 공간을 제안한다.[6] 그러나 바디우에게서 철학은 진리를 창조해 낼 능력을 갖지 못한다. 철학은 진리의 네 가지 유적 절차와의 공가능성compossibilité을 사유하고 진리들의 장소를 배치할 뿐이다. 이 네 가지 유적 절차만이 진리 생산에 관여하며, 그런 한에서 그 네 가지 절차는 철학의 조건들이다. 그러나 좀 더 나아가 우리는 여기서 앞서 언급한 대로 바디우가 '유적인 것'이라는 개념어에 집중하고 있음을 본다.

만일 나의 기획의 상징으로 하나의 범주를 제시해야 한다면, 그것은

---

5) Deleuze, *Qu'est-ce que la philosophie?*, Paris: Minuit, 1991, p. 10.
6) 바디우, 『철학을 위한 선언』, 56쪽.

게오르그 칸토어의 순수 다수도, 쿠르트 괴델의 구성 가능성도, 존재를 명명하는 공백도, 심지어 존재로서 존재가 아닌 것에 의해 더함 supplémentation[7]이 이루어지는 사건도 아니다. 그것은 유적인[8] 것이 될 것이다.[9]

위의 인용문에서도 알 수 있듯이, '유적인 것'이라는 개념은 바디우의 대표 저술 『존재와 사건』의 가장 핵심적 범주의 하나로서 철학의 가능성뿐 아니라, 진리와 주체를 주장하는 그의 모든 논의의 근간을 이루는 것이라 할 수 있다. 그러나 바디우의 철학을 처음 접할 때 그 난해함의 중심에 이 '유적인 것'이 있음 또한 말할 나위가 없다. 바디우가 수학소로 구성되는 증명 방식을 통해 순수 다자와 공백에 대해, 심지어 사건과 진리와 주체에 대해 얼마나 많은 노고와 치밀함을 그 책에서 보여 주는가? 그러나 바디우의 언급에서 볼 수 있듯이, 이 모든 사유가 코언의 '유적인 것'이라는 현대 수학의 발견에 기초하고 있음을 알 수 있다.

---

7) 바디우의 '덧붙여진 것', 즉 'supplémentaire'(보충적)이라는 개념은 라캉에게서 빌려 왔다. 라캉과 바디우는 'complémentaire'(보완적)과 명백히 구분되는 'supplémentaire'를 이야기한다. Lacan, *Le séminaire XX: Encore*, Paris: Seuil, 1975, p. 94; 라캉, 『욕망이론』, 권택영 엮음, 권택영 외 옮김, 1994, 283쪽.

8) 바디우는 『존재와 사건』 '성찰 31'에서 '유적인 것'과 '식별 불가능한 것'은 거의 등가적 개념이라고 말한다. 후자가 부정적인 함의만 지닌다면, 전자는 도래할 지식의 기초로 파악될 상황의 본래적 존재의 진리를 긍정적으로 가리킨다. 그러나 'générique'를 우리말로 번역함에는 어려움이 있다. 유적이라는 번역어 대신 산출적(이종영)이라는 번역어를 사용하기도 했다. 이는 'générique'를 générer, généricité로 사유한 번역어이다. 바디우, 『조건들』, 이종영 옮김, 새물결, 2006, 27쪽, 옮긴이의 주 45 참고.

9) Badiou, *L'être et l'événement*, Paris: Seuil, 1988, p. 22.

따라서 우리의 논의는 '유적인 것'이 바디우의 진리와 주체를 연구함에 있어 빠질 수 없는 개념임을 전제로 시작하고자 한다. 또한 바디우의 철학과 정신분석의 만남인 '사랑'을 진리와 주체 개념을 통해 살펴봄으로써, 둘의 만남이 왜 정신분석적 용어인 '욕망'이 아니라 진리의 유적 절차인 '사랑'인지를 다루어 보고자 한다. 여기서 바디우는 라캉을 만나며 넘어서고 재구성한다.[10] 첫 장에서는 전미래적 진리의 도래를 소망하며 충실성의 담지자로서 상황 내의 식별 불가능한 유적 다수를 붙드는 주체에 대하여 살펴볼 것이다. 또한 두 번째 장에서는 초일자적 사건을 통해 우연을 전제로 지식에 구멍을 뚫는 진리에 대해 알아볼 것이다. 그러나 '주체'에 대한 접근을 통해 '진리'를 사유하게 될 것이며, '진리'에 대한 접근은 '주체'에 대한 사유를 배제할 수 없음을 볼 것이다.

첫 번째로 '주체'와 관련해서 바디우는 『존재와 사건』에서 수학소적인 증명 방식을 통해 궁극적으로 코언의 '촉성'forçage, forcing에 의해 주체의 식별 불가능성이 어떻게 결정 불가능성의 결정으로 이행하게 되는지를 설명한다. 주체를 논의함에 있어서 바디우는 데카르트와 라캉을 넘어선다. 두 번째로 '진리'와 관련해서는 진리의 유적절차 중 '사랑'에 한정 지어 살펴볼 것이다. 라캉의 『세미나 20: 앙코르』에서 말하고 있는 남근적 희열과 구별되는 빗금 그어진 그 여성,

---

10) 바디우와 라캉을 사랑이라는 주제로 엮는 연구는 벌써부터 많이 진행되어 왔다. 바디우의 라캉 독해의 문제점을 지적하면서도 비판적으로 수용을 하고 있는 지젝도 예외일 수는 없지만, 국내의 저술 중 라캉과 바디우의 뒤얽힘을 통해 '~사이의 사랑'을 논하고 있는 박영진, 『라캉, 사랑, 바디우』, 에디투스, 2019 또한 그 사례로 볼 수 있다.

전체가 아닌 여성에 의한 환희Jouissance를 만나게 될 것이다. 그리고 이와 관련하여 『조건들』에서 논하고 있는 바디우의 주장이 다시 한 번 라캉을 넘어서며 재구성하고 있음을 확인할 것이다.

바디우 철학에서의 '주체'

코언의 '촉성'으로 바라본 주체의 '충실성'

바디우의 '주체'는 그의 주 개념어인 '진리', '사건'과 동떨어져 사유될 수 없다. 그러나 한 단계 더 나아가 바디우의 '주체'는 그의 수학적 존재론과도 궁극적으로는 분리될 수 없다고 주장하려 한다. 우리는 『존재와 사건』속에서 진리와 사건, 주체의 문제를 '존재로서의 존재'의 물음인 존재론과 구별하면서도, 다른 한편 주도면밀하게 끝까지 '존재'의 끈을 놓지 않고 있는 바디우를 만나게 된다. 즉 존재론은 진리와 사건, 주체에 대해 아무 말도 할 수 없지만, 바디우에 따르면 수학자 코언에 의해 주체의 기본 법칙인 '촉성'을 그리고 '유적인 것'을 사유할 수 있도록 도와주면서 둘의 관련성 또한 사유하게 해 준다. "주체의 존재는 존재론과 양립 가능함을 보여 준다."[11] 바디우의 긴 사유의 여정에 따라 마침내 존재는 진리에 대해 아무 말 할 수 없지만, 그럼에도 양립 가능하게 됨을 확인한다. 결국 진리는 '존재로서의

---

11) Badiou, *L'être et l'événement*, p. 449.

존재'의 진리인 셈이다.[12]

이러한 맥락을 상기하며, 우리는 우선 『존재와 사건』 '성찰 36'에서 바디우가 현대의 형이상학과 관련해 검토하고 있는 여섯 가지 사항을 중심으로 주체에 관해 논의하고자 한다.[13]

위에서도 잠시 언급했지만, 바디우에게서 진리, 사건, 주체는 존재론과 구별되는 역사적인 지위를 갖는 것으로 '존재는 사건을 금한다'는 언명으로부터 출발해야 한다는 점을 기억하자.[14] 우선 바디우는 주체는 실체가 아니라고 선언한다. 그것이 데카르트적인 의식적 실체로서의 주체이든, 신체적 몸을 상정한 주체이든, 모든 주체의 실체성을 파면시킨다. 실체라는 말은 바디우적 사유에 따르면, 어떠한 상황 속에서 일자로 셈해진 다수를 가리키는 말이다. 유적 절차에 의해 이루어지는 진리는 이러한 상황의 셈하기로부터 벗어난다. 즉 상황의 언어에 의해 설명 가능한 현시 속에 드러나지 않는다. 따라서 유적 절차가 해소되는 상황 내적인 식별 불가능성은 주체가 실체적이라는 사실을 기각한다.

둘째로, 주체는 공백vide 지점point이 아니다. 바디우에게서 존재의 고유명인 공백은 비인간적이고 비주체적인 개념으로 주체의 이름이 될 수 없는 존재론적인 개념일 뿐이다. 예컨대 사르트르에게서처럼 의식적 대자 존재로서 '무'인 인간은 바디우의 주체가 될 수 없다. 혹

---

12) Badiou, *Conditions*, Paris: Seuil, 1992, p. 21 (바디우, 『조건들』, 61쪽).

13) Badiou, *L'être et l'événement*, pp. 429~430.

14) 이에 대한 논의는 홍기숙, 「"순수다자"로서의 존재와 "일자"로서의 진리」, 『사회와 철학』 12호, 2006; 「알랭 바디우의 진리, 사건 그리고 주체」, 『해석학연구』 36집, 2015 참고.

은 라캉의 순수한 공백 위에 위치 지어지는 주체 역시 바디우식의 주체가 될 수 없다.[15]

셋째로, 주체는 경험의 의미로 조직화될 수 없다. 그러나 반면 칸트적 의미의 선험적 주체로서의 초월론적 기능으로도 정의될 수 없다. 바디우의 논의에 의하면 경험이라는 것은 현시를 그 자체로 가리키는 말이다. 하지만 초과수적surnuméraire 이름이 규정하는 사건적 초일자로부터 유래하는 유적 절차는 현시와 전혀 일치할 수 없다. 따라서 '진리'와 경험으로부터 오는 '의미'를 구분해야 한다. 유적 절차는 상황의 후사건적인 진리를 생산하지만 이 진리는 식별 불가능한 다수로서 어떠한 의미도 전달하지 않기 때문이다.

넷째로, 바디우의 주체는 현시의 상수 혹은 불변적 요소invariant가 아니다. 주체는 매우 드물다. 진리의 유적 절차가 상황을 가로질러 나타나는 만큼 희귀하며rare, 또한 특이singulier하다. 따라서 '주체가 존재한다'는 언명은 우연적인aléatoire 것이며, 주체는 존재와 관련해 추이적transitif이지 않다.

다섯째, 모든 주체는 규정지어질 수 있다. 사랑이 있는 곳에는 개별적 주체, 과학이나 예술은 혼합된 주체, 정치는 집단적 주체들이 있다고 말할 수 있을 것이다. 그러나 이 모든 것들은 필연적이지 않다. 어떠한 법칙도 주체가 있다고 명령하지 않는다.

---

15) 프랑수아 발(François wahl)은 '공백의 장소'를 다루는 바디우와 라캉의 지점이 결정적으로 둘을 가르는 불일치를 야기한다고 한다. 라캉에게서는 하나의 시니피앙에서 다른 시니피앙으로 떨어지며 소멸해야 하는 주체가 공백의 장소라면, 바디우에게서 공백은 주체를 존재에 봉합시키는 것이기 때문이다. Badiou, *Conditions*, p. 38.

마지막으로 바디우에게 주체는 결과가 아니다. 더욱이 원인이나 기원도 아니다. 주체는 과정이다. 그래서 바디우에게 주체 개념은 주체화subjectivation와 동급이다. 바디우의 주체는 유적 절차 속에서 지엽적인 위치를 지니며 상황에서 벗어난 짜임새configuration를 자아낸다.

이제 바디우의 주체에 대한 정의를 이렇게 요약할 수 있겠다. "주체는 진리의 유적 절차의 모든 지엽적 짜임새이다."[16] 이 어렵고도 난해한 정의는 코언의 유적인 것과 촉성에 의해 그 내용을 채워 나간다. 다소 난해하다 여길 수 있으나 논의를 좀 더 진척시켜 보자.

바디우에게서 주체는 주체화에 다름 아니다. 그리고 주체화는 사건의 개입과 유적 절차에 충실한 접속의 조작자opérateur를 통해 이루어진다. 개입은 명명의 형태로 시작되며 이로 인해 조작자의 출현, 곧 주체화가 일어난다. 또한 이 주체화는 접속과 단절이라는 두 가지 형태로 나타나며, 이 둘을 공백일 뿐인 의미 없는 고유명 아래 포괄한다.[17] 이 고유명이 가리키는 건 다름 아닌 '주체화가 개입도, 충실성의 조작자도 아닌 둘의 출현, 즉 유적 절차'라는 사실이며, 이는 사건을 상황 속에 육화하는 것이라고 바디우는 말한다. 이 둘의 절대적 특이성은 고유명의 비의미화, 곧 공백의 호출이다. 다시 말해 주체화는 이러한 유적인 상황 속에서의 고유명, 즉 공백의 등장이다. 유적 절차의 개시를 통해 주체화에 의해 진리가 가능해진다. 이러한 주체화는 초

---

16) Badiou, *L'être et l'événement*, p. 429.
17) 예를 들어, 교회에서는 성 바울, 당에는 레닌, 존재론에는 칸토어, 음악에는 쇤베르크, 사랑에는 성 시몬, 성 베르나르가 있다. *Ibid.*, p. 431.

일자적 사건을 상황의 진리가 되도록 만든다. 그러나 주체는 우연에 의해 지식으로부터 분리되어 있으며, 진리로부터도 분리되어 있다.

바디우에게서 주체는 지엽적local이고 진리는 전체적global이고 보편적이므로 상황 언어 속에서 식별 불가능한 일자로서의 진리는 주체에게 똑같이 식별 불가능하다. 따라서 사건의 초과수적인 이름과 상황의 언어 조합 외에는 어떤 것도 만들어 낼 수 없는 주체는 진리를 안다고 상정하는 것을 포기해야 한다. 그렇다면 주체가 진리와 맺는 관계는 무엇인가? 믿음과 확신이다. 이러한 확신으로부터 충실성의 조작자는 접속과 단절을 식별하고 적극적으로 조사된 항들을 통해 진리의 도래를 위해 준비한다. 주체는 상황의 다수와 언어를 자원으로 삼아 전미래 속에 있는 지시 대상을 가진 이름들을 생성하며, 진리를 타당한 것이 되게끔 촉성한다. 코언으로부터 빌려 온 개념인 이 '촉성'은 바디우에게 주체의 기본 법칙(전미래의 법칙)으로 불려진다.[18] 그러나 여기서 주체가 명명하는 이름들은 의미를 결여하고 있다. 어떠한 시니피에도 없는 시니피앙이다. 동시에 식별 불가능한 존재의 전미래에 묶여 있기 때문에 단지 가설적인 의미화만 가질 뿐이다. 따라서 주체에 의하여 진리가 형성되는 것이 아니라, 주체의 가능성이 진리에 달려 있는 것이다. 주체는 우연에 의해 진리로부터 분리된다.[19]

바디우는 『존재와 사건』 8부 촉성을 다루는 '성찰 36'에서 힘든

18) *Ibid.*, p. 449.
19) *Ibid.*, p. 444.

도정이었던 무거운 '성찰 33', '34', '36'에 대해 언급한다.[20] "힘든 도정이었던 무거운 성찰", 이런 바디우의 고백은 우리로 하여금 이 부분을 좀 비켜나거나 건너뛰어도 될 것 같다는 변명 내지 합리화를 가능하게 해 줄 것 같다. 따라서 여기서는 주체와 유적 절차에 대한 수학소적인 난해하고 힘든 증명 방식을 규명하기보다는, 좀 더 국한하여 주체의 기본 법칙인 '촉성'에 의해 어떻게 식별 불가능한 것이 결정 불가능한 것으로 이행과 결정에 이르게 되는지를 살펴보려 한다.

바디우의 주된 관심사는 공백을 이름으로 갖는 순수 다자로서의 존재가 아니라 동일자로서의 진리임을 여러 곳에서 밝힌 바 있다. 그러나 바디우에게 진리와 주체의 문제는 앞서 잠시 언급한 대로 존재론적인 물음과 함께 풀어 나가야 할 과제였다. 바디우는 『존재와 사건』 서문에서 다음과 같이 말한다.

> '수학은 존재론 —— 존재로서의 존재의 과학 —— 이다'라는 철학적 언명은 내가 『주체의 이론』에서 주체화가 있다고 순수하게 단순히 전제하면서 한정 지었던 사변적 장을 밝혀 주는 빛줄기다. 가능한 존재론과 이 테제의 양립 가능성은 나를 사로잡았다.[21]

바디우의 주체는 그가 존재의 난국 l'impasse de l'être이라 부르는 '초과점' point d'excés으로부터 기인한다. 이를 바디우는 『존재와 사건』 '성

---

20) *Ibid.*, p. 466.
21) *Ibid.*, p. 10.

찰 7'에서 잘 보여 준다. 칸토어 이후 전체가 부분보다 크다는 사유는 반박되었다. 이를 뒷받침해 주는 논리가 멱집합의 공리인데, 만약 a라는 집합이 있다면 그것의 모든 부분집합의 집합들도 존재한다는 공리로 a의 모든 부분집합의 집합인 $p(a)$는 a 자체와는 근본적으로 구분되는 다수이다. 어떤 집합 a도 그의 부분집합의 집합인 $p(a)$와 같을 수 없다. 따라서 "집합 a(에 속하는 것들 또는 원소들을 일자로 셈하는 것들)와 $p(a)$(에 포함되는 것들 또는 부분집합들을 일자로 셈하는 것들) 사이의 간격은 존재의 난국이 자리하는 지점이다."[22] 즉 구조와 메타 구조의 관계, 상황과 상태의 관계, 원소와 부분집합, 속함과 포함 사이의 간격은 사유의 영원한 질문이 되어 철학의 주된 중심 주제가 되어 왔다. 결국 바디우에게서 이 초과점의 방황이 주체와 진리의 문제로 이어지는 핵심적 사안이 된다.

유적 다수(우)의 식별 불가능성으로부터 어떻게 결정 불가능성을 결정할 수 있는가? 식별 불가능성과 결정 불가능성의 궁극적 결합은 존재론 속에서 주체의 존재의 궤적을 말해 준다. 다시 말해, 존재론으로부터 배제된 사건은 결정 불가능한 것이 식별 불가능하다는 관점으로부터 타당성을 촉성하는 것에 의해서만 결정 가능하게 된다. 즉 바디우에게서 상태의 양적 초과로 인해 방황하도록 하는 존재의 난국은 실제로는 주체가 통과하는 길이 되는 것이다.

---

22) *Ibid.*, p. 97.

대상 없는 주체: 데카르트와 라캉을 넘어서

앞서 살펴본 것처럼, 바디우에게 주체 개념은 존재-다수의 이름으로서 존재하지 않는다. 그러기에 주체는 '주체화'의 다른 이름일 뿐이다. 주체가 존재한다는 언명은 우연적인 것이며, 그것은 전적으로 진리에 달려 있고 소급적으로 증명될 수 있을 뿐이다. 알튀세르의 '주체도 목적도 없는 과정'처럼 바디우의 주체에는 대상이 없다. 비록 바디우가 근대의 지속을 주장하며 근대로부터 파생된 주체 개념을 주장하고 데카르트로의 회귀를 외치고 있지만, 그의 주체는 데카르트의 주체와는 같을 수 없다. 바디우에게 주체는 굳이 데카르트식으로 말하자면 '없다'.

바디우는 『존재와 사건』 '성찰 37'에서 라캉의 두 정언명령에 대한 고찰로부터 시작한다. 첫 언명은 '프로이트로 돌아가라'이고, 두 번째는 '데카르트로 돌아가자'이다. 이 두 명령의 가능성은 '정신분석의 주체는 과학의 주체에 다름 아니다'라는 언명 속에서 찾아진다. 그러나 이 주체는 프로이트의 데카르트적인 몸짓을 통해서만 이해 가능하다고 바디우는 말한다. 바디우의 논의를 잠시 따라가 보자.

데카르트적 주체는 이 주체의 자리에서 사유하려고 해야만 가능하다. 다시 말해, '나는 생각한다. 그러므로 존재한다'는 코기토의 '어디'를 보여 주는 것으로 '생각하는 곳에 내가 존재한다'는 사실을 말해 주는 것이다. 즉 생각되는 곳에 주체가 있음을 보여 주는 것이다. 그러나 라캉은 이러한 데카르트 코기토 진술의 난코스를 보여 준다.

내가 나의 사유의 장난감인 그곳에 나는 존재하지 않는다. 나는 내가

생각한다고 생각하지 않는 그곳에서 나는 존재한다고 생각한다.[23]

바디우는 이런 식으로 라캉에 의해 주체는 탈-중심화된다고 말한다. 그러나 여기서 라캉의 데카르트와의 완전한 단절을 읽어서는 안 된다. 라캉은 "데카르트가 코기토의 한가운데 있는 존재의 의식적 확실성이 내재적인 것이 아니라 오히려 초월적인 것임을 오인하지 않았다"고 쓰고 있다. 초월적인 이유는 주체가 확실성에 대해 도무지 확실할 수 없었던 "텅 빈 찌꺼기"이기 때문이다. 바디우는 데카르트와 라캉과의 공통점으로 내놓는 부분이 바로 이 공백의 지점localisation이라고 말한다. 라캉은 주체를 이해하기 위해 프로이트를 데카르트와의 단절이 아닌 데카르트적인 몸짓을 통해 사유한다. 즉 진리를 구하려면 주체는 이 주체가 없어지는 순수한 공백 속에 유지되어야 한다는 것이다. 오직 그러한 주체만이 과학의 논리적인 형태 안에서 주장될 수 있다고 바디우는 지적한다. 그러나 앞장에서 살펴보았듯이, 이러한 공백의 지점과 결합되는 주체 개념을 바디우는 받아들이지 않는다.

실제로 바디우의 '주체는 실체나 의식이 아니다'라는 주장은 언어에 의존하고 있는 데카르트와 라캉의 사유로부터 멀어진다. "사유는 자신을 말 속에 묶어 둠으로써만 존재를 정초한다는 점을 읽을 수 있게 된다. 말 속에서는 모든 작용이 언어의 본질에 도달하게 되기 때

---

23) *Ibid.*, p. 471. 라캉의 데카르트 논의와 관련해서는 Lacan, *Écrits I*, 1966, pp. 275~276 참고.

문에 말이다."[24] 상황의 언어로 식별 불가능한 진리의 유적 절차는 언어의 무능함을 보여 주기에 바디우의 주체는 언어적 주체인 라캉에게서 더욱 멀어질 수밖에 없다. 또한 바디우는 라캉이 진리가 상황 속에서 존재의 공백을 호출하는 사건을 인정하지 않는다는 점을 라캉에게 결여되어 있는 것으로 지적한다. 바디우의 '주체는 존재한다'는 주장은 진리의 이상적 발생에 의해 유한한 양식들 속에서 존재의 존재하게 됨을 말해 주는 것이다. 따라서 바디우에게서 주체는 엄밀한 의미에서 존재하지 않음을 파악해야 한다. 바디우는 "라캉이 여전히 데카르트에게 빚지고 있는 것, 그것은 항상 어떤 주체들이 존재한다는 생각이다"라고 쓰고 있다.[25]

바디우 철학에서의 '진리': '사랑'을 중심으로

바디우는 『조건들』 6장 '주체와 무한'을 다루는 부분에서 라캉의 '비-전체'로서의 여성의 환희를 분석하며 라캉의 사유를 칸토어 이전의 사유라고 규정한다. 즉 라캉은 알레프라는 실무한을 하나의 '신화'로 언급하고 있는 고전적 사유자라는 것이다. 왜 바디우는 라캉과의 긍정적인 만남에도 불구하고 자신의 사유와의 사이에 궁극적 차이의 선을 긋고 있는 것일까? '사랑'에 대한 바디우의 논의를 따라가 보며

---

24) Badiou, *L'être et l'événement*, p. 472.
25) *Ibid*.

이에 대한 궁금증을 해결해 보고자 한다.

현대 철학의 특징 중 하나는 아마도 여성에게 시선이 집중되고 있다는 점일 것이다. 그리고 바디우도 그 예외가 아니다. 특히 진리의 유적 절차 중 하나인 사랑을 논할 때 바디우의 여성에 대한 시선은 매우 긍정적이며 관대하기까지 하다. 바디우는 라캉의 빗금 친 '비-전체'로서의 여성에 특칭이 아닌 전칭 양화사를 돌려주며, 라캉의 상징계의 보편적 질서로서 유지되고 있는 거세된 남근적 향유를 폐기한다. 그리고 바디우는 여성의 입장으로 '인류'라는 보편성의 담지자를 위치 지운다. 그러나 '사랑'이라는 주제는 실제로 철학적 논의의 대상에서 종종 벗어나 있었으며, 문학의 장르에서 다루어지거나 혹은 정신분석학에서, 그것도 성이나 욕망이라는 관계 안에서 다루어져 왔다.[26] 예외적인 철학자가 있다면 『향연』의 플라톤이다. 바디우는 플라톤에게서 사랑이라는 철학적 범주가 가능했듯이 사랑이 철학의 범주로 구성된다는 것은 정당하다고 말한다.[27]

라캉의 '환희'로서의 사랑

바디우는 주체 개념과 마찬가지로 사랑에 대한 고전적 정의를 거부한다. 그 고전적 개념은 첫째로 사랑에 대한 융합적fusionnelle 개념이

---

26) 『조건들』 서문에서 발은 바디우가 철학과 정신분석의 만남의 지점이 욕망이 아닌 사랑이라고 한 것에 대해 놀랍다고 표현한다. Badiou, *Conditions*, p. 37.

27) *Ibid.*, p. 255.

다. 바디우에 의하면 사랑은 한 구조 속에 주어진 둘Deux에 의해 황홀의 하나Un를 만드는 것이 아니다. '하나'란 다수를 제거함으로써만 둘을 넘어서는 전제가 되기 때문이다. 이러한 것은 사랑이라는 진리의 절차에서 잘못 빚어진 파국 및 재난désastre일 뿐이다. 두 번째로 바디우는 사랑에 대한 희생적 개념 접근에 반대한다. 이것은 앞의 지배적이고 폭력적인 성격과 반대로 맹목적이고 무조건적인 희생이다. "사랑은 동일자Même를 타자Autre의 제단 위에 올려놓는 것"[28]이 아니다. 바디우에 의하면 사랑은 타자에 대한 경험이 아니다. 그것은 둘이 있다는 후사건적 조건하에서 이루어지는 세계에 대한 경험, 상황에 대한 경험이다. 세 번째로 바디우는 프랑스 도덕주의자들의 사랑에 대한 상부구조적이고 환상적인 개념을 거부한다. 이는 염세주의적 전통에 가까운 사상으로 사랑을 실재 성적 관계를 위한 한낱 장식품으로 여기거나 사랑의 토대를 욕망이나 성적 질투에서 찾는 것이라고 말한다.

우리는 이러한 종류의 사랑에 대한 접근을 라캉이나 플라톤에게서 볼 수 있다. 예컨대 라캉이 거세된 남근적 사랑을 성적 관계에 대한 부족이나 결핍을 메우고자 하는 욕망으로 정의할 때, 혹은 플라톤이 대상의 결핍에 의해 생기는 욕구로 사랑을 정의하려 할 때 만날 수 있다. 이런 점에서 라캉이 플라톤의 『향연』이라는 저술에 그토록 열광했던 것은 우연한 일이 아닐 것이다.[29]

---

28) *Ibid.*, p. 256.
29) *Ibid.*, pp. 316~317.

원래 하나였던 둘이 서로를 찾아 헤맨다는 신화에 근거한, 플라톤의 『향연』에 나오는 에로스에 대한 이야기는 사랑하는 대상이 결핍manque으로 드러남을 보게 한다. 이 결핍의 대상인 사랑의 대상은 물질적·육체적 사랑으로부터 더 높은 지적인 사랑으로 그리고 그 최고의 경지인 선의 이데아에 대한 사랑으로, 즉 모든 미의 절대적 원칙으로 나아가는 지식으로의 비약을 가능하게 한다. 이러한 플라톤적인 사랑에 대한 개념적 접근은 라캉의 남근phallus과 관련되어 있는 힘force의 논리로서의 사랑, 즉 말하는 존재에게 보편적으로 적용되는 거세라 불리는 함수로서의 $\varphi(x)$가 등장하는 논리의 맥과 유사한 측면을 갖는다.

그러나 바디우의 지적처럼 라캉은 다른 한편 이러한 보편적으로 적용되는 남근적 욕망과는 완전히 다르게 사랑을 정의한다. 즉 라캉이 사랑을 존재에의 접근'abord de l'être에, 즉 존재론적 사명에 연결시키려 할 때, 차고 넘치는supplémente 환희로서의 사랑을 말하고 있다는 것이다. 이러한 사랑은 어떤 무엇의 결핍을 충족시키기 위한 유한한 존재의 성적 유희jouissance phallique로부터 나오는 것이 아닌, 말하자면 이러한 거세의 논리에서 완벽하게 벗어난soustrait 것으로서 여성적인 환희jouissance feminin이다.[30] 전자가 말하는 모든 유한한 존재에게 보편

---

30) 라캉에게서 주이상스라는 개념은 여러 맥락과 범위에서 다양하게 쓰인다. 칸트의 윤리학에서 신비체험까지, 불감증에서 인종주의까지 적용되는 다기능적인 개념이다. 여기서는 『세미나 20: 앙코르』에서 베르니니의 성녀 테레사와 함께 언급되고 있는 팔루스적 주이상스와 대립되는 여성적 주이상스에 대해 말하고 있다. 주이상스 탐구에 대해서는 딜런 에번스의 다음 글을 참고. 딜런 에번스, 「칸트주의 윤리학에서 신비체험까지: 주이상스 탐구」, 『라캉 정신분석의 핵심 개념들』, 대니 노부스 엮음, 문심정연 옮김, 문학과지성사, 2013.

적으로 적용되는 일명 남성의 입장 ── 그러나 여성도 벗어날 수 없는 ── 을 드러내는 곳이라면, 후자는 모두가 아닌pas-tout 빗금 그어진 그 여성의 입장이 관철되는 곳이다. 그곳은 거세의 함수가 작동하는 곳에서 완전히 벗어나 그 자체로 나아가는 환희, 즉 타자가 성립되는 곳이다. 여기서 무한은 이 두 환희의 나누어짐 속으로 들어간다. 모두가 아닌 여성의 환희는 접근 불가능한 무한성을 드러내며, 여기서 이 여성은 말로는 설명하기 어려운 어떤 무아의 경지에 이르게 되는데, 이것이 라캉이 『세미나 20: 앙코르』에서 말하고 있는 베르니니의 「테레사의 환희」의 모습에서 찾을 수 있는 어떤 신비의 무한의 경지인 것이다. 이러한 신비의 무한을 경험하는 사랑의 주체인 그 여성은 모든 설명 가능한 언어에서 벗어날 수밖에 없는 벙어리이다. 바디우가 주목하는 곳은 당연히 기존 언어에서 벗어난 벙어리로서의 신비를 경험한 사랑의 주체이다.

　바디우는 『세미나 20: 앙코르』에서 확인할 수 있는 사랑에 대한 이러한 라캉의 논의를 『조건들』 속에서 비판적으로 그리고 비교적 상세히 다룬다. 라캉에게 있어 보편적인 남근적(거세된) 희열은 예외 없이 모든 언어를 사용하는 이들에게 적용되는 것이므로 모든 여성에게도 해당된다. 그러나 이 점에서 라캉은, 벗어난 듯 언급하고 있는 빗금 그어진 특칭부정으로서의 여성과 논리적으로 부딪히는 어려움에 봉착하게 되는데, 보편적 거세라 불리는 함수 $\varphi(x)$에서 벗어난 그 여성은 사실 논리적으로 따져 보면 거세함수에서 벗어날 수 없기 때문이다. 이를 해결하기 위해 바디우는 한편으로 보편적 언표의 부정은 존재 언표의 긍정과 동일하다는 고전논리학이 아닌 직관주의를 들어온다. 그러나 다른 한편, 바디우는 라캉이 유한과 무한이라는 개념의 대립으로 남근적 욕망과 여성의 환희를 비교하고 있음을 지적한다. 말하자면 여성의 환희가 말로 접근하기 어려운 무한성의 경지를 드러내 준다는 것이다. 실제로 라캉은 이 문제를 해결하기 위해 칸토어를 끌어온다. 하지만 직관주의는 잘 알다시피 고전논리뿐 아니라 칸토어의 실무한을 인정하지 않는다. 바디우는 이 지점에서 라캉의 한계를 지적한다. 앞서 잠시 언급했듯이, 라캉은 칸토어의 실무한을 직관주의자들처럼 '허구'로 본다. 즉 여성적 향유는 궁극적으로 픽션의 구조를 가졌다는 것이다. 접근 불가능성의 픽션이 그것이다. 따라서 바디우는 라캉이 결국 칸토어 이전의 상태에 머문다고 비판한다. 라캉은 초한기수의 연속체 가설에 대해 실무한을 완전히 상상적 대상으로 간주한다. 라캉은 무한을 세우기 위해서가 아니라 단지 무한을 쫓아내기 위해 칸토어를 불러들인다고 바디우는 비판한다.[31]

바디우가 사랑에 대해 말할 때 라캉의 남근적 희열과 구별되는 두 번째 '모두가 아닌 빗금 그어진 그 여성의 환희가 드러나는 사랑'에 그 근거를 두고 있음을 알 수 있다. 그러나 이러한 접근 불가능한 무한에 기초하는 두 번째 향유인 여성의 향유는 바디우에게서 순수한 주체, 분열된 주체 자체의 향유라는 결론으로 이끌어진다. 즉 바디우는 사랑은 진리를 생산하는데 바로 이 진리는 '어떤 상황 안에서 둘이 작동한다'는 '나누어짐의 진리'라고 말한다.

---

31) Badiou, *Conditions*, pp. 294~297.

'분리'라는 나누어짐의 진리로서의 '사랑'

바디우는 "사랑의 재료인 사랑하는 주체의 경험은 어떠한 사랑의 지식도 구성하지 않는다"고 말한다. 즉 사랑의 경험이 하나의 지식으로서 축적되어 다음 사랑에 혹은 다른 사랑에 유리하게 작동할 수 없다. 사랑은 할 때마다 다르고 처음이며 낯설다. 따라서 사랑은 사유라는 자신의 특수성을 갖고 있음에도 불구하고 어떠한 사랑도 자신의 사유를 사유할 수 없다"L'amour s'impense"는 특징을 지닌다. 이로부터 바디우는 사랑에 대해 어떤 열정이나 질투, 실수, 성, 죽음 등과 같은 정의가 아닌, '순수논리'로서의 사랑이라는 다음과 같은 정의를 내린다.[32]

1) 경험에 대한 두 입장(남성과 여성의 입장)이 존재한다. 여기서 경험은 순수하게 현시로서의 상황을 말한다. 어떠한 경험주의적이고 생물학적이고 사회적인 의미로서의 경험이 아니다.

2) 이 두 입장은 완벽하게 분리disjonction되어 있다. 이러한 상태를 분리라고 하는데, 이러한 분리는 경험의 대상인 지식의 대상을 형성할 수 없다. 따라서 분리에 대한 지식이 존재하려면 제3의 입장을 필요로 한다. 그런데 이 세 번째 입장은 다음과 같다.

3) 세 번째 입장은 없다. 세 번째 입장을 설정한다는 것은 상상적으로 어떤 천사의 입장을 가정하는 것과 같다. 그러나 그러한 입장은 없다. 그렇다면 천사에게 의존하지 않고 어떻게 분리로부터 오는 진리를 사유할 수 있는가? 그것은 넘침에 의해, 특별한 사건에 의해 가능하다. 이 사건이 우리가 만남이라고 부르는 것이며 바로 이것이 사

---

32) *Ibid.*, pp. 257~258.

랑의 유적 절차에 그 시작을 열어 준다.

4) 단지 하나의 인류l'humanité가 있다. 바디우는 인류에 대한 모든 이상적이고 생물학적인 접근에 반대한다. 인류라는 용어를 오직 네 가지 진리 절차를 지지하는 것으로, 즉 진리들의 무한한 특수성을 지지하는 것으로만 이해한다.

바디우가 말하는 사랑에는 제3이라는 선택은 없으며 사랑의 둘은 모든 셈에서, 즉 기존의 지식에서 벗어난다. 모든 사랑에는 분리가 그리고 이 분리에 대한 진리가 있음은 '과정으로서의 사랑'으로부터 출발해야 함을 알려 준다. 즉 바디우에게서 분리를 가능케 하는 이 둘의 무대는 하나의 과정이고 따라서 힘든 노동이기도 하다. 사뮈엘 베케트의 작품을 통해 바디우가 "사랑은 둘이 둘로서 존재할 수 있다는 것에 대한 힘든 조건이다"[33]라고 말할 때 우리는 이 의미를 더욱 잘 이해할 수 있다. 둘의 도래는 본질적으로 만남이라는 우연적 사건을 전제하는데, 이러한 사건은 사라짐의 형태를 전제할 수밖에 없다.[34] 그러나 사건에 대한 명명함을 통해, 즉 사랑의 선언에 의해 사건은 고정된다. 그리고 상황을 선언하는 이름은 "둘이라는 분리하에 알 수 없음으로서의 공백"을 뜻한다. 사랑이란 '사랑한다'는 첫 번째 명명에 대한 끊임없는 충실함이다. "둘은 하나를 부수고 상황의 무

---

33) *Ibid.*, p. 358.
34) 베케트의 「잘 못 보이고 잘 못 말해진」이라는 작품을 통해, 바디우는 사건이 약해지고 결국 사라지는 속성에 대해 그리고 그럼에도 그것을 포착하는 이름을 창안하는 것에 대해 언급한다. 사건을 명명한다는 것은 언어 안에서 사건을 지키는 것을 보장해 준다. Badiou, *Beckett: L'increvable désir*, Paris: Fayard, 2013, pp. 44~46.

한을 증명한다." 즉 "사랑은 둘에 의해 하나를 부수고" 아무리 둘(분리)에 의해 이루어진다 하더라도 그 상황은 하나라는 것이 있다는 것을 말해 준다. 모든 진리가 보증되는 곳이 바로 이 다수로서의 하나Un-multiple이다.

바디우는 사랑이야말로 참의 보편성을 추구하는 수호자라고 말한다. 이러한 진리를 생산하는 사랑은 당연히 욕망의 행렬 속으로 들어가게 되지만 욕망의 대상을 원인으로 갖지 않는다. 따라서 사랑과 욕망이 관여하는 육체는 비록 같지만 결코 동일하지 않다. 욕망의 육체는 자기 범죄의 육체이다. 그리고 사랑의 선언이라는 조건하에서만 분리를 가능하게 한다. 바디우는 육체의 모든 성적 드러냄은 사랑이 아닌 한에서는 엄밀히 말해 자위행위라고 말한다. 즉 사랑만이 둘의 형상으로 드러나며, 둘 속에서 하나의 관계를 성립하는 것이 아니라 둘을 정립한다. 이러한 진리는 당연히 성적인 모든 지식에서 벗어나는 것이다. 바디우는 성과 관련된 모든 지식, 소위 '성적 지식'으로부터 여자의 언표는 숙명적으로 존재론적이고 남자의 언표는 본질적으로 논리적이라는 결론을 얻을 수 있다고 한다. 그러나 반면 '사랑의 진리'는 이러한 성적 지식의 갈등을 통과하면서 생겨나는 무대, 즉 분리된 방식으로 진실하게 서로를 아는 것이다.

바디우는 분리 안에서 여성의 입장이 특별히 인류에 대한 사랑의 관계를 독자적으로 담지한다고 말한다. 인류가 네 가지 진리 절차 유형의 잠재적 짜임새라고 한다면 여자의 입장에서는 '사랑'이 네 가지를 한데 묶고, 남자의 입장에선 각각의 진리 유형들이 다른 유형들을 은유적으로 표현하며, 각각의 유형 안에서 인류를 내재적으로 긍정한다. 윤리라는 함수 안에서 보편적 총체성을 지탱해 주는 것은 여자의 입장이고, 남자의 입장은 인류를 구성하는 것들의 잠재성들을 은유적으로 분산시킨다. 이러한 바디우의 입장은 앞서 밝혔듯이 라캉의 남근적 함수 $\varphi(x)$에서 출발하는 특칭부정으로서의 전체가 아닌pas-tout 여자 입장에 비판적으로 대립하게 해 준다. 즉 여성을 비전체로 간주하고, 특칭양화기호와 부정을 결합시켜 표현한 라캉에게는 보편성을 나타내는 전칭양화기호는 남성의 입장이었다. 그러나 바디우는 이 관계를 뒤집어 놓는다. 바로 사랑을 통해 라캉의 보편성을 나타내는 거세함수 $\varphi(x)$를 폐기하고, 진리 절차 내의 전칭양화사 $H(x)$를, 즉 인류라는 보편성을 여자들에게 돌려준다.[35]

라캉과 함께 그리고 라캉을 넘어서

"고집스러웠던 저는 이제 갑니다." 1981년 파리에서 라캉은 그렇게 떠났다. 라캉의 열정적인 강의와 갑자기 쇠약해진 모습. 그토록 열정적이었던 그가 '위상학' 시간에 한동안 말을 잇지 못한다. 침묵의 시간이 흐르고, 장님이 된 늙은 오이디푸스가 흔적도 없이 사라지는 신비로운 결말과 같이 라캉은 『콜로노스의 오이디푸스』처럼 떠났다고

---

35) Badiou, *Conditions*, pp. 271~272. 이에 대한 자세한 논의는 서용순, 「철학과 정신분석: 사랑의 둘(Le Deux)에 대한 사유의 쟁점」, 『라캉, 사유의 모험』, 홍준기 엮음, 라캉과 현대정신분석학회 편, 마티, 2010 참고.

『라캉, 끝나지 않는 혁명』에서 바디우는 회상한다.

> 정신분석이 어떤 철학적 혁명을 담지하고 있다는 점을 철학자들에게
> 이해시킨 이가 바로 라캉이죠. 그러나 다른 한편으로는 정신분석가들
> 을 철학으로 향하게 한 것도 라캉입니다.[36)]

> 바디우가 라캉과의 일치를 기뻐하고, […] 일치점들은 어떤 것일
> 까? 주체가 존재한다는 것, 그리고 존재가 수학소 속에 기입된다는
> 그것이고, 진리가 있다는 것, 그리고 진리들이 지식에 구멍을 뚫는다
> 는 그것이다.[37)]

루디네스코와의 대화를 통해서도 그리고 『조건들』의 서문을 쓴
프랑수아 발의 이야기를 통해서도 바디우는 참으로 라캉을 가까이
두고 싶어 했던 것 같다. 그러나 많은 라캉주의자들의 비판처럼 어쩌
면 바디우는 라캉의 사유를 자신의 철학을 위해 왜곡시키거나 희생
시키고 있는지도 모른다. 일생을 상징계의 분석에 매달렸던 라캉은
말년에 이르러 실재에 대해 말하기 시작했고, 타계하기 직전 평생을
함께했던 파리프로이트학교 해체를 선언했다. 이런 라캉의 돌변한
태도는 수십 년 그를 따랐던 제자들과 동료들에게 당혹감을 주었을
것이다. 상징계에 몰두해 있던 라캉주의자들로서는 '실재'를 중심적

---

36) 바디우·루디네스코, 『라캉, 끝나지 않은 혁명』, 28쪽.
37) Badiou, *Conditions*, p. 38.

인 라캉의 사유로 보려 하는 바디우의 의도와 해석을 곱게 보기는 어려웠을 것 같다. 그러나 라캉을 통해 혹은 그를 넘어서 바디우가 말하려 한 진리와 주체는 세계를 향한 그의 진정성을 담아내고 있다고 할 수 있다.

2016년의 저술 『참된 삶』에서 바디우는 다분히 고대 그리스 철학적인 화두를 던진다. "철학, 그것의 주제는 바로 참된 삶이다."[38] 젊은이들에게, 젊은 남성과 여성에게, 어른이 되지 않으려는 남자아이와 조숙해진 그래서 먼저 어른이 되어 있는 여자아이에게 던지는 바디우의 시대적 분석과 그에 따른 씁쓸한 현실. 그럼에도 바디우는 기대를 저버리지 않는다. 바디우가 보기에 청년들이 살아 내야 할 이 시대는 그렇게 녹록지 않다. 그래서 마치 소크라테스가 청년을 '타락'시켰던 과업을 이어받아야 되는 것처럼 그들에게 간곡히 부탁한다. 진리에의 열정을 놓지 말라고. 용기를 잃지 말라고.

---

38) 바디우, 『참된 삶』, 박성훈 옮김, 글항아리, 2018, 17쪽.

수록글 출처

이 책에 수록된 글들은 다음 지면에 게재된 논문들을 수정, 보완한 것이다.

홍명희, 「상상력과 무의식: 가스통 바슐라르의 무의식 개념」, 『프랑스문화예술연구』 76집, 프랑스문화예술학회, 2021.

조현수, 「지속과 무의식」, 『철학사상』 62집, 서울대학교 철학사상연구소, 2016.

지영래, 「사르트르와 실존적 정신분석: 프로이트와 마르크스 사이에서」, 『프랑스학연구』 81집, 프랑스학회, 2017.

신인섭, 「M. 메를로-퐁티의 실존적 정신분석과 L. 빈스방거의 현존재분석」, 『철학연구』 84집, 철학연구회, 2009.

김상록, 「자아의 침전: 레비나스와 라깡의 자아론 연구」, 『현상학과 현대철학』 72집, 2017.

이은정, 「미셸 앙리의 현상학을 통해 본 데카르트의 코기토와 프로이트의 무의식」, 『현상학과 현대철학』 88집, 2021.

신인섭, 「프로이트의 정신분석에 대한 앙리 말디네의 현상학적 이해」, 『철학연구』 114집, 철학연구회, 2016.

윤성우, 「리쾨르와 프로이트: 해석학과 정신분석학」, 『현상학과 현대철학』 87집, 한국현상학회, 2020.

이철우, 「리오타르의 무의식과 형상: 프로이트와 라캉의 무의식론에 대한 비판을 중심으로」, 『현대유럽철학연구』 51집, 한국현대유럽철학회, 2018.

성기현, 「오이디푸스의 유형학: 『안티 오이디푸스』를 중심으로」, 『현상학과 현대철학』 88집, 2021.

이상길, 「푸코와 정신분석: 섹슈얼리티 이론의 비판과 주체 이론의 재구성」, 『현상학과 현대철학』 85집, 한국현상학회, 2020.

강우성, 「저항의 리듬: 데리다와 정신분석」, 『현상학과 현대철학』 88집, 한국현상학회, 2021.

차지연, 「조르주 바타유의 정신분석 사용법」, 『프랑스문화연구』 38집, 한국프랑스문화학회, 2018.

한석현, 「롤랑 바르트의 정신분석학적 어휘: 『S/Z』에서 문자의 의미와 무의미」, 『프랑스학연구』 86호, 프랑스학회, 2018.

김진식, 「르네 지라르의 모방이론과 새로운 심리학」, 『불어불문학연구』 107권, 한국불어불문학회, 2016.

홍기숙, 「알랭 바디우의 진리와 주체: 라캉을 넘어서」, 『현상학과 현대철학』 80집, 한국현상학회, 2019.

참고문헌

1장. 바슐라르의 정신분석, 상상력과 무의식

Bachelard, Gaston, *L'intuition de l'instant*, Paris: Stock, 1932.

_____, *Le nouvel esprit scientifique*, Paris: PUF, 1934.

_____, *La dialectique de la durée*, Paris: PUF, 1936.

_____, *La formation de l'esprit scientifique*, Paris: Vrin, 1938.

_____, *La psychanalyse du feu*, Paris: Gallimard, 1938.

_____, *L'eau et les rêves*, Paris: José Corti, 1942.

_____, *L'air et les songes*, Paris: José Corti, 1943.

_____, *La terre et les rêveries de la volonté*, Paris: José Corti, 1948.

_____, *La terre et les rêveries du repos*, Paris: José Corti, 1948.

_____, *Le rationalisme appliqué*, Paris: PUF, 1949.

_____, *La poétique de l'espace*, Paris: PUF, 1957.

_____, *La poétique de la rêverie*, Paris: PUF, 1960.

_____, *La flamme d'une chandelle*, Paris: PUF, 1961.

_____, *Fragments d'une poétique du feu*, Paris: PUF, 1988.

Baudouin, Charles, *L'œuvre de Jung*, Paris: Payot, 1963.

Bellemin-Noël, Jean, *Psychanalyse et littérature*, Paris: PUF, 1978.

Ginestier, Paul, *La pensée de Bachelard*, Paris: Bordas, 1968.

Jacobi, Jolande, *La psychologie de C. G. Jung*, ed. du Mont-Blanc, 1964.

Lecourt, Dominique, *Bachelard le jour et la nuit*, Paris: B. Grasset, 1974.

Mauron, Charles, *Des métaphores obsédantes au mythe personnel*, Paris: José Corti, 1963.

Pire, François, "Bachelard et la critique non-freudienne", *Cahiers internationaux de Symbolisme*, no. 53, 54, 55, 1986.

Roudinesco, Elisabeth, *Histoire de la psychanalyse en France 2: 1925-1985*, Paris: Fayard, 1994.

2장. 베르그송, 지속과 무의식

Bergson, Henri, *Œuvres*, Édition du Centenaire, 1959.

Deleuze, Gilles, "De sacher-masoch au masochisme"(1961), https://www.cairn. info/revue-multitudes-2006-2.

_____, *Bergsonism*, Paris: PUF, 1966.

_____, *Différence et répétition*, Paris: PUF, 1968.

Fox-Keller, Evelyn, *The Century of the Gene*, Cambridge: Harvard University Press, 2009.

Freud, Sigmund, *Psychologie des unbewußten(Studienausgabe) III*, Frankfurt am Main: S. Fischer, 1989.

Jung, Carl Gustav, "Instinct and The Unconsious", trans. R. F. C. Hull, eds. Herbert Read et al., *The Structure and Dynamics of the Psyche*, New York and Princeton, 1960.

Kaufmann, Stuart A., *At Home in the Univers: The Search for the Laws of Self-Organization and Complexity*, New York: Oxford University Press, 1995.

Kerslake, Christian, "Insects and Incest: From Bergson and Jung to Deleuze", *Multitudes*, vol. 25, 2006.

_____, *Deleuze and the Unconscious*, London and New York: Continuum, 2007.

Ruyer, Raymond, "Bergson et le Sphex ammopile", *Revue de métaphysique et de morale*, Paris: Hachette Bnf, 1959.

김재희, 『베르그손의 잠재적 무의식』, 그린비, 2010.

주성호, 「베르그송과 프로이트의 무의식 개념 비교 연구」, 『철학과 현상학 연구』 34집, 2007.

3장. 사르트르와 실존적 정신분석

Aron, Raymond, *Mémoires*, Paris: Julliard, 1983.

Beauvoir, Simone de, *La force de l'âge*, Paris: Gallimard, coll. "Folio", 1960(1992).

Canon, Betty, *Sartre et la psychanalyse*, trans. Laurent Bury from American, Paris: PUF, 1993.

Feuerhahn, Wolf, "Comment la psychologie empirique est-elle née?", *Archives de philosophie*, tome 65, Paris: Centre Sèvres, 2002, pp. 47~64.

Flajoliet, Alain, *La première philosophie de Sartre*, Paris: Honoré Champion, 2008.

Noudelmann, François and Philippe, Gilles, *Dictionnaire Sartre*, Paris: Honoré Champion, 2004.

Roundinesco, Elisabeth, *Histoire de la psychanalyse en France 1: 1885 – 1939; 2: 1925 – 1985*, Paris: Fayard, 1994.

Rybalka, Michel, "An Interview with Jean-Paul Sartre", ed. Paul Arthur Schilpp, *The Philosophy of Jean-Paul Sartre*, Illinois: Open Court, 1981, pp. 1~51.

Sartre, Jean-Paul, *L'être et le néant*, Paris: Gallimard, coll. "Bibliothèque des idées", 1943(1973).

_____, *Baudelaire*, Paris: Gallimard, 1947.

_____, *Saint Genet, comédien et martyr*, Paris: Gallimard, 1952.

_____, *Situations IX*, Paris: Gallimard, 1972(1987).

_____, *Cahiers pour une morale*, Paris: Gallimard, coll. "Bibliothèque de philosophie", 1983.

_____, *Les carnets de la drôle de guerre, Novembre 1939 – Mars 1940*, Paris: Gallimard, 1983, p. 49.

_____, *L'idiot de la famille: Gustave Flaubert de 1821 à 1857*, Paris: Gallimard, coll. "Bibliothèque de philosophie", 1988.

_____, *La transcendance le l'ego et autres textes phénoménologiques*, Textes introduced and annotated by V. de Coorebyter, Paris: Vrin, 2003.

라플랑슈, 장·퐁탈리스, 장-베르트랑, 『정신분석 사전』, 임진수 옮김, 다니엘 라가슈 감수, 열린책들, 2005.

변광배, 『존재와 무, 자유를 향한 실존적 탐색』, 살림, 2005.

지영래, 『집안의 천치, 사르트르의 플로베르론』, 고려대학교출판부, 2009.

_____, 「『집안의 천치』와 사르트르의 "전진-후진적 방법"」, 『프랑스학연구』 58집,

프랑스학회, 2011, 549~576쪽.

4장. 메를로퐁티와 살의 정신분석

Barbaras, Renaud, "Le conscient et l'inconscient", *Notions de philosophie I*, D.
    Kambouchner(dir.), Paris: Gallmard, 1995.
Binswanger, Ludwig, *Analyse existentielle et psychanalyse freudienne: Discours,
    parcours et Freud*, Paris: Gallimard, coll. "Tel", 1970.
_____, *Mélancolie et manie: Études phénoménologiques*, Paris: PUF, 1987.
_____, *Grundformen und Erkenntnis menschlichen Daseins*, Heidelberg:
    Roland Asanger Verlag, 1993.
_____, *Trois formes manquées de la présence humaines*, Paris: Cercle
    Herméneutique, 2002.
Hesnard, Ange, *L'œuvre de Freud et son importance pour le monde moderne*,
    Paris: Payot, 1960.
Merleau-Ponty, Maurice, *Phénoménologie de la perception*, Paris: Gallimard,
    1945.
_____, *Le visible et l'invisible*, Paris: Gallimard, 1964.
_____, *Résumés de cours: Collège de France 1952 – 1960*, Paris: Gallimard,
    1968.
_____, *La prose du monde*, Paris: Gallimard, 1969.
_____, *Le primat de la perception et ses conséquences philosophiques*, Lagrasse:
    Verdier, 1996.

5장. 레비나스의 자아론과 정신분석

Anzieu, Didier, *Le moi-peau*, Paris: Dunod, 1995.
Boothby, Richard, *Death and Desire: Psychoanalytic Theory in Lacan's Return to
    Freud*, London and New York: Routledge, 1991.
Freud, Sigmund, "Zur Einführung des Narzißmus", *Gesammelte Werke X*,
    Frankfurt am Mein: Fischer, 1914(프로이트, 「나르시시즘 서론」, 『정신분석학의

근본 개념』, 윤희기·박찬부 옮김, 열린책들, 1997).

_____, "〈Psychoanalyse〉 und 〈Libidotheorie〉", *Gesammelte Werke XIII*, Frankfurt am Mein: Fischer, 1923(프로이트, 「〈정신분석학〉과 〈리비도이론〉」, 『과학과 정신분석학』, 박성수·한승완 옮김, 열린책들, 2020).

Lacan, Jacques, *Écrits*, Paris: Seuil, 1966.

_____, *Le séminaire III: Les psychoses*, Paris: Seuil, coll. "Points Essais", 1981.

_____, *Le séminaire XI: Les quatre concepts fondamentaux de la psychanalyse*, Paris: Seuil, coll. "Points Essais", 1990.

_____, *Le séminaire I: Les écrits techniques de Freud*, Paris: Seuil, coll. "Points Essais", 1998.

_____, *Autres écrits*, Paris: Seuil, 2001a.

_____, *Le séminaire II: Le moi dans la théorie de Freud et dans la technique de la psychanalyse*, Paris: Seuil, coll. "Points Essais", 2001b.

_____, *Le mythe individuel du névrosé*, Paris: Seuil, 2007.

Lalande, André, *Vocabulaire technique et critique de la philosophie*, 3rd ed., Paris: PUF, 2010.

Laplanche, Jean, *Vie et mort en psychanalyse*, Paris: PUF, 1989.

_____, *Problématiques VII: Le fourvoiement biologisant de la sexualité chez Freud, suivi de Biologisme et biologie*, Paris: PUF, 2006.

_____, *Nouveaux fondements pour la psychanalyse*, Paris: PUF, 2008.

Laplanche, Jean and Pontalis, Jean-Bertrand, *Vocabulaire de la psychanalyse*, 2nd edition, Paris: PUF, 1998(라플랑슈·퐁탈리스, 『정신분석 사전』, 임진수 옮김, 다니엘 라가슈 감수, 열린책들, 2005).

Levinas, Emmanuel, *De l'existence à l'existant*, Paris: Vrin, 1947(레비나스, 『존재에서 존재자로』, 서동욱 옮김, 민음사, 2003).

_____, *Le temps et l'autre*, Paris: PUF, coll. "Quadrige", 1948(레비나스, 『시간과 타자』, 강영안 옮김, 문예출판사, 1996).

_____, *Noms propres*, Montpellier: Fata Morgana, 1976.

_____, *Difficile liberté*, Paris: Le livre de poche, 1997a.

_____, *Dieu, la mort et le temps*, Paris: Le livre de poche, 1997b(레비나스, 『신, 죽음 그리고 시간』, 김도형·문성원·손영창 옮김, 그린비, 2013).

_____, *De l'évasion*, Paris: Le livre de poche, 1998.

_____, *Totalité et infini: Essai sur l'extériorité*, Paris: Le livre de poche, 2000(레

비나스, 『전체성과 무한』, 김도형·문성원·손영창 옮김, 그린비, 2018).

_____, *En découvrant l'existence avec Husserl et Heidegger*, Paris: Vrin, 2001.

Ogilivie, Bertrand, *Lacan. Le sujet: La formation du concept de sujet: 1932 – 1949*, Paris: PUF, 1987.

6장. 미셸 앙리, 코기토와 무의식

Borch-Jacobsen, "L'inconscient malgré tout", *Les études philosophiques*, no. 1, 1988.

Descartes, René, *Méditations métaphysiques*, trans. Florence Khodoss, Paris: PUF, 1968.

Freud, Sigmund, "Projet de la psychologie scientifique" (1895), *Naissance de la psychanalyse*, Paris: PUF, 1973.

_____, *Trois essais sur la théorie sexuelle* (1905), Paris: Gallimard, 1987.

_____, *L'interprétation des rêves* (1900), Paris: PUF, 1989.

_____, *Le délire et les rêves dans la "Gradiva" de W. Jensen* (1903), Paris: Gallimard, 1993.

_____, *Métapsychologie* (1915), Paris: Gallimard, 1996.

_____, *Inhibition, symptôme et angoisse* (1926), Paris: PUF, 1997.

_____, "Le problème économique du masochisme" (1924), *Névrose, psychose et perversion*, Paris: PUF, 1999.

Henry, Michel, *Généalogie de la psychanalyse*, Paris: PUF, 1985.

_____, *Incarnation: Une philosophie de la chair*, Paris: Seuil, 2000.

_____, "Quatre principes de la phénoménologie", *Phénoménologie de la vie I: De la phénoménologie*, Paris: PUF, 2003.

_____, "Phénoménologie non intentionnelle: Une tâche de la phénoménologie à venir", *Phénoménologie de la vie I: De la phenomenologie*, Paris: PUF, 2003.

_____, "Le cogito et l'idée de phénoménologie", *De la subjectivité II*, Paris: PUF, 2003.

_____, "Le cogito de Descartes et l'idée d'une phénoménologie idéale", *De la subjectivité II*, Paris: PUF, 2003,

_____, "Sur l'ego du cogito", *De la subjectivité II*, Paris: PUF, 2003.

_____, "Phénoménologie et psychanalyse", eds. P. Fédida and J. Schotte, *Psychiatrie et existence*, Grenoble: Jérôme Million, coll. "Krissi", 2007(1991).

Husserl, Edmund, *L'idée de la phénoménologie*, Paris: PUF, 2000.

_____, *Idées directrices pour une phénoménologie*, Paris: Gallimard, 2008.

Lacan, Jacques, *Écrits*, Paris: Seuil, 1966.

기다 겐 외 엮음, 『현상학사전』, 이신철 옮김, 도서출판b, 2011.

데카르트, 르네, 『성찰』, 이현복 옮김, 문예출판사, 1997.

배우순, 「S. 프로이트의 심층 심리적 무의식에 대해서: E. 후설의 "현상학적 무의식"에 연관해서」, 『철학논총』 54호, 새한철학회, 2008.

앙리, 미셸, 『물질 현상학』, 박영옥 옮김, 자음과모음, 2012.

_____, 『육화, 살의 철학』, 박영옥 옮김, 자음과모음, 2012.

_____, 『야만』, 이은정 옮김, 자음과모음, 2013.

정지은, 「예술 창조의 동기로서의 감정: 세잔을 중심으로」, 『현대정신분석』, 한국현대정신분석학회, 2014.

조태구, 「데카르트, 후설 그리고 앙리: 미셸 앙리의 데카르트 '코기토'에 대한 해석과 질료 현상학」, 『철학과 현상학 연구』 80집, 한국현상학회, 2019.

하이데거, 마르틴, 『니체 II』, 박찬국 옮김, 길, 2012.

후설, 에드문트, 『순수현상학과 현상학적 철학의 이념들 I』, 이종훈 옮김, 한길사, 2009.

_____, 『현상학의 이념』, 박지영 옮김, 필로소픽, 2020.

7장. 앙리 말디네의 현존재분석과 프로이트

Barthes, Roland, *L'empire des signes*, Paris: Skira, 1970.

Basaglia, Franco, *La majorité déviante*, Paris: Gallimard, 1976.

Baudrillard, Jean, *L'échange symbolique et la mort*, Paris: Gallimard, 1976.

Bergson, Henri, *Les deux sources de la morale et de la religion*, Paris: PUF, 1932(1984).

Cooper, David, *Psychiatrie et antipsychiatrie*, Paris: Seuil, 1970.

Cooper, David and Laing, Ronald, *Raison et violence*, Lausanne: Payot, 1972.

Deleuze, Gilles and Guattari, Felix, *L'anti-Œdipe: Capitalisme et schizophrénie I*,

Paris: Minuit, 1972.

Freud, Sigmund, *Nouvelles conférences d'introduction à la psychanalyse*, Paris: Gallimard, 1984.

_____, *Psychologie des masses et analyse du moi*, Paris: PUF, 2010.

_____, *L'interprétation des rêves*, Paris: PUF, 2012.

_____, *Cinq psychanalyses*, Paris: PUF, 2014.

Heidegger, Martin, *Être et Temps*, trans. E. Martineau, Authentica, 1927(1985).

Klein, Melanie, *Essais de psychanalyse: 1921 – 1945*, Paris: Payot, 1989.

Laing, Ronald, *Soi et les autres*, Paris: Gallimard, 1980.

Levinas, Emmanuel, *Totalité et infini: Essai sur l'extériorité*, La Haye: Martinus Nijhoff, 1961.

_____, *En découvrant l'existence avec Husserl et Heidegger*, Paris: Vrin, 1949(1967).

Lévi-Straus, Claude, *Mythologiques I~IV*, Paris: Plon, 1964~1971.

Maldiney, Henri, *Penser l'homme et la folie*, Grenoble: Millon, 1991.

_____, *Regard Parole Espace*, Lausanne: L'Âge d'homme, 1973.

_____, *Aîtres de la langue et demeures de la pensée*, Lausanne: L'Âge d'homme, 1975.

Marion, Jean-Luc, *Étant donné: Essai d'une phénoménologie de la donation*, Paris: PUF, 1997.

Küpperdu, Joachim, "Antiherméneutique et hyperherméneutique: les discussions allemandes", *Critique*, no. 817~818, 2015. 6~7, pp. 582~593.

Ricoeur, Paul, *Soi-même comme un autre*, Paris: Seuil, 1990.

Rigaud, Bernard, *Henri Maldiney. La capacité d'exister*, Germina, 2012.

Romano, Claude, *L'événement et le monde*, Paris: PUF, 1998(1999).

_____, *Au cœur de la raison, la phénoménologie*, Paris: Gallimard, 2010.

Sartre, Jean-Paul, *L'être et le néant*, Paris: Gallimard, 1943.

_____, *Situations I*, Paris: Gallimard, 1947.

Thomas-Fogiel, Isabelle, *Le lieu de l'universel*, Paris: Seuil, 2015.

8장. 리쾨르와 프로이트: 해석학과 정신분석

Greisch, Jean, *Le cogito herméneutique: L'herméneutique philosophique et l'heritage cartésien*, Paris: Vrin, 2000.

Lesgards, Roger, *Jean Bazaine: Couleurs et mots*, Paris: Le Cherche Midi, 1997.

Ricoeur, Paul, *Philosophie de la volonté I: Le volontaire et l'involontaire*, Paris: Aubier, 1950.

_____, *Philosophie de la volonté II: Finitude et culpabilité: La symbolique du mal*, Paris: Aubier, 1960(리쾨르, 『악의 상징』, 양명수 옮김, 문학과지성사, 1999).

_____, *De l'interprétation: Essai sur Freud*, Paris: Seuil, 1965(리쾨르, 『해석에 대하여: 프로이트에 관한 시론』, 김동규·양명수 옮김, 인간사랑, 2020).

_____, *Le conflit des interprétations: Essais d'herméneutique*, Paris: Seuil, 1969(리쾨르, 『해석의 갈등』, 양명수 옮김, 아카넷, 2001).

_____, "On interpretation", ed. Alan Montefiore, *Philosophy in France Today*, London: Cambridge University Press, 1983.

_____, *Temps et récit III: Le temps raconté*, Paris: Seuil, 1985(리쾨르, 『시간과 이야기 3』, 김한식 옮김, 문학과지성사, 2004).

_____, *Du texte à l'action*, Paris: Seuil, 1986(리쾨르, 『텍스트에서 행동으로』, 박병수·남기영 옮김, 아카넷, 2002).

_____, "Le sujet convoqué", *Revue de l'instituit catholique de Paris*, vol. 28, 1988.

_____, *Soi-même comme un autre*, Paris: Seuil, 1990(리쾨르, 『타자로서 자기 자신』, 김웅권 옮김, 동문선, 2006).

_____, "Le pardon peut-il guérir?", *Esprit*, no. 210, 1995. 3~4.

_____, *La mémoire, l'histoire, l'oubli*, Paris: Seuil, 2000.

_____, *Écrits et conférences I: Autour de la psychanalyse*, Paris: Seuil, 2008.

김서영, 「리쾨르의 『해석에 대하여: 프로이트에 관한 시론』에서 시도된 정신분석학에 대한 해석학적 고찰의 의의」, 『해석학연구』 30집, 2012.

김한식, 『해석의 에움길: 폴 리쾨르의 해석학과 문학』, 문학과지성사, 2019.

데카르트, 르네, 『철학의 원리』, 김형효 옮김, 삼성출판사, 1982.

도스, 프랑수아, 『폴 리쾨르: 삶의 의미들』, 이봉지·한택수·선미라·김지혜 옮김, 동문선, 2005.

라플랑슈, 장·퐁탈리스, 장-베르트랑, 『정신분석 사전』, 임진수 옮김, 다니엘 라가슈 감

　　　수, 열린책들, 2005.

리쾨르, 폴, 『번역론: 번역에 관한 철학적 성찰』, 윤성우·이향 옮김, 철학과현실사,
　　　2006.

윤성우, 「자유와 자연: 리쾨르의 경우」, 『현상학과 현대철학』(구 『철학과 현상학 연구』)
　　　19집, 2002.

＿＿＿＿, 『폴 리쾨르의 철학』, 철학과현실사, 2004.

＿＿＿＿, 『폴 리쾨르의 철학과 인문학적 변주』, 한국외국어대학교출판부, 2017.

정기철, 「해석학과 정신분석학의 만남이 주는 의미에 대한 고찰: 리쾨르를 중심으로」,
　　　『해석학연구』 9집, 2002.

하이데거, 마르틴, 『존재와 시간』, 이기상 옮김, 까치, 1998.

9장. 리오타르, 포스트모던 철학과 정신분석

Freud, Sigmund, *The Standard of the Complete Psychological Works of Sigmund Freud*, vol. 5, trans and ed. James Strachey, London: Hogarth Press, 1953~1974.

Gualandi, A., *Lyotard*, Paris: Les Belles Lettres, 1999.

Lacan, Jacques, *Écrits*, Paris: Seuil, 1966.

Lyotard, Jean-François, *Discours, Figure*, Paris: Klincksieck, 1971/1985.

＿＿＿＿, *Dérive à partir de Marx et Freud*, Paris: Union Générale d'Éditions, 1973.

＿＿＿＿, *Des dispositifs pulsionnels*, Paris: Éditions Galilée, 1994.

라캉, 자크, 『자크 라캉 세미나 11: 정신분석의 네 가지 근본 개념』, 맹정현·이수련 옮
　　　김, 새물결, 2008.

라플랑슈, 장·퐁탈리스, 장-베르트랑, 『정신분석 사전』, 임진수 옮김, 다니엘 라가슈 감
　　　수, 열린책들, 2005.

리쾨르, 폴, 『해석의 갈등』, 양명수 옮김, 한길사, 2012.

박영욱, 「이미지의 정치학: 리오타르의 형상/담론 이분법에 대한 고찰」, 『동서철학연
　　　구』 31권, 한국동서철학회, 2004.

박찬부, 『라캉: 재현과 그 불만』, 문학과지성사, 2006.

＿＿＿＿, 『기호, 주체, 욕망』, 창비, 2007.

백상현, 『라캉의 인간학』, 위고, 2017.

연효숙, 「들뢰즈, 가타리의 분열분석에서 억압과 무의식의 문제」, 『철학연구』 121집, 철학연구회, 2018.

이광래, 『해체주의와 그 이후』, 열린책들, 2007.

페터 V. 지마, 『모던/포스트모던』, 김태환 옮김, 문학과지성사, 2010.

프로이트, 지그문트, 『새로운 정신분석 강의』, 임홍빈·홍혜경 옮김, 열린책들, 1997.

_____, 『정신분석입문/꿈의 해석』, 김양순 옮김, 동서문화사, 2007.

_____, 『프로이트 꿈의 심리학』, 정명진 옮김, 부글, 2009.

핑크, 브루스, 『에크리 읽기: 문자 그대로의 라캉』, 김서영 옮김, 도서출판b, 2007.

한정선·호이어, 안드레아스, 『현대와 후기현대의 철학적 논쟁』, 서광사, 1991.

호머, 숀, 『라캉읽기』, 김서영 옮김, 은행나무, 2006.

10장. 들뢰즈와 과타리의 오이디푸스 유형학

Adkins, Brent, "One or Several Wolves: The Wolf-Man's Pass-Words", eds. Henry Somers-Hall et al., *A Thousand Plateaus and Philosophy*, Edinburgh: Edinburgh University Press, 2018.

Buchanan, Ian, *Deleuze and Guattari's 'Anti-Œdipus': A Reader's Guide*, London: Continuum International Publishing, 2008(이언 뷰캐넌, 『『안티-오이디푸스』 읽기』, 이규원·최승현 옮김, 그린비, 2020).

Deleuze, Gilles, "Cinq propositions sur la psychanalyse", ed. D. Lapoujade, *L'île déserte: textes et entretiens 1953 - 1974*, Paris: Minuit, 2002.

Deleuze, Gilles and Guattari, Felix, *L'anti-Œdipe: Capitalisme et schizophrénie I*, Paris: Minuit, 1973(2008)(들뢰즈·과타리, 『안티 오이디푸스: 자본주의와 분열증』, 김재인 옮김, 민음사, 2014).

_____, *Mille plateaux: Capitalisme et schizophrénie II*, Paris: Minuit, 1980.

Foucault, Michel, *Histoire de la folie à l'âge classique*, Paris: Gallimard, 1972(푸코, 『광기의 역사』, 이규현 옮김, 나남출판, 2003).

_____, "Nietzsche, la généalogie, l'histoire", eds. D. Defert and F. Ewald, *Dits et écrits: 1954 - 1988; 2: 1970 - 1975*, Paris: Gallimard, 1994.

Freud, Sigmund, "The Case of the Wolf-man: From the History of an Infantile Neurosis", trans. James Strachey, *The Standard Edition of the Complete Psychological Works of Sigmund Freud*, London: Hogarth Press and

Institute of Psycho-Analysis, 1953~1974(프로이트, 『늑대 인간』, 김명희 옮김, 열린책들, 1998[2020]).

Griaule, Marcel, *Dieu d'eau*, Paris: Fayard, 1948(마르셀 그리올, 『물의 신』, 변지현 옮김, 영림카디널, 2000).

Lambert, G., "Deterritorialization Psycho-Analysis", ed. G. Schwab, *Derrida, Deleuze, psychoanalysis*, New York: Columbia University Press, 2007.

Pearson, Keith Ansell, *Germinal Life: The Difference and Repetition of Deleuze*, London and New York: Routledge, 1999.

Rosanvallon, Jerome and Preteseille, Benoît, *Deleuze & Guattari à vitesse infinie 2*, Paris: Ollendorff & Desseins, 2016.

Sarup, Madan, *An Introductory Guide to Post-structuralism and Postmodernism*, New York: Harvester Wheatsheaf, 1988(1993)(마단 사럽, 『후기구조주의와 포스트모더니즘』, 전영백 옮김, 조형교육, 2005).

Sibertin-Blanc, Guillaume, *Deleuze et l'anti-Œdipe: La production du désir*, Paris: PUF, 2010.

Smith, Daniel W., "7000 BC: Apparatus of Capture", eds. Henry Somers-Hall et al., *A Thousand Plateaus and Philosophy*, Edinburgh: Edinburgh University Press, 2018.

나지오, 장-다비드, 『오이디푸스: 정신분석의 가장 근본적 개념』, 표원경 옮김, 한동네, 2017.

서동욱, 「라깡과 들뢰즈: 들뢰즈의 욕망하는 기계와 라깡의 부분 충동: 스피노자적 욕망이론의 라깡 해석」, 김상환·홍준기 엮음, 『라깡의 재탄생』, 창작과비평사, 2002.

성기현, 「들뢰즈와 가타리의 보편사 개념에 대한 연구」, 『인문논총』 78권(1호), 서울대학교 인문학연구원, 2021.

연효숙, 「들뢰즈, 가타리의 분열분석에서 억압과 무의식의 문제」, 『철학연구』 121집, 철학연구회, 2018.

이경래, 「서아프리카 도공족의 인간관」, 『프랑스문화예술연구』 35집, 프랑스문화예술학회, 2011.

핑크, 브루스, 『라캉과 정신의학: 라캉 이론과 임상분석』, 맹정현 옮김, 민음사, 2002.

11장. 푸코와 정신분석: 섹슈얼리티를 넘어서

Canguilhem, Georges, "Ouverture", *Penser la folie: Essai sur Michel Foucault*, Paris: Galilée, 1992.

Davidson, Arnold, *The Emergence of Sexuality: Historical Epistemology and the Formation of Concepts*, Cambridge: Harvard University Press, 2002.

Defert, Daniel, "Chronologie", in Foucault, *Dits et écrits I: 1954 – 1969*, Paris: Gallimard, 1994.

Derrida, Jacques, "'Être juste avec Freud'. L'histoire de la folie à l'âge de la psychanalyse", *Penser la folie: Essai sur Michel Foucault*, Paris: Galilée, 1992.

Deleuze, Gilles, "Désir et plaisir", *Deux régimes de fous*, Paris: Minuit, 2003.

Eribon, Didier, *Michel Foucault et ses contemporains*, Paris: Fayard, 1994.

_____, *Echapper à la psychanalyse*, Clamécy: Léo Sheer, 2005.

Foucault, Michel. *Les mots et les choses: Une archéologie des sciences humaines*, 1966(푸코, 『말과 사물』, 이규현 옮김, 민음사, 2012).

_____, *L'archéologie du savoir*, 1969(푸코, 『지식의 고고학』, 이정우 옮김, 민음사, 1992).

_____, *Histoire de la folie à l'âge classique: Folie et deraison*, Paris: Gallimard, 1972(푸코, 『광기의 역사』, 이규현 옮김, 나남, 2003).

_____, *Histoire de la sexualité 1: La volonté de savoir*, 1976(푸코, 『성의 역사 1: 지식의 의지』, 이규현 옮김, 나남, 2004).

_____, "Entretien inédit entre Michel Foucault et quatre militants de la LCR, membres de la rubrique culturelle du journal quotidien Rouge(juillet 1977)", https://questionmarx.typepad.fr/files/entretien-avec-michel-foucault-1.pdf.

_____, *Histoire de la sexualité 2: L'usage des plaisirs*, 1984(푸코, 『성의 역사 2: 쾌락의 활용』, 문경자·신은영 옮김, 나남, 2004).

_____, "Michel Foucault explique son dernier livre", *Dits et écrits I: 1954 – 1969*, Paris: Gallimard, 1994.

_____, "Qu'est-ce qu'un auteur?", *Dits et écrits I: 1954 – 1969*, Paris: Gallimard, 1994.

_____, "Il y aura scandale, mais⋯", *Dits et écrits II: 1970 – 1975*, Paris:

Gallimard, 1994.

      , "Michel Foucault Les réponses du philosophe", *Dits et écrits II: 1970 – 1975*, Paris: Gallimard, 1994.

      , "L'Occident et la vérité du sexe", *Dits et écrits III: 1976 – 1979*, Paris: Gallimard, 1994.

      , "La scène de la philosophie", *Dits et écrits III: 1976 – 1979*, Paris: Gallimard, 1994.

      , "Le jeu de Michel Foucault", *Dits et écrits III: 1976 – 1979*, Paris: Gallimard, 1994.

      , "Les rapports de pouvoir passent à l'intérieur des corps", *Dits et écrits III: 1976 – 1979*, Paris: Gallimard, 1994.

      , "M. Foucault. Conversation sans complexes avec le philosophe qui analyse les 'structures du pouvoir'", *Dits et écrits III: 1976 – 1979*, Paris: Gallimard, 1994.

      , "Interview de Michel Foucault", *Dits et écrits IV: 1980 – 1988*, Paris: Gallimard, 1994.

      , "Lacan, le 'libérateur' de la psychanalyse", *Dits et écrits IV: 1980 – 1988*, Paris: Gallimard, 1994.

      , "Le vrai sexe", *Dits et écrits IV: 1980 – 1988*, Paris: Gallimard, 1994.

      , "Les mailles du pouvoir", *Dits et écrits IV: 1980 – 1988*, Paris: Gallimard, 1994.

      , "Une Interview de Michel Foucault par Stephen Riggins", *Dits et écrits IV: 1980 – 1988*, Paris: Gallimard, 1994.

      , *Il faut défendre la société: Cours au Collège de France, 1976*, 1997(푸코, 『사회를 보호해야 한다』, 박정자 옮김, 동문선, 1998).

      , *Les anormaux: Cours au Collège de France: 1974 – 1975*, 1999(푸코, 『비정상인들』, 박정자 옮김, 동문선, 2001).

      , "The Gay Science", *Critical Inquiry*, no. 37, 2011.

      , *L'origine de l'herméneutique de soi*, Paris: Vrin, 2013.

      , *Le pouvoir psychiatrique: Cours au Collège de France: 1973 – 1974*, 2003(푸코, 『정신의학의 권력』, 심세광·전혜리 옮김, 난장, 2014).

      , *Cours sur la sexualité*, Paris: EHESS/Gallimard/Seuil, 2018.

Miller, Jacques-Alain, "Michel Foucault et la psychanalyse", *Michel Foucault philosophe*, Paris: Seuil, 1989.

Veyne, Paul, "Avant-propos", *Sénèque-Entretiens. Lettres à Lucilius*, Paris: Robert Laffont, 1993.

_____, *Foucault, sa pensée, sa personne*, Paris: Albin Michel, 2008(폴 벤느, 『푸코, 사유와 인간』, 이상길 옮김, 산책자, 2009).

Whitebook, Joel, "Against interiority: Foucault's struggle with psychoanalysis", ed. Gary Gutting, *Cambridge Companion to Michel Foucault*, Cambridge: Cambridge University Press, 2005.

문성훈, 『미셸 푸코의 비판적 존재론: 그 미완의 기획』, 길, 2010.

이상길, 「이중적 커뮤니케이션 형식으로서의 고백: 미셸 푸코의 논의를 중심으로」, 『언론과 사회』 제27권 3호, 2019.

12장. 데리다와 정신분석: 저항의 리듬

Althusser, Louis, *Lenin and Philosophy and Other Essays*, trans. Ben Brewster, London: Monthly Review Press, 1971.

Arsič, Branka, "The Rhythm of Pain: Freud, Deleuze, Derrida", ed. Gabriele Schwab, *Derrida, Deleuze, Psychoanalysis*, New York: Columbia University Press, 2007, pp. 142~170.

Badiou, Alan, *The Adventure of French Philosophy*, trans. Bruno Bosteels, London: Verso, 2012.

Bennington, Geoffrey, *Interrupting Derrida*, London and New York: Routledge, 2000.

Boothby, Richard, *Death and Desire: Psychoanalytic Theory in Lacan's Return to Freud*, London and New York: Routledge, 1991.

_____, *Freud as Philosopher: Metapsychology after Lacan*, London and New York: Routledge, 2001.

Deleuze, Gilles and Guattari, Félix, *Anti-Oedipus: Capitalism and Schizophrenia I*, trans. Robert Hurley, Mark Seem and Helen R. Lane, London and New York: Bloomsbury, 2004.

Deleuze, Gilles, *Masochism: Coldness and Cruelty*, trans. Jean McNeil, New York: Zone Books, 1991.

_____, *Desert Islands and Other Texts(1954 – 1973)*, trans. Michael Taormina, London: Semiotext(e), 2004.

de Man, Paul, *The Resistance to Theory*, Minneapolis: University of Minnesota Press, 1986.

Derrida, Jacques, *Writing and Difference*, trans. Alan Bass, London and New York: Routledge, 1978.

_____, *Margins of Philosophy*, trans. Alan Bass. Chicago: University of Chicago Press, 1982.

_____, *The Post Card: From Socrates to Freud and Beyond*, trans. Alan Bass, Chicago: University of Chicago Press, 1987.

_____, "Che cos'é la poesia?", *A Derrida Reader: Between the Blind*, trans. Peggy Kamuf, New York: Columbia University Press, 1991, pp. 221~240.

_____, *Acts of Literature*, ed. Derek Attridge, London and New York: Routledge, 1992.

_____, *Archive Fever: A Freudian Impression*, trans. Eric Prenowitz, Chicago: University of Chicago Press, 1995.

_____, *Politics of Friendship*, trans. George Collins, London: Verso, 1997.

_____, *Resistances of Psychoanalysis*, trans. Peggy Kamuf, Pascale-Anne Brault and Michale Naas, Stanford: Stanford University Press, 1998.

_____, *Negotiations: Interventions and Interviews(1971 – 2001)*, trans. Elizabeth Rottenberg, Stanford: Stanford University Press, 2002.

_____, *Of Grammatology*, trans. Gayatri Chakravarty Spivak, Baltimore: Johns Hopkins University Press, 2016.

de Ville, Jacques, "Derrida's The Purveyor of Truth and Constitutional Reading", *Journal of Semiotic Law*, vol. 21, no. 2, 2008, pp. 117~137.

Foucault, Michel, "Intellectuals and Power", trans. Donald F. Bouchard and Sherry Simon, *Language, Counter-memory, Practice: Selected Essays and Interviews*, Ithaca: Cornell University Press, 1977, pp. 205~217.

_____, "Preface", Gilles Deleuze and Félix Guattari, *Anti-Oedipus: Capitalism and Schizophrenia I*, trans. Robert Hurley, Mark Seem and Helen R. Lane, Minneapolis: University of Minnesota Press, 1983, pp. xi-xiv.

_____, "Truth and Power", trans. Donald F. Bouchard et al., ed. Paul Rabinow, *The Foucault Reader*, New York: Pantheon Books, 1984, pp. 51~75.

Freud, Sigmund, "Project for a Scientific Psychology", trans. James Strachey, *The Standard Edition of the Complete Psychological Works of Sigmund Freud*, vol. 1, London: Hogarth Press, 1950, pp. 281~391.

_____, "The Uncanny", trans. James Strachey, *The Standard Edition of the Complete Psychological Works of Sigmund Freud*, vol. 17, London: Hogarth Press, 1955, pp. 218~252.

_____, "Beyond the Pleasure Principle", trans. James Strachey, *The Standard Edition of the Complete Psychological Works of Sigmund Freud*, vol. 18, London: Hogarth Press, 1955, pp. 1~57.

_____, "A Note on the 'Mystic Writing Pad'", trans. James Strachey, *The Standard Edition of the Complete Psychological Works of Sigmund Freud*, vol. 19, London: Hogarth Press, 1961, pp. 227~232.

Lacan, Jacques, *Écrits: A Selection*, trans. Alan Sheridan, New York: Norton, 1977.

_____, *Écrits*, trans. Bruce Fink, New York: Norton, 2006.

Lambert, Gregg, "The Subject of Literature Between Derrida and Deleuze: Law or Life?", *Angelaki*, vol. 5, no. 2, 2000, pp. 177~190.

Major, René, "Derrida's Psychoanalysis", *The Undecidable Unconscious: A Journal of Deconstruction and Psychoanalysis*, vol. 3, no. 1, 2016, pp. 1~19.

Malabou, Catherine, "Plasticity and Elasticity in Freud's Beyond the Pleasure Principle", *Diacritics*, vol. 37, no. 4, 2007, pp. 78~85.

Muller, John P. and Richardson, William J. eds., *The Purloined Poe: Lacan, Derrida and Psychoanalytic Reading*, Baltimore: Johns Hopkins University Press, 1988.

Rorty, Richard, "Philosophy as a Kind of Writing: An Essay on Derrida", *New Literary History*, vol. 39, no. 1, 2008, pp. 101~119.

Sheikh, Shela, "Bartleby-Derrida: Literature, Law and Responsibility", eds. S. Dimakopoulou, C. Dokou and E. Mitsi, *The Letter of the Law: Literature, Justice and the Other*, New York: Peter Lang, 2013, pp. 77~90.

Stiegler, Bernard, "Derrida and Technology", ed. Tom Cohen, *Jacques Derrida and the Humanities*, Cambridge: Cambridge University Press, 2001, pp. 238~270.

강우성, 『불안은 우리를 삶으로 이끈다: 프로이트 세미나』, 문학동네, 2019.

고이치로, 고쿠분, 『들뢰즈 제대로 읽기』, 박철은 옮김, 동아시아, 2015.

김상환, 「라깡과 데리다: 기표의 힘, 실재의 귀환」, 『라깡의 재탄생』, 김상환·홍준기 엮음, 창작과비평사, 2002, 505~552쪽.

데리다, 자크, 『문학의 행위』, 정승훈·진주영 옮김, 문학과지성사, 2013.

들뢰즈·과타리, 『안티오이디푸스: 자본주의와 분열증』, 김재인 옮김, 민음사, 2014.

라캉, 자크, 『에크리』, 홍준기·이종영·조형준·김대진 옮김, 새물결, 2019.

민승기, 「초월의 몸짓: 라캉과 데리다」, 『라깡과 현대정신분석』 1권 1호, 1999, 222~245쪽.

프로이트, 지그문트, 「두려운 낯설음」, 『예술, 문학, 정신분석』, 정장진 옮김, 열린책들, 1996.

_____, 「쾌락 원칙을 넘어서」, 『정신분석학의 근본 개념』, 윤희기·박찬부 옮김, 열린책들, 1997.

히로키, 아즈마, 『존재론적, 우편적: 자크 데리다에 대하여』, 조영일 옮김, 도서출판 b, 2015.

13장. 바타유의 정신분석 사용법

Bataille, Georges, *Histoire de l'œil* in *Œuvres complètes I: Premières écrits(1922 – 1940)*, Paris: Gallimard, 1970.

_____, "La structure psychologique du fascisme", *Œuvres complètes I: Premières écrits(1922 – 1940)*, Paris: Gallimard, 1970.

_____, "17 janvier 1938(Société de psychologie collective)", *Œuvres complètes II: Écrits posthumes(1922 – 1940)*, Paris: Gallimard, 1970.

_____, *L'impossible* in *Œuvres complètes III: Œuvres littéraires*, Paris: Gallimard, 1971.

_____, *L'expérience intérieure* in *Œuvres complètes V: La somme athéologique I*, Paris: Gallimard, 1973.

_____, *La souveraineté* in *Œuvres complètes VIII*, Paris: Gallimard, 1976.

_____, *L'érotisme, Œuvres complètes X*, Paris: Gallimard, 1976.

_____, "La volonté de l'impossible", *Œuvres complètes XI: Articles 1(1944 – 1949)*, Paris: Gallimard, 1988.

_____, "Hegel, la mort et le sacrifice", *Œuvres complètes XII: Articles 2(1950 – 1961)*, Paris: Gallimard, 1988.

Baudry, Jean-Louis, "Bataille et la science: introduction à l'expérience intérieure", Philippe Sollers(dir.), *Bataille*(Actes du colloque du Centre Culturel International de Cerisy-la-Salle, 1972. 7), Paris: Union Générale d'Éditions, 1973.

Botting, Fred, "Relations of the Real in Lacan, Bataille and Blanchot", *SubStance*, vol. 23, no. 1, issue 73, 1994, pp. 24~40.

Cha, Jiyeon, *La trahison chez Georges Bataille*, Ph. D. thesis, Sorbonne Paris Cité: Université Paris VII Diderot, 2016.

Chapsal, Madeleine, *Envoyez la petite musique*, Paris: Le livre de poche, coll. "Biblio Essais", 1984.

Deleuze, Gilles and Parnet, Claire, *Dialogues*, Paris: Champs Essais, 1996.

Ernst, Gilles, "Notice d'*Histoire de l'oeil*", in George Bataille, *Romans et récits*, Paris: Gallimard, Bibliothèque de la Pléiade, 2004.

Galletti, Marina, "Chronologie", *Romans et récits*, Paris: Gallimard, coll. "Bibliothèque de la Pléiade", 2004.

Hollier, Denis, ed., *Le Collège de sociologie: 1937 – 1939*, Paris: Gallimard, 1995.

Kojève, Alexandre, *Introduction à la lecture de Hegel*, Paris: Gallimard, 1947.

Lacan, Jacques, *Le séminaire VII: L'éthique de la psychanalyse*, Paris: Seuil, 1986.

_____, *Le séminaire XX: Encore*, Paris: Seuil, 1975.

_____, "Réponse au commentaire de Jean Hyppolite sur la Verneinung de Freud", http://ecole-lacanienne.net/wp-content/uploads/2016/04/1954-02-10b.

Millot, Catherine, "Bataille et la psychanalyse", *Les temps modernes*, 1998. 12~1999. 1/2, no. 602, pp. 147~152.

Nguyên, Albert, *La perdi(c)tion de Georges Bataille: Essai de psychanalyse*, Paris: Stilus, 2016.

Roudinesco, Elisabeth, *Histoire de la psychanalyse en France 1(1885 – 1939)*, Paris: Fayard, 1994.

Sichère, Bernard, *Pour Bataille*, Paris: Gallimard, 2006.

Surya, Michel, *Georges Bataille, La mort à l'œuvre*, Paris: Gallimard, coll. "Tel", 2012.

김석, 『에크리: 라캉으로 이끄는 마법의 문자들』, 살림, 2007.

김상환·홍준기 엮음, 「자끄 라깡, 프로이트로의 복귀: 프로이트·라깡 정신분석학──이론과 임상」,『라캉의 재탄생』, 창작과비평사, 2002.

라캉, 자크,『자크 라캉 세미나 11: 정신분석의 네 가지 근본 개념』, 맹정현·이수련 옮김, 새물결, 2008.

라플랑슈, 장·퐁탈리스, 장-베르트랑,『정신분석 사전』, 임진수 옮김, 다니엘 라가슈 감수, 열린책들, 2005.

루디네스코, 엘리자베스,『자크 라캉 1: 라캉과 그의 시대』, 양녕자 옮김, 새물결, 2000.

_____,『자크 라캉 2: 삶과 사유의 기록』, 양녕자 옮김, 새물결, 2000.

바타유, 조르주,『불가능』, 성귀수 옮김, 워크룸프레스, 2014.

정명환,「사르트르의 낮의 철학과 바타이유의 밤의 사상」,『현대의 위기와 인간』, 민음사, 2006.

차지연,「조르주 바타유의 '내적 체험'과 술(酒): 소설『쥘리』연구」,『불어불문학연구』113집, 한국불어불문학회, 2018, pp. 181~216.

프로이트, 지크문트,『집단심리학과 자아분석』, 이상률 옮김, 이책, 2015.

_____,「토템과 터부」, 이윤기 옮김,『종교의 기원』, 열린책들, 1997.

_____,「쾌락원칙을 넘어서」, 윤희기·박찬부 옮김,『정신분석학의 근본 개념』, 열린책들, 2004.

14장. 바르트의 정신분석학적 어휘

Barthes, Roland, *Œuvres complètes I~V*, ed. Eric Marty, Paris: Seuil, 2002.

_____, *Comment vivre ensemble: Simulations romanesques de quelques espaces quotidiens: Note de Cours et de séminaires au Collège de France, 1976 – 1977*, ed. Claude Coste, Paris: Seuil/IMEC, coll. "Traces écrites", 2002.

_____, *Le neutre: Cours au Collège de France(1977 – 1978)*, ed. Thomas Clerc, Paris: Seuil/IMEC, coll. "Traces écrites", 2002.

_____, *Sarrasine de Balzac: Séminairess à l'École pratique des hautes études(1967 – 1968 et 1968 – 1969)*, eds. Claude Coste and Andy Stafford, Paris: Seuil, coll. "Traces écrites", 2011.

_____, *Roland Barthes Album: Inédits, correspondances et varia*, ed. Eric Marty, Paris: Seuil, 2015.

Comment, Bernard, *Roland Barthes, vers le neutre*, Christian Bourgois Editeur,

1991.

Gil, Marie, *Roland Barthes: Au lieu de la vie*, Paris: Flammarion, 2012.

Lacan, Jacques, "L'instance de la lettre dans l'inconscient ou la raison depuis Freud", *Écrits*, Paris: Seuil, 1966, pp. 493~530.

Macé, Marielle, Murat, Michel and Worms, Frédéric(organisateurs), "Colloque Roland Barthes: Littérature et philosophie des années 1960", ENS, 2008. 3. 28, https://www.roland-barthes.org/audio_sur_barthes1.html.

Marty, Eric, "Roland Barthes et le discours clinique: lecture de *S/Z*", *Essaim*, vol. 15, issue 2, 2005, pp. 83~100.

_____, *Roland Barthes, le métier d'écrire*, Paris: Seuil, 2006.

_____, "Le neutre barthésien et la question du genre", Séminaire Roland Barthes, ENS, 2015. 3. 14, http://www.roland-barthes.org/audio_seminaire_barthes1.html.

Milner, Jean-Claude, *Le pas philosophique de Roland Barthes*, Lagrasse: Verdier, 2003.

Nachtergael, Magali, "Barthes à l'aune des Queer & Visual Studies", *Roland Barthes: Continuités, déplacements, recentrements, Colloque de Cerisy 2016*, Jean-Pierre Bertrand(dir.), Paris: Christian Bourgois Éditeur, 2017, pp. 417~436.

Reboul, Jean, "Sarrasine ou la castration personnifiée", *Cahiers pour l'analyse*, 1967. 3/4, pp. 91~96.

Samoyault, Tiphaine, *Roland Barthes*, Paris: Seuil, coll. "Fiction & Cie", 2015.

15장. 지라르, 모방이론과 새로운 심리학

Anspach, Mark, "Global Markets, Anonymous Victims", *Courrier UNESCO* 2001. 5, Interview by Yannick Blanc and Michel Bessières, http://www.unesco.org/courier/2001_05/uk/dires.htm/.

Girard, René, *Mensonge romantique et vérité romanesque*, Paris: Grasset, 1961.

_____, *La violence et le sacré*, Paris: Grasset, 1972.

_____, *Des choses cachées depuis la fondation du monde*, Paris: Grasset, 1978.

_____, *Celui par qui le scandale arrive*, Paris: Desclée de Brouwer, 2001.

_____, *Les origines de la culture*, Paris: Desclée de Brouwer, 2004.

_____, "Violence and Religion: Cause or Effect?", *The Hedgehog Review*, 2004. 3. 22, Institute for Advanced Studies in Culture, vol. 6, issue 1.

_____, interviewed by Nicolas Truong, *Le monde de l'éducation*, 2006. 5.

_____, *Anorexie et désir mimétique*, Paris: Carnets de l'Herne, 2008.

Oughourlian, Jean-Michel, *Un mime nommé désir*, Paris: Grasset, 1982.

_____, *Genèse du désir*, Paris: Carnetsnord, 2007.

Webb, Eugene, "The New Social Psychology of France: The Girardian School", *Religion*, vol. 23, issue 3, 1993.

16장. 바디우와 정신분석, 진리와 주체로 본 사랑

Badiou, Alain, *L'être et l'événement*, Paris: Seuil, 1988(바디우, 『존재와 사건』, 조형준 옮김, 새물결, 2013).

_____, "D'un sujet enfin sans objet", *Après le sujet qui vient*, no. 20, Paris: Aubier, coll. "Cahiers Confrontation", 1989.

_____, *Manifeste pour la philosophie*, Paris: Seuil, 1989(바디우, 『철학을 위한 선언』, 서용순 옮김, 길, 2010).

_____, *Conditions*, Paris: Seuil, 1992(바디우, 『조건들』, 이종영 옮김, 새물결, 2006).

_____, *L'éthique: Essai sur la conscience du mal*, Paris: Hatier, 1993(바디우, 『윤리학』, 이종영 옮김, 동문선, 2001).

_____, *Saint Paul: La fondation de l'universalisme*, Paris: PUF, 1997(바디우, 『사도 바울: '제국'에 맞서는 보편주의 윤리를 찾아서』, 현성환 옮김, 새물결, 2008).

_____, *Court traité d'ontologie transitoire*, Paris: Seuil, 1998(바디우, 『일시적 존재론』, 박정태 옮김, 이학사, 2018).

_____, *Petit manuel d'inesthétique*, Paris: Seuil, 1998(바디우, 『비미학』, 장태순 옮김, 이학사, 2010).

_____, *Beckett: L'increvable désir*, Paris: Fayard, 2013.

Lacan, Jacques, *Écrits I, II*, Paris: Seuil, 1966.

_____, *Le séminaire XX: Encore*, Paris: Seuil, 1975.

노부스, 대니 엮음, 『라캉 정신분석의 핵심 개념들』, 문심정연 옮김, 문학과지성사, 2013.

라캉, 자크, 『욕망이론』, 권택영 엮음, 권택영 외 옮김, 문예출판사, 1994.

_____, 『프로이트의 기술론: 세미나 1』, 맹정현·이수련 옮김, 새물결, 2016.

_____, 『에크리』, 홍준기 외 옮김, 새물결, 2019.

바디우, 알랭, 『사랑예찬』, 조재룡 옮김, 길, 2010.

_____, 『인민이란 무엇인가』, 서용순·임옥희·주형일 옮김, 현실문화: 현실문화연구, 2014.

_____, 『행복의 형이상학』, 박성훈 옮김, 민음사, 2016.

_____, 『참된 삶』, 박성훈 옮김, 글항아리, 2018.

_____, 『Alain Badiou 베케트에 대하여』, 서용순·임수현 옮김, 민음사, 2013.

바디우, 알랭·루디네스코, 엘리자베트, 『라캉, 끝나지 않은 혁명』, 현성환 옮김, 문학동네, 2013.

바디우, 알랭·지젝, 슬라보예, 『바디우와 지젝 현재의 철학을 말하다』, 민승기 옮김, 길, 2013.

박영진, 『라캉, 사랑, 바디우』, 에디투스, 2019.

서용순, 「철학과 정신분석: 사랑의 둘(Le Deux)에 대한 사유의 쟁점」, 『라캉, 사유의 모험』, 홍준기 엮음, 라캉과 현대정신분석학회 편, 마티, 2010.

플라톤, 『플라톤의 국가·정체』, 박종현 옮김, 서광사, 2005.

_____, 『향연』, 강철웅 옮김, 이제이북스, 2010.

홀워드, 피터, 『알랭 바디우: 진리를 향한 주체』, 박성훈 옮김, 길, 2016.

홍기숙, 「"순수다자"로서의 존재와 ""일자"로서의 진리」, 『사회와 철학』 12호, 2006.

_____, 「알랭 바디우의 진리, 사건 그리고 주체」, 『해석학연구』 36권, 2015.

지은이 소개

신인섭
스위스 로잔대학교에서 철학박사학위를 받았다. 공저로 『메를로퐁티 현상학과 예술세계』, 『현상학, 현대 철학을 열다』 등이 있다. 현재 강남대학교 교양학부 교수로 재직 중이다.

홍명희
프랑스 부르고뉴대학교에서 문학박사학위를 받았다. 주요 논문으로 「과학과 상상력의 중첩성」, 「상상력의 교육과 교육적 상상력」 등이 있다. 현재 경희대학교 프랑스어학과 교수로 재직 중이다.

조현수
프랑스 스트라스부르대학교에서 철학박사학위를 받았다. 저서로 『성·생명·우주』 등이 있으며, 주요 논문으로 「(베르그손 철학의 관점에서 본) 의식과 무의식, 그리고 신비주의」 등이 있다. 현재 능인대학원대학교 명상심리학과 교수로 재직 중이다.

지영래
프랑스 스트라스부르대학교에서 문학박사학위를 받았다. 저서로 『집안의 천치: 사르트르의 플로베르론』이 있으며, 역서로 『사르트르의 상상력』 등이 있다. 현재 고려대학교 불어불문학과 교수로 재직 중이다.

김상록
프랑스 렌1대학교에서 철학박사학위를 받았다. 주요 논문으로 「존재론적 차이와 존재론적 분리」, 「『전체와 무한』으로 본 마음의 생멸」 등이 있다. 현재 충북대학교 철학과 교수로 재직 중이다.

이은정

프랑스 스트라스부르대학교에서 철학박사학위를 받았다. 주요 논문으로 「미셸 앙리의 살의 현상학을 통해서 본 '태어남'과 '여자 됨'의 의미」, 「미셸 앙리의 신체철학: 하나의 몸이 아닌 두 개의 몸」 등이 있다. 현재 동국대학교 다르마칼리지 교수로 재직 중이다.

윤성우

프랑스 파리12대학교에서 철학박사학위를 받았다. 저서로 『폴 리쾨르의 철학과 인문학적 변주』 등이 있으며, 주요 논문으로 "Applying Arendt to translation discourse" 등이 있다. 현재 한국외국어대학교 철학과 교수로 재직 중이다.

이철우

프랑스 파리8대학교에서 철학박사학위를 받았다. 역서로 『철학적 이성의 조건』이 있으며, 주요 논문으로 「테브나즈의 현상학과 근본 출발점의 문제」가 있다. 온석대학원대학교에서 상담학과 교수로 재직하였으며, 2021년 향년 54세로 소천하였다.

성기현

서울대학교 미학과에서 철학박사학위를 받았다. 저서로 『들뢰즈의 미학』이 있으며, 역서로 『들뢰즈, 초월론적 경험론』 등이 있다. 현재 한림대학교 인문학부 교수로 재직 중이다.

이상길

프랑스 파리5대학교에서 사회학박사학위를 받았다. 저서로 『아틀라스의 발』, 『상징권력과 문화』 등이 있다. 현재 연세대학교 커뮤니케이션 대학원 교수로 재직 중이다.

강우성

미국 뉴욕주립대학교(버펄로)에서 문학박사학위를 받았다. 저서로 *The Birth of a Style*, 『불안은 우리를 삶으로 이끈다』 등이 있다. 현재 서울대학교 영어영문학과 교수로 재직 중이다.

차지연

프랑스 파리7대학교에서 문학박사학위를 받았다. 역서로 『라스코 혹은 예술의 탄생/마네』가 있으며, 주요 논문으로 「조르주 바타유의 카뮈 읽기: 혁명의 시대, 반항하는 인간」 등이 있다. 현재 충남대학교 불어불문학과 교수로 재직 중이다.

한석현

프랑스 그르노블대학교에서 문학박사학위를 받았다. 역서로 『미슐레』가 있으며, 주요 논문으로 「"한 파편의 역사?": 롤랑 바르트의 〈우리 문학〉 기획」 등이 있다. 현재 한국방송통신대학교 프랑스언어문화학과 교수로 재직 중이다.

김진식

서울대학교에서 문학박사학위를 받았다. 저서로 『알베르 카뮈의 통일성 향수와 미학』, 『르네 지라르』, 『모방이론으로 본 시장경제』 등이 있다. 현재 울산대학교 프랑스학과 명예교수로 재직 중이다.

홍기숙

프랑스 파리8대학교에서 철학박사학위를 받았다. 주요 논문으로 「"순수다자"로서의 존재와 "일자"로서의 진리」, 「바디우의 진리, 사건 그리고 주체」 등이 있다. 현재 숭실대학교 객원교수로 재직 중이다.